Gerhard Czermak

Problemfall Religion

Gerhard Czermak

Problemfall Religion

Ein Kompendium der Religions- und Kirchenkritik

Tectum Sachbuch

Gerhard Czermak
Problemfall Religion. Ein Kompendium der Religions- und Kirchenkritik
© Tectum Verlag Marburg, 2014
ISBN: 978-3-8288-3285-5

Umschlagabbildung: © Luiz | fotolia.com
Umschlaggestaltung: vogelsangdesign.de
Satz und Layout: Heike Amthor | Tectum Verlag
Druck und Bindung: Finidr, Těský Těšín
Gedruckt in der Tschechischen Republik
Alle Rechte vorbehalten

Besuchen Sie uns im Internet
www.tectum-verlag.de

Bibliografische Informationen der Deutschen Nationalbibliothek
Die Deutsche Nationalbibliothek verzeichnet diese Publikation
in der Deutschen Nationalbibliografie; detaillierte bibliografische Angaben sind
im Internet über http://dnb.ddb.de abrufbar.

Vorspruch

„Glauben" heißt, eine Idee auch ohne gute Gründe anzunehmen und für wahr zu halten. Wer glaubt, verzichtet auf empirische Belege sowie Gedanken, die mit Vernunft und Logik vereinbar und insoweit konkret nachprüfbar sind. Er tut das vorzugsweise, weil er sich dann besser fühlt. Sich mit dem bloßen Nicht-Wissen zu bescheiden, ist nicht Sache des religiös Gläubigen. Wer meint, auf diese Weise „glauben" zu können, der kann genauso gut alles glauben, und die Folgen sind oft verheerend.

Der wissenschaftlich-vernünftig Denkende kennt nur vorläufige, manchmal sehr unsichere Überzeugungen, die aber immerhin auf akzeptablen Gründen beruhen. Diese Überzeugungen ebenfalls „Glauben" zu nennen, ist sprachlich sehr unsauber und wird von religiösen Interessenvertretern im Meinungskampf unseriös eingesetzt.

Neben und über der wissenschaftlichen Weltanschauung müssen das Fühlen, Lieben, Musik und Künste, Humor und Unsinn ihren gebührenden Platz haben. Sie sind Geschenke der Natur, ohne die auch der wissenschaftlich Denkende kaum leben kann.

Vorwort

Dieses Buch hat eine lange Vorgeschichte. Von klein auf waren mir auch ohne einschlägige Erlebnisse oder spezielle erzieherische Maßnahmen Wahrheit und Gerechtigkeit ein größeres Anliegen. Pfarrer bzw. Religionslehrer waren in den 1950er-Jahren Respektspersonen, deren Aussagen man nicht anzweifelte. Schlechte persönliche Erlebnisse mit der katholischen Kirche hatte ich nicht. Den Ministrantendienst erfüllte ich gern. Katholische Jugendorganisationen gehörten wie selbstverständlich zu meinem Leben. Aber mit der Zeit stellte ich kritische Fragen, z. B. bezüglich der Erbsünde. Aber der Stadtpfarrer wusste keine Erklärungen und seine Worte erschienen mir als eingelernte Sprüche. Fast gleichzeitig mit meinem Religionsabitur war mein Glaube fast abgetan, wozu auch der fanatisch-ernste Glaube meines Religionslehrers sein Teil beigetragen haben mochte. Selbst ein angesehener Studentenpfarrer vermochte mir nichts Erhellendes zu sagen.

Gott erwies sich nach innerem Ringen als tot. Bücher bekräftigten das, und ihre Argumente ließen sich nicht entkräften. Aber irgendwie erschien mir die Kirche trotz nur vage bekannter unschöner historischer Fakten, aber natürlich auch wegen damaliger fundamentaler Unkenntnis vieler Zusammenhänge, irgendwie als Anker für anständiges Verhalten. Wohl in diesem Stadium befinden sich noch heute überaus zahlreiche Politiker und Journalisten, und sei es auch aus Opportunismus. Erst lange nach Abschluss meines Studiums blickte ich genauer hinter die Kulissen der Kirchengeschichte und Theologie. Aber wer hinter die Kulissen schauen will, muss damit rechnen, dass ihn mit der Zeit das Grausen überkommt. Bei manchen zweifelnden Menschen, auch Wissenschaftlern, dauert es Jahrzehnte, bis sie das Ausmaß der ihnen vorgesetzten Lügen bzw. Unwahrheiten begreifen.

Die konkrete Einstellung zur Religion, der christlichen zumal, ist nicht nur durch Kenntnisse und Erkenntnisse, sondern eher noch mehr durch psychologische und gesellschaftliche Umstände und die gehirnphysiologischen Gegebenheiten sowie die vielen Zufälle des Lebens bestimmt. Wichtig ist die Art des Denkens, die sich aufgrund der Erziehung, der mitmenschlichen Kontakte, der Erlebnisse und der seriösen Lektüre herausbildet. Zu denken sollte dabei geben, wie sehr die Religionen den ideologischen Zugriff auf die Menschen von klein auf betreiben, wobei ihre Führungspersonen fast ausschließlich eigene Interessen verfolgen und das selbstständige Denken behindern. Vielfach genügt es den Religionsführern schon, wenn nach dem Erwachsenwerden wenigstens eine psychologische Affinität zu den Religionen/Kirchen bleibt. Das hat in Deutschland mit seinem ungewöhnlichen System des staatlichen Kirchensteuereinzugs besondere Auswirkungen. Die anderswo unbekannte Formalisierung der Kirchenmitgliedschaft hat im Verein mit großen Teilen des führenden Journalismus dazu geführt, dass die Kirchen trotz großer Erosion des individuellen Glaubens nach wie vor allzu großen Einfluss auf Gesellschaft und Politik ausüben. Ein Kippen des christlichen Paradigmas rückt aber immerhin stetig näher, und es wird Aufgabe einer humanen und aufgeklärteren Gesellschaft sein, das Erbe der religiös dominierten bzw. beeinflussten Gesellschaft anzutreten. Das geht nur auf der Basis einer die Menschenrechte achtenden Verfassung mit weltanschaulich und religiös möglichst freien Menschen und Vereinigungen, und zwar auf der Basis der Gleichberechtigung.

Ein Buch, das auf diesem Vorhaben gründet, kann natürlich aus verschiedenen Gründen nicht „objektiv" sein. Religiöse Bücher sind das „mit Ausnahmen" erst recht nicht, vorsichtig ausgedrückt. Ich blende aber nicht willkürlich positive Aspekte der Religionen aus (s. dazu insbesondere Abschnitt E). Auch kann man von einer Religionskritik thematisch nicht erwarten, dass positive Punkte besonders herausgestellt werden: das tun Andere. Allerdings tue ich mich tatsächlich schwer, angesichts der ununterbrochenen Kette schlimmer Defizite der christlichen Kirchen das überstrahlende „Gute" zu sehen.

Natürlich sind Christen und Angehörige anderer Religionen Menschen wie alle anderen: weder besser noch schlechter. Demzufolge haben auch sie eine große Fülle positiv herausragender Leistungen vollbracht. Ob das aber überwiegend eine *spezielle* Folge der religiösen Überzeugung ist, erscheint durchaus fraglich. Auch haben die religiösen Strukturen ethisches Verhalten im Sinn des heutigen westlichen Ethikverständnisses stark behindert. „Gute Taten" waren oft nur auf die Anhänger der eigenen Richtung bezogen, während Andersdenkende verfolgt wurden. Im Ergebnis sind die monotheistischen Religionen die gefährlichsten, wie schon zahllose Wissenschaftler festgestellt haben. Trotz wertvoller Aspekte insbesondere des nicht-tibetanischen Buddhismus gibt es keine ausreichenden Gründe, Religionen von Staats wegen *speziell* zu fördern.

Je tiefer, in einem dogmatisch-traditionellen Sinn verstanden, Menschen religiös sind, umso weniger respektieren sie meist das Denken und Handeln Anderer. Sie sind voll Unverständnis gegenüber dieser Grundvoraussetzung eines freien, pluralistischen Rechtsstaats. Das führt zu spalterischen Sätzen wie dem von Papst Benedikt XVI.: „Die Abwesenheit Gottes führt zum Verfall des Menschen und der Menschlichkeit" (geäußert 2011 beim Friedenstreffen in Assisi). Solche Äußerungen prominenter Theologen und Politiker sind leider nicht selten (s. C 20).[1] Aus diesen und anderen Gründen ist damit zu rechnen, dass auch mir teils Unverständnis („Hat das sein müssen"?), teils Hass entgegenschlägt, wie es schon zahllose Kritiker insbesondere der „Religion der Liebe" erleben mussten. Dem möchte ich entgegenhalten, dass ich sehr um wissenschaftlich korrekte Darstellung der Fakten und nachvollziehbare Gedankenführung bemüht bin. Obwohl meine Gegner viele Positionen vertreten, die sie nicht oder nicht wirklich begründen können und die mir schwer aufstoßen, nehme ich ihnen das nicht persönlich übel, sofern sie sich im Rahmen des strafrechtlich Erlaubten bewegen. Ich nehme aber auch für mich in Anspruch, die gewonnenen Kenntnisse und Überzeugungen auszusprechen, ohne deswegen generell moralischen Zweifeln ausgesetzt zu werden.

Die umfassende wissenschaftliche Darstellung einer allgemeinen Religionskritik sollte m. E. zum Forschungsfeld der (nichtreligiösen) Religionswissenschaft gehören. Diese ist aber bisher leider im Wesentlichen bei der bloßen Beschreibung der religiösen Phänomene stehen geblieben.

Ernsthafte kritische Einwände gegen den Inhalt des Buches sowie Fehlermeldungen bitte ich an den Verlag zu richten.

Ich danke allen, die mich bei der Durchführung dieses Buchprojekts direkt oder mittelbar unterstützt haben. Es scheint immer noch schwierig zu sein, für ein religionskritisches Werk allgemeineren Charakters, das sich nicht nur an einen kleinen Kreis von Spezialisten wendet, einen geeigneten Verlag zu finden. Daher danke ich dem Verleger des Tectum Wissenschaftsverlags, Dr. Heinz-Werner Kubitza, für die Aufnahme des Buchs in seine religionskritisch-humanistische Reihe.

Friedberg/Bayern, im Herbst 2013

Gerhard Czermak

Inhaltsverzeichnis

A – Allgemeine und übergreifende Themen 13
1 – Grundfragen der Religions- und Kirchenkritik 13
2 – Religionsbegriff, Entstehung, Arten und Funktion der Religion(en) 21
3 – Gottesglaube und Atheismus (A-Theismus) 30
4 – Zur Geschichte des Unglaubens 37
5 – Glaube, Wissenschaft, Vernunft 42
6 – Heilige Schriften 47
7 – Religiöse Ethik 50
8 – Aspekte religiöser Praxis: Gebet und Menschenopfer 54
9 – Religion, Politik und Macht 63
10 – Religiöser Fundamentalismus, Extremismus, Weltfriede 68
11 – Religion, Gewalt und Krieg 78
12 – Religions- und Kirchenstatistik, Kirchensoziologie 84
13 – Religionen als Integrationsfaktor? 92

B – Geschichte des Christentums im Überblick 97
1 – Hauptinhalte und Fundamentalkritik des Christentums 97
2 – Geschichte des Christentums: Anfänge und Schnelldurchgang 106

C – Besondere Kapitel des Christentums 133
1 – Religiöse Judenfeindschaft 133
2 – Das Böse und der freie Wille. Sünde, Gott und Teufel, Hirnforschung 146
3 – Papsttum 155
4 – Maria 162
5 – Frauen sowie Sexualität im Allgemeinen 170
6 – Der Priesterzölibat 180

7 – Inquisition 185
8 – Hexenverfolgung 193
9 – Sklaverei 202
10 – Kirchen und Juden im Nationalsozialismus 209
11 – Katholische Kirche und moderne Diktaturen 219
    11.1 Kirche als Diktatur 219
    11.2 Faschistische Diktaturen 220
    11.3 Ustascha-Regime (Kroatien): Exzesse der Grausamkeit 233
    11.4 Südamerikanische Diktaturen 239
12 – Völkermord in Ruanda und katholische Kirche 246
13 – Heiligenverehrung und Kirchenpolitik, insbesondere seit 1900 250
14 – Reformation und Protestantismus 273
15 – Bibel, Bibelwissenschaft, Bibelpraxis 285
16 – Religiöse Erziehung und ihr Missbrauch 301
17 – Christliche Ethik? 306
18 – Verhalten sich religiöse Menschen besser? 315
19 – Kirche, Wahrheit, Wissenschaft 318
20 – Theologie, Amtskirche, Machterhalt 325
    20.1 Theologie und Amtskirche 325
    20.2 Umgang mit Andersdenkenden und Machterhalt 332

D – Die wichtigsten nicht christlichen Religionen 339
1 – Judentum 339
2 – Islam 349
3 – Hinduistische Religionen in Indien 361
4 – Buddhismus 368

E – Gesamtbilanz des religiösen Denkens und Handelns 377

F – Wo bleibt das Positive? 391
1 – Toleranz und Menschenrechte 391
2 – Religions- und Weltanschauungsfreiheit 394
3 – Humanismus und weltliche Ethik 399

Anmerkungen 411
Abkürzungen und Internetadressen 431
Literatur zur Religions- und Kirchenkritik 433
Sachregister 455
Personenregister 469

A – Allgemeine und übergreifende Themen

1 – Grundfragen der Religions- und Kirchenkritik

Religion gilt dem gemeinen Mann als wahr, dem Weisen als falsch und dem Herrschenden als nützlich.

Seneca

Die Religionen sind wie Leuchtwürmer: Sie bedürfen der Dunkelheit, um zu leuchten.

Arthur Schopenhauer

Im Fall der Kirchen ist ... die Fähigkeit, Meinungsdruck zu erzeugen, so ziemlich der einzige Grund für ihre fortdauernde gesellschaftliche Relevanz.

Hartmut Kliemt, Philosoph (geb. 1949)

So viel ist gewiss: wer einmal Kritik gekostet hat, den ekelt auf immer alles dogmatische Gewäsche.

Immanuel Kant

Religion und Rationalität im Alltag, religiös bedingte Verhaltenswidersprüche, Religionsvertreter und Politik

Die deutschsprachigen und auch viele andere europäische Länder sind stark säkularisiert. Nur noch bei einer (regional manchmal kleinen) Minderheit hat Religion Einfluss auf das *alltägliche Verhalten*. Kein verantwortungsbewusster Mensch wird Auto fahren, ohne wenigstens in längeren Abständen sein Fahrzeug auf das Funktionieren seiner wichtigen Teile zu überprüfen, und zwar unabhängig von seiner Einstellung zur Religion. Selbst Gläubige trennen in der Praxis meist streng zwischen Alltag und religiös gehaltenem Feiertag. Im Alltag beachten sie die Regeln der Wissenschaft und Technik, und beim Start von bemannten Raumraketen hoffen sie, dass keine Konstruktionsmängel und Materialfehler vorliegen und die Elektronik funktioniert. Bei Krankheiten vertrauen sie auf medizinische Hilfe. Läuft etwas schief, werden sie regelmäßig die Ursache in menschlichen Unzulänglichkeiten sehen.

Aber oft vermögen dieselben Leute, die sich ansonsten ganz rational verhalten, insbesondere an Sonntagen und religiösen Feiertagen den *Schalter auf Irrationalität umzulegen* und Ursachen in „Gott" bzw. einem transzendenten Wesen zu sehen. Sie glauben, schwere Krankheiten oder Erdbeben oder persönliches Unglück sei die Strafe Gottes für Verfehlungen. Sie – jeweils ein Einziger von 7 Mrd. Menschen – wollen die Gottheit durch Gebete zur Wiederherstellung der Gesundheit beeinflussen („bestechen"), verschollene Menschen wiederfinden oder gar (durch Viren verursachte) Warzen abbeten lassen. Geweihtes (durch professionelle Religionsvertreter besprochenes) Wasser soll Fahrzeuge vor Unfall oder damit besprengte Tiere vor Krankheit oder Unbill schützen, z. T. sogar dieselben, die man vor Jahrhunderten in förmlichen Tierprozessen als Teufelsgetier (z. B. schwarze Katzen) grausam öffentlich umgebracht hat. Immer noch viele glauben buchstäblich, Jesus sei wirklich auf dem See Genezareth gewandelt, und wer nicht den rechten Glauben habe, werde nach dem Tod auf ewig grauenhaft gefoltert oder jedenfalls zumindest ewig ohne Chance eines Endes irgendwie bestraft werden. Das ist noch heute der offizielle Glaube der Hauptvariante einer großen Weltreligion, dessen oberster Repräsentant hoch geachtet und gepriesen wird. Harmlose öffentliche Kritik an ihm zu üben, kann selbst im demokratischen Rechtsstaat leicht die Staatsgewalt zu unberechtigtem Einschreiten animieren (Papstbesuch Bayern 2006).

Kreuzzüge (im 11.–13. Jh.) und der 2. Irakkrieg (im 21. Jh.) wurden geführt, weil es angeblich dem Willen Gottes entsprach. Gleichzeitig betonen Vertreter der christlichen Religion, Gott sei unerforschlich. Sie finden im Verein mit der Politik immer einen Weg, ihre Meinung als den Willen Gottes darzustellen. Wer die Ansicht vertritt, Kirchen sollten ihre Bischöfe selbst bezahlen, führt einen Angriff auf das christliche Erbe, zumindest nach Auffassung des 2008 amtierenden bayerischen Wissenschaftsministers im Landtagswahlkampf. Wer als Angehöriger einer starken Minderheit oder gar Mehrheit nicht will, dass seinen Kindern in der pluralistischen Schule *von Staats wegen* ein persönlich abgelehntes spezifisches religiöses Symbol aufgedrängt wird, erfährt großes Unverständnis, gilt als intolerant und muss vielerorts mit Ächtung rechnen. In Afrika werden noch heute menschliche Albinos verfolgt: Man schneidet ihnen lebend Hände und Beine ab oder bringt sie gleich ganz um, weil sie angeblich Unglück bringen oder Schadenzauber betreiben. Wer nicht an „Gott" glaubt, ist nicht friedensfähig, er hat keine Moral und ihm ist alles zuzutrauen.

So etwas erklären noch heute manche deutsche Kirchenfürsten und Politiker. Eine entsprechende Gesinnung kann man auch Leserbriefen von Geistlichen entnehmen, und in der Bevölkerung ist solches Denken noch erstaunlich weit verbreitet.

All das zeigt, dass Wissenschaft und Religion nicht nur ständig im Clinch liegen, sondern dass grundlose (d. h. nicht rational einsichtig begründbare) irrationale Annahmen erhebliche, auch verheerende, soziale und politische Folgen haben können. „Aberglaube" ist dabei lediglich der Glaube der jeweils Anderen. Aus welchem Grund sollte etwa ein Buddhist oder Muslim es nicht für Aberglauben halten, wenn christliche Priester magische Worte sprechen und so ihren und des Universums Schöpfer zwingen, sich in eine Oblate oder Wein gleichsam zu beamen? Und das weltweit gleichzeitig tausendfach?

Dass *Religion generell ambivalent ist* und viel zerstörerisches Potenzial in sich birgt, ist im europäischen Westen auch unter vielen Religiösen ein Gemeinplatz, wobei vor allem Christen die Aufgeklärtheit der Religion und die ihrem Glauben innewohnende Vernunft betonen. Aber so gern, nicht selten ziemlich offensiv, Vertreter „aufgeklärten" Christentums ihren Glauben und ihre Institutionen in der Öffentlichkeit darstellen und Andersdenkende angreifen, so empfindlich reagieren sie meist, wenn man ihre bzw. einzelne ihrer religiösen Annahmen öffentlich ablehnt und kritisiert. Nicht nur in Deutschland gilt *öffentliche Kritik an Religion als ungehörig, als ob sie illegitim wäre,* während umgekehrt unfaire Kritik an Religionskritikern vielfach als verdienstvoll angesehen wird. Dabei ist es unter informierten Menschen Allgemeingut, dass man mit der zwangsweisen bzw. zivilreligiösen Propagierung von Religion pluralistische Staaten nicht sinnvoll integrieren kann (näher A 13).

Artikulation von Religionskritik

Ein friedliches Nebeneinander von religiösen und nichtreligiösen Grundüberzeugungen ist nur möglich, wenn beide Seiten auf Aggressionen verzichten und auf Argumente bauen, die aber auch Gehör finden müssen. Gerade wegen der insbesondere in der Bundesrepublik fast zahllosen Bevorzugungen der großen Kirchen in Politik und Gesellschaft (s. F 2) und der üblichen Angriffe gegen „Atheisten" ist es an der Zeit, die Anliegen nichtreligiöser Menschen vorzutragen. Es geht dabei nicht nur, regional unterschiedlich, um gesellschaftliche Gleichberechtigung, sondern auch um die inhaltlichen Positionen.

Dabei sind *begriffliche Fragen* vorab zu klären. Religionskritik bedeutet, religiöse Weltbilder, Handlungen und Institutionen infrage zu stellen und die Ergebnisse zu formulieren. Man kann Strukturen untersuchen, die allen Religionen gemeinsam sind, und solche, die spezifische Religionen betreffen.

Innerhalb der religiösen Welt können zwar *alle anderen Religionen* mehr oder weniger radikal kritisiert werden, ausgenommen die eigene. Eine allgemeine und konsequente Kritik aller Religionen können natürlich nur nicht-religiös Denkende leisten. Dabei wird es als Aufgabe der Wissenschaften angesehen, ihren Gegenstand zu beschreiben, zu erforschen und zu analysieren, die Ergebnisse kritisch zu sichten (zu werten), dabei Fehler zu kennzeichnen und gegebenenfalls aus dem weiteren Erkenntnisprozess auszuscheiden.

Ganz anders geht zumindest im deutschsprachigen Raum die *Religionswissenschaft* vor. Sie beschreibt zwar unabhängig von theologischen Prämissen die religiösen Phänomene nach säkular-wissenschaftlichen Methoden, verzichtet aber regelmäßig darauf, ihre korrekten Ergebnisse auch in einen kritischen Zusammenhang zu stellen. Solche Beschreibung erfolgte zwar ansatzweise schon in Antike, Renaissance und Aufklärung, erfuhr jedoch eine systematische Ausformung erst im 19. Jh. Auch das geschah lange und fast nur im christlichen Kontext und innerhalb der theologischen Fakultäten, häufig im Zusammenhang mit der Missionswissenschaft. Daher wurde die christliche Religion meist nicht nach denselben Kriterien kritisch untersucht wie die anderen Religionen. Zwar wird deutsche Religionswissenschaft heute zunehmend auch außerhalb der Theologie betrieben, aber mit Religionskritik tut sich die Religionswissenschaft immer noch sehr schwer: sie ist politisch-gesellschaftlich unerwünscht.

Die hier ansatzweise formulierte *humanistische Religionskritik* geht davon aus, dass alle Menschen im Grundsatz gleichberechtigt sind in ihrer Absicht, die eigenen Vorstellungen von „gutem Leben" im Diesseits zu realisieren, und zwar unabhängig von kultureller und sozialer Herkunft, Geschlecht und Hautfarbe. Kritisiert werden kann hauptsächlich unter historischen, soziologischen, psychologischen, philosophischen und naturwissenschaftlichen Gesichtspunkten. Freilich gibt es eine interdisziplinäre Religionskritik erst in Anfängen und sie kann in einem kursorischen Überblick wie diesem nicht geleistet werden.

Religionsgeschichte und Religionskritik waren stets miteinander verbunden. Die Religionskritik erfolgte dabei meist intern (die Kritik am Hinduismus führte zur Entstehung des Buddhismus, die Kritik am Judentum zur Entstehung des Christentums, die Kritik am Katholizismus zur Entstehung des Protestantismus usw.) und natürlich auch zwischen den religiösen Richtungen. Am radikalsten ist die nichtreligiöse Religionskritik, die auf eine 2500-jährige stetige Tradition zurückblicken kann. So ist mit dem Namen Epikur die Unlösbarkeit des Theodizeeproblems verknüpft. Dieses Argument besagt, dass ein allwissend gedachter transzendenter Schöpfergott nicht gleichzeitig auch im Vollsinn gut und allmächtig sein kann: Der allmächtige Gott kann das Böse in der Welt nicht moralisch rechtfertigen. Vor diesem Problem haben die Theologen trotz vieler Versuche kapitulieren müssen, und Papst Benedikt XVI. erwähnte es daher nicht. *Die Theodizeefrage ist ein Fels des Atheismus* (näher A 3). Erst die europäische Aufklärung hat seit dem 17. Jh. einer konsequenten Religionskritik zum Durchbruch verholfen, und die *Entzauberung der Religionen* ist zumindest in Europa nicht zum Stillstand gekommen.

Gleichwohl wird die Fortexistenz der Religion auch dort gesichert durch ungestillte menschliche Bedürfnisse, d. h. Wünsche, durch Unwissenheit der Gläubigen und intellektuelle Unredlichkeit. Der *Etikettenschwindel religiösen Denkens* besteht darin, dass es empirisch gewonnene Erkenntnisse vermengt mit Ideen, die keinen überprüfbaren Gütekriterien unterliegen, aber dennoch eine höherwertige Berechtigung beanspruchen (etwa „Wille Gottes"). Auf so unterschiedlichen Diskussionsebenen kann aber kein Dialog auf der Basis der Gleichberechtigung geführt werden. Dazu der religionskritische Philosoph Schmidt-Salomon: „Der religiöse Mensch benutzt im Gegensatz zum nichtreligiösen aber nicht nur Argumente, die in der „Welt des Menschen" beheimatet sind (die gegeneinander abgewogen und modifiziert werden können), er verwendet Argumente, die ihrem Anspruch nach einer „höheren Ebene" angehören (und deshalb durch menschliche Argumente nicht aufgehoben werden können). Durch diese pseudotranszendentale Verstärkung seiner Argumente wird der religiöse Mensch argumentativ unangreifbar. Er steht „über den Dingen", berichtet über „höhere Einsichten". Konsequenz: Er überhöht sich selbst, übervorteilt und erniedrigt seine nichtreligiösen Kommunikationspartner, die in der Kommunikation nicht mit gezinkten Karten spielen."[2] Auch können mit „jenseitigen" Glaubensthesen beliebige Behauptungen fürs Diesseits „begründet" werden und sie sind typischerweise mit *autoritären Denkstrukturen* verbunden.

Bonus für Religion?

Unter diesem Blickwinkel erstaunt ein besonderes Phänomen der deutschen Öffentlichkeit: Religion (welche auch immer) soll grundsätzlich respektiert und nur notfalls kritisiert werden, wenn die Rechtsordnung das zwingend erfordert (Beispiel: Todesstrafe für Glaubensabfall). Religion sei als Phänomen positiv zu sehen, wobei Sinn und Unsinn ihrer Inhalte keine Rolle spielen. Sogar einzelne nicht religiöse Intellektuelle wie Jürgen Habermas sehen das nach Jahrzehnten plötzlich so. Seit seiner aufsehenerregenden Friedenspreisrede von 2001 tritt Habermas nämlich für ein konstruktives Miteinander von Glauben und Vernunft ein und plädiert für die Akzeptanz von Religionen als „Sinnressource der Demokratie". An anderer Stelle spricht er aber davon, mögliche Wahrheitsgehalte religiöser Beiträge dürften nur dann in politische Entscheidungen einfließen, wenn sie zuvor in eine allgemein-säkulare Argumentation übersetzt würden. Unklar bleibt dabei, warum sich bestimmte Sinngehalte erst religiös artikulieren müssen, statt unmittelbar in die rationale Debatte eingebracht zu werden.

Natürlich muss Religion frei sein, soweit sie sozialverträglich ist. Sie kann auch sinnvolle Beiträge für das Allgemeinwohl liefern. Aber warum Religion, die weltweit als generelles Phänomen erwiesenermaßen stets gefährlich war und ist (eine hierzulande unbestrittene Tatsache), im Gegensatz zu anderen Institutionen als solche prinzipiell einen gewissen Bonus für ihre gesellschaftspolitische Argumentation erhalten sollte und warum ihre spezielle Ideologie möglichst nicht kritisiert werden sollte (Schere im Kopf), bleibt unverständlich. Man kann aufgeklärte, nicht religiöse Menschen nicht zwingen, auf ihre Kultur und ihre gelebte Laizität zu verzichten, nur damit religiös Denkende nicht verunsichert werden. Warum darf sich, wie Habermas meint, „die säkulare Vernunft nicht zum Richter über Glaubenswahrheiten aufwerfen, auch wenn sie im Ergebnis nur das, was sie in ihre eigenen, im Prinzip allgemein zugänglichen Diskurse übersetzen kann, als vernünftig akzeptiert"?[3]

Jede Richtung argumentiert grundsätzlich für ihre Position in Auseinandersetzung mit anderen, und gerade Religionen sind dabei nicht selten aggressiv. Es ist aber nicht unfair, wenn man Gläubigen zumutet, dass ihr Glaube mit nachprüfbaren Tatsachen und Argumenten verbal konfrontiert wird. „Der Glaube", sagt der ebenso gerühmte wie von Gläubigen heftig bekämpfte Evolutionsbiologe Richard Dawkins, „hat etwas Bizarres und inhärent Gefährliches. Er sagt, dass man etwas ohne Belege glauben soll".[4] Aber das ist nicht jedermanns Sache.

Das Grundproblem von Religion und Religionskritik

Habermas hat immerhin Recht, wenn er meint, Religion schaffe „[e]in Bewusstsein von dem, was fehlt". Sie ist ein Ausdruck des *menschlichen Grunddilemmas*, nämlich der von jedem für sich zu bewältigenden Sinnfrage. Christoph Türcke hat hierzu folgende eindrucksvolle Worte gefunden: „Religionskritik […] gehört […] zu den großen Selbstverwundungen der Moderne. Man kann nicht das Dogma vom guten Schöpfer, der die Welt, auf welchen Umwegen auch immer, auf ein gutes Ende hinträgt, zum Einsturz bringen, ohne etwas in sich selbst zu zerstören: einen Halt, der das Leben unendlich viel leichter machte – wenn er hielte. Es ist eben nicht getan mit der logisch exakten Widerlegung der Glaubensgewissheiten. Sie hinterlässt all die Bedürfnisse und Fragen, auf die die Glaubenssätze die ungereimte Antwort waren. Deshalb bringt der Atheismus die Religion nicht zum Verstummen."[5] Aber das konsequent rationale Denken wird niemals illusionäre und nicht hinterfragbare religiöse Ideen wie Tatsachen akzeptieren, sondern versuchen, dem Leben einen persönlichen Sinn zu geben und dabei Regeln zu beachten, die, ganz ohne Religion, einer möglichst großen Zahl von Menschen zu einem friedlichen, selbstbestimmten und auskömmlichen Leben verhelfen und, wenn es gut geht, zu etwas Glück (s. die Kapitel zur religiösen und zur weltlichen Ethik, A 7 und F 3).

Religionskritik und Rücksichtnahme

Ein Problem der Religionskritik ist, dass man ihr, nur manchmal zu Recht, Unduldsamkeit vorwirft. Religionskritik sollte nicht Gläubige angreifen, die es aufgrund ihrer Sozialisation oder fehlenden Bildung nicht besser wissen oder in schwierigen Lebenslagen, vielleicht nur vorübergehend, einen gewissen Trost in der Religion finden können oder in einem religiösen Milieu leben, dem sie sich nicht entziehen können oder wollen. Damit ist das *Problem des „Glaubens an den Glauben"* angesprochen, dem der Kognitionswissenschaftler Daniel Dennett in „Den Bann brechen" ein ganzes Kapitel widmet.[6] Viele äußerlich Gläubige wissen selbst nicht recht, ob und was sie glauben sollen, aber sie trennen sich nicht erkennbar vom Glauben, sei es, dass sie den Glauben als etwas allgemein Erhaltenswertes ansehen oder dass sie den zu erwartenden gesellschaftlichen oder familiären Konflikt scheuen, sei es aus „notwendigem" politischem Opportunismus oder dass sie einfach unsicher sind und nichts riskieren wollen (sog. Pascal'sche Wette: Was geschieht nach meinem Tod, wenn die Religion doch recht hat?). Es nützt nichts, Menschen wegen solcher Verhaltensweisen anzugreifen: Man gewinnt sie dadurch nicht und kann auch wirklich ungerecht sein. Zu berücksichtigen ist zudem die Tatsache, dass die Evolution des Gehirns religiöse Vorstellungen begünstigt, wie an anderer Stelle (A 2) ausgeführt wird.

Etwas ganz Anderes ist es, sich gegen die *zahlreichen unberechtigten, ja bösen Angriffe von Gläubigen und vor allem Religionsvertretern* (offene Lügen, Wortverdrehung, Verbalangriffe, künstlicher Aufbau von Gefahrenpopanzen) deutlich argumentativ zur Wehr zu setzen. Und öffentlich auftretende Referenten aus Politik und Wissenschaft, die mit nebulösen Begriffen wie der *christlich-abendländischen Werteordnung* Stimmung machen wollen, dürfen und sollen sehr wohl gefragt werden, was sie konkret darunter verstehen. Dann erweisen sich ihre Worte schnell als intellektuell unredliches hohles Gerede. Und warum sollte es stets unhöflich sein, in Religionssachen einen Diskutanten aus gegebenem Anlass konkret zu fragen, ob er persönlich von einer These überzeugt ist? Wenn jemand von einer höheren Macht spricht, warum soll der nicht gefragt werden dürfen, was genau er darunter versteht? Würde man nicht so oft unnötig auf konkretisierende Fragen verzichten, weil sich das angeblich nicht gehört, würde sich das Klima öffentlicher Diskussionen ändern. Wer sich freiwillig der öffentlichen Diskussion stellt, sollte auch mit kritischen Fragen rechnen müssen. Auch die Verweigerung einer Antwort kann aufschlussreich sein.

Kirchenkritik

Kirchenkritik als Kritik der großen christlichen Glaubensinstitutionen ist einerseits einfacher als die viel grundsätzlichere Religionskritik, andererseits aber äußerst langwierig in der Darstellung unzähliger konkreter Ereignisse aus Kirche, Gesellschaft und Theologie in Europa und der Welt im Verlauf von 2000 Jahren. Selbst einzelne Punkte erweisen sich wegen ihrer Komplexität oft nur schwer darstellbar, wenn man Einseitigkeiten möglichst vermeiden will. Ein generelles Problem ist dabei die (ungeachtet ihrer starken inneren Erosion) politisch-gesellschaftlich starke Position der großen christlichen Kirchen in Deutschland mit etwa dem Ergebnis, dass es zumindest der katholischen Kirche in über 60-jähriger systematischer Verdrängungsarbeit gelungen ist, ihre fundamentale Verstrickung in die welthistorische moralische Katastrophe des Holocaust der Allgemeinheit weitgehend vorzuenthalten – obwohl sie historisch bestens erforscht ist. Dabei ist die Judenfeindschaft nicht nur eine Basisidee des Neuen Testaments, sondern auch eine Konstante der Geschichte des sogenannten christlichen Abendlandes (s. C 1 Judenfeindschaft). Dass die Kirchen zahllose Leichen in ihren großen Kellern haben, ist allgemein bekannt. Nicht grundlos schrieb Goethe in Anlehnung an die Kirchen- und Ketzerhistorie von Gottfried Arnold (1799), dem ersten modernen Kirchenhistoriker:

> „Glaubt nicht, dass ich fasele, dass ich dichte;
> Seht hin und findet mir andre Gestalt!
> Es ist die ganze Kirchengeschichte
> Mischmasch von Irrtum und von Gewalt."

Man redet konkret nicht so gern darüber, aber doch weiß eigentlich jeder halbwegs aufgeklärte Europäer, dass es so ist. Daraus resultiert die *Unehrlichkeit so ziemlich aller Theologie* (vgl. C 19 und C 20). An einem Beispiel zum Irrtum demonstriert: „Wenn die Jungfrauengeburt Metapher ist, dann ist das ganze Heilswerk Christi Metapher, und das Dogma sinkt in sich zusammen. Wer also das Dogma in der modernen Welt aufrechterhalten will, ist zum Lavieren verdammt" (Christoph Türcke). Sich mit einer Kritik des kirchlichen Christentums zu befassen, ist aus dieser Sicht eine merkwürdige Sache. „Wer", sagt Burkhard Müller in seiner Fundamentalkritik des Christentums[7], „eine Kritik des Christentums verfasst, beginnt etwas zugleich Abgetanes, als wollte er darlegen, dass die Erde eine Kugel ist, und etwas Aussichtsloses, als bräche er eine Polemik gegen die Schwerkraft vom Zaum, eine donquixotische Paarung des Unnötigen mit dem Unmöglichen. Das ist ein Paradox, aber in ihm gedeiht das Christentum, der Kritik auf das merkwürdigste entrückt und anzusehen wie ein Gespenst, das in der Mittagssonne auf der Hauptstraße spukt."

2 – Religionsbegriff, Entstehung, Arten und Funktion der Religion(en)

Die Erklärung religiöser Überzeugungen und Verhaltensweisen ist in der Art und Weise zu suchen, wie der Geist des Menschen funktioniert.
Wenn man ein normales menschliches Gehirn besitzt, bedeutet das aber nicht unbedingt, dass man auch Religion hat. Es bedeutet lediglich, dass man sich Religion zu eigen machen kann ...
  Pascal Boyer, Religionswissenschaftler und Kognitionsforscher

Mystische Erfahrung ist biologisch real und naturwissenschaftlich wahrnehmbar.
  Andrew Newberg, Gehirnforscher und Religionswissenschaftler

Alle geistigen Fähigkeiten oder Unfähigkeiten haben ihr physisches Korrelat.
  Martin Urban, Physiker, Wissenschaftsjournalist

Während die Kunst die Menschen [...] bezaubert und verführt, während die Wissenschaft durch Argumente überzeugt, versuchen die Religionen die Gemeinsamkeit der Ziele durch Versprechungen und Drohungen zu erzwingen.
  Thomas Junker und Sabine Paul, Evolutionsbiologen

Furcht gebiert Götter.

  Lukrez

Zu glauben heißt, eine Idee auch ohne logische Beweise und empirische Nachweise als wahr anzunehmen. Wer glaubt, dass er dies glauben kann, der kann genauso gut alles glauben.

  Andreas Kilian, Biologe

Religionen sind wie Krücken. Sie sind nützlich und gut, aber man muss lernen, sich von ihnen zu emanzipieren.
  (Muhammad) Sven Kalisch, Islamwissenschaftler, 2008

Zum Religionsbegriff[8]

„Religion" ist ein besonders komplexer Begriff und die Zahl der damit befassten Einzelwissenschaften nicht gering. „Religion" fasst eine Fülle aktueller und historischer Verhaltensweisen und Inhalte zusammen, die auch die Wertvorstellungen prägen. Als Wort wird es sowohl von lat. relegere (sorgsam beachten, von Neuem lesen) wie religare (verbinden, rückbinden, befestigen) abgeleitet.

Entsprechende Begriffe in anderen Sprachen haben abweichende Grundbedeutungen. Religionen werden als *religiöse Sinngebungssysteme* bezeichnet und von *nicht religiösen Erklärungen des Weltganzen* und der Stellung des Menschen in ihm (Weltanschauungen) unterschieden. Wegen der Fülle unterschiedlicher Aspekte ist die von einem idealerweise rein weltlichen Standpunkt aus betriebene Religionswissenschaft nicht in der Lage, eine allgemein anerkannte Definition von „Religion" zu entwickeln, die alle Ausprägungen von Religion umfasst.

Es geht der Religion um das Verhältnis des Menschen zu einer ihn übersteigenden, als wirklich empfundenen Macht, die für sein Leben bedeutsam ist und ihm Sinn verleiht. Meist handelt es sich um übernatürliche (außernatürliche) Vorstellungen von einer Gottheit oder vielen Gottheiten, von Geistern oder auch einem Prinzip wie dem Tao (Dao; „Weg"), das als ewiges Schöpfungsprinzip der Ursprung des Kosmos und des individuellen Daseins (mit den Polaritäten Yin und Yang) ist und immanente und transzendente Bedeutung hat. Der ursprüngliche Buddhismus (soweit rekonstruierbar) kennt keinen Gott, und auch das Buddhistische Bekenntnis der Deutschen Buddhisten trifft keine Aussage zu Göttern.

Kompakt und plausibel nennt Rüdiger Vaas *sieben charakteristische Merkmale* als Sammelkennzeichen für traditionell verstandene „Religion": Transzendenz (Glaube an eine übernatürliche, nicht notwendig göttlich-persönliche Macht); ein Gefühl der Abhängigkeit und Sinnstiftung („ultimative Bezogenheit"); Mystik (Erfahrung des „Heiligen", Einheitserlebnis mit der angenommenen Macht); Mythos (Welterklärung, ggf. Heils- und Erlösungsversprechen); transzendent begründete handlungsleitende Wertordnung; Ritus (symbolisch aufgeladene Handlungen und Gegenstände); Gemeinschaft (soziale Glaubensverbundenheit: Glaubensvollzug, Erziehung, Verbreitung u. a.).[9] Stets muss ein transzendenter Bezug vorhanden sein. In diesem Verständnis ist *Religion mit der Weltanschauung des Naturalismus unvereinbar*, denn der erkennt nur natürliche Phänomene an (näher F 3).

Viele Religionen haben gemeinsame Merkmale, etwa die Kommunikation mit transzendenten Wesen durch *Gebete* (dazu A 8) und *kultische Rituale* sowie die Errichtung von *Kultgebäuden*, aber auch *magische Elemente* sind oft integriert. Magie liegt vor, wenn der korrekte Vollzug von Riten stets bestimmte Wirkungen erzielt, z. B. das exakte Sprechen bestimmter Formeln in einem bestimmten Zusammenhang (Zauberformeln). Verhaltensweisen wie die *Askese und Opfer*, aber auch die Ausbildung von *festen Institutionen mit Priestern* sind vielen Religionen gemein. Große Religionen wollen die Menschen *vom Bösen erlösen* (zur Überholtheit dieser Vorstellung C 2). Religion produziert *Gefühle* von Abhängigkeit, Verpflichtung und Verehrung und ist meist mit irgendeiner Art von *Gemeinschaft* verbunden.

Ursprünge der Religionsbildung

Der Ursprung der Religionsbildung liegt im Dunkeln. Nach derzeitigem Erkenntnisstand traten die ersten Vertreter der Gattung Homo sapiens vor etwa 200 000 Jahren in Afrika auf (Fossilienfunde, Genanalysen). Irgendwann begannen sie, Vorstufen religiösen Denkens zu entwickeln. Seit etwa 70 000 Jahren wanderten die ersten „modernen" Menschen nach Eurasien aus. In der Tatsache, dass heute in sämtlichen Kulturen der Welt irgendein religiöser Glaube gepflegt wird, kann man ein Indiz sehen, dass damals schon religiöse Anfänge existierten; sicher ist das keineswegs. Jedenfalls ist neben der Kunst die Religion die einzige Fähigkeit, mit der wir Menschen uns grundlegend von unseren tierischen Vorfahren unterscheiden. Alle anderen Fertigkeiten wie Sprache, Werkzeuggebrauch und Bewusstsein sind in einfacher Form auch bei ihnen schon vorhanden. Nur der Mensch hat höhere Stufen des Bewusstseins entwickelt, die ihm nicht nur ermöglichen, sich und seine Bedürfnisse als bewusst zu erleben, sondern auch Alternativen zu bedenken, sich in Bedürfnisse anderer Lebewesen einzufühlen, Handlungsmöglichkeiten zu erfassen und vorausschauend zu planen (Stichwort: *Intentionalität*). Damit ist die Erkenntnis der Gefährlichkeit des Lebens und seines tödlichen Endes verbunden, und damit dürfte das Bedürfnis nach Religion eingesetzt haben. Man hat neuerdings sogar zeitliche Stufen der Entwicklung von Intentionalität benannt.[10] Die Fähigkeit zur Intentionalität scheint mit der Zunahme der grauen Materie im Vorderhirn zu steigen. Menschenaffen können bereits Absichten Anderer erraten. Aber das menschliche Vorstellungsvermögen geht weit darüber hinaus.

Als sicherer Beleg für religiöses Denken gilt meist der Nachweis von *Bestattungsriten* mit Schmuck, Gebrauchsgegenständen und Waffen. Die ältesten aufwändigen Begräbnisstätten sind allerdings erst etwa 25 000 Jahre alt (Cro-Magnon-Menschen). Aus dieser Zeit und früher stammen auch die ersten bekannten Kunsterzeugnisse (Tierplastiken in der Schwäbischen Alb, Höhlenmalereien in Südfrankreich und Spanien, jeweils vor über 30 000 Jahren). Schwere Erreichbarkeit sowie Inszenierung sprechen dafür, dass es nicht nur um Kunst, sondern um Formen von *schamanischer Religion* ging.

Als das Bewusstsein soweit entwickelt war, dass der Mensch seine Getrenntheit von der Natur und seine Endlichkeit erfasste (Vertreibung aus dem Paradies der Unwissenheit), entstand wohl das Bedürfnis, diesen beunruhigenden Zustand wenigstens vorübergehend aufzuheben. Der bewusste Geist verlangte nach Erklärungen für zahlreiche Fragen des Lebens und nach Ordnung des Gemeinschaftslebens. Religion und religiöse Zeremonien erschienen dafür als geeignet.

Frühformen

Zum Frühstadium der uns bekannten Religionsgeschichte gehört der *Animismus*. Animistische Religionen (Naturreligionen) sind schriftlose, in Jäger-Sammler-Kulturen verbreitete Religionen, die in überlebenden Naturvölkern (indigenen Völkern) noch anzutreffen sind. Der Animismus sieht in allen Erscheinungen der Natur eine Lebenskraft lebendig, eine *allen Dingen innewohnende „Seele"*, sei es in Menschen, Pflanzen, Tieren oder Steinen. So ist die ganze Natur respektgebietend, „heilig". Einen religiösen Überbau gibt es nicht. Animismus tritt meist in Zusammenhang mit *Schamanismus* auf. Man versteht darunter üblicherweise ein religiös-magisches Phänomen. Träger des diesbezüglichen Wissens sind die Schamanen, die sowohl Priester, Arzt wie Ratgeber in gesellschaftlichen Fragen und Kenner der Zusammenhänge in der Natur sind. Die *Magie* will mithilfe von Ritualen und Beschwörungsformeln (Zauberformeln) aufgrund angenommener übernatürlicher Kräfte (Geister, Dämonen) Einfluss auf den Gang der Dinge nehmen. Relikte solcher Magie sind selbst in voll entwickelten Religionen mit theologischen Lehrsystemen enthalten, wie die katholische Lehre von der Transsubstantiation („reale" Verwandlung von Brot und Wein in Leib und Blut Jesu Christi aufgrund der magischen Formel „Hoc est enim corpus meus ..." durch den autorisierten Priester). Der Animismus kennt keine Götter und keine Metaphysik – die Natur selbst ist „beseelt". Er kennt aber Regeln und Tabus: absolute Verbote.

In den Mythen aller *Jägergesellschaften* besitzt der Tod eine schöpferische Kraft. Man stellte sich vor, dass die Verstorbenen als *Ahnen in einem Jenseits* fortleben, in dem alles Lebendige eine Art metaphysisches Ebenbild hat. Das Jenseits ist daher bevölkert von Geistwesen, die positiv oder negativ auf das irdische Leben einwirken können. Nur Schamanen-Priester können mit dieser anderen Welt Kontakt aufnehmen und bedürfen dazu eines veränderten Bewusstseins (Trance). So können sie mit den Ahnen kommunizieren oder mithilfe ihrer Geisthelfer geraubte Seelen zurückholen und damit Kranke heilen. Trance-Zeremonien sollten die Geister gutwillig stimmen und man konnte sie um Hilfe und Rat bitten. Der (noch heute verbreitete) Ahnenkult war meist mit einem Opfer verbunden, sei es als Trank-, Speise-, Brand- oder Kleidungsopfer. Ursprünglich gab es auch Menschenopfer (zu diesen näher A 8). Jägergesellschaften sahen eine schöpferische Kraft in allem Lebendigen. In den altsteinzeitlichen Jägergesellschaften genossen Tiere eine „religiöse", also mythische Verehrung, die sich in Felsbildern oder Höhlenmalereien widerspiegelt. Wo die Grenze zwischen bloßer *Kunst und Religion* verläuft, ist allerdings oft nicht auszumachen.

Zur Geschichte heutiger Religionen

Die noch heute vorhandenen größeren Religionen sind sämtlich mit und nach der Entwicklung der *Ackerbaukulturen* entstanden. Mit dem Ende der letzten Eiszeit vor etwa 10 000 Jahren begann die Jungsteinzeit (Neolithikum) mit Ackerbau und Viehzucht und einer entsprechenden Vorratshaltung. Das bewirkte in der Folge die *neolithische Revolution*. Getreide (Kohlenhydrate) und Milch standen jetzt als wertvolle Nahrungsmittel unabhängig von Wetter und Jahreszeiten zur Verfügung. Die Sesshaftigkeit bedeutete die Entwicklung von Arbeitsteilung, Städten, schließlich Staaten und neuen Machtstrukturen sowie ein wachsendes Bedürfnis, den Zusammenhalt der Menschen zu organisieren. Dazu eignete sich die Religion.

Der neolithische Mensch erlebte den *Vegetationskreislauf*, das ewige Werden und Vergehen, intensiver. Das prägte auch die mythische Ordnung. Die Abhängigkeit von der Erde ließ die Bilder von einer Leben spendenden Mutter Erde entstehen, einer zyklischen Wiederkehr des Lebens durch eine schöpferische Verbindung von Himmel und Erde. So entstand die Große Mutter Erde als Muttergottheit. Als deren späte Nachfahrin ist die Gottesmutter Maria anzusehen, deren Kult an der Stelle des früheren Artemisheiligtums in Ephesus im 5. Jh. begann und zahlreiche Attribute der ägyptischen Muttergöttin Isis exakt übernahm (s. Artikel Maria, C 4). *Himmelsgötter* waren männlich. Die komplexer gewordene Welt erforderte ein kalendarisches System, wobei der Vegetationskreislauf durch die Mondphasen symbolisiert wurde. Das Leben läuft stetig auf sein Vergehen zu, und nach seinem Durchgang durch den Tod kommt es erneuert wieder zutage. Vegetationsgottheiten wie Attis, Baal, Marduk und Osiris wurden als sterbende und wieder auferstehende Gottheiten verehrt.

In den weltweit, vor allem aber bei sesshaften Agrarvölkern (nicht bei Wildbeutern) anzutreffenden *Ahnenkulten* werden die lange verstorbenen Vorfahren der eigenen Familie oder Gruppe (im Gegensatz zu den individuell geprägten *Totenkulten*) durch Riten verehrt, die stets mit unterschiedlichen Arten von Opfern verbunden waren (s. o. zu den Frühformen). Die Zeremonien verbinden Diesseits und Jenseits. In Zusammenhang damit werden auch die lebenden Ältesten verehrt.

Weitere klassische Motive und Funktion der Religionsbildung

Religiöse Vorstellungen sind u. a. das Ergebnis der Suche nach *Erklärung* und *Trost* sowie das Bedürfnis nach *gesellschaftlicher Ordnung*. Religion soll den *Ursprung der Dinge*, undurchschaubare *Naturereignisse* sowie Träume und dergleichen erklären und einen *Grund für das Böse und das Leid* liefern. Es geht m. a. W. um Versuche, existenzielle Fragen zu beantworten. Religion soll generell die *Angst mindern und Trost spenden* sowie die *Gesellschaft integrieren und moralischen Halt geben*. Erleichtert wird die Religionsbildung durch die Leichtgläubigkeit der Menschen und die *manchmal schwierige bzw. aufwändige Widerlegbarkeit*, oft Unwiderlegbarkeit, von Glaubensvorstellungen.

Alle Religionen dienen in mehr oder weniger *homogenen* Gesellschaften als *sozialer Kitt* (zur Problematik A 13) und grenzen die Gesellschaft nach außen hin ab. Die soziale Komponente einer jeden Religion findet ihre wesentliche Ausprägung in *rituellen Zeremonien*, die sich bei animistischen Völkern ebenso wie in modernen Gesellschaften finden. Religion prägt mit ihren Verhaltensvorschriften *Sitten und Gebräuche* und nimmt oft erheblichen Einfluss auf das weltliche Recht. Die *Verbindung mit der weltlichen Macht* ist oft sehr eng, sodass auch die Kriege erheblich von der Religion beeinflusst wurden.

Glaube im Evolutionsprozess

In allen Kulturen war und ist mindestens eine Form von Religion weit verbreitet, wenn auch viele Individuen schon immer dezidiert nicht religiös im Sinn des oben beschriebenen Religionsbegriffs waren und sind (s. zur Geschichte des Unglaubens A 4). Das lässt annehmen, dass die Existenz von *Religion einen evolutionären Nutzen hatte*. Die Evolutionslehre ist nicht irgendeine – richtige oder genauso gut falsche – beweisbedürftige Hypothese, sondern eine weltweit anerkannte und millionenfach (durch Ergebnisse der Paläontologie, Mikrobiologie, Physik, Chemie, Geologie) belegte wissenschaftliche Theorie, die bisher nicht widerlegt ist. Die Evolution ist als Tatsache anzusehen. Die Evolutionslehre besagt, dass alle Lebewesen durch einen ständigen, nicht zielgerichteten Entwicklungsprozess von Einzelzellen ausgegangen sind. Genetische Variabilität und Selektion sind ihre wesentlichen Kennzeichen. Mikrobiologen haben vielfach molekulare Strukturen heutiger Lebewesen bis zu den ersten Anfängen bei Einzellern zurückverfolgen und nachweisen können, dass das irdische Leben einen über drei Milliarden Jahre zurückliegenden punktförmigen Anfang genommen hat. Religion mit ihren auffälligen Ritualen und Energien (Kathedralen, Märtyrer, Gedankensysteme …) werfen daher die Frage auf, „welchen Druck die natürliche Selektion ausübte, so dass die Hinwendung zur Religion begünstigt wurde."[11]

Die Religionen selbst sind natürlich *nicht vererblich*, sondern sie werden kulturell vermittelt. Sie sind das Ergebnis einer *sozialen Prägung*, die meist schon in der frühen Kindheit beginnt. Für die einzelnen Religionsmerkmale wie Einheitserlebnis und Welterklärung gilt, dass sie *zumindest Nebenprodukt* eines anderen Merkmals echter evolutionärer Anpassung sein können. Nach heutigem Forschungsstand gibt es Indizien dafür, dass die Einzelaspekte Autoritätsgläubigkeit und Neigung zu spirituellem Empfinden teilweise erbliche Ursachen haben[12], und unter dieser Voraussetzung haben Menschen eine *natürliche Tendenz zum Erwerb religiöser Vorstellungen*. Mit vielen anderen Biologen hält Richard Dawkins diese Tendenz für ein Nebenprodukt einer anderen evolutionär entstandenen Eigenschaft. Diese sieht er in der Neigung des kindlichen Gehirns, den existenziellen Autoritäten, insbesondere den Eltern, zu glauben, ihnen bedingungslos zu vertrauen. Das ist ein evolutionärer Vorteil, der die Kinder vor schweren, unter Umständen tödlichen Gefahren bewahrt.

Kinder können aber gute und schlechte Ratschläge usw. nicht voneinander unterscheiden. Diesen Umstand machen sich vor allem die Religionen zunutze und beginnen früh mit der religiösen Erziehung bzw. *Indoktrination*. Angeboren scheint auch eine *Neigung zum Dualismus* zu sein und zur *Teleologie*: Das Gehirn will allem – auch unverstandenem – Geschehen einen Zweck zuschreiben, eine Ursache für es finden, wobei der Zufall nicht in Erwägung gezogen wird (wenn eine natürliche Ursache nicht klar ersichtlich ist, liegt Zauberei vor usw.). Der „intentionale Standpunkt" des Gehirns (Daniel Dennett)[13] bedeutet, dass wir darauf programmiert sind, Erscheinungen eine dahinterstehende Absicht zu unterstellen, wenn wir sie als wichtig erfahren. Man hat das bei Kindern untersucht. Diese Intentionalität lässt uns lebensbedrohliche Gefahren schnell erkennen, etwa die Tötungsabsicht von Raubtieren. Das führt natürlich auch zu Fehlvorstellungen, wenn man hinter dem Wetter oder einem Menschen (böse) Absichten vermutet. Diskutiert wird bei Nebenproduktstheorien auch ein *Irrationalitätsmechanismus*, der von der Neigung herrühren könnte, sich zu verlieben.

Festzustellen ist auch die allgemein *verbreitete Tendenz, Überzeugungen nach Wünschen auszurichten,* was für Religionen besonders wichtig ist (s. die bei Licht besehen freilich absurde[14] Vorstellung von der Unsterblichkeit). Auch liegt eine kulturell vermittelte (selektierte) Gedankenauswahl nahe, mag auch der Gedanke eines Nebenprodukts der Evolution insoweit fragwürdig erscheinen. Von kultureller Vererbung zu sprechen („Memtheorie") ist natürlich missverständlich. Beachtung verdient die *memetische Theorie der Religion* dennoch.

Glaube als Gehirnfunktion

Alles, was wir denken und was uns bewegt, beruht auf *biochemischen Vorgängen im Gehirn*. Zu keinem Zeitpunkt kann es zwei verschiedene neuronale Zustände im Gehirn geben. Das heißt: „Keiner kann anders, als er ist" (Wolf Singer).[15] Der Geist und insbesondere das Bewusstsein sind Ergebnis der allmählichen Evolution des Nervensystems. Die *Entwicklung des Bewusstseins* ist parallel mit dem zunehmenden Gehirnwachstum und der *Intentionalität* erfolgt. Die Intentionalität trifft Annahmen über „Akteure" und produziert Wünsche. So wird auch das Denken in Alternativen ermöglicht. Die evolutionsgeschichtlich späte Entstehung unseres Bewusstseins gibt der Forschung in mehreren Disziplinen noch sehr große Rätsel auf. So weiß man nicht, worin das Ich besteht, ja nicht einmal, ob es das Ich überhaupt gibt.

Seit vielen Jahrzehnten kann man verschiedene Areale des Gehirns gezielt reizen, sodass sich auf einer Art Landkarte des Gehirns die verschiedenen Funktionen verorten lassen. Durch elektrische Stimulation kann man Halluzinationen und Sinnestäuschungen wie das Gefühl der Körperlosigkeit und tranceartige Zustände oder Gelächter künstlich hervorrufen. Das limbische System (Hypothalamus, Amygdala und Hippokampus) erzeugt vielfältige Emotionen (Angriffslust, Angst, Eifersucht, Gemeinschaftsstreben usw.) und steht erwiesenermaßen im Zusammenhang mit religiös-spirituellen Erfahrungen. Wenn Menschen religiöse Erfahrungen machen, sind Teile des limbischen Systems aktiviert, und das kann sichtbar gemacht werden. Bei einer Aktivierung des Hypothalamus ergeben sich vegetative und hormonelle Veränderungen. Viele Epileptiker haben von spirituellen Visionen berichtet. Bekannt sind die Experimente von Andrew Newberg und Eugene d'Aquili mit meditierenden tibetanischen Buddhisten und betenden Franziskanerinnen. Am Punkt der größten geistigen Versenkung verringerte sich im Hinterkopf die neuronale Aktivität des Areals, das für die Unterscheidung von Innen- und Außenwelt zuständig ist, recht deutlich, während der für die Aufmerksamkeit zuständige Frontallappen sehr aktiv war. So kann ein mystisches Einheitsgefühl entstehen. Bei den ja geübten Mönchen stieg die Aktivität von „Gamma-Wellen" bei der Meditation stark an. Damit ist natürlich nicht „die Religion" erklärt, sondern lediglich erneut aufgezeigt, wie ein bestehender Glaube das Gehirn zum Entstehen religiösen Erlebens veranlasst. Für den konkreten Glauben (oder Unglauben) ist, neben Eigentümlichkeiten der Gehirntätigkeit, das soziokulturelle Umfeld maßgebend.

Mit den heutigen bildgebenden Untersuchungsmethoden lassen sich, wie aufgezeigt, die äußerlichen Aktivitäten der verschiedenen Gehirnareale mit ihren unterschiedlichen Fähigkeiten gut erfassen. Als Erster hat der Neurobiologe *Benjamin Libet* 1979 (wie nach ihm Andere) experimentell nachgewiesen, dass unbewusst tätige Gehirnareale die Aktivität des Kortex (Großhirnrinde) bei der Entstehung von Handlungen, die wir bewusst als gewollt erleben, bestimmen. Im Vordergrund steht dabei das *unbewusst arbeitende limbische System*, das besonders für das Triebverhalten und (im Zusammenwirken mit anderen Gehirnarealen) unsere Emotionen wichtig ist. Es steuert auch die Ausschüttung von Endorphinen (entdeckt 1975), die für verschiedene Empfindungen bedeutsam sind. Im Ergebnis liegt der Zeitpunkt, zu dem eine Handlungsabsicht bewusst wird, stets deutlich nach dem Zeitpunkt, an dem das Gehirn beginnt,

z. B. eine Muskelbewegung vorzubereiten. Das bedeutet, dass *das Bewusstsein durch unbewusste Bereiche gesteuert wird,* was in noch andauernden heftigen Diskussionen zur *Frage der Willensfreiheit*[16] (näher C 2) von Bedeutung wurde.

Die meisten Hirnforscher sind Deterministen in dem Sinn, dass der Mensch exakt zum Zeitpunkt des Handelns nicht anders konnte. Selbstverständlich ist das Denken stets lernfähig und können Entschlüsse kurzfristig aufgrund von plötzlichen inneren und äußeren Einflüssen umgestoßen werden, es lässt sich noch ein „Veto" einlegen, wenn dafür die neuronalen Voraussetzungen gegeben sind. In der Zusammenfassung von Martin Urban: „Unser Bewusstsein nimmt [...] nicht wahr, dass und wie es durch unterhalb der kortikalen Ebene liegende limbische Bereiche bestimmt wird [...]. Die Menschen fühlen sich frei, wenn sie das tun können, was sie wollen [Handlungsfreiheit, Cz.]. Dass das Wollen nicht frei, sondern determiniert ist, spielt für dieses Gefühl keine Rolle."[17] Urban zitiert dazu den Hirnforscher Wolf Singer mit der Aussage, das Gehirn scheine darauf angelegt, eine Übereinstimmung zwischen den bewussten Argumenten und den jeweiligen Entscheidungen/Handlungen herzustellen, wozu notfalls Argumente erfunden werden. Zu den unbewussten Determinanten unserer Entscheidungen haben wir wenig Einblick. Dazu gehört wohl, dass sie möglichst emotional verträglich sein müssen. Der Mensch entscheidet im Kern „aus der Summe seiner ihm großenteils unbewussten Lebenserfahrungen heraus" (M. Urban).

Das alles ist natürlich auch für das Thema Religion von großer Bedeutung. Dabei sind die *Gruppen der Leichtgläubigen und der Skeptiker* zu unterscheiden. Experimentell wurde nachgewiesen, dass man medikamentös im Gehirnstoffwechsel das Hormon Dopamin (ein Neurotransmitter) freisetzen und so aus Skeptikern Gläubige machen kann. So haben Probanden auf diese Weise in einem abstrakten Bild ein Gesicht erkannt, in dem sie davor kein Muster erkannt hatten. Die „Gläubigen" vermögen ihre rechte Gehirnhälfte besonders leicht zu aktivieren und sind besonders anfällig für das Erkennen von Zusammenhängen auch dort, wo es keine gibt. Im Extremfall entwickeln sie Wahnvorstellungen. Sie glauben an Übersinnliches und neigen dazu, banalen Zufällen eine bestimmte – unter Umständen wichtige – Deutung zu geben.

Zusammenfassung

Man kann die wichtigsten evolutionären und gehirnphysiologischen Gründe zur Entstehung von Religionen wie folgt zusammenfassen: Das Gehirn neigt dazu, Akteure anzunehmen, und es beurteilt deren Intentionen. Die Akteure sollen durch Religion beeinflusst werden. Alle nicht erklärbaren Ereignisse werden dann Verursachern zugeschrieben, die so Bedeutung gewinnen. Das

Das Gehirn fordert für jede Wirkung eine Ursache, wozu es aus dem Schatz der vorliegenden Kenntnisse und Erfahrungen Hypothesen bildet, notfalls erfindet. Wichtig ist dabei die Integrierung in Vorhandenes, so möglich. Dieses Prinzip der „Vermeidung kognitiver Dissonanz" kann auch zur Verdrehung von Kenntnissen und Erfahrungen führen. Die (sinnvolle) Autoritätsgläubigkeit von Kindern kommt später den Bestrebungen der Religionen sehr entgegen, wenn rechtzeitig die erzieherischen bzw. indoktrinierenden Grundlagen gelegt wurden.

Die Menschen bringen biologisch eine gewisse Disposition zu Religiosität mit. Da die konkreten Religionen jedoch wesentlich Produkte der kulturellen Evolution sind, die Kultur aber im naturwissenschaftlichen Wissen stark fortgeschritten ist, hat das skeptische Denken großen Auftrieb bekommen. Daher nehmen besonders in Europa, unterstützt durch Demokratie und Freiheitsrechte, die „Ungläubigen" trotz geringerer Fortpflanzungsrate zahlenmäßig stark und stetig zu (zu Statistikfragen A 12). Sie haben übrigens nicht keine, sondern nur teilweise andere ethische Grundüberzeugungen, die sie aber nicht einfach autoritativ durchsetzen, sondern rational nachvollziehbar zu begründen suchen (s. F 3 zur säkularen Ethik und C 18 zu Verhaltensunterschieden).

3 – Gottesglaube und Atheismus (A-Theismus)

Gottesbeweise gehören schon zur Götterdämmerung. Ihr angestrengter Scharfsinn ist Ausdruck des Zweifels, den er verscheuchen soll.

Christoph Türcke, Philosoph

Einer fragte Herrn K., ob es einen Gott gebe. Herr K. sagte: „Ich rate dir nachzudenken, ob dein Verhalten, je nach der Antwort auf diese Frage, sich ändern würde. Würde es sich nicht ändern, dann können wir die Frage fallenlassen; würde es sich ändern, dann kann ich dir wenigstens so weit behilflich sei, dass ich dir sage, du hast dich schon entschieden: du brauchst einen Gott.

Bertolt Brecht

Kein Gottesbeweis hält, was er verspricht. Wer von der Existenz Gottes ausgeht, sie als Faktum nimmt, tut so, als sei der Gottesbeweis gelungen – und operiert mit ungedeckten Schecks. Im Wirtschaftsleben ist das strafbar, in der Theologie ist es Einlassbedingung.

Christoph Türcke

Gott ist nur eine Arbeitshypothese. Es zeigt sich, dass alles auch ohne Gott geht und zwar ebenso gut wie vorher.

Dietrich Bonhoeffer, Theologe (1906–1945)

Renaissance der Gottesfrage

Die Gottesfrage hat in einigen westlichen Ländern – in Deutschland verstärkt seit etwa 2007 – wieder Konjunktur, insbesondere seit es den sogenannten Neuen Atheisten gelungen ist, mit religionskritischen Büchern selbst in den besonders gottgläubigen USA große Aufmerksamkeit zu erregen. Zu nennen sind vor allem Richard Dawkins, Sam Harris, Christopher Hitchens, Daniel Dennett und Michel Onfray, die auch in deutscher Übersetzung teilweise Bestseller wurden. Es erschienen neue apologetische Bücher, in denen die Option für Gott nahegelegt wurde, auch mit der Behauptung, das sei ohne Weiteres mit den neuesten Erkenntnissen der Naturwissenschaft vereinbar. In einer Fülle an auch bekannten Talkshows waren Religion und besonders die Gottesfrage Hauptthemen. Darüber ist leider meist zu kurz gekommen, dass die Frage nach der Existenz „Gottes" im weitgehend ungläubigen Europa nicht so interessant ist, kommt es doch mehr darauf an, welche Rolle „Gott" im Alltagsleben der Menschen spielt, welche Bedeutung die Politik der Religion einräumt und welche praktischen Konsequenzen sich aus dem Gottesglauben ergeben. Was sind die Verhaltensunterschiede, je nachdem ob die Leute an „Gott" glauben oder nicht? Diese Fragen nach der religiösen und weltlichen Ethik (A 7 und F 3) sowie der Religions- und Kirchenstatistik (A 12) werden gesondert behandelt.

Zur Begründung der Option Gott

Dass man „Gott" nicht „beweisen" kann, ist heute (spätestens schon seit Kant) allgemeine Ansicht auch bei gläubigen Theologen. Unklar ist dann, warum man trotzdem an ihn glauben soll. Glauben heißt: nicht wissen. Wie vernünftig ist es, ohne konkret nachvollziehbare Gründe (tatsächliche Anhaltspunkte) etwas einfach zu „glauben", statt sich bescheiden mit der (derzeitigen) Unkenntnis abzufinden? Nun gibt es streng genommen nur Vermutungswissen. Aber es ist ein Unterschied, ob ein Naturwissenschaftler aufgrund von bisher anerkannten und vielfach überprüften Naturgesetzen, Beobachtungen und Berechnungen an die Richtigkeit einer Behauptung „glaubt", also von ihr, befristet bis zum Vorliegen besserer Erkenntnisse, überzeugt ist, oder ob jemand „glaubt", die eigentliche Ursache einer großen Flutwelle oder eines Vulkanausbruchs mit zahllosen Toten sei die Sündhaftigkeit der Menschen oder ihr „Unglaube".

Da die Gottesfrage immer wieder aufgeworfen wird, ist im Rahmen eines solchen Buches ein völliger Verzicht auf ihre Erörterung nicht sinnvoll. Mit „Gott" wird dabei hier das *traditionelle Verständnis eines persönlichen Gottes* übernommen, der sozusagen die Haare auf dem Kopf der Menschen zählt, Einfluss auf ihr Leben nimmt und sich durch Gebete beeinflussen lässt. Denn ein bloßer *Deismus*, der lediglich einen Schöpfergott als ersten Beweger annimmt, dann aber den Kosmos und die Menschheit vollkommen sich selbst überlässt (so auch Voltaire), ist religionskritisch uninteressant: Verhalten und Schicksal der Menschen sind einem solchen Gott gleichgültig, und er kann daher auch den Menschen gleichgültig sein.

Zur Frage der Existenz eines persönlichen Gottes lässt sich in Kurzform kritisch etwa Folgendes sagen. Die im Christentum entwickelten klassischen „Gottesbeweise" haben sämtlich versagt. Dem *kosmologischen Gottesbeweis* zufolge steht am Beginn jeder Wirkungskette eine letzte Ursache. Das gelte auch für den Kosmos. Die Letztursache von allem nennt man Gott. Damit wird aber das Rätsel, warum etwas und nicht nichts existiert, nicht gelöst. Denn die Logik der Frage nach der Kausalität fordert zwingend die Frage heraus: Wer oder was hat Gott geschaffen? Der Gedanke der notwendigen Letztursache erklärt also nichts und schon gar nichts zur Frage eines persönlichen Gottes.

Der *ontologische Gottesbeweis* schließt allein von der Existenz des Gottesbegriffs (das größtdenkbare Wesen) auf die reale Existenz Gottes. Bloß aus dem Denken lassen sich aber keine Aussagen über die Wirklichkeit gewinnen. Sonst würde auch das fliegende Spaghettimonster (FSM) real existieren. Es handelt sich um eine 2005 beginnende Religionsparodie des US-Physikers Bobby Henderson, die er gegen die Lehre vom Intelligent Design erfand, um sie ad absurdum zu führen.[18]

Der *teleologische Gottesbeweis* schließt von der beobachteten Ordnung im Kosmos und auf der Erde auf einen intelligenten Schöpfer, der das so geplant hat. Aber dieser Gedanke leitet Gott nicht aus der komplexen realen Ordnung ab, sondern behauptet ihn bloß. Demgegenüber ist die Entwicklung des Kosmos seit dem Zeitpunkt unmittelbar nach dem Urknall von der Physik und Astrophysik schon sehr weitgehend ohne die Hypothese Gott auf natürliche Weise erklärt. Das Geheimnis des Urknalls und das Woher der dabei vorhandenen unvorstellbaren Energiemenge bleibt zwar vielleicht für immer ungeklärt, aber es ist nicht größer als das Geheimnis Gott (s. o. zum kosmologischen „Beweis"). Und die Evolutionslehre erklärt die Entwicklung der lebenden Organismen anhand millionenfach bestätigter Prinzipien wesentlich besser als die Annahme einer von Gott eingegebenen Zielrichtung der Entwicklung. Denn die Entwicklung des Lebens verläuft nicht sozusagen geradlinig vorwärts, sondern enthält zahllose Rückschritte und unglaubliche Kuriositäten, die eine zielstrebig vorgehende überirdische Intelligenz als äußerst skurril und launisch erscheinen lassen würde. Die Evolutionslehre besagt, dass sich das Leben im Laufe der Entwicklung den Gegebenheiten der Umwelt angepasst hat und nicht umgekehrt die Umwelt für die Lebewesen konzipiert wurde.

Der *moralische Gottesbeweis* besagt, das sittliche Bewusstsein, das alle Menschen in sich tragen, bedürfe eines göttlichen Urhebers. Das kann schon deswegen nicht überzeugen, weil die Inhalte dieses Bewusstseins höchst unterschiedlich sind, von Erziehung und Gesellschaft abhängen und zahllose nicht religiöse Menschen ein hohes Maß ethischen Verhaltens bewiesen haben.

Aus dem bloßen Wunschbedürfnis nach *ausgleichender Gerechtigkeit* im Hinblick auf die Übel dieser Welt in einem besseren Leben in einer göttlichen Welt ergibt sich nichts außer der Frage, warum Gott überhaupt eine ungerechte Welt geschaffen hat bzw. zulässt.

„Wunder", d. h. den Naturgesetzen widersprechende und Gott zugeschriebene Ereignisse, konnten mit fortschreitendem naturwissenschaftlichem Erkenntnisstand zunehmend natürlich erklärt werden, vom Nachweis betrügerischer Machenschaften ganz abgesehen. Auch ist bekannt, dass Angst, Voreingenommenheiten u. a. sogar zu kollektiven Fehlwahrnehmungen führen können. Naturwissenschaftliche Untersuchungen mit kritischer Öffentlichkeit werden regelmäßig nicht durchgeführt. Die erstaunlichen Wundererzählungen zahlreicher Religionen sind schon deswegen dürftige bis lächerliche Behauptungen zur Göttlichkeit der Urheber der Wunder, weil sie ja alle trotz unterschiedlicher Götter Wahrheit behaupten.

Auf die zahlreichen tiefschürfenden Kritiken an den hier kurz abgelehnten Beweisführungsversuchen zur Annahme göttlicher Existenz kann hier nur pauschal hingewiesen werden.[19] Die Verbissenheit, mit der orthodoxe und fundamentalistische Christen die Gottesfrage behandeln und naturwissenschaftliche und sonstige reale Erkenntnisse ignorieren, zeigt, dass der *Gottesglaube in erster Linie auf intensiven Wunschvorstellungen beruht* und dass bei vielen Menschen die Gefühle selbst einen starken Verstand zu besiegen vermögen. Einer der neuesten Versuche, dem Gottesglauben ein festes Gerüst zu geben, stammt von dem katholischen Philosophen und Theologen Robert Spaemann: „Der letzte Gottesbeweis" (2007). Die eigenartige Gedankenführung besagt: Wenn es einmal keine Menschen mehr geben wird, die Aussagen über die reale Vergangenheit machen können, wäre diese nicht mehr wahr. Damit also die gegenwärtige Wahrheit auch in Zukunft wahr ist, muss die Information darüber einem Gott für ewig zur Verfügung stehen. Wie überzeugungsstark ist eine Idee, deren Verteidiger glauben, zu einem solch abstrusen Mittel greifen zu müssen? Ob etwas existiert, hängt nicht davon ab, ob es jemand bewusst wahrnehmen kann. Nur taucht, ist dies nicht der Fall, die Frage nach der Existenz dann gar nicht auf. Wenn es einmal keine Wesen mehr gibt, die über die heutige Existenz sinnvolle Aussagen machen können (spätestens mit dem endgültigen Abdriften des Mondes oder dem Sterben der Sonne), wird es zwar so sein, als ob es die heutige Existenz nicht gegeben hätte, aber das ändert doch nichts an der jetzigen Existenz. Letztlich besagt dieser „letzte Beweis": Weil alles vergänglich ist, muss es daneben auch etwas Unvergängliches geben. Das läuft aber nur auf die Lehre vom ersten Verursacher hinaus und ist alles andere als neu. Dass das Ewige als Letztursache „Gott" ist und nicht das Universum bzw. die Universen, ist aber gerade nicht ausgemacht.

All die Versuche, den irrationalen Gottesglauben (sonst wäre es ja kein Glaube) rational plausibel zu machen, sind eigentlich nutzlos, wenn es nicht um einen persönlichen Gott geht. Gerade dazu sagen aber die meisten der genannten Versuche nichts aus. Im Übrigen müsste man die Forderungen eines persönlichen Gottes kennen, um sie erfüllen zu können. Dazu gibt es aber keinerlei Hinweise, wenn man nicht auf heilige Schriften zurückgreifen will. Gerade die biblischen Schriften sind als Gesamterscheinung an Widersprüchlichkeit und Unklarheit kaum zu übertreffen, wie schon das Chaos hunderter Theologien zeigt, von der Willkür der jeweiligen Auswahl der geeignet erscheinenden Sätze ganz abgesehen. Eine plausible menschendienliche und konkret brauchbare Ethik kann diesen Schriften selbst dann nicht entnommen werden, wenn man sie stark selektiv nutzt.

Zugunsten der These Gott wird auch auf den Vorteil verwiesen, der sich mit dieser Annahme trotz des weiterhin bestehenden Unwissens um die Existenz Gottes verbindet, nämlich die *„Pascal'sche Wette"*. Gibt es ein göttliches Wesen, so sollte man um des ewigen Lebens willen an es glauben; gibt es kein göttliches Wesen, so stellt ein solcher Glaube keinen besonderen Nachteil dar. Dieser Gedanke lässt sich wie folgt kritisieren: Selbst wenn man der Auffassung, es sei vor dem Hintergrund der erwähnten Alternativen rationaler, an einen Gott zu glauben, zustimmen wollte, so liefert die skizzierte Argumentation keinen Beweis für die Existenz eines solchen Wesens. Sie enthält allenfalls ein Motiv, das in der beabsichtigten individuellen Vorteilsmaximierung begründet liegt. Darüber hinaus würden sich die Gläubigen den Inhalten und Ritualen einer Religion lediglich anpassen, um aus Eigeninteresse und Selbstsucht in den Genuss des ewigen Lebens in einem Paradies zu kommen.

Indessen liegt die *Beweislast* aufseiten der Gottesanhänger, denn diese stellen ja die These der Existenz Gottes auf. Aber in jahrhundertelangen Bemühungen haben sie noch keine überzeugenden und widerspruchsfreien Argumente für ihre Auffassungen vortragen können. Selbst unsinnige Behauptungen, die man im strengen Sinn nicht widerlegen kann, lassen sich mühelos aufstellen, ohne dass jemand auf die Idee verfiele, die Gegner des Unsinns seien gehalten, ihre Position zu beweisen. Wer eine Behauptung aufstellt, soll ihre Richtigkeit oder wenigstens Plausibilität dartun. Es ist nach allem von der extremen Unwahrscheinlichkeit „Gottes" auszugehen. Der Kosmos und das Leben sind auch ohne die Hypothese Gott erklärbar. Den Kosmos und das Leben durch die Hypothese Gott erklären zu wollen, wirft nur die weitere Frage nach dem Erschaffer Gottes auf usw.

Was sind Atheisten?

Atheisten sind stets Menschen, die schlicht nicht an „Gott" glauben: A-Theisten. Damit teilt der Begriff Atheismus fast die Leerformelhaftigkeit des stark schillernden Gottesbegriffs. Die philosophische Position des *Agnostizismus* lässt die Frage nach „Gott" und dem Ursprung und Sinn der Welt bewusst unbeantwortet, weil sie mit dem menschlichen Intellekt nicht wirklich beantwortet werden könne: Niemand weiß, was die Welt im Innersten zusammenhält. Diese bescheidene Position ist intellektuell schwer angreifbar, weil sie keine unbeweisbaren Behauptungen aufstellt. Versteht man unter A-Theisten, dem ursprünglichen Wortsinn entsprechend, alle Menschen, die nicht von der Existenz „Gottes" überzeugt sind, so wären auch Agnostiker als Atheisten anzusehen. Im Allgemeinen versteht man heute unter Atheisten – schärfer – Menschen, die nicht nur nicht an die Existenz eines „Gottes" oder von Göttern „glauben", sondern darüber hinaus von ihrer Nichtexistenz überzeugt sind.

Der *Sprachgebrauch* ist jedoch *ungenau*. Auch im engeren Wortsinn ist „A-" unscharf, weil mit dem Gegenbegriff „Gott" die unterschiedlichsten Auffassungen bis in unmittelbare Nähe des „Atheismus" benannt werden. Die bloße Rede von Gott ist genau genommen eine sprachliche Leerformel. Selbst Martin Luther hat einmal gesagt: „Gott ist eine leere Tafel, auf der nichts weiter steht, als was du selbst darauf geschrieben." Von anderen bedeutenden Theologen sind ähnliche Aussagen überliefert. Viele Menschen, die an einen monotheistischen Gott glauben, verstehen ihn im Sinn eines *Deismus*, also eines Schöpfergottes, der nicht in das Weltgeschehen und Menschenleben eingreift. Andere, die nur an ein undefiniertes „Höheres Etwas" glauben, benutzen ebenfalls das Wort „Gott". An den mit Gott traditionell assoziierten *persönlichen Gott*, der auf das Leben der Menschen Einfluss nimmt, der belohnt und bestraft, glaubt in Deutschland nur noch eine Minderheit, wie repräsentative Befragungen klar ergeben haben. Nach der detaillierten ALLBUS-Studie von 2002 glaubten von den Protestanten nur 23,3% und von den Katholiken nur 35,5% an einen persönlichen Gott, und von allen Befragten waren es 25,2%[20]. Das bedeutet, dass die *klare Mehrheit der deutschen Bevölkerung* zu den Pantheisten, Agnostikern oder Atheisten im engeren Sinn gehört, obwohl viele dieser Menschen verbal angeben, an „Gott" zu glauben, wenn man sie fragt. Dieses Faktum korreliert klar mit anderen Erhebungen im Rahmen thematisch breiterer repräsentativer Untersuchungen zu Glaubensfragen. Die statistisch derzeit wohl noch knapp bevorzugte Rede von Gott ist bedingt durch die Tatsache, dass der *Begriff Atheismus nach wie vor negativ bewertet wird.* So erklärte der baden-württembergische Ministerpräsident Oettinger 2006, lieber würde er Muslime einbürgern als Scientologen oder Atheisten. Und immer wieder hört man verantwortungslose Sätze wie „Ohne Gott ist alles erlaubt", als wenn nicht zwischen 1933 und 1945 mehr als je zuvor alles erlaubt gewesen wäre, obwohl nahezu alle Deutschen an „Gott" geglaubt haben. Aus solchen Gründen bevorzugt man zumindest in Westdeutschland üblicherweise noch die ungleich positiver empfundene Rede von Gott, auch wenn man z. B. Pantheist ist und die Natur oder „die Summe allen Seins" als Gott bezeichnet.

Zum Unglauben

An einen bösen Gott wollen auch die meisten derer, die seine Existenz so nachhaltig beschwören, nicht glauben. Sie propagieren einen lieben Gott: „Gott ist die Liebe" (Amorizismus), sagen sie. Woher wissen sie das? Und wenn Gott die Liebe ist, warum hat er dann die Menschen so werden lassen, dass die Geschichte so monströs verlaufen konnte und verläuft? Und schon ist man beim Problem der Rechtfertigung Gottes angesichts des Bösen, der berühmten *Theodizeefrage,* die die Ungereimtheit der gleichzeitigen Allmacht, Allwissenheit und Güte Gottes thematisiert. Schon Epikur soll sie um 300 v. u. Z. so formuliert haben (Überlieferung nach dem Kirchenschriftsteller Lactantius um 300 u. Z.): „Entweder will Gott die Übel beseitigen und kann es nicht: dann ist Gott schwach, was auf ihn nicht zutrifft, oder er kann es und will es nicht: dann ist Gott missgünstig, was ihm fremd ist, oder er will es nicht und kann es nicht: dann ist er schwach und missgünstig zugleich, also nicht Gott, oder er will es und kann es, was allein für Gott ziemt: Woher kommen dann die Übel und warum nimmt er sie nicht hinweg?" Dieses *Theodizee-Problem* hat sich als unlösbar erwiesen und ist ein *Fels des Atheismus.* Hätte ein allmächtiger Gott, der die Schwächen der Menschen und die Grausamkeit der Natur voraussehen musste, die Welt nicht auch so erschaffen können, dass sie frei ist von Elend durch Kriege, grausame Krankheiten und Naturkatastrophen?

Demgegenüber verweisen die Anhänger der Gottesexistenz darauf, dass erst das Übel der Welt zu großer moralischer Güte führe, dass diese Schattenseiten zur *Gesamtharmonie* der Welt gehörten oder sie Ausdruck des *freien Willens* der Menschen seien. Diesen Aussagen ist entgegenzuhalten: Das Ausmaß des Elends steht in keinem Verhältnis zur behaupteten Notwendigkeit von Situationen, die Anlass geben, gute Taten zu vollbringen. Die Duldung menschlichen Leidens um einer Gesamtharmonie willen zeugt nicht von göttlicher Güte. Und der Hinweis auf den freien Willen mag von Menschen verursachte Übel erklären, nicht aber die von Naturkatastrophen ausgehenden Folgen für Unschuldige moralisch zu rechtfertigen. Die Frage, ob nicht der freie Wille nur eine Illusion ist (dazu C 2), kommt noch dazu.

Zum Schluss sei noch darauf hingewiesen, dass auch die im traditionell-europäischen Gottesglauben beheimateten *Gläubigen ebenfalls Ungläubige* sind: Sie glauben an keinen der zahlreichen anderen Götter bzw. Religionen. Und aus der bloßen Tatsache, dass sie, ganz individuell, an etwas Göttliches glauben, folgt noch nichts über weitere Glaubensinhalte und insbesondere nichts über einzelne religiöse Grundüberzeugungen, warum sie gerade diese haben und ob dafür gute Gründe sprechen.

4 – Zur Geschichte des Unglaubens

Die ungläubige Haltung ist ein fundamentaler, ursprünglicher, notwendiger und daher unausweichlicher Bestandteil jeder Gesellschaft.
Es bestand bzw. besteht grundsätzliche Feindschaft der Religionen gegenüber dem Unglauben […]. Bis Mitte des 20. Jh. bilden Gläubige und Ungläubige im Abendland zwei antagonistische Welten, jederzeit bereit, handgemein zu werden.
Wenn der Wille, den Atheismus auszumerzen, lange das Übergewicht hatte, so deshalb, weil man meinte, ein fehlender Glaube habe ein abweichendes individuelles und gesellschaftliches Verhalten zur Folge.

George Minois, Historiker

Die Abwesenheit Gottes führt zum Verfall des Menschen und der Menschlichkeit. […] hatte ich gesagt, dass die Leugnung Gottes den Menschen verdirbt, ihn der Maßstäbe beraubt und zur Gewalt führt.
Aus der Rede von Benedikt XVI. am 27.10.2011 beim Friedenstreffen in Assisi

Wesensnotwendige Religiosität?[21]

Angesichts des erheblichen sich nicht religiös definierenden Teils der Menschheit ist die immer wieder zu hörende Behauptung, der Mensch sei wesensnotwendig „religiös", heute eine unseriöse Zweckbehauptung. Die Frage, ob die „ersten Menschen" religiös oder irreligiös waren, ist nicht alternativ zu beantworten. Dies gilt ganz abgesehen von der allgemeinen religionswissenschaftlichen Erkenntnis, dass die Grenzen von Religion und nicht religiöser Weltanschauung fließend sind. Grundsätzlich wird man sagen können, dass die primitive Mentalität zwischen Natur und Übernatur nicht unterschied. Der Mensch fühlte sich als integrierender Bestandteil eines Ganzen („Mana"). Dieses mythische Bewusstsein *kann* sowohl Magie als auch Religion hervorbringen. Dabei sind objektbezogene magische Haltungen grundsätzlich als a-theistisch anzusehen. Allerdings enthält auch das Christentum magische Elemente. Die unterscheidende Intelligenz bringt notwendig sowohl das Heilige wie das Profane hervor, eine religiöse oder nicht religiöse Einstellung. Die Rationalisierung des Mythos zu einem religiösen System ist eine Möglichkeit, der theoretische Atheismus eine andere. Beide Intellektualisierungen sind insofern gerechtfertigt. Religiöse und irreligiöse Weltanschauungen sind gleichermaßen natürlich, denn niemand weiß, was die Welt im Innersten zusammenhält. Dass das Gehirn die Entstehung religiöser Ideen begünstigt, scheint nach heutigem Erkenntnisstand der Neurobiologie zwar sicher, ändert aber doch nichts an der Existenz des Unglaubens seit mindestens etwa 5000 Jahren (zur sozialen und biologischen Funktion des Gehirns s. A 2).

Alte Geschichte

In der Kulturgeschichte der Menschheit sah man in ausgebildeten größeren Herrschaftssystemen für den Fall, dass sich grundsätzliche weltanschauliche Abweichungen entwickeln würden, eine Gefahr für die Herrschenden und die Einheit des Systems. Man suchte daher solches Gedankengut zu unterdrücken. In alten Kulturen finden sich aber dennoch gleichzeitig die verschiedensten Haltungen: z. B. Deisten (für die „Gott" nur ein unpersönlicher Schöpfergott ist), Pantheisten, Esoteriker, praktische und theoretische Atheisten. Dass die überkommenen Zeugnisse des Glaubens bzw. der Religion ungleich zahlreicher sind als die Zeugnisse des Unglaubens, versteht sich von selbst, denn der Ungläubige braucht keinen Kult. Schon die ältesten Zivilisationen haben den Atheismus gekannt, Indien seit viereinhalbtausend Jahren. Mindestens seit dem 4. Jh. v. u. Z. gab es in Indien eine fest verankerte atheistische Tradition. Der chinesische Konfuzianismus enthält starke pantheistische und atheistische Aspekte und im antiken Persien gab es den atheistischen Zervanismus. Die biblischen Psalmen hadern mehrfach mit den „Gottlosen", die Gottes Existenz leugnen. Skeptische Strömungen sind im AT stark vertreten. Die hebräischen Sadduzäer kamen deistischen Positionen nahe.[22]

Gedankengut, das im heutigen Sinn atheistisch-agnostisch-pantheistisch genannt werden kann, findet sich in der *griechisch-römischen* Antike reichlich. Bis zur vorsokratischen Periode war Transzendenz nicht gefragt. Letzte Realität war die ewige Natur, und die Götter waren Teil derselben. Heraklit hatte eine zyklische Auffassung eines autonomen und ewigen Weltalls, ähnlich Parmenides (den man Vater des Materialismus genannt hat) und Empedokles,

Leukippos und Demokrit, und selbst Letzterer wurde deswegen nicht behelligt. Es herrschte bis gegen Ende des 5. Jh. v. u. Z. eine Art pantheistischer Konsens der Philosophen vor. Der Umschwung kam 432 v. u. Z., als Athen des bedrohten Standes der Seher wegen aufgrund eines Dekrets diejenigen verfolgte, die nicht an die staatlich anerkannten Götter glaubten. Wissenschaftliche Erklärung wurde systematisch bekämpft, was auch dem Agnostiker *Sokrates* zum Verhängnis wurde. Zur Zeit des Peloponnesischen Krieges wurden die Götter als patriotischer Kitt gebraucht. Das politische Motiv stand bei den zahlreichen Prozessen meist im Vordergrund. Im 4. Jh. kämpfte *Platon* gegen den Unglauben und kann als Vater der Diskriminierung der Anhänger desselben bis heute gelten: Ungläubige erklärte man für staatsfeindlich, vulgär, unmoralisch, zu Verderbern der Jugend. *Mit Platon wurde der weit verbreitete „Atheismus" zum Anker des Bösen.* Platon nahm die schlimme Formel vorweg: „Wenn Gott nicht existiert, ist alles erlaubt." Der „göttliche" Platon, Vertreter des Guten und Wahren gegen das Böse und den Irrtum, forderte der Sache nach Inquisition und Konzentrationslager. Trotzdem setzten sich der *pantheistische Stoizismus* (die Stoa) und der *atheistische Epikureismus* durch: Letzterer als der erste große Versuch einer atheistischen Moral, die übrigens ein einfaches Leben propagierte, aber grotesk verleumdet wurde und wird. Dieses Gedankengut, meist nur als besondere Frömmigkeitsform empfunden, fand breiten Eingang in das Römische Reich (z. B. Cicero, Seneca, Lukrez, Marc Aurel).

Auch die *Bibel* liefert einen klaren Beleg für die Verbreitung des Unglaubens. Sowohl Psalm 14 wie Psalm 53, die wie die anderen Psalmen zwischen 500 und 1000 v. u. Z. entstanden sein dürften und sich weitgehend gleichen, beginnen mit den Worten: „Die Toren sagen in ihrem Herzen: ‚Es gibt keinen Gott.'" Wenn es dann weiter heißt, „alle" seien abtrünnig und verdorben, so spricht das trotz wahrscheinlich starker Übertreibung für eine keineswegs vernachlässigbar geringe Verbreitung des Unglaubens.

Mittelalter

Das traditionelle Bild eines durch und durch christlichen Mittelalters ist mittlerweile stark infrage gestellt (s. etwa die Forschungen von J. Delumeau, J. Le Goff, E. Le Roy Ladurie, R. Pernoud, D. Weltecke). Während bei den Intellektuellen die Vernunft an der Offenbarung nagte (z. B. Averroismus – Ibn Ruschd; Nominalismus – Occam; Siger von Brabant; Petrus Abälard; Lehre von der doppelten Wahrheit; Meister Eckhart; Kaiser Friedrich II.), gab es auch im Volk und in zahlreichen Bewegungen *unchristliches Gedankengut und Verhalten*. Bei zahlreichen auch zügellosen Festen wurden hauptsächlich in Frankreich selbst in Kirchen das Heilige und die kirchliche Hierarchie grob verspottet (Narrenfest,

Eselsfest u. a.). Die *verbreitete Magie* lag dem praktischen Atheismus oft näher als der Religion und die Zeugnisse des mittelalterlichen Unglaubens in Europa sind überaus zahlreich.[23] Das Göttliche blieb im Vordergrund, ein verbreiteter latenter und praktischer Atheismus meist im Hintergrund.

Neuzeit und Gegenwart

Welch große Tradition der *Zweifel und Unglaube* in der Renaissance, der Neuzeit und im 19. und 20. Jh. hat, kann hier auch nicht ansatzweise dargestellt werden. Hingewiesen sei nur auf wenige Namen wie Giordano Bruno, Pierre Bayle, Baruch Spinoza, Denis Diderot, François Voltaire, Paul Thiry d'Holbach, Jean Meslier, David Hume, James Stuart Mill, William Hamilton, Thomas Paine, Benjamin Franklin, Friedrich II., G. C. Lichtenberg, Immanuel Kant, J. W. Goethe, Arthur Schopenhauer, Georg Büchner, Heinrich Heine, Ludwig Feuerbach, Karl Marx, Friedrich Nietzsche, Friedrich Hebbel, Ernst Haeckel, Sigmund Freud, Leo Tolstoi, Émile Durkheim, Charles Darwin, Mark Twain, Percy Bysshe Shelley, G. B. Shaw, Wilhelm Busch, Max Weber, Fritz Mauthner, Albert Einstein, Theodor Lessing, Kurt Tucholsky, Nicolai Hartmann, Albert Camus, André Gide, Erich Fromm, Ludwig Marcuse, Bertrand Russell, Julian Huxley, Bert Brecht, Jean Amery, Karl Jaspers, Alexander Mitscherlich, Karl Raimund Popper, John L. Mackie, Hans Albert, Ernst Topitsch, Arno Schmidt, Friedrich Dürrenmatt, Max Frisch, Walter Kaufmann, Karl Löwith, Robert Mächler, Wilhelm Nestle, Kurt Port, Friedrich Pzillas, Gerhard Szczesny, Wilhelm Weischedel, Gustav Wyneken. An neueren Autoren sind etwa zu nennen Pascal Boyer, Richard Dawkins, Daniel C. Dennett, Sam Harris, Christopher Hitchens, Michel Onfray. Über 90 % der Spitzen-Naturwissenschaftler der USA sind ungläubig. Der Name Richard Dawkins und die neue Bewegung „The Brights" kann für alle heutigen Ungläubigen stehen. Für Deutschland ist vor allem die Giordano-Bruno-Stiftung zu nennen.

Unzureichende Wahrnehmung und Fehlbewertung des A-Theismus

Es gibt also eine große Tradition des Unglaubens. Im Widerspruch zur gesicherten Tatsache, dass eine deutliche Mehrheit der Bundesbürger sich für nicht religiös hält und der praktische Atheismus selbst bei den „Gottgläubigen" vorherrscht, werden Agnostiker, „Atheisten" bzw. säkulare Humanisten in Deutschland trotz zahlreicher Bemühungen öffentlich erst ab 2005–2007 („Neuer Atheismus") wahrgenommen, von der Politik aber weiterhin fast geschlossen ignoriert. In der Zeit des Absolutismus und Nationalismus gehörten freilich Gottesglaube und Religiosität notwendig zum loyalen Staatsbürger. Atheismus und Moral wurden als Gegensatz aufgefasst. Heute muss man diese Ansicht als offensichtlich unsinnig bezeichnen. Trotzdem ist die negative Assoziierung des Begriffs Atheismus geblieben. Selbst heute sind Prominente mitunter zu Sätzen fähig wie: „[…] wem Gott im Himmel nicht mehr heilig ist, dem kann auch auf Erden nichts mehr heilig sein." – „Menschlichkeit ohne Gottesglauben verkommt in Brutalität." – „Den Menschen begründet in seiner unantastbaren Würde, dass er die Fähigkeit besitzt, Gott anzubeten."[24] Und solche Ergüsse sind in Deutschland nicht ganz isoliert. Der baden-württembergische Ministerpräsident Günther Oettinger erklärte auf einem Neujahrstreff der CDU am 15.1 2006 zum Thema Einbürgerung, Muslime seien ihm lieber als Scientologen oder Atheisten.[25]

Noch ungleich schwieriger ist die *Situation der Ungläubigen in den USA* mit ihrer absoluten Außenseiterposition. So berichtet Richard Dawkins von der typischen Reaktion der Eltern der amerikanischen Komikerin Julia Sweeney, die ein Stück „Letting Go of God" geschrieben hatte.[26] Der offenbar gewordene Unglaube Julias wurde als Familienverrat angesehen, und ihre Eltern erklärten, mit ihr nicht mehr zu reden. Ihr Vater verbat sich ihre Teilnahme an seiner Beerdigung. Dass sie nicht mehr an Gott glaubte, war enttäuschend; aber „Atheistin" zu sein, war eine totale Katastrophe. Aber nicht Skepsis und Unglaube hat auf die Schlachtfelder geführt. Wie auch könnte jemand im Namen eines nicht vorhandenen Glaubens in einen Krieg ziehen? Sehr häufig hingegen war und ist der Glaube Verursacher und Verschärfer („Brandbeschleuniger") von Kriegen (A 11). Ein eklatantes Beispiel ist der Irakkrieg von 2003, der im Namen Gottes und mit religiöser Rhetorik auf der Basis massiver Lügen entfacht wurde. Vergleichbar ist die religionsähnliche Ideologie „politischer Religionen" wie des Nationalsozialismus oder Leninismus/Stalinismus mit ihren verheerenden Folgen.

5 – Glaube, Wissenschaft, Vernunft

Glauben und Wissen verhalten sich wie die zwei Schalen einer Waage: In dem Maße, als die eine steigt, sinkt die andere.
Artur Schopenhauer

[…] der laute Widerklang des „Credo", den man vernimmt, wenn man dagegenschlägt, erklärt sich aus einem inneren Hohlraum – während ein gewöhnliches Wissen, an das man rührt, nur ein trockenes Pochen vernehmen lässt […]. Glauben ist nicht so sehr ein positiv Vorhandenes als vielmehr die Leugnung eines Unglaubens. Der Glaube wird mit dem Mal des Zweifels an der Stirn geboren […] nistet der Unglaube im Glauben als dessen innerster Keim, der aufgehen will, und ihn fortwährend zu ersticken, das eben kostet Kraft und ist darum ein Verdienst.
Burkhard Müller, in: Schlussstrich.

Die Vernunft ist das größte Hindernis in Bezug auf den Glauben, weil alles Göttliche ihr ungereimt zu sein scheint, dass ich nicht sage, dummes Zeug.
Martin Luther

Wenn es allgemein üblich würde, Überzeugungen auf Beweise zu gründen und ihnen nur jenen Grad an Gewissheit zuzuerkennen, den ein Beweis rechtfertigt, würden die meisten Übel geheilt, an denen die Welt krankt.
Bertrand Russell

Glaubenslehren, die von „voller und strenger Wahrheit" zu handeln meinen, behaupten ein Erkenntnisprivileg. Sie gefährden damit Toleranz und Frieden.
Ulrich Klug, Rechtsphilosoph

Genügt es nicht zu sehen, dass ein Garten schön ist, ohne dass man auch noch glauben müsste, dass Feen darin wohnen?
Douglas Adams (Schriftsteller und Komiker)

So viel ist gewiss: wer einmal Kritik gekostet hat, den ekelt auf immer alles dogmatische Gewäsche.
Immanuel Kant

Der Glaube ist nicht der Aufgang, sondern das Ende allen Wissens.
Johann Wolfgang von Goethe

Vereinbarkeit von Glaube und Vernunft?

Seit Jürgen Habermas, der nach wie vor ungläubige Linksintellektuelle, der Religion und insbesondere Papst Benedikt XVI. seine Referenz erwiesen hat, hat die kirchliche These der Vereinbarkeit von Glaube und Vernunft (Wissenschaft) wieder mehr Gehör gefunden. Habermas besteht zwar auf einer strikten Grenzziehung zwischen Glauben und Wissen, aber er will sich nicht rationalistisch „anmaßen", über Vernunft und Unvernunft in religiösen Lehren zu entscheiden. Wie Joseph Ratzinger und Hans Küng scheint er der Ansicht zu sein, beide Bereiche seien inkommensurabel und dürften nicht mit gleichem Maß gemessen werden. Die Erkenntnis duldet aber keine künstlichen Grenzen. Es gibt keinen Grund, Widersprüchlichkeiten unter den Teppich zu kehren und speziell im Bereich Religion den Gebrauch des Verstandes in kritisch-wissenschaftlicher Absicht für unstatthaft zu erklären. Demgegenüber betont Habermas zwar den notwendigen Bestand der Aufklärung, fällt ihr aber in Sachen Religion spätestens seit 2001 in den Rücken. So fördert er zumindest indirekt den Fundamentalismus einer Papstkirche, die nach wie vor den Gebrauch von Kondomen zum Schutz vor Aids verbietet und die Horrorlehre vom personalen Teufel und der ewigen Höllenstrafe (und sei es in modernisierter Form) ausdrücklich aufrechterhält.[27] Das sollte aber nicht dazu verleiten, fünf gerade sein zu lassen.

Die *Bedeutung von „Vernunft"* ist unklar. In der Religion kann „vernünftig" bedeuten, dass etwas einer „höheren Ordnung" entspricht. In der Philosophiegeschichte ist „Vernunft" vieldeutig. Heute wird der Begriff meist im Sinn von *Erkenntnisvermögen* verwendet, das den menschlichen Geist in die Lage versetzt, aus Einzelerkenntnissen und Erfahrungen Schlussfolgerungen zu ziehen und demgemäß sinnvoll zu handeln. Das Ergebnis ist dann von „Vernunft" getragen. Die Vernunft kontrolliert den Verstand durch Reflexion. Wegen seiner Bedeutungsunschärfe wird der Begriff „Vernunft", der heute in engem Zusammenhang mit Wissenschaft gesehen wird, hier möglichst gemieden; das ist aber aufgrund verbreiteter Redeweisen nur begrenzt möglich.

Religion

Religion beschäftigt sich im Kern mit Phänomenen, deren Erkenntnis die Möglichkeiten der Wissenschaft nach ihrer Meinung übersteigt. Glaube ist *vertrauendes Wissen*, das etwas wesentlich anderes bedeutet als *(natur-)wissenschaftliches Wissen*; Glaube ist irrational. Dennoch behandeln Theologen unter dem Thema „Glaube und Vernunft" die Frage, wie Glaubensaussagen durch Vernunftgründe gerechtfertigt werden können. Wenn Vernunft rationales, widerspruchsfreies und kritisierbares Denken meint, ist das ein Widerspruch.

Wer überzeugende, rational nachprüfbare Gründe für die Richtigkeit eines Sachverhalts hat, braucht nicht daran zu glauben: Er weiß es, im Rahmen der jeder wissenschaftlichen Aussage innewohnenden Vorläufigkeit. Religiöse Antworten auf alle möglichen Fragen stehen unter der Prämisse: Wir glauben ohne wirklich stichhaltige, allgemein nachprüfbare Gründe, dass es so ist. Auch der Papst kann seine religiösen Antworten definitionsgemäß nicht beweisen. Ihr Gegenstand bleibt ein Geheimnis. *Zwischen dem religiösen Glauben und der Wissenschaft verlaufen Frontlinien.* Das sieht man rein praktisch daran, dass die Religion in zahlreichen Punkten zurückweichen musste, selbst in solchen, in denen wichtige religiöse Lehren naturwissenschaftlich widerlegt wurden (geozentrisches Weltbild; Abstammungslehre).

Sobald irrationaler Glaube absolut ist (Dogmenglaube), werden zum einen auch *Erkenntnis- und Humanitätsfortschritte verhindert*, denn historische Irrtümer und unzulängliche Moralvorstellungen werden festgeschrieben. Zum anderen beschwört ein solcher Glaube zwangsläufig neben inneren auch *schwere gesellschaftliche Konflikte* herauf (Hexenglaube, „Scheidung auf italienisch", Shoah). Das sind Grundprobleme der monotheistischen Religionen.

Wenn Kabarettisten kritisch auf den Glauben zielen, kann das humorvoll, ja lustig wirken und wird im Rahmen eines vielfältigen Programms keine Sprengkraft entfalten. In gedruckten Worten mag das anders sein: „Das Schöne am Glauben ist, dass man ihn nicht begründen muss [...]. Insofern kann man auch unsinnige Sachen glauben. Wenn man nur genügend Leute findet, die mitglauben, wird sogar eine Religion daraus. Dann kann man sogar glauben, dass ein allwissender Gott den Menschen geschaffen hat, um später, völlig überrascht von dessen Schlechtigkeit, Strafen für ihn zu ersinnen und ihn am Ende vor Gericht zu stellen. Das ist ein hirnverbrannter, in sich widersprüchlicher Schmarren. Dennoch ist dieser Gedanke Grundlage großer Religionen." (Dieter Nuhr)

Wissenschaft

Als *Kriterien jeglichen (nicht nur natur-)wissenschaftlichen Arbeitens* sind im Sinn eines Minimalkonsenses anzusehen: Verzicht auf dogmatische Festlegung der Denkvoraussetzungen; rationale Fassbarkeit des Untersuchungsgegenstands; vorbehaltlose Bereitschaft zur Kritik hinsichtlich der Methoden und Ergebnisse der Arbeit; Zweifel als Erkenntnisprinzip; verstandesgemäße Nachvollziehbarkeit der Ergebnisse; allgemeine Zugänglichkeit des Wissenschaftsbetriebs. Stichworte: Logik, Empirie, Zweifel als Methode, keine letztgültigen Erkenntnisse (Falsifizierbarkeit, s. das Werk von Karl Popper). All diesen Grundforderungen wird die akademisch gelehrte Religion nicht gerecht. Der Wissenschaftstheoretiker Hans Albert hat das am Beispiel der Theologen Hans Küng und Joseph Ratzinger deutlich herausgearbeitet.²⁸ *Wissenschaftsgläubigkeit* im Sinn einer Ideologie ist dem wissenschaftlichen Denken demgegenüber fremd, obwohl sie ihm von Gläubigen gern vorgeworfen wird. Im Gegensatz zum religiös-irrationalen Glauben könnte man zwar auch von einem wissenschaftlich-rationalen Glauben sprechen, aber nur in dem Sinn, dass Wissenschaft selbst ihre gesichert erscheinenden Ergebnisse stets als (bis zu ihrer Widerlegung) nur vorläufig ansieht: Es gibt auch in der Naturwissenschaft kein absolutes Wissen, sondern nur *Vermutungswissen*. Sobald dieses von der Fachwissenschaft vielfach bestätigt und daher gegebenenfalls allgemein anerkannt ist, werden die Ergebnisse in Form erklärender Zusammenhänge als Systeme bekannt, die man allzu bescheiden nur „Theorien" nennt. Eine solche wissenschaftliche Theorie ist die *Evolutionstheorie*, die heute als nachgewiesene wissenschaftliche Tatsache angesehen werden muss. Demgegenüber steht die Lehre des *Intelligent Design* (ganz abgesehen vom die Bibel wörtlich nehmenden Kreationismus), die eine zielgerichtete, auf einen göttlichen Schöpfer zurückzuführende Entwicklung des Lebens bis zum Menschen behauptet und dabei nachgewiesene Fakten missachtet.²⁹ Das ist eine ganz andere Erklärungsebene, sodass von vergleichbaren Theorien keine Rede sein kann. Zusammengefasst:

> „Wissen ist religiösem Glauben gerade deshalb überlegen, weil es um die eigene Beschränktheit weiß. Pointiert formuliert: *Während Wissenschaftler wissen, dass sie nur etwas ‚glauben' (= für ‚wahr' halten), was heute angemessen erscheint, morgen aber möglicherweise schon überholt ist, glauben Gläubige, etwas zu wissen, was auch morgen noch gültig sein soll, obwohl es in der Regel schon heute widerlegt ist.*"³⁰

Der Glaube an den Glauben

Zu unterscheiden sind nicht nur die fundamental verschiedenen Arten des irrationalen und des wissenschaftlichen Glaubens (s. o.). Zu ergänzen ist noch der „Glaube" im Sinn des bloßen mehr oder weniger qualifizierten *Meinens*. Das ist aber noch nicht alles. Daniel Dennett hat eingehend den bekannten Umstand untersucht, dass viele Menschen nur vorgeben oder sich selbst vortäuschen, einen religiösen Glauben zu haben.³¹ In der Demokratie ist es besonders wichtig, was die Leute glauben–im Sinn von Überzeugungen haben–und zu welcher Überzeugung sie sich bekennen. Zu nennen ist etwa der Glaube an den Rechtsstaat, ohne den dieser verloren wäre. Ein besonderes Phänomen ist der *Glaube an den (individuell verloren gegangenen) religiösen Glauben*. Wer z. B. seinen Glauben an einen persönlichen Gott oder andere religiöse Postulate verloren hat, kann ohne Weiteres aus familiären oder gesellschaftlichen Gründen sein bisheriges Verhalten unverändert lassen und sich formal zu seiner bisherigen Religionsgemeinschaft bekennen. Andere suchen nach einem Ersatz, weil sie meinen, *man müsse doch an irgendetwas glauben*, wobei sie i. d. R. nur an einen anderen religiösen oder religionsähnlichen Glauben denken, als ob es keine gut begründbaren nicht religiösen Grundüberzeugungen gäbe. Mancher weiß im Inneren, dass er seinen Glauben eigentlich verloren hat, aber bewusst redet er sich ein, dass er doch noch, wenigstens teilweise, glaubt oder es zumindest möchte. Immer noch gilt trotz des zunehmenden Pluralismus Religion als gesellschaftlicher Kitt (dazu A 13). Selbst viele Ungläubige sind der irrigen Meinung, Religion fördere die Moral (dazu C 19).

In den USA gilt jemand, der sich offen dazu bekennt, nicht an Gott zu glauben, nicht als vollwertiger Staatsbürger und seine allgemeine Vertrauenswürdigkeit ist stark angeschlagen; er muss sogar mit Ächtung rechnen.[32] Solche Reaktionen sind auch insbesondere im ländlichen Deutschland trotz der insgesamt sehr weit fortgeschrittenen Säkularisierung immer noch vereinzelt anzutreffen. Aber mit religiösem Mitläufertum lebt es sich zumindest in den westlichen deutschen Ländern einfacher. Es gilt meist als unhöflich, nach solchen Dingen zu fragen. Sogar bei anonymen Umfragen geben deutlich über 50% der Deutschen noch an, an „Gott" zu glauben, obwohl ebenfalls über 50% sagen, sie seien „nicht religiös". Derzeit sind immerhin noch etwa 58% sogar formal Mitglied einer der großen christlichen Kirchen. Aber nur noch etwa 20% aller Bürger glauben an einen persönlichen Gott, der von Bedeutung für das Leben ist. Viele glauben an eine „höhere Macht", von der sie keinerlei Vorstellung haben oder die sie mit der Natur oder dem Kosmos gleichsetzen, und bezeichnen das als „Gott", obwohl dieser Terminus herkömmlich immer den persönlichen Gott meinte.[33] Viele Leute glauben fest an „Gott", sind aber nicht in der Lage, über diesen Glauben anderen etwas Verständliches zu sagen.

Die religiösen Führer sind meist zufrieden, wenn nur die religiösen Formeln an die nächste Generation weitergegeben werden. Sie wissen, „dass die Stabilität der Institution Religion nicht von der Einheitlichkeit des *Glaubens* abhängt; sie hängt vielmehr von der Einheitlichkeit des *Bekenntnisses* ab."[34] Hauptsache, man tut so, als ob: Lippenbekenntnisse. Die mitunter verheerenden Folgen dieser Einstellung sind am Extrembeispiel USA gut zu studieren. Niemand kann dort Präsident werden, der nicht das „God bless you" auf den Lippen hat. In der Bundesrepublik führt die religiös-weltanschauliche Heuchelei dazu, dass die zahlreichen Bevorzugungen insbesondere der Kirchen seit der klerikalen Adenauer-Ära, ungeachtet des verbal unangefochtenen verfassungsrechtlichen Neutralitätsgebots, nicht nur nicht abgebaut, sondern im Gegenteil bis heute sogar noch ausgeweitet wurden.[35] Politik, Öffentlichkeit und Medien halten weitgehend still, der Glaube an den Glauben gedeiht.

Ohne den Glauben an den Glauben bzw. das täuschende Bekennen des Glaubens hätten die stetig und deutlich Mitglieder verlierenden großen Kirchen in Deutschland nicht mehr eine so starke gesellschaftlich-politische Position.[36] Bei zahlreichen Menschen ist der Glaube auf ein undefiniertes Bekenntnis zu „Gott" geschrumpft, mit dem sie sich besser fühlen, der sie aber trotz zahlreicher (auch von ihnen so empfundener) theologischer Absurditäten in der Kirche hält. Dieses Phänomen erschwert auch die wissenschaftliche Untersuchung von Glaubensvorstellungen. Religiöses Verhalten ist klar feststellbar, religiöser Glaube viel schwerer.

6 – Heilige Schriften

Übersicht[37]

Die wichtigsten Religionen kennen religiöse Texte, denen sie eine besondere Autorität zuschreiben, die zu ihrem Kern gehören und ihnen Dauerhaftigkeit verleihen: „heilige Schriften". Von jeher legten die Gläubigen das Gewicht ihrer innigsten Sehnsüchte, kühnsten Hoffnungen und tiefsten Ängste in ihre heiligen Texte. In einem weiten Sinn versteht man unter heiligen Schriften die *religiöse Basisliteratur der Völker*. Da häufig kultische Handlungen im Mittelpunkt stehen, gibt es viele Ritualbücher. Man behauptet, Götter hätten die Texte selbst diktiert, diktieren lassen oder die Menschen zu den Texten inspiriert. Aber nicht alle Kulturen haben bzw. hatten religiöse Texte, die den Rang von heiligen Schriften aufweisen. Nicht alle heiligen Schriften wurden verlesen, sondern teilweise geheim gehalten (Arkandisziplin), woraus man auf eine ihnen innewohnende Wirkungsmacht schließen kann, wie in der altägyptischen Totenliteratur. Teilweise haben sie magischen Charakter, etwa schwört man bei ihnen (wie noch heute der US-Präsident) oder trägt Schriftteile als Amulett. Sie werden z. T. kostbar ausgestattet und ihre Benutzung ist geregelt.

Beispiele für heilige Schriften sind die Bibel (Altes und Neues Testament), der Koran, die Schriften des Zoroastrismus, Hinduismus, Buddhismus, Sikhismus, Taoismus, Konfuzianismus sowie neuerer und neuer Religionen wie der der Bahá'í oder Mormonen oder wie Christian Science und Scientology bis zum Universellen Leben. Vor allem in früheren Zeiten bedurfte die Schrift einer besonderen Bildung, die nur der Führungsschicht zuteilwurde. Schon deswegen fungierte auch das religiöse Schrifttum meist als *Herrschaftsmittel*, die gegenseitig stabilisierende Verbindung weltlicher und religiöser Instanzen war vorprogrammiert (s. A 9). Die meisten „Buchreligionen" führen die Verfasserschaft der heiligen Schriften auf „Gott", Götter oder Religionsstifter zurück, und die menschlichen Schreiber waren nur göttliche Werkzeuge bzw. Diktatempfänger von Geistern oder Engeln, sodass die auftragsgemäße Niederschrift „inspiriert" war. Es entstanden Schichten von Schriftgelehrten und Theologen, die den wahren Sinn der Texte erläutern sollen. Das verschaffte ihnen *Sozialprestige und Einfluss*. Die heiligen Schriften selbst erfahren oft große und sogar rituelle Verehrung: im Christentum, Judentum, Islam, der Sikh-Religion u. a.

Der Kanon heiliger Schriften wurde jeweils aus vielen Texten ausgesucht und von den religiösen Führern als maßgeblich festgelegt. Diesem nun kanonischen Schrifttum, über dessen Auswahlwürdigkeit zuvor gestritten worden war, wurde dann göttlicher Ursprung zugeschrieben. So gelten die biblischen Bücher als von Gott bzw. dem Heiligen Geist inspiriert. Der Koran wird für ein vom Himmel auf den Propheten Mohammed herabgesandtes Buch gehalten, das der Erzengel Gabriel dem Propheten diktierte. Er ist nach der herrschenden orthodoxen Lehre wortwörtlich zu verstehen und (trotz aller Widersprüche, Unklarheiten und zahlreichen unterschiedlichen Auslegungen) nicht kritisierbar.

Die herausragende Bedeutung heiliger Schriften ist oft mit einer *Herabsetzung der entsprechenden Schriften anderer Religionen* verbunden. Vielfältige Religionen wie die hinduistische und buddhistische Religionsfamilie und viele andere Religionen kennen auch bezüglich ihrer teilweise zahllosen „heiligen" Schriften keinen Dogmatismus, wie er im Islam, Katholizismus und in Teilen des Judentums dominiert, sondern lassen der Individualität Raum.

Die Bibel

Die Bibel ist zu einem manchmal explosiven Thema geworden. Man muss sich daher erst einmal bewusst machen, was sie ist und was sie nicht ist. *Die ausschließlich wörtliche Interpretation der Bibel ist eine ziemlich junge Entwicklung*, wie etwa die Religionswissenschaftlerin Karen Armstrong darlegt. Bis ins 19. Jh. betrachtete kaum jemand das erste Kapitel der „Genesis" als Tatsachenbericht über den Ursprung des Lebens. Jahrhundertelang bevorzugten Juden und Christen allegorische und erfindungsreiche Auslegungen, und sie hielten das rein wörtliche Verständnis der Bibel für weder möglich noch wünschenswert. Sie schrieben die biblische Geschichte um, ersetzten Geschichten aus der Bibel durch neue Mythen und interpretierten das erste Kapitel der „Genesis" recht vielfältig.

Die jüdischen Schriften und das Neue Testament beruhten zunächst hauptsächlich auf mündlichen Erzählungen. Zur „Heiligen Schrift" wurden sie nicht, weil sie als von Gott inspiriert betrachtet wurden, sondern weil die Menschen begannen, sie hervorgehoben zu behandeln. Die frühen Texte der Bibel wurden erst heilig, als sie in einen rituellen Kontext kamen (s. zur Geschichte der Hebräischen Bibel D 1). Juden und Christen behandeln ihre Schriften mit zeremonieller Verehrung. Die Thora-Rolle ist das heiligste Objekt in der Synagoge; von einer kostbaren Hülle umschlossen, in einem eigenen Schrein aufbewahrt, wird sie auf dem Höhepunkt der Liturgie vorgezeigt und feierlich durch die Gemeinde getragen. Sie wird mit den Quasten der Gebetsmäntel berührt. Manche Juden halten die Thora-Rolle sogar umschlungen wie einen geliebten Gegenstand und tanzen mit ihr. Die traditionelle jüdische Mesusah, eine am rechten Türpfosten befestigte Kapsel, enthält handgeschriebene Thoratexte (Dtn 6,4–9; 11,13–21). Die ersten fünf Bücher der Hebräischen Bibel, die „Bücher Moses", sind die Thora im engeren Sinn und gelten heilig. Bei Unbrauchbarwerden beerdigt man sie wie Menschen. Bis heute sind sie Symbol der Zusammengehörigkeit aller Juden und werden als solches auch von den zahlreichen ungläubigen Juden geachtet.

Auch Katholiken tragen die Bibel manchmal in Prozessionen. Sie stehen auf und bekreuzigen sich, wenn daraus vorgelesen wird. Bei den Protestanten ist die Bibellesung neben der Predigt ohnehin Höhepunkt des Gottesdienstes. Stets fanden die Menschen neue Interpretationen, die Licht auf früher nicht vorhersehbare Situationen warfen. So wurde Offenbarung zu einem fortlaufenden Prozess. Im liberalen europäischen Protestantismus wird die „Heilige" Schrift nur noch sehr begrenzt als unantastbar behandelt, im Gegensatz zu den evangelikalen Strömungen, die außer in den USA auch in Südamerika, Afrika und auch Asien derzeit immer mehr Bedeutung erlangen. Die Fragen der jüdischen und christlichen Bibel werden in einem eigenen Abschnitt eingehend behandelt (C 15).

Kritik

Religionsgegner argumentieren: Heilige Schriften säen Gewalt, begünstigen Sektierertum, Intoleranz und Selbsttäuschung und sie verhindern durch ihre Unantastbarkeit eigenständiges Denken. Sie fragen: Warum enthalten die heiligen Texte so viel Hass, wenn die Religion doch auch Mitgefühl predigt? Wieso ist es heute noch möglich, „gläubig" zu sein, obwohl die Wissenschaft so vielen z. B. biblischen Lehren den Boden entzogen hat? Generell bedeuten heilige Schriften, selbst bei undogmatischer Handhabung, eine Gefahr für das unabhängige Denken und tendenziell für den Frieden.

7 – Religiöse Ethik

Wo die Moral auf die Theologie, das Recht auf göttliche Einsetzung gegründet wird, da kann man die unmoralischsten, unrechtlichsten, schändlichsten Dinge rechtfertigen und begründen. Ich kann die Moral durch die Theologie nur begründen, wenn ich selbst schon durch die Moral das göttliche Wesen bestimme. Widrigenfalls habe ich kein Kriterium des Moralischen und Unmoralischen, sondern eine unmoralische, willkürliche Basis, woraus ich alles Mögliche ableiten kann.
Ludwig Feuerbach, in: Das Wesen des Christentums (1841)

Mit und ohne Glauben können sich gute Menschen anständig verhalten und schlechte Menschen Böses tun; doch damit gute Menschen Böses tun, dafür braucht es Religion.
Steven Weinberg, Nobelpreisträger Physik

Allgemeine Fragen[38]

Die Begriffe „Ethik" und „Moral" werden oft synonym gebraucht. Weitgehend durchgesetzt hat sich aber auch die Unterscheidung, dass unter *Moral* die Gesamtheit von *einzelnen Verhaltensnormen* verstanden wird, während *Ethik* ein möglichst widerspruchsfreies *System* von Verhaltensregeln darstellt. Diese Unterscheidung ist oft nicht durchzuhalten. Stets geht es aber um das individuell und gesellschaftlich „richtige" Verhalten der Menschen und um die Grundsätze, auf denen es beruht.

Manche Vertreter einer religiösen Moral sprechen gern davon, ohne Gott sei alles erlaubt. Aber das ist nicht nur ein großer Affront gegen die zahlreichen unreligiösen Menschen (A 12), sondern es ist auch nicht sehr klug. Alle Religionen enthalten Verhaltensforderungen, die auch für Entscheidungssituationen außerhalb spezifisch religiöser Zusammenhänge gelten. Aber die Religionen unterscheiden sich in ihren moralischen Anforderungen beträchtlich, und zu vielen Lebenssituationen sagt die Religion gar nichts. Insoweit ist man auf die praktische Vernunft angewiesen. Zudem enthalten die religiösen Texte zahlreiche *Selbstwidersprüche*. Schon wegen dieser praktischen Probleme ist religiöse Ethik etwas Fragwürdiges. Selbst wenn sich im Einzelfall spezielle religiöse Verhaltensregeln *zweifelsfrei* ermitteln lassen sollten, gelten doch diese Regeln zunächst nur innerhalb einer weitgehend *homogenen Gruppierung*. Eine Erstreckung auf andere Religionen bzw. religiöse Richtungen wäre nur unter Zwang möglich und ist daher mit jedem System pluralistischer Demokratie unvereinbar.

Monotheistische Probleme der Moralbegründung

Unabhängig von diesen praktischen Gründen ergeben sich auch rein innerreligiös schwerwiegende Bedenken gegen jedes Konzept religiöser Ethik, zumindest bei den monotheistischen Religionen. In der antiken Ethik haben religiöse Argumente eine weitaus geringere Rolle gespielt. Im Monotheismus gilt als oberster ethischer Grundsatz, dass man dem *Willen Gottes* gehorcht. Wenn aber einerseits das moralisch „Richtige" als „gut" bezeichnet wird und andererseits Gott als allmächtig und Inbegriff des Guten gedacht wird, so ergibt sich das *sokratische Dilemma*: Ist etwas moralisch richtig, weil es göttlichem Gebot entspricht, oder hat Gott es geboten, weil es moralisch richtig ist? Geht man von einem guten, menschenfreundlichen Gott aus wie heute die meisten Christen („Gott ist die Liebe"), so gebietet Gott, weil die Gebote gut sind. Das Gute ist dann aber unabhängig von der Existenz Gottes. Dann kann man selbstständig gleich „das Gute" tun. *Das Gute ist dann eine eigene, von Religion unabhängige Kategorie,* und das spricht gegen die Möglichkeit einer speziell theologischen Ethik. Das wird im christlichen Bereich manchmal auch zugestanden.

So heißt es im Ethikartikel des von Kardinal König mitbegründeten „Lexikon der Religionen": „Die Moral der Offenbarung fordert nichts, was nicht prinzipiell von der Vernunft her einsehbar ist [...]. Wo Menschen beispielsweise für die Würde und die Rechte anderer sich einsetzen, dort kann auch die christliche Erlösungsbotschaft anknüpfen."[39] Weiter wird die Liebe beschworen, aus der sich die Gerechtigkeit, unmittelbare Mitmenschlichkeit und „Solidarität mit den Verachteten, Deklassierten, Diskriminierten und Entrechteten" ergebe. Aber was ergibt sich schon konkret aus den Motiven Liebe und Gerechtigkeit? Heiden töten aus Grausamkeit, Christen jedoch aus Liebe, hat der hl. Augustinus einmal gesagt. Oft sprach er von der Liebe, aber auch Militär, Krieg und Gehorsam waren ihm wichtig, und fanatisch bekämpfte er Häretiker und Juden, die er unflätig beschimpfte: Zeichen der Solidarität? Und Thomas von Aquin, Begründer der Lehre vom gerechten Krieg, hat den Krieg gegen Ungläubige und Abgefallene gerechtfertigt und die Todesstrafe für Häretiker gutgeheißen. Auch und gerade im 20. Jh. hat sich die „Religion der Liebe" Verstöße gegen das Gebot der Liebe und Solidarität zuschulden kommen lassen, die ihresgleichen suchen. In unterschiedlichem, aber geringerem und umstrittenem Maß haben sich auch Islam und Judentum unfriedlich verhalten.

Argumente gegen religiöse Moralbegründung

Eine *monotheistische Moral* setzt den *Glauben an einen persönlichen Gott* voraus. Schon diese Voraussetzung ist zumindest in einer Reihe europäischer

Länder zu einem großen Teil nicht mehr gegeben (Deutschland, Großbritannien, Frankreich, Tschechien u. a.). Überdies kann eine auf Gott zurückgeführte Moral schon aus theoretischen Gründen keine „letzte" Begründung liefern. Denn die Warum-Frage kann auch über Gott hinaus stets weiter gestellt werden („infiniter Regress"). Sie wird einerseits durch das Glaubensdogma Gott und andererseits durch Dogmatisierung seiner Gebote einfach abgebrochen, nicht aber begründet. Eine Moralbegründung nur aus der Natur ist ebenfalls nicht möglich, denn aus Tatsachen (Sein) allein folgt niemals eine Verhaltensnorm (Sollen). Es bleibt aber die Möglichkeit einer kulturellen Entwicklung von vernunftbetonten und erfahrungsbezogenen Normen unter Berücksichtigung der evolutionären Gegebenheiten.

Die religiöse Glaubensbegründung birgt ein *internes Grunddilemma:* Angenommen, das Gute ist gut, weil es dem Willen Gottes entspricht. Die entsprechenden Gebote sind dann autoritär und ihre Befolgung dient wesentlich auch der Vermeidung von Sanktionen (Hölle, Krankheit). Das entsprechende Verhalten ist insoweit Ausdruck *egoistischer Einstellung.* Wenn aber der als gut vorgestellte Gott zumindest im Ergebnis nur gute Anweisungen erteilt, dann ist das Gute ganz unabhängig von Gott (s. o.). Die AT-Erzählung von Abraham und Isaak ist Ausdruck dieses Dilemmas. Denn eine rein menschliche Tötungsanordnung, um sklavischen Gehorsam zu testen, würde man für unmoralisch halten.

Auch sind den religiösen Basistexten (Hebräische Bibel, NT, Koran) und religiösen Autoritäten konkrete widerspruchsfreie göttliche Weisungen nicht oder nur selten sicher zu entnehmen. Aus den in der Zusammenschau *sehr widersprüchlichen Texten* kann man praktisch alles begründen. Auch im Islam gibt es viele Textwidersprüche, unterschiedliche Interpretationen sowie Überlagerungen des Koran durch die Worte des Propheten (Hadithe).

Religiös begründete Moral ist im Wesentlichen *autoritär* und ermangelt meistens einer einsichtigen oder ausreichenden Begründung. Anders ist es bei Religionen, die ohne die These Gott auskommen und keinen magischen Charakter haben.

Monotheistisch-religiöse Moral hat einen *kindlichen Charakter*. Von den drei Entwicklungsstadien kindlichen Verhaltens entspricht ihr (nach Jean Piaget) das zweite, die Altersstufe 5–9 Jahre. In diesem Alter lassen sich die Kinder beim Spielen schon von Regeln leiten, die für sie aber einfach vorgegeben sind. Sie fragen noch nicht nach ihrem Sinn und halten sie für unverletzbar, entwickeln daher noch kein autonomes Regelverständnis (das auch eine Veränderbarkeit zulässt). Der monotheistische Strenggläubige behandelt die religiösen Moralnormen genau nach diesem kindlichen Muster. Demgemäß spielt der Gehorsam eine große Rolle (z. B.: Paradiesgeschichte, Abraham und Isaak). Das neutestamentliche Verhältnis zu Gott ist kindlich (Gotteskindschaft, Gott als Vater). Das katholische Kirchenrecht spricht von den „geistlichen Hirten", und Ehrfurcht und Gehorsam gegenüber der Obrigkeit ist ihm, wie zumindest früher auch dem Protestantismus, besonders wichtig. Allgemein spricht man im Christentum von Hirten und Schafen. Die Haltung zu Gott ist eine paradoxe Mischung aus Liebe und Angst. Das alles entspricht der zweiten kindlichen Entwicklungsstufe. Religion sollte aber erwachsen werden."[40]

Die religiöse Moral begründet zugunsten der religiösen und politischen Instanzen leicht eine *mit der Aura des Heiligen umgebene Macht*. Diese wird je nach den allgemeinen und besonderen Umständen als gottgewollt ausgegeben. Das erleichtert die Machtausübung. Und auch in pluralistischen Demokratien neigen die Propagandisten einer religiös begründeten Moral dazu, auch den nicht religiösen Menschen oder den religiösen Minderheiten ihre *spezielle Moral aufzudrängen oder aufzuzwingen*. Solches Denken ist freiheitsfeindlich und schlägt der Menschenwürde der Andersdenkenden ins Gesicht.

Wie der biblische Abraham berufen sich auch die Terroristen des 11.9.2001 auf einen göttlichen Auftrag. Sie glaubten, um „höherer Ziele" willen dem ansonsten allgemein anerkannten moralischen Sollen (Tötungsverbot) nicht verpflichtet zu sein. Das gilt auch für politische Religionen wie den Kommunismus/Stalinismus und Nationalsozialismus mit ihrer religionsähnlichen Ideologie. Die Argumentationsaxt Stalinismus/Nationalsozialismus, die man bis zum heutigen Tag den „bösen Atheisten" zur Verteidigung des Gottesglaubens triumphierend entgegenschleudert, ist schon deswegen unsinnig, weil „A-Theismus" ja ethisch neutral ist und als solcher kein weltanschauliches System darstellt. Auch ansonsten ist der Vorwurf merkwürdig, wenn man die „Kriminalgeschichte des Christentums" (Karlheinz Deschner) bedenkt (siehe die Einzelerörterungen in Teil C). Wenn Religion nicht zu besserem Verhalten führt als dasjenige Ungläubiger (näher C 18), ist sie gesellschaftspolitisch bedeutungslos.

Weltliche Moralbegründung als Alternative

Demgegenüber bietet der den Idealen der Aufklärung, der Menschenrechte und der rechtsstaatlichen Demokratie verbundene *säkulare Humanismus* bedeutend mehr (dazu F 3). Hierbei zeigt sich, dass mit der polemischen Gegenüberstellung von Theismus und A-Theismus gerade das Wesentliche über das richtige Handeln der Menschen *nicht* ausgesagt wird (vgl. A 3). Viel eher als der schlimme Satz, ohne Gott sei alles erlaubt, gilt zumindest für religiöse Fanatiker der Satz: Mit Gott ist alles erlaubt.

8 – Aspekte religiöser Praxis: Gebet und Menschenopfer

Gebete [41]

Worte, die [Papst Benedikt XVI.] zu uns in Heiligenkreuz gesprochen hat, sind mir heilsam, heilend und heilig: „Die Mönche beten, zuallererst nicht um dies oder jenes, sondern sie beten einfach deshalb, weil Gott es wert ist, angebetet zu werden." [...] „Ein Kloster, in dem sich die Gemeinschaft täglich mehrmals zum Gotteslob versammelt, bezeugt suchenden Menschen, dass ihre urmenschliche Sehnsucht nicht ins Leere geht."

Zisterzienserabt Gregor Henckel-Donnersmarck

Beten heißt, den Himmel melken wollen.

Karlheinz Deschner

Gebete und Opfer sind nutzlos.

Aristoteles

Zu den wichtigsten religiösen Praktiken gehören die Versuche, die jeweilige(n) Gottheit(en) durch individuelle oder kollektive Anrufung, also Gebete, zu beeinflussen. Gebete werden gesprochen im Sitzen, Stehen oder Knien, mit bedecktem oder unbedecktem Kopf, mit geschlossenen Handflächen oder ausgebreiteten Armen, mit wiegendem Oberkörper, mit unterschiedlicher Augenhaltung, unter Knierutschen, mit Schlagen an die Brust, mit Gebetsschal, mit Kreuzzeichen, mit Knotenschnur, unter Selbstgeißelung, unter Berührung der Erde, mit Wendung nach Osten bzw. Mekka u. a. Verbunden werden Gebete oft mit Fasten und Opfern.

Die *Hauptanliegen der Gebete* sind die folgenden: Die *Anbetung* der Gottheit ist oft mit Lobpreisungen der göttlichen Taten verbunden und kann eine Meditation sein, die sogar in eine mystische Vereinigung mündet. *Bittgebete* sind die häufigste Gebetsform, im Islam aber verpönt. Beten, bitten und betteln liegen nah beieinander. Man bittet die Gottheit um nahezu alles, was Menschen wünschen: Gesundheit, Wohlstand, langes Leben, Kindersegen, Kriegsgewinn, Verschonung von Gewalt, Vernichtung von Gegnern, ein ewiges Leben in Freude. Der amtierende Ratsvorsitzende der Evangelischen Kirche in Deutschland, Nikolaus Schneider, ist anlässlich der Vorrunde der Fußball-Weltmeisterschaft im Juni 2010 nicht vor der lächerlichen (oder blasphemischen?) Aussage zurückgeschreckt, für ein gutes Abschneiden der deutschen Mannschaft beim Spiel gegen Ghana seien aus Sicht der Evangelischen Kirche in Deutschland auch Gebete erlaubt.

8 – Aspekte religiöser Praxis: Gebet und Menschenopfer

Bußgebete sind eine Sonderform der Bittgebete, in denen Gott um Vergebung von Verfehlungen gebeten wird. *Dankgebete* stehen oft im Mittelpunkt von Festen. Es gibt aber auch *Fluch- und Rachegebete*. Mit der Verfluchung (Anathema) wird eine Person dem Zorn der Gottheit ausgeliefert. In der Apokalypse des Neuen Testaments (Apk 6,9 ff.) fordern die Märtyrer von Gott Rache. Der hl. Paulus fordert, einen Unzüchtigen im Namen des Herrn Jesus dem Satan zum Verderben des Fleisches (d. h. zur Hinrichtung) zu übergeben (1 Kor 5,1 ff.). Nachhaltig wirkten weitere Fluchformeln des Paulus (1 Kor 16,22 und Gal 1,8 f.). Eine wahre Fundgrube schrecklicher Flüche ist der 109. Psalm des Alten Testaments. Eine weitere Fluchformel enthält 3. Mos 20,9. Als Stellvertreterin Gottes schleuderte die Kirche den Fluch gegen Viele, und das war lange ihre mächtigste Waffe. Sie verfluchte bis in die jüngste Zeit auch „Selbstmörder". Sie durften nicht in der geweihten Friedhofserde beigesetzt werden, wurden jedenfalls abgesondert. Zahlreiche Lehrentscheidungen von Konzilien und Päpsten sind fluchgesichert.

Von den besonderen Gebetsformen sei der katholische *Rosenkranz* hervorgehoben. Der heutige, gegenüber den Ursprüngen im 12./13. Jh. gekürzte Rosenkranz wird gebetet anhand einer Schnur mit im Wesentlichen fünf mal zehn Perlen unterschiedlichen Materials. Einem Vaterunser (vgl. Mt 6,9–13) folgen zehn Ave Maria, ein seit dem 16. Jh. übliches Mariengebet. Der Mariengruß Ave Maria (Gegrüßet seist Du Maria, voll der Gnade …) preist die Mutter Jesu als Gottesmutter und bittet sie, sich für die sündigen Beter bei Gott einzusetzen. Der Rosenkranz setzt auf häufige Gebetswiederholung, um die Wirksamkeit zu steigern. Der *Wiederholungsgedanke* ist schon vielen frühen Religionen eigen (Extremform: Gebetsmühle). Um eine ausreichende Gebetsquantität zu erreichen, führte man als Gedächtnisstütze Knotenschnüre ein, eine Art fromme Zählmaschine. Man reihte Obstkerne auf oder getrocknete Beeren, Knochensplitter Verstorbener oder – so auf den Pazifikinseln – Haifischzähne. Solche Gebetsschnüre sind u. a. im Hinduismus (nachgewiesen schon um 500 v. u. Z.), aber auch im Buddhismus und Islam weit verbreitet. Im Christentum wurde die Einführung des Rosenkranzes nachträglich dem 1221 verstorbenen hl. Dominikus zugeschrieben, dem Begründer des bedeutenden Prediger- und Inquisitionsordens. Ihm soll die Jungfrau Maria während einer Predigt vor Ketzern erschienen sein, ihm einen Rosenkranz geschenkt und ihn angewiesen haben, den Rosenkranz gegen Ketzerei und Sünde zu lehren. In Wirklichkeit entstand der Rosenkranz im 12. Jh., mit damals 150 Perlen für 150 Vaterunser als Ersatz für die 150 Psalmen des Alten Testaments (Paternoster). Mit zunehmender Marienfrömmigkeit wurde das Vaterunser durch das Ave Maria ersetzt.

Ideal ausgeführt, wird heute während des Rosenkranzgebets über katholische Glaubensgeheimnisse meditiert. Man unterscheidet daher den freudenreichen (z. B. Mariä Verkündigung, Jesu Geburt), den schmerzensreichen (Christi

Blutschwitzen und andere Ereignisse der Passion) und den glorreichen Rosenkranz (u. a. Jesu Auferstehung und Himmelfahrt, Krönung Marias zur Himmelskönigin). Ausgerechnet der berüchtigte verbrecherische Papst Alexander VI. begann 1495 mit der *Gewährung von Ablässen* für das Beten des Rosenkranzes zur Abkürzung des Aufenthalts im Fegefeuer (dazu B 2 zur theologischen Lehrentwicklung) nach dem Tod. Bekanntlich soll 1917 Maria im portugiesischen Fatima als Königin des Rosenkranzes mit Rosenduft drei Kindern erschienen sein. Sie sollten täglich den Rosenkranz beten, damit die Welt zum Frieden komme. Zahlreiche beeindruckend große Marienwallfahrten auch im stark säkularisierten Deutschland beweisen, wie stark ein Teil der religiösen Massen durch ritualisierte Gebetsveranstaltungen mobilisiert werden kann.

Da die Welt trotz aller Gebete nicht zum Frieden gekommen ist und wir (immer noch) in einem Zeitalter der Völkermorde leben, stellt sich verstärkt die *Frage nach dem Sinn des Gebets*. Auch der Katholische Erwachsenen-Katechismus registriert, man mache „oft die Erfahrung, dass Gott scheinbar nicht hört". „Auschwitz beinhaltet ein geschichtliches Datum des Unerhörtseins ohnegleichen", heißt es im Handwörterbuch religiöser Gegenwartsfragen (1986). Und doch wird sogar um die banalsten persönlichen Dinge gebetet, ohne Rücksicht auf entgegenstehende Interessen Anderer. Ausgehend von der These eines persönlichen jüdisch-christlichen Gottes stellen sich vor allem hinsichtlich der praktisch wichtigsten Formen des (vom Islam abgelehnten) Bittgebets *bei kritischer Sicht folgende Fragen*: Warum soll sich der allmächtige, allwissende und gerechte Gott, Schöpfer des Universums, von seinen armseligen sündigen Geschöpfen beeinflussen lassen? Schließlich weiß er doch von alleine, in umfassender Kenntnis aller Umstände und einschlägigen Überlegungen, was richtig ist und ob ein Mensch der Hilfe bedarf und ihrer würdig ist. Demnach kann es gar kein wirksames Bittgebet geben. Denn wenn der ewige und unabänderliche Gott auf menschliche Bitte hin sein Verhalten ändert, muss er Abstriche von seiner letztgültigen Gerechtigkeit machen. Wie sollte Gott im Übrigen die millionenfachen Bitten, die ihn nach der Theorie ununterbrochen erreichen und sich vielfach widersprechen, koordinieren? Soll er ständig die Naturgesetze ändern? Jedes – definitionsgemäß auf Beeinflussung zielende – Bittgebet kommt, so betrachtet, auch bei einem engen Begriffsverständnis der Gotteslästerung nahe, jedenfalls dann, wenn man darunter auch die „Antastung der Macht und Majestät Gottes"[42] versteht. Wer Gott darum bittet, eine Grippe möge nicht zwei, sondern nur eine Woche dauern oder er möge eine Wette gewinnen lassen, handelt lächerlich. Wer darum betet, einen schuldhaft begonnenen Krieg zu gewinnen oder einen Gegner zu töten, lästert den in obigem Sinn verstandenen Gott aufs Gröbste (bemerkenswert hierzu die gut dokumentierten Ungeheuerlichkeiten der deutschen Kriegstheologie beider Weltkriege).

Insgesamt kann man sagen, dass in den verschiedenen Gebetsformen so gut wie alle Aspekte menschlichen Fühlens und Wünschens zum Ausdruck kommen können. Das Gebet kann daher als Instrument versuchter Kommunikation mit einem personalen Gegenüber, vor allem in ausweglosen Situationen, *im Einzelfall psychologisch hilfreich* sein. Mit Vernunft hat es nichts zu tun. Es kann jedoch viel über die Person des Betenden aussagen. Primitive Formen des Gebets haben *magischen* Charakter. Das Gebet ist zum erheblichen Teil reines Wunschdenken, das davon ausgeht, „Gott" sei konkret beeinflussbar oder man könne ihn wenigstens grundsätzlich gewogen stimmen. Das in unserem Kulturkreis übliche Beten wirft stets die Grundfragen zu Gott und Theodizee (Problem der Erklärung des Bösen in der Welt) auf, die sich bekanntlich als unlösbar erwiesen haben.

Menschenopfer[43]

[…] wenn man wie die meisten Menschen an Götter glaubte, konnte man leicht zu der Ansicht gelangen, dass Menschenopfer einen […] Vorteil brachten: „Ihre primitive Welt war voller Gefahren […] Es erscheint naheliegend, dass sie fragten: Was für ein Gott erschafft eine solche Welt? Darauf lautet eine plausible Antwort: ein sadistischer Gott …"[44]

Steven Pinker, Psychologe und Gewaltforscher

Opferhandlungen sind meist zentrale religiöse Handlungen, die oft mit komplexen Riten verbunden sind. Sie dienen der Kommunikation mit bzw. Beeinflussung von spirituellen Wesen und sind sehr verschiedenartig. Es geht um Schutz vor Unheil durch Speisen-, Tier- und Menschenopfer, Totenopfer, Dank- und Bittopfer, Versöhnungsopfer u. a. Die Opferhandlungen sollen eine Verbindung zwischen der profanen und der sakralen Welt herstellen. Besonders monströse Formen mit teilweise schier fantastischen Folterungen haben seit dem Beginn der Ackerbaukulturen die *rituellen Menschenopfer* angenommen. Sie waren keineswegs Ausnahmen, sondern *in der ganzen Welt weit verbreitet* als reale Ahnenopfer, als Sammelbestattungen für Gefolgsleute, als Witwenopfer, zur Wiederherstellung der Fruchtbarkeit, Gebäude-Fundamentopfer u. a. Die *Zeugnisse der Archäologie, aber auch von detaillierten Reise- und Kolonialberichten* sind erdrückend. Dem entspricht, dass das Menschenopfer in der *Literatur* der europäischen Antike ein häufiges Motiv ist. Die Tötungsriten wurden an geheiligtem Ort vorgenommen und setzten den *festen Glauben an ein irgendwie geartetes Leben nach dem Tod* voraus. Dieser Glaube erklärt das oft erstaunlich ruhige Ertragen der Martern durch die Opfer, das auch westliche Zeugen von Zeremonien immer wieder festgestellt haben.

Hauptformen der rituellen Menschentötung waren die Tötung von Kriegsgefangenen, die Massentötung von Dienern und teilweise Frauen zugunsten von toten Herrschern (Bestattungsopfer), Jahresopfer für die Götter oder Opfer für Erfolg im Krieg. Üblich war in Europa wie Asien auch das Begraben getöteter oder lebender Kinder zum Schutz neuer Bauwerke (Fundamentopfer), auch gab es das Ertränken von Bräuten zu Ehren der Flussgötter. Wichtig war, dass die Opfer Freiwilligkeit zumindest vorgaben, damit das Opfer angenommen würde. Eine Ausnahme waren Kinder, die dem mexikanischen Regengott geopfert wurden, da ihre Tränen Regen bringen sollten.

Bekannt ist die *Königsnekropole von Ur* (Mesopotamien) mit sechzehn Königsgräbern, die vor ca. 4800 Jahren angelegt wurden und z. T. sehr prachtvoll waren. Es fanden sich überaus zahlreiche Skelette von Hofdamen, auch Musikern und Wachsoldaten. Auch im *alten China* waren umfangreiche Menschenopfer für Herrschergräber, aber auch Fundamentopfer lange verbreitet, bis ins 14. Jh. Danach ging man zur Bestattung von Nachbildungen über. Auch die vorchristlichen *Germanen* praktizierten Menschenopfer in verschiedener Form. Wikinger opferten vor Raubzügen Menschen dem Meeresgott. Neue Schiffe wurden über sie gezogen („Rötung" des Kiels). Germanen gruben Kinder in neue Meeresdämme ein. Gallier und Römer opferten Verbrecher zur Heilung von Krankheiten. Britannische *Kelten und Druiden* verbrannten Kriegsgefangene in riesigen geflochtenen Götterabbildern und schütteten Gefangenenblut auf die Altäre. Vorchristliche Iren sollen ihre Erstgeborenen dem Steinidol Mag Slocht geopfert haben. In Rom sah sich der Senat 97 v. u. Z. veranlasst, die Opferung von Menschen für Götter zu verbieten, was Kaiser Hadrian erneuerte. Der Historiker Porphyrios schrieb im 3. Jh., es sei allgemein bekannt, dass in Rom noch aktuell zum Jupiterfest Latiaris einem Mann die Kehle durchgeschnitten werde. Dass im alten Karthago massenhaft Kinder zu Ehren des Gotts Baal geopfert worden seien, ist jedoch, nach neuesten genauen Untersuchungen, römische Propaganda.

Die *griechische Göttersaga* strotzt vor Kinderopfern, in der Tragödie sind Menschenopfer nicht selten. Aus historischer Zeit sind reale *Menschenopfer* bekannt. In Rhodos etwa wurde jährlich beim Chronosfest ein Schwerverbrecher getötet. In Athen und anderen Städten wurden Ausgestoßene als Opfer für einen Katastrophenfall in Bereitschaft gehalten. Das Hauptfest des Apollon, die Thargelien, wurde zugleich als Sühnefest gefeiert, das die Stadt Athen von Schuld reinigen sollte. Ursprünglich bestand das zeremonielle Opfer aus einem Mann und einer Frau. In der Literatur ist von Steinigung, aber auch von Felssturz ins Meer u. a. die Rede. Allerdings wurde im antiken Griechenland das *Menschenopfer weitgehend durch Tieropfer ersetzt*. Generell gab es vonseiten der Philosophen Kritik am Opferwesen, auch bei den Römern.

In der Hochkultur *Indien* gab es besonders viele Menschenopfer unterschiedlichster Art, bis weit ins 19. Jh. hinein, z. T. darüber hinaus. Die Briten haben sehr viele Texte und detaillierte Berichte gesammelt. Im frühen 19. Jh. machten sie einem jährlichen *Opfer an die Hauptgöttin Kali* ein Ende. Man nahm an, dass sie rohes Menschenfleisch liebte. Auf ein Zeichen schlug ein Henker dem erhöht und geschmückt sitzenden freiwilligen und betenden Opfer den Kopf ab. Er wurde dem Abbild der Göttin auf einer Goldplatte präsentiert. Die örtliche Herrscherfamilie aß Reis, der im Opferblut gekocht worden war. Als ein Maharadscha mangels Freiwilliger im Jahr 1832 Opfer aus einem Nachbarstaat fing, annektierten die Briten sein Gebiet. Es hat für Kali auch Massenopferungen gegeben. Generell waren *Menschenopfer im Hinduismus nicht nur Randerscheinungen*. In einem großen Shivatempel hat man wöchentlich einen Knaben getötet, bis die Briten es unterbanden. Häufig wurden Menschen den gefürchteten Wasser- und Flussgeistern geopfert. Insgesamt hielt man Verbrecher, Sklaven, Kriegsgefangene, Reisende und Leprakranke für geeignete Opfer.

Besonders ungewöhnlich und grausam war die rituelle *Tötung der Meriahs bei den Khond* in Nordindien, einer Stammesgruppe im heutigen Staat Orissa. Meriahs waren die schon als Kind ausgesuchten Opfer für eine Erdgöttin, um gute Ernten zu bekommen. Dazu meinte man Menschenblut und Menschenfleisch zu benötigen. Die Meriahs wurden jahrelang verwöhnt und irgendwann in einem jährlichen Ritual umgebracht. Nach ausschweifenden Nächten gab es eine große Schlussfeierlichkeit mit Musik und Tanz. Bei den anschließenden Tötungen wurden auf grausige Weise bei ganz unterschiedlichem Zeremoniell Fleischstücke herausgeschnitten, die von Priestern verteilt und in den Äckern vergraben wurden. Durch britischen Druck und das Geschick eines Generals namens Campbell konnten die Menschenopfer um 1840–1850 durch Büffelopfer ersetzt und so 1506 vorgesehene Opfer gerettet werden. Später ging man zur Opferung kleiner Tiere über und heute gibt es Auseinandersetzungen zur Ersetzung der Tieropfer durch Pflanzenopfer.

Sehr bekannt ist der bis ins 19. Jh. jahrhundertelang praktizierte und in vielen Teilen Indiens, insbesondere Bengalen, verbreitete Kult der *Thugs* (Würger), die in Banden zu Ehren der schwarzen Kali mit sorgfältigen Ritualen jährlich Tausende Reisende blitzschnell erdrosselten und ausraubten, mit nachfolgendem rituellem Essen. Kali, Frau des führenden Hindugottes Shiva, hat zahlreiche Tempel in ganz Indien und ist einerseits Muttergöttin, andererseits Todesgöttin und wird als solche mit einer Girlande aus Menschenköpfen dargestellt. Nach zahlreichen Verurteilungen einschließlich Todesurteilen durch die britische Kolonialmacht war das Unwesen der Thugs 1837 im Wesentlichen beendet. Erdrosselungen kamen in Einzelfällen aber auch noch in der zweiten Hälfte des 20. Jh. vor.

In Indien gab es auch verschiedenartige *Kinderopferungen*, etwa, um mehr Nachkommen zu sichern (!). Indirekt religiöse Gründe hatten die systematischen Tötungen von Mädchen, weil es in der strengen Kastenordnung bei verschärften Heiratsregeln zu wenige geeignete junge Männer gab, die Mitgift ruinös war und das Ledigbleiben als Schande galt. Erst gegen Ende des 19. Jh. waren die Nachwuchszahlen beider Geschlechter etwa ausgeglichen. Heute schlägt das Pendel längst wieder anders aus: systematische Abtreibung weiblicher Föten in Indien und China mit katastrophalen Folgen.

Von der weltweit verbreiteten Sitte, dass Witwen freiwillig ihre verstorbenen Männer in die überirdische Welt begleiten, also Suizid begehen[45] (spezielle Form der Totenfolge), ist am bekanntesten die indische Sati (Verbrennung auf dem Scheiterhaufen). Diese berüchtigte *rituelle Witwenverbrennung*, die in Indien ab 1829 verboten wurde, hängt eng mit dem Hinduismus zusammen und galt als ehrenvoll. Man glaubte, dass mit diesem schrecklichen Suizid der Kreislauf der Geburten beendet werde und das Paar in der anderen Welt zusammen glücklich weiterleben könne. Sati war allerdings stets Sache einer kleinen Minderheit. Trotz Verbots gibt es bis heute immer wieder Einzelfälle von Witwenverbrennungen. Satis werden verehrt, man schreibt ihnen eine Beschützerrolle zu. Suizide und Massensuizide sind aber auch ein sehr altes *chinesisches Phänomen*. Für Suizide im Namen eines Toten gab es sogar ein eigenes Schriftzeichen.

In Südamerika waren die *Inka* Träger einer bedeutenden Hochkultur. Auch in deren Vorgeschichte, die 3000 Jahre zurückreicht, waren Menschenopfer weit verbreitet. Die dazugehörigen Riten wurden in der Kunst offen dargestellt. Unter anderem hat man Lebende zusammen mit Toten begraben. Es gab etwa ein blutdurstiges augenartiges Wesen, das abgetrennte Köpfe in der Hand hält. Bedeutende Keramiken der nachchristlichen Mochicakultur zeigen viel über Götter und Menschenopfer. Das riesige theokratische Inkareich, das sich über große Teile Südamerikas erstreckte, bestand vom 13. bis zum 16. Jh. mit der Hauptstadt Cusco (Peru). Neben Stammesgöttern war zentral für das Gesamtreich der Sonnenkult mit zahlreichen Tempeln. Er diente vornehmlich der Legitimation der herrschenden Elite. Bei den zahlreichen Festen des Sonnenkults wurden meistens Lamas geopfert. Es gab aber auch nicht wenige Menschenopfer, wenn auch bei Weitem nicht so exzessiv wie bei den Azteken. Von geopferten Kindern, die im Rahmen von Feierlichkeiten lebend begraben wurden, nahm man an, dass sie mit dem Tod eine göttliche Existenz erhielten. Der Tod eines Herrschers scheint die meisten lebend bestatteten Opfer gefordert zu haben (Frauen, Diener, Beamte, Kinder). Die Menschenopfer der Inkas wurden jedoch im Verlauf der Geschichte teilweise durch Opfer von Lamas, anderen Tieren und auch Gegenständen wie Kleidern ersetzt.

8 – Aspekte religiöser Praxis: Gebet und Menschenopfer

Die ab etwa 1350 beginnende und um 1520 gewaltsam beendete Herrschaft des nicht einheitlichen *Aztekenreichs* beruhte auf einer Menschenopferkultur, die in ganz Mittelamerika seit Beginn der Zivilisation bestand. Aus den ersten Jahrhunderten unserer Zeitrechnung stammen große Mengen von Opfermessern. Es existieren zahlreiche Codices, auch der Mayas, die Opferszenen zeigen. Demnach wurden auch ganze Körper gesiedet. Teilweise werden sogar Götter gekocht und es gab offenbar auch viele Selbstopferungen. Die aggressiven Azteken sind berüchtigt für ihre grausamen Opferrituale mit einer riesigen Zahl religiöser Menschenopfer. Die spanischen Missionare haben bei den Zahlen freilich kräftig übertrieben. Allerdings war es bei den Kriegen der Azteken, die gut von Tributzahlungen lebten, oft wichtiger, lebende Opfer zu gewinnen als Feinde zu töten. Die Azteken führten sogar unechte Kriege (sog. Blumenkriege) mit ihren verfeindeten Völkern in beiderseitigem Einverständnis, weil alle einen hohen Opferbedarf hatten.

Unbestreitbar wurden zahllose Kriegsgefangene, aber auch Angehörige der unteren Bevölkerungsschichten („Sklaven") und Kinder geopfert. Frater Bernardino de Sahagún hat im 16. Jh. ein riesiges Werk mit einzigartigen einheimischen Berichten hinterlassen. Demnach wurde für jede der 18 Perioden des Jahres (je 20 Tage sowie Schalttage) für verschiedene Götter ein sehr aufwändiges Fest abgehalten, manchmal mehrere Tage. Die Opferrituale waren sehr unterschiedlich, auch die Zahl der Opfer. Bei einmaligen Ereignissen wie Beginn und Ende einer Herrschaft wurden besonders viele Opfer benötigt, unter Umständen auch beim Tod hochgestellter Personen. Häufigste Tötungsart war die Öffnung des Oberkörpers auf einem Opferstein mit einem großen Messer durch den Oberpriester mit anschließendem Abtrennen des Herzens. Zusätzliche Folterungen gab es nicht. Bis zu ihrer Tötung wurden die Opfer gut oder sehr gut behandelt. Man war der Ansicht, dass die Opfer danach zu Göttern wurden. Körperteile wurden als Reliquien verehrt, insbesondere Schädel. Opferziele waren die Erzielung guter Ernten, genügend Regen, die Erhaltung des Sonnenlaufs, die Ordnung des Kosmos, das Leben im „Jenseits".

Am Rand des Rahmens der weltweiten Menschenopfer lagen die absolut perversen Folterungen, die mit ihnen bei manchen *nordamerikanischen Indianerstämmen* verbunden waren, insbesondere bei den Irokesen und Huronen. Welchen Sinn diese Folterungen hatten, scheint ungeklärt zu sein, sie unterlagen aber Ritualen.

Vielleicht die außergewöhnlichsten Rituale mit Tausenden von Menschenopfern gab es im *Königreich Danhomé* (Dahomey, heute: Benin), Westafrika, das vom 17. Jh. bis Ende des 19. Jh. bestand. Der König besaß eine göttliche Stellung, der Ahnenkult hatte besondere Bedeutung. Besonderheit war ein auf eine starke Militärmacht mit gefürchteten Amazonenregimentern gestützter ausufernder Sklavenhandel. Sklaven waren auch bevorzugte Opfer bei den opulenten Jahresfesten mit Hunderten Opfern. Diese wurden auch an Zahlen überragt vom Großen Ritual beim Tod eines Königs. Es gibt zu Dahomey detaillierte und z. T. grausige Berichte.[46]

Der lückenhafte Rundgang durch besonders schlimme, aber gern verdrängte Aspekte der Menschheitsgeschichte sei hier abgebrochen, obwohl noch viel zu berichten wäre: etwa über das ebenfalls weltweite Phänomen *Kannibalismus*, das teilweise mit den religiösen Menschenopfern zusammenhängt, und das *religiöse Kastratentum* im katholischen Europa (im Kirchenstaat bis zu seiner Aufhebung 1870 und noch danach im Chor der Sixtinischen Kapelle). Besonders wichtig ist immer noch das *Thema Zauberei*. Insbesondere Afrika kannte und kennt Morde aus purer Magie. So gibt es ungeheuer grausame Ermordungen zu dem Zweck, Medizin bzw. Salbe zur Zauberabwehr aus Körperteilen herzustellen. Nach dem Ende von Stammesfehden im südlichen Afrika des 19. Jh. ging man dazu über, solche grausig gewonnenen Mittel nur für persönliche Machenschaften einzusetzen. Grauenvoll waren auch die Morde zur Gewinnung von „Medizin" durch die geheimen Leopard-Gesellschaften in Sierra Leone, Belgisch-Kongo u. a. Noch heute werden in vielen Regionen der Erde *Hexen* als Personen, die Schadenszauber verursachen, massiv verfolgt, vor allem in Afrika. Im Kongo sind weiterhin Tausende von Kindern als „Hexenkinder" tödlich bedroht (näher im Abschnitt E).

Am Opferwesen und insbesondere an den Menschenopfern und der Magie wird deutlich, welche Folgen der schlichte, d. h. begründungslose Glaube an überirdische Wesen oder an nicht natürliche Kräfte haben kann. Wenn man die Ursachen von Sachverhalten nicht kennt, so zeigen erworbenes Wissen und der gewollte Kontakt zu aufgeklärt(er)en Regionen und Ländern, dass die Tötung von Tieren oder gar Menschen als Opfer keinen positiven Einfluss hat. Überall dort, wo moderne Wissenschaft und Bildung Einzug halten konnten und damit die Einsicht, dass bisher unverstandene Dinge erwiesenermaßen natürliche Ursachen haben, sind die Menschenopfer verschwunden.

9 – Religion, Politik und Macht

Ein naturalistisches Fundament gründet auf der Realität. Ein religiöses Fundament gründet auf Sand, also unsicherem Boden. Auch von daher neigen religiöse Wertesysteme dazu, diktatorisch zu werden, wenn sie über Macht verfügen. Sie dürfen ihre Fragwürdigkeit nicht in Frage stellen lassen.
Das Feld der Religion […] ist übersät mit Disteln der Intoleranz, der Gewalt, der Unterdrückung, des Fanatismus, der Bevormundung, der Rückschrittlichkeit, von Angst- und Schuldgefühlen. Unter diesem Gestrüpp ersticken die wohlschmeckenden Früchte der Religion, die es zweifellos auch gibt.
N. N. [Dirk Winkler?]

[…] ohne institutionalisierte Religion wäre ein gewaltiger Faktor des Unfriedens beseitigt, aber gewiss nicht der Unfrieden an sich. Die Mächtigen […] fänden andere Vorwände für die Ausübung ihrer Macht. Denn Macht ist da alles.
Karlheinz Deschner

Allgemeine Problematik

Religion hat den inneren Zweck, den Menschen Geborgenheit und Hoffnung zu geben sowie Trost zu spenden (genauer unter E). Darüber hinaus wurde Religion historisch immer zur politischen Herrschaftssicherung benutzt, dafür aber von der Politik mehr oder weniger stark begünstigt. *Staatenbildung war ohne Religion schwer möglich*, denn größere Gemeinschaften brauchen eine gemeinsame Ideologie zum Überleben. Der Staat oder Führerfiguren benutzen vorhandene religiöse Ideen zur Erringung der Macht und zum Machterhalt und sie bedienen sich dabei der religiösen Führer. Diese wiederum werden durch Gewährung von Teilhabe an der Macht und durch Privilegien für ihre Dienste belohnt. Sie stützen sich gegenseitig. Vielfach wurde die Herrschaftsmacht sakralisiert. In Gottesstaaten bildeten staatliche und religiöse Ordnung eine Einheit. Die Staatsgewalt lag in der Hand einer als Gott deklarierten Person bzw. eines göttlichen Stellvertreters, oder sie wurde direkt von Priestern ausgeübt (Hierokratie). Die jeweils maßgeblichen Gottheiten wurden öffentlich-politisch verehrt, während geduldete private Kulte vorpolitisch waren.

Theokratien finden sich besonders in frühen Staatssystemen wie in Mesopotamien und Ägypten, aber auch bei den Azteken und Inkas. In neuerer Zeit ist Tibet mit seinem unterdrückerischen Lama-Regime und seiner Klosterherrschaft (bis 1950; „Gelbmützen-Diktatur" des tibetischen Buddhismus)[47] ein besonders unschönes Beispiel. Mit politischen Revolutionen gingen meist religiöse Veränderungen einher, manchmal war es aber auch umgekehrt (Reformation). Ein herausragendes Beispiel für die Machtausübung durch Religion ist die konstantinische Religionspolitik des 4. Jh., die völlig im Zeichen der Reichseinheit stand und das erstarkte Christentum auf Dauer korrumpierte. Systeme mit „Einheitslösungen" (eine Herrschaft, ein Glaube) waren häufig mit auch blutigen Verfolgungen und Vertreibungen verbunden.

Je größer die Verquickung von gesellschaftlicher Moral, Religion und Recht (d. h. geronnener Politik), desto stärker der totalitäre Zug des Systems. Absolute Moral führt zu absoluter Intoleranz, denn Abweichler stehen nicht in der Wahrheit. Die auf Religion basierenden Moralsysteme (s. A 7) haben das gezeigt. Im Namen Gottes haben religiöse Menschen innerhalb der gesellschaftlichen Systeme Antisemitismus, Sklaverei, Rassismus, Folter, Völkermord und Krieg unterstützt.

Aktuellere Beispiele

Der Zusammenhang zwischen Religion, Politik und Macht sei an wenigen Beispielen aufgezeigt.

Die *katholische Kirchenführung* hat im 20. Jh. alles in allem dem *Nationalsozialismus* zu dessen Zeiten nichts entgegengesetzt oder das wenigstens versucht, als es noch möglich gewesen wäre. Sie hat das Regime trotz eigener Verfolgung auf vielfältige Weise und bis zuletzt unterstützt (C 10). S*ie war tragende Stütze des totalitären Franco-Regimes und zahlreicher faschistischer Diktaturen* in Europa und Südamerika (eingehend C 11).

Als in *Italien* 1994 *Silvio Berlusconi*, obwohl bekannter Tunichtgut, auch ohne kirchliche Unterstützung an die Macht gekommen war, erklärte er bald die völlige Übereinstimmung seiner Forza Italia mit den Werten des Katholizismus. Nur einige Monate später solidarisierte sich Italien auf dem Weltbevölkerungsgipfel in Kairo in Sachen Geburtenkontrolle mit der Position des „Heiligen Stuhls" und der islamischen Länder, um sich mit dieser als weithin verantwortungslos empfundenen Haltung dem Vatikan anzudienen. Der *Vatikan* ließ sich das auch in anderer Hinsicht gefallen und unterhielt eine *enge Beziehung zu dem in ganz Europa verpönten Berlusconi*. Dieser konnte sich, obwohl geschieden und wiederverheiratet, erfolgreich zur Kommunion anstellen. Trotz Berlusconis politischem Absturz im Zusammenhang mit diversen polizeilichen Ermittlungen wegen Wirtschaftskriminalität blieben ihm die kirchlichen Sympathien erhalten. Als Kardinal Ratzinger 2002 den Politikern untersagte, Kompromisse bei „nicht verhandelbaren Prinzipien" zu machen, machte sich Berlusconi das zu eigen. Er erwies der Kirche diverse Wohltaten. Wie ein Moralapostel widersprach er 2007 einem Gesetzentwurf zur Anerkennung von unverheirateten Paaren und von homosexuellen Partnerschaften. Mit kirchlicher Unterstützung gelang es

Berlusconi 2008 nach einem vorangegangenen Sturz erneut, Ministerpräsident zu werden. 2009 kämpfte er mit der Kirche dagegen, dass der Komapatientin Eluana Englaro nach sieben Jahren die Ernährung reduziert wurde, damit sie endlich sterben könne. Erst in den letzten Jahren kühlten die Beziehungen zum Vatikan wegen der Sexskandale Berlusconis etwas ab.[48]

In *Griechenland* ist die enge Verquickung von Staat und orthodoxer Kirche in der Verfassung von 1975 begründet. Sie wurde „im Namen der Heiligen, Wesensgleichen und Unteilbaren Dreifaltigkeit" beschlossen. Art. 3 der Verfassung bestimmt die „Östlich-Orthodoxe Kirche Christi" zur „vorherrschenden Religion" und verfügt den unveränderten Erhalt des Textes der Heiligen Schrift. Art. 13 verbietet für andere Religionen „Proselytismus" (Missionierung). Nach Art. 16 hat die Bildung u. a. die Entwicklung des „nationalen und religiösen Bewusstseins" zum Ziel. Der Staatspräsident hat nach Art. 33 seinen Amtseid im Namen der Dreifaltigkeit zu leisten. Der Staat zahlt die Klerusgehälter und der Erzbischof hat den Vorsitz in Eröffnungssitzungen des Parlaments. Minderheitsreligionen werden insbesondere beim Bau von Gebetsstätten klar diskriminiert, und der Europäische Gerichtshof für Menschenrechte musste Griechenland schon häufig verurteilen. 2000 begann ein heftiger Streit über den bis dahin bestehenden Religionsvermerk im Personalausweis. Der Erzbischof bekämpfte seine Abschaffung sehr, wenn auch vergeblich. Aber auch danach bemühten sich die Parlamentskandidaten um den Segen der Kirche. Kirche und Staat sind so tief verstrickt, dass das „Religion Data Archive" (USA) Griechenland hinsichtlich der Kirchenprivilegierung in einem Atemzug mit Iran, Saudi-Arabien und Malaysia nennt.[49]

Aber noch schlimmer sind die Verhältnisse im *orthodoxen Russland*. Die nachsowjetische Verfassung von 1993 etablierte einen säkularen Staat mit Verbot einer Staatsreligion. Sie verfügt institutionelle Trennung von Staat und Religion sowie Gleichbehandlung aller religiösen Vereinigungen bei voller persönlicher Religionsfreiheit. Aber als 1999 Vladimir Putin unter Jelzin erstmals, unter Mitwirkung des Patriarchen Alexij, als Ministerpräsident sowie auf das Amt des nach der Verfassung gar nicht existierenden „Geschäftsführenden Präsidenten" vereidigt wurde, betonte er, er sei orthodoxer Christ. Als solcher war er zuvor nicht aufgefallen. Der Patriarch unterstützte Putin in seinem Kampf gegen die Tschetschenen („Banditen und Terroristen") und verlieh Soldaten auch kirchliche Orden. Der Beginn der ersten Präsidentschaft Putins im Jahr 2000 wurde mit einem Gottesdienst gefeiert, Putin war jetzt Kirchgänger. Ebenfalls 2000 sprach der Heilige Synod die letzte und ermordete Zarenfamilie heilig. Seitdem hat Putin die orthodoxe Kirche systematisch im öffentlichen Leben verankert. Sie ist als Autorität anerkannt. Um die 75 % der Russen dürften orthodox sein, aber die Kirchen sind ziemlich leer. Der seit 2009 amtierende neue Patriarch Kyrill I. ist ein alter Freund Putins. Es wurde üblich, ihn bei wichtigen Anlässen neben Staatsmännern auftreten zu lassen. Geschäftsleute halten es für opportun, in der Provinz Kapellen zu stiften. Als 2012 Zehntausende gegen Putin demonstrierten, versuchte der Patriarch, sie zu beruhigen. Als Putin im selben Jahr wieder zum Präsidenten gewählt war, empfing ihn Kyrill zu einer Privataudienz. *Die Orthodoxie stützt die repressive Politik Putins*: keine Meinungsfreiheit, kein Rechtsstaat. Sie führt teilweise hysterische Attacken gegen die Ungläubigen. Putin hat der Orthodoxie zu einer auch wirtschaftlichen Macht verholfen. Sie darf auch in zahlreichen öffentlichen Einrichtungen mitreden. Die russische Professorin Elena Miroshnikova berichtet über eine starke Diskriminierung religiöser Minderheiten in Gesetzgebung, Behördenpraxis und Medien. Das laut Verfassung religiös neutrale Russland ist praktisch immer mehr zu einem konfessionellen Staat geworden. Radikale Teile der Orthodoxie treiben die Gesellschaft auseinander.[50]

Auch in *Indien* mit seiner hindu-nationalistischen Janata-Partei wirkt sich das Zusammenwirken von Politik und Religion ungut aus, säkularer Staat und religiöse Gleichberechtigung sind daher stark ausgehöhlt (s. D 3).

Saudi-Arabien ist eine absolute Monarchie, in der der König über allen Gesetzen steht. Politische Parteien gibt es nicht. Das Land ist neben Pakistan Zentrum des weltweiten islamischen Fundamentalismus (näher A 10). Die alles beherrschende Religion ist der Wahhabismus (außerhalb Saudi-Arabiens: Salafismus), eine ultraorthodoxe Form des Islam. Andere Religionen und ihre Gebetsstätten sind verboten, sogar die islamischen Schiiten dürfen bestimmte Bräuche nicht öffentlich ausüben. Selbst Diplomaten dürfen keinen Gottesdienst feiern. Die auf Glaubensabfall stehende Todesstrafe wird auch vollstreckt. Nichtislamische Missionierung wird bis zur Hinrichtung geahndet, bei Angehörigen westlicher Länder mit Ausweisung. Die zahlreichen Hinrichtungen, meist durch das Schwert, sind öffentlich. Konzerte, Alkohol und Kinos sind untersagt. Die Religionspolizei patrouilliert regelmäßig, auch um die vorschriftsmäßige Kleidung von Frauen zu überwachen.

Frauen brauchen die Erlaubnis ihrer Männer, wenn sie arbeiten oder reisen wollen. Erst seit 1966 dürfen sie Schulen besuchen, und heute besteht sogar die Mehrheit der Studenten aus Frauen. Sie müssen aber stets vollständig verhüllt sein und Vorlesungen männlicher Dozenten zur Vermeidung körperlicher Anwesenheit am Bildschirm verfolgen. Das ganze öffentliche Leben ist geprägt durch eine strenge Trennung von Männern und Frauen (soweit es Einrichtungen für Frauen gibt). Allerdings werden die Möglichkeiten für Frauen allmählich geringfügig erweitert, was offenbar der vorsichtig „liberalen" Linie des Königs Abdullah entspricht. Daher wird die 2011 erfolgte Verurteilung einer aktivistischen Frau zu zehn Peitschenhieben wegen Verstoßes gegen das Frauen-Fahrverbot als Vergeltungsaktion des religiösen Establishments angesehen. Denn der König betont zwar stets das Bündnis von Thron und Kanzel, scheint aber gewissen Neuerungen (Beispiel: erfolgte starke Einschränkung der Befugnisse der Religionspolizei) nicht abgeneigt zu sein. Wegen des großen Einflusses der religiösen Führer, der in letzter Zeit sogar zugenommen haben soll, muss die Regierung jedoch immer wieder Konzessionen machen. Es besteht sogar eine entfernte Gefahr für einen religiös motivierten Staatsstreich, zumal etliche Mitglieder des Königshauses keinen wahhabitischen Lebenswandel führen. Der religiöse Einfluss hat sogar bewirkt, dass jetzt in einigen Städten der Verkauf und das Ausführen von Katzen und Hunden verboten ist. Das begünstige nämlich laut Religionspolizei die Kontaktaufnahme zwischen Männern und Frauen.

Der übersteigerte *religiöse Charakter Israels* trägt wesentlich zur ständigen Gefährdung des Weltfriedens bei. Die Ultraorthodoxen bilden seit der Staatsgründung politisch das Zünglein an der Waage, sodass man sie an der Regierung beteiligen musste. Ihr Fanatismus hat dazu geführt, dass seit 1967 immer mehr jüdische Siedlungen im eroberten Westjordanland errichtet wurden, weitgehend sogar gegen israelisches Recht. Infolge der nachträglichen Billigung, ja oft staatlichen Förderung dieses religiösen Fanatismus gibt es heute kein palästinensisches zusammenhängendes Gebiet mehr, auf dem ein palästinensischer Staat gebildet werden könnte: Die Palästinenser leben auf zahlreichen unverbundenen Inseln in einem israelischen Landmeer. Dabei muss Jeder wissen: ohne Zwei-Staaten-Lösung kein Friede, und ohne Stopp und Rückführung des Siedlungsbaus keine palästinensische Staatsbildung. So kann eine kleine Minderheit religiöser Fanatiker jede vernünftige Politik der eigenen Regierung verhindern und den Weltfrieden gefährden (s. näher D 1).

10 – Religiöser Fundamentalismus, Extremismus, Weltfriede

Fundamentalismus […] ist das angestrengte Dementi seines eigenen Zweifels, ein vom Unglauben durchsetzter Glaube.
Fanatismus ist der Aufschrei eines zutiefst verwundeten Glaubens.
Christoph Türcke, Philosoph

Im Fundamentalismus […] zeigt sich die eigentliche Dialektik der Moderne selbst. Er ist die im Modernisierungsprozess erzeugte und in seinen Krisenperioden stets neu belebte Versuchung der Regression in die Geborgenheit und Unmündigkeit.
Thomas Meyer, Politologe

Der Ungläubige hat keinen Grund, fanatisch zu sein.
N N

Die Grenze zwischen dem weltanschaulichen Frieden und Unfrieden verläuft nicht zwischen Religion und säkularem Denken, sondern mitten durch die Kulturen.
NN

Fundamentalismus als hauptsächlich monotheistische Spezialität[51]

Der vielschichtige und daher stets präzisierungsbedürftige Begriff Fundamentalismus wird gern als Schlagwort verwendet. Denn er eignet sich gut als politisch-religiöser Kampfbegriff zur Diffamierung von Gegnern. *Der Fundamentalismus ist stets mit einer aufklärungs- und vernunftfeindlichen Geisteshaltung verbunden, die von nicht hinterfragbaren Grundthesen ausgeht.* Man sieht die traditionellen religiösen Heilsgewissheiten durch die Moderne bedroht, und deren unübersehbare Auswüchse betrachtet man fälschlich als *notwendige* Bestandteile der Entwicklung. Die im Europa der Neuzeit entwickelte, aber weltweit verbreitete „Moderne" hat ihre Grundlage in der naturwissenschaftlichen Entwicklung und vernunftbetonten Aufklärung, die keine geistigen Schranken kennt und alle natürlichen und gesellschaftlichen Phänomene kritisch untersucht. Davon fühlen sich vor allem die monotheistischen Religionen in ihrer Existenz bedroht. Ihre heiligen Schriften (A 6) erweisen sich als menschengemacht.
Die Fundamentalisten schließen die Existenzberechtigung anderer Grundüberzeugungen selbst als Möglichkeit aus. Zu wesentlichen Erkenntnissen der modernen Naturwissenschaft, insbesondere der Evolutionslehre, haben sie ein stark gestörtes Verhältnis. Die fundamentalistische Gegenbewegung sieht ihr Heil in einer *rückwärtsgewandten religiösen Revitalisierung* alter oder vermeintlich *alter Traditionen*, freilich mit modernen Kommunikationsmitteln.

Geschürt werden die freiheitsfeindlichen Bestrebungen durch soziale Faktoren: wirtschaftliche Not, Perspektivlosigkeit, soziale Ungerechtigkeit, gesellschaftliches Chaos, Unterdrückung, Generationenkonflikte, Unterlegenheitsgefühle, Kolonisationserfahrungen u. a. mehr. Solcher sozialer Sprengstoff existiert zwar in zahlreichen Ländern, aber in den nicht theistischen bzw. polytheistischen Ländern ist die Religion insgesamt toleranter und dann als „Brandbeschleuniger" weniger geeignet.

Protestantischer Fundamentalismus in den USA und Europa

Historisch geht die breite Verwendung des Begriffs Fundamentalismus zurück auf eine größere Gruppierung des US-Protestantismus und die millionenfache Verbreitung ihrer Schriftenreihe „The Fundamentals" (1910–1915) sowie die Gründung der „World's Christian Fundamentals Association" 1919. Zu den *Hauptkriterien* der Lehre gehören die unmittelbar göttliche Herkunft und Irrtumslosigkeit der Bibel einschließlich ihrer Wunder, der Glaube an das Sühneopfer und die leibliche Auferstehung Jesu, die Trinität sowie die jungfräuliche Geburt Jesu. Im Ersten Weltkrieg wurden die amerikanischen christlichen Fundamentalisten *extrem nationalistisch*, und das kennzeichnet sie noch heute. Bis heute sehen sie das Christentum von einem dämonischen endzeitlichen Abfall bedroht. Die seit dem berühmten „Affenprozess von Dayton" (Tennessee, 1925) wegen der extrem wörtlich verstandenen Schöpfungsgeschichte des Alten Testaments in Misskredit geratene Bewegung erlebte in den USA in den 1950er-Jahren und besonders seit 1970 eine breite Renaissance mit einem *kaum zu überschätzenden Einfluss auf die US-Politik. Die Welt wird ebenso streng wie primitiv in Gut und Böse eingeteilt.* Die Überzeugung von der angeblich göttlichen Sendung der USA für die Welt ging eine Allianz mit den republikanischen Neokonservativen ein, die Auswirkungen sind verheerend (statt aller: Irak). Der fanatische Kampf der US-Fundamentalisten im Namen des Lebens gegen Schwangerschaftsabbruch geht bis zum Mord an Ärzten. Man kämpft gegen die Gleichberechtigung der Frau, aber für das Schulgebet, für die strafrechtliche Verfolgung der Homosexuellen und für die Todesstrafe, außerdem für den entfesselten Kapitalismus. Die großen Feinde sind der religiöse Modernismus mit seiner Bibelkritik, der Evolutionismus, der Sozialismus und der säkulare Humanismus.

Auch im *protestantischen Deutschland und Europa* gibt es fundamentalistische Tendenzen. Sie bestehen in einer Nähe zum wörtlichen Bibelverständnis und der Gegnerschaft zur liberalen Theologie. Besonders aktiv sind evangelikale Missionswerke und Medienaktivitäten. Diesen häufig kämpferischen Gruppierungen ist es gelungen, selbst im weitgehend säkularen Deutschland große Teile der Bevölkerung in Distanz zur Evolutionslehre zu bringen, sei es in Form des Kreationismus, sei es in der abgemilderten Form des sog. Intelligent Design (zielgerichtete Entwicklung des irdischen Lebens auf der Basis eines „höheren" Initiators). Dass die damit unvereinbare Evolutionstheorie nicht irgendeine These ist, sondern auf allen naturwissenschaftlichen Ebenen, auch der molekularbiologischen, ohne Widersprüche weltweit abgesichert ist und auf Millionen naturwissenschaftlichen Tatsachenerhebungen beruht, spielt dabei keine Rolle.

Katholischer Fundamentalismus

Die katholische Parallele des protestantischen Fundamentalismus war der unerbittliche *Kampf der römischen Kirche gegen den „Modernismus"* im 19. und 20. Jh. durch ihren „Antimodernismus" bzw. „Integralismus" (Syllabus errorum 1864; Antimodernisten-Enzyklika 1907; Antimodernisteneid 1910). Er fand eine Fortsetzung in der Theologie und Kirchenpolitik Pius XII. (gest. 1958). Nach den teilweise großen Umbrüchen und einer Aussöhnung mit der Moderne durch das II. Vatikanische Konzil gibt es umfangreiche Rückwärtstendenzen innerhalb und außerhalb des Vatikans. Das gilt speziell seit 1978, dem Jahr des Amtsantritts Johannes Pauls II. (weltweite Ernennung rechtskonservativer Bischöfe, rigide Sexualmoral, Umgang mit Frauen in der Kirche, Verunglimpfung der Befreiungstheologie, Heiligsprechung des Opus-Dei-Gründers im Jahr 2002 usw.). Diese reaktionäre Kirchenpolitik wurde im Pontifikat Benedikts XVI. konsequent fortgeführt.

Im Mittelpunkt auch der aktuelleren katholisch-fundamentalistischen Theologie steht die Moraltheologie. So hat etwa der Vorstand des Päpstlichen Instituts für Ehe und Familie 1988 beim Internationalen Moraltheologenkongress schon die bloße Empfängnisverhütung auf eine Stufe mit Mord gestellt, ungeachtet der weltweiten Bevölkerungsexplosion. Kein hoher Vertreter des Vatikan war bereit, diese Aussage zu korrigieren. Der katholische Fundamentaltheologe (d. h. in etwa: Fachmann für Grundfragen der Theologie) Klaus Kienzler weist darauf hin, es bestehe auch hinsichtlich des Katholizismus kein Zweifel, dass die Bibellektüre „zum Großteil fundamentalistische Züge trägt".[52] An rechtskonservativen und z. T. recht militanten katholischen Bewegungen und Vereinigungen seien neben dem Opus Dei genannt: die Lefebvre-Bewegung, die Una-Voce-Bewegung, das Engelwerk (am Rand der Kirche), die Priesterbruderschaft Sankt Pius X. (Piusbruderschaft), die Priesterbruderschaft St. Petrus mit Christkönigsjugend, die Katholische Pfadfinderschaft Europas, das Vereinte Apostolat im Geist Mariens, die Marianische Priesterbewegung und die Bewegung für Papst und Kirche.

Man könnte anhand des kritischen Studiums des kirchlichen Gesetzbuchs (CIC 1983) sowie zahlreicher offiziell-amtskirchlicher Dokumente auch der letzten 50–100 Jahre zum Ergebnis gelangen, dass die katholische Amtskirche insgesamt stark fundamentalistisch geprägt ist. Die sich katholisch fühlenden Gläubigen finden sich freilich in dieser Kirchenprägung wohl weit überwiegend nicht wieder.

Der neuere monotheistische Fundamentalismus, insbesondere in Israel

Der Beginn der neueren monotheistischen Fundamentalismen ist durch folgende Ereignisse gekennzeichnet: (1) 1977 in Israel die Regierungsübernahme durch Menachem Begin vom rechtsreligiösen Likud-Block mit Forcierung der jüdischen Siedlungen in den besetzten palästinensischen Gebieten; (2) 1978 die Wahl Karol Wojtylas zum Papst mit einer anhaltenden kirchenpolitischen Rückwende, die 2002 in der Heiligsprechung des Demokratiefeindes Escrivá de Balaguer gipfelte, des Begründers des einflussreichen totalitären Opus Dei; (3) 1979 die Rückkehr Ayatollah Khomeinis nach Teheran und die Ausrufung der Islamischen Republik Iran als Ausgangs- und Höhepunkt der weltweiten Re-Islamisierung; (4) 1980 die überraschende Wahl Ronald Reagans zum US-Präsidenten, die dieser wesentlich der Propaganda fundamentalistischer Gruppen wie der 1979 gegründeten „Moral Majority" verdankte, deren Einfluss auf die US-Politik seitdem enorm ist.

Auch im *israelischen Judentum* spielt der Fundamentalismus eine große Rolle, obwohl er für das Judentum nicht grundsätzlich typisch ist. Denn neben der Thora, d. h. den (fälschlich) Moses zugeschriebenen fünf Büchern und im erweiterten Sinn der gesamten Hebräischen Bibel (schriftliche Thora) ist weitere Hauptquelle des Judentums der (Jerusalemer und Babylonische) Talmud („mündliche" Thora). Das bedeutet, dass man seit jeher davon überzeugt war, die (schriftliche) Thora müsse den jeweiligen Zeiterfordernissen angepasst werden. Die rabbinischen Ansichten wurden im Talmud gesammelt. Da die Auslegung und Anwendung der beiden Hauptquellen nicht durch ein Lehramt gesichert ist und die Rabbiner widersprüchliche Auffassungen vertreten, besteht grundsätzlich (wie im Protestantismus) keine Gefahr der Dogmenbildung. Im innerjüdischen Streit zwischen vielen Richtungen gab es aber immer Ansätze für Strömungen, die über ihre Grundsätze nicht diskutieren, sondern sie allgemein durchsetzen wollten. Das gewann besondere und buchstäblich brandgefährliche Bedeutung, als 1948 aus der Katastrophe der Shoah heraus gewaltsam, freilich mithilfe der UN, der Staat Israel errichtet wurde, der von Anfang an massiv in seiner Existenz bedroht war. Die religiös-orthodoxen Richtungen waren von Anfang an dominant. *Seit der Staatsgründung sind orthodox-religiöse Politiker an der Regierung beteiligt und üben entscheidenden Einfluss aus.* Viele Gesetze des grundsätzlich säkularen Staates enthalten theokratische Elemente. Messianische Utopien gewaltbereiter religiöser Minderheiten mit einem fundamentalistischen Verständnis der Hebräischen Bibel führen das Land immer wieder an den Rand des Abgrunds und verhindern eine rationale Politik. Bis heute verheerender Höhepunkt dieses Fanatismus war 1995 die Ermordung des Friedensnobelpreisträgers Ministerpräsident Jitzchak Rabin zu einem damals hoffnungsvollen Zeitpunkt.

Der religiöse Fundamentalismus in Israel kollidiert punktgenau mit etwa gleich starkem Fundamentalismus der evangelikalen Rechten in den USA und der zumindest auch religiös fundierten tödlichen Feindschaft aus dem islamischen Raum.

Islamischer Fundamentalismus

Auch der islamische religiöse Fundamentalismus zeichnet sich durch eine glaubenszentrierte Weltsicht aus. Er ist weitgehend identisch mit dem normalen orthodoxen Islam (näher D 2). Das gemeinsame Weltbild aller Muslime ist es, die einzig wahre geoffenbarte Religion zu haben und allen anderen überlegen zu sein. Der Prophet Mohammed (ca. 570–632) soll von Allah selbst durch den Erzengel Gabriel wortwörtlich die endgültige und vollendete Offenbarung erhalten haben. Ähnlich autoritativ wie der Koran sind die überlieferten Worte und Taten des angeblich makellosen Propheten Mohammed (Hadithe). Der Islam hat Teile des jüdisch-christlichen Gedankenguts übernommen. Die drei Religionsgruppen haben formale Gemeinsamkeiten: die Propheten Abraham, Moses und Jesus; Gut und Böse; Engel und Dämonen; Jüngstes Gericht; Paradies und ewige Hölle. *Wichtiger ist die Tatsache, dass der Islam strukturell so unflexibel ist wie über die größte historische Strecke das biblische Christentum.* Im Gegensatz zum Christentum und Judentum hat es im Islam keine bzw. nur eine partielle und sehr kurzfristige Aufklärung im Mittelalter und daher auch keine historisch-kritische Textauslegung gegeben. Die Anwendung der Scharia, des nicht kodifizierten islamischen Rechtssystems, ist im Hinblick auf die in unserem Sinn verstandenen Menschenrechte (F 1) höchst problematisch, was hier nicht näher erläutert werden kann. Das Recht ist – völlig im Gegensatz zu unserer heutigen Auffassung von Recht als dynamischem Menschenwerk – nach dem traditionellen Islam in der Theorie göttlich und daher unveränderbar. Es beansprucht Geltung für die gesamte Menschheit. *Dieses rigide Rechtsverständnis war ein entscheidendes Hindernis für die Entwicklung funktionierender islamischer Staaten und ihre Anpassung an die moderne Welt.* Die orthodoxen

Muslime fühlten sich von der rationalen Weltsicht des Menschen mit seiner modernen Wissenschaft und seinem Individualismus, einschließlich individueller Menschenrechte, bedroht. Alles Wissen muss auf dem Koran aufbauen.

Zwischenergebnis

Der religiöse Fundamentalismus protestiert gegen die absurden Aspekte des laufenden Modernisierungsprozesses. Den damit meist einhergehenden Fanatismus kann man als „Aufschrei eines zutiefst verwundeten Glaubens" (Christoph Türcke) verstehen, der sich politisch gut instrumentalisieren lässt.

Der Islamismus

Unter Islamismus versteht man die *teilweise gewaltbereite politische Variante des orthodoxen Islam.* Die Weltherrschaft eines idealisierten ursprünglichen Islam soll in naher Zukunft erreicht werden (vgl. das Motto: Jesus Ja, Kirche Nein). Der Koran ist für die Islamisten nicht nur – wie für alle islamischen Theologen – nicht kritisierbar, sondern auch möglichst buchstabengetreu zu befolgen (wobei auch sie zu unterschiedlichen Ergebnissen kommen). Der Islamismus entwickelte sich im 20. Jh. aus einer Minderheit radikaler Organisationen, von denen die 1928 in Ägypten gegründeten Muslimbrüder die erfolgreichsten waren. Sie wollten, im Gegensatz zu Bestrebungen einer moderaten Anpassung an die europäische Kultur (etwa staatliche Anlehnung an westliches Recht), Gerechtigkeit auf der Basis des islamischen Rechts verwirklichen, das angeblich für alle Lebenssituationen, Zeiten und Orte passe. Gespeist wurde der Kampf gegen die Feinde „Europa" und „westlicher Imperialismus" durch die auch gewalttätige Bekämpfung der britischen und französischen Kolonialverwaltungen. Besonders wichtig ist den Muslimbrüdern, die Trennung von Staat und Religion wieder zu beseitigen, die ja auch die meisten islamischen Staaten in reduzierter Form eingeführt hatten. Ihr einflussreichster Denker war und ist der 1966 als Mitglied einer terroristischen Vereinigung hingerichtete Ägypter *Sayyid Qutb*. Nach einem USA-Aufenthalt war er überzeugt, dass dem materialistischen Westen die menschlichen Werte fehlen. Die bisherigen sunnitischen Rechtsgelehrten hielt er für korrupt zugunsten unislamischer Herrscher. Seine Vorstellungen zur weltweiten Wiederherstellung eines (stark idealisierten) ursprünglichen islamischen Systems haben weltweit Anklang gefunden.

Parallel zu den Muslimbrüdern gründete in *Pakistan* der noch radikalere *al-Maududi* eine Islamische Gemeinschaft. Seine englischen Texte wurden im gesamten Commonwealth verbreitet. Kino, Theater und Künste hielt er für unislamisch. Unter dem diktatorischen Präsidenten Zia ul-Haq (1977–1988), der das Land rigoros islamisierte, konnte er erheblichen politischen Einfluss gewinnen, seine Partei ist heute eine bedeutende politische Kraft. Dass in den zahlreichen pakistanischen Religionsschulen zwanzig Jahre lang besonders der Dschihad-Gedanke in seiner kämpferischen Form gepflegt wurde und ein enger Zusammenhang mit der Taliban-Bewegung besteht, ist bekannt.

Die Islamisten benutzen die Religion zur Durchsetzung politischer Macht, wollen die Einheit von Staat und Religion wiederherstellen und lehnen die Demokratie aggressiv als kolonialistisch ab. Allenfalls wird der Parlamentarismus für ihre Zwecke ausgenutzt (Extrembeispiel: FIS in Algerien). Der Islamismus bekämpft alle islamischen Regime, die die Scharia nicht als ausschließliche Grundlage ihres Rechtssystems gelten lassen. Die Geschlechtertrennung wird streng praktiziert und nach außen durch das Kopftuch dokumentiert. Dabei darf, dies nebenbei, nicht verkannt werden, dass das islamische Kopftuch jedenfalls in Deutschland auch verschiedene nicht islamistische Bedeutungen hat, sogar eine emanzipatorische. Die Islamisten wollen Gottesstaaten errichten. Um gerüstet zu sein, sind sie bestrebt, sich das westliche Know-how auf breiter Ebene anzueignen. Im Islamismus schlägt das Unterlegenheitsgefühl in ein Überlegenheitsgefühl um.

Als *Hauptfeinde* zählen, wie „der Westen" allgemein, insbesondere die USA, der Staat Israel, der Welt-Zionismus und ganz allgemein „die Juden". Hierzu ist auf die wenig bekannte Tatsache hinzuweisen, dass zwar der Koran insgesamt sehr judenfeindlich ist, die Grundlagen für den *heutigen fanatischen arabischen Judenhass* aber vom Westen mit dem beginnenden Kolonialismus seit Anfang des 19. Jh. gelegt wurden, wie der anerkannte amerikanische Orientalist Bernard Lewis im Einzelnen dargelegt hat.[53] Bis dahin waren die islamisch-jüdischen Beziehungen keineswegs *besonders* angespannt. Vielmehr gewährte der Islam den Juden im Vorderen Orient, die ja nur eine unbedeutende, ungefährliche Minderheit darstellten, bei aller Missachtung doch mindere, aber meist gesicherte Rechte (näher D 2). Regelrechte Verfolgungen, wie in Europa so häufig, gab es fast nie, Vertreibungen waren unbekannt. Auf der Basis der von den christlichen Europäern eingeschleppten schlimmen modernen Judenfeindschaft wurden in der zweiten Hälfte des 19. Jh. bereits die ersten arabischen Fassungen europäischer antisemitischer Schriften veröffentlicht. Ohne den im 20. Jh. schon alltäglichen arabischen Judenhass hätte sich die Palästinafrage nach dem Zweiten Weltkrieg wahrscheinlich ganz anders entwickelt.

Zusammengefasst: Im Islamismus ergibt sich eine besondere Sprengkraft aus dem *Zusammenwirken innerreligiöser Unbeweglichkeit mit einer Reihe gravierender externer Faktoren*. Der westliche Kolonialismus, von dem zumindest indirekt fast jeder islamische Staat betroffen war, führte zu einseitiger wirtschaftlicher Abhängigkeit, zu großen sozioökonomischen Problemen und zur politischen

Instabilität. Der Islamismus ist auch eine Reaktion auf Säkularisierungs- und Modernisierungstendenzen des 20. Jh., so in der Türkei, im Iran und in einigen arabischen Ländern. Nationalismus und Parlamentarismus führten in der islamischen Welt zu Enttäuschungen. Man sieht die europäische Moderne in einer Sinnkrise, weil sie nur auf technische Rationalität reduziert sei. Aus der Darstellung der westlichen Zivilisation als korrupt und dekadent ergibt sich das Feindbild Westen. Dieser wird u. a. gleichgesetzt mit Kolonialismus, Promiskuität, Kreuzzug, Drogensucht. Nährboden des islamischen Fundamentalismus sind, zusammengefasst, wirtschaftliche Not, soziale Missstände und Unterdrückung und allgemein das bedrückende Gefühl der Unterlegenheit gegenüber dem Westen, dem man wenig entgegenzusetzen hatte. Man betrachtet den Westen als Verschwörung gegen den Islam, dieser sei die Alternative. Er müsse die Hegemonie in der Welt erringen.

Wenn gemäßigte europäische Muslime argumentieren, insbesondere die terroristischen Gruppierungen des Islamismus missbrauchten die religiösen Aussagen des „eigentlichen Islam", so lässt sich eine solche Aussage ebenso wenig treffen wie die über ein „eigentliches Christentum": schon die religiösen Grundlagentexte sind zu widersprüchlich und unklar. Es lässt sich nachweisen, dass *der Islamismus gut kompatibel ist mit der religiösen Basis und Geschichte des Islam*. Schon der Koran enthält Absolutheitsansprüche und massive Ausgrenzungstendenzen, z.B. die Verstoßung der „Ungläubigen" in die Hölle, die Forderung nach bedingungslosem Gehorsam, das Ziel der theokratischen Herrschaft, die Verzahnung von Politik und Religion. Über das „eigentliche Wesen des Eroberungskriege gab es schon in der Frühzeit des „Goldenen Zeitalters". Der vielgenannte Begriff „Dschihad" wird im Koran zu etwa 80% im Sinn eines militärischen Krieges gebraucht. Trotz der im Vergleich zum Christentum wesentlich milderen Judenfeindschaft finden sich im Koran ungeachtet einer gewissen Anerkennung der „Buchreligion" viele antijüdische Beleidigungen, und der Koran berichtet auch von schlimmen, durch Mohammed veranlassten Gewalttätigkeiten.[54]

In der *neueren historischen Entwicklung des Islamismus* kann man drei Phasen unterscheiden. In den 1970er-Jahren unterstützte vor allem *Saudi-Arabien* (das sich, obwohl religiös äußerst rigide, heute selber der internen islamistischen Terroristen erwehren muss) finanziell weltweit alle islamistischen Bewegungen. In den 1980er-Jahren galt der *Gottesstaat Iran* als Beispiel einer gelungenen Revolution gegen weltliche Herrschaft. In den 1990er-Jahren ging der islamische Fundamentalismus in *Terrorismus* über. Seitdem verbünden sich die Islamisten weltweit. Die Ansichten islamistischer Terroristen wurden in einem Dokument dargelegt, das anlässlich des Attentats gegen den ägyptischen Präsidenten Anwar al-Sadat von 1981 von der Tätergruppe bekannt gegeben wurde. Ägypten sei kein islamischer Staat mehr, seine Machthaber seien als Glaubensabtrünnige mit dem Tod zu bestrafen. Sie hätten mit den „Kreuzfahrern", den Zionisten und Kommunisten zusammengearbeitet. Der Gedanke des militanten Dschihad steht im Vordergrund, auf Unschuldige ist dabei grundsätzlich keine Rücksicht zu nehmen. Bei starkem Elitebewusstsein fehlen aber Konzepte für einen konkreten islamischen Staat, wohl weil man auf ein Eingreifen Gottes rechnet. Genauere Religionskenntnisse fehlen den Dschihadisten. Wie ungewöhnlich massiv die militärischen Mittel sind, mit denen Ägypten sich und seine Touristen vor den eigenen Terroristen bis zur Revolution 2011 schützen musste, ist Ägyptentouristen eindringlich bekannt.

In *Palästina* ist der ursprünglich mehr nationale Widerstand durch die Hamas (seit 1987) mit ihrem sehr effektiven sozialen Netz islamisiert und wesentlich verschärft worden. Ihre Prediger dominieren die meisten Moscheen. Aus dem nationalen Befreiungskampf wurde Dschihad. Nach *Afghanistan* kamen nach dem Einmarsch der Roten Armee 1979 aus allen Teilen der muslimischen Welt junge Männer mit islamistischem Hintergrund, die stark durch Pakistan und die USA unterstützt wurden. Die Verehrung dieser islamistischen Widerstandskämpfer strahlte auch nach Europa aus, von wo viele der dort aufgewachsenen Muslime nach Afghanistan gingen und dort im Sinn eines kriegerischen Islam ideologisiert wurden. Der Krieg in *Bosnien* hat die west-östliche Frontstellung verschärft. Aus den so entstandenen besonders militanten islamistischen Söldnergruppen wurden die neuen, international operierenden Terroristen rekrutiert. Sie sind meist gut ausgebildet (vorzugsweise naturwissenschaftlich-technisch) und haben oft Westerfahrung.

Der weltbedrohliche apokalyptische Wahn[55]

Der Mythos von einem kompletten und weltweiten Zusammenbruch der Zivilisation und von einem militanten Erlöser grassiert besonders bei den christlichen Fundamentalisten der USA, den religiösen Zionisten und den islamischen heiligen Kriegern. Ihre Endzeit-Fantasien bündeln sich in Palästina und Jerusalem. „Der Tempelberg ist das geographische Zentrum der apokalyptischen Matrix", bringen das Viktor und Viktoria Trimondi in ihrem überaus materialreichen und bestens belegten monumentalen Werk zum apokalyptischen Kampf der Religionen auf den Punkt. Die Befürchtung, der Nahe Osten und die halbe Welt könne wegen dieses religiösen Wahns explodieren, beruht nicht auf Spekulationen, sondern ist real und wissenschaftlich fundiert. Etliche Zehntausend oder mehr gewaltbereite fanatische israelische Siedler könnten mithilfe massiver Unterstützung der mächtigen amerikanischen Christlichen Rechten einen Weltbrand verursachen. Denn sowohl die israelischen wie die amerikanischen kämpferischen Fundamentalisten üben auf ihre jeweiligen Regierungen bislang einen entscheidenden Einfluss aus. Der apokalyptische Wahn wurde besonders in den letzten 25 Jahren auch außerhalb der monotheistischen Religionen stark verbreitet, etwa in Indien, im tibetischen Buddhismus und bei chinesischen und japanischen Sekten.

Die dem apokalyptischen Denken zugrunde liegenden Muster basieren auf *religiösen Endzeittexten:* bei den Juden auf den Büchern der Propheten, insbesondere Daniel, bei den Christen auf der Offenbarung des Johannes („Apokalypse"), bei den Hindus auf der Bhagavadgita u. a. Inhalte dieses Denkens sind so oder so ähnlich: der kosmische Krieg zwischen Gut und Böse, die aktuell zunehmende Herrschaft des Bösen (Sittenverfall, Ungläubigkeit, Krieg, Gewalt, Naturkatastrophen usw.), Erscheinen eines militanten Messias als Führer einer Armee von Menschen und Überwesen, die *gnadenlos grausam gegen die Koalition des Bösen* vorgeht: auch mit Massenvernichtungswaffen und der Verbreitung von Seuchen. Die Gotteskrieger sind dabei zum sofort erlösenden Martyrium bereit. *Die Falschgläubigen werden vernichtet, die „Bösen" zu Höllenqualen verurteilt.* Anschließend errichtet der Messias einen Gottesstaat mit einem autoritären Priesterkönigtum, in dem Frauen nur eine untergeordnete Rolle spielen. Das ist dann das tausendjährige Paradies auf Erden. Hauptbühne des prophezeiten Weltuntergangsdramas ist, wie gesagt, der Nahe Osten.

Globale Aspekte des fundamentalistischen Wahns

Wie weitreichend die fundamentalistischen Bestrebungen sind, zeigt die auf Initiative Pakistans 2009 mit Unterstützung aller 57 islamischen Staaten verabschiedete Resolution des UN-Menschenrechtsrats (zu viele Staaten hatten sich der Stimme enthalten) zu einer vermeintlichen „Diffamierung von Religionen". Danach hätten Religionen als solche das Recht erhalten, von Kritik verschont zu bleiben. Damit wären die Menschenrechte auf den Kopf gestellt worden, und zwar, der Absicht des Antrags entsprechend, zum Nutzen der besonders menschenverachtenden Blasphemiegesetzgebung Pakistans. Aufgrund des massiven Widerstands einer Fülle von Nichtregierungsorganisationen und des Drucks der USA auf Pakistan ruderte man dort zurück. Auf pakistanische Initiative hin verabschiedete der UNO-Menschenrechtsrat am 24. März 2011 eine Resolution, welche Islamkritik nicht mehr als „Diffamierung von Religion" einstuft.

Feindbild Säkularismus

Mehr noch als religiöse Minderheiten werden in zahlreichen Staaten aus aller Welt die Nichtreligiösen diskriminiert und z. T. schwer verfolgt. Dazu hat die weltweite „International Humanist and Ethical Union" (IHEU) 2012 einen Report veröffentlicht.⁵⁶ Das tritt im Vergleich zu vielen Gewalttätigkeiten etwa gegen Christen (Pakistan, Indonesien, Ägypten u. v. a.) nur deswegen nicht so in Erscheinung, weil Nichtreligiöse kaum organisiert sind und es in weiten Teilen der Welt gar nicht wagen können, öffentlich in Erscheinung zu treten. Selbst in so freiheitlichen Ländern wie Deutschland wird der sehr große nicht religiöse Teil der Bevölkerung (s. A 12) auf sehr vielfältige Weise politisch und rechtlich diskriminiert, was aufgrund der Medienstruktur derzeit nicht hinreichend bekannt gemacht werden konnte (näher F 2).

Die weltweite Diskriminierung Andersdenkender ist in besonderer Weise eine Eigenart der 57 muslimischen Staaten und typischerweise Ausdruck eines religiös-politischen Fundamentalismus. Demokratische grundrechtsorientierte Rechtsstaaten diskriminieren entscheidend weniger. Knackpunkt ist die Frage der Toleranz im Sinne der Achtung friedlicher Andersdenkender in ihrem Anderssein (F 1).

11 – Religion, Gewalt und Krieg

Für Literaturhinweise zum Gesamtthema, siehe die Anmerkungen[57].

Weder ist allein eine religiöse Gemeinschaft noch ein sozialer Konflikt der Verursacher von Gewalt. Gewalthandlungen gehen aus den Wechselwirkungen zwischen beiden Seiten hervor.
                    Hans G. Kippenberg, Religionswissenschaftler

- *Die Theorie von der Religion als Kraft des Friedens […] passt nicht zu den historischen Tatsachen.*
    Steven Pinker, Autor einer welthistorischen Fundamentaluntersuchung über die Geschichte der Gewalt

- *Hat eigentlich die Skepsis auf die Schlachtfelder geführt oder der Glaube?*
                                                        Karlheinz Deschner

Der Westen hat die Welt nicht durch die Überlegenheit seiner Ideen, seiner Werte oder seiner Religion erobert, sondern durch seine Überlegenheit beim Anwenden organisierter Gewalt. Westler vergessen diese Tatsache oft, Nichtwestler nie.
                                    Samuel Huntington, Politologe

Viele Religionen kommen heute schmeichlerisch lächelnd mit ausgebreiteten Armen auf uns zu wie schmierige Händler auf einem Basar. Im Wettbewerb mit anderen Marktschreiern versprechen sie uns Trost, Solidarität und Läuterung. Aber wir dürfen daran erinnern, wie barbarisch sie sich aufgeführt haben, als sie noch stark waren und den Menschen ein Angebot machten, das sie nicht ablehnen konnten. Wer vergessen hat, wie das gewesen sein muss, kann sich einfach die Staaten und Gesellschaften ansehen, in denen die Geistlichkeit noch über die Macht verfügt, ihre Bedingungen zu diktieren. In modernen Gesellschaften sind noch Spuren davon erkennbar, etwa in den Bemühungen von Seiten der Religion, die Bildung unter ihre Kontrolle zu bekommen [...].

Christopher Hitchens, in: Der Herr ist kein Hirte.

Die Ambivalenz von Religion

Die Ursprünge religiöser Gewalt verlieren sich im Dunkel der Anfänge. Die Themen Gewalt, Krieg und Religion, Tier- und Menschenopfer hängen seit Menschengedenken eng zusammen. Das *Blutopfer* war jahrtausendelang das zentrale Ritual der Religionen alter Kulturen, die Tötung des Opfers heiliges Erlebnis, der Umgang mit dem Opferblut streng ritualisiert. Kriegsherren waren gleichzeitig Opferpriester. Zu den Aufgaben des Orakels von Delphi gehörte auch die Regulierung der Opferwirtschaft. Auf die schwierigen Fragen der psychologischen Funktion der religiösen Opfergewalt, die Sündenbockfunktion der Opfer sowie Tier- und Menschenopfer (dazu A 8) als Götternahrung kann hier nicht weiter eingegangen werden. Vielfältig sind die Methoden der *Sakralisierung des Krieges*. Religion diente zwar von Anfang an der Legitimierung von Kriegen, die außerreligiöse Ursachen hatten, war aber manchmal auch der wesentliche auslösende Faktor. Kriege, bei denen Religion eine Rolle spielt, sind in der Regel grausamer als andere.

Gewalttätige Auseinandersetzungen der letzten Jahrzehnte

Für das 20. Jh. kann man sagen, dass Krieg und Völkermord in erster Linie eine Frage des politischen Systems, der Ökonomie und Macht sind. Aber die Zahl der Kriege, Bürgerkriege und sonstigen gewaltsamen Auseinandersetzungen der letzten Jahrzehnte, bei denen Religion eine mehr oder weniger bedeutende, ja entscheidende Rolle spielte, ist nicht gering. Zu nennen sind zunächst die ethnoreligiösen Konflikte im *Nahen Osten*. Der fundamentale Konflikt zwischen Israel und den Palästinensern hätte ohne die religiösen Fanatiker auf beiden Seiten nicht die große Brisanz. Seit 1967 hat jede israelische Regierung beachtliche Mittel in Errichtung und Erweiterung von Siedlungen in den besetzten Gebieten investiert. Heute leben daher 250 000 oder mehr israelische Siedler (einschließlich derer im Umkreis von Jerusalem und Tel Aviv) in der West Bank, in der die palästinensischen Gebiete heute weitgehend nur noch wie Inseln auf israelischem Gebiet liegen. Die Hälfte der Siedler sind religiöse und gewaltbereite Fanatiker, die inmitten des palästinensischen Gebiets eine überaus große Zahl komfortabler, aber festungsartiger Siedlungen bewohnen. Sie sind mit ihrem archaischen Zionismus das Haupthindernis für eine friedliche Zukunft, da sie enormen politischen Einfluss haben. Seit Jahrzehnten gefährdet diese Minderheit den Weltfrieden (s. auch A 9 sowie A 10 zum apokalyptischen Wahn).

Bekannt sind die zumindest auch religiös fundierten Auseinandersetzungen bzw. Kriege in *Nordirland*, im *ehemaligen Jugoslawien*, in *Sri Lanka* und in vielen *afrikanischen Bürgerkriegen*. Eine erhebliche Rolle spielte Religion bei Auseinandersetzungen in *Indonesien, Indien, Nigeria* (Kampf um die Einführung des Scharia-Rechts) und im *Iran/Irak-Krieg*. Im *Biafra-Krieg* 1967–1970 spielte der Konflikt zwischen den Christen (Biafra) und den Muslimen im Norden Nigerias eine Rolle. In Biafra kamen an die drei Millionen Menschen um. Der *Golfkrieg* George W. Bushs war ein im Namen „des" christlichen Gottes geführter Angriffskrieg. Ein weiteres schlimmes Beispiel bietet der *Sudan*. Von 1983 bis 2005 befand sich der Sudan ununterbrochen im Bürgerkrieg zwischen dem islamischen Norden und dem (jetzt selbstständigen) christlichen Süden. Im damals mehrheitlich katholischen Ruanda kam es 1994 zu einem der größten Völkermorde des Jahrhunderts, der bis zu 1 Million Menschen das Leben kostete, hauptsächlich Angehörigen der Minderheit der Tutsi, begangen von der Mehrheit der Hutu. Zu den Opfern gehörten auch einige Hundert katholische Tutsi-Geistliche. Es ging zwar nicht um eine religiöse Auseinandersetzung, aber häufig waren Kirchen Orte von Massakern, und der katholischen Kirche wird zu Recht Mittäterschaft vorgeworfen (nicht wenige Täter waren Kleriker), weswegen sie einen Ansehensverlust erlitt und sich die Bevölkerung religiös teilweise anders orientierte. Eine innerkirchliche Aufarbeitung fand nicht statt (zu den schlimmen Details s. C 12).

Bei der *Teilung Indiens* 1947, aber auch beim *Bangladesch-Krieg* 1971 (Sezessionskrieg) kam es zu massiven Ausschreitungen zwischen Hindus und Muslimen, und seit den 1980er-Jahren gab es immer wieder gewalttätige *innerindische Auseinandersetzungen* zwischen nationalistischen Hindus und fundamentalistischen Muslimen, auch zwischen Sikhs und Muslimen (ausführlich dazu D 3).

Frühere Geschichte

Auch aus früherer Zeit gibt es genügend Beispiele religiöser Gewalt. Besonders extrem war die Religion der *Azteken*, die einen solchen Menschenbedarf für ihre regelmäßigen, sogar täglichen Menschenopfer hatten, dass sie deswegen sogar eigene Kriege inszenierten (näher und zur Gesamtproblematik der Menschenopfer unter A 8). Zahllose Kriege sind mit Religion auf verschiedene Weise bis heute verquickt gewesen. In Europa hatten die *Kreuzzüge* des 11. bis 13. Jh., die *Hugenottenkriege* (französische Religionskriege des 16./17. Jh.) und der *Dreißigjährige Krieg* (1618–1648) einen besonderen Stellenwert, und auch bei den kriegerischen Eroberungen in *Nord- und Südamerika* spielte Religion eine erhebliche Rolle, wie überhaupt Eroberungskriege und Missionierung insbesondere mit dem Christentum und dem Islam regelmäßig einhergingen.

Unterschiede im Verhältnis von Religion und Gewalt

Zu den besonders kriegerischen Religionen zählt der monotheistische *Islam* (siehe D 2). Allein 17 der 114 Suren des Koran befassen sich mit Krieg, Beuteverteilung, Tötung von Gefangenen und Lösegeld. Die mit Abstand meisten Opfer erforderte bisher aber die *christliche Religion* bzw. Kultur (s. etwa die Hinweise unter B 2). Selbst der katholische Kirchenhistoriker Arnold Angenendt schreibt hierzu: „Die europäische Geschichte erscheint in ihren zwei Jahrtausenden wie eine ununterbrochene Kriegsgeschichte [...]. Krieg erscheint so als ‚der europäische Normalzustand.'"[58] Die Unterschiede lassen sich feststellen anhand der *Kriterien* Verbreitungsgeschichte, innerer Friede, Konfliktlegitimation, Leidverursachung.

Im Gegensatz zu Christentum und Islam wurde der *Buddhismus* (D 4) mit ungleich weniger Gewalt verbreitet, und die von ihm geprägten Gesellschaften neigen im Allgemeinen weit weniger zu gewalttätigen Konfliktlösungsversuchen. Ausnahmen sind dabei Japan und das mittelalterliche Tibet. Der tibetische theokratische Buddhismus war bis zum Einmarsch der Chinesen 1950 mit sehr starker Unterdrückung verbunden: eine Sonderentwicklung. Insgesamt ist der Buddhismus nicht geeignet, politische oder kriegerische Konflikte religiös anzuheizen. Ein „Kreuzzug gegen das Böse" lässt sich mit dem Buddhismus ebenso wenig führen wie ein „Heiliger Krieg gegen die Ungläubigen". Auch kennt der Buddhismus keine Tieropfer und keine Tiermisshandlung.

Demgegenüber ist die grausame, unsinnige und noch millionenfach verbreitete Praxis der weiblichen *Genitalverstümmelung* fast nur in *islamischen* Ländern anzutreffen. Zwar betonen Muslime in Europa gerne, mit dem Islam sei das nicht zu begründen. Das trifft aber nicht zu, denn Hadithe (außerkoranische

Prophetenworte) und die sunnitischen Rechtsschulen lassen die Beschneidung zumindest teilweise zu oder befürworten sie. Der traditionelle Islam hat diese Traditionen nicht bekämpft. Erst neuerdings haben die führenden Islamgelehrten die weibliche Beschneidung für unislamisch erklärt.

Nichtreligiöse Gewalt als Verteidigungsargument?

Apologeten weisen gern darauf hin, gerade Nichtreligiöse, nicht jedoch Gläubige seien für die größten Gewaltexzesse des 20. Jh. verantwortlich: die *NS-Diktatur, Stalin, Mao, Pol Pot*. Die Ausmaße der von diesen „atheistischen" Schreckenssystemen veranstalteten Genozide sind in der Tat menschheitsgeschichtlich bisher unübertroffen. Allerdings war das NS-Regime keineswegs atheistisch.[59] Auch wurden diese Exzesse nicht im Namen des „Atheismus" begangen. Im Übrigen: Was ist das für ein Argument, zu sagen, Ungläubige seien auch nicht besser? Spricht das für Religion?

Es gibt friedliche und unfriedliche Religiöse und friedliche und unfriedliche Nichtreligiöse. Zu Recht sagt daher Michael Schmidt-Salomon: „Die erkenntnistheoretischen Vorteile des Atheismus sind nicht *notwendigerweise* mit einem Zuwachs an Humanität verbunden. Das entscheidende Problem ist nicht die Frage, ob Götter oder Göttinnen existieren. Das entscheidende Problem ist die weitgehend anerzogene Unfähigkeit vieler Menschen, sich der eigenen Vernunft zu bedienen, ihr fehlender Mut, vermeintlich unantastbare Behauptungen in Frage zu stellen. – Mit der Frage des Gottesglaubens hat dies vergleichsweise wenig zu tun […]. Solange Menschen glauben, es gebe ‚heilige', d. h. für alle Zeiten unantastbare Aussagen, solange unterstellt wird, dass gewisse geistige oder gar politische Führer einen privilegierten Zugang zu diesen ewigen Wahrheiten haben (das Grundwesen jeder Religion!), wird sich die Menschheit kaum in Richtung einer größeren Humanität, Offenheit und Toleranz verändern können."[60]

Daher ist Wert auf die Feststellung zu legen, dass säkular-humanistische, ethisch und demokratisch orientierte Menschen keinerlei Gemeinsamkeit haben etwa mit Stalinisten, ausgenommen den Nichtglauben an „Gott". Stalinisten und Nazis dachten vielmehr, wie die monotheistisch-religiösen Menschen auch, dogmatisch, statt den Zweifel zum Denkprinzip zu erheben. Sie waren Teil „politischer Religionen", und ihre Systeme trugen vielfache und oft beschriebene religiöse Züge (Personenkult, Dogmensysteme, Sendungs- und Heilslehre, Aufzüge, Fahnen, politische Liturgie).[61]

Stellenwert der Religion bei Krieg und Gewaltausübung

Religionen hat man oft vorgeworfen, sie seien schuld an vielen Formen von Unfreiheit, Gewalt und Krieg; die Liste der Anklagen ist lang. Nun machen manche Verteidiger der Religion ganz allgemein geltend, eigentlich seien die Religionen im Kern friedlich und verurteilten Hass, Gewalt, Mord und Krieg. Das trifft aber erstens in dieser Allgemeinheit nicht zu, wie vor allem die heiligen Schriften der drei monotheistischen Religionen zeigen. Zum andern fragt sich, warum sie hinter ihren eigenen behaupteten Ansprüchen so weit zurückgeblieben sind.

Nicht nur für das 20. Jh. kann man freilich sagen, dass Unterdrückung, Krieg und Völkermord in erster Linie eine Frage des politischen Systems und der Ökonomie sind. *Der Kern der Konflikte hat meistens soziale, nationale, kulturelle und historische Ursachen.* Es geht um Privilegien und Diskriminierung, um den Wunsch nach Arbeit, Gleichheit, besseren und gerechteren Lebensbedingungen. *Die Religionen werden dazu benutzt, um Machtinteressen ideologisch zu überhöhen,* die Motivation der „Kämpfer" (der nützlichen Idioten) zu stärken, damit sie im Glauben an eine angeblich gute oder gar heilige Sache bereitwilliger ihr Leben hingeben. In dieser Hinsicht haben beide deutschen Kirchen im Ersten und Zweiten Weltkrieg den Staat hervorragend unterstützt durch Kriegspredigten und mit Durchhalteappellen bis unmittelbar vor dem Zusammenbruch 1945 (näher C 10). Richtig ist aber, dass sich heute die meisten Gewaltkonflikte in der Staatenwelt hinreichend aus den traditionellen Kategorien von Macht- und Interessenpolitik erklären lassen und weniger mit religiösen Differenzen zu tun haben.

Aber *häufig setzt Religion der Vereinnahmung durch Machthaber nichts entgegen* und lässt sich trotz ihres oft großen Einflusses auf die Bevölkerung korrumpieren. Religion dient den Kriegführenden als Propagandamittel, Kriegsopfer werden zu religiösen Opfern hochstilisiert, der Tod im Krieg mit dem Paradies belohnt (Christentum, Islam). Auch die *seelsorgerische Betreuung des Militärs* dient gleichzeitig der Stärkung der Kampfesmoral und hatte gerade darin seine historische Rechtfertigung. Der Faktor Religion ist verantwortlich bzw. mit verantwortlich für innerkirchliche (interne Menschenrechte?), innerreligiöse (Verhältnis Katholiken-Protestanten, Sunniten-Schiiten usw.) und interreligiöse Konflikte (Christentum-Islam usw.). Dazu gehört die Frage des Religionswechsels, der religiösen Erziehung und der Stellung der Nichtreligiösen. Dass viele Konflikte in erster Linie eine Folge von Staats- oder Wirtschaftskrisen sind, Bürgerkriege in der Regel ein Armutsphänomen darstellen und in den Ländern der Dritten Welt stattfinden, ändert nichts an der *Rolle der Religion als verstärkende Kraft,* etwa indem politische Gegner zu Glaubensfeinden erklärt werden.

An all dem ändert auch nichts, dass aus der Mitte von Glaubensgemeinschaften immer wieder soziale Bewegungen entstanden, die radikale politische

Reformen anstrebten und zugleich ihre Anhänger auf strikte Gewaltlosigkeit verpflichteten. Hinzuweisen ist etwa auf die indische Unabhängigkeitsbewegung, die amerikanische Bürgerrechtsbewegung und den mäßigenden Einfluss christlicher Kirchen auf die weitgehend friedliche Revolution in Südafrika (nachdem zuvor die Apartheidpolitik z. T. gerechtfertigt und selbst innerkirchlich strikt durchgeführt worden war).

Vielen Religionen ist die alte philosophische Goldene Regel immerhin bekannt: Was du nicht willst, dass man dir tu, das füg auch keinem andern zu (s. F 3). Man findet sie z. B. bei Konfuzius, im Judentum, Christentum, Hinduismus, Buddhismus und Islam. Gern unterschlagen wird aber, dass diese Forderung von Religionskritikern seit eh und je ebenfalls erhoben wird.

Religionen sind immer dann besonders intolerant, wenn sie einen universalen Geltungsanspruch erheben. Die Hebräische Bibel enthält zwar überaus zahlreiche Aufrufe zu heiligem Kampf bis zum Völkermord, doch hat das Judentum keinen Universalanspruch erhoben und kennt auch kein Lehramt. Die großen Gewaltprobleme seit der Gründung des Staats Israel gehen letztlich alle auf die Shoah zurück, und es ist eine – allerdings einflussreiche – Minderheit jüdisch-orthodoxer Fanatiker, die mit ihrer rigiden Auslegung der Thora bis heute die israelische Innenpolitik blockieren und den Weltfrieden gefährden.

Dass Religion als *Gesamtphänomen* Gewalt eher reduziert als fördert, ist eine unplausible Zweckbehauptung.[62] Im Namen der Religion kann man Krieg führen, im Namen *unideologischer* nicht religiöser Grundüberzeugungen nicht.

12 – Religions- und Kirchenstatistik, Kirchensoziologie

Zur Einordnung des Phänomens Religion einschließlich ihrer Ablehnung ist die Kenntnis einiger statistischer Fakten nötig. Global und für Europa mögen grobe Daten genügen, auf Deutschland sei genauer eingegangen.

Religion global

Präzise Aussagen über die Religionszugehörigkeit im Weltmaßstab sind nicht möglich. Die Forschungsmethoden und Verhältnisse in den Staaten sind sehr unterschiedlich. Aber selbst in Staaten mit grundsätzlicher Religionsfreiheit ist die Datenerhebung oft sehr problematisch. Nicht überall wird die Religionszugehörigkeit bürokratisch erfasst. Bei ideologisch geprägten Staaten ist es besonders schwierig, ein realistisches Bild zu erhalten. Die Frage der *Zugehörigkeit wird unterschiedlich gewertet* (formal, inhaltlich, unter Berücksichtigung eines Mindestalters, der Familienzugehörigkeit, pauschaler Maßstab der Kulturzugehörigkeit). Zwischen kultureller Zugehörigkeit und persönlichen Glaubensinhalten besteht ein fundamentaler Unterschied. Mehrfachzugehörigkeiten wie z. T. in Asien – in Japan soll die Zahl der Religionszugehörigen das Fünffache der Einwohnerzahl betragen – und Unterschiede nach *Art der Datenerhebung* schaffen zusätzliche Probleme. Die großen Religionen umfassen *Religionsgruppen*, die oft sehr unterschiedlich sind. Auch *Interessenpolitik* spielt eine Rolle, etwa wenn aus werbetaktischen Gründen Missionserfolge überzogen dargestellt werden, insbesondere durch Manipulation des Zugehörigkeitsbegriffs. Hinzu kommen noch die laufenden, z. T. großen Verschiebungen durch die *unterschiedlichen Geburtenraten*.

Ungeachtet dieser zahlreichen Probleme kann man mit allem Vorbehalt Angaben zur globalen *Größenordnung* machen. Der deutsche „Religionswissenschaftliche Medien- und Informationsdienst e. V."[63] bietet unter Auswertung internationaler Statistiken folgende, einigermaßen aktuelle Schätzungen bzw. Angaben (mit Auf- und Abrundungen von Cz.):

Zum *Christentum* gehört ein Prozentsatz von pauschal ca. 31 % der Weltbevölkerung, bei in etwa gleichbleibender Entwicklung. Davon sind ca. 50 % Katholiken, 37 % Protestanten, 12 % Orthodoxe und 1 % Sonstige. Eine sehr fragwürdige Sonderentwicklung ist die stetige deutliche Zunahme der evangelikal-charismatischen Bewegungen zulasten der traditionellen Protestanten, insbesondere in Südamerika und Afrika.

Dem *Islam* werden 22 % zugerechnet, den *Nichtreligiösen* immerhin 16 %. Stabil bleiben die *hinduistischen* Religionen mit 13 %. Jeweils etwa 6 % entfallen auf die traditionellen *chinesischen Richtungen* (nur teilweise religiös, Cz.), den *Buddhismus* und alle *Sonstigen* (z. B. Eingeborenenreligionen), zusammen 100 %. Das US-amerikanische Meinungsforschungsinstitut „Pew Research Center" kam 2011 auf ganz ähnliche Zahlen.[64]

Religion in Europa

Nach den Ergebnissen von Umfragen der Europäischen Kommission in 25 ausgewählten europäischen Ländern, zusammengefasst im sog. Eurobarometer, das auf repräsentativen Stichproben basiert, glaubten Anfang 2005 nur 52 % an einen „Gott", 27 % an eine andere spirituelle Kraft und 18 % weder an das eine noch das andere (Rest: keine Angaben). Ende 2006 gaben 47 % der Bürger der damals 25 Staaten der EU an, *Religion sei nicht wichtig* für ihr eigenes Leben. 2005 glaubten in Frankreich, der Tschechischen Republik, Belgien, den Niederlanden, Estland und Deutschland zwischen 25 % (Deutschland) und 33 % (Frankreich) nicht an „Gott" oder eine andere spirituelle Kraft.[65]

Auch sämtliche Statistiken zu Europa und europäischen Ländern sind aber trotz ihrer vergleichsweisen hohen Qualität und Differenziertheit mit Vorsicht zu genießen. Sie verwenden nicht immer zum Vergleich taugliche Kriterien. (Leer-)Begriffe wie „Gott" oder „Atheismus" sind wenig aussagekräftig (s. näher A 3) und alles hängt manchmal von der unqualifizierten oder gar interessengeleiteten Fragestellung ab. So entsteht leicht ein schiefes Bild von der Realität. Wenn angeblich 52% an „Gott" glauben, heißt das nur, dass lediglich 52% zumindest das Wort „Gott" verwenden. Wo nach einem „persönlichen" Gott gefragt wurde, war der Prozentsatz dramatisch geringer. Viele kaschieren, auch in anonymen Umfragen, ihren fehlenden Glauben durch eine Flucht in „Spiritualität", ein ebenso unklarer Begriff, bei dem die Grenzen zum Atheismus bzw. Agnostizismus verschwimmen. Er kann einfach Sinnsuche bedeuten oder einen Pantheismus oder einfach Ausdruck der Frage nach dem Grund und Sinn des Universums.

Wegen der Zahl der Länder und Einzelaspekte ist eine detaillierte Darstellung nicht möglich. Generell kann aber festgestellt werden, dass die *Bedeutung der Religion in Europa und auch in globaler Hinsicht dramatisch zurückgegangen ist.*[66] Damit im Einklang steht eine Eurobarometer-Umfrage von 2010[67] Sie hat ergeben, dass im Jahr 2008 „Religion" nur für 3% der Bürger zu den Werten gehörte, die die EU am besten repräsentieren. Selbst in den Staaten, in denen besonders viele Einwohner Religion als persönlich wichtigen Wert angegeben haben, war die Angabe dazu signifikant gering. Der stetige Rückgang der Religion betrifft sämtliche europäischen Länder.

Religion in Deutschland: statistische Zugehörigkeiten

Aus der Fülle der Deutschland betreffenden Daten können nur wenige Hinweise gegeben werden. Hierzu sei in erster Linie auf das umfassende und sehr aktuelle Internetportal der „Forschungsgruppe Weltanschauungen in Deutschland" (fowid) verwiesen, das vor allem offizielle Daten des Bundesamts für Statistik und der großen Kirchen sowie die Ergebnisse zahlreicher Umfragen zu einer Fülle von einzelnen Aspekten verwertet und gegebenenfalls ergänzt, korrigiert und grafisch aufbereitet.[68] Darauf basiert im Wesentlichen das Folgende.

Statistisch bemerkenswert ist der starke und stetige Mitgliederverlust der großen Kirchen in den letzten Jahrzehnten, der hauptsächlich auf die – fälschlich so genannten – „Kirchenaustritte" zurückzuführen ist. Im Kern bedeutet der gegenüber einer staatlichen Behörde zu erklärende „Kirchenaustritt" nur eine rechtsverbindliche Abstandserklärung von der staatlich garantierten Kirchensteuerzahlung. Das Verhältnis zur betroffenen Religionsgemeinschaft wird dadurch mangels behördlicher Kompetenz nicht (unmittelbar) betroffen.[69] Der

Rückgang der Mitgliederzahlen ist aber auch bedingt durch die Sterberate und die geringeren Geburtszahlen bei abnehmendem Prozentsatz der Getauften.

In der alten Bundesrepublik ging das kirchliche Leben ab etwa 1970 erdrutschartig zurück. 1950 waren noch über 96% der Bevölkerung Mitglied einer der beiden großen Kirchen, mit einem etwas größeren Anteil der Protestanten. 1970 waren es immer noch knapp 94%. Aber 1987 waren bereits 15,5% der Bevölkerung nicht (mehr) Mitglied in einer dieser beiden Kirchen, davon 11,4% „Konfessionsfreie". Infolge der *Wiedervereinigung* stieg der Anteil der Konfessionslosen auf 22,4%, und in beiden Teilen Deutschlands verstärkten sich die Mitgliederverluste beider Kirchen, besonders der EKD. 2003 waren bereits 31,8% der Bevölkerung ohne Konfession. Für 2004 lauten die Zahlen nach Berechnungen von *fowid* 31,1% römisch-katholische, 31,0% evangelische, 3,9% islamische und 1,7% sonstige Konfession, während die Konfessionsfreien mit 32,7% nunmehr bereits die stärkste (freilich inhomogene) „Konfession" darstellten. 2004 gehörten also nur noch 62,1% der Bevölkerung *formal* einer der großen Kirchen an. Der Vergleich der Austrittszahlen bei der evangelischen (EKD) und der katholischen Kirche zeigt, dass die Trendlinien parallel verlaufen, d. h., es sind allgemeine gesellschaftliche Ursachen dafür anzunehmen. Auch unter kirchlichen Fachleuten besteht kein Zweifel, dass schon in naher Zukunft die Mehrheit der bundesdeutschen Bevölkerung auch formal keiner der beiden großen Kirchen mehr angehören wird.

Interessant sind daher die *fowid*-Zahlen für 2011: Statistisch sind demnach bei der Bevölkerung in Deutschland den Konfessionsfreien 37,6% zuzurechnen, der katholischen Kirche und den Landeskirchen der EKD jeweils 29%, den Muslimen 2,3% und 2,1% dem Rest. Bei den Kirchen sind, im Gegensatz zu anderen Statistiken, die nachweisbaren Mehrfachzählungen berücksichtigt. Als Trend ist in den Erläuterungen angegeben, dass die katholische Kirche jährlich um ca. 0,4%, die evangelische um 0,2% abnimmt. Bei letzterer werden jetzt die Verluste infolge von Austritt und geringerer Taufrate teilweise ausgeglichen durch Zuwanderung aus stärker evangelisch geprägten Regionen. Die Muslime nehmen jährlich um ca. 0,1% zu, die Konfessionsfreien aber um ca. 0,4%. Bei der Schätzung der muslimischen Zugehörigkeit ist im Gegensatz zu den üblichen statistischen Angaben (ca. 4%) berücksichtigt, dass es im Islam keine formelle Zugehörigkeit gibt und die Zahl der nicht praktizierenden Angehörigen der muslimischen Kultur groß ist.

Religion in Deutschland: inhaltliche Säkularisierung der Kirchen

Ebenso dramatisch wie der lediglich formal betrachtete Rückgang der Kirchlichkeit ist die *inhaltliche Schrumpfung der Religiosität*. Anders ausgedrückt:

Einerseits ist die Selbstsäkularisierung der Kirchen enorm, andererseits werden die verbliebenen „wirklich Gläubigen" immer „fundamentalistischer".

Obwohl noch knapp zwei Drittel der Bundesbürger einer Kirche oder kleine(re)n Religionsgemeinschaft angehört, beträgt der Anteil derer, die sich als „religiös" bezeichnen, nach den meisten „repräsentativen" Umfragen längst weniger als 50%. Nach einer Untersuchung von Allensbach bezeichneten sich in Deutschland schon 1997 nur 47% als „religiös". Nur 31% hielten Religion für wichtig und 66% für nicht sehr oder überhaupt nicht wichtig[70].

Nach einer detaillierten Untersuchung des Emnid-Instituts im Auftrag der evangelischen Wochenzeitung „Das Sonntagsblatt" von 1997 zum Gottesglauben glaubten zwar 56,8% an „Gott", doch erklärten 48,5%, „Gott ist in der Natur", und 43,9%, „Gott ist eine universale Kraft". Nur 21,4% wiesen „Gott" im Weltgeschehen eine aktive Rolle zu, und an einen Gott als persönliches Gegenüber zum Menschen glaubten sogar nur 17,3%. Nach Angaben des Sonntagsblatts waren es auch in Bayern nicht mehr als 31%.[71] Nach der oben genannten Umfrage des Sonntagsblatts haben nicht weniger als 26% der Formalprotestanten und 16% der Formalkatholiken erklärt, nicht an „Gott" zu glauben. Eine Repräsentativumfrage von Data Concept für „Focus" vom März 1999 kommt zwar auf 65%, die irgendeine Gottesvorstellung haben, aber nur 12%, die an einen persönlichen Gott glauben. Nach einer sehr detaillierten ALLBUS-Studie von 2002 glaubten von den Protestanten 23,3% und von den Katholiken 35,5% an einen persönlichen Gott, und von allen Befragten waren es 25,2%.[72] Interessant ist die umfangreiche Shell-Jugendstudie 2006, die 12- bis 25-Jährige repräsentativ erfasst. Zwar ist demnach der Glaube an einen persönlichen Gott etwas weiter verbreitet, nimmt aber dafür mit zunehmendem Alter ab.

Das Problem solcher Erhebungen ist die Vergleichbarkeit (z. B.: Welche Altersgruppen genau sind einbezogen? Sind alle Voraussetzungen für die Annahme der demoskopischen Repräsentativität gegeben? Ergibt sich eine Verfälschung aufgrund der Erhebung zu einem bestimmten Zeitpunkt, etwa nach einer Papstwahl?). Von überragender Bedeutung dürfte die Art (Suggestivität?) und die ausreichende Differenziertheit der Fragestellung sein (Musterbeispiel: Frage nach „Gott"). Ungeachtet der unterschiedlichen Ergebnisse lassen sich aber doch ziemlich sichere Angaben über Größenordnungen und Tendenzen machen.

Angaben über Inhalte und Struktur einzelner Glaubensinhalte (Göttlichkeit Jesu, Auferstehung, Verbindlichkeit der Bibel, Himmel, Hölle, das Böse, Reinkarnation, Hexen, Engel, Astrologie usw.) verbieten sich aus Raumgründen. Im Ergebnis akzeptiert nur ein relativ kleiner Bruchteil der Kirchenmitglieder auch nur die zentralen Vorgaben ihrer jeweiligen Konfession. Die religiöse Praxis (insb.: Gottesdienstbesuch) und der religiöse Kenntnisstand haben auch im Westen Deutschlands (trotz langjährigen Religionsunterrichts!) dramatisch abgenommen. Viele Menschen basteln sich konfessionsunabhängig eine persönliche „Patchwork-Religion" zusammen. Die diesbezüglichen einzelnen Umfrageergebnisse passen vielfach überhaupt nicht zusammen, sondern widersprechen sich manchmal direkt: ein Zeichen für *große Irrationalität bei gleichzeitig rationalem Verhalten im Alltagsleben*. Der Rückgang insbesondere der konfessionellen Religion in Deutschland verläuft parallel in Ost und West, nur auf unterschiedlichem Niveau. Über Motive einer Rest-Kirchenbindung trotz erklärter Austrittsneigung kann man sich z. B. bei *fowid* informieren.

Religionssoziologische Anmerkungen zur religiösen Situation in Deutschland

Die Teilbereiche der Gesellschaft differenzieren sich immer weiter aus und sind gegenüber Religion eigengesetzlich. „Religion" pluralisiert sich immer mehr, die Kirchen haben ihr Monopol auf Religion verloren, ihre Integrationskraft ist weiter gesunken. Die Kirchen haben sich von einer vorrangigen Sozialform als Heils- und Gnadenanstalt allmählich zu einer Dienstleistungsorganisation gewandelt, deren religiösen Anspruch sie immer weniger und oft gar nicht mehr erfüllen können. Hierzu der Kirchensoziologe Michael Ebertz schon vor langen Jahren wörtlich: „Kirche als caritative und rituelle Dienstleistungsorganisation an den Schwachstellen des Lebens entpuppt sich als die vorherrschende Sozialgestalt von Kirche [...]."[73] Die Folge sind *fundamentalistische Protestbewegungen*.

In Deutschland wie in anderen europäischen Ländern (z. B. Großbritannien, Frankreich, Tschechien, Niederlande, Irland) ist die Religiosität weiterhin im Schwinden begriffen. Die teilweise aufgestellte Behauptung, die Religiosität wandle sich nur, überzeugt nicht. Richtig ist lediglich, dass der „Aberglaube" zunimmt, wie statistische Erhebungen klar ergeben haben (Feng Shui, Astrologie, Bedeutung von Sternschnuppen, schwarzen Katzen usw.). Die nicht religiöse Rationalität ist aber europaweit (d. h. in Ländern mit relativ hohem Bildungsstand) im Vormarsch, wenn auch die (positiven) Überzeugungen der „Konfessionslosen" (ein missverständlicher Begriff) noch erforschungsbedürftig sind. Allerdings dominieren dabei die „Humanisten"[74] (zu den Fragen einer weltlichen Ethik wird auf F 3 verwiesen).

Trotz des nach wie vor enormen politischen Einflusses der Kirchen belegten die deutschen Kirchen – im Gegensatz zu anderen Staaten – nach einer Umfrage des Davoser „World Economic Forum" von allen berücksichtigten Institutionen im Jahr 2002 den 17. und letzten Platz, und das „in einem Land, dessen Verflechtung von Kirche und Staat im Westen ihresgleichen sucht"[75] (siehe zur Verflechtung von Staat und Kirche in Deutschland näher unter F 2).

Religionsmonitor Deutschland 2013

Ein aktuelles Bild der deutschen Situation bietet der Religionsmonitor 2013 der Bertelsmann-Stiftung[76], der auf der Erhebung von 100 Fragen bei 14 000 Teilnehmern beruht. Fast durchweg zeigt sich dabei eine in Ostdeutschland kritischere Einstellung gegenüber Religion. Dass insgesamt die allermeisten Einwohner den *Primat der Politik* auch gegenüber der Religion anerkennen, kann nicht überraschen, eher schon, dass selbst von den Konfessionslosen 17% der Ansicht sind, führende Religionsvertreter sollten auf Regierungsentscheidungen *Einfluss nehmen*, was immer das konkret bedeuten mag. Bei den Muslimen waren es nicht weniger als 33%. Als *Quelle der Wertevermittlung* wird in erster Linie die Familie genannt. Es folgen Schule und Freundeskreis, Religionsgemeinschaften aber weit seltener. Dass die Westdeutschen den Religionen ausnahmsweise aber eine besondere Bedeutung in Fragen der Gerechtigkeit beimessen, verdient Beachtung.

Besonders wichtig sind die Befragungsergebnisse zum allgemeinen Stellenwert von Religion und Weltanschauung. Eine überwiegende *Schädlichkeit der Religion* nehmen im Westen 15% und im Osten 20% an. Aber weit überwiegend sehen die Deutschen nach wie vor das *Christentum als bereichernd* an (drei Viertel bzw. zwei Drittel). Hingegen ist die Haltung gegenüber dem *Judentum* nach wie vor stark von Vorurteilen und Ängsten bestimmt. Der *Islam* wird überwiegend als Bedrohung wahrgenommen und nur von einer kleineren Minderheit als Bereicherung. Die Wahrnehmung als Bedrohung ist im Osten mit 57% besonders groß, obwohl dort nur 2% der Muslime leben (Anm. Cz.: Dasselbe Phänomen ist vom Antisemitismus bekannt: Vielfach waren bzw. sind diejenigen Länder am antisemitischsten, in denen nur wenige oder gar keine Juden leben). Der Religionsmonitor erklärt diese Einschätzungen damit, *ausschlaggebend sei das Bild, das die Medien verbreiten, und wie man in Familie und Bekanntenkreis rede.*

Wirklich bemerkenswert sind die Ergebnisse zum „Atheismus" im Vergleich zum *Christentum*. Immerhin halten auch im Westen 34% den Atheismus für eine Bereicherung, im Osten sind es 49%. Aber im Osten halten noch wesentlich mehr Menschen, nämlich 64%, das Christentum für bereichernd. Stattliche 36% fühlen sich im Westen durch den Atheismus bedroht, während sich im Osten nur 15% durch das Christentum bedroht fühlen. *Bundesweit ergibt sich damit eine gegenüber dem Christentum immer noch mehrheitlich positiv eingestellte Grundstimmung.* Man sieht im Christentum das wesentliche Fundament unserer Kultur, was durch andere Studien bestätigt werde.

Zur *religionssoziologischen Gesamtwertung* ist festzustellen: der weitere Bedeutungsrückgang der Religion ist im Westen und Osten Deutschlands deutlich sichtbar: auf unterschiedlichem Niveau, aber genau parallel. Ein Umkehrtrend ist nicht ansatzweise erkennbar. Religiöse Werte und Normen haben immer weniger gesellschaftsübergreifende Gültigkeit. Der Bedarf an religiösen Leistungsangeboten geht zurück, wozu auch die Konsum- und Erlebniskultur beiträgt. *Die meisten Westdeutschen bleiben aber „nach wie vor in distanzierter Form mit dem Christentum verbunden".*

Kritik am Religionsmonitor 2013

Schon oben wurde auf das Problem der Vergleichbarkeit von Statistiken und die besondere Bedeutung der ausreichenden Differenziertheit der Fragestellungen hingewiesen. Es muss bei der Bewertung auch streng geprüft werden, ob Fragen nicht suggestiv formuliert sind. Daher geben die Ergebnisse des Religionsmonitors 2013 Anlass zu *Bedenken, soweit sie die gesellschaftliche Bedeutung des „Atheismus" betreffen*. A-Theismus teilt als von Theismus abgeleiteter Begriff dessen leerformelhafte Unbestimmtheit. Diese Problematik ist unter A 3 näher erläutert worden. In Deutschland glaubt (ähnlich wie in anderen europäischen Ländern) nur eine klare Minderheit an einen persönlichen Gott. Bereits nach der vorbildlich differenzierten großen ALLBUS-Studie von 2002 waren es in Gesamtdeutschland nur ca. 25%. Wird nur pauschal nach „Gott" gefragt, erfasst man auch all diejenigen, die irgendwie an etwas undefiniertes „Höheres" glauben und Pantheisten („die Natur ist Gott"). Denn mit dem Begriff „Atheist" wird derzeit noch vage überwiegend eine nicht glaubwürdige, jedenfalls problematische Einstellung verbunden (wer will da schon dazugehören?), was bei dem Begriff „Agnostizismus" nicht der Fall wäre. Dabei glauben Agnostiker auch nicht an einen persönlichen Gott, halten ihn aber (günstigstenfalls) wenigstens für theoretisch möglich. Auch werden im Osten mit „Atheismus" vielleicht ungute Erinnerungen an das SED-Regime aktiviert. Zudem ist der Begriff „Atheismus" historisch belastet, galten doch „Atheisten" bis ins 19. Jh. hinein als Staatsfeinde, jedenfalls „unsichere Kantonisten", und wiederkehrende einschlägige Ausfälle von Kirchenführern und Politikern machen das immer wieder deutlich.

Nach allem sind die Ergebnisse des Religionsmonitors 2013 hinsichtlich des Vergleichs zwischen Atheismus und Christentum (welches Christentum? Kreationisten usw.?) und der Frage der diesbezüglichen Bereicherung oder Bedrohung unbrauchbar. Schon der Religionsmonitor 2008 wies zur Frage der Religiosität in Deutschland ganz erhebliche Defizite auf[77], und man musste den Eindruck gewinnen, dass – bei gegenteiligen Ergebnissen aller bisherigen seriösen Umfragen – das grob falsche Ergebnis, 70% der Bevölkerung seien religiös, gewünscht war.

13 – Religionen als Integrationsfaktor?

Offensichtlich intensivieren und verlängern religiöse Hintergründe Bürgerkriegskonflikte in statistisch signifikantem Ausmaß.
Eine sehr starke und anteilsmäßig dominante Religiosität geht […] tendenziell mit einem großen Moment der Destabilisierung einher.
Es ist offensichtlich, dass die freiesten Gesellschaften […] auch die säkularsten sind.
Detmar Doering, Historiker, 2013

Zum Projekt Weltethos

1990 veröffentlichte der oppositionelle katholische Theologieprofessor Hans Küng, trotz Entzugs der kirchlichen Lehrerlaubnis nach wie vor Priester, sein sehr erfolgreiches Buch „Projekt Weltethos". Daraus entwickelte sich auf der Grundlage eines unter Küng ausgearbeiteten Entwurfs eine „Erklärung zum Weltethos", die 1993 in Chicago von einem „Parlament der Weltreligionen" nach wenigen Tagen verabschiedet wurde. Es handelt sich um einen Versuch, aus den ethischen Gemeinsamkeiten der Weltreligionen ein knappes Regelwerk mit wenigen ethischen Grundforderungen aufzustellen, die von allen akzeptiert werden. So sollte die UN-Menschenrechtserklärung von 1948 aus der gemeinsamen ethischen Schnittmenge der Religionen begründet werden. Ausgangspunkt waren folgende Gedanken: Ein global friedliches Zusammenleben erfordert ein globales Ethos auf der Grundlage eines allgemeinen Bewusstseinswandels; ohne Frieden unter den Religionen ist kein dauerhafter Frieden zu erreichen; dieser setzt einen Dialog und Grundlagenforschung voraus. 6500 Menschen aus 125 Religionen bzw. religiösen Traditionen waren an der Erklärung von 1993 beteiligt. Sie verpflichteten sich auf die vier Leitsätze der Kultur der Gewaltlosigkeit und der Ehrfurcht vor allem Leben, der Solidarität und gerechten Wirtschaftsordnung, der Toleranz und eines Lebens in Wahrhaftigkeit, der Gleichberechtigung und der Partnerschaft von Mann und Frau.

Illusionärer Charakter eines religiös begründeten Weltethos

Heute ist es um das Projekt Weltethos trotz der rührigen „Stiftung Weltethos" ruhiger geworden. Schon seinerzeit hat z. B. selbst der orthodox-katholische Philosoph Robert Spaemann darauf hingewiesen, dass in der europäischen Geschichte „Menschen und Völker gegeneinander auf Leben und Tod gekämpft haben, nachdem sie längst durch ein gemeinsames Ethos miteinander verbunden waren […]. Ein gemeinsames Ethos hat also im günstigen Fall beigetragen zur

Humanisierung von Kriegen, keineswegs zu ihrer Abschaffung. Unterlassung von Kriegen war so gut wie immer Ergebnis eines interessebedingten Kalküls." Und weiter: „Religionsdialoge enthalten, wenn sie ernsthaft sind, immer die Gefahr eines Streites, der gar nicht entstanden wäre, wenn man sich nicht darauf eingelassen hätte."[78] Beim Krieg zwischen Iran und Irak hat der gemeinsame Glaube an das islamische Paradies nicht den Frieden, sondern Tod und Elend gebracht.

Angesichts des weltweit immer mehr erstarkten religiösen Fundamentalismus (A 10) wirkt das Bestreben, den Weltfrieden durch Religion befördern zu wollen, umso illusionärer. Auch ist mit Allgemeinplätzen, die kulturspezifisch und selbst innerreligiös im Detail unterschiedlich verstanden werden, niemandem gedient. Zudem fragt sich, was bei einer Einigung der religiösen Machthaber denn mit den nicht wenigen Nichtreligiösen werden soll. Soziologen und Religionswissenschaftler wissen seit Langem, dass man mit Religion jedenfalls pluralistische Gesellschaften nicht integrieren kann. Und die zunehmende Globalisierung bedeutet gleichzeitig zunehmende Pluralisierung.

Nun kann man die Existenz bestimmter gemeinsamer inhaltlicher Elemente in den Religionen, soweit sie eine religiös begründete Ethik *abstrakt* betreffen, wohl nicht bestreiten. Die Werte Gerechtigkeit, Gewaltlosigkeit, Toleranz und Nächstenliebe wird man zumindest als Elemente in allen Religionen finden, und das grundsätzliche Verbot des Tötens, Stehlens und Lügens auch. Aber was wurde nicht im Namen der Religion alles für gerecht gehalten? Wie viele schauerliche Kriege hat man nicht als gerechte Kriege gerechtfertigt? Welche Rolle spielte der Grundsatz der Gewaltlosigkeit und Liebe bei der Erniedrigung, Folterung und Tötung Anders- und „Ungläubiger"? Wurden und werden Toleranz gegenüber Andersdenkenden in allen Religionen geübt? Haben die genannten Werte überall im Zentrum der Lehre und Praxis aller wichtigen Religionen gestanden? Wie steht es um die Wahrhaftigkeit bei der Erforschung und Würdigung der je eigenen Religionsgeschichte?

Mit der abstrakten Anerkennung von Werten, am wichtigsten vielleicht der Goldenen Regel (Was du nicht willst, dass man dir tu, das füg auch keinem andern zu), ist es nicht getan. Die Praxis sowie der Umfang und die Begründung der Ausnahmen (vom Tötungsverbot usw.) sind entscheidend. Daher ist eine Einigung auf so hohe, abstrakte Grundsätze kein Gewinn für ein „Weltethos", zumal die Religionen dabei in sich oft sehr widersprüchlich sind. Und Gebote wie die Achtung fremden Eigentums, das Verbot, ohne gute Gründe zu töten oder zu lügen, lassen sich auch ohne Religion plausibel und auch viel rationaler begründen (s. F 3 zur weltlichen Ethik).

Religion und Integrationsproblematik in Deutschland

Dass selbst in der Bundesrepublik, in der sich seit längerer Zeit (ungeachtet der formalen Religionszugehörigkeit) nur noch weniger als die Hälfte der Bevölkerung als „religiös" bezeichnet, die Kirchen immer noch hartnäckig auf massiven Privilegien (F 2) bestehen und sie z. T. aggressiv dabei vorgehen, trägt gewiss nicht zur staatsbürgerlichen Integration bei. Selbst eine verdünnte vage Christlichkeit in Form einer staatsbürgerlich-gesellschaftlichen Zivilreligion im engeren Sinn hat letztlich eine gewisse totalitäre Tendenz. Natürlich integrieren gesellschaftliche Teilsysteme wie insbesondere die Religionen; aber sie integrieren eben nur die Angehörigen dieser Teilsysteme. Deshalb hat ja Ernst-Wolfgang Böckenförde bei der berühmten (meist kirchenlastig instrumentalisierten) Formulierung seines Dilemmas, wonach der freiheitliche, säkularisierte Staat von Voraussetzungen lebt, die er selbst nicht garantieren kann, von einem „großen Wagnis" gesprochen, das er um der Freiheit willen eingegangen sei.[79] Das kann aber nur gelingen, wenn das staatlich-gesellschaftliche System verbindliche Regeln bereithält, die die vorstaatlichen Systeme einerseits schützen, andererseits aber auch von ihnen im Kern anerkannt werden. Solche Regeln bietet, zumindest in der Theorie vorbildlich, das säkulare und keineswegs religiöse Grundgesetz für die Bundesrepublik Deutschland mit seiner demokratischen Rechtsstaatlichkeit und Garantie eines freien öffentlichen Meinungsbildungsprozesses mit der Garantie einklagbarer persönlicher Grundrechte als Kern (F 2).

Religion, Menschenrechte, Freiheitlichkeit

Solche Grund- bzw. Menschenrechte sucht man in der historischen Tradition der Religionen vergeblich[80], aber gerade sie bieten sich als ein religions- und kulturübergreifendes Integrationsmittel an. Sie dominieren nicht interkulturell und lassen *jedem Menschen sein Recht*. Wenn demgegenüber dümmlich von *Kulturimperialismus* gesprochen wird, ist dem entgegenzuhalten: Unter den 57 Staaten, die Mitglied der Organisation der Islamischen Konferenz sind, ist bisher bis auf die Teilausnahme Türkei immer noch keiner, der als freiheitlich und grundrechtsachtend angesehen werden könnte. Inwieweit die neuen freiheitlichen Entwicklungen in arabischen Ländern sich auf Dauer gegen erhebliche religiöse Widerstände durchsetzen können, muss sich noch zeigen. Die bislang vielfach menschenverachtenden Regime dieser Länder können subjektive Grundrechte nur fürchten, und deswegen sprechen bzw. sprachen sie von Kulturimperialismus. Von der islamischen Religion haben die Minderheiten dieser Länder keine integrativen Impulse zu erwarten. Im Übrigen: In

Indien hat die Hindureligion bis heute verhindert, dass das von der Verfassung 1948 abgeschaffte Kastensystem auch tatsächlich abgeschafft worden wäre. Die Situation der Frauen in Indien ist katastrophal. Die Auswirkungen der Religion in Israel oder den USA sind auch nicht sehr ermutigend, und so könnte man fortfahren: Balkankrieg, Nordirland, Sri Lanka, Nigeria, Sudan …

Die Publikation „Aus Politik und Zeitgeschichte" (APuZ) der Bundeszentrale für politische Bildung hat sich 2013 mit dem Zusammenhang von Religion und Freiheitlichkeit von Staaten befasst.[81] Zumindest im Konfliktfall seien Religionen kein Garant des sozialen Zusammenhalts. Untersuchungen aller Bürgerkriegskonflikte von 1946 bis 2008 hätten ergeben, dass religiöse Hintergründe die Konflikte signifikant verschärfen und verlängern, und zwar auch in Demokratien. Referiert werden auch aktuelle Ergebnisse des „Failed States Index" des „Fund for Peace" und der Zeitschrift „Foreign Policy". In Staaten mit instabiler Rechtsordnung liegt der Anteil der sehr Religiösen demnach bei 80,1 %, bei stabiler Rechtsordnung aber nur bei 26,8 %. „Offensichtlich" sind nach einer CIRI-Analyse (anerkanntes Analyseinstrument für Menschenrechte) *die freiesten Gesellschaften auch die säkularsten*. In den Ländern, die die Religionsfreiheit grob missachten, ist der Anteil der sehr religiösen Menschen besonders groß. „Wirklich kompatibel", heißt es weiter, „scheinen Religionen und liberale Ordnungen vor allem dort, wo der Säkularismus als gesellschaftliches Leitbild über beträchtliche Stärke verfügt, das heißt mehrheitsfähig ist." In Umkehrung des oben genannten Böckenförde-Diktums gilt daher auch, „dass der säkularfreiheitliche Staat wohl doch über nicht religiöse Voraussetzungen verfügen muss, die ihm selbst eigen sind." Gerade das ist beim deutschen Grundgesetz eindeutig der Fall, mögen das auch Kirchenleute, Politiker, Juristen und Journalisten vielfach nicht so recht akzeptieren wollen (dazu F 2).

Macht Religion die Menschen besser?

Erst seit einigen Jahrzehnten wird in westlichen Ländern, hauptsächlich den USA, empirisch untersucht, ob eine stärker religiöse Gesellschaft deswegen besser funktioniert als andere, weil sich die religiösen Bürger ihren Mitmenschen gegenüber „moralischer" verhalten. Die Ergebnisse sind mehr als ernüchternd, wie in C 18 noch zu erläutern sein wird. Im Allgemeinen ergeben sich keine Verhaltensunterschiede, in mancher Hinsicht schneiden aber religiöse Gesellschaften und Gruppierungen signifikant schlechter ab (Toleranz gegenüber Minderheiten und Andersdenkenden, Aggressivität, Ehrlichkeit). Die Situation in anderen Kulturkreisen scheint noch nicht untersucht zu sein, aber Anhaltspunkte für nennenswerte Unterschiede gibt es auch nicht.

Resümee

Insgesamt spricht alles gegen die Annahme, dass man mit Religion pluralistische Gesellschaften oder gar eine multiplurale Welt wirksam integrieren kann. Wir müssen daher versuchen, zunächst die Grundbedürfnisse, die in allen Kulturen Jedermann einsichtig sind, rational genau zu erfassen und ihnen mehr und mehr praktische Geltung zu verschaffen.

B – Geschichte des Christentums im Überblick

1 – Hauptinhalte und Fundamentalkritik des Christentums

Die Religion ist übrigens merkwürdig. Sie hat starke Züge von Aberglauben [...] die Großnasen glauben, dass einmal [...] ein Gott auf die Erde gekommen sei. Dieser Gott habe dreiunddreißig Jahre auf der Erde gelebt [...] und sei dann von den Menschen hingerichtet worden. Eine groteske Vorstellung. Der Gott sei dann wieder auferstanden und in den Himmel aufgefahren, wo er sich in drei Götter aufgefächert habe. Auch seine Mutter habe er mitgenommen, dafür auf Erden einen Stellvertreter in Form eines Oberpriesters zurückgelassen. Es mag sein, dass ich diese Mythologie ungenau wiedergebe, denn zum einen habe ich sie nicht klar verstanden, zum andern sind mehrere Spielarten davon im Umlauf, die sich zum Teil heftig befehden oder zumindest befehdet haben [...] ihre religiöse Lehre von der Nächstenliebe appelliert nicht an die Vernunft und an die Menschlichkeit, sondern allein an ein hartes System von Lohn und Strafe, das auch der Kernpunkt dieser religiösen Lehre ist [...] haben die Großnasen einen heillosen Horror davor, zu denken, dass ihr bisschen Seele einmal nicht mehr sein könnte [...]. Denn nicht um ein vollkommener Mensch zu werden [...] soll man das Gebot der Nächstenliebe befolgen, sondern – wie es heißt – „Schätze im Jenseits" anzusammeln [...]. Ich möchte nicht rechten. Niemand weiß, was die Wahrheit ist. Ist es besser, durch Nachdenken (das leicht zum Spekulieren führen kann) das Wesen des Himmels zu ergründen zu trachten? [...] Oder sollen wir es dabei bewenden lassen, gute Menschen zu sein?
Kao-tai, Zeitreisender und Mandarin, im 22. Brief an seinen im 10. Jh. lebenden Freund, aus: Herbert Rosendorfer, Briefe in die chinesische Vergangenheit, 1983.

> *Als Adam und Eva vom Apfel gegessen hatten, wurde Gott zornig und verurteilte sie und ihre Nachkommen zum Leiden. Als diese Nachkommen dann seinen eigenen Sohn töteten, freute er sich darüber so, dass er allen vergab.*
>
> Karlheinz Deschner

Was „Christentum" ist, kann streng genommen niemand sagen. Schon der christliche Kern-Mythos ist denkbar ungewöhnlich. Dennoch (oder gerade deswegen?) treten manche christliche Religionsführer und Theologen andersdenkenden Menschen mitunter mit Gehässigkeit entgegen, und zwar auch solchen, die einer säkularen menschenfreundlichen Ethik verpflichtet sind, die Christen mit einschließt. Daher erscheint es nicht illegitim, wenn die Kern-Saga der christlichen Religionsfamilie in sowohl teilweise humoristisch wirkender als auch respektloser, aber doch inhaltlich korrekter Form erzählt wird. Dabei muss man freilich über theologische Spitzfindigkeiten oder tatsächliche Unterschiede der Lehren der verschiedenen christlichen Bekenntnisse hinwegsehen.

Die christliche Saga

Im Zentrum der verschiedenen kirchlichen Richtungen und zahllosen christlichen Glaubensgemeinschaften mit ihren z. T. großen Unterschieden *stehen folgende Glaubensüberzeugungen*, ohne deren Akzeptanz sich genau genommen niemand als Christ bezeichnen dürfte, ohne völlige Begriffsverwirrung zu stiften: Es gibt nur einen *einzigen Gott,* der ohne Anfang (schon „ewig") und ohne Ende existiert; dieser Gott ist Schöpfer des Weltalls; er erhält auch unsere Welt und nimmt Einfluss auf das Leben jedes einzelnen Menschen; er besteht in sich aus *drei Personen,* ein theologisches Rätsel. Gott ist allmächtig, allwissend und gut, wobei die Existenz des vielen Bösen in der Welt nicht recht erklärt werden kann (Theodizee-Problem). Um den „guten" Gott zu retten, tendieren Theologen heute manchmal eher dazu, Abstriche an der Allmächtigkeit als an der Güte Gottes zu machen. Denn trotz seiner Güte hat Gott den Menschen als *sündiges Wesen* erschaffen, das vor Gott und den Menschen zwangsläufig schuldig wird. Einerseits sind die Menschen „Krone der Schöpfung" und „Ebenbild Gottes" im Sinn eines göttlichen Widerscheins. Andererseits sind sie behaftet mit der Ursünde des Ungehorsams gegen Gott (verbotenes Essen vom Baum der Erkenntnis von Gut und Böse; s. Buch Genesis, Schöpfungsgeschichte) und laden unausweichlich durch geschlechtliche Weitergabe Schuld auf sich.

Der Mensch bedarf daher der Erlösung, die er nicht aus eigenen Kräften schaffen kann. Nachdem es Hunderttausende Jahre Menschen bzw. ihre Vorläufer gegeben hatte (anders freilich die Vertreter des Kreationismus), sandte Gott (Vater) schließlich seinen Sohn Jesus, in der Glaubenswirklichkeit selbst göttliche Person, also ein Teil seiner selbst, in Menschengestalt auf die Erde. Zweck war, die Menschen mit Gott, d. h. sich selbst, zu versöhnen und die Menschen dadurch zu erlösen. Das geschah, indem der „Gottessohn" Jesus Christus sich auf Drängen seines eigenen jüdischen Volks und seiner religiösen Obrigkeit von der römischen Besatzungsmacht auf erniedrigende und besonders grausame Weise widerstandslos hinrichten ließ, ohne dass „Gott Vater" eingriff. In den Worten von Karlheinz Deschner: „Als Adam und Eva vom Apfel gegessen hatten, wurde Gott zornig und verurteilte sie und ihre Nachkommen zum Leiden. Als diese Nachkommen dann seinen eigenen Sohn töteten, freute er sich darüber so, dass er allen vergab." Jesus Christus (Messias, „der Gesalbte") nahm „die Sünde der Welt" auf sich: *Erlösung durch Blut*.

Als Beweis für die Erlösungstat gilt die *leibliche Auferstehung Jesu*. Letztere nimmt in den westlichen Ländern freilich (wohl auch in der Theologie) nur noch eine kleine Minderheit ernst. Man versteht sie eher symbolisch. Wesentlich zum christlichen Glauben gehört auch das Wirken des *Heiligen Geistes*, der dritten göttlichen Person. Das Erlösungswerk Jesu eröffnet dem sündigen Menschen die Möglichkeit, nach seinem Tod mit der Gnade Gottes das *ewige Heil* (Seligkeit) in einer außerirdischen Welt zu erlangen und der qualvollen *ewigen Verdammnis* zu entfliehen. Das Prinzip des Bösen wird personifiziert im Teufel (Satan), dem mächtigen Widersacher Gottes, der jedoch ebenfalls dessen Geschöpf ist.

Die Bedeutung der *menschlichen Handlungen* wird unterschiedlich beurteilt. Im Zentrum sieht man allgemein das Gebot der Gottesliebe sowie der Nächsten-, ja Feindesliebe. Daher wird das Christentum gern als *Religion der Liebe* bezeichnet. Die christliche Frömmigkeit ist wesentlich auf das Erlösungswerk Jesu bezogen. Überwiegend, hauptsächlich im Katholizismus, wird auch der Mutter Jesu, Maria (Mirjam), eine besondere Rolle und Verehrung zuteil. Die Lehre wird als „Frohbotschaft" bezeichnet, von Kritikern aber gern als „Drohbotschaft". Die Glaubenslehre erfolgt nach kirchlicher Behauptung im Rahmen „der" von Jesus gestifteten Kirche, die vom Heiligen Geist geleitet wird.

Heilige Schrift (eingehend zur Bibel C 15)

Zentrales Glaubensdokument der Offenbarungsreligion Christentum ist die Bibel, bestehend aus dem Alten Testament (AT, Hebräische Bibel) und dem Neuen Testament (NT, christliche Verkündigung). Das Verhältnis zwischen dem AT, das als Vorläufer des NT verstanden wird, und dem NT ist unklar. Beide Testamente gelten jedoch als „Wort Gottes", das von Minderheiten bzw. manchen kleineren christlichen Religionsgemeinschaften wörtlich verstanden wird (s. A 10 Fundamentalismus). Im Übrigen versteht man die Heilige Schrift teils wörtlich, teils symbolisch und teils als zeitbedingt überholt, jedoch insgesamt mehr oder weniger göttlich „inspiriert". Die Bibel, insbesondere das NT, wird seit über 250 Jahren von der *„kritischen Bibelforschung"* (überwiegend von Protestanten) wissenschaftlich auf Entstehung, Echtheit, Urheberschaft, Systematik, Widersprüche, Sprachschichten, historische Umstände usw. untersucht. Soweit die Untersuchungen unabhängig im streng wissenschaftlichen Sinn erfolgten, sind die Ergebnisse so ernüchternd, dass vor allem das NT von christlichen Theologen als nur vom Glauben her und nicht als historisches Dokument verstehbar erscheint (wichtig: Rudolf Bultmann). Als Ergebnis bleibt demnach z. B. festzustellen, dass die NT-Erzählungen zum Leben Jesu (insbesondere Geburt, Leidensgeschichte, Auferstehung) völlig legendär sind. *Man weiß vom historischen Leben Jesu fast nichts,* zumal es keine außerchristlichen Quellen gibt und Jesus keine schriftlichen Aufzeichnungen hinterlassen hat.

Auffällig ist, dass Theologen bei ihrer ständigen Heranziehung von Bibelzitaten *sehr selektiv* verfahren. So werden die zahlreichen göttlichen Kriegs- und Massenmordbefehle im AT ignoriert und stattdessen der gute Gott als Prinzip der menschenfreundlichen Liebe in den Mittelpunkt gestellt (Amorizismus). Ein noch kaum registrierter Befund ist der enorme Widerspruch zwischen zentralen Aussagen des AT und den Ergebnissen der umfangreichen *archäologischen Forschungen* der letzten Jahrzehnte im Vorderen Orient, insbesondere in Israel und dem Westjordanland. Zum Liebesgebot des NT und schon des AT ist anzumerken: *Es gibt kaum eine gute Tat oder Untat, die nicht biblisch untermauert wurde und wird* (die Gesamtproblematik der Bibel wird ausführlich in C 15 erörtert).

Historische Entwicklung

Die Christen haben sich von Anfang an – trotz aller Liebespredigt – gegenseitig bekämpft, und die siegreichen Großgruppen haben viele der zahllosen Aufsplitterungen sowie noch mehr die Juden und Ungläubigen durch die Jahrhunderte blutig und oft grausam verfolgt. So haben sie ihren wahren Glauben und ihre Liebe in die ganze Welt gebracht, meist gegen den Willen der Betroffenen. Die christlichen Staaten und Herrschaften haben sich merkwürdigerweise (?) von Anfang an gegenseitig mit Kriegen überzogen, und ihr Gott war als Gewinner und gleichzeitig als Verlierer stets dabei. Nachdem die Christen nicht gerade unschuldig in die systematische Ermordung von sechs Millionen Juden verwickelt gewesen waren, sagten die einen immer wieder (wenn auch nicht allzu laut), es tue ihnen sehr leid. Die größte christliche Richtung brauchte dazu aber viel länger, und ihre Repräsentanten sagen noch heute voll Überzeugung, schuld seien nur einzelne Menschen gewesen, und Menschen seien halt sündig. In der

Zusammenarbeit mit meist sehr blutigen diktatorischen Regimen hat speziell die katholische Kirche insbesondere im 20. Jh. große Erfahrung gesammelt: in Europa und Südamerika, aber auch manchmal in Asien und Afrika. Wenig half den Opfern der Hinweis darauf, dass die Gläubigen doch im Namen der Liebe in vielen Ländern viel Gutes vollbringen. Nach wie vor arbeiten die Christen daran, ihre nur ihnen so einleuchtend erscheinenden Überzeugungen in der Welt zu verbreiten, als ob diese darauf warten würde.

Die christliche Geschichte mit ihrem oft vernichtenden Kampf gegen andere Religionen, insbesondere gegen die Juden, aber auch gegen Ketzer und Hexen sowie mit ihren Methoden der Missionierung und mit der ununterbrochenen Verwicklung europäisch-christlicher Mächte in Kriege und Unterdrückungsmaßnahmen (A 11, B 2, C 10–C 12) bis in die Gegenwart (zwei Weltkriege, Verhältnis zu Faschismus und Nationalsozialismus, Balkankrieg nach dem Zerfall Jugoslawiens u. a.) steht in krassem Widerspruch zum Liebesgebot. Andererseits verbinden viele Christen mit dem Liebesgebot ein großes *soziales Engagement*.

Nichts Neues

In einem am 1. Oktober 2008 in der Würzburger „Mainpost" veröffentlichten Interview hat Karlheinz Deschner den Eklektizismus des Christentums anschaulich beschrieben: „Nichts im Christentum ist originell. Vom zentralsten Dogma bis zum periphersten Brauch ist alles, restlos alles, schon vorher da gewesen, im Judentum, im Hellenismus, in der indischen Geisteswelt." Nach Beispielen gefragt, erklärte er: „Trinitäten, die Messias-Idee, die Naherwartung des Endes, vom Himmel kommende Gottessöhne, vom ‚Vater' gesandte Erlöser, Jungfrauensöhne, die Geburt in der Krippe, die Geschichte vom leeren Grab, Himmelfahrten lebendigen Leibes. Natürlich gab es Wunder massenweise. Man lebte, schreibt der Theologe Trede, denkend und glaubend in einer Wunderwelt wie der Fisch im Wasser. So gibt es auch kein Wunder in den Evangelien, das nicht schon vorher gewirkt worden wäre, ob Geisteraustreibungen, wunderbare Speisevermehrungen, ob Wandel auf dem Wasser oder Totenerweckungen. Es gab Wallfahrtsstätten wie heute Lourdes, gab eine sakramentale Taufe, ein sakramentales Mahl, überhaupt die Siebenzahl der Sakramente, die Zwölfzahl der Apostel, den Verräter. Es gab leidende, sterbende und wieder auferstehende Gottessöhne, auch nach drei Tagen oder am dritten Tag wieder auferstehende, es gab gekreuzigte Götter. Die Dionysos-Gemeinden haben ihren Gott über einem Altartisch mit Weingefäßen am Kreuz verehrt. Genug – man könnte, ich übertreibe nicht, stundenlang oft bis in die kleinsten Gemeinsamkeiten gehende Details aufzählen, und gläubige Zweifler finden all dies und mehr auch und gerade in den Forschungen kritischer christlicher Theologen belegt – denn nichts im Christentum ist neu, auch nicht sein sogenanntes ‚Proprium', die Nächsten-, die Feindesliebe, worum man sich ohnehin am wenigsten gekümmert, kurz, vom Weihnachtsfest zur Himmelfahrt: lauter Plagiate!"[82]

Christentum heute

Auf die *weitgehende Prägung der abendländischen Kultur* durch christliche Architektur, Literatur, Musik, bildende Kunst, Philosophie, Wissenschaft und Politik kann und braucht hier nicht weiter eingegangen zu werden. Das Christentum hat heute im freien Europa, im Gegensatz zu den USA, im Wesentlichen seinen Frieden gemacht mit der Aufklärung, der Demokratie und den Menschenrechten. In welchem Ausmaß die christliche Religion in pluralistischen Systemen zur *Integrierung bzw. zur Desintegrierung* von Staat und Gesellschaft beiträgt, ist fraglich (A 13), zumal die großen Kirchen ihr gesellschaftlich-politisch-rechtliches Dominanzstreben nicht aufgeben (C 20). Jedenfalls motiviert das Christentum zahllose Menschen für eine soziale Tätigkeit und für kulturelle Aktivitäten. Das dürfte auch darauf beruhen, dass, zumindest in Europa, die meisten der sich christlich verstehenden Menschen nur noch einen Teil der oben skizzierten Glaubenskernsätze akzeptieren, sich darüber wenig Gedanken machen und mehr aus Tradition handeln.

Weitgehend scheint das persönliche Christentum nur noch aus einem diffusen Gottesglauben und dem Gedanken der Nächstenliebe zu bestehen, was mit Theorien über den Vorbildcharakter des oft nur als Mensch gesehenen Juden Jesus verbunden wird (Nachfolge Jesu). Ein so verstandenes *reduziertes Individualchristentum* („Christentum light") verursacht keine ernsthaften Probleme und wird daher auch von Andersdenkenden akzeptiert.

Demgegenüber stehen die rechtlich verfassten *Amtskirchen* mit ihren speziellen *Machterhaltungsinteressen* und rechtlichen Ansprüchen (s. C 20, F 2). Besonders problematisch, ja gefährlich sind die christlich-fundamentalistischen Strömungen, aus denen das mächtige katholische „Opus Dei" mit seinem bisher kaum zu überschätzenden Einfluss im Vatikan herausragt.

Zusammenfassung der Kritik in Thesen

– Das Christentum ist nur eine von vielen größeren Religionsgruppen, die sich wesentlich voneinander unterscheiden. Rational ist nicht erkennbar, warum sein Wahrheitsgehalt größer sein sollte als der anderer Religionen, zumal sich das Christentum seit dem 2. Jh. in unzählige Richtungen unter teilweise

buchstäblich vernichtenden Kämpfen aufgespalten hat. Dabei haben die allermeisten von ihnen das AT und NT jeweils als maßgebliche Grundtexte („Heilige Schrift) anerkannt. Dass Religion nur eine Frage des Ortes und Datums sowie der persönlichen Sozialisation ist, bedenkt man nicht.
- Die gelehrten religiösen Fachleute sind auch nach 2000 Jahren unerschöpflich in der Schaffung höchst verschiedener Interpretationen und Interpretationsrichtungen bezüglich der biblischen Texte und in ihren theologischen Entwürfen. Wohl keiner hat das derart kenntnisreich und scharfsinnig verspottet wie der große Humanist, Universalgelehrte und gelernte Theologe Erasmus von Rotterdam in seinem „Lob der Torheit" (1509/10).
- 250 Jahre wissenschaftlicher *christlicher* Bibelkritik haben die Bibel ad absurdum geführt. Die zentralen Erzählungen der christlichen Botschaft (Geburtsgeschichten, Passionserzählungen, Auferstehungslegenden) sind völlig legendär. Man weiß vom Leben Jesu fast nichts, und nur ein recht kleiner Teil der ihm von Anhängern nach Jahrzehnten zugeschriebenen Worte werden von der kritischen Bibelwissenschaft als (möglicherweise) authentisch anerkannt. Schriftliche Aufzeichnungen hat dieser später zur göttlichen Person avancierte Wanderprediger anscheinend nicht hinterlassen, obwohl das für eine heilsgeschichtlich notwendige „Offenbarung" wichtig gewesen wäre. Der angebliche Religionsstifter Jesus war Jude und Rabbiner, und ausweislich des NT lag ihm nichts ferner als die Gründung einer neuen Religion, die sich zudem auch der „Heiden" annimmt.
- Wesentliche Erzählungen des AT, die auch im Christentum immer noch große Beachtung finden, sind durch eine unabhängige biblische Archäologie, insbesondere jüdischer Archäologen, eindeutig widerlegt (z. B. der Auszug aus Ägypten und die kriegerische „Landnahme".)
- Die 2000-jährige Geschichte des Christentums ist die blutigste Religionsgeschichte von allen. Daran ändert auch die Tatsache nichts, dass in verschiedener Hinsicht die Zahl der Todesopfer infolge der neuesten historischen Forschungen als deutlich geringer anzusehen ist, als das bisher meist der Fall war (Inquisition, Hexenverfolgung). Das wird mehr als ausgeglichen durch die massive Verstrickung des Christentums in noch gigantischere Verbrechen im 20. Jh. (Holocaust, Ustascha-Regime).
- Das Christentum strebt nach wie vor nach Macht und politischem Einfluss. Die großen Kirchen versuchen – je nach Richtung in unterschiedlicher Weise – ihr Moralverständnis (insbesondere: Bioethik, Selbstbestimmungsrecht am Lebensende) allen Andersgläubigen und Nichtreligiösen mit den ihnen besonders auch in Deutschland vielen zu Gebote stehenden Mitteln aufzudrängen. Das trägt zu erheblichen gesellschaftlichen Irritationen bei.
- Lehren der katholischen Kirche und evangelischer Fundamentalisten erregen nach den Maßstäben der in Europa anerkannten weltlichen Moral Anstoß:

für den Kern der Gläubigen die Erbsündenlehre mit der Folge, dass den Menschen ein Schuldgefühl eingeimpft wird. Am schlimmsten ist die Lehre von der ewigen Verdammnis in der „Hölle", auch wenn diese mittlerweile wesentlich milder geworden ist. Für die Außenstehenden ist ein ständiger Stein des Anstoßes die Ansicht der Katholiken und evangelischen Fundamentalisten, ihre angeblich gute Moral den Andersdenkenden aufdrängen zu sollen. Sie ist durch nichts begründet und stiftet Unfrieden.

- **Das Christentum hat insgesamt die Menschen nicht besser gemacht.** Seine historischen und geistigen Defizite sind enorm.

Das Christentum im Spiegel literarischer Kritik

Gespräch von Anno 33:
A Wissen Sie schon das Neueste?
B Nein, was ist passiert?
A Die Welt ist erlöst!
B Was Sie sagen!
A Ja, der liebe Gott hat Menschengestalt angenommen und sich in Jerusalem hinrichten lassen: dadurch ist nun die Welt erlöst und der Teufel geprellt.
B Ei, das ist ja ganz scharmant.

Arthur Schopenhauer

Wer [...] eine Kritik des Christentums verfasst, beginnt etwas zugleich Abgetanes, als wollte er darlegen, dass die Erde eine Kugel ist, und etwas Aussichtsloses, als bräche er eine Polemik gegen die Schwerkraft vom Zaum, eine donquixotische Paarung des Unnötigen mit dem Unmöglichen. Das ist ein Paradox, aber in ihm gedeiht das Christentum, der Kritik auf das merkwürdigste entrückt und anzusehen wie ein Gespenst, das in der Mittagssonne auf der Hauptstraße spukt.

Burkhard Müller in: Schlußstrich, Kritik des Christentums

Von den Amtskirchen erwartet wohl niemand etwas anderes, sie stehen wie ein gemauerter Bogen, schwebend und massig, in ihrem Bestand recht eigentlich ein Wunder, aber schon zu lange auf demselben Fleck, als dass es noch irgendwen erstaunte.

Burkhard Müller

Im Neuen Testament ist die sittliche Forderung ausnahmslos an die Verheißung gebunden [...] eine unbelohnte Sittlichkeit ist dem Neuen Testament unvorstellbar.

Burkhard Müller

1 – Hauptinhalte und Fundamentalkritik des Christentums

Der Appell an die kindliche, zum Glauben bereite Einfalt durchzieht alle vier Evangelien.
Rudolf Augstein, in: Jesus Menschensohn, 1999

Das Christentum ist die Religion der Verherrlichung einer konkreten historischen Hinrichtung [...] denn die Kirche sieht in ihr eine Erlösung durch Blut.
Uta Ranke-Heinemann

Je ungereimter die Berichte, desto dicker die Exegese.
Rudolf Augstein, in: Jesus Menschensohn, 1999

Wenn Jesus nicht klar sagt, wer er ist, wenn er auch von Gott und seinem Reich nur in Bildern redet, die vieldeutig sind, so handelt er eigentlich „sachgemäß". Denn so fordert er immer neue, lebendige Versuche heraus, sich mit ihm auseinanderzusetzen.
Klaus Berger, katholischer Theologe, in: Wer war Jesus wirklich?, 1999

Es liegt im Wesen der Tradition des Kerygmas [der Verkündigung], dass nach der historischen Zuverlässigkeit des Überlieferten überhaupt nicht gefragt werden darf.
Rudolf Bultmann

Die Frage nach der Historizität der Auferstehung muss als irreführend aus der Theologie ausgeschieden werden.
Hans Conzelmann, evangelischer Theologe, in: Grundriß der Theologie des Neuen Testaments, 6. Aufl., 1997

Letztlich ist das Kreuz Gottes Werk.
Walter Kasper, Kurienkardinal, in: Jesus der Christus, 12. Aufl., 1998

Wenn die Jungfrauengeburt Metapher ist, dann ist das ganze Heilswerk Christi Metapher und das Dogma sinkt in sich zusammen. Wer also das Dogma in der modernen Welt aufrechterhalten will, ist zum Lavieren verdammt.
Christoph Türcke, Kulturphilosoph

Wie der Klerus doch, was er im Mutterschoß schützt, preisgibt im Krieg; als sammelte er in Weiberbäuchen – Kanonenfutter.
Karlheinz Deschner

2 – Geschichte des Christentums: Anfänge und Schnelldurchgang

Die Kirchengeschichte ist die beste Schule, um an dem Dasein eines Gottes als Weltenlenkers zu zweifeln.
Franz Overbeck, evangelischer Theologe, 1837–1905

Niemals würde Jesus ein Reich gegründet haben, dessen Fundamente auf Mord, Betrug, Habgier und Totschlag ausgerichtet sind. Es ist absurd, den Armen das Evangelium zu predigen, wenn man vielfacher Milliardär ist und Beteiligungen an Rüstungsfabriken hält.
Alighiero Tondi, ehemals Jesuit und Dozent an der päpstlichen Gregoriana, dann Skeptiker, Kommunist und wieder Gläubiger 1908–1984

Die Kirche ist ein vergifteter Fluss, der einer Kläranlage bedarf.
Gotthold Hasenhüttl, katholischer Theologe, 2010

Die Entstehung und Ausbreitung des Christentums gehört zu den faszinierenden Kapiteln der Geschichte. Soll es knapp, aber doch im Wesentlichen zutreffend und aussagekräftig auf möglichst unideologischer Basis dargestellt werden, so ist das aus verschiedenen Gründen fast unmöglich. Ein solcher Versuch kann nur als vorläufige Problemskizze gewertet werden. Die positiven Aspekte stehen nicht im Vordergrund und können gegebenenfalls den üblichen Darstellungen der Kirchengeschichte entnommen werden. Allerdings scheiden für eine übergeordnete Beurteilung rein glaubensbedingte Aspekte und eine (lediglich) religiöse Binnenmoral aus, die etwa Krankenversorgung und sonstige Ausprägungen der Nächstenliebe nur den jeweiligen Glaubensgenossen zugutekommen lässt.

Jesus und die Anfänge des Christentums

Nach dem Ergebnis der etwa 250-jährigen kritischen Bibelwissenschaft (eingehend s. C 15) war Jesus (Jeshua) von Galiläa ein jüdischer Wanderprediger, Heiler und Dämonenaustreiber.[83] Er wollte in Erwartung des sehr nahe bevorstehenden Weltendes und Anbruch des Gottesreichs die Menschen auf dieses vorbereiten. Er gehörte der Mehrheitsrichtung der Pharisäer an, die er aber reformieren wollte. *Die Gründung einer neuen Religion lag ihm fern.* Ausgegangen werden kann nur von den speziell ihn betreffenden Schriften der Evangelien, die Jahrzehnte nach seinem schmählichen Tod von Personen gesammelt und aufgezeichnet wurden, die ihn nicht gekannt haben. Schriften hat Jesus nicht hinterlassen, archäologische Zeugnisse zu seiner Person sind nicht nachgewiesen. Die zeitgenössischen Chronisten schweigen. Nur der bedeutende und zuverlässige jüdisch-römische Geschichtsschreiber Josephus Flavius (37–95), der die Verhältnisse auf das Genaueste kannte und selbst unbedeutendere Begebenheiten der Zeit benannte und beschrieb, erwähnte in seinem Alterswerk „Jüdische Altertümer" einen weisen gekreuzigten Jesus (Jeshua, Josia), und auch dies nur an zwei Stellen, wenn man nachträgliche christliche Einschübe beiseitelässt.

Keines der vier seit Ende des 2. Jh. allgemein anerkannten Evangelien stammt von einem Jesusjünger (Apostel); lediglich hinsichtlich des Matthäusevangeliums (Mt) behauptet das die katholische Kirche. Das älteste Evangelium, das des Markus (Mk), ist nach allgemeiner Ansicht um das Jahr 70, also ca. 40 Jahre nach Jesu Tod und erst nach der vollständigen Zerstörung Jerusalems, entstanden. Es wurde nach mündlichen und schriftlichen Überlieferungen zusammengestellt, ist aber bereits für Heiden und Heidenchristen, d. h. Nichtjuden, gedacht. Markus kennt keine Geburtslegende und spricht von den Brüdern und Schwestern Jesu. Dieser stirbt, nach Markus, von Gott verlassen am Kreuz. Dass er selbst kein Mensch, sondern Gott gewesen sei, dafür gibt das Markusevangelium nichts her. Mehrfach ist lediglich davon die Rede, Jesus sei der Messias. Eine Theologie der Erlösung durch das Kreuz ist aber nicht erkennbar. Der kurz geschilderte jüdische Prozess Jesu, der sonst nur noch bei Matthäus existiert, nicht aber bei Lukas (Lk) und Johannes (Joh), ist nachweislich legendär.[84] Dabei ist die *Kreuzigung Jesu der tiefste Kern und Ausgangspunkt des christlichen Glaubens: Erlösung durch Blut.*

Die Entstehung der ersten Gemeinde der Jesusanhänger nach seinem Tod in Jerusalem liegt im Dunkeln. Die *ursprünglichen Jesusanhänger* nannte man Nazoräer. Rekonstruktionen zufolge glaubten sie an Jesus als den Gesalbten (Christus), der einst als rechtmäßiger König bzw. Messias Israels wiederkehren werde. Seine auch im NT nicht *unmittelbar* bezeugte Auferstehung bedeutete nicht seine Göttlichkeit, sondern nur seine Rolle als Auserwählter wie Henoch oder Elias.

Erste Führer der Nazoräer, einer besonderen Gruppe innerhalb der Pharisäer, waren Petrus und der einflussreiche Jakobus der Gerechte, ein Bruder Jesu.[85] Sie hielten die jüdischen Gesetze ein und waren auch (wie Jesus) deutliche Gegner Roms, weshalb sie als potenzielle Unruhestifter durch Kollaborateure, insbesondere den Hohepriester, immer wieder verfolgt wurden. Der Nazoräer Petrus und seine Mitstreiter wurden im Hohen Rat vom angesehenen Pharisäer Gamaliel vor dem Tod bewahrt (vgl. Apg 5,21 bff., 34). Die Nazoräer hatten in vielen Städten des Römischen Reichs, wie die pharisäische Bewegung insgesamt, große Missionserfolge. Von „Christentum" konnte bei dieser Bewegung (obwohl heute Judenchristen genannt) nicht die Rede sein.

Paulus, Begründer des Christentums

Paulus war es, der nach Auffassung der unabhängigen Bibelgelehrten und Historiker unter harter Auseinandersetzung mit der Jerusalemer Nazoräer-Gemeinde das Christentum schuf.[86] Paulus (damals noch: Saulus) studierte bei dem berühmten Jerusalemer pharisäischen Rabbi Gamaliel, verfolgte aber als Agent des sadduzäischen[87] Hohepriesters die Nazoräer (Apg 9,1f.). Die Wende brachte, etwa zwei Jahre nach Jesu Tod, auf der Reise nach Damaskus eine *Vision*, wie sie für epileptische Anfälle typisch ist. Von da an verstand sich Paulus als Gesandter des Gottessohns und Messias Jesus, dessen Berufung es war, das „Evangelium" in der ganzen damals bekannten Welt zu verbreiten, insbesondere unter den sogenannten Heiden. Unverzüglich begann er mit seiner Mission. Lange lebte er als religiöser Führer im syrischen Antiochien, der drittgrößten Stadt des Römischen Reiches. Heftige Auseinandersetzungen mit der jüdischen „Urgemeinde" führten etwa im Jahr 47 zum Jerusalemer Apostelkonzil (Gal 2,1–10; Apg 15,6–29). Dort einigte man sich, dass die Jerusalemer Richtung für die „Judenchristen", Paulus sowie Barnabas aber für die „Heidenchristen" zuständig seien, die nicht beschnitten zu werden brauchten. Damit war die formale Voraussetzung dafür geschaffen, dass sich das Christentum paulinischer Prägung im Römischen Reich durchsetzen konnte. Es folgten die großen Missionsreisen des Paulus mit ihren Gemeindegründungen (Kleinasien, Griechenland), wobei er sich weiter von der jüdischen Richtung absetzte. Sein bekannter Römerbrief (ca. 54), enthält eine Zusammenfassung *seiner* Theologie, die aber von der Jerusalemer Gemeinde mit zunächst Petrus, dann Jakobus (dem Bruder Jesu) bekämpft wurde. Ein Streit zwischen Paulus und den Jerusalemern führte dazu, dass Letztere nicht nur die Entgegennahme von Kollekten aus einer von Paulus durchgeführten Kollektenreise ablehnten, sondern Paulus sogar bei der römischen Obrigkeit anzeigten. Als römischer Bürger kam Paulus dann nach Rom, wo er unter Nero hingerichtet wurde.

Die Differenzen waren in der *neuartigen Theologie des Paulus* begründet, die mit der Jerusalemer Richtung und dem Pharisäertum unvereinbar war. Paulus lehrte, Gottes Sohn habe für die Sünden der Welt gesühnt (stellvertretendes Opfer), dadurch Gott und Menschheit versöhnt und die Welt erlöst. *Kreuz und Auferstehung sind das zentrale Heilsereignis* (vgl. Röm 8,3; Kol 1,22; 2,14f). Paulus maßte sich an, für den ihm persönlich nicht bekannten Jesus zu sprechen, von dem er sich aber aufgrund seiner Vision während der Reise nach Damaskus unmittelbar berufen glaubte. Das Heil der Menschen hängt nach Paulus am Tod und an der Realität der Auferstehung Jesu, den er für vor aller Zeit existent (präexistent) hielt. Andererseits steht im Mittelpunkt seiner Predigt die „Rechtfertigungslehre": Vor Gott werde der Mensch nicht durch die Werke des jüdischen Gesetzes, sondern allein durch den Glauben und Christus gerecht (Röm 3,21 ff.). Daher können Heiden auch ohne Beschneidung vollwertige Mitglieder der christlichen Kirche werden. Dem Denken Jesu (soweit es annäherungsweise sinnvoll rekonstruierbar ist) war eine solche Erlösungslehre jedoch fremd. Paulus sprach häufig von Sünde und Verderbnis, während vom Jesus der Evangelien kein Ausspruch über die Unfähigkeit des Menschen zum Guten überliefert ist. Die Grundlage für die *Erbsündenlehre* (Unheilssituation des Menschen bei der Geburt) findet sich bei Paulus in Röm 5,12 ff. Wie tief das Verhältnis zwischen Paulus und der Jerusalemer Urgemeinde zerrüttet war, zeigen des Paulus Beschimpfungen der Jerusalemer Gemeinde („Judenchristen"), sogar als Satansdiener[88].

Schon in diesen christlichen Anfängen zeigt sich, dass der Kampf um Lehren und Grundsätze zum *Kampf um die Macht* wird. Paulus leitete die Entwicklung des Menschen Jesus zum kultisch verehrten Gott ein und hatte Erfolg. Für die Richtung der streng eingottgläubigen Urgemeinde hingegen war Jesus lediglich ein Prophet, der durch seine Auferstehung zum Christus (d. h. Messias, einem sterblichen Wesen) erhöht wurde. Die paulinische Erlösungslehre war ihnen fremd. Nach dem Untergang Jerusalems im Jahr 70 verschwanden sie, auch Ebioniten genannt, bald aus der Geschichte, nachdem sie von Judentum und paulinischem Christentum zu Ketzern erklärt worden waren. – Diese Hinweise sind zugleich ein Beitrag zur Bedeutung des kirchlichen Feiertags Peter und Paul.

Zur Judenfeindschaft des paulinischen Christentums (s. auch C 1)

Paulus hatte ein *ambivalentes Verhältnis zum Judentum*, aus dem er selbst stammte. Im Mittelpunkt der gegenseitigen Feindschaft zwischen Juden und paulinischen Christen stand das Messiasproblem. Dieses gehörte zum Kern des NT, und auf diesem fußte der *sich bald entwickelnde christliche Judenhass*. Paulus verfasste in seinem Ersten Thessalonicherbrief, dem ältesten Dokument des NT (entstanden ca. im Jahr 50), eine scharfe antijüdische Polemik: „Ihr habt von euren Mitbürgern das Gleiche erlitten wie jene von den Juden. Diese haben sogar Jesus, den Herrn, und die Propheten getötet; auch uns haben sie verfolgt. Sie missfallen Gott und sind Feinde aller Menschen: sie hindern uns daran, den Heiden das Evangelium zu verkünden und ihnen so das Heil zu bringen. Dadurch machen sie unablässig das Maß ihrer Sünden voll. Aber der ganze Zorn ist schon über sie gekommen" (1 Thess 2,14–16). Damit sind bewusst auch heidnische Vorurteile aufgenommen. Das wirkte prägend insbesondere auf die Evangelien, ausgenommen die bekannte Stelle des (bezüglich der Juden insgesamt ambivalenten) Römerbriefs (ca. 54), wonach am Ende der Zeiten ganz Israel gerettet werde (Röm 11,26).

Die Zerstörung Jerusalems durch die Römer im Jahr 70 bedeutete zugleich den endgültigen Sieg der neuen Religion des Paulus. Um im Römischen Reich als staatstreu zu gelten, war es tunlich, Judengegner zu sein. Und so sind alle vier Evangelien nicht nur zunehmend paulinisch beeinflusst, sondern auch sehr judenfeindlich (Passionslegenden!), besonders das Johannesevangelium. Dem entspricht ihre auffallend prorömische Tendenz, die in krassem Widerspruch steht zu den nachweislichen historischen Verhältnissen zu Lebzeiten Jesu und danach. Voraussetzung des sich entwickelnden Christentums war die paulinische Erlösungstheologie mit einem zum Gott erhobenen Jesus. Darauf fußt die bis ins 20. Jh. reichende verhängnisvolle Gottesmördertheologie.

Hellenisierung und Entfaltung des Frühchristentums

Das (paulinische) Frühchristentum war hellenistisch. Die im ganzen Römischen Reich befindlichen jüdischen Niederlassungen gehörten ebenfalls zur hellenischen Kultur, hatten erheblichen kulturellen Einfluss und stellten auch einen beachtlichen Anteil an der Gesamtbevölkerung des Reichs dar. Ohne die Hellenisierung des Frühchristentums[89] hätte sich dieses nach allgemeiner Ansicht nicht zu einer Weltreligion entwickeln können.

Das Christentum ist eine *eklektizistische Religion*, die aus vielen Religionen des seinerzeit religiös brodelnden Vorderen Orients Elemente verwendet hat – keine seiner Ideen ist wirklich neu. Die zahllosen in den Evangelien beschriebenen *Wunder* sind Standardwunder, wie sie in vielen Religionen längst bekannt waren und nicht selten sogar in Einzelheiten übereinstimmten. Zwischen Jesus und dem volkstümlich ausgeschmückten Buddha gab es zahlreiche Parallelen.[90] Auch Propheten und Magiern schrieb man Wunder zu. Totenerweckungen waren in Babylonien eine weitverbreitete Idee. Da der erwartete Messias nach jüdischer Vorstellung nicht kläglich scheitern durfte, musste man ihn mit Wundern ausstatten. Jesu Weinwunder, das etwa 500 oder mehr (!) Liter Wein betraf, ist dem Weinwunder des Weingotts Dionysos nachgebildet, das am 6. Januar gefeiert wurde wie später das Fest „Epiphanie", d. h. ursprünglich: Selbstoffenbarung einer Gottheit.[91] Wunderbare Speisungen gab es auch etwa in Überlieferungen des AT und Indiens.

Insgesamt gibt es *viele Parallelen zu anderen Religionen* (z. B. Asklepios-Kult in Epidauros, Herakles-Religion). Das Johannesevangelium enthält nicht nur viel heidnisches Gedankengut, auch die Kreuzigung ist abweichend von den übrigen Evangelien unter deutlichem Anklang an den Tod des Herakles beschrieben, und Jesus stirbt nur bei Johannes mit denselben Worten wie Herakles: „Es ist vollbracht". Die Bezeichnung „der Weinstock" war ein bekannter Titel von Dionysos (Bacchus), dem antiken Lieblingsgott. Die uns geläufige lukanische Weihnachtslegende (Markus und Johannes kennen überhaupt keine Geburtserzählung) hat erhebliche heidnische Elemente. Geburtserzählungen mit Kindswindeln, Jungfrauengeburt, Hirten, himmlischen Heeren waren z. T. sogar in der Wortwahl aus dem Mithras- und Dionysos-Kult und anderen bekannt und der vorchristlichen Welt recht vertraut. Die Jungfrauengeburt war ein religionsgeschichtlich weit verbreitetes Motiv (dazu näher C 4), ebenso die Ankündigung durch Engel und der Kindermord. Auch der Gedanke des menschgewordenen, mit den Menschen leidenden und sterbenden Gottes sowie der der göttlichen Erlösung der Seele wurden vom Heidentum übernommen. Es war ein langer und komplizierter Weg, der im Kampf der zahllosen hellenistisch geprägten Spekulationen um Gott, Mensch, Geist, Materie, Seele, Gut und Böse zu den christlichen Dogmen führte. Die starke Prägung des Christentums durch gnostische Lehren, insbesondere bei Paulus und im Johannesevangelium, wurde schon oft nachgewiesen.[92]

Die Gründe dafür, warum das sich im 2. Jh. entwickelnde Christentum solchen Anklang finden konnte, sind komplex. Der alte Götterglaube war schon stark untergraben, zumal sich die orientalischen Kulte und ihre Götter immer mehr friedlich vermischten. Allgötter kristallisierten sich heraus. Das seit Jahrhunderten monotheistisch gewordene Judentum stand im Reich trotz der Zerstörung Jerusalems in größter Blüte, sodass Paulus an die jüdische Mission anknüpfen konnte. Die Christen erleichterten den Glaubensübertritt und boten sich insbesondere für die *Kleinbürger und Unterdrückten* an. Viele frühchristliche Schriften zeigten erhebliche Vorbehalte gegen die Reichen und Mächtigen. Der christliche Glaube kostete damals im Gegensatz zu heidnischen Kulten kein Geld. Magisch-mythische Vorstellungen drangen im 2. Jh. in das Christentum ein, denn weithin glaubte man an Dämonen, Magie (Kraft der Amulette), Zauberei, Wahrsagerei. *Heidnische Religionsformen nahmen überhand*, wie man beim Märtyrer-, Heiligen- und Reliquienkult feststellen kann. Das Küssen und Berühren von Reliquien ist nichts anderes als ein Fortleben des Polytheismus in Form unterer Nahgötter.

Im frühen Christentum oblag den Propheten und Lehrern die geistliche Gemeindeleitung. Die mit administrativen und sozialen Funktionen Betrauten standen an Bedeutung zunächst zurück. Seit etwa 100 entwickelten sich unterschiedliche Ämter: Der Bischof (Episkopus) wurde zum Leiter der lokalen Gemeinde, der predigte und die Mahlfeier leitete und erst gegen Ende des 2. Jh. alle Ämter in sich vereinigte: Das Amt siegte über den Geist. Der römische Gemeindevorsteher Clemens behauptete 96 im 1. Clemensbrief einen Vorrang Roms und propagierte die Idee, die kirchlichen Ämter seien von den Aposteln eingesetzt. Im 2. Jh. stellte Bischof Ignatius von Antiochien schon den Gegensatz von Klerus und Laien heraus und erklärte, wer ohne den Bischof etwas tue, diene dem Teufel.[93] Ebenfalls im 2. Jh. kam es in Rom schon zu Streitigkeiten um den Bischofsposten. *Um die Mitte des 3. Jh. war die monarchische Position der Bischöfe weithin durchgesetzt.* Nachträglich hat man die römischen Bischöfe besonders legitimiert durch die Behauptung einer auf den Apostel Petrus zurückgehenden Tradition. Dabei war Petrus bisher nicht als erster römischer Gemeindevorsteher bekannt. Aber noch heute hält die katholische Kirche die *kindische These von der apostolischen Sukzession des Bischofs- und Priesteramts* und eine Papstliste ab Petrus offiziell aufrecht, obwohl es häufig auch zu gewalttätigen Wirrungen bei der römischen Bischofswahl und zahlreichen Gegenpäpsten kam, sodass man oft nicht wissen konnte, auf welcher Seite der Heilige Geist stand.

In der nunmehrigen *Machtkirche* waren die Bischöfe große Herren, um deren Wahl mit Handgreiflichkeiten gekämpft wurde. Die *Tendenz zur Verteufelung* war aber schon in neutestamentlichen Schriften verankert. Die bei Paulus viel gepriesene Liebe galt nur seinen Gesinnungsgenossen. Wer anderes lehrte, wurde verflucht oder sollte gar ausgerottet werden. Auch andersdenkende Christen galten als Gotteslästerer und Kinder des Teufels. Man sollte sie nicht einmal grüßen. Sogar Jesus hat man das (kaum authentische) Wort zugeschrieben: „Wer da glaubt und getauft wird, der wird selig werden, wer aber nicht glaubt, der wird verdammt werden" (Mk 16,16). Es ging um Gehorsam und Dialogverweigerung. *Toleranz und Evangelium sind unvereinbar,* wie schon oft im Detail nachgewiesen wurde.[94] Demgegenüber wirkt die Verteidigung der Bibel durch den katholischen Kirchenhistoriker Arnold Angenendt mit dem selektiven Verweis auf das Unkraut im Weizen, das man wachsen lassen solle (Mt 13,24ff.), und der paulinischen Aufforderung, in allem die Liebe walten zu lassen (1 Kor 13,7), etwas dünn[95], zumal die tatsächliche Entwicklung von der Kirche der Verfolgten zur Kirche der Verfolger eine andere Sprache spricht.

Verfolgung des Christentums

Die antike *römische Christenverfolgung* hatte nicht entfernt die Dimension der späteren Verfolgung Andersdenkender durch die Christen. Im kaiserlichen Rom war neben dem Staatskult der Republik auch die Person des Kaisers selbst mit der göttlichen Aufgabe des Heilsbringers betraut. Zu den Opfergaben an die bisherigen Götter kam das sakrale Opfer an den Kaiser hinzu. Die Teilnahme an religiösen Festen, die Anbetung der Götter und des Kaisers sowie der Verzehr des Opferfleischs waren wesentliche Elemente des staatsbürgerlichen Lebens, denen man sich schlecht entziehen konnte. Andernfalls bedrohte man den Frieden mit den Göttern und damit das öffentliche Wohl. Dennoch ließ der Staat die Christen, die er als jüdische Sekte ansah, zunächst gewähren und nötigte sie nicht zur Verehrung der Kaiser. Alle anderen Kulte wie der verbreitete Mithraskult hatten als Bestandteil der polytheistischen Kultur keinerlei Probleme mit dem Götter- und Kaiseropfer. *Die ersten 200 Jahre konnten sich die Christen weitgehend ungestört entwickeln*, obwohl es unter lokalen Machthabern zu Opferzwang und Hinrichtungen kam. Allerdings gab es immer wieder *Pogrome aus der Bevölkerung*. Die grausame neronische (auf Rom beschränkte) Verfolgung im Jahr 64 nach dem Brand Roms war völlig untypisch.

Das änderte sich im 3. Jh., einer Zeit der allgemeinen Gefährdung des Reichs, zumal die Christen den Militärdienst verweigerten. Ihr Kult wurde vom römischen Staat als eigener wahrgenommen und verlor als „neuer Aberglaube" den Schutz, den er als jüdischer erfahren hatte. Die allgemeine staatliche Verfolgung fand etwa von 250–300 statt. Da machten die Christen bereits etwa 10% der Reichsbevölkerung aus. Die meisten zogen freilich das allgemeine Opfer dem Tod vor. Eine solche *Wahlmöglichkeit* ließen die siegreichen Christen in den nächsten Jahrhunderten ihren weitaus zahlreicheren Opfern meist nicht. Insbesondere die „*Große Christenverfolgung*" unter Diokletian (Verfolgungsedikt 303) bleibt im Hinblick auf ihren tatsächlichen Umfang und *nur spärliche archäologische Funde* im historischen Nebel. Christliche Autoren, insbesondere Eusebius, bieten zwar viele schauerliche Märtyrergeschichten, aber keine Fakten. Überdies war der Polytheist Diokletian nachweislich ein bedeutender Reformer mit sozialem Verständnis. Fast 20 Jahre lang hatte er, sogar an seinem Hof, auch gegenüber den Christen Toleranz geübt. Allerdings belebte er den Staatskult als staatstragende Institution wieder. *Für eine tatsächlich bedeutende harte allgemeine Christenverfolgung mit reichsweit vielen Opfern fehlen nach allem ausreichende Anhaltspunkte*.[96]

Kaiser Konstantin I. und das 4. Jahrhundert

Bekanntlich war es der grausame Gewaltherrscher *Konstantin* (272–337; Kaiser ab 306)[97], der die stark gewordene christliche Religion aus politischem Kalkül nicht zum Dauergegner haben wollte und daher (zusammen mit seinem damaligen Mitregenten Licinius) 313 im *Toleranzedikt von Mailand* auch das Christentum zur ohne Einschränkungen erlaubten Religion machte. Der Kaiserkult wurde als Zwangskult abgeschafft. Viele hohe Staatsämter wurden nun von Christen besetzt. Seit dem Toleranzedikt *regierte Konstantin die Kirche entschieden mit*, und diese wurde zum Genossen eines Staats, der seine Völker gnadenlos und blutig ausbeutete. Das Christentum sollte zunehmend die Funktionen der alten Kulte übernehmen. Während die Christen früher den Wehrdienst konsequent verweigert hatten, segneten die Bischöfe der Mehrheitskirche jetzt die Waffen und zogen mit in die Schlacht. Immer mehr Kirchen wurden gebaut und die Gottesdienste zu prunkvollen Zeremonien ausgestaltet.

Nach Ermordung seines Mitregenten Licinius im Jahr 325 war Konstantin Alleinherrscher im Gesamtreich. Noch im selben Jahr ließ er (und nicht etwa der römische Bischof) das dann später als das 1. Ökumenische Konzil bekannte *Konzil von Nicäa* (Nikaia) abhalten, das er auch beendete. Es ging ihm darum, den zu einem Schisma ausgearteten Theologenstreit insbesondere um die Gottheit Christi (arianischer Streit) zu beenden, da ihm nur eine einheitliche Kirche von politischem Nutzen war. Zu diesem Zeitpunkt hatte sich bereits eine *haarspalterische Theologie* entfaltet[98], die zeigt, wie weltfremd und verbiestert Männer sein können. Die Bischöfe reisten auf Staatskosten an. Der Kaiser bzw. seine Beauftragten leiteten und beherrschten die Sitzungen. Im Mittelpunkt heftiger Streitigkeiten der über 300 Bischöfe stand die *Gottessohnschaft Jesu*.[99] Von der lateinischen Kirche kamen nur sieben Bischöfe und zwei Vertreter des römischen Bischofs Silvester I. Der alexandrinische Priester Arius hatte zwischen Gott-Vater und Gott-Sohn nur Wesensähnlichkeit behauptet, wobei Jesus nicht Gott sei. Athanasios, fanatischer Patriarch von Alexandrien, vertrat die Wesensgleichheit von Gott-Vater und Gott-Sohn. Auf dem Konzil setzte sich die Partei des Athanasios durch. Der Kaiser genehmigte die Konzilsbeschlüsse und verkündete sie als Kirchen- und Reichsgesetz. Die Bischöfe fügten sich fast alle (wie 1870 beim I. Vatikanischen Konzil mit seinem Unfehlbarkeitsdogma). Arius und die verbliebenen Anhänger wurden exkommuniziert und verfolgt, die Schriften des Arius verbrannt.

Die neue Lehre ging auch in das *nicänische Glaubensbekenntnis* ein, das am Ende auch den Heiligen Geist erwähnt. Dieses Bekenntnis ist bis heute das im Christentum meistanerkannte Glaubensbekenntnis (ein Schöpfergott in verschiedenen Personen, heilsgeschichtliches Leiden Jesu, Auferstehung, Jesus als Weltenrichter). Aber nur wenige Jahre später wurde Eusebius von Nikomedien, *ein Arianer, Hofbischof des Konstantin*. Eusebius hat den Kaiser, wenn überhaupt, kurz vor seinem Tod allenfalls *arianisch getauft*.[100]

Der arianische Glaubensstreit ging noch lange weiter, es kam mehrmals zu Bischofsabsetzungen. Etliche Konzile nach 325 sind klar arianisch. Mitte des 4. Jh. dürften die trinitarische und die arianische Strömung ungefähr gleich stark gewesen sein. Auch die Kaiser nach Konstantin waren mehrheitlich arianisch. *Die eigentliche Wende, fälschlich Konstantin zugeschrieben, kam erst mit Theodosius I.*, dem Schöpfer der Staatskirche, der mit einem Edikt 380 den zwangsweisen Siegeszug eines trinitarisch geeinten Christentums dekretierte und durchsetzte (s. u.).

Unter Konstantin, der bis zum Ende seiner Regentschaft (337) formell Pontifex Maximus blieb, also dem heidnischen Priesterkollegium präsidierte und es auch zuließ, dass man ihm noch Tempel errichtete, war die Situation für die herkömmliche heidnische Religion im Westen noch erträglich gewesen. Im Ostreich verbot er, sobald Alleinherrscher, die Errichtung neuer Götterstatuen und die Verehrung der Orakel, und seit 330 kam es zu Tempelplünderungen und zu Vernichtung bzw. Raub von Götterbildern durch Christen. Kleriker förderten das. Der hl. Hieronymus klagte, Konstantinopel werde mit Raub aus fast allen Städten gebaut. Die entleerten Tempelgebäude in Konstantinopel blieben allerdings meist bestehen. Inwieweit die neue Stadt tatsächlich ein christliches Gesicht erhielt, wie die meisten Althistoriker meinen, erscheint jedoch zumindest ungeklärt.[101] Auf vom Pöbel zerstörten Heiligtümern wurden Kirchen errichtet. Konstantin hatte zwar seine Frau, einen Sohn, Schwager und Schwiegervater ermordet, aber die christliche Begeisterung über sein „gottgefälliges Wirken" war so groß, dass er in der Orthodoxie sogar noch heute als Heiliger verehrt wird. Bischof Eusebius von Cäsarea, Zeitgenosse Konstantins, Kirchenlehrer und Begründer der Kirchengeschichtsschreibung (dazu C 19), hat die erste und überaus lobhudlerische Biografie Konstantins geschrieben. Dieser war ein begabter Politiker, den Eusebius sehr bewunderte und wie viele christliche Autoren als Ideal eines christlichen Herrschers pries. Der Kampf gegen das Heidentum scheint bei Konstantin, der immer noch Pontifex Maximus war, noch nicht systematisch erfolgt zu sein. Seine Glorifizierung erscheint jedenfalls angesichts seines bekannten gewalttätigen Lebens unverständlich.[102]

Zur trinitarischen Machtkirche

Die Dekretierung einer trinitarischen (nicänischen) Staatskirche durch Theodosius I. im Jahr 380 bedeutet den endgültigen Umschlag von einer solidarischen religiösen Bewegung zu einer Religion der institutionellen Macht, die mit den jeweils Herrschenden paktiert oder sich ihnen zumindest anpasst. Das Kreuzsymbol, das erst seit Ende des 4. Jh. allgemeinere Bedeutung gewann, wurde jetzt vom Erlösungszeichen zum Triumphzeichen, optisch eingebettet in die Siegeszeichen des Kaiserhofs (Adler, Siegeskranz). Die christliche Kunst erhielt triumphale Züge. Prachtbasiliken zeigten wie der Kaiserpalast den Willen zu Repräsentation und Macht. Der Luxus mit Gold und Edelsteinen zog in die Kirchen ein. Im 4. Jh. wurde die Kirche auch immer mehr vom *Märtyrer- und Reliquienkult* überschwemmt. Die Kirchenhierarchie bekämpfte lediglich Vielgötterei. Sie wandte sich gegen das Tragen heidnischer Amulette, empfahl aber das Tragen von Kraft gebenden Reliquien. Es kamen viele heidnische Elemente in die kirchliche Liturgie, zumal die Mysterienreligionen jetzt keine Gefahr mehr darstellten und man sich daher bei ihnen „bedienen" konnte. Hinter etlichen Heiligen sind noch alte Götter zu erkennen.[103] Der Marienkult folgt dem früheren Göttinnenkult und entfaltete sich besonders, seit Maria auf dem Konzil von Ephesus 431 den Titel der Gottesgebärerin erhielt (dazu näher C 4).

Mit Etablierung als Staatskirche 380/81 wurde das Christentum zwangsweise auf die trinitarische Variante festgelegt. Jetzt wurden 23 Edikte gegen andere christliche Richtungen (Häretiker) erlassen, 13 gegen die Heiden und 6 gegen die Juden. Der Besuch heidnischer Tempel wurde verboten, Glaubensabweichungen kriminalisiert. Der *Weg der religiösen Diktatur* war beschritten und wurde nicht mehr verlassen. Befestigt wurde die trinitarische Einheitsrichtung durch die orientalische *Synode von 381 in Konstantinopel*, heute als 2. Ökumenisches Konzil (ÖK) geführt. Der Heilige Geist wurde aufgewertet und die Wesensgleichheit der drei göttlichen Personen festgeschrieben, auch die volle göttliche wie menschliche Natur Christi. Seit dem anrüchigen 3. ÖK von 431 in Ephesus („Räubersynode") gilt Maria als Gottesmutter („Gottesgebärerin"), eine historisch ziemlich genaue Nachbildung der Göttinnen Artemis und Isis (s. zum Ganzen näher C 4). Wichtig ist noch das 4. ÖK von 451 in Chalkedon, auf dem formell die Lehre vom einen Christus in zwei Naturen endgültig festgeschrieben wurde: auf massiven Druck des Kaisers hin. Selbst katholische Kirchenhistoriker prangern das pöbelhafte Benehmen der meist ungebildeten Bischöfe an.

Kyrill von Alexandrien, Ambrosius und Augustinus[104]

Im Westen wie Osten bekämpften sich die Bischöfe. Gegen Andersdenkende setzte man Hetzpredigten ein, wüste Schimpfkanonaden, Handgreiflichkeiten, oft mittels Mönchshorden. Darüber ging Kyrill von Alexandrien noch hinaus, der dort seit 412 bis zu seinem Tod 444 Patriarch war. Selbst im nützlichen, aber apologetischen Biographisch-Bibliographischen Kirchenlexikon (BBKL) heißt es (1992): „Heftige Auseinandersetzungen und Ausschreitungen kennzeichnen die ersten Jahre seines Patriarchates [...] K. [Kyrill von Alexandrien] unterdrückte die Novatianer, es kam zu Streitigkeiten mit dem Präfekten Orestes, die gewaltsamen und blutigen Zwischenfälle mit den Juden häuften sich." Die „häretischen" Kirchen ließ er schließen. Nicht erwähnt wird, dass Kyrill die Synagogen ohne Befugnis zerstören ließ, dass er die Juden plünderte und im Jahr 415 die größte jüdische Diasporagemeinde durch Vertreibung eines größeren Teils zumindest erheblich schädigte. Er unterhielt eine Schlägertruppe, deren Reduzierung auf 500 Mann ein kaiserlicher Erlass vergeblich anordnete. Ebenfalls 415 wurde die reichsweit bewunderte, vornehme heidnische *Philosophin Hypatia*, die auch Mathematikerin und Naturwissenschaftlerin war, von Mönchen überfallen, in einer Kirche ausgezogen und mit Glasscherben ermordet. Zuvor hatte Kyrill sie in Predigten diffamiert und der Zauberei bezichtigt. Richtig heißt es auch im BBKL: Nestorius, seit 428 Patriarch von Konstantinopel, sei der wichtigste theologische Gegner des Kyrill gewesen, er habe die wesenhafte

Vereinigung der göttlichen und menschlichen Natur in Christus geleugnet. Seit 428 sei aber Kyrill die dominierende Gestalt in der östlichen Kirche gewesen. Sein Verhalten beim Konzil 431 tat dem offenbar keinen Abbruch: „Durch den Einsatz taktischer Finessen und massiver Bestechungen gelang es K. [Kyrill], im Anschluss an das turbulent verlaufene Konzil seine Position durchzusetzen" (BBKL). Das alles reichte aus, um ihn traditionell als Heiligen zu verehren. 1882 stieg Kyrill von Alexandrien sogar in die elitäre Riege der katholischen *Kirchenlehrer* auf.

Wes Geistes die Kirchenführung in der Antike war, zeigen ihre weiteren bekannten Heroen, zuvorderst die Kirchenlehrer Ambrosius und Augustinus. *Ambrosius,* Bischof von Mailand (ca. 340–397), seinerzeit beherrschende Gestalt der lateinischen Kirche, tat sich nicht nur durch unflätigen Judenhass hervor (s. C 1). Er, der so gern von Nächstenliebe sprach und ein großer Marienverehrer war, kämpfte mit skrupellosen Methoden im Westreich die Arianer nieder, die er über alles hasste, und war überhaupt (wie eigentlich alle Kirchenführer) ein großer Feind derjenigen, die nicht die siegreiche Hauptrichtung vertraten („Ketzer"). Einen „Mann der Liebe", nennt ihn die dritte Auflage des monumentalen Lexikons für Theologie und Kirche (1957/1986).

Der heilige *Augustinus* (354–430), Schüler des hl. Ambrosius, war mit seiner Lehre vom Menschen als Sündensklave und seiner Prädestinationslehre (s. C 2) bis zu Thomas von Aquin *die maßgebliche theologische Autorität* und auch danach *eine der verhängnisvollsten Gestalten der Kirchengeschichte*. Er gilt bei Katholiken als „Patron der Theologen". Die römischen *Eroberungskriege* waren für ihn „gerechte Kriege", und auch *Folter* war für ihn grundsätzlich zulässig. Bekannt ist sein Kampf gegen die schon zuvor lange verfolgten *Donatisten*, eine in Nordafrika besonders stark vertretene christliche Richtung, auch in Hippo, wo Augustinus Bischof war. Die Donatisten wollten keine Sünder akzeptieren, auch nicht, wenn sie im Rahmen einer Verfolgung abgefallen waren, was von Bedeutung für die Gültigkeit von Sakramenten sein konnte. Noch verhasster waren Augustinus die *Pelagianer,* die die Erbsünde ablehnten, jene ebenso schreckliche wie abstruse paulinisch-augustinische Erfindung. Der Kampf gegen die Pelagianer war eine Schicksalsfrage für die lateinischen Christen. Ungehorsam hat Augustinus als das größte Laster bezeichnet, doch stellte er auch Freude in Aussicht: „Der Gerechte wird sich freuen, dass er Rache schaut; er wird seine Füße baden im Blute der Gottlosen!" „Die mich bewegende Kraft ist die Liebe", hat der Heilige andererseits in seinen berühmten Bekenntnissen (Confessiones) geschrieben.

Der große Gelehrte *Henry Charles Lea* hat die denkwürdige *Entwicklung der frühchristlichen Theologie* eindrucksvoll charakterisiert, was aus Platzgründen nur mit wenigen Worten zitiert werden kann. Es entwickelte sich, so Lea, ein „Hass gegen die Sektierer, der größer war als der gegen den schlimmsten Verbrecher. Es kommt nicht darauf an, wie nichtig die ursprüngliche Ursache des Schismas gewesen sein mag, oder wie rein und eifrig der Glaube der Schismatiker sein mochte. Dass sie sich der Autorität nicht hatten beugen wollen […] wurde ein Vergehen, im Vergleich zu dem alle anderen Sünden zur Bedeutungslosigkeit herabsanken, und das alle Tugenden und alle Frömmigkeit, die die Menschen besitzen konnten, aufhob."[105] Noch heute steht der Gehorsam gegenüber der Autorität im Zentrum des offiziellen katholischen Kirchenwesens. *Spätestens mit dem 4. Jh. wurde die Sache des Juden Jesus, was immer sie auch im Einzelnen gewesen sein mag, verraten.* Soweit es sich den Evangelien bei *kritischer* Sicht entnehmen lässt, war begriffsklauberische Theologie nicht Jesu Sache: Der Sabbat ist nach ihm für die Menschen da, nicht die Menschen für den Sabbat.

Wallfahrten, Betrug, Geld[106]

Viel wäre zu sagen über die frühchristlichen *Fälschungen*, den *Betrug* an den Gläubigen mit oft unglaublich fantastischen *Wunder- und Märtyrergeschichten* („beispielgebend": Kirchenhistoriker Eusebius), über den Aufschwung der christlichen *Wallfahrten*, *Vetternwirtschaft* und *Erbschleicherei*. Von einer Kirche der Armen konnte spätestens seit dem 4. Jh. keine Rede mehr sein. Da hatte „die Kirche" längst viel *Vermögen und Grundbesitz* angehäuft. Verbreitet war folgendes System der Verteilung der Einkünfte: Je ein Viertel erhielten Bischof, übriger Klerus, Gebäudeinstandhaltung und die Armen. *Regiert wurde die Kirche durch die Wohlhabenden und Reichen.* Immer mehr Mitglieder der reichen Klasse konvertierten aus Opportunität zum Christentum. Schon im 4. Jh. stammten die meisten Bischöfe aus vermögenden Familien. (In Deutschland fand, dies nebenbei, eine Entfeudalisierung der Kirche erst mit der großen Säkularisation 1803 statt und kam ihr sehr zugute!) Die Bischöfe erhielten, wie der Klerus überhaupt, immer mehr Privilegien, etwa in der Justiz. Sie waren auch Politiker und führten in großen Städten ein fürstliches Leben. Sie wetteiferten darin mit den weltlichen Großen. An die Adresse des wichtigen römischen Bischofs Damasus I., der durch massive Gewalt mit vielen Toten an die Macht gekommen war (er brachte die Festigung der Primatsstellung, s. dazu C 3, ein gutes Stück weiter) und im Luxus schwelgte, erging eine kaiserliche Anordnung zum Verbot der klerikalen Erbschleicherei. Bestechung war ein verbreitetes Mittel zur Erlangung der Bischofswürde.

Neben dem Hinweis auf eine Reihe von Artikeln zu auch frühchristlichen Themen in Abschnitt C sei noch auf das gern vernachlässigte Thema der Vernichtung der antiken Kultur eingegangen.

Vernichtung der antiken Literatur[107]

Die römisch-griechische Antike war bildungshungrig. Noch für 350 hat man den Bestand an griechischsprachigen Buchtiteln auf über eine Million geschätzt. Öffentliche und private Bibliotheken waren ein Statussymbol, und Bibliotheken waren sogar begehrte Kriegsbeuten. Aber seit 380 musste die Geisteswelt der Antike der christlichen Gewalt weichen. Jetzt konnten Bücher hauptsächlich überleben, wenn sie christlich waren oder unverfängliche Alltagsliteratur darstellten. Im Westen wurden einzelne Versuche von Klöstern, antikes Schriftgut zu retten, von den römischen Bischöfen/Päpsten unterdrückt. Allgemein hielt man diese Literatur wie Ketzerliteratur für verabscheuungswürdig. So ist von dem wichtigen christlichen Autor Markion (2. Jh.), der u. a. das AT nicht anerkannte (näher C 15), keinerlei Originaltext vorhanden. Einiges konnte man indirekt aus christlich-apologetischen Büchern rekonstruieren. Man hat das in Resten erhaltene literarische Trümmerfeld mit den Ruinen des Forum Romanum verglichen. „Fast alles versinkt in einem Wirbel religiöser Themen, reichlich ausgestattet mit schaurigen Berichten über die Leiden der Märtyrer und Sünder", schreibt der Althistoriker Rolf Bergmeier. Er fasst zusammen: „Der Bestand der antiken Literatur ist vom späten vierten in das sechste Jahrhundert im Verhältnis von etwa 1 : 1000 verfallen. Parallel nahm die Analphabetisierung der Bevölkerung und der Rückzug der Wissenschaften und Künste zu. Als Ursachen für den Kulturverfall werden in der Forschung u. a. die ‚Völkerwanderung' und der ‚Verfall des Imperium Romanum' genannt. Tatsächlich kann jedoch der Zusammenbruch der antiken Kultur vor allem auf das Wirken des 380 u. Z. zur Staatskirche erhobenen Christentums und auf die folgende Allianz von Kirche und Kaiser zurückgeführt werden."[108] Erst in der Renaissance konnte der dramatische Literaturverfall teilweise ausgeglichen werden durch Sammlungen aus arabischen und byzantinischen Quellen.

Anfänge der Germanenbekehrung

Das Christentum kam durch Militär und Händler über Gallien an den Rhein, teilweise schon um 400. Um 500 begann die Frankenmission, 100 Jahre später die der Angelsachsen und Langobarden, im 9. Jh. und ab 1000 folgten der Norden und Osten Europas. Die „Christianisierung", wie es harmlos heißt, erfolgte durch *Vernichtung der heidnischen Heiligtümer* und durch die *Predigt*, die damit einherging. Tempel wurden mithilfe exorzistischer Riten in kirchliche Gebetsstätten umgewandelt, und die *Erzeugung und Ausnutzung von Angst* war ein probates Mittel: Angst vor Dämonen, Krankheiten, militärischer Invasion, dem Jüngsten Gericht. Höhergestellte hatten durch eine Konversion oft Vorteile. Dem Adel folgte meist das Volk. Wichtig war den streitbaren Führern das Christentum als Schlachtenhelfer, und die heidnische Magie wurde durch eine wirksamere *christliche Magie* (Heiligen- und Reliquienkult) ersetzt. Christus wurde eine Art germanischer Heerkönig. Einem „gelungenen" Gemetzel konnte die Taufe folgen. *Das Volk wurde nicht vom Evangelium überzeugt, sondern von der Entscheidung des Fürsten oder Grundherren, vielleicht auch vom Schlachtenglück.* Lange hielt es trotz formaler Christlichkeit an heidnischen Gebräuchen fest und verehrte Bäume, Quellen usw. Jahrhundertelang geißelten Synoden diesen Tatbestand.

Während z. B. die Franken meist keine Priester kannten und religiös tolerant waren, hatten sie es mit einer *fanatischen Kirchenorganisation* zu tun, deren Gott über den Wolken sich nicht wie ein heiliger Baum fällen ließ. Bei Trier vernichteten Christen schon um 335 einen ganzen Tempelbezirk, 50 heidnische Kapellen und ein Mithrasheiligtum machten sie dem Erdboden gleich. Der hl. Benedikt (ca. 480–547) war an der Beseitigung des Apollotempels auf dem Monte Cassino beteiligt und zerstörte heilige Haine. Vergleichbares geschah am Bodensee, Züricher See usw.

Einen vielleicht entscheidenden Grund für den Sieg des trinitarisch-katholischen Glaubens und den Untergang des Arianismus stellt die *katholische Taufe des (gern glorifizierten) brutalen Merowinger-Königs Chlodwig* (466–511) dar, der die ausnahmsweise „rechtgläubige" Burgunderprinzessin Clothilde geheiratet hatte. Nach einem großen Sieg über die Alemannen wurde er um 500 im Beisein vieler Bischöfe in Reims getauft. Seitdem besteht ein *enges Bündnis zwischen dem fränkischen Königtum und den katholischen Bischöfen, die reichlich an der Kriegsbeute beteiligt wurden*. Das Katholischsein erleichterte die Einverleibung des katholischen Gallien. Der Krieg gegen die arianischen Westgoten (507) brachte Chlodwig (und dem Katholizismus) erheblichen Landgewinn sowie den Aufstieg zur fränkischen Alleinherrschaft. Die *Westgoten* beherrschten ab 473 fast die ganze iberische Halbinsel, auf die sie sich hatten zurückziehen müssen. *Als König Rekkared katholisch wurde, begann der Arianismus im ganzen Reich zusammenzubrechen.* Beim 3. Konzil von Toledo (589) wurde der Katholizismus Staatsreligion. Es wurden u. a. erstmals schreckliche Ausnahmegesetze gegen die Juden erlassen (C 1.1), die *Kirche wurde ein allgemeines Unterdrückungsmittel.* Der heilige Kirchenlehrer Isidor von Sevilla hieß das alles gut.

Man könnte das Kapitel „Christianisierung der Germanen" mit dem katholischen Kirchenhistoriker Angenendt wie folgt beenden: „Die Annahme des Christentums geschah bei den Germanen fast regelmäßig in dem Moment, wo sich der Christengott beim Waffengang als der ‚stärkere' erwies."[109] Aber ein Abbruch dieser Schilderung würde der großen Bedeutung dieser Phase der Christianisierung nicht gerecht.

Langwierig gestaltete sich die Unterwerfung und Missionierung der Friesen, nachdem friedliche Bekehrungsversuche nicht gefruchtet hatten. Freilich konnten die heidnischen Glaubensgepflogenheiten nicht jedermann überzeugen. Aber war die Geschichte eines Gottes, der einen Teil seiner selbst durch missratene eigene Geschöpfe grausam ermorden lassen musste, um sich gerade dadurch mit den Missratenen wieder zu versöhnen, einleuchtender? Es bedurfte daher zunächst zweier Eroberungskriege des Frankenherrschers Pippin II., 790 und 795, um die Friesen im Verein mit der Kirche vorläufig zu überzeugen und der Kirche Land zu übertragen. Bald erschien der Engländer Willibrord, der seit seinem siebten Lebensjahr im Kloster aufgewachsen war, und erreichte, dass ein Teil des Adels rechtgläubig wurde. Insgesamt dauerte es, einschließlich weiterer Kriege, an die 100 Jahre, bis sich ganz Friesland am Segen der Kirche erfreuen konnte.

Karl „der Große", kirchlicher Schutzherr[110]

[handschriftlich: Ja, er schützte die Kirche ...]

Besonders bekannt ist der *über 30 Jahre dauernde Krieg Karls gegen die Sachsen*, sein blutigster Krieg (ab 772). Schon im Lauf des 8. Jh. war man zunehmend dazu übergegangen, die in der Schlacht Besiegten der Zwangstaufe zu unterwerfen. Erst so gelang es, den Sachsen die Frohe Botschaft zu bringen. Der Sold der Soldaten in Karls hochgerüsteten Heeren bestand nur aus Raubgut. *Scharen von Geistlichen begleiteten das Heer*. Die gewaltsame Expansion ergriff auch die *Slawenvölker*: das große Westungarn (Pannonische Mark), Böhmen, Mähren. Während seiner 46-jährigen Regierung von 768–814 hat Karl, der „friedebringende Kaiser", fast 50 Feldzüge und Kriege geführt, meist kalkulierte Angriffskriege. Eine religiöse Dichtung rühmt ihn, er habe „die Erde von heidnischem Unkraut gesäubert" und Götzenbilder zertrümmert.

Karl fühlte sich als *Schutzherr der Kirche* und Bundesgenosse des Papstes. Er führte den Vorsitz in den Synoden der Bischöfe, die er selbst ernannt hatte, gab ihnen Land und Privilegien und erfreute den Klerus mit der Zehntpflicht der übrigen Untertanen. Die Geistlichkeit spielte eine große Rolle am Königshof. Karl kümmerte sich sogar selber um gottesdienstliche Fragen, ja auch theologischen Streit. Er, der praktizierende Rechtgläubige, hatte einen großen Verschleiß an Frauen, worüber man gut Bescheid weiß. Die kirchliche Forderung, nur ehelichen Geschlechtsverkehr zu pflegen, interessierte ihn nicht. Prostituierte gab es nicht nur für das Heer, sondern manchmal auch an Wallfahrtsorten. Häufig besuchte Karl andererseits die Messe und ließ sich aus Augustins „Gottesstaat" vorlesen. Er besaß zahlreiche Reliquien und trug Haare der Muttergottes in einem Medaillon. Als Priesterkönig und „Idealbild eines Herrschers" wurde er von der Kirche gefeiert. Auf die positive Wirkung Karls in der europäischen Bildungsgeschichte (lateinische Sprache, Schaffung eines großen Kulturraums) ist in dieser kritischen Übersicht nicht einzugehen, wohl aber darauf hinzuweisen, dass die Bildung der Kirche überlassen wurde (Klosterschulen).

Auf Betreiben Kaiser Friedrich Barbarossas wurde Karl 1165 durch den Erzbischof von Köln, wenn auch unter Billigung nur des Gegenpapstes Paschalis III., heiliggesprochen, sein Gedenktag daher nie offiziell anerkannt. Doch duldet die katholische Kirche seit 1176 die Verehrung Karls als Heiliger. Diese hatte ihren Höhepunkt im späten Mittelalter. Aber noch heute tragen Kirchen Karls Namen und wird alljährlich der Internationale Karlspreis der Stadt Aachen vergeben. Im Aachener Dom und Frankfurter Kaiserdom wird jährlich am 28. Januar ein Karlsamt nach alter Liturgie gehalten, darunter ein lateinischer Lobgesang auf die Stadt und den Kaiser. Die Predigt hält ein Mitglied einer europäischen Bischofskonferenz (allgemein zu Heiligsprechungen C 13).

Kirchenstaat[111]

Die Entstehung des Kirchenstaats Ende des 8. Jh. ist von großer historischer Bedeutung bis heute. Schon im 6. Jh. war der *Bischof von Rom* aufgrund von Schenkungen und Vermächtnissen reicher Leute *reichster Grundbesitzer in Italien*. Diesen Besitz nannte man „Patrimonium Petri". Er wurde entscheidend ausgeweitet durch *König Pippin III.* (Pippin der Jüngere), Sohn des fränkischen Hausmeiers Karl Martell. Durch Staatsstreich aus nichtköniglichem Geblüt an die Macht gekommen, ließ sich Pippin 751 nach Zustimmung des Papstes auch als König ausrufen und salben. Das war der *Beginn des westlichen Gottesgnadentums*. Für Pippin war es eine Machtfestigung, für die Päpste ein langfristiger Machtfaktor. Als Stephan II., der nächste Papst, von den Langobarden bedroht wurde, wandte er sich 754 vom byzantinischen Kaiser ab und an Pippin. Dieser versprach ihm für den Zerfall des Langobardenreichs u. a. neben Rom das Exarchat Ravenna, Venetien und Istrien. Nach Rückeroberung übergab Pippin tatsächlich „dem hl. Petrus" diese Gebiete, der Grundstock des künftigen Kirchenstaats, der bis 1870 bestand. Dafür wurde er „Schutzherr der Römer". Das war die *„Pippinische Schenkung"*. Ob die berühmte „Konstantinische Schenkung", eine der großen historischen Fälschungen zugunsten des Papsttums aus päpstlicher Kanzlei (s. u.), dabei schon eine Rolle gespielt hat, ist umstritten, obwohl die Ansicht weit verbreitet ist, sie sei in der zweiten Hälfte des 8. Jh. entstanden. Pippins Nachfolger Karl (d. Gr.) bestätigte und erweiterte 774 diesen Besitzstand, andere folgten.

Die größte Ausdehnung erreichte der Kirchenstaat im späten Mittelalter. Das mittelitalienische Kernland reichte vom Tyrrhenischen Meer bis zur Adria und stellte somit stets einen Riegel dar, der Italien teilte und schon allein dadurch eine *stete Quelle kriegerischer Verwicklungen* war. Wozu der Kirchenstaat sonst gut war, hat Papst Innozenz III. gleich im Jahr seines Regierungsantritts 1198 erklärt: „Nirgends wird besser für die Freiheit der Kirche gesorgt als da, wo die Römische Kirche sowohl in weltlichen als auch in geistlichen Dingen die volle Macht besitzt". Unterstützt wurden diese Machtansprüche – sei es schon gegenüber Pippin, sei es später – durch die genannte *Konstantinische Schenkung*: Kaiser Konstantin d. Gr. soll Bischof Silvester und seinen Nachfolgern zum Dank für seine Taufe und die Heilung vom Aussatz kaiserliche Gewalt verliehen und die Herrschaft auch über alle Provinzen und Städte Italiens und der westlichen Länder überlassen haben. Diese dreiste Fälschung erleichterte den Päpsten Forderungen auf Gebietserweiterung und politische Selbstständigkeit, später auf Oberherrschaft des Papstes über das Abendland.

Der alte Kirchenstaat war im 19. Jh. bis zu seiner Beseitigung 1870 unter Pius IX. *wohl das rückständigste und korrupteste Unterdrückungsregime in ganz Europa*, mit polizeistaatlicher Willkürherrschaft, Denunziantentum und Inquisition, den der berühmte Kirchenhistoriker Ignaz von Döllinger als „Klerokratie" bezeichnete. Leo XII. (ab 1823) hatte erneut Judenghettos in acht Städten errichtet und entwürdigende Zwangspredigten eingeführt. Es gab Massenaufruhr und Choleraepidemien, und sogar der erzkonservative Fürst Metternich von der Schutzmacht Österreich sah sich 1843 veranlasst, sich über die schlimme Unterdrückung der Juden zu beschweren. Dass der Judenhasser Pius IX. in seinem Staat alle liberalen Strömungen fanatisch bekämpfte, insbesondere die Religions- und Pressefreiheit, ist bekannt. Im Jahr 2000 wurde er seliggesprochen.

Byzantinische Orthodoxie

Sowohl Papstkirche wie Byzantinische Kirche, die Hauptausprägungen der „Religion der Liebe", haben die ersten sieben sogenannten Ökumenischen Konzilien (zuletzt 787) zumindest grundsätzlich anerkannt. Es fand jedoch ein jahrhundertelanger Entfremdungsprozess statt, in dessen Verlauf im 9. Jh. Papst Nikolaus I. (d. Gr.) den bedeutenden Patriarchen Photios von Konstantinopel abzusetzen beanspruchte und dieser den Papst exkommunizierte. Rom und Byzanz stritten um die Missionierung Bulgariens, Russlands und der Slawen überhaupt. Anlässe wie der Streit um den kirchlichen Gebrauch ungesäuerten Brotes führten zu gegenseitiger Bannung. *1054 kam es zum Bruch mit gegenseitiger feierlicher Verfluchung.* Da hatte die Ostkirche im 10. Jh. schon die *„Taufe Russlands"* vollzogen. Der auf der Krim 988 getaufte Großfürst Wladimir I. erhob das *orthodoxe Christentum zur Staatsreligion* und veranlasste eine Massentaufe, womit eine enge kulturelle Beziehung begann. In Russland ergab sich ein besonders enges Verhältnis zwischen Klerus und politischer Herrschaft, bis zum heutigen Tag. Nach dem Untergang Konstantinopels 1453 wollte Moskau das „dritte Rom" sein.

Weiterer Aufstieg des Papsttums

Wesentlich zur Stärkung des Papsttums (s. C 3) trugen vor allem die *Pseudoisidorischen Dekretalen* bei. Sie entstanden um 850 im Westfränkischen Reich durch gelehrte Geistliche, würden in heutigem Buchformat mehrere Tausend Seiten umfassen und sind z. B. nach dem protestantischen Papsthistoriker Johannes Haller *„die dreistesten, die folgenreichsten Fälschungen, die jemals gewagt wurden"*.[112] Es war eine Sammlung kirchenrechtlicher Vorschriften, konziliarer, päpstlicher und kaiserlicher Gesetze, Papstbriefe und Konzilsakten, die man bis ins 19. Jh. erfolgreich als Werk des verehrten Kirchenlehrers Isidor von Sevilla (um 600) ausgab. Etwa zwei Drittel des Werks wurden ganz oder in wesentlichen Punkten gefälscht. Zweck war es, für den Klerus und insbesondere die Bischöfe neues Recht zu schaffen, und die Päpste profitierten am meisten davon. Nach den Dekretalen war es praktisch unmöglich, Bischöfe anzuklagen, die auch den Fürsten vorgeordnet wurden. Die weltliche Justiz hatte nichts zu sagen. Die Päpste als oberste Autorität nutzten die Fälschungen im Investiturstreit und bis zum berüchtigten „Dictatus Papae" des *hl. Gregor VII.*, der 1075 verkündete, keine allgemeine Synode dürfe ohne päpstliche Genehmigung berufen werden. Dieser bedeutende Mann, der unter grobem Verstoß gegen das Papstwahldekret von 1059 Papst geworden war, wurde von Kirchenlehrer Petrus Damiani „Heiliger Satan" genannt. Er hat nicht nur die übliche Korruption des Priesterstandes durch Ämterkauf und -verkauf bekämpft und – wie schon viele vor und nach ihm – den Zölibat (C 6) hart, aber im Wesentlichen vergeblich durchzusetzen versucht. Er hat nicht nur den üblichen Judenhass der Päpste mit der Parole von der „Synagoge Satans" (Offenb. des Joh. 2,9) intensiviert, die Erbheiligkeit der Päpste propagiert und für sein stattliches Heer (Militia Sancti Petri) eine scharfe Kriegsmystik geschaffen („Verflucht, wer sein Schwert reinhält vom Blut"). Er hat eine starke Kreuzzugsgesinnung gezeigt.

Zu den Kreuzzügen

Kurze Zeit später begann die ca. 200–250 Jahre dauernde Zeit der bestens erforschten Kreuzzüge[113] von 1096 bis weit ins 14. Jh. Die ursprünglichen bzw. Kreuzzüge im engeren Sinn waren gegen die islamischen Staaten im *Vorderen Orient* gerichtet. Zunächst ging es offiziell um die Befreiung des Heiligen Landes und die Pilgerstätten, wobei es für einen massiven Angriffskrieg, natürlich ein „heiliger Krieg", keinerlei akzeptablen Anlass gab. Vor den christlichen Gemetzeln nahmen die Kreuzfahrer, auch durch den versprochenen Sündenablass gesichert, regelmäßig Leib und Blut des Herrn zu sich. Bei der Eroberung Jerusalems 1099 war die Mordgier der stark dezimierten Kreuzfahrer nach langer Belagerung groß. Nach einem Augenzeugenbericht entstand beim Tempel Salomo „ein solches Gemetzel, dass die Unseren bis zu den Knöcheln ihrer Füße im Blute der Feinde wateten." Der Chronist und Geistliche Fulcher von Chartres gab sogar an, allein in der Al-Aksa-Moschee seien etwa zehntausend Menschen geköpft worden. Die Juden wurden lebendig in ihrer Synagoge verbrannt. Zwischen 60 000 und 70 000 Menschen sollen am 15.7 1099 in Jerusalem umgebracht worden sein.[114] Der 1. Kreuzzug soll insgesamt über eine Million Menschenleben gekostet haben. Der Initiator, Papst Urban II., wurde noch 1881 offiziell zum Seligen erklärt. – Nur wenige Jahrzehnte danach begannen wieder die Kreuzzugsprediger ihr Werk. 1145 rief Eugen III. zu einem neuen Kreuzzug, d. h. Aggressionskrieg, auf und wurde dabei entscheidend unterstützt durch den hl. Bernhard von Clairvaux, der wie ein Apostel verehrt wurde. Seine Devise war: Bekehrung oder Ausrottung der Heiden.

Historisch betrachtet sind die Orientkreuzzüge sämtlich gescheitert. Über sie und weitere Kreuzzüge mag der Leser sich anderweitig informieren: etwa über den Wendenkreuzzug 1147; den 3. Kreuzzug 1189–1192 (Friedrich I. Barbarossa, Richard Löwenherz); den 4. Kreuzzug 1202–1204 mit Totalplünderung des christlichen Konstantinopel; den Kinderkreuzzug 1211; den Kreuzzug nach Ägypten 1219–1221 (bei dem das Christenheer einen einträglichen Sklavenhandel organisierte); den sog. 5. (dem Papst versprochenen) Kreuzzug 1228–1229 mit dem ungläubigen (teilweise umstritten) Friedrich II., der als Einziger durch einen Vertrag mit kampfloser Übergabe Jerusalems endete; oder den grausamen Kreuzzug gegen die Stedinger Bauern 1234. Ein umfangreiches Kapitel wäre dem gnadenlosen Krieg zur (rechtsgrundlosen) Eroberung des Landes der Pruzzen (Altpreußen) durch den *Deutschen Orden* ab 1231 zu widmen. Die endgültige Unterwerfung einschließlich Glaubenszwang erfolgte erst 1283. Seine größte Ausdehnung erreichte der Ordensstaat um 1400. Die eigentliche Kreuzzugszeit endete 1291 mit dem Fall von Akko, dem letzten Kreuzfahrerstützpunkt im Morgenland. Arnold Angenendt, der katholische Kirchenhistoriker, resümiert den aktuellen Stand der umfangreichen Kreuzzugsforschung wie folgt: „Es war ein primär religiöser Antrieb, bei dem allerdings eine Vielzahl neuer wie aber auch hergebrachter Motive mitwirkte."

Insbesondere: Der Kreuzzug gegen die Katharer[115]

Zu den *absolut herausragenden Schrecknissen der Kirchengeschichte* gehört die *Verfolgung der Katharer* („die Reinen"; s. auch C 7 zur Inquisition), die sich u. a. durch Gewaltverzicht auszeichneten. Kirche und weltliche Obrigkeit vernichteten sie im 13. Jh. fast vollständig, und noch heute zeugen davon viele Burgruinen in Südfrankreich. Die auf den Balkan zurückgehende streng dualistische Katharerbewegung gab es teilweise auch in anderen Ländern, z. B. in Deutschland, Sizilien, Flandern. Sie war eine der bedeutendsten mittelalterlichen religiösen Bewegungen und erwies sich wegen ihrer *flächenhaften, weithin dominierenden Verbreitung* (in Oberitalien: Patarener) und guten Organisation bald als Gegenkirche und somit *ernsthafte Gefahr für die katholische Kirche*. Ursache ihres Erstarkens waren die großen kirchlichen Missstände: Machtstreben, Geldgier, Pfründenwirtschaft und Simonie des katholischen Klerus. Als die antikatharische Hetze, u. a. des hl. Bernhard von Clairvaux, nirgendwo verfing, weil die Katharer ein gutes, ernstes, geistiges und nicht auf Materielles ausgerichtetes Leben führten, kam man zu der Ansicht, dass nur noch Ausrottung helfen könne. Das *3. (ökumenische) Laterankonzil* beschloss 1179, die Christen seien mit Waffengewalt zu schützen, Hab und Gut der Ketzer einzuziehen. Ablässe wurden versprochen, für den Todesfall wurde ewiger Lohn in Aussicht gestellt. Einen ersten Kreuzzugsversuch 1181 unterliefen die Katharer durch formale Unterwerfung. Für einen neuen Kreuzzug ernannte Innozenz III. Abt Arnold Amalrich von Cîteaux als Führer. Im Ernennungsdekret heißt es: „[…] gewähren Wir Euch uneingeschränkte Vollmacht, zu zerstören, zu vertilgen und auszureißen […]." Aber die Katharer leisteten nur passiven Widerstand. Nach einem ungeklärten Mord *ging man 1209 die umfassende Ausrottung der Katharer an*. Alles menschliche Leben in der ketzerischen Stadt Béziers wurde mitsamt allen Katholiken abgeschlachtet („Der Herr kennet die Seinen"). In vielen Orten wurden große Zahlen von Katharern lebendig verbrannt, hatte doch auch das große *Laterankonzil 1215* (4. Laterankonzil) den Katharerkreuzzug gutgeheißen. Das Unterlassen der Katharerdenunzierung wurde zur schweren Sünde erklärt. 1229 war das Vernichtungswerk weitgehend getan. Die zwischenzeitlich etablierte Inquisition wütete auch danach noch unter Leitung der Dominikaner mit kaum säglichen Schauerlichkeiten. Als Ende des Katharertums kann die Verbrennung von über 200 der katharischen „Vollkommenen", die sich nicht hatten „bekehren" wollen, am Fuß der Katharerfestung Montségur oder in derselben am 16. März 1244 gelten.

Eine belastungsfähige Zahl der Gesamtopfer des Katharerkreuzzugs (bis 1229) mit anschließender Inquisition kann nicht angegeben werden. Auch wenn die vor Jahrzehnten ernsthaft genannte Schätzung von 1 Million extrem übersteigert sein sollte, wie bei der Hexenverfolgung auch (C 8), so muss die Opferzahl und der Terror der Angst gewaltig gewesen sein.

Anmerkungen zur Blütezeit des Christentums im Hochmittelalter

Der bekannte französische Mediävist Jacques Le Goff bezeichnete das 13. Jh. als „ein Jahrhundert lichtvoller Geistigkeit", aber auch des Triumphs der Kirche. Richtig ist, dass mit der Scholastik (Petrus Abälard, Albertus Magnus, Thomas v. Aquin) auch der Gedanke der Vernunft, der rationalen Begründung, in Europa Einzug hielt; dass das experimentelle naturwissenschaftliche Denken einen ersten Aufschwung nahm (Roger Bacon, Robert Grosseteste); dass die gotische Baukunst Großes hervorbrachte; dass die Universitäten mit z. T. erstaunlicher Lehrfreiheit ihren großen Aufstieg hatten; dass die italienischen Städte als Wiege europäischer Kultur republikanisch regiert waren.

Aber dieses Jahrhundert warf auch erhebliche Schatten, die gern übersehen werden. Dies betrifft vor allem die zahlreichen Ketzerbewegungen und die Juden, aber auch die allgemeinen Umstände, als deren pathologischen Ausdruck man etwa die Geißlerbewegung (1260) sehen könnte. Im 13. Jh. entwickelte sich der bürgerliche Geist, und der Gedanke der innerchristlichen Glaubensfreiheit gewann Raum. Diese Entwicklungen wurden aber von der Kirche gestoppt. Die Konzilien des 12. und 13. Jh. bestätigten die Tradition, die Juden nur leben zu lassen, damit – wie es hieß – ihr leidvolles Dasein von der Herrlichkeit Christi Zeugnis gebe (siehe C 1). Bei der Eröffnung des 4. Laterankonzils 1215 erklärte Innozenz III., die Verderbnis des Volkes habe ihre wichtigste Ursache in der Geistlichkeit, die Gerechtigkeit werde mit Füßen getreten. Der Kreuzzugsfanatiker Bernhard von Clairvaux fragte: „Welchen Prälaten könnt ihr mir zeigen, der nicht lieber die Taschen seiner Herden leert, als ihre Laster unterdrückt?". Die hl. Hildegard von Bingen erklärte: „Die Prälaten sind Räuber der Kirche; ihre Habgier verschlingt alles, was sie erreichen können; sie machen uns mit ihren Bedrückungen arm und beflecken sich und uns [...]." Allgemein war man der Meinung, die Laien seien insgesamt besser als der Klerus. Kurzum: Die Kirche war voll Simonie und Günstlingswirtschaft, missbrauchte die Rechtsprechung, verkaufte Sakramente, erpresste Vermächtnisse, war voll geschlechtlicher Verirrungen, kriegerisch, bedrückte das Volk auf mancherlei Art. Bei diesen Verhältnissen musste die Ketzerei blühen, und sie bedrohte die Kirche in ihrer Existenz. Daher mussten vor allem die Katharer ausgerottet werden. Wie zutreffend die Kritik an der Kirche war, bestätigten die vom 4. Lateranum mit seinen 1300 Teilnehmern (!) beschlossenen Änderungen: Das Klosterleben sollte weitgehend reformiert werden. Trunksucht, Unsittlichkeit und geheime Ehe von Geistlichen wurden verurteilt und geahndet, der Verkauf falscher

Reliquien wurde untersagt, man ging gegen die theologische Unbildung vor, die Ämterhäufung wurde eingeschränkt. Gleichzeitig wurde freilich neben der Kreuzzugshysterie der *Judenhass zum offiziellen gesamtkirchlichen Programm erhoben* (67.–69. Konstitution) und erstmals das Eucharistische Dogma verkündet (s. u.). Nebenbei: Papst Nikolaus IV. hatte 1191 in seiner Bulle „Orat mater ecclesia" immerhin die römischen Juden vor Raub und Peinigungen durch den Klerus (!) schützen wollen.

Der mächtige Innozenz III. war übrigens nicht nur scharfer Feind Andersgläubiger, sondern auch ernst, schwermütig und abgründig pessimistisch: Seine Schrift von 1195 „Über die Verachtung der Welt" (Historisch richtiger Titel: „Über das elende Los des Menschen") wurde jahrhundertelang viel gelesen und ist im Rahmen einer ganzen theologischen Literaturgattung zu sehen. Innozenz war der Auffassung, das Sündenaas Mensch, die „massa damnata" (verdammte Masse) müsse mit eiserner Rute beherrscht werden. Gregor IX. begründete 1231 die Inquisition (s. C 7) und Innozenz IV. ermächtigte mit seiner Bulle „Ad extirpanda" 1252 die Inquisition zur Anwendung der Folter. Berühmt wurde das Inquisitionshandbuch „Practica inquisitionis" des Bernard Gui (1322/24).

Aus dem praktischen Leben sei nur das Gesundheitswesen herausgegriffen. Eine ärztliche Behandlung durfte laut Vorschrift des 4. Laterankonzils erst nach Ablegung der Beichte erfolgen. Sie hatte mit kirchlichen Vorschriften übereinzustimmen, worüber die christlichen Ärzte in der Beichte berichten mussten. Krankheit war Ausdruck der Sündhaftigkeit, und es war Aufgabe des Arztes, den Glauben zu stärken. Lachen galt als unfromm.

Ergebnis der gesamten *folgenden Entwicklung* der lateinischen Kirche bis zur Reformation war, bei Berücksichtigung der ganzen weiteren Aspekte, die in Abschnitt C dieses Buches abgehandelt sind (insbesondere zu Papsttum, Maria, Frauen und Sexualität, Priesterzölibat, Sklaverei), dass die *römische Kirche vor dem Abgrund* stand.

Hinweise zur theologischen Lehrentwicklung

Wichtig war zunächst die machtpolitisch-taktische Entscheidung Kaiser Konstantins von 325, sich gegen die Partei des Arius auf die Seite der Befürworter der *Vergottung Jesu* zu schlagen, was sich schließlich – bei nach wie vor großer theologischer Umstrittenheit – 380/81 endgültig durchsetzte. Dabei wissen wir bekanntlich von Jesus sehr wenig und ergibt sich aus dem NT kein ernsthafter Anhaltspunkt für seine Vergottung. Nach Klärung spitzfindiger christologischer Fragen war der Boden bereitet für die offizielle Begründung eines Kults um die „Gottesgebärerin" Maria (C 4). Das christliche Abendmahl wurde im Frühchristentum verschieden durchgeführt, von einer Wesensverwandlung von Brot und Wein wusste man nichts. Erst das 4. Laterankonzil erhob die Lehre von der buchstäblichen „Transsubstantiation" in Leib und Blut Christi 1215 zum *eucharistischen Dogma*. Mindestens einmal jährlich musste man jetzt dieses Sakrament empfangen. Flankiert wurde diese Pflicht durch die gleichzeitig vorgeschriebene mindestens jährlich einmalige Beichte. Zuvor war die Beichte nur empfohlen worden.[116] Die Einhaltung dieser neuen Verpflichtungen war nicht nur Voraussetzung für ein (sehr wichtiges) kirchliches Begräbnis, sondern auch nützlich bei der Ketzerverfolgung. Da die Katharer Sakramente ablehnten, war das Gebot der Kommunion ein gutes Kontrollmittel. Die Ohrenbeichte war hilfreich, weil die Christen Kenntnisse über Ketzer mitteilen und andernfalls beichten mussten. Im Mittelalter entwickelte sich auch das Rosenkranzgebet (näher C 4). Interessant ist die *Lehre vom Fegefeuer*, einem Ort der Sündenreinigung durch Feuer für solche Verstorbene, die nicht wegen einer „Todsünde" der ewigen Verdammnis anheimfallen, wobei die Leidenszeit durch Gebete verkürzt werden konnte. Der hl. Augustinus (5. Jh.) und Papst Gregor d. Gr. (um 600) sind Hauptväter dieser seltsamen Lehre. Jacques le Goff kommt in seiner großen einschlägigen Untersuchung zum Ergebnis, die „Geburt des Fegefeuers" sei im 12. Jh. erfolgt. *Durch das Fegefeuer*, erstmals lehramtlich akzeptiert auf dem Konzil von Florenz 1439, erhielten die sündigen Menschen Hoffnung und Milderung der Höllenangst. Brisant wurde die Verknüpfung mit der Bußpraxis und der *Entwicklung eines skandalösen Ablasswesens* zur Verkürzung der Zeit der Läuterung, eine *Abzocke*, die den großen allgemeinen Reformdruck erheblich steigerte und zur Kirchenspaltung führte (zur Reformation C 14). Aber auf dem bedeutenden *Konzil von Trient* (1545–1563, *Tridentinum*) wurden Fegefeuer und Ablasswesen quasi dogmatisiert und vom Vatikan bis heute gelehrt bzw. praktiziert. Dieses wesentlich gegen den Protestantismus gerichtete Reformkonzil, das auch die Rekatholisierung Europas bezweckte, bekräftigte die traditionelle, speziell katholische und erfinderische Siebenzahl der Sakramente, „ein Produkt der Geschichte" (Hans Küng).

Die heutige Gestalt der römischen Kirche geht weitgehend auf das Tridentinum zurück. Die 1870 erfolgte Dogmatisierung der in dieser Form niemals zuvor anerkannten *Unfehlbarkeit des Papstes* in Ex-Cathedra-Entscheidungen, die unglaublich skandalöse Weise ihrer Durchsetzung und die – *kirchenrechtlich* betrachtet – heutige universale diktatorische Machtfülle (C 3, Kirchenrecht) stellen einen eigenen Gipfel der Entwicklung dar. Eine die Gesellschaft bis heute spaltende und politisch verhängnisvolle tragische Verirrung stellt die *Lehre von der Simultanbeseelung* dar, d. h. der Beseelung eines menschlichen Embryos im Augenblick der Befruchtung der Eizelle. Bis 1869 war die aristotelische Lehre bzw. Lehre des Thomas von Aquin von der stufenweisen Beseelung (nach 40 Tagen beim männlichen und 80 Tagen beim weiblichen Fötus) in der katholischen Kirche herrschend. Das entsprach einer Fristenregelung! Unklar bleibt bei der mit großem Fanatismus von einer gesellschaftlichen Minderheit vertretenen Simultanbeseelung, was mit der Seele geschieht, wenn sich die Embryonen teilen oder wenn ein nachträglicher Zusammenschluss von Zellen zu einem Embryo erfolgt, was vor der Nidation gar nicht möglich ist.

Nachtridentinische Kirchengeschichte

Genügen sollen dazu einige Stichworte: Fortdauer der gigantischen Verirrung der Spanischen Inquisition mit ihren Massenverbrennungen (C 7), Hexenverfolgung (C 8), Etablierung der Römischen Inquisition mit willkürlicher Bücherzensur 1542, Paul IV. Carafa (1555–1559) als vielleicht grausamste Gestalt der Kirchengeschichte, Schrecknisse der „Christianisierung" Mittel- und Südamerikas, Sklaverei (C 9), massenhafte Kastrationen insbesondere im Kirchenstaat, Kastratengesang in der Sixtinischen Kapelle, Einfluss der Jesuiten auf das Bildungswesen (z. B. verdummende Schauspiele) und an Fürstenhöfen, päpstliche Ablehnung des Westfälischen Friedens nach 30 Jahren Krieg, theologische Abstrusitäten einer kasuistischen (Sexual-)Moral (Alfons von Liguori), Bekämpfung der Menschenrechte, insbesondere der Religionsfreiheit, Bekämpfung der Demokratie und Pressefreiheit, tiefe Verstrickung in das NS-Regime und in alle faschistischen Regime, bis heute ständige Versuche, auch einer Mehrheit von Andersdenkenden die kirchliche Moral sogar gesetzlich aufzuzwingen. Bei all dem ist vieles noch unerwähnt: z. B. große Finanzskandale, frommer Betrug, zahllose Sexualverbrechen von Gottesmännern, teilweise menschenverachtender Umgang mit innerkirchlichen Kritikern, nicht zu vergessen die Politik der Heiligsprechungen (dazu C 13).

Die Objektivitätsfrage

Selbst ein kircheninterner Kritiker wie Hans Küng hat in seinem Großband „Das Christentum" insbesondere den faktenbesessenen monumentalen Kirchen- und Christentumsgegner Karlheinz Deschner scharf angegriffen.[117] Es reiche nicht, aus 2000 Jahren nur Schatten zu versammeln und Pfützen zu verzeichnen, „alles Gute und Lichtvolle" aber einfach zu verschweigen. Das trifft aber den Kern der aufopferungsvollen Arbeit von Deschner nicht. Im Übrigen enthält auch der (durchaus verdienstvolle) dicke Band von Küng einen großen Berg an Kritik, man tut sich sogar schwer, bei ihm das „Lichtvolle" zu entdecken, soweit es auch für weltanschaulich Andersdenkende von Bedeutung sein könnte. In seinem Ausblick[118] spricht Küng davon, man solle nicht nur die christliche Kriminalgeschichte sehen, sondern auch „den Strom von Güte, Barmherzigkeit,

Hilfsbereitschaft, Fürsorge", der „vom Evangelium her durch die Geschichte fließt". Er beschwört den Geist des Nazareners, der nicht habe ausgelöscht werden können. Immer wieder hätten in der Nachfolge Christi Menschen „die urchristlichen Ideale einer Liebe zum Nächsten und Fernsten" ernst genommen. Darin liege „die verborgene Kraft des Christentums".

Wenn Küng nicht mehr zu bieten hat, dann ist es sehr wenig. Zum Glück gibt es bei den Christen selbstverständlich trotz allem zahlreiche hervorragende Charaktere, was Deschner ja gar nicht bestreitet. Aber gibt es in anderen Religionen und Weltanschauungen keine Nächstenliebe und Hilfsbereitschaft? Keinen Beitrag zur allgemeinen Kultur? Selbst die Rede von der (kaum zu ermittelnden) jesuanischen Moral ist auch bei Einbeziehung der Bergpredigt in mehrfacher Hinsicht fragwürdig (ausf. C 17). Im Übrigen sind Christen (auch bei Würdigung u. a. umfangreicher weltweiter Sozialarbeit) keine besseren (oder schlechteren) Menschen als Andere (s. C 18). Damit soll all das, was oben als Gebirge von menschlichen und intellektuellen Defiziten und Grausigkeiten aufgetürmt wurde, mehr als ausgeglichen werden?

C – Besondere Kapitel des Christentums

1 – Religiöse Judenfeindschaft

Ihr habt den Teufel zum Vater, und ihr wollt das tun, wonach es euren Vater verlangt. Er war ein Mörder von Anfang an […] er ist ein Lügner und ist der Vater der Lüge.

Jesus [angeblich] zu den Juden, nach Joh. 8,12/44

Ohne die nahezu 2000 Jahre christlicher Judenfeindschaft ist Auschwitz nicht möglich gewesen […]. Der Antijudaismus der Christen […] entlarvt sich in jeder Form als Ideologie.

Lexikon der Religionen, 1987; 3. Aufl., 1999, Herder Verlag, Art. Antijudaismus /Antisemitismus

Einführung

Die Literatur zur religiösen Judenfeindschaft in Kirche und Gesellschaft Europas[119] im Lauf der Jahrhunderte ist kaum noch überschaubar, und doch ist dieser Aspekt der Judenfeindschaft dem breiten Publikum nicht näher bekannt. Jüdische und bewundernswert (selbst-)kritische protestantische Gelehrte haben insbesondere die Zeit von 1871 bis 1945 und danach kritisch erforscht, regelmäßig mit für die Kirchen verheerenden Ergebnissen. Wohl gerade deswegen ist die Gesamtsituation bis heute durch Verdrängung geprägt. Der Holocaust ist für die nachwachsende Generation auch wegen des zeitlichen Abstands kein Gegenstand besonderen Interesses mehr und wird pauschal „den Naziverbrechern" und ihrem Rassismus zugeschrieben. Der Tatsache, dass dem eine fast 2000-jährige religiöse Judenfeindschaft vorausging, wird nur selten große Bedeutung beigemessen. Aber Goebbels hat in seinen Tagebüchern seinen Judenhass auch neutestamentlich begründet, und Hitler hat sich auf Martin Luther und dieser auf das NT berufen. Nicht ohne Grund steht im 1987 von Franz Kardinal König begründeten „Lexikon der Religionen": „Ohne die nahezu 2000 Jahre christlicher Judenfeindschaft wäre ‚Auschwitz' nicht möglich gewesen", ein Satz, der sinngemäß in etlichen offiziellen protestantischen Dokumenten wiederkehrt.

Selbstverständlich ist die religiöse Judenfeindschaft nur *eine* von mehreren notwendigen Voraussetzungen für den großen Mord gewesen. *Das Thema stößt aber ins Herz des Christentums, denn die Judenfeindschaft war existenzstiftend für den sich entwickelnden christlichen Glauben und ist durch die wesentlichen Schriften des NT eindrucksvoll belegt.*

Judenfeindschaft im Frühchristentum

Schon in der vorchristlichen Antike gab es im Römischen Reich ein Spannungsverhältnis zwischen Hellenismus und Judentum. Judenfeindschaft war z. T. auch mit Pogromen verbunden. Das ist aber ein Spezialthema, dessen Kern allgemein-kultureller und nicht speziell religiöser Natur ist. Das junge paulinische Heidenchristentum grenzte sich zwangsläufig vom Judentum ab. Der Antagonismus zwischen der judenchristlichen und der heidenchristlichen Richtung kommt bekanntlich schon in der Apostelgeschichte zum Ausdruck (näher B 2). Zwischen Juden und paulinischen Christen herrschte von Anfang an gegenseitige Feindschaft, in deren Mittelpunkt zunächst das Messiasproblem stand. Dieses gehörte zum Kern des NT, und auf diesem fußte der sich bald entwickelnde christliche Judenhass. Die These, Jesus sei der Messias, bedurfte angesichts seines katastrophalen Lebensendes einer Legitimation, die mithilfe legendärer Stammbäume erfolgte (Mt 1,1 ff; Lk 3,23 ff.). Auch wurden nachträglich Weissagungen der Hebräischen Bibel literarisch umgebogen und auf Jesus als Messias bezogen, sodass die Juden ihren eigenen Messias verkannt und wider besseres Wissen umgebracht haben sollen. Entsprechend wurde die theologisch zentrale Passionsgeschichte etwa im Jahr 70, nach der Zerstörung Jerusalems, komponiert. Es sind Tendenzberichte in recht unterschiedlichen Fassungen, die die Christen von dem Ruch der Staatsfeindlichkeit reinwaschen sollten. Die Verstocktheit des jüdischen Unglaubens steigert sich natürlich mit der neutestamentlich zunehmenden Vergottung des Jesus aus Galiläa. Daher kann man im Ergebnis die *religiöse Judenfeindschaft als die Kehrseite der Christologie* bezeichnen.[120] So gesehen ist die *Judenfeindschaft das existenzstiftende Moment des (Heiden-)Christentums.* Die ersten Jesusgemeinden (Nazoräer), mit u. a. Petrus und dann dem Bruder Jesu, Jakobus, an der Spitze, kannte weder einen vergöttlichten Jesus noch eine Sühneopfertheorie und ging nach der Zerstörung Jerusalems im Jahr 70 bald unter. Die Fortexistenz des Judentums war ein steter Stachel im paulinisch-christlichen Denken.

Zur *Fülle judenfeindlicher Texte des NT* können hier nur wenige Hinweise gegeben werden. Schon der älteste Text, der (echte) 1. Paulusbrief an die Thessalonicher, ist eine antijüdische Feindschaftserklärung. Pauschal heißt es dort über die Juden: „Diese haben sogar Jesus, den Herrn, und die Propheten getötet; auch uns haben sie verfolgt. Sie missfallen Gott und sind Feinde aller Menschen; sie hindern uns daran, den Heiden das Evangelium zu verkünden und ihnen so das Heil zu bringen. Dadurch machen sie unablässig das Maß ihrer Sünden voll. Aber der ganze Zorn Gottes ist schon über sie gekommen" (1 Thess. 2,15f.). Allerdings kann man Paulus, selbst jüdischer Herkunft, noch eine Art jüdischer Hassliebe zugutehalten sowie die bekannten Stellen im 11. Kap. des ambivalenten Römerbriefs, wonach schließlich ganz Israel gerettet werden soll. Durch die Jahrhunderte besonders verhängnisvoll wirkte die bekannte Selbstverfluchung bei Mt 27,25, die der Verfasser dem jüdischen Volk in den Mund gelegt hat („Sein Blut komme über uns und unsere Kinder"). Die Apostelgeschichte enthält eine Reihe von Stellen, in denen die Juden pauschal als Jesusmörder gebrandmarkt werden, Grundlage der bis in die zweite Hälfte des 20. Jh. andauernden Gottesmördertheologie. Mit Abstand das judenfeindlichste Evangelium ist das nach Johannes mit überaus zahlreichen antijüdischen Stellen, wobei Judas zum Urtyp jüdischer Geldgier und die Juden zu einer Art kosmischen Unheilsmacht wurden. Die protestantische Neutestamentlerin Luise Schottroff schrieb und belegte 1989, vorausgesetzt, dieses Evangelium stamme aus einem vom Judentum getrennten Christentum, sei also nicht mehr innerjüdisch, stehe es auf einer Stufe mit Hitlers „Mein Kampf".[121] Und ihre Voraussetzung trifft zu. Aus historischer Sicht ist es eine der größten historischen Ungereimtheiten der Evangelien, gleichermaßen prorömisch wie antijüdisch zu sein, was freilich der Interessenlage der paulinischen Heidenchristen im Römischen Reich entsprach. Natürlich gibt es zahlreiche Versuche, judenfeindliche bzw. so klingende Textstellen zu entschärfen und als innerjüdische Streitereien darzustellen, aber jedenfalls ihre Wirkungsgeschichte ist verheerend.

Die *Kirchenväter der ersten Jahrhunderte* waren allesamt mehr oder weniger scharf judenfeindlich. Die Judenfeindschaft machte eine ganze christliche Literaturgattung aus. „Adversus Judaeos", „Gegen die Juden", hießen zahlreiche Werke. Zu den „Höhepunkten" gehören die berühmten acht antijüdischen Predigten des *hl. Johannes Chrysostomus* (um 350–407), des größten Predigers der griechischen Kirche. Für ihn war die Synagoge der Ort, wo Christi Mörder zusammenkommen, das Kreuz verstoßen und Gott gelästert wird, wo man den Sohn schmäht und die Gnade des Leben spendenden Geistes zurückweist. Die byzantinisch-christlichen Kaiser verschärften nach und nach auf kirchlichen

Druck ihre mit dem Erstarken des Christentums einsetzende Judengesetzgebung. Das erste einschlägige Gesetz, das die Kirche dem zumindest in wesentlichen Teilen christlich gewordenen Reich Konstantins nahelegte, war das Missionsverbot für Juden. Konstantins Söhne bedrohten Mischehen mit der Todesstrafe, den Übertritt eines Christen zum Judentum mit der Konfiskation des gesamten Besitzes. 404, da war das trinitarische Christentum schon Reichsreligion (näher B 2), wurden Juden aus dem Heer und allen Staatsämtern entfernt. Dennoch wollte Kaiser Theodosius I. die erste bekannte christliche Niederbrennung einer Synagoge (Synagogenbrand) im Jahr 388 im mesopotamischen Kallinikon empört bestrafen. Der Ortsbischof sollte die Kosten des Wiederaufbaus tragen. Aber der *hl. Ambrosius*, mächtiger Mailänder Bischof, einer der vier großen lateinischen Kirchenlehrer und Lehrer des Augustinus, wies das rüde und erfolgreich zurück. Und der *hl. Augustinus*, mindestens 800 Jahre wichtigste theologische Kapazität, beschuldigte die Juden des Verbrechens der Gottlosigkeit, sodass Jerusalem zu Recht zerstört worden sei. „Natterngezücht" nannte er sie und „aufgerührter Schmutz", „triefäugige Schar". Ewige Knechtschaft verdienten die Juden, nicht Tötung, sondern stete Schmach: „So ist nun der Jude der Sklave des Christen [...]. Das ist allbekannt und erfüllt den Erdkreis."

Resümierend heißt es in der Theologischen Realenzyklopädie, „dass die frühchristliche Literatur von einer konsequenten Judenfeindlichkeit durchzogen ist, die alles übertrifft, was ältere oder gleichzeitige heidnische Schriften in dieser Hinsicht bieten, und die als eine offizielle Ideologie gelten kann [Herv. Cz.]. *Sie ist darauf abgestellt, Volk und Glauben der Juden zu diffamieren und verächtlich zu machen und findet ihren Ausdruck [...] eigentlich in der gesamten Literatur der Kirche – und später, als das Christentum Staatsreligion des Römischen Reiches wird, überdies in antijüdischer Gesetzgebung und illegalen Ausschreitungen. Mit Anbruch des 4. Jh. tritt uns diese Ideologie [...] bei den lateinischen, griechischen und syrischen Kirchenvätern als konsistentes System universaler Geltung entgegen."*[122] Von dieser menschenverachtenden, letztlich mörderischen Ideologie konnte sich das gesamte christliche Abendland bis ins 20. Jh. hinein nicht lösen, ausgenommen Zeiten und Regionen, in denen die kirchlichen Repräsentanten gerade keinen entsprechenden Einfluss ausübten bzw. ausüben konnten und die Juden den Machthabern durch ihre Tüchtigkeit nützlich waren.

Judenfeindschaft im Mittelalter

Im westgotischen *Spanien* konnten die Juden zunächst aufatmen, waren doch die Westgoten Arianer, die die Göttlichkeit Jesu ablehnten. Das änderte sich, als König Rekkared 587 zum Katholizismus übertrat und Jesus somit zum (von den Juden ermordeten) Gott avancierte. Auf einem Nationalkonzil wurden sogleich

1 – RELIGIÖSE JUDENFEINDSCHAFT

Raub und Zwangstaufe von Kindern aus Mischehen gebilligt, eine Tradition, die Papst Pius IX. 1858 wieder aufnahm. Später hieß die Parole: Taufe oder Tod. Die spanischen Juden des 7. Jh. waren vollkommen entrechtete allgemeine Sündenböcke, bis sie dann nach dem Sieg der muslimischen Araber 711 erlöst wurden. Im spanischen Zeitalter der „Kultur der drei Ringe" wurde den nicht muslimischen Religionen volle Kultfreiheit zugebilligt. Juden wurden unverzichtbare Mittler zwischen der damals überlegenen östlichen und der westlichen Kultur. Das endete mit der Reconquista und den Schauerlichkeiten der 1478 begründeten Spanischen Inquisition (C 7), deren Opfer hauptsächlich die zwangsgetauften Juden waren. 1506 veranstalteten Mönche die „Bluthochzeit von Lissabon". Dabei wurden an Ostern in zwei Tagen etwa 2000 Juden verbrannt.

Außerhalb Spaniens lebte das christlich-germanische Europa bis zum 12. Jh. – im Gegensatz zur byzantinischen Rechtlosigkeit der Juden – im Großen und Ganzen friedlich mit den Juden zusammen, weil meist eine starke antijüdische Propaganda fehlte. So hasserfüllte Schriften wie die des hl. Agobard (769–840), Bischof von Lyon, waren die Ausnahme. In Deutschland begann das eigentliche Tal der Tränen für die Juden mit dem 1. Kreuzzug und in diesem Zusammenhang mit den großen Judengemetzeln 1096 in den bedeutenden rheinischen Judengemeinden und anderen Städten. Im 3. Laterankonzil von 1179, einem sogenannten ökumenischen Konzil, bestätigten 300 Bischöfe antijüdische Vorschriften, sollten doch die Juden nur leben, damit ihr leidvolles Dasein die Herrlichkeit Christi umso mehr leuchten lasse. Begleitet vom Rat der gelehrtesten Theologen fand 1215 das 4., ebenfalls ökumenische, Laterankonzil statt, mit ca. 1300 Teilnehmern selbst aus dem Osten das größte Konzil der Christenheit vor dem II. Vaticanum (dazu auch B 2 im Abschnitt zum Hochmittelalter und zur theologischen Lehrentwicklung). Zur Diskriminierung und gesellschaftlichen Ächtung schrieb man für die Juden Sondertracht bzw. Kleiderzeichen vor. Das Konzil schloss die Judenschaft von allen handwerklichen Berufen und praktisch aus der Gesellschaft aus, wobei sich die Abdrängung in die Geldberufe verheerend auswirkte (67. bis 69. Konstitution).[123] Der bedeutende Theologe Duns Scotus forderte im 13. Jh. für die Juden eine Insel als Verfluchten-Reservat. Papst Nikolaus III. etablierte ebenfalls im 13. Jh. (in dem „das Christentum auf dem Höhepunkt" war, so Jacques Le Goff). Zwangspredigten für die römischen Juden, die gern auf den Sabbat gelegt wurden, und sie hörten erst auf, als die napoleonischen Truppen Rom eroberten. In Frankreich kam es im 13. Jh., teils auf päpstliche Forderung, teils auf Betreiben der Inquisitoren, zu zahlreichen Verbrennungen des Talmud und anderer jüdischer Literatur. Im 12. Jh. kamen die Ritualmordbeschuldigungen auf, wonach Juden Christenkinder umgebracht und ihr Blut in das Pessach-Brot gemischt haben sollten. Dieser wegen des strengen jüdischen Verbots, Blut zu sich zu nehmen, besonders unsinnige Vorwurf erhielt durch die 1215 vom Konzil beschlossene Dogmatisierung der Lehre der Verwandlung von Brot und Wein in das reale (!) Fleisch und Blut Christi besonderen Auftrieb, ebenso die Anschuldigungen wegen Hostienfrevels, die immer wieder Opfer forderten. Man konnte die durch Christenblut angereicherten jüdischen Sakralmähler als „Gegenkommunion" verstehen.

Allein die deutschsprachige Literatur zur mittelalterlichen wie neuzeitlichen religiösen und weltlichen Judenfeindschaft mit ihren oft komplizierten Zusammenhängen füllt Bibliotheken. Die Entwicklung kann hier nur durch Stichworte umrissen werden: *komplette Austreibungen* aus Städten und Ländern (endgültige Vertreibung aller Juden aus England 1290; endgültige Vertreibung aus Frankreich 1394); *Zwangspredigten*; z. T. *mörderische Judenhetze* durch Prediger wie Johannes von Capestrano, der wegen seiner europaweiten Tätigkeit im 15. Jh. „Geißel der Juden" genannt wurde, *heiliggesprochen 1690*; *entwürdigende Eidesleistung* auf Schweinshäuten; *Kontaktverbote*; *Vermögenskonfiskation*; immer wieder *tödliche Pogrome*; *Papstkrönungen* mit *ritualisierter Verachtung der Thora*; *römischer Karneval* mit *grausamen Judenrennen* u. a.; *Judenfleck und Judenhut*; *Verteufelung, Verhöhnung und Angriff in Wort und Bild*: durch Traktate, Legenden, Schauspiele, Gemälde, Plastiken wie die Judensau an Kirchen, Flugblätter. An *Zwangstaufen* schloss sich oft eine *jüdisch finanzierte christliche Erziehung* an; oft übermäßig *hohe Sonderabgaben* aller Art; *Boykottaufrufe* usw. Etliche deutsche Dome wurden mithilfe jüdischer Steuern erbaut, und Juden durften auch das Konzil von Konstanz mitsamt seinen ca. 800 Huren mitfinanzieren. Besonders wirkungsvoll waren die verschiedenen Aspekte des „Karfreitagskomplexes". Sie zeigten sich insbesondere in Predigten, Exerzitien, Kreuzwegen, Gnadenbildern, Wallfahrtsstätten, Bildgeschichten und Passionsspielen, mit denen die Kirche ganz Europa seelisch kontrollierte.

Judenfeindschaft in der Neuzeit

Der große Humanist Erasmus von Rotterdam (1466–1536) prägte den Satz: „Wenn es zu einem guten Christen gehört, die Juden zu verabscheuen, dann sind wir alle gute Christen." In Spätmittelalter und früher Neuzeit hatte der Teufel Hochkonjunktur. Nicht nur die Hexenverfolgung grassierte, sondern auch die Juden wurden generell mit dem Teufel gleichgesetzt. Der Buchdruck garantierte eine ungeheure Verbreitung der optischen und textlichen Hetze. Eine anfangs ungewöhnlich menschenfreundliche *Einstellung Luthers zu den Juden* schlug später, wohl wegen ausbleibender Missionserfolge, in abgründigen Hass um, der 1543, drei Jahre vor seinem Tod, in seiner umfangreichen und unflätigen Hetzschrift „Von den Juden und ihren Lügen" gipfelte. Sie wurde von den Nazis gern ausgeschlachtet.

Verheerend wirkten sich seit dem Spätmittelalter weiterhin die zahllosen *religiösen Schauspiele* aus, die einen primitiven und gewalttätigen Geschmack befriedigten und die Juden in jeder erdenklichen Form herabwürdigten. Mit dem berühmten *Ritualmordprozess um den kleinen Simon von Trient* im Jahr 1475[124], dem innerhalb eines Jahres 129 Mirakel zugeschrieben wurden, hatte die *Ritualmordhysterie* einen neuerlichen europaweiten Höhepunkt erreicht. Die Gegenreformation griff die Blutbeschuldigungen zur Förderung der Volksfrömmigkeit wieder auf. Unstreitig brachen erst die *Aufklärung* und die *Französische Revolution* einer allmählichen Judenemanzipation Bahn. So heißt es etwa bei Erika Weinzierl in der „Theologischen Realenzyklopädie": „Die Verfolgung und Bedrückung der Juden haben [...] erst aufklärerische Philosophen, die zugleich die Macht und den Einfluss der Kirche bekämpften, als menschenunwürdiges Unrecht angesehen und sich für dessen Beseitigung eingesetzt." Dass selbst die Aufklärung erhebliche antijüdische Tendenzen hatte (z. B. Voltaire), steht auf einem anderen Blatt.

Judenfeindschaft im 19. Jahrhundert[125]

Im Europa des 19. Jh. wurde das jüdische Ghetto, ausgenommen in Russland und in Rom, aufgebrochen mit der Folge der Freisetzung einer überlegenen jüdischen Geistigkeit: die Epoche der Assimilation begann. Wegmarken zur allmählichen Judenbefreiung waren das Toleranzedikt Kaiser Josephs II. (1782), die Verfassung der USA (1787) und die französische Verfassung von 1791. Durch die Berliner Salons der Jüdinnen Henriette Herz und Rachel Varnhagen wurde Berlin erstmals zu einem geistig-gesellschaftlichen Mittelpunkt. Aber *über der Judenemanzipation schwebte stets das Damoklesschwert des Volkszorns.* Der Anteil der Kirchen daran wird meist vornehm verschwiegen.

Nach etwas milderen Vorgängern begann *Pius VI.* (1775-1799) seine Regierung mit einem schlimmen Judenedikt. Im Kirchenstaat mussten die Juden mit ihren gelben Kleiderzeichen in acht Ghettos streng isoliert leben. Außerhalb desselben mussten sie und Christen zur Vermeidung einer Strafe jeglichen Kontakt vermeiden. Jüdische Bestattungsriten wurden beschränkt und Juden mussten nach dem Rotationsprinzip wieder Zwangspredigten mit Beschimpfung ihrer Religion über sich ergehen lassen. Nach einigen Wirren um den Kirchenstaat nach der Französischen Revolution und einem Ausgleich des Papstes Pius VII. mit Napoleon 1801 in einem Konkordat *annektierte Napoleon 1809 schließlich den Kirchenstaat, der aber nach dem Sturz Napoleons durch den Wiener Kongress 1815 wieder etabliert wurde.* Die *Inquisition* wurde wiederbelebt, die Rabbiner mussten sich in Rom wieder den entwürdigenden *Karnevalszeremonien* unterziehen, wobei sie in lächerlichen Kleidern die jüdische Karnevalssteuer entrichten mussten. Nach Wiedererrichtung des Kirchenstaats spielten auch Zwangstaufen wieder eine große Rolle, wobei auch Kinder heimlich, oder nachdem sie geraubt worden waren, getauft wurden. Vielfach brachen Familien auseinander. Erheblich besser war die Situation für die Juden im Norden des Kirchenstaats, der unter österreichischer Kontrolle stand.

Nach dem Tod Pius' VII. 1823 erreichte *Leo XII.* in gut fünf Jahren, dass der theokratische Kirchenstaat wieder zum Hort von Misswirtschaft und Unterdrückung wurde. Er aktivierte die Inquisition und erließ mehrere feindselige Erklärungen gegen die Juden. Die *Zwangspredigten wurden wieder ein Grundpfeiler der päpstlichen Judenpolitik*. Nach dem Ende der Sabbatfeiern in den römischen Synagogen trieb man Hunderte in eine Kirche, wo sie sich stundenlang religiös beschimpfen lassen mussten. Die Teilnahme wurde auch gewaltsam durchgesetzt. 1825 wurde in Rom erfolgreich eine Hetzschrift des führenden Dominikaners Ferdinand Jabalot verbreitet, in der – mit päpstlicher Billigung – die schlimmsten Anwürfe wiederholt wurden: Die Juden seien Gottesmörder, wüschen ihre Hände in Christenblut, träten geweihte Hostien mit den Füßen, tränken das Blut entführter Kinder usw. Im ganzen Land übten die Juden ihren verderblichen Einfluss aus. Dabei machten die Juden nur ein gutes Tausendstel der Bevölkerung aus. *Alle Juden im Kirchenstaat mussten innerhalb eines Monats in eines von acht Ghettos der größeren Städte ziehen*, ungeachtet ihrer meist existenziellen Abhängigkeit vom Handel und ungeachtet des enormen Schadens auch für die christliche Bevölkerung.

Unter *Gregor XVI. (1831–1846)* wurde die Situation im Kirchenstaat noch schlimmer. Gleich nach seiner Wahl brachen im ganzen Kirchenstaat Aufstände aus, und nur mithilfe langjähriger Anwesenheit der österreichischen Armee konnte sich Gregor halten. In seiner Enzyklika „Mirari vos" von 1832[126], die sein Regierungsprogramm darlegte, verbat er sich alle innerkirchlichen Reformwünsche: „Es ist völlig absurd und im höchsten Maß eine Verleumdung zu sagen, die Kirche bedürfe einer […] Erneuerung […] als ob man glauben könnte, die Kirche wäre Fehlern, Unwissenheit oder irgendeiner anderen menschlichen Unvollkommenheit ausgesetzt." Pressefreiheit und Religionsfreiheit waren ihm ein Gräuel. Als im Zuge europaweiter Choleraepidemien auch das römische Ghetto betroffen war, zeigte sich eine vom Papst berufene Kommission 1835 bestürzt über die Überfüllung und Verschmutzung, was gewisse Erleichterungen erzwang. Ein Fürst Odescalchi empfand nach Ortsbesichtigung 1836, wie er dem Papst berichtete, größtes Mitleid mit den über 3500 Bewohnern, von denen viele in „unsäglichem Elend" dahinsiechten. Als Metternich auf Initiative der mit ihm befreundeten Rothschilds (die seinerzeit aufgrund der Umstände die größten Kreditgeber europäischer Regierungen waren) 1843 beim Papst zugunsten der Juden intervenierte, rechtfertigte Gregor XVI., obwohl von Österreich abhängig, in seiner Antwort jede einzelne der von ihm verhängten antijüdischen Restriktionen. *Der Papst legte besonderen Wert auf die Zwangspredigten, denen sich alle Juden ab 12 Jahren unterziehen mussten, wobei Denunzianten einen Teil des Bußgelds erhielten.*

Schlimm war die Damaskusaffäre *von 1840*, die eine *massive Revitalisierung der Ritualmordlegenden* mit sich brachte.[127] Dabei ging es um eine Ritualmordanklage gegen in Damaskus lebende Juden. Sie bewegte monatelang die internationale Öffentlichkeit und führte zu diplomatischen Konflikten. Im Februar 1840 wurde der Abt des Franziskanerklosters in Damaskus, Pater Tommaso, samt seines Dieners, eines Muslims, von seinen Ordensbrüdern als vermisst gemeldet. Sie gingen von einem Mord aus und vermuteten Juden als Täter. Vor allem Pater Tusti, ein fanatischer Judenfeind, beschuldigte die Juden, da sie das Blut der Vermissten für das in sechs Wochen bevorstehende Pessachfest benötigen würden. Der örtliche Gouverneur brachte einen jüdischen Barbier durch Folterung zu der Aussage, er habe die Vermissten in ein jüdisches Haus gehen sehen. Daraufhin wurden acht besonders geachtete Juden des Viertels festgenommen mit dem Ziel, sie durch Folter, Erpressung und Bestechung zum Geständnis zu bewegen, im Wesentlichen vergeblich. Allerdings starb ein 80-Jähriger unter den Strapazen, ein anderer trat zum Islam über.

Bevor Näheres bekannt war, stürmte in Damaskus eine aufgehetzte Menge die Synagoge und verbrannte die Thorarollen. Im *ganzen Nahen Osten kam es zu antijüdischen Ausschreitungen*. Nur die Briten und der österreichische Konsul verwandten sich für die inhaftierten Juden; der französische Konsul Graf Ratti Menton hingegen hatte eine von seinen geistlichen Freunden verfasste hasserfüllte Schrift verteilen lassen, worin die Juden des Christenmords bezichtigt werden. Nach langen Verhandlungen, an denen auch französische und englische Vermittler und der ägyptische Gouverneur beteiligt waren, erklärte der türkische Sultan die Ritualmordanklage für haltlos. Inzwischen waren schon vier der zwischenzeitlich 13 Hauptangeklagten im Gefängnis verstorben. Die beiden Leichen der Vermissten wurden nie gefunden. Die Affäre war der *Beginn der bei den Muslimen bislang unbekannten Ritualmordbeschuldigungen* gegen Juden, die regelmäßig zunächst von Christen erhoben wurden.

Es gibt keine Anhaltspunkte dafür, dass Papst und Vatikan irgendetwas zugunsten der Juden unternommen hätten. Der Privatkorrespondenz des Kardinalstaatssekretärs ist die tiefe Überzeugung zu entnehmen, die Juden müssten Christen zu rituellen Zwecken töten. Der jüdische Führer Moses Montefiore reiste extra von Alexandria nach Rom, um die Zurückweisung des Ritualmordvorwurfs oder wenigstens die Entfernung des ungeheuer beleidigenden Grabsteins zu erreichen, den die Kapuziner auf Pater Tommasos Grab errichtet hatten. Aber vergeblich. Wie verhängnisvoll solche kranken Schauermärchen sein können, beweist der Umstand, dass der syrische Verteidigungsminister

Mustafa Tlass 1984 ein Buch veröffentlichte, in dem er den Ritualmordvorwurf in Zusammenhang mit der Damaskusaffäre erneut bekräftigte.

Dass auch *Pius IX. (1846–1878)* ein rücksichtsloser Judenfeind war, ist bekannt, vor allem wegen des 1858 erfolgten Raubs des sechsjährigen Knaben Edgardo Mortara aus seiner jüdischen Familie in Bologna, das zum Kirchenstaat gehörte.[128] Ein analphabetisches Kindermädchen hatte unbedacht geäußert, vor langer Zeit den kranken Edgardo getauft zu haben, um seine Seele zu retten. Edgardo wurde ins römische Katechumenenhaus gebracht und zum Christen gemacht. Ganz Europa erregte sich über diesen Fall. 1873 sprach der Papst in einer Enzyklika von der Synagoge Satans. 2000 wurde Pius IX. vom „Judenfreund" Johannes Paul II. seliggesprochen.

Die Jesuitenzeitschrift „La Civiltà Cattolica" (seit 1850) war engstens mit dem „Heiligen Stuhl" verbunden. Ende 1880 startete sie eine mehrere Jahre dauernde antisemitische Hetzkampagne und lieferte einen *entscheidenden Beitrag zum modernen Antisemitismus*. Für diese verdorbene Rasse seien Sondergesetze einzuführen. Unter Leo XIII. (1878–1903), der durch seine Sozialenzyklika „Rerum novarum" bekannt geworden ist, wurde die judenfeindliche Tradition also fortgesetzt.

Die meisten europäischen Länder waren, teilweise sehr stark, judenfeindlich eingestellt. Für *Deutschland* legte der protestantische Quellenforscher Werner Jochmann u. a. dar, wie schnell sich der antisemitische Bazillus gegen Ende des 19. Jh. in den protestantischen Pfarrervereinen ausbreitete. Die Theologischen Fakultäten waren Hochburgen der Antisemiten. Zusammenfassend kann man sagen, dass der vielfach fanatische deutsche Antisemitismus ab etwa 1870/78 zwar in erster Linie politisch-völkisch-rassische Züge aufwies. Er hatte viel mit dem sozialen Elend zu tun und war insoweit nicht spezifisch christlich. *Aber der Antisemitismus hat seine stärkste Kraft aus der schon immer teils akut, teils latent vorhandenen christlichen Judenfeindschaft gezogen.* Sie bildete das Fundament, von dem aus immer wieder neue Brände entfacht werden konnten.

In *Österreich* wurde im späten 19. Jh. Wien ein bedeutendes antisemitisches Zentrum. Seit 1848 durften Juden wieder in Wien leben, was zuvor nur wenigen mit Sondererlaubnis möglich gewesen war. In den folgenden Jahrzehnten kamen auch viele Juden aus Russland, Polen und Rumänien, die, auch aus Furcht vor Pogromen, geflüchtet waren. *Katholische Geistliche spielten beim christlichen Antisemitismus eine sehr große Rolle.* Als Beginn des modernen Antisemitismus kann man die Gründung der „Wiener Kirchenzeitung" (Sebastian Brunner) ansehen. Der erste große christlich-soziale Parteitag 1986 – da lebten schon um die 80 000 Juden in Wien – stand im Zeichen des Antisemitismus und die „Christlich-soziale Partei" bildete unter ihrem bedeutenden Führer und späteren Wiener Bürgermeister Karl Lueger ein „Antisemitisches Zentralkomitee". Das erste Parteiprogramm forderte bereits den *Ausschluss der Juden aus dem gesamten Staatsapparat*, dem Einzelhandel und der Medizin. Über 5000 Priester gratulierten 1894 dem großen Antisemiten Lueger zum 50. Geburtstag. Als der Apostolische Nuntius Galimberti 1889 öffentlich einen jüdischen Grundbesitzer lobte, weil er bedeutende Summen für karitative Einrichtungen gespendet hatte, protestierten drei Bischöfe bei Leo XIII. Der Nuntius konnte aber dem Papst nachweisen, dass er die negative Sicht auf die Juden mit ihm dennoch teile. David Kertzer, der als einer der ersten Historiker das 1998 geöffnete Hauptarchiv der Inquisition benutzen durfte, schrieb hierzu in seinem Buch über die Judenpolitik der Päpste: „Im Geheimarchiv des Vatikans befinden sich eindeutige Belege dafür, dass der Papst und sein Staatssekretär die antisemitische Kampagne der Christlich-Sozialen Partei aktiv gefördert haben [...]." Der Vatikan konterkarierte Bestrebungen der österreichischen Kirchenführung, sich von Karl Lueger, der Rassenhass verbreitete (und nach dem noch heute ein Teilstück des zentralen Wiener Rings benannt ist), zu distanzieren. Solche Meinungen gab es immerhin auch. „Doch ein ums andere Mal taten der Papst und sein Staatssekretär alles in ihrer Macht stehende zur Verteidigung der Bewegung [...]", fasst Kertzer zusammen. Obwohl wegen zunehmender und oft gewalttätiger antisemitischer Demonstrationen der Christlich-Sozialen Partei die Erzbischöfe von Wien und Prag sowie einige Adelige an den Papst appellierten, versicherte dieser Lueger seiner Sympathie und übermittelte ihm seinen Segen. Ein Pater Raffaele Ballerini schrieb 1897 in der Jesuitenzeitschrift La Civiltà Cattolica, die Juden kontrollierten die gesamte Wirtschaft und die Presse Österreich-Ungarns und besetzten alle Universitätsposten. Ohne antijüdische Maßnahmen würden die Christen im Hunger enden, und „die von den Christlich-Sozialen in Wien und ganz Österreich ausgelöste Revolte gegen das jüdische Joch" habe allen katholischen Gemeinden „ein leuchtendes Beispiel gegeben". Etwa gleichzeitig rotteten sich unter Führung eines Priesters (Monsignore Stojalowski) in Galizien Christen gegen die große und verarmte jüdische Bevölkerung zusammen. Zahlreiche Kirchenführer und auch die österreichische Regierung beschweren sich in Rom gegen diese Umtriebe, jedoch vergebens. Nach jahrelanger Unterstützung seitens des Vatikans und der niederen Geistlichkeit wurde die antisemitische Bewegung in Österreich-Ungarn immer stärker. Auch in Ungarn waren Gewalttätigkeiten gang und gäbe geworden. Kertzer schließt seine eindringliche Darlegung der Verhältnisse in Österreich mit den Worten: „Wenn Mitteleuropa im beginnenden 20. Jahrhundert von einem antisemitischen Flächenbrand erfasst wurde, dann auch deshalb, weil Leo XIII. und sein Staatssekretär das Ihre getan hatten, ihn anzufachen."[129]

In *Frankreich*, wo die Revolution den Juden alle Bürgerrechte zuerkannt hatte, entwickelte sich nach dem verlorenen Krieg gegen Deutschland (1870/71) ein veritabler Antisemitismus, der den deutschen sogar übertroffen haben mag. Die 0,13% jüdischen Einwohner erschienen auch nach Meinung des Klerus und des

Rechtskatholizismus als deutsche Agenten. „Ein Drittel aller antisemitischen Bücher im Zeitraum 1870–1894 ist von Priestern verfaßt [...]", schrieb der bekannte österreichisch-katholische Historiker Friedrich Heer in seinem eindrucksvollen Werk zur jüdisch-europäischen Geschichte („Gottes erste Liebe"). In diesem Zeitalter der vom französischen Katholizismus entwickelten Eucharistischen Kongresse führte die eucharistische Bewegung Sühnewallfahrten zu eucharistischen Wunderstätten wie Bluthostien durch (s. zur theologischen Lehrentwicklung B 2). Der Katholizismus fühlte sich bedrängt durch Protestanten, Freimaurer, Teufelsdiener und die angeblich ritualmordbesessenen Juden. Das katholische Verlagshaus Gautier veröffentlichte 1886 eine umfangreiche Hetzschrift des damals berühmtesten Antisemiten Edouard Drumont, in der man die Judengesetzgebung des faschistischen Pétain-Regimes im Zweiten Weltkrieg vorweggenommen sah. Die einflussreiche katholische Zeitung „La Croix" begrüßte diese Schrift enthusiastisch. Pater Henri Desportes veröffentlichte 1889/90 ein dickes Buch und zwei Pamphlete über die angeblichen jüdischen Menschenopfer und Ritualmorde. Diese Gräuelpropaganda beeinflusste den Katholizismus stark. 1896 forderte der Kongress der christlichen Demokraten Frankreichs den Ausschluss aller Juden aus allen öffentlichen Ämtern. Für den bedeutenden katholischen Antisemiten Morès fand 1896 in Notre-Dame eine Begräbnisfeier mit dem Kardinal von Paris statt. Die nationalsozialistischen und faschistischen Schlägertrupps sollen eine Erfindung Morès sein.

Besondere Bedeutung in der Geschichte des Antisemitismus erlangte die *Affäre Dreyfus*. Der jüdische Hauptmann Alfred Dreyfus (1859–1935) wurde aufgrund gefälschter Dokumente nach einem völlig regelwidrigen Verfahren von einem Militärgericht wegen Landesverrat zugunsten Deutschlands zu lebenslänglicher Deportation verurteilt. Erste Zweifel an Dreyfus' Schuld wurden vom scharf judenfeindlichen Generalstab unterdrückt. Aber ein elsässischer Senator und Émile Zola erzwangen die Wiederaufnahme des Falles. In diesem Zusammenhang schleuderte Zola 1898 dem französischen Präsidenten in einem offenen Brief sein berühmtes „J'accuse" entgegen mit der Folge, dass noch im selben Jahr sämtliche Werke Zolas auf den römischen Index der verbotenen Bücher kamen. Noch vor dem Revisionsprozess hatte sich die Jesuitenzeitung „La Civiltà Cattolica" 1898 gegen die durch Dreyfus verkörperte jüdisch-deutsch-republikanisch-freimaurerische Verschwörung gewandt: „Der Jude ist von Gott geschaffen, um überall als Spion zu dienen, wo ein Verrat sich anbahnt." Die Gefahr einer klerikal-faschistischen Diktatur, die damals bestand, konnte abgewendet werden. Nach erneuter Verurteilung wurde Dreyfus begnadigt, dann aber 1906 durch ein Urteil des Kassationshofs voll rehabilitiert. Als später im Zweiten Weltkrieg die deutschen Sieger bestimmten, alle französischen Bürger jüdischer Abstammung im eigenen Land als Fremde zu behandeln, hielt das die Mehrheit der praktizierenden Katholiken für nützlich.

Schlussbemerkungen

Die Ausführungen zum gigantischen Thema der religiösen Judenfeindschaft sollen damit etwas gewaltsam abgebrochen werden, obwohl heute nur noch wenige etwas davon wissen wollen – als ob das alles mit dem Holocaust nichts zu tun habe. Dabei hat so gut wie jede der vielfältigen Verfolgungsmaßnahmen der Nazis gegen die Juden ein konkretes Vorbild in der Kirchengeschichte.[130]

Ergänzend, auch zum 19. Jh. und zur Weimarer Zeit, wird auf C 10 zur Nazi-Herrschaft verwiesen. Zum Antisemitismus des katholischen Hitler-Vasallenstaats Slowakei (Tiso-Diktatur) finden sich Anmerkungen in C 11. Auf zahlreiche wichtige Themen wie die Judenfeindschaft in Polen, Ungarn und Rumänien oder die Bedeutung der unsäglichen „Protokolle der Weisen von Zion" sowie die unrühmliche, freilich gern schöngefärbte, Rolle der Päpste Pius XI. und Pius XII. kann nicht mehr eingegangen werden. Zu der Zeit nach 1945 habe ich mich an anderer Stelle geäußert.[131] Sie ist vor allem für die katholische Kirche mit ihren teils dreisten, teils raffinierten Geschichtsglättungen und -lügen nicht rühmlich. Vielleicht hat man dort erkannt, dass die Judenfeindschaft die Basis des paulinischen Christentums ist und dass sich die diesbezügliche katholische Kirchengeschichte bis zum heutigen Tag so verheerend darstellt, dass man die Kirche schon aus diesem Grund auflösen müsste. Friedrich Heer, ein zu einer solchen Aussage besonders Berufener, hat daher davon gesprochen, die Kirche müsse sich „verflüssigen" und von vorne anfangen. Das ist freilich reine Illusion.

Heinrich Heine hat in seinem „Rabbi von Bacharach" das Verhältnis von Christen und Juden so zusammengefasst:
Ein Jahrtausend schon und länger
dulden wir uns brüderlich,
du, du duldest, dass ich atme,
dass du rasest, dulde ich.
Manchmal nur in dunklen Zeiten
ward dir wunderlich zumute,
und die liebefrommen Tätzchen
färbten sich mit meinem Blute.

2 – Das Böse und der freie Wille. Sünde, Gott und Teufel, Hirnforschung

Mit und ohne Glauben können sich gute Menschen anständig verhalten und schlechte Menschen Böses tun; doch damit gute Menschen Böses tun, dafür braucht es Religion.

Steven Weinberg, Astrophysiker, Nobelpreisträger

Du kannst tun, was du willst: aber du kannst, in jedem gegebenen Augenblick deines Lebens, nur Ein Bestimmtes wollen und schlechterdings nichts Anderes, als dieses Eine.

Arthur Schopenhauer

Freiheit ist eine irreführende philosophische Fiktion, ein Hirngespinst der Kopfwelt. Freiheit kommt in der Natur und in der realen Wirklichkeit nicht vor. In der Natur bestehen immer Abhängigkeiten und damit Unfreiheiten. Deshalb gibt es auch in der realen Wirklichkeit keinen freien Willen. Auch für den Willen gibt es immer jede Menge natur- und wirklichkeitsbedingter Abhängigkeiten [...].
Es gibt nur Befreiung. Befreiung meint ein spezielles Herausgenommensein aus vorausgehenden Abhängigkeiten. Deshalb ist der freie Wille nur als Wille zu verstehen, der sich freisetzt aus Konditionierungen, die im Voraus bestanden haben.

Paul Schulz, Ex-Theologe, Philosoph, vehementer *Verteidiger* der „Willensfreiheit".

[...] der Mensch [...] steht doch, zusammen mit allem anderen Wirklichen, in einem lückenlosen Kausalzusammenhang. Ist es nicht absurd anzunehmen, in diese Welt der Notwendigkeit breche plötzlich eine Kraft, genannt Freiheit, ein, von nichts als von sich selber verursacht und also gleichsam aus dem Nichts?

Wilhelm Weischedel, Philosoph, 1976 (in: Skeptische Ethik)

Das Problem des Bösen

Diese Frage begleitet das menschliche Denken von Anbeginn und muss nach heute in aufgeklärten Ländern fast allgemein vertretener Meinung in seiner „Natur" begründet sein. Das Böse ist schwer zu definieren, in einem weiten Sinn vielleicht als Fehlen des Guten. Die bisherigen Versuche, das Böse zu begreifen und zu bekämpfen, sind unbefriedigend. In der Geschichte fällt eine Grenzziehung zwischen Gut und Böse schwer: Je nach Sichtweise und Interessenlage sind Gut und Böse oft sogar austauschbar. Die Bösen sind immer die anderen. Kulturelle Grundlagentexte wie die Bibel oder die der altgriechischen

2 – Das Böse und der freie Wille. Sünde, Gott und Teufel, Hirnforschung

Tragödiendichter enthalten viele Anklagen und Fragen zum Bösen. Böse ist, könnte man sagen, *was vom jeweilgen Ausgangspunkt aus moralisch nicht gerechtfertigt werden kann*. In unserer Kultur standen daher Götter bzw. Gott stets unter Anklage, denn das viele Leid und die Ungerechtigkeit, für die man sie verantwortlich machte, kann von keinem allgemein akzeptablen Standpunkt aus als „gut" bezeichnet werden. Von dieser Anklage, meist mit dem Begriff *Theodizee* abgehandelt, hat trotz zahlreicher Versuche noch niemand den monotheistischen Gott einleuchtend freizusprechen vermocht. Die Theodizeefrage ist ein „Fels des Atheismus" (s. A 3).

Zu den *weltweiten historischen Versuchen, das Böse zu erklären*, nur so viel: Schon die antike Gedankenwelt kannte verschiedene Formen des *Dualismus* (Manichäismus) zwischen Gut und Böse, am ältesten vielleicht der persische Zoroastrismus (auch Parsismus; ca. 1800–600 v. u. Z. mit heutigen Restbeständen), eine Religion, die im heutigen Afghanistan entstanden sein dürfte. Sie war durch den Dualismus zwischen Ahura Mazda als dem personifizierten Guten und Ahriman als dem personifizierten Bösen geprägt. Diese mythische Gestalt des Bösen haben die Juden in der nachbabylonischen Zeit von den Persern übernommen. Während der frühere Jahwe auch das Böse in sich barg, übernahm diese Funktion seit dem AT-Buch Hiob ganz allmählich Satan. Er wurde schließlich zur Verkörperung des Bösen und zur Ursache von Sünde und Tod.

Das Böse im Christentum

Die Macht des Bösen wurde immer stärker, und in den Synoptikern des NT findet sich das Böse in Gestalt Satans bzw. des Teufels und als Dämonen schon als selbstverständlicher und häufiger Bestandteil, besonders auch in der Apokalypse, oft bei Paulus. Satan ist der erbitterte Feind des Gottessohns, hat hier aber noch keine bestimmte äußere Gestalt. Der Teufelsglaube und (ursprünglich heidnische) Dämonenglaube war damals Bestandteil des Volksbewusstseins.[132] „Die Dämonenaustreibungen treffen den Kern der Botschaft Jesu", schreibt eine katholische Theologin in ihrer 2009 erschienenen umfangreichen Wiener Dissertation zum Exorzismus.[133]

Theologisch und auch historisch langfristig verheerend wirkte sich die schon im Römerbrief des Paulus angelegte (Röm 5,12–21; auch 1 Kor 15,21 f.) und von Augustinus eingehend entfaltete seltsame Lehre von der Erbsünde aus. Sie nimmt Bezug auf die im Buch Genesis des AT geschilderte Geschichte vom Sündenfall. Die Evangelien kennen übrigens keine besonderen Folgen der Sündenfallgeschichte. Diese besagt, dass Adam und Eva verbotswidrig vom Baum der Erkenntnis gegessen haben (gemeint ist möglicherweise die Entwicklung unseres heutigen Bewusstseins vor erst wenigen Tausend Jahren). Darin besteht die „Ursünde", die nicht nur die Vertreibung aus dem Paradies und die Aussicht auf den sicheren Tod zur Folge hatte, sondern eine *Unheilssituation für alle Menschen* bedeutet. Sie werden bereits in Sünde geboren, die sie durch den Akt der Zeugung erlangt haben, sind generell sündengeneigt und bedürfen daher der „Erlösung" aus der Unheilssituation. Diese kann nicht ohne die Gnade Gottes erfolgen. Die Gnadenmittel und somit die Macht über die Köpfe sowie in Gesellschaft und Politik hat dann die Kirche bereitgestellt. Augustinus hat die paulinische Erbsündenlehre gesteigert zur *Prädestinationslehre*, die später vom Calvinismus übernommen wurde. Das göttliche Gnadengeschenk war nach Augustin der einzige Grund seiner Errettung, wobei der Mensch freilich mitzuwirken hatte. Augustin lehrte die doppelte Prädestination: Nur eine verhältnismäßig kleine Zahl von Menschen ist von vorneherein zur ewigen Seligkeit vorausbestimmt (um die durch die gefallenen Engel entstandene Lücke wieder zu füllen), während die *große Masse der Verdammnis anheimfällt*. In dieser Verwerfung offenbart sich nur Gottes Gerechtigkeit (!), denn der Mensch sündigt aus freiem Willen und muss daher ewig verdammt werden. Diese schreckliche Lehre übte jahrhundertelang ihren angstmachenden Einfluss aus. Heute sagt die Kirche, die diese Lehre freilich nie offiziell als verbindlich übernommen hat, das Verhältnis der Freiheit Gottes und der Freiheit des Menschen sei „letztlich ein unauflösliches Geheimnis" (so im deutschen Erwachsenenkatechismus von 1985). Der voluminöse evangelisch-lutherische Erwachsenenkatechismus etwa (Ausgabe 1989) ist zwar von der katholischen Erbsündenlehre deutlich entfernt und spricht nur von der Zwangsläufigkeit der menschlichen Sünde und von Schuldverstrickung. Über Ursachen jenseits des (in der Bevölkerung weitgehend verschwundenen) Teufelsglaubens findet man nichts.

Historisch bildete sich eine *Legierung von Erbsünde, Sünde, Willensfreiheit, Satan, Frau, Sexualität und Schuld* heraus, die im Kampf gegen die mit dem Satan kopulierenden und grausam zu vernichtenden Hexen gipfelte (C 8), übertroffen nur noch durch den 2000-jährigen abgründigen Kampf gegen „den Juden" als Teufel. Im Verein mit den Naziverbrechern führte das indirekt bis in die Öfen von Auschwitz (C 1). Die Päpste Johannes Paul II. und Benedikt XVI. haben die Bedeutung der Lehre von Teufel und Hölle erneut offiziell stark betont. Obwohl sie damit zumindest in Europa kaum noch ankommen, wurden in den letzten Jahren in der katholischen Kirche sogar verstärkt wieder Exorzisten ausgebildet.

Exorzismus

Mit dem Exorzismus („Teufelsaustreibung") sollen die von übernatürlichen bösen teuflischen Kräften Befallenen (früher: Besessenen) von diesen befreit werden. Das dazu 1614 geschaffene große Exorzismus-Ritual, das „Rituale

Romanum", wurde 1999/2004 nur etwas verändert und erinnert an Horrorfilme (Priesterbefehl: „Weiche, Satan"; Kruzifix, Weihwasser, Gebete). 2008 hat das Bistum Fulda offiziell bekannt gegeben, in den letzten Jahren seien drei Exorzismen (die alle bischöflich genehmigt sein müssten) durchgeführt worden. Während solche offiziellen Exorzismen in Deutschland sehr selten sind (nicht genehmigte jedoch häufig[134]), sieht das in Afrika, Lateinamerika und Italien ganz anders aus. Der betagte Exorzist der Diözese Rom, Gabriele Amorth, will Zehntausende Exorzismen durchgeführt haben. Im Jahr 2005 wurde in Rom an einer päpstlichen Hochschule sogar ein eigener *Exorzismus-Ausbildungsgang gegründet*, in dem Exorzisten aus aller Welt ausgebildet werden. Über solche Fragen berichtete 2012 die Wochenzeitung „Die Zeit" in einem eingehenden Artikel zur österreichischen Theologin Monika Scala[135], jetzt Assistentin an einem Hochschulinstitut für Liturgiewissenschaft. Der offizielle Exorzist der Diözese Wien, Larry Hogan („Priester im Befreiungsdienst"), soll laut Medienberichten rund 50 Austreibungen im Jahr durchgeführt haben, auch bei Katholiken aus anderen Bundesländern. Die Diözese Linz beschäftigt fünf Exorzisten, die aber anscheinend kaum etwas zu tun haben. Laut Kirchenrecht müssten allerdings, so Scala, entgegen den Tatsachen in allen Diözesen geprüfte Exorzisten zur Verfügung stehen. Seit 2004 gibt es in Rom jährliche *internationale Exorzismuskonferenzen*. Besonders Benedikt XVI. war die Bewältigung der Teufelsbesessenheit ein persönliches Anliegen.

Ratlosigkeit angesichts des Bösen?

Der bekannte liberal-katholische Bibelwissenschaftler Herbert Haag, der sich viel mit dem Problem des Bösen, auch in der säkularen Diskussion, auseinandergesetzt hat, schrieb resümierend: „Jedoch hat die mit erstaunlicher Energie und bewundernswertem Scharfsinn geführte Diskussion über den Ursprung des Bösen wenig Erhellendes und vor allem wenig Übereinstimmendes zutage gefördert [...]" Als Theologe fährt er dann fort: „Noch viele andere Versuche wurden unternommen, um die fatale Bindung von Gott und dem Bösen in dieser Welt zu lösen. Die meisten von ihnen enden in spitzfindigen Unterscheidungen und gedanklichen Konstruktionen, denen die Unglaubwürdigkeit auf die Stirn geschrieben ist."[136]

Vordergründig könnte man sich mit der Antwort begnügen: Das Böse ist ein Verstoß gegen die gültige Moral. Dann fragt sich aber: Welche Moral ist gültig? Wie findet man ihre Regeln? Wer setzt sie fest? usw. Für Christen und andere Religiöse ist das „Gott" (s. A 3). Aber auch dann geht das Fragen weiter (zur religiösen Ethik A 7). Selbst wenn man das Böse unerklärt lässt oder auf den Teufel, das personifizierte Böse, zurückführt: *Für Christen ist die „Willensfrei-*

heit" ein grundlegendes Prinzip ihres Glaubens. Denn ohne freien Willen keine Sünde, ohne Sünde keine Schuld, ohne Schuld kein Schuldbewusstsein und kein Erlösungsbedürfnis. Ohne „Sünde" so letztlich auch keine geistige Macht der Kirche, die ja Gegenmittel gegen die Sünde und Erlösung im „Jenseits" anbietet.

Willensfreiheit oder Determinismus?

Nun, ganz so ratlos sind wir nun doch nicht. Seit Jahrzehnten ist allgemein anerkannt, dass das Handeln des Menschen bestimmt ist durch Veranlagung (Erbgut) und die äußeren Bedingungen, die auf den Menschen einwirken. Die Forschung hat ergeben, dass die vererbten Eigenschaften im Gegensatz zu früheren Ansichten einen stark dominierenden Einfluss ausüben. Es kann nur über das jeweilige Verhältnis dieser grundlegenden Faktoren gestritten werden und über einen etwaigen, dadurch nicht mehr erklärbaren Rest, der vollkommen auf das Willenskonto der jeweiligen Person geht.

Die einschlägigen Forschungsergebnisse aus vielen Wissenschaftsbereichen sind gewaltig. Sie betreffen die Determination durch Krankheiten und zahlreiche biochemische Stoffe, die je nach Situation das Verhalten und Empfinden beeinflussen. Eigenschaften wie Jähzorn und andere sind im Grundsatz gegeben, können aber durch Medikamente und Willensanstrengungen gemildert werden. Soziale Faktoren können stark prägend sein (soziale Herkunft, Ausbildung, persönliche Beziehungen, gesellschaftliche Einbettung usw.) Im gesellschaftlichen Bereich geht es um Friedens- und Konfliktforschung, aggressivitätssteigernde gesellschaftliche Strukturen usw. Wie maßgeblich die Umstände sein können, zeigt die Tatsache, dass während des Zweiten Weltkriegs viele Menschen grausame Verbrechen begangen haben, obwohl sie vorher und auch nach Kriegsende wieder ganz unauffällig wie „normale Leute" lebten. Das bestätigen eindeutig Versuche wie das berühmte und erschreckende Milgram-Experiment von 1962, bei dem Menschen in einer Umgebung wissenschaftlicher Autorität freiwillig und letztlich grundlos Mitmenschen unverhältnismäßige Schmerzen zuzufügen bereit waren.[137] Auch bei Berücksichtigung all der zahllosen Aspekte bleibt im Einzelfall, so die *traditionelle und gängige Meinung*, ein zur Verhaltensbestimmung *jederzeit einsetzbarer freier Wille*. Dieser ist ein *entscheidender Rest-Faktor, den der Handelnde einsetzen kann und muss*, um sein Verhalten mit der von ihm geforderten Moral bzw. Rechtsordnung in Einklang zu bringen. Versäumt er das, macht er sich schuldig und muss schon deswegen, zusätzlich noch zur Abschreckung und Besserung, bestraft bzw. sanktioniert werden. Kurz: Soweit der Mensch unabhängig von Gegebenheiten, die er (aktuell) nicht beeinflussen kann, zusätzlich einen freien Willen hat, sich so oder anders zu verhalten, ist er für sein Fehlverhalten voll verantwortlich und lädt Schuld auf sich.

Das ist die *Theorie der alternativen Möglichkeiten:* Bei fehlendem äußerem Zwang kann man sich grundsätzlich stets so oder auch anders verhalten. Seit Augustinus ist diese Ansicht (auch) in unserer westlichen Kultur derart selbstverständlich verankert, dass selbst bedeutende Gelehrte kaum auf die Idee gekommen sind, es könne anders sein. Die demgegenüber auch hirnphysiologisch untermauerte Behauptung, das sei ganz falsch und der Mensch in seinem konkreten Verhalten determiniert, stößt vor allem bei Geisteswissenschaftlern auf völliges Unverständnis bis zur Verstörung und Empörung, weil sie – neben ihrem Beruf als Psychologe, Religionsvertreter usw. – die ganze Gesellschaftsordnung in Gefahr sehen. Auch verwenden sie fragwürdige Argumente und verweisen z. B. darauf, auch die Schönheit einer musikalischen Komposition könne naturwissenschaftlich nicht erfasst werden. Dabei übersehen diese Traditionalisten in ihrem emotionalen Protest die wirkliche Aussage der Deterministen, die sie gar nicht richtig zur Kenntnis nehmen, um dann die bösen Leugner der Willensfreiheit von ihrem hohen moralischen Ross herab zu verurteilen.

Was sagen aber die Gegner der Willensfreiheit wirklich? Zunächst: Willensfreiheit ist natürlich die Freiheit, in einer gegebenen Situation das zu tun, was man will, genauer, wozu man sich entschließt. Das ist aber (nur) die Handlungsfreiheit, *die aber kein Determinist bestreitet!* Sie verleiht uns tatsächlich das Gefühl, wirklich frei zu handeln, und ist auch politisch wichtig. Interessant wird es erst, wenn man genauer fragt, wie es denn zu den Handlungsentschlüssen kommt. In Anlehnung an Arthur Schopenhauer anders formuliert: *Der Mensch kann zwar tun, was er will; aber kann er auch wollen, was er will?* Das ist die Frage danach, ob bzw. wie *innerlich* frei Handlungsentschlüsse sind. Die These der konkret gegebenen alternativen Handlungsmöglichkeit verlangt genau genommen „einen Riss im universalen Kausalgefüge der Welt", wie neuerdings der naturalistische Philosoph Michael Schmidt-Salomon plausibel erläutert. Er fährt fort: „Denn für materielle Körper (oberhalb der Quantenebene) gilt notwendigerweise, dass *identische Ursachen* auch *identische Folgen* nach sich ziehen."[138]

Ist es wirklich sinnvoll zu meinen, dass jemand, der zu einem ganz bestimmten Zeitpunkt unter speziellen Bedingungen (Informationsstand, verbaler Angriff, Demütigung, spezielles Erlebnis, schwierige körperliche oder geistige Situation, Erregungszustand, Angst usw.) einen körperlichen Angriff startet, sich genau zu diesem Zeitpunkt auch hätte sagen können: Vielleicht stimmen meine Informationen nicht, vielleicht ist es nicht so gemeint, ich bin gerade schlecht drauf, ich sollte es überschlafen, ich schade mir selbst durch eine Überreaktion usw. Hätte er? Waren nicht die biochemischen und psychologischen Gegebenheiten genau in diesem Zeitpunkt so, wie sie nun einmal waren? Eine halbe Minute früher wäre der Handlungsentschluss bei sonst identischen Umständen vielleicht nicht erfolgt, wenn ein Freund gerufen hätte „Tu's nicht, es ist anders, als du meinst".

Aber das wäre eben ein anderer Fall. Und hinterher kann man die Tat vielleicht sofort bereuen, weil erst dann Zeit zur Reflexion ist.

Es gibt keine Handlung und keine Wirkung ohne Ursachen. Ein ursachenfreier Wille bzw. Handlungsentschluss, der sozusagen frei flottierend aus der Luft gegriffen wäre, verstieße gegen das Kausalitätsprinzip. Schopenhauer sagt das so: „Unter Voraussetzung der Willensfreiheit wäre jede menschliche Handlung ein unerklärliches Wunder […]."[139] Handlungsentschlüsse sind das Ergebnis von Motivabwägungen und/oder folgen unbewussten Antrieben. Bei bewussten Entscheidungen folgt man immer dem *momentan* stärkeren Motiv. Dabei können gereifte Überzeugungen kurzfristig durch andere Momente, etwa der Angst, Freude, Wut usw., überlagert werden, und dieselbe Kombination von Gesichtspunkten wird nie wieder auftreten. Man kann also tun, was man will, aber wollen kann man nur, was die *jeweils aktuellen Gesamtumstände* erlauben. Durch diese ist die jeweilige Handlung, obzwar äußerlich in völliger Handlungsfreiheit erfolgt, vollkommen determiniert. *Der Begriff der Schuld ist in dieser Hinsicht ganz unangemessen.* Selbst wenn man von einem personifizierten Bösen ausginge, wäre dieses vielleicht das entscheidende Handlungsmotiv. Der Handelnde könnte aber *jetzt* nicht anders.

Dass richtig verstandene *Willensfreiheit nur die äußere Handlungsfreiheit meint*, nicht aber das innere Vermögen, ist in einer Volksweisheit erkannt: *Keiner kann aus seiner Haut heraus.* Daher kann nicht verwundern, dass viele große Denker Deterministen waren: Charles Darwin, Albert Einstein, Sigmund Freud, David Hume, John Locke, Arthur Schopenhauer, Baruch de Spinoza u. a.

Hirnforschung und Determinismus

Schon allgemeine Überlegungen sprechen daher gegen Willensfreiheit im hier verstandenen engen Sinn, ohne dass man sich damit kompromittieren würde. Dies ist umso weniger der Fall, als die moderne Hirnforschung eindeutig den Determinismus belegt (knapp A 2).[140] Die aufseiten von Philosophen, Psychologen, Juristen und Theologen oft erregt geführte Auseinandersetzung mit den Hirnforschern (in Deutschland besonders Gerhard Roth und Wolf Singer) beruht wohl weitgehend auf *Missverständnissen*, weil die Geisteswissenschaftler anscheinend nicht willens sind, den Hirnforschern überhaupt richtig zuzuhören. Sie werfen ihnen z. B. vor, ohne Willensfreiheit gebe es keine Verantwortung, ohne die Vorstellung von der Willensfreiheit könnten wir nicht leben, die Hirnforscher seien Dogmatiker, eine dezentrale Organisation des Gehirns sei wissenschaftstheoretisch unhaltbar u. a. Das geht aber häufig ziemlich an der Sache vorbei. Als ein Beispiel dafür, wie man auf sehr hohem Niveau die Ansichten der Hirnforscher missverstehen kann, sei die Auseinandersetzung zwischen den Geisteswissenschaftlern Paul Schulz und Michael Schmidt-Salomon genannt. Letzteren hat Schulz überaus heftig angriffen, ist aber mit seiner Aussage im Vorspann dieses Kapitels nahe bei ihm: Wenn er sagt, der freie Wille sei nur als Wille zu verstehen, der sich freisetzt aus Konditionierungen, die im Voraus bestanden haben, so ist das wohl so zu verstehen, dass sich der Mensch durch eigenständige („freiwillige") Bemühung von seiner geistigen Prägung fortentwickeln kann. Aber kein einziger Determinist dürfte diese Lernfähigkeit bezweifeln!

Hier wird nicht der Versuch unternommen, die bisherige Tätigkeit der Hirnforscher auch nur zusammenfassend nachzuzeichnen. Es soll der Hinweis darauf genügen, dass *alle im Gehirn entstandenen – unbewussten und bewussten – Entscheidungen auf neuronalen Prozessen beruhen*. Das Problem des *rationalen Abwägens* hat die Juristin Anja Schiemann 2004 mutig so erläutert: „Bei bewussten Entscheidungen stehen dem Menschen […] zusätzlich zu den unbewussten Variablen wie zum Beispiel frühkindliche Prägung oder genetische Vorgaben noch bewusste Wissensinhalte, das heißt spät Erlerntes wie Kulturwissen, Gesetze, Moralvorstellungen und so weiter, im Abwägungs- und Auswählprozess zur Verfügung. Diese bewussten Motive müssen, so Singer, jedoch keineswegs die entscheidenden gewesen sein. Da aber nur das bewusst Gedachte überhaupt bewusst wird, scheint es, als seien jeweils nur diese bewussten Argumente die hinreichende und vollständige Begründung. Insoweit geschieht das rationale Abwägen nicht weniger determiniert als das affektiv-emotional bestimmte Entscheiden, es wird nur anders erlebt. Welche Argumente uns beim rationalen Abwägen überhaupt zur Verfügung stehen, hängt letztlich nicht von unserem bewussten Denken ab, sondern wird von unserem unbewusst arbeitenden Erfahrungsgedächtnis bestimmt, über das wir keine willentliche Macht haben. Dies heißt dann aber, um mit Singer zu sprechen: ‚Keiner kann anders, als er ist'".[141]

Die Determiniertheit, bezogen auf den jeweiligen Handlungszeitpunkt, bedeutet aber, wie gesagt, keineswegs, dass sich der Mensch nicht ständig verändert. Dies geschieht durch Erlebnisse, Begegnungen, Lektüre, körperliche Veränderungen, Denken. So ändern sich auch moralische Werte und soziales Verhalten. An der Zurechenbarkeit (Verantwortlichkeit) für Handlungen ändert sich nichts, denn es ist niemand Anderer da. Das von der Gesellschaft *verurteilte Verhalten wird im Grundsatz wie bisher sanktioniert* („vergolten"). *Nur der moralische Schuldvorwurf, Böses getan zu haben, entfällt,* mit positiven Auswirkungen, wie Schmidt-Salomon aufgezeigt hat (vgl. zur Frage der Willensfreiheit auch unter A 2 zum Glauben als Gehirnfunktion).

Verbleibende Fragen

Auch beim Nachvollzug dieser Überlegungen bleiben zumindest psychologische Probleme. Bei *unerhörten Grausamkeiten* menschlichen Verhaltens („Monster") will man sich empören, nach Vergeltung im Sinn von Rache rufen. Aber die Forschung hat gezeigt, dass viele bislang „unerklärliche" Verhaltensweisen doch erklärt werden können: Zum einen spielen negative Erziehungseinflüsse und Umweltbedingungen eine mitentscheidende Rolle. Es gibt aber auch Menschen, denen durch (unter Umständen unerkannte) *signifikante Abweichungen* im limbischen Gehirnareal (ob angeboren oder durch Unfall) z. B. die Fähigkeit des Mitleidens (Empathie) mehr oder weniger fehlt; es gibt Menschen mit stark vermindertem Schmerzempfinden; man schätzt die Vererblichkeit aggressiven Verhaltens auf 50–75%, wobei anscheinend Serotoninmangel eine Rolle spielt, usw.[142] Man hat nachgewiesen, dass bei Psychopathen Gehirnregionen, die für negative Gefühle zuständig sind, nicht (richtig) arbeiten.

Offen soll bleiben, ob es nicht doch sozusagen in Randbereichen des Handelns *Nichtdeterminiertes* geben kann, wie in der Physik auch. So mag dahinstehen, ob die Entscheidung, im Restaurant die eine oder andere Pizzasorte auszuwählen, nicht doch manchmal rein zufällig sein kann. Um solche „Entscheidungen" geht es aber nicht, wenn in einem moralischen Sinn über Handlungsalternativen diskutiert wird.

Abschied vom Bösen

Wir wissen, dass Gewalt und das Töten von Menschen ein integraler Bestandteil der Geschichte ist. Auch hat sich gezeigt, dass es so etwas wie den „guten Wilden" nicht gibt. Die meisten Mörder sind ganz normale Menschen. Mit solchen Fragen befasst sich u. a. die Evolutionsbiologie.

Die Begriffe „Gut" und „Böse" sind menschliche, auch in Regeln gefasste Konstrukte (Goldene Regel, s. A 7 und F 3), die nach Weltanschauung, Region und Kultur vielfältig differieren. Es bleibt die Einsicht: „Das Böse" gibt es nicht – weder in Form eines abstrakt-numinosen Bösen (das Böse als Idee) noch in Form eines personifizierten „Bösen" (Satan, Hitler, Stalin). Daher ist auch der in vielen Filmen herrschende (psychologisch attraktive) Kampf zwischen Gut und Böse abzulehnen. Auch in der neueren Politik hat er sich ungut ausgewirkt („Reich des Bösen" usw.). In der Vergangenheit waren die Religionen mit ihren Riten eine Möglichkeit, das unerklärte „Böse" zu verarbeiten. Heute haben die Religionen in dieser Hinsicht ihre Funktion verloren. Dass der Abschied von „Sünde" und „Schuld" für die christlichen Glaubensgemeinschaften von existenzieller Bedeutung ist, kann man nicht abstreiten. An die Stelle der Sünde sind ethische Verstöße gegen sich selbst und andere getreten. Das ist eine Folge der evolutionären Tatsache, dass der Mensch vom „Baum der Erkenntnis" gegessen hat. Aber gerade das (nämlich das Bewusstsein des Homo sapiens sapiens) ist es ja, was unser Menschsein ausmacht.

3 – Papsttum

Für Literaturhinweise zum Gesamtthema, siehe die Anmerkungen[143].

Christi Niederlage war nicht die Kreuzigung, sondern der Vatikan.

Jean Cocteau

Gibt es aber wohl gefährlichere Feinde der Kirche als die gottlosen Päpste, die den Heiland verkümmern lassen [...] die ihn durch ihre wucherischen Gesetze in Ketten legen, die durch gezwungene Erklärungen seine Lehre verändern, die ihn schließlich durch ihren schändlichen Lebenswandel zugrunde richten? [...] Der Krieg ist freilich etwas so Grausames [...] etwas so Unsinniges [...] trotzdem aber lassen einige von den höchsten Priestern alles Andere außer Acht und widmen sich einzig und allein dem Kriege. Unter diesen sieht man sogar oft welke Greise mit erneuter Jugendfrische sich betätigen [...]. Auch fehlen ihnen dann die gelehrten Schmeichler nicht, die diese offenkundige Raserei Eifer, Frömmigkeit und Tapferkeit nennen und Gründe dafür finden, dass es kein Verstoß [...] gegen die Nächstenliebe sei, wenn man das todbringende Schwert [...] seinem Mitmenschen ins Herz stößt.

Erasmus von Rotterdam, Humanist und Theologe,
in: Das Lob der Torheit, 1508, Kap. 59

Neues Testament und Vorgeschichte des Papstamts

Die Entwicklung des Papsttums aus bescheidenen Anfängen bis zur heutigen unumschränkten Machtfülle innerhalb der katholischen Kirche ist außerordentlich. Diese älteste Wahlmonarchie der Welt mit ca. 266 Regenten (römischen Bischöfen, ohne Gegenpäpste) in Folge bis zur Gegenwart genießt heute immer noch Ansehen im interreligiösen Dialog und in der internationalen Politik. Unter dem Blickwinkel von Grundforderungen einer allgemein anerkannten Ethik (fairer Umgang mit Andersdenkenden, Wahrhaftigkeit, Friedensarbeit) und der Frage nach eindeutig positiven Auswirkungen auf den Katholizismus, das Christentum und das Weltgeschehen kann dieses Ansehen bei rational-nüchterner Betrachtung nur erstaunen.

Nach katholischer Lehre hat Jesus Christus selbst und somit Gott das Papstamt eingesetzt. Inhaber des 1. Papstamtes soll als Bischof von Rom der Apostel Petrus gewesen sein. Nach der traditionell propagierten Auffassung sollen seit Petrus alle Päpste in ununterbrochener „apostolischer Sukzession" bis heute gewirkt haben. Diese historisch völlig illusionäre, aber immer noch wirkmächtige Lehre findet sich selbst im sehr traditionellen, vom Papst genehmigten Weltkatechismus von 1993 in dieser strikten Form nicht mehr. Biblische Hauptfundstelle für das Papstamt ist Mt 16,18f.: „Ich aber sage dir: Du bist Petrus, und auf diesen Felsen werde ich meine Kirche bauen, und die Mächte der Unterwelt [früher: Hölle] werden sie nicht überwältigen. Ich werde dir die Schlüssel des Himmelreichs geben; was du auf Erden binden wirst, das wird auch im Himmel gebunden sein, und was du auf Erden lösen wirst, das wird auch im Himmel gelöst sein." Diese Bibelworte sind aber schon deshalb unecht (was weitgehend auch von katholischen Neutestamentlern anerkannt ist), weil der Jude Jesus keine Kirche gegründet hat. Er sprach vom Reich Gottes und nie von Kirche. Die Gründung einer neuen Glaubensgemeinschaft wäre völlig im Widerspruch zu seiner Erwartung des unmittelbar bevorstehenden Weltendes gewesen. Die These von Petrus als erstem Papst ist eine freie spätere Erfindung. Es ist nicht einmal ansatzweise belegt, dass Petrus überhaupt in Rom war. Die Heidenmission hatte der Judenapostel Petrus seinem Gegner Paulus überlassen.

Römischer Bischof konnte Petrus schon deswegen nicht sein, weil das sich in Syrien und Kleinasien ausbildende Bischofsamt erst Mitte des 2. Jh. nach Rom kam. Bischöfe waren erst Unter-, dann Gleich- und schließlich Übergeordnete im Verhältnis zu anderen Gemeindeämtern. Die Legende von Petrus und Paulus als Gemeindegründer in Rom datiert um 170. Erst im 3. Jh. sprach man vom Stuhl Petri, dessen Autorität aber noch nicht über der anderer Bischöfe lag. Trotzdem erstreckt sich heute die römische Bischofsliste von Petrus bis Franziskus. Die älteste römische Bischofsliste stammt vom Kirchenvater Irenäus von Lyon (ca. 180–185), die erste verbürgte Primatsbehauptung eines römischen Bischofs aus dem 3. Jh. Im römischen Ostreich sprach man längst Patriarchen, Bischöfe und Äbte als „pappas" (gr., „Väter") an, während der Titel „papa" in Rom erst Mitte des 4. Jh. belegt ist. Die bedeutenden Theologen Cyprian und Origenes schrieben dem römischen Bischof im 3. Jh. keinen hierarchischen Status zu, und auch der Kirchenlehrer Ambrosius (333/339–397), Bischof von Mailand, die führende Gestalt seines Zeitalters, tat das nicht. Das für die christlichen Kirchen grundlegende und als erstes „Ökumenisches Konzil" anerkannte Konzil von Nicäa im Jahr 325 wurde bezeichnenderweise nicht vom römischen Bischof Silvester I. einberufen, sondern von Kaiser Konstantin. Das Konzil ging nicht von einem Primat des römischen Bischofs aus, der überdies nur durch zwei Presbyter vertreten war. Die Leitung und das Sagen hatte allein der Kaiser durch seine Beauftragten, und der Kaiser schloss es und bestätigte die theologisch wichtigen Ergebnisse durch Reichsgesetz. Der Kaiser und nicht der Papst dominierte auch die folgenden Konzilien.

Etablierung und allgemeine historische Bedeutung des Papsttums

Im Westen blieb im machtpolitischen Ringen schließlich der Papst als höchste geistliche Kircheninstanz übrig. Seit Leo I. (440–461) verstehen sich die Päpste ausdrücklich als höchste Richter aller Christen, oberste Kirchenverwalter und Inhaber des höchsten Lehramts, was aber (im Gegensatz zu heute) vielfach ein bloßer Anspruch blieb. Von Unfehlbarkeit war keine Rede. Einen gleichartigen Anspruch erhoben die Patriarchen von Byzanz für die Ostkirche. In der Spätphase Westroms (Untergang 476) stieg die politisch-einigende Funktion des Papsttums, im 13. Jh. war es auf dem Höhepunkt seiner auch politischen Macht. Schon im 4. Jh. erhob die Papstkirche den Anspruch auf Freiheit von staatlicher Bevormundung, und das jahrhundertelange *Ringen zwischen der weltlichen und geistlichen Gewalt um die Oberhoheit innerhalb der einen (westlichen) Christenheit ist eine wichtige Besonderheit der europäischen Entwicklung.* Im mittelalterlichen Kampf zwischen Kaiser und Papst (Investiturstreit) fand es seinen Höhepunkt.

Der Gedanke der Trennung von Staat und Kirche blieb bis heute ein die Entwicklung Europas prägender Zug, der Stellenwert des Papsttums aber recht unterschiedlich. Auf Machteinbußen reagierten Päpste oft besonders allergisch. Obwohl nach den riesigen Verwüstungen des Dreißigjährigen Krieges der Westfälische Friede von 1648 dem total erschöpften, ausgemordeten und dezimierten Europa endlich eine Verschnaufpause verschaffte, erklärte Papst Innozenz X. ihn für null und nichtig für alle Zeit, waren doch den Protestanten Rechte zuerkannt worden. Die französische Erklärung der Menschenrechte von 1789 verdammte Pius VI., selbst Oberhaupt eines weltlichen Staats, könne es doch nichts Unsinnigeres geben als Religionsfreiheit, Rede- und Pressefreiheit u. a. Traumatisch wirkte die 1798 erfolgte Besetzung Roms und Absetzung des Papstes durch Napoleon nach. Das ganze 19. Jh. hindurch widersetzten sich die Päpste allen modernen Strömungen, insbesondere Freiheit und Demokratie, mehr als alle anderen europäischen Staaten. Die Judenfeindschaft hatte in diesem Jahrhundert einen besonderen Stellenwert (C 1). Einzigartig sowohl nach Inhalt wie Zustandekommen sind die beiden Dogmen des I. Vatikanischen Konzils: päpstliche Unfehlbarkeit bei formell endgültigen Entscheidungen in Glaubens- und Sittenfragen und „Jurisdiktionsprimat" (s. u.). Auch im 20. Jh. war das Papsttum lange ein Hort der Reaktion, bis das II. Vatikanische Konzil in der Menschenrechtsfrage, insbesondere der Religionsfreiheit, und mit der Verurteilung jeder Judenfeindschaft eine fundamentale Kehrtwendung einleitete. Die Restauration unter Johannes Paul II. und Benedikt XVI. ist jedoch recht deutlich geworden.

Das Papstamt im heutigen Kirchenrecht

Über das Papstamt sagt der *Codex Iuris Canonici* von 1983, das Gesetzbuch der römisch-katholischen Kirche, Folgendes (Hervorh. Cz.):

> Can. 331: Der Bischof der Kirche von Rom, in dem das vom Herrn einzig dem Petrus, dem Ersten der Apostel, übertragene und seinen Nachfolgern zu vermittelnde Amt fortdauert, ist Haupt des Bischofskollegiums, *Stellvertreter Christi und Hirte der Gesamtkirche hier auf Erden*; deshalb verfügt er kraft seines Amtes in der Kirche über *höchste, volle, unmittelbare und universale ordentliche Gewalt, die er immer frei ausüben kann.* – Can. 333, § 2: Der Papst steht bei Ausübung seines Amtes als oberster Hirte der Kirche stets in Gemeinschaft mit den übrigen Bischöfen, ja sogar mit der ganzen Kirche; er hat aber das Recht, entsprechend den Erfordernissen der Kirche darüber zu bestimmen, ob er dieses Amt persönlich oder im kollegialen Verbund ausübt. § 3: Gegen ein Urteil oder ein Dekret des Papstes gibt es weder Berufung noch Beschwerde. – Can. 749, § 1: *Unfehlbarkeit im Lehramt* besitzt kraft seines Amtes der Papst, wann immer er als oberster Hirt und Lehrer aller Gläubigen, dessen Aufgabe es ist, seine Brüder im Glauben zu stärken, eine Glaubens- oder Sittenlehre definitiv als verpflichtend verkündet [...]. § 3: Als unfehlbar definiert ist eine Lehre nur anzusehen, wenn dies offensichtlich feststeht.

Der Papst hat somit *absolute diktatorische Vollmachten* und ist letztlich nicht an Gesetze und Gremien (etwa Organe der Kurie) gebunden. Zu keinem historischen Zeitpunkt vor dem völlig revolutionären und irregulär verlaufenen I. Vatikanischen Konzil 1869/1870 war der Papst mit einer solchen universalen Machtfülle und Durchsetzungskraft ausgestattet wie heute. Interessanterweise hatte im 14. Jh. Papst Johannes XXII. in seiner Bulle „Qui quorundam" 1324 die (nicht uneigennützig vertretene) franziskanische Lehre von der päpstlichen Infallibilität als „Teufelswerk" verurteilt.

Kritische Beurteilung des Papsttums

Das Papsttum und seine Geschichte können unter vielen Gesichtspunkten behandelt werden. Das übt auch auf Nichtkatholiken eine *große Faszination* aus, wie auch die Zahl sogar mehrbändiger großer Werke deutscher Sprache beweist. Aber Bewunderung ist für eine auf Tatsachen basierende Beurteilung ebenso wenig hilfreich wie Liebe oder Hass. Wer die Kirche als fortwirkenden Christus betrachtet und sie vom Heiligen Geist geleitet sieht, wird zwangsläufig große Teile der Geschichte des Papsttums ignorieren oder umbiegen müssen. Eine wissenschaftlich orientierte Darstellung muss immer von einem agnostischen Standpunkt an ihren Gegenstand herangehen. Wenn dann die Ergebnisse wegen der festgestellten Tatsachen unerfreulich sind, ist es nicht angebracht, den Autoren den Vorwurf zu machen, sie produzierten „Anwurf- und Vorwurfliteratur", wie es Horst Fuhrmann gegenüber Autoren wie Karlheinz Deschner und Eugen Drewermann tut. Angesichts unzähliger beschönigender Historien ist es nur allzu legitim, wenn auch diejenigen ungünstigen Fakten zur Sprache kommen, die gern verdrängt werden. Denn im praktischen Ergebnis kommt das Verdrängen vielfach faustdicken Lügen gleich.

Die Päpste waren *Herrscher wie alle anderen weltlichen Herrscher auch.* Sie kamen oft auf fragwürdige, ja anrüchige Weise als Ergebnis weltlicher, nicht selten gewalttätiger Machtkämpfe und politischer Konstellationen an die Macht und führten nicht weniger *ungerechte Kriege* als andere Herrscher. Viele Päpste waren hochgebildet und förderten *Kunst und Wissenschaft.* Manche galten als sehr fromm und wollten *Reformen.* Aber es waren auch Päpste, die wesentlich für viel Unheil verantwortlich oder mitverantwortlich waren, insbesondere für eine *systematische Verfolgungs- und Vernichtungspolitik gegenüber sogenannten Ketzern, Juden und Heiden.* Groß ist die Zahl der großen und kleineren *Kreuzzüge.* Päpste führten die *Folter* ein, riefen zur *Hexenverfolgung* auf, waren verantwortlich oder mitverantwortlich für die Schrecken der Römischen und Spanischen *Inquisition*, verboten Literatur, auch Weltliteratur, einschließlich der Bibel, behinderten jahrhundertelang *den wissenschaftlichen Fortschritt*, erniedrigten Frauen, führten ohne Glaubensgründe den naturwidrigen *Zölibat* ein, unterdrückten Menschen durch ihre rigide Reglementierung der *Sexualität*, *missionierten mit Gewaltmethoden*, bereicherten die Musik durch den Gesang von *Kastraten*, schlugen sich meist auf die Seite der Mächtigen, verbreiteten millionenfach *existenzielle Ängste* durch Androhung apokalyptischer Höllenstrafen, bekämpften die *Menschenrechte* einschließlich der Religionsfreiheit bis zum letztmöglichen historischen Zeitpunkt, bekämpfen selbst heute noch trotz der problematischen Bevölkerungslage und Umweltzerstörung jede vernünftige *Geburtenkontrolle.*

Päpste waren gebildet und ungebildet, liebenswürdig und grobschlächtig, theologisch beschlagen und theologisch unwissend. Manche Päpste kümmerten sich sehr um Ordnung in der Kirche und um Reformen. Nicht wenige waren auch Asketen und religiöse Fanatiker und Prediger des irdischen Jammertals. Es gab sehr viele Päpste mit Eigenschaften, die allgemein anerkannten ethischen Mindestanforderungen oder Anforderungen des Amtes nicht genügten: Besonders viele huldigten der Vetternwirtschaft, sie frönten dem Luxus, waren geldgierig, verschacherten Kirchenämter, waren bestechlich, unternahmen nichts gegen riesige Finanzskandale, förderten den Reliquienschwindel. Andere Päpste waren abergläubisch, huldigten der Astrologie, hielten sich Mätressen, veranstalteten ausnahmsweise sogar große sexuelle Ausschweifungen. Es gab auch Papstwahlexzesse. Päpste begünstigten Verbrechen, und es gab auch Päpste, die persönlich grausam bzw. unmittelbar für Morde verantwortlich waren. Und der Nationalsozialismus und alle faschistischen Regime wurden vom Papst mittelbar bzw. unmittelbar unterstützt.

Zwei Gesichtspunkte wiegen besonders schwer: Judenfeindschaft und Bestehen auf „Heiligkeit". Unbestreitbar ist die durchgängige *Judengegnerschaft* der allermeisten und der große Judenhass vieler Päpste[144], von den Anfängen bis Pius XII. (dessen Lebensrettungsmaßnahmen kein ausreichendes Gegenargument sind)[145]. Der Judenhasser und Feind der Moderne Pius IX. (1846–1878) brachte seinerzeit das gebildete Europa gegen sich auf und hatte die theologische Katastrophe des I. Vatikanischen Konzils zu verantworten. Dennoch wurde er vom „Judenfreund" Johannes Paul II. im Jahr 2000 seliggesprochen, zusammen mit dem so ziemlich einzigen unumstrittenen Menschenfreund Papst Johannes XXIII. Pius IX. hatte seinerseits 1867 den berüchtigten, 1485 ermordeten Inquisitor Pedro Arbuez von der Spanischen Inquisition heiliggesprochen. Die *Selig- und Heiligsprechungen* sind überhaupt ein aufschlussreiches Kapitel für sich (C 13). Und ungeachtet der Tatbestände legt der Vatikan heute noch großen Wert auf die offizielle Papstanrede „Eure Heiligkeit" oder „Heiliger Vater". Nach kirchlichem Verständnis bezieht sich die Heiligkeit des Papstes, des Stellvertreters Jesu, zwar auf das Amt, nicht auf die Person. An der Heiligkeit der Kirche lässt dieselbe jedoch nicht rütteln: Die Kirche ist „unzerstörbar heilig", wobei „Seele der Heiligkeit" die Liebe ist (KKK Nr. 823 und 826).

Heutige internationale Stellung des Papsttums

Der „Heilige Stuhl", die Zentrale der katholischen Glaubensgemeinschaft, wird traditionell, aber systemwidrig neben dem von ihm zu unterscheidenden Vatikanstaat sogar als *Völkerrechtssubjekt* anerkannt, ein *weltweit einzigartiges, sachlich nicht begründbares historisches Privileg*. Auch wird „Rom" nach wie vor erfolgreich als vorbildliche sittliche Macht ausgegeben. 1957 ersetzten die UN die Bezeichnung „Vatikanstaat" durch „Heiliger Stuhl" und räumten diesem den Status als Ständiger Beobachter ein. Daher hat der „Heilige Stuhl" – obwohl kein Staat, sondern religiöse Instanz – im Gegensatz zu allen anderen Religionen staatsgleiche Privilegien wie Rede- und Stimmrecht bei UN-Konferenzen. Die Rolle des Papsttums im Hinblick auf die Übervölkerung, neben der Umweltzerstörung der stärksten Bedrohung der Menschheit, kann nur als verhängnisvoll bezeichnet werden. Trotz eines häufigen Unverständnisses für päpstliches Wirken auch innerhalb des Katholizismus erfährt das derzeitige Papsttum nach wie vor überwiegend positive, jedenfalls besondere Resonanz in unseren Medien. Das wachsweiche Schuldeingeständnis des Papstes im Jubeljahr 2000 zu historischen Verbrechen im kirchlichen Bereich nach 2000 Jahren trägt zur Verharmlosung und Verschleierung historischer Tatsachen bei und erweist sich als publizistischer Entlastungsschlag. Das breite Publikum bleibt trotz Teilaufklärung zu Einzelthemen und zahlreicher auch kritischer Literatur weitgehend unaufgeklärt.

Papst Benedikt XVI. als aktuelles Beispiel und Ausblick

Als Kardinal Joseph Ratzinger, geb. 1927, im April 2005 zum Papst gewählt worden war, war er bereits 24 Jahre als rechte Hand seines Vorgängers Johannes Paul II. Chef der Glaubenskongregation (Nachfolgerin der Inquisition) gewesen und hatte die Struktur der Kirche wesentlich mitgeprägt. Als verheerend wurde auch innerkirchlich sein rigider Kampf gegen die südamerikanische „Befreiungstheologie" empfunden zu einer Zeit, als wesentliche Teile der Kirche dortige blutige Rechtsdiktaturen noch unterstützten (C 11.4). Schon deswegen waren Änderungen in Richtung Liberalität nicht zu erwarten.

Wie schon sein Vorgänger hofierte er das antidemokratische, frauenfeindliche, konzilfeindliche und sklavischen Gehorsam fordernde totalitäre und mächtige Opus Dei und erwies ihm bald nach Dienstantritt in Köln Reverenz. Ebenfalls noch 2005 sprach Benedikt sieben frankistische spanische Geistliche selig, die in der Anfangszeit des Spanischen Bürgerkriegs nach erheblichen Brutalitäten der Franco-Putschisten erschossen wurden (zur traurigen Rolle der Kirche in Spanien C 11.2). Das wurde noch gesteigert durch die bisher größte Seligsprechung aller Zeiten: 2007 wurden 498 Opfer des Spanischen Bürgerkriegs, zumeist Ordensleute, zur Ehre der Altäre erhoben, weil diese Franco-Anhänger durch Sozialisten, Kommunisten und Anarchisten „aus Glaubenshass" umgebracht worden seien und ein leuchtendes Beispiel gegeben hätten. Der ermordeten Priester und Gläubigen der republikanischen Seite gedachte man natürlich nicht. Ebenfalls 2007 genierte sich Benedikt nicht, in Südamerika zu behaupten, die Christianisierung sei keine Oktroyierung einer fremden Kultur gewesen, sondern von den Ureinwohnern unbewusst herbeigesehnt worden!

Zu diesen stark rechtsgerichteten Aspekten passt die Anbiederung an die besonders rechtslastige und auch ziemlich judenfeindliche schismatische Priesterbruderschaft St. Pius X. (Piusbrüder) mit ihrem damaligen Bischof und Holocaustleugner Richard Williamson. Die Behauptung, der Papst und seine engsten Berater hätten nicht über Williamson Bescheid gewusst, erscheint ebenso dreist wie dümmlich. Im Übrigen hat dieser Papst nicht nur die Juden (wieder eingeführte modifizierte Karfreitagsfürbitte), sondern auch die Protestanten verärgert. In Afrika prangerte er erneut die Verwendung von Kondomen an, und seine Rolle im gigantischen Sexualskandal ist insgesamt günstigstenfalls zwiespältig zu nennen.

Wie problematisch die gefeierten Reden Benedikts in Regensburg 2006 und im Bundestag 2011 intellektuell waren, muss hier dahinstehen. Aber dass die Idee der Menschenrechte und Gleichstellung aller Menschen in der kirchlichen Lehre gründe, hätte man dem Papst nicht durchgehen lassen dürfen. Dass ein unkritischer Umgang mit ihm auch bei den seriösen Medien üblich war, gibt nach allem Rätsel auf.

Der seit 2013 regierende neue Papst Franziskus genießt sicher auch bei vielen „Ungläubigen" Sympathien, schon wegen seiner kritischen Einstellung zu kirchlichem Pomp, seiner glaubhaften sozialen Einstellung und seiner ernsthaften Bemühung, die Korruption im Vatikan zumindest einzudämmen und die internen Machtstrukturen zu reformieren. Sollte er zudem eine grundsätzlich respektvolle Haltung gegenüber Nichtreligiösen an den Tag legen, wäre das sehr verdienstvoll, ja fast revolutionär. All das könnte aber das grundlegende Problem des totalitär strukturierten Papsttums und seine vielfach erbärmliche Geschichte – unter der Führung des Heiligen Geistes! – nicht beseitigen.

4 – Maria

Du Spiegel der Gerechtigkeit, Du Sitz der Weisheit, Du Ursache unserer Freude, Du Kelch des Geistes, Du kostbarer Kelch, Du erlesener Kelch der Hingabe, Du geheimnisvolle Rose, Du starker Turm Davids, Du elfenbeinerner Turm, Du goldenes Haus, Du Bundeslade Gottes, Du Pforte des Himmels, Du Morgenstern bitte für uns!

Aus der Lauretanischen Litanei (11./16. Jh.)

Wunderschön prächtige, hohe und mächtige, liebreich holdselige, himmlische Frau, welcher ich ewiglich kindlich verbinde mich, ja mich mit Leib und mit Seele vertrau.
Gut, Blut und Leben will ich dir geben, alles, was immer ich hab und ich bin, geb' ich mit Freuden, Maria, dir hin.

Marienlied-Strophe

Die Maria, Hilfe der Christen (Maria Auxiliatrix), wurde schon seit dem Hochmittelalter der Kreuzzüge verehrt, und das Motiv der Obsiegerin über die Sünde findet sich im Glaubenssatz der Unbefleckten Empfängnis und als Siegreiche Königin der Welt. – In den Türkenkriegen nennt Papst Pius V. (Papst 1566–1572) die heilige Maria Obsiegerin gegen die Türken.

aus Wikipedia, Art. Maria vom Siege (Abruf 29.42013)

Zur allgemeinen Bedeutung der Marienverehrung

Ursprung und Entwicklung der Geschichte von der „Gottesmutter Maria" sind eine ungewöhnliche Besonderheit des katholischen (und, in abweichender Form, auch orthodoxen) Christentums und von nicht zu unterschätzender kultureller und politischer Bedeutung. Über die Person der historischen Mutter Mirjam des zum christlichen Gott avancierten Juden Jeschua (Jesus) von Nazareth weiß man, bar jeglicher weltlicher Quellen, selbst anhand der Glaubenstexte des NT noch weniger als von ihrem Sohn, also praktisch so gut wie nichts. Aus dieser Sicht umso erstaunlicher ist die Entwicklung, die Maria als Figur der Frömmigkeit, der Theologie, der Politik und als zentraler Bezugspunkt von Fanatismus bis zum heutigen Tag genommen hat.

Es gibt nicht weniger als vier offizielle (zwingend zu glaubende) *katholische Mariendogmen* von zum Teil religionsgeschichtlich beispielloser Seltsamkeit (s. u.). Noch heute werden ungefähr alle vier Jahre Internationale *Marianische Kongresse* durch die Päpstliche Internationale Marianische Akademie veranstaltet, in deren Arbeit auch Orthodoxe, Protestanten und Muslime einbezogen werden. Ziel ist es, die „sowohl spekulativen als auch historisch-kritischen wissenschaftlichen Studien zur Jungfrau Maria zu fördern". Die Literatur zur akademisch betriebenen *Mariologie*, einer speziellen Disziplin der katholischen Theologie, ist international und uferlos. Johannes Paul II. (1978–2005) war ein besonderer Marienverehrer. Für ihre Papsttreue bekannt sind die *Marianischen Kongregationen*, jesuitische Laienorganisationen, die ein Zentrum der Volksfrömmigkeit in größeren Teilen Deutschlands darstellen. Wie *fanatisch* Marienfrömmigkeit sein kann, zeigt das polnische „Radio Marija". Der seit 1991 unter der Leitung von Priestern und Nonnen aktive Privatsender verbreitet in seinen

Programmen Fremdenhass und Antisemitismus und hatte bisher trotz seiner erheblichen Probleme mit der Amtskirche deutlichen politischen Einfluss (er unterstützte die Brüder Kaczynski).[146] Seit 1998 gibt es eine „World Family of Radio Maria" mit Sitz in Rom, die aus über 40 nationalen Verbänden in allen Kontinenten besteht (Stand 2009), allerdings mit dem polnischen Sender nichts zu tun hat.

Historisch kommt die Bedeutung der Gottesmutter bei der *Kriegführung* in europaweit zahlreichen Kirchen zum Ausdruck, die der „Maria vom Sieg" geweiht sind: An blutige Schlachtfeste erinnern sie. Besonders das Mittelalter war geprägt durch Marienminne bei gleichzeitigen Marien-Schlächtereien. Auch die Ritter des Deutschen Ordens mordeten im Dienst der Gottesmutter, und Tilly, der katholische Heerführer des Dreißigjährigen Kriegs, war ein inbrünstiger Marienverehrer. Maria zierte die Banner vieler Kriegsfahnen. Darauf, dass die Verehrung der „Himmelskönigin" dabei stets mit einer Unterdrückung der Frau bis zur Verteufelung verbunden war, sei hier nur pauschal hingewiesen (s. aber C 5).

Maria im Neuen Testament

Das NT weist der Mutter Gottes nur eine Nebenrolle zu. Der wichtigste neutestamentliche Autor, Paulus, scheint sie nicht zu kennen. Bei Markus, dem ältesten Evangelisten (der auch keine Geburtsgeschichte erzählt), ist von der Ablehnung Jesu in seiner Heimatstadt die Rede und davon, man habe ihn neben vier Brüdern und einer ungenannten Zahl Schwestern als „Sohn der Maria" erkannt – das ist die übliche abfällige Rede von unehelichen Kindern (Mk 6,3). Nach Mk 3,21 hielten Jesu Angehörige ihn für verrückt, und Mk 3,31 lässt auf ein allenfalls kühles Verhältnis zwischen Jesus und seinen Angehörigen schließen. Matthäus (12,46 ff.) und Lukas (8,19 ff.) erwähnen ebenfalls das gespannte Verhältnis zwischen Jesus und seiner Familie. Bei Johannes (2,1 ff.: schroffe Zurückweisung Marias beim Weinwunder; 7,1 ff.: Ablehnung Jesu durch seine Brüder) ist es nicht anders. Im Johannesevangelium ist Jesus übrigens schlicht „Josefs Sohn" (Joh 1,45), ohne übernatürliche Beitat. Das Matthäus- und das Lukasevangelium wollten jede Andeutung an eine uneheliche Geburt Jesu vermeiden. Aus „Sohn der Maria" wird im gleichen Zusammenhang bei Lukas der Sohn Josefs (Lk 4,22) und bei Matthäus der Sohn des Zimmermanns und der Maria (Mt 13,55), und auch hier ist von den Brüdern und Schwestern Jesu die Rede. Matthäus hat dem Markus-Bericht eine Geburtsgeschichte hinzugefügt, wonach Maria durch das Wirken des Heiligen Geistes ein Kind erwartete. Lukas erzählt die bekannte Verkündigungsgeschichte, die ebenfalls den Heiligen Geist wirken lässt (Lk 1,26 ff.). Nach Jesu Tod hielt Maria laut Apg 1,14, wo auch wieder von den Brüdern Jesu die Rede ist, anscheinend zur Jesusgemeinde („Judenchristen"), die später mit der Zerstörung Jerusalems fast zu existieren aufhörte und schließlich ganz erlosch. *Von einer Verehrung Marias ist im gesamten NT keine Rede.* Jesus selbst erwähnt nie eine göttliche Zeugung und jungfräuliche Geburt, und bei Paulus ist Jesus schlicht „von einem Weibe" geboren (Gal 4,4).

Der Weg zur immerwährenden Jungfrau und Gottesmutter[147]

Umso erstaunlicher ist der Weg der Maria zur, wie manche sagen, mächtigsten Frau in der Geschichte des Abendlandes. Die Jungfrauengeburt, das heißt die Vorstellung, die Zeugung sei nicht durch natürlichen Geschlechtsakt, sondern auf übernatürliche (zauberische) Weise erfolgt, hat hauptsächlich Lukas in das NT gebracht. Im ersten Kapitel beschreibt er die Vorgeschichte der Geburt Jesu mit der Ankündigung einer Empfängnis vom Heiligen Geist durch den Erzengel Gabriel in Nazareth. Auch Matthäus spricht im 1. Kapitel von einer jungfräulichen Schwangerschaft, verlegt das Geschehen aber nach Bethlehem, und die junge Familie zog erst später erstmals nach Nazareth (Mt. 2,22f.). Im gesamten NT ist sonst nirgends von einer jungfräulichen Empfängnis die Rede.[148]

Zweckmäßig erschien die Propagierung einer solchen wunderbaren Geburt im Hinblick auf die *Lehre von der Göttlichkeit Jesu* in einem hellenistischen Umfeld (die aber von der Jerusalemer judenchristlichen Gemeinde mit Gefährten und Angehörigen Jesu gerade abgelehnt wurde). *Das Religionsmotiv der wunderbaren Geburt von einer Jungfrau war weitverbreitet*, dem Judentum allerdings auch für den erhofften Messias fremd. Im hellenistischen paulinischen Christentum konnte man an die zahlreichen Erzählungen von Helden, Erlösern und Gottmenschen anknüpfen, die von Jungfrauen geboren waren, galt doch die natürliche Zeugung als „befleckend" und sündig machend. Dionysos, Herakles, Perseus, Asklepios, Zarathustra, Alexander d. Gr., Platon und viele andere wurden nach antikem Glauben jungfräulich empfangen, selbst Helden nordamerikanischer Indianer und auch Buddha. Babylonische Könige und römische Kaiser wurden von Göttern gezeugt. Viele antike Göttinnen waren Jungfrauen, etwa Artemis, Athene, Dike. Die Geburt Jesu durch eine Jungfrau entsprach der heidnischen Umgebung, und Maria konnte leicht als *Fortsetzung der Großen Muttergöttin* der antiken Völker angesehen werden – bei den Babyloniern war es die Ischtar, bei den Phöniziern die Astarte, im AT die Aschera als Partnerin Baals, bei den Römern die Magna Mater usw. In diese Reihe gehört auch die im ganzen Reich verehrte Kybele (Kybele-Attis-Kult). Einen großen Bekanntheitsgrad hatte die ägyptische Isis (Isis und Osiris), die ein äußerlich ziemlich genaues Vorbild für die Gottesmutter Maria wurde.

Ursprünglich bekämpfte die Kirche die Marienverehrung, förderte sie jedenfalls nicht, weil man den Einfluss der heidnischen Muttergottheiten vermeiden wollte. Auch spielte die Frage der göttlichen bzw. menschlichen Natur Jesu eine Rolle, weil die Positionierung Marias davon abhing. Aber schon bald erhielt Maria Titel, wie sie die Muttergottheiten hatten, und teilweise nahm die Marienverehrung orientalisch-ausschweifende Formen an. Bereits im frühen 3. Jh. setzte sich die Überzeugung von der Sündenlosigkeit Marias durch. Andererseits versuchten Patriarchen, Maria herabzusetzen, sodass sie einer Anbetung nicht wert sei. Sogar Marias Mutterschaft griffen manche Kirchenväter an und sprachen etwa davon, Jesus habe sich plötzlich vor Maria materialisiert oder sei als Erwachsener vom Himmel gekommen. Asketen erfanden seltsame geschlechtslose Vorstellungen von Marias Schwängerung. Kunstwerke ließen Samen aus Gottes Mund strömen und durch eine Röhre unter Marias Röcke führen und dergleichen. Verbreitet war die göttliche Empfängnis durch ein Ohr der Jungfrau (so z. B. Augustinus), die etwa am Nordportal der Würzburger Marienkapelle dargestellt ist (14. Jh.).[149] In den östlichen Kirchen wurde jahrhundertelang eine Trinität von Gott, Maria und Jesus verehrt, auch dies entsprechend heidnischen Vorbildern (z. B. Osiris-Isis-Horus). Jedenfalls war das *volkstümliche Bedürfnis nach einer Mutterfigur* stark.

Hintergrund der späteren offiziellen Marienverehrung waren die theologischen *Kontroversen um die Natur Christi*. Nach 325 gab es trotz der Verdammung des Arius und seiner Lehre von der fehlenden Göttlichkeit Christi durch das Konzil (s. auch B 2) noch heftige Kämpfe um diese Fragen, und um 360 waren die Arianer wieder ganz obenauf.[150] Theodosius d. Gr., seit 379 durch Kaiser Gratian zum Mitregenten des Ostreichs erhoben, erließ gleich nach seiner Taufe 380 auch für seine beiden Mitregenten ein (Drei-Kaiser-)Edikt, das durch das (2. ökumenische) Konzil von Konstantinopel 381 bestätigt wurde und im Hinblick auf die Reichseinheit dem im christlichen Osten fast vollständig herrschenden Arianismus definitiv den Garaus machte. Beschlossen wurde endgültig die Wesensgleichheit (nicht: Wesenseinheit) der drei göttlichen Personen, was eine Aufstufung des Heiligen Geistes bedeutete, und auch die volle göttliche wie menschliche Natur Christi wurde anerkannt. Mit seiner vollen Menschlichkeit war der Weg zur offiziellen Verehrung seiner Mutter geebnet.

Das wiederum vom Kaiser aus Gründen der Einheit von Reich und Religion einberufene (3. ökumenische) Konzil von Ephesus 431 hatte seinen theologischen Grund in der Frage des Vorrangs des Patriarchen von Konstantinopel oder Bischofs von Rom und anderen Rivalitäten, ausgefochten an der Frage des Verhältnisses der göttlichen und menschlichen Natur in Christus. Das Konzil begann als eine Versammlung von ausschließlich Gegnern des konstantinischen Patriarchen Nestorius, der zum Schutz seines Lebens mit bewaffnetem Geleit erschien. Der Hauptgegner des Nestorius, der herrschsüchtige heilige

Patriarch Kyrill von Alexandrien (seit 1882 Kirchenlehrer), beherrschte das (Mehrheits-)Konzil völlig. „Durch den Einsatz taktischer Finessen und massiver Bestechungen gelang es Kyrill, im Anschluss an das turbulent verlaufene Konzil seine Position durchzusetzen", schreibt Bernd Kettern im kirchlich orientierten „Biographisch-Bibliographischen Kirchenlexikon".[151] Gegen die Lehre des Nestorius, Maria habe nur den Menschen Jesus geboren, während die Gottheit Christi mit dessen Menschsein nur moralisch verbunden sei, erklärte das Konzil indirekt, Christus sei in einer Person wahrer Mensch und wahrer Gott gewesen, sodass Maria „Gottesgebärerin" sei. Das ist nach der längst anerkannten Geburt Jesu durch eine Jungfrau, und zwar vor, während (!) und nach seiner Geburt, das zweite der *vier Mariendogmen* der katholischen Kirche. Die Übersetzung „Gottesmutter" bringt Maria in die unerwünschte Nähe zu den antiken Muttergottheiten, in der sie ja auch überdeutlich stand. Allerdings beschloss das reichlich irreguläre Konzil, das sogar von manchen Kirchenhistorikern (wie die Synode von 449) als *Räubersynode* bezeichnet wurde[152], keine dogmatische Definition, die ihm später aber zugeschrieben wurde. Das nachträglich „ökumenisch" genannte Konzil von 431 wurde von einem Gegenkonzil der syrischen Bischöfe (Orientalen) begleitet, beide verdammten sich gegenseitig, und der Kaiser bestätigte beide Beschlüsse, bis schließlich die riesigen Bestechungssummen Kyrills an den kaiserlichen Hof in Konstantinopel wirkten. Noch heute ist die Legitimität des sogenannten 3. Ökumenischen Konzils umstritten, das auch etwa der gut katholische Konzilschronist Pierre-Thomas Camelot als zweifellos anfechtbar und anstößig bezeichnete.

Maria wurde jedenfalls die *Erneuerung der früheren großen Mutter* mit ihrer Ausformung in verschiedenen Göttinnen. Gerade in Ephesus, der Stadt des Konzils, war der Hauptsitz der Artemis mit einem seit Jahrhunderten bestehenden Wallfahrtskult. Ihren Tempel, der als eines der sieben Weltwunder der Antike galt, rissen die Christen nieder. Aber *die Gottesmutter Maria wurde wie Artemis besonders im Mai verehrt*, ja sie verschmolz geradezu mit ihr, die ebenfalls als Retterin und ewig Jungfräuliche verehrt wurde. Ein sogar ziemlich genaues Vorbild Marias war die *ägyptische Isis*. Auch diese war schon Himmelskönigin, Meereskönigin, Unbefleckte und Mutter Gottes gewesen. Von Isis stammen auch die Marienattribute Halbmond und Stern und der sternengeschmückte blaue Mantel. Auch Isis hielt das Gotteskind (Horus) auf dem Schoß oder reichte ihm die Brust. Es gab schwarze Isisbilder wie schwarze Madonnen.

Höhepunkt der Isisverehrung war im Westen des Reichs erst im 3. Jh. u. Z. Der Isiskult war wie der kommende Marienkult mit Litaneien und Prozessionen verbunden. Isis versprach Hilfe und spendete Trost in allen Nöten, und Votivtafeln und Amulette bezeugten das. Kyrill (s. o.) begründete ein Marienfest am 15. August, an dem die Heiden die Himmelfahrt der Göttin der Gerechtigkeit Astraea feierten, und auch ein Isisfest fand um diese Zeit statt. Der 15. August ist noch heute der Feiertag Maria Himmelfahrt, gesetzlicher Feiertag in den meisten bayerischen Gemeinden und seit dem 5. Jh. verbreitete Glaubenstradition. Aber erst am 1. November 1950 hielt Papst Pius XII. nach einer Vision den Tag für gekommen, die leibliche Aufnahme Marias in den Himmel (nicht: die umstrittene leibliche Fahrt in den Himmel selbst) zu verkünden. Es ist das erste und einzige Dogma, das ausdrücklich auf die 1870 proklamierte päpstliche Unfehlbarkeit bei „Ex-cathedra"-Aussagen gestützt wurde. In der Enzyklika *Munificentissimus Deus* heißt es: „Es ist ein von Gott geoffenbartes Dogma, dass die immerwährende Jungfrau Maria, die makellose Gottesgebärerin, als sie den Lauf des irdischen Lebens vollendete, mit Leib und Seele zur himmlischen Glorie aufgenommen wurde." Es folgt die Mahnung: „Sollte daher, was Gott verhüte, einer wagen, das entweder zu leugnen oder absichtlich in Zweifel zu ziehen, was von Uns definiert wurde, so soll er wissen, dass er vom göttlichen und katholischen Glauben völlig abgefallen ist."

Man kann sich zwar schwer vorstellen, dass in Europa, insbesondere in Deutschland, ausgebildete katholische Theologen solche Aussagen wirklich glauben, aber wenn sie ihre Kritik öffentlich äußern, wenn das Anstoß erregt und wenn sie sich zudem schon anderweitig missliebig gemacht haben, müssen sie zumindest um ihre kirchliche, wenn nicht bürgerliche Existenz fürchten. Als der vielfach kirchenkritische Theologe Eugen Drewermann 1991 öffentlich auch noch die Jungfrauengeburt ablehnte, nahm die Kirche das zum Anlass, ihm die Lehrbefugnis zu entziehen. Genau so war es schon 1987 Uta Ranke-Heinemann ergangen, obwohl sie sich zu Recht auf Joseph Ratzinger (nur ontologisches, nicht biologisches Faktum) berufen hatte.

Der Marienkult und seine auch kriegerische Funktion vom Mittelalter bis heute

Im Mittelalter wimmelte es von Marienliedern, Marienandachten, Marienkirchen und Marienbruderschaften, und die bildende Kunst nahm sich Marias besonders an. Schon der bluttriefende Karl d. Gr. mit seinen vielen Frauen und Nebenfrauen trug nicht nur stets ein Marienbild auf der Brust, sondern brachte in seinem Reich den Marienkult zu großer Entfaltung. Das ganze Mittelalter war auch ein Zeitalter der Marienminne. Die einzigartige, heilige und sündenfreie Maria war ein fantastisches Idol, das mit der (unter C 5 abgehandelten) weitgehenden Demütigung und Unterdrückung der Frauen kontrastierte: Waren diese nach verbreiteter Meinung eine „Pforte der Hölle", galt Maria, die große Mittlerin zu Gott, als „Pforte des Himmels". Ihr galt das „Ave", der „Eva" aber theologische und weltliche Herabwürdigung.

Maria übernahm von der antiken Muttergottheit nicht nur die Funktion der Trösterin und Nothelferin sowie Göttin der Liebe, sondern auch die der Göttin des Krieges. Schon frühchristliche Herrscher erkoren Maria zur Schutzherrin im Krieg, und zu späteren Zeiten war der Maria-Sieg-Gedanke allgemein verbreitet.[153] Beim Ritterschlag hieß es: „Zu Gottes und Mariens Ehr' empfang' dies Schwert und keines mehr." Mit Marienbannern wurden spanische Mauren besiegt. Mittelalterliche Bibelausleger stellten eine kriegerische Verbindung zwischen dem Hohen Lied, der berühmten Liebeslyrik des Alten Testaments, und Maria her, da man im Hohen Lied kurioserweise Maria beschrieben fand. In Hohelied 4,4 heißt es: „Wie der Turm Davids ist dein Hals, in Schichten von Steinen erbaut. Tausend Schilde hängen daran, lauter Waffen von Helden." Wie ein Turm gewähre Maria Zuflucht und Schutz, und die tausend Schilde symbolisierten die Vollkommenheit des Schutzes ihrer Verehrer. „Waffen", das seien die Werke der Gerechtigkeit, Barmherzigkeit, Frömmigkeit und des Gebets. In ganz Europa wurden zahllose Schlachtensiege auf den erflehten Beistand Marias zurückgeführt. Ihre Hilfe wurde auch in den internen Kriegen christlicher Herrscher erbeten. Maria, das *Wahrzeichen des Deutschen Ordens*, wurde auf der Hauptfahne den Kriegszügen vorangetragen. Die „Marienritter" führten über 200 Jahre lang Vernichtungsfeldzüge, brannten unzählige Dörfer und Städte nieder und zeichneten sich durch Gewalttätigkeit, Hab- und Herrschsucht aus. Aber auch, nachdem der Ordensstaat (größte Ausdehnung: um 1400) schon alles „christlich" gemacht hatte, gingen die Kriege weiter.

Am 7. Oktober 1571, dem Tag der Bittgänge der Rosenkranzbruderschaft Roms, besiegte die Flotte der „Heiligen Liga" bei Lepanto am Golf von Korinth die Türken, und seitdem wurde jährlich ein marianisches Dankfest gefeiert. Wo die Landesherren den Marienkult förderten, wurde dieser ein *identitätsbildender Faktor*, besonders in Ungarn, Bayern, Österreich, Frankreich und Polen. Bayern galt als „Marienland". Seine Fürsten waren alle große Marienverehrer. Die Mitglieder der marianischen Bruderschaft an der „Liebfrauenkirche" in München mussten sich verpflichten, ketzerische Schriften und Bilder zu vernichten. Die Lauretanische Litanei (z. B.: Du Spiegel der Gerechtigkeit; Du Sitz der Weisheit; Du elfenbeinerner Turm; Du Heil der Kranken; Du Trost der Betrübten; Du Königin der Engel; Du Königin der Märtyrer; Du Pforte des Himmels ...) wurde von Orlando di Lasso vertont. 1610 gründeten die Jesuiten die Münchener Marianische Kongregation, Maria wurde zur „Patrona Bavariae". Die meisten der noch heute bestehenden an die 200 bayerischen Wallfahrten sind Marienwallfahrten.[154]

Der bayerische Kurfürst Maximilian zog mit der *Himmelskönigin auf der Heeresfahne* in den Dreißigjährigen Krieg: auf der einen Seite Maria mit dem Jesuskind, auf der anderen die Namen Jesus und Maria und die (lateinische) Bitte „Gib mir Kraft wider deine Feinde", war doch der Krieg gegen die Hussiten ein Kampf gegen den Unglauben gewesen. Er und viele führende Kriegsleute und Soldaten nahmen das heilspendende braune Schulterkleid der „Brüder unserer Lieben Frau vom Berge Karmel". Die Schlacht auf dem Weißen Berg am 8. November 1620 begann mit dem Feldgeschrei „Heilige Maria". Nach seiner triumphalen Heimkehr ließ Maximilian Marientaler prägen. *Bis in den Ersten Weltkrieg hinein zierten Marienbilder die bayerischen Fahnen.* Auch der katholische Heerführer Tilly war ein großer Marienverehrer, er erfocht seine 32 Siege unter dem Zeichen „Unserer Lieben Frau von Altötting". Solcher katholisch-kriegspolitischen Vereinnahmung Marias setzte freilich Martin Luther die Erfahrung entgegen, je länger man Maria gegen die Türken angefleht habe, desto mehr sei man von diesen getreten worden. Katholische Mächtige sahen das anders. Der hl. Johannes von Capestrano (gest. 1456) war nicht nur franziskanischer Ordensreformer, sondern u. a. auch Inquisitor, ein gewaltiger Judenhetzer und Marienprediger. Hernán Cortés, Generalgouverneur von Neuspanien, wohl der schlimmste Indianermörder und -folterer, besuchte täglich die Messe und zeigte über Leichenbergen das Bild seiner Schutzheiligen Maria. *Auch Francos Sieg im Spanischen Bürgerkrieg war „natürlich" ein marianischer Sieg.*

5 – Frauen sowie Sexualität im Allgemeinen

Habt ihr nicht gelesen, dass der Schöpfer die Menschen am Anfang als Mann und Frau geschaffen hat und dass er gesagt hat: Darum wird der Mann Vater und Mutter verlassen und sich an seine Frau binden, und die zwei werden ein Fleisch sein? […] Was aber Gott verbunden hat, das darf der Mensch nicht trennen.

Jesus, laut Mt 19,4–6

Aber, wie nun die Gemeinde ist Christo untertan, also auch die Weiber ihren Männern in allen Dingen.

Paulus, Brief an die Epheser (5,24)

Das Weib ist ein minderwertiges Wesen, das von Gott nicht nach seinem Ebenbilde geschaffen wurde. Es entspricht der natürlichen Ordnung, dass die Frauen den Männern dienen.

Augustinus (354–430), Kirchenvater

Der wesentliche Wert der Frau liegt in ihrer Gebärfähigkeit und in ihrem hauswirtschaftlichen Nutzen.
Ein männlicher Fötus wird nach 40 Tagen, ein weiblicher nach 80 Tagen ein Mensch.
Mädchen entstehen durch schadhaften Samen oder feuchte Winde.
                    Thomas von Aquin (1225–1274) Kirchenlehrer,
                          Patron der katholischen Hochschulen

Wenn du eine Frau siehst, denke, es sei der Teufel! Sie ist eine Art Hölle!
                                        Papst Pius II. (1458–1464)

Die größte Ehre, die das Weib hat, ist allzumal, dass die Männer durch sie geboren werden.
Ob sie sich aber auch müde und zuletzt todt tragen, das schadet nichts, lass' sie nur todt tragen, sie sind darumb da.
                                                Martin Luther

Alle Bosheit ist klein gegen die Bosheit des Weibes. Besser ist die Gottlosigkeit des Mannes als ein wohltuendes Weib.
                                        Die Synode zu Tyrnau (1611)

Aus dem Mund Jesu finden wir keine einzige Aussage zum Thema Homosexualität oder Zölibat.
                                David Berger, katholischer Theologe, 2010

[...] die homosexuellen Handlungen [...] sind in keinem Fall zu billigen [...] Homosexuelle Menschen sind zur Keuschheit gerufen.
                        Katechismus der katholischen Kirche, 1993, Nr. 2357 und 2359

Traditionell fordert das Christentum wie die beiden anderen monotheistischen Religionen die Unterordnung der Frau unter den Mann, entstammen doch alle drei patriarchalischen Gesellschaften. Diese Unterordnung ist auch in den jeweiligen heiligen Schriften (noch am wenigsten im Neuen Testament) verankert. Bis heute dürfen Frauen nicht katholische Priesterin oder Imam werden. Bei Protestanten und Anglikanern waren bzw. sind sie sehr umstritten. Rabbinerinnen gibt es mittlerweile auch. Heilige Texte können also recht flexibel ausgelegt werden. Soweit Frauen von religiösen Ämtern ausgeschlossen wurden bzw. werden, dient das der Zementierung von Machtverhältnissen, was man theologisch verbrämt. Auf die gesellschaftliche Macht fokussiert hat die katholische Kirche in Deutschland auch die vom Grundgesetz für den allgemein-bürgerlichen

Bereich vorgeschriebene Gleichberechtigung noch in den 1950er-Jahren mit größter Erbitterung bekämpft.[155]

Neues Testament und antikes Christentum

Schon in der alten Kirche war es einstimmige Lehre, dass die Empfängnis die Frauen unrein und befleckt machte. Das bestätigte der bekannte katholische Dogmatikprofessor Michael Schmaus 1955 in seinem Band zur Mariologie. Damit waren die Frauen minderwertig und nur zum Kinderkriegen bestimmt. Aber das greift vor. Besonderen Einfluss gewann im NT freilich der unverheiratete *Asketiker Paulus*, dessen Texte die ältesten sind, mit seiner Diskriminierung von Frauen und Sexualität. Die Sexualität ist bei Paulus allgemein etwas Schlechtes. Unzucht ist der Gipfel der Verwerflichkeit. Am besten solle der Mann keine Frau berühren (1 Kor 7,1 ff.), denn das Fleisch sei der Sitz der Sünde. Die bösen Begierden seien zu ertöten (Kol 3,5; 1 Kor 6,18). Die Ehe ist bei Paulus nur ein Zugeständnis an die Triebhaftigkeit und der eheliche Verkehr nur schuldige Pflicht (1 Kor 7,3 ff.). Der Mann ist „Gottes Abbild und Abglanz", die Frau aber nur „der Abglanz des Mannes" und daher „Haupt" der Frau (1 Kor 11,3). Sie ist dem Mann untertan und für ihn gemacht. Die Frau war zweite der Schöpfung, aber erste bei der Sünde (s. zur Frauendiskriminierung auch 1 Kor 14,33 f.; Eph 5,22 ff.; Kol 3,18). Selbst der Gedanke der Frau als Besitztum des Mannes war Paulus nicht fremd (Eph 5,28).

Die heutigen *Evangelien* (die freilich erst um 200 breite Akzeptanz erhielten, aber doch im Konfliktfall Vorrang vor den Paulustexten haben sollten), lassen demgegenüber *keine* negative Einstellung zu den Frauen erkennen. Immerhin reisten mit dem Wanderprediger Jesus nach Lk 8,1 f. auch etliche Frauen, was zumindest für unverheiratete Frauen damals eigentlich unvorstellbar war. Unter ihnen war auch die mysteriöse Maria Magdalena, die nach Joh 19,25 sogar bei seinem Kreuzestod anwesend war, als Erste das leere Grab entdeckte (Mt 28,1 und Joh 20,1) und als Erste dem auferstandenen Jesus begegnete (Mk 16,9 und Joh 20,11 ff.). Jesu Jünger waren verheiratete fromme Juden und er selber bekannte sich ohne Einschränkung zur Ehe (Mt 19,4 f.). Da er laut den Evangelien mehrfach als Rabbi angesprochen wurde, unverheiratete Rabbiner aber undenkbar waren, wird auch nicht selten die Meinung vertreten, Jesus sei verheiratet gewesen, wahrscheinlich mit Maria Magdalena (Maria aus Magdala). Hervorzuheben ist auch der tolerante Umgang Jesu mit Sünderinnen (Joh 4,17 f.; 8,7; 8,11). Die grundsätzlich positive Einstellung Jesu zur geschlechtlichen Liebe hat Walter Schubart in seinem Klassiker „Religion und Eros" eindrucksvoll dargelegt.[156]

Über die *tatsächliche Stellung der Christinnen* in den ersten Jahrhunderten gibt es nur wenige Quellen, vor allem nicht von Frauen.[157] Die Quellen sind vielfach durch Männersicht gefärbt. Schon früh gab es nämlich, trotz dominierenden Anteils der Frauen in den Gemeinden, bei zahlreichen Bischöfen und Theologen Tendenzen, Frauen abzuwerten. Es gibt aber auch Spuren einer realen Gleichstellung im 2. Jahrhundert. Alternative Gruppen von Frauen (Witwen, bewusste Jungfrauen) konnten Anerkennung finden, wenn sie auf Sexualität verzichteten und das religiös-asketisch begründeten, was aber von den Kirchenführern zunehmend als bedrohlich empfunden wurde. Das Asketentum erzeugte das Feindbild der Frau als Verführerin. Drei Faktoren haben nach Hans Küng[158] eine Frauenemanzipation in der frühen Kirche verhindert: die männlichen Machtinteressen im Rahmen der zunehmend hierarchischen Kirchenstrukturen, die Sexualfeindlichkeit als allgemeines spätantikes Phänomen und die Abwertung des hellenistischen Bildungsideals besonders im Hinblick auf Frauen.

Hans Küng kommt zu dem eindeutigen Befund, dass die kirchlichen Hierarchien eine ursprünglich vorhandene Brüderlichkeit und Schwesterlichkeit verhindert haben. Er fährt fort: „Stattdessen wurden im 2./3. Jahrhundert die Weichen gestellt für eine *zunehmende Frauenfeindlichkeit in kirchlicher Lehre und kirchlicher Praxis* der folgenden Jahrhunderte. Als in der spätantiken Gesellschaft die Frau ihre Emanzipation bereits weithin erreicht hat, beglaubigen ‚die reichlichen Verbote kirchlich-amtlicher Betätigung von Frauen seit dem dritten Jahrhundert […] gegenteilige Praktiken.'"[159] Mit den Eingangszitaten einzelner bedeutender und einflussreicher Theologen (statt einer Vielzahl) ist angedeutet, zu welch *grotesker Frauendiskriminierung* sich die „rechtgläubigen" führenden Theologen verstiegen, mit Nachwirkungen bis heute. Das wurde zementiert durch den kirchlichen Zwang zum Zölibat (dazu eingehend C 6), den Kritiker als „große Verweigerung" der Kirche bezeichnen. Wer sich näher mit dem sexualfeindlichen und gleichzeitig oft absurden Unrat der Kirche in den verschiedenen Lebensbereichen befassen will, dem kann an erster Stelle das gut belegte einzigartige Grundlagenwerk von Karlheinz Deschner, „Das Kreuz mit der Kirche" (seit 1974), nahegelegt werden. Aber auch wer es weniger spektakulär mag, kann bei Georg Denzler über das Vorherrschen einer „allgemeinen Verachtung der Sexualität" zur Zeit der Kirchenväter lesen.[160] Denzler weist auch darauf hin, dass nach Augustinus der Sündenfall im Paradies mit der – strafweisen – erstmaligen Entstehung des sexuellen Begehrens als verbunden angesehen wurde und diese Deutung der als Erbsünde fortwirkenden Ursünde verheerende Auswirkungen hatte, weil sie zur offiziellen Kirchenlehre erklärt wurde. Jedes Menschenleben beginnt demnach mit dem sexuellen Makel des Zeugungsaktes, von dem einzig Maria als Gottesmutter ausgenommen wurde (zu Maria C 4). Aber dem heutigen katholischen Weltkatechismus von 1993 ist das nicht mehr (klar) zu entnehmen; die Ausführungen zu Erbsünde und Sexualität sind knapp, aber in typisch theologischer Sprache verschwurbelt.

Frauenerniedrigung und Sexualfeindschaft

Praktisch sämtliche Kirchenväter der Ost- und Westkirche kämpften gegen das „Fleisch", sie verfassten Schriften über die Jungfräulichkeit und priesen das ehelose Leben. Für Meinungsführer Augustinus z. B. waren, so der Kirchenhistoriker Georg Denzler, Sexualität und Eros nichts weiter als eine „schmutzige Flut". Alle waren sie an der Erniedrigung der Frau beteiligt: Ambrosius, Origenes, Albertus Magnus, Franz von Assisi, Thomas von Aquin, um nur diese zu nennen. Die stets bedauerliche Geburt von Mädchen, so Thomas, beruhe auf defektem Samen oder verdorbenem Gebärmutterblut, aber auch feuchte Südwinde könnten schuld sein. Wurde dann in Literatur und Predigt die Frau zur Teufelsspinne, Giftspritze oder gar zum Inbegriff der Hure, so war der Weg zur Hexenverbrennung fast geebnet (dazu C 8). Auf dem Höhepunkt der Hexenbrennerei in Deutschland erklärte der Römische Katechismus von 1566 (nach dem Tridentinum) deutlich, die Lust am Geschlechtlichen sei unbedingt zu unterbinden. Kein Wunder nach allem, dass das Geschlechtliche nachweislich gerade bei den Inquisitoren so häufig durchbrach. Im 17. Jh. wurde die Frauenverleumdung von den Kanzeln fortgesetzt. Der Münchener Prinzenerzieher und Jesuit Georg Stengel sprach den Frauen sogar Frömmigkeit ab und den Verstand, „da sie doch so wenig Hirn haben als ein Strohbutz auf dem Acker", außerdem würden sie lügen und betrügen und jedes Übel begehen. Solches weiß man von den zahlreich überlieferten Barockpredigten. Noch im 19. Jh. diskutierten manche Theologen die Frage, ob Frauen überhaupt eine Seele hätten. Und noch zu Beginn des II. Vatikanischen Konzils 1965 bestand der offiziöse „Osservatore Romano" auf der gottgewollten Vorrangstellung des Mannes.

Mit der allgemeinen starken Diskriminierung der Frauen ging die *Verehrung der Gottesmutter Maria* einher, die man völlig entsexualisierte und so die normalen Frauen umso mehr degradierte. Das zeigt sich in mittelterlichen bildlichen Gegenüberstellungen von Maria und Eva. In den Evangelien freilich spielte Maria so gut wie keine Rolle, und auch die war insgesamt eher negativ. Der Marienkult ist eine vollkommen freie (wenn auch taktisch wichtige) Erfindung der Theologen (näher C 4).

Sexuelle Verirrungen und Askese

Die Themen Frauenunterdrückung und Sexualität in der katholischen Kirche bzw. in Europa sind derart uferlos, dass alle weiteren Hinweise knapp und etwas willkürlich sein müssen. Dennoch können sie das Bild etwas abrunden. So hat man Frauen im Mittelalter untersagt, die Haare offen zu tragen, und im Gegensatz zu Männern durften sie nicht einmal die Nottaufe spenden. Männer durften ihre Frauen beliebig züchtigen, auch auspeitschen, und das war sogar kirchenrechtlich gerechtfertigt. Auch in den Städten hatten Frauen der Unterschicht kaum Existenzmöglichkeiten: Wenn sie nicht Dienstmagd sein wollten, konnten sie noch zwischen Klosterfrau und Prostituierter „wählen". Teilweise hat man ihnen den Kirchengesang verboten. – Nebenbei: Dafür scheute man nicht davor zurück, im 17. und 18. Jh. Knaben zu kastrieren, um kräftige Sopransolisten für ganz Europa zu gewinnen. Untersuchungen haben ergeben, dass es in 200 Jahren mindestens 100 000 (meist sinnlose) Opfer gab, und die Verstümmelungen wurden hauptsächlich in Neapel und im Kirchenstaat durchgeführt. Jahrhundertelang sangen Kastraten in der Sixtinischen Kapelle, und dies noch im 20. Jh. – Lange verweigerte man menstruierenden Frauen und Wöchnerinnen Kirchgang und Kommunion. Noch Johannes Paul II. hat selbst Nonnen mit frauenpolitischen kirchlichen Anliegen rüde abgebürstet, und sein Nachfolger agierte nicht anders.

Legion sind die Berichte über total, insbesondere *sexuell verkommene Männer- und Frauenklöster*, von denen etliche durch unterirdische Gänge verbunden waren. Das berühmte „Decamerone" von Boccaccio aus dem 14. Jh. mit seinen amourösen Abenteuern ist ein Spiegel der Zeit, und der Klerus kommt darin nicht gut weg. Nicht ohne Grund hat der mächtige Papst Innozenz III. (1198–1216) über den Klerus gesagt, er sei sittenloser als die Laien, und bedeutende Heilige haben das ebenfalls angeprangert. Schon Kaiser Karl „der Große" sah Anlass, Ordensfrauen das Umherschweifen und Huren zu untersagen, und im 9. Jh. verglich man immer wieder Nonnenklöster mit Hurenhäusern.[161] Kaum je erwähnt wird, dass auch die Kreuzzugsfahrer große Mengen an *Prostituierten* zur Verfügung hatten. Das Konzil von Konstanz (1414–1418) hat nach den meisten Angaben ca. 800 Prostituierte angezogen, und das von Basel (1431) noch mehr.[162] Besonders in den Papststädten Rom und Avignon gab es eine wahre Dirnenflut. Ab dem 13. Jh. gab es in fast allen Städten öffentliche Bordelle, üblicherweise außerhalb (da unehrenhaft) oder nicht weit von der Kirche entfernt. Die Kirche beteiligte sich an diesem Geschäft. Von Papst Sixtus IV. (1471–1484) ist bekannt, dass er nicht nur die Sixtinische Kapelle erbauen ließ, die Spanische Inquisition bestätigte und das Hochfest der Unbefleckten Empfängnis, d. h. die Freiheit der Gottesmutter von der Erbsünde (Dogma seit 1854, gefeiert am 8. Dezember) in Rom 1477 einführte, sondern auch ein lukratives Bordell errichtete. Allgemein waren um 1500 bei Festen kirchlicher Würdenträger Kurtisanen üblich, Rom an der Spitze.

Schon immer war in Männerklöstern trotz aller Gegenmaßnahmen die von der Kirche früher als schwer sündhaft verurteilte *Homosexualität weit verbreitet*. Heute ergeben die Schätzungen katholischer Theologen weltweit einen Verbreitungsgrad von mindestens 20 % bei Priestern, teilweise werden wesentlich größere Zahlen genannt (USA: 25 – 50 %).

Parallel zur Sittenlosigkeit gab es die große *asketische Bewegung*. Sie führte zu großen und kirchlich geförderten Geißler-Bewegungen. Um die Jahrtausendwende trug man stachelbewehrte Bußgürtel und Strumpfbänder (vgl. die heutige Praxis der Opus-Dei-Mitglieder), und im 13. Jh. gab es eine große Geißlerbewegung. Selbstgeißelungen gab es schon in antiken Religionen, und sie waren bis ins 20 Jh. in katholischen Ordensregeln verankert. Auf die Darstellung von weiteren und manchmal auch unappetitlichen Beispielen aus dem Reich kirchlich-sexueller Verirrungen muss hier verzichtet werden. Hingewiesen sei nur auf die Christuserotik von Mystikerinnen und die verbreitete Verehrung der Vorhaut Jesu, deren Schicksal schon etliche Kirchenväter beschäftigt hatte. Die bedeutende hl. Katharina von Siena trug die von Jesus selbst überbrachte Vorhaut am Finger, freilich für andere unsichtbar.

Moraltheologie

Im 18. und noch mehr im 19. Jh. florierte die katholische Moraltheologie, speziell in Sachen Sexualmoral. Darin am berühmtesten war *Alfons Maria von Liguori* (1696 – 1787), der viele Hunderte Spezialwerke auswertete. In seiner zahlreiche Auflagen erreichenden „Theologia Moralis" untersuchte er, persönlich exzessiver Asket mit täglich stundenlangen, auch blutigen Selbstquälereien wie Geißelungen, nicht nur alle erdenklichen Varianten des Verkehrs mit Frauen. Eingehende Gedanken machte er sich über das Ausmaß der Sündhaftigkeit des Betrachtens der „unehrbaren Körperteile" aus der Nähe und Ferne, von Küssen mit und ohne Samenergüssen, selbst Unzucht mit Frauenleichen erörterte er. Er vermochte zu unterscheiden, ob und unter welchen Voraussetzungen der eheliche Beischlaf oder die Verweigerung desselben schwer sündhaft und damit ewige Höllenstrafen begründend ist. Alfons war der Meinung, eine Gebärende in Todesgefahr dürfe selbst dann kein rettendes Medikament einnehmen, wenn so auch nur die geringste Hoffnung bestehe, dass das Kind noch lebend getauft werden könne, weil es sonst in Gefahr des ewigen Todes gerate. Alfons konnte ja nicht wissen, dass Benedikt XVI. am 20. April 2007 die frühere theologische Überzeugung von der „Vorhölle" für ungetauft gestorbene Kinder ablehnen und sie sogleich in die ewige Seligkeit hinübergleiten lassen würde.

Trotz aller detaillierten Kenntnisse quälte Alfons von Liguori gegen Ende seines Lebens ständiger Zweifel, ob er noch im Stande der Gnade sei. 1839 erklärte Gregor XVI. Alfons aber zum Heiligen. Pius IX. ernannte Alfons von Liguori 1871 zum Kirchenlehrer, und Pius XII. machte ihn 1950 zum Patron aller Beichtväter. Bei einer Generalaudienz am 30. März 2011 würdigte Benedikt XVI. den hl. Alfons, der auch Gründer des Redemptoristenordens war, eingehend. Er pries seine „reiche moraltheologische Lehre [...], die der katholischen Lehre angemessenen Ausdruck verleiht".[163]

Aktuelle Hinweise

Welch gigantische Ausmaße der *sexuelle Missbrauch von Kindern* durch katholische Kleriker in den vergangenen Jahrzehnten weltweit hatte, sollte nunmehr allgemein bekannt sein; ebenso, dass die Vertuschung im Zweifel das oberste Prinzip dabei war (dazu C 16). Der Wille zu ernsthafter Opferhilfe und Zerknirschung sind nicht zu erkennen. Erstaunlich ist dieser Umgang mit schweren Verbrechen, die Amts- und Vertrauenspersonen einer moralisch so überheblichen Institution begangen haben, aus einem theologischen Grund: Wie ist es um den Glauben von Priestern bestellt, die derartige persönlichkeitszerstörende Taten begehen, sich dennoch aber bei jeder Messe den Schöpfer des Weltalls und auch persönlichen endzeitlichen Richter einverleiben? Und wenn sie dieselben Taten wieder begehen? Wäre daraus nicht der Schluss zu ziehen, dass zur schweren Kriminalität und Heuchelei noch der Unglaube dazukommt? Dennoch verbleiben diesen Kirchendienern alle Privilegien.

In Europa und wohl auch den USA nehmen die katholische Kirche in Sachen Sexualität nur noch sehr wenige ernst, wohl auch nicht viele Geistliche. Eigenartigerweise macht diese weltfremde Fehlorientierung der kirchlichen Lehre selbst ansonsten „guten" Katholiken nichts aus, sie wollen unbedingt „katholisch" bleiben. Anders ist es mit der *Frauendiskriminierung.* Sie besteht weltweit, wenn auch in verschiedenen Formen, fort. Der Vatikan bemüht sich nicht einmal, die – sowohl historisch wie theologisch triftigen – Gründe für die *Frauenordinierung* auch nur zu erwägen und behilft sich mit einem innerkirchlichen Diskussionsverbot, weil offenbar nur so die Herrschaft alter Männer vorerst noch aufrechterhalten werden kann. Noch ungleich schlimmer ist die Tatsache, dass die Kirche die in vielen Ländern immer noch übliche *Genitalverstümmelung* bei Mädchen i. d. R. hinnimmt, in Kenia teilweise sogar aktiv unterstützt, weil sie das für kirchentaktisch klug hält.[164]

Ein weiteres Beispiel für *frauenfeindliche Prinzipientreue:* Selbst unter der vom Vatikan unterstützten Somoza-Diktatur (näher C 11) waren in Nicaragua Abtreibungen bei medizinischer Indikation (Bedrohung von Leib oder

Leben der Mutter) rechtlich zulässig. Aber 2007 wurde diese Indikation nach Ausübung von Druck durch die katholische Kirchenführung und auch durch evangelische Kirchen gestrichen. Es gilt nun ein *totales Abtreibungsverbot*. Die Mütter müssen jetzt unter Umständen sterben, wenn sie bzw. die Ärzte nicht ins Gefängnis wollen (Strafen bis zu zwei bzw. drei Jahren). Das gilt auch bei Eileiterschwangerschaften. Alle medizinischen und Frauenvereinigungen kämpfen bisher vergebens für eine Gesetzesänderung, obwohl Schätzungen von bis zu 1 000 Schwangeren ausgehen, die jährlich sterben, weil die Ärzte Angst haben.[165]

Sonderthema Homosexualität

Homosexualität gibt es in allen Kulturen, und sie wurde und wird nur in einem Teil von ihnen tabuisiert und bestraft. Wegen der globalen Verbreitung, selbst im Tierreich, ist es unsinnig, sie als „widernatürlich" zu betrachten, was auch durch die neuesten Erkenntnisse der Biowissenschaften unterstrichen wird. Im Alten Orient war Homosexualität an der Tagesordnung, bei den antiken Griechen hatte sie bekanntlich einen besonderen positiven Stellenwert, wenn sie auch in der Regel von Bisexuellen ausgeübt wurde. Die männlichen Jugendlichen wurden dabei als Schützlinge angesehen. Demgegenüber war die jüdisch-christliche Tradition stets ablehnend.[166] Nach dem AT war Homosexualität ein typisches Laster Kanaans. Zu den biblischen Erzählungen um Sodom (göttliches Strafgericht) und Gibea („Söhne Belials"; Krieg der Israeliten) legen Herbert Haag und Katharina Elliger dar, warum es sich dabei wohl um eine überzogene Polemik handelt. Das AT berichte keinen Fall, in dem das Gebot der Todesstrafe in Lev 20,13 vollstreckt worden sei, obwohl die Jahwe-Religion homosexuellenfeindlich gewesen sei.

Die Evangelien des NT sind sexuell nicht interessiert. Paulus jedoch lehnt Homosexualität vielfach als widernatürlich, Zeichen des Sittenverfalls und Ausdruck der Gottesferne ab, hebt sie aber aus den sonstigen Verfehlungen *nicht besonders* heraus. Er sah in ihr ein speziell heidnisches Laster, obwohl es nach der rabbinischen Literatur auch in Israel Homosexualität gab. Trotz steter Ablehnung der Homosexualität durch die Kirche wurden bis ins Mittelalter Verfehlungen nicht ohne Weiteres strenger beurteilt als sonstige sexuelle Vergehen. Man machte aber oft männliche Sexualität für Katastrophen verantwortlich, und das tun viele Geistliche der monotheistischen Religionen noch heute.

Den Abscheu vor der Homosexualität hat das Christentum von den Juden übernommen. Ein römisches Gesetz von 390 bedrohte sie mit Verbrennung, ebenso die peinliche Gerichtsordnung Karls V. von 1532. Wie viele Todesurteile vollstreckt wurden, mag dahinstehen. Wegen des unermüdlichen Kampfes der Kirche gegen die „Sodomie" muss diese doch verbreitet gewesen sein. Für den

Catechismus Romanus von 1566 handelte es sich um eine „himmelschreiende Sünde". Bis in die jüngste Zeit galt nach dem katholischen Lehramt die *Homosexualität* als schwere Sünde. Die Sünden-Lossprechung in der Beichte war nur möglich, wenn der Schwule oder die Lesbe versprach, die Beziehung aufzugeben. Die Kirche verurteilte auch unter Johannes Paul II. und Benedikt XVI. die Homosexualität streng. Ungeachtet dessen ist mehr oder weniger allgemein bekannt, dass weltweit und nach zahlreichen internationalen Schätzungen mindestens 20% aller Priester homosexuell sind. Die kircheninternen Schätzungen gehen sogar bis 50%.

Joseph Ratzinger, gerade erst Papst geworden, unterschrieb als eines seiner ersten Dokumente 2005 eine Instruktion über die Nichtzulassung von Männern mit homosexueller Tendenz zum Priesteramt, die gegen das noch im Weltkatechismus von 1993 immerhin geforderte Taktgefühl gegen Homosexuelle verstieß. Die 1993 verurteilte Diskriminierung Homosexueller wurde 2005 zum Programm erhoben. Dazu der bis vor Kurzem als theologisch stark rechts bekannte und hoch geschätzte, nach seinem „Outing" 2010 aber kirchlich vollständig ausgebootete Theologe David Berger: „Entweder hat die Kirche ihre Position bezüglich einer für sie offensichtlich zentralen Frage innerhalb weniger Jahre grundlegend geändert (was ihrem eigenen Traditionsverständnis widerspräche), oder die Toleranz des Weltkatechismus war pure, strategisch begründete Scheinheiligkeit [...]. Tatsache ist, dass das vatikanische Dokument wie kein zweites dazu geeignet ist, unliebsame Personen wegzumobben."[167] Die Kirchenführung kennt ja das gigantische Ausmaß priesterlicher Homosexualität, auch im Vatikan, aber offiziell gibt es keine schwulen Priester mehr. Erst seit Papst Franziskus darf darüber gesprochen werden. Diese Bigotterie führte bisher zu einem wirksamen Machtmittel gegen missliebige Priester, wobei es nicht genügt, die Homosexualität nicht zu praktizieren. Daher baut das Verhältnis der Kleriker untereinander „auf einer prinzipiellen Unredlichkeit auf und steht von Anfang an unter dem Vorzeichen der Lüge [...]."[168] Die Probleme des sexuellen Missbrauchs und der Homosexualität wurden bzw. werden durch kirchenamtliche Vertuschung verstärkt, die Vertuschung des Missbrauchs 2001 hatte Johannes Paul II. sogar angeordnet (päpstliche Geheimhaltung, Sanktionsandrohung gegenüber Bischöfen), wie David Berger in seinem bemerkenswerten Buch darlegt.

6 – Das Priesterzölibat

Überzeugend gelebt ist der Zölibat immer noch der schlagendste Gottesbeweis. […] [Denn] bei einem Zölibatär muss man immer sagen: Entweder ist der verrückt, oder es gibt Gott. Eine andere Alternative gibt es nicht.
   Joachim Kardinal Meisner, 2010, in „Welt am Sonntag", zit. nach ND 12.7.2010

Ein Großteil der Geschichte der Ehelosigkeit ist die Geschichte der Entwürdigung von Frauen und – eine unausweichliche Folge – häufiger Abtreibungen und Kindesmorde.
            Peter de Rosa, Absolvent der vatikanischen Gregoriana-Universität,
            danach Ethikprofessor und Theologie-Dekan in England

Allgemeine Hinweise[169]

Unter Zölibat versteht man einerseits die geschlechtliche Enthaltsamkeit, andererseits die davon gerade im Katholizismus zu trennende Ehelosigkeit. Letztere ist als historisch-theologisch stets umstrittene Voraussetzung des Priesteramts wegen des massiven Widerspruchs zu den allgemeinen gesellschaftlichen Ansichten, wegen der mit der kirchlichen Forderung verbundenen sexuellen Heuchelei sowie wegen des mit dem Zölibat verbundenen psychischen Elends vieler Menschen in allgemeinen Verruf geraten. Sie trägt erheblich zum Priestermangel in den westlichen Staaten bei. Die Sturheit, mit der das römische Lehramt trotzdem am – biblisch nicht begründbaren – Zölibat als Bestandteil einer rigiden offiziellen Sexualmoral festhält, trägt erheblich zur schwindenden Akzeptanz der katholischen Kirche bei. Sie gründet in der im Mittelalter forcierten und anhaltenden Klerikalisierung einer ausschließlich durch Männer beherrschten Kirchenhierarchie, die bei einer Aufwertung der Frauen ernsthaft in Gefahr geriete. Aber immerhin halten zumindest einzelne Bischöfe die innerkirchliche Diskussion über das Zölibatsgebot öffentlich für erforderlich.

Unter den großen heutigen Religionen ist die Zölibatsregel für geistliche Führer außerhalb des Mönchtums die absolute Ausnahme. In der Antike war allerdings der Glaube weit verbreitet, der Erfolg eines religiösen Rituals hänge von der kultischen Reinheit des Priesters ab, und diese schloss Geschlechtsverkehr aus. Es gab sogar häufig kultische Entmannungen (etwa beim Artemiskult, Osiriskult, Kybele-Attis-Kult), obwohl die Religionsgeschichte andererseits, ebenfalls im Orient verbreitet, den kultischen Geschlechtsverkehr in Tempeln kannte. Im Christentum kennt, jedenfalls unter den größeren Richtungen, ausschließlich der *römische* Katholizismus das Eheverbot für Priester, während bei den kleinen *orientalisch-katholischen* Kirchen die einfachen Priester meist (erlaubterweise) verheiratet sind. Dieser Widerspruch innerhalb der katholischen Kirche verschärft die oben skizzierte Situation.

Historische Entwicklung im Christentum

Unstreitig ist der Zölibat als verpflichtende Lebensführung nicht biblisch begründbar. Das NT enthält allerdings eine Tendenz, die *freiwillige* sexuelle Enthaltsamkeit als vorzugswürdig zu betrachten. (Hauptfundstelle: Mt 19,12: „Manche sind von Geburt an zur Ehe unfähig, manche sind von den Menschen dazu gemacht und manche haben sich selbst dazu gemacht – um des Himmelreiches willen. Wer das erfassen kann, der erfasse es.") Die vom biblischen Jesus berufenen Apostel waren aber verheiratete Männer, auch der (angebliche) erste Papst Petrus. Die Mehrzahl der frühkirchlichen Führungskräfte lebte mit Frauen zusammen. Auch Bischöfe waren in den ersten Jahrhunderten teilweise verheiratet. In Richtung Ehelosigkeit ging dann die asketische Bewegung, und kultische Reinheit wurde mit sexueller Enthaltsamkeit zusammengedacht.

In den östlichen Kirchen wie in der gesamten Orthodoxie setzte sich der Priesterzölibat von Anfang an bis heute nicht durch. Im Westen war demgegenüber die spanische *Synode von Elvira 306 ein wichtiger Schritt in Richtung Zölibat*. Den Priestern wurde bei Strafe der Absetzung untersagt, den ehelichen Verkehr aufrechtzuerhalten. Beim Konzil von Nicäa ließen sich ehefeindliche Vorschriften noch nicht durchsetzen. Aber im Westen drängte man den Klerus ab etwa 400 entsprechend der Norm von Elvira zur Aufgabe des ehelichen Verkehrs, obwohl die regelwidrig gewordenen Ehen gültig waren. Die betroffenen Frauen wurden verachtet. Besonders die Kirchenväter propagierten den Zölibat. Bischöfe und Erzpriester wurden sogar bespitzelt. Bonifatius kämpfte, auch mit harten körperlichen Strafen, gegen den verheirateten Klerus. Er hielt nicht ohne Grund alle Kleriker für sittenlos. Seit dem Untergang des Römischen Reichs wurde *Kindstötung speziell in Klöstern zur Vertuschung „im großen Stil praktiziert"*[170], wie auf dem Konzil von Aix la Chapelle 836 offen zugegeben wurde. Mehr noch: Elf Päpste waren Söhne von Päpsten oder anderen Priestern. Trotz der ehefeindlichen Bestrebungen war um 1000 die Mehrzahl der westlichen Kleriker noch verheiratet, und auch außerehelich hatte der Klerus oft wenig Sinn für sexuelle Zurückhaltung, wie man etwa aus Synodenbeschlüssen und Bußbüchern mit oft brutalen Strafandrohungen schließen kann. Mit Leo IX. (gest. 1054) begann die „Gregorianische Reformbewegung", mit der u. a. der Zölibat immer mehr eingeschärft wurde. Leo IX. ließ alle römischen Frauen, die mit Priestern zusammenlebten, für den Papstpalast versklaven. Der 1881 seliggesprochene Kreuzzugspapst Urban II. (gest. 1099) ordnete bei fortgesetzter Klerikerehe den Verkauf der Ehefrau durch die weltliche Macht als Sklavin an.

Generell kann man sagen, dass auch verheiratete Priesterfrauen, mit Konkubinen gleichgestellt, bis in die Neuzeit mit öffentlichem Haarscheren, Sakramentenausschluss, Verweigerung regulärer Beerdigung, Vertreibung und Gefängnis rechnen mussten. Für Petrus Damiani (gest. 1072, seit 1828 Kirchenlehrer), Vertrauter mehrerer Päpste, waren Priesterfrauen Blutegel, Lockspeise des Satans usw. Reformpapst Gregor VII. (1073–1085), den Damiani „heiliger Satan" genannt hatte, war der wichtigste Kämpfer für den Zölibat. Die Priesterehe war für ihn ein Unzuchtsverbrechen (crimen fornicationis), und an den Amtshandlungen verheirateter Priester durften Laien nach seinem Gebot nicht teilnehmen. Er erntete aber bei den Priestern offenen Widerspruch. Mahnungen des Mainzer Erzbischofs empörten viele Geistliche, und manche von ihnen forderten sogar seine Ermordung, wie der Konzilshistoriker Hefele berichtet.[171] Auch andere deutsche Bischöfe wurden heftig angegriffen, während sich der hl. Bischof Ulrich von Augsburg gegen den Zölibat aussprach. Massive Proteste gegen die Zölibatskämpfer gab es auch in anderen Ländern. In Mailand tobte jahrelang ein Zölibatskrieg gegen den reformfeindlichen Bischof und Klerus. Papst Alexander II. rief 1063 zum offenen Bürgerkrieg gegen die verheirateten Geistlichen auf und konnte sich dabei auf Mönchshaufen und den aufgeputschten Pöbel berufen. Viele Geistliche wurden samt ihren Frauen und Kindern umgebracht, der Bischofspalast zerstört. Der Krieg dauerte bis 1075.

Auf dem *1. Laterankonzil 1123* wurde entgegen 1 Tim 3,2–5 und 12 und Mt 8,14–15 die Eheschließung Geistlicher untersagt, Priesterehen wurden getrennt und die *Ehen, obwohl Sakrament, für ungültig erklärt*. Das war völlig neu, wenn auch zunächst wirkungslos. Nach Gregor I. (gest. 604) waren Priesterehen noch gültig gewesen, aber die Priester mussten zwischen Frau und Amt wählen. Große Bedeutung hatte das *2. Laterankonzil 1139*, dem zufolge wiederum die nach der Priesterweihe geschlossenen Ehen ungültig waren. Der mächtige Innozenz III. schärfte die Zölibatsdisziplin 1215 auf dem 4. Laterankonzil 1215 erneut ein. Dabei ging es aber nicht um Heiligkeit, sondern um die Effektivität des absolutistischen Klerikalsystems. Freilich behauptete man, die Reinheit der Priester erfordere die Ehelosigkeit. Dabei beweisen zahlreiche kirchliche Dokumente, dass Männer- und Frauenklöster vielfach Lasterhöhlen waren. Bischöfe hielten sich ganze Harems, und Kritiker lebten gefährlich. Aber um 1500 und im 16. Jh. hatten sechs Päpste meist mehrere uneheliche Kinder. Da erst 1563 vom Trienter Konzil die Formpflicht der Ehe eingeführt wurde, waren zuvor viele Priester wegen der Heimlichkeit der vor der Priesterweihe geschlossenen Ehe nach wie vor „verheiratet". Allerdings nannte man die Priesterfrauen jetzt Konkubinen, Huren und Ehebrecherinnen. Trotz aller Verbote und Diskriminierungen (mancherorts durften Priesterfrauen nicht kirchlich beerdigt werden und anderes) war die Priesterehe bzw. das Priesterkonkubinat im Hoch- und Spätmittelalter weiterhin stark verbreitet. In ganz Europa kämpften überaus zahlreiche Synoden dagegen an. Die Ehe wurde durch das Konkubinat verdrängt, dessen finanzielle Ahndung bzw. Duldung in Form des „Hurenzinses" höheren kirchlichen Instanzen eine gute Einnahmequelle brachte.

Das Heiratsverbot hatte einen *handfesten ökonomischen Hintergrund:* Man wollte verhindern, dass die von Priestern verwalteten Kirchenpfründen durch den zusätzlichen Lebensunterhalt für die Familienmitglieder geschmälert und vor allem durch Erbschaften dezimiert wurden. Auch sollten Ämter nicht vererbt werden. Die Verhinderung legitimer Erben von Kirchenvermögen war Bestandteil einer historischen Gesamtstrategie[172], kirchlichen Besitz anzuhäufen. Selbst die noch vorkonziliare zweite Auflage des Lexikons für Theologie und Kirche räumt in ihrem Zölibatsartikel ein, auch „die Sorge um eine Entfremdung des Kirchengutes durch Vererbung in der Familie" sei von Bedeutung gewesen. Allerdings gab es auch in der Bevölkerung wegen der unglaublichen Missstände im Klerus eine reformerische Bewegung zugunsten des Zölibats. Denn auffallend war die „überschäumende, fast grenzenlos erscheinende sexuelle Ausschweifung der Priester, die die vergleichbarer gesellschaftlicher Schichten im profanen Bereich weit übertraf […] andererseits der Umstand, dass Maß – richtiger Unmaß – und Raffinement dieser Ausschweifungen mit der Höhe der hierarchischen Stufe […] in der Mehrzahl der Fälle zunahmen."[173] Die völlige Sittenlosigkeit des mittelalterlichen Klerus ist notorisch und wurde auch durch einflussreiche Heilige angeprangert. Papst Alexander IV. erklärte in einer Bulle von 1259, das Volk werde „durch die Geistlichen vollständig verdorben." Da war das Heiratsverbot kein geeignetes Mittel.

Sogar Kaiser Ferdinand bat 1560 den Papst, das Zölibatsgebot aufzuheben, sei doch „die Verderbtheit des Priesterstandes am allerschlimmsten". Aber das Trienter Konzil ließ sich nicht erweichen. Ehelose Priester waren dem System viel mehr ausgeliefert. Das Konzil verdammte jeden, der behauptete, der ehelose Stand sei nicht besser und gesegneter als der eheliche.

Verhängnisvoll war, dass das 4. Laterankonzil 1215 neben der Einschärfung des Zölibatsgebots das *Gebot der jährlichen Beichte* verfügte. Denn die Beichte erwies sich als ein Mittel, die Frauen zu verderben. Sie waren ja verpflichtet, auch bloße unkeusche Gedanken zu beichten, und mussten dabei neben dem (jetzt über alle sexuellen Dinge bestens informierten) Priester sitzen oder vor ihm knien, denn Beichtstühle gab es erst seit dem 17. Jh. So konnte das Kleriker-Übel der Sollizitation (die Verführung einer Beichtenden zu einer Sünde gegen das sechste Gebot) bestens gedeihen. Eine große Untersuchung des berühmten Forschers Henry Charles Lea anhand von spanischen Diözesanarchiven brachte für die Zeit zwischen 1723 und 1820 Schlimmes zutage. Von 3775 bekannt gewordenen Fällen betrafen die meisten Ordenspriester, davon viele mit hohen Ämtern: Frauenverführung als Amtsprivileg. Dabei hatte ein päpstlicher Erlass von 1741 Mess- und Beichtverbot und Amtsverlust samt Lebensunterhalt angedroht. Frauen besuchten die Kleriker in ihren Häusern und Kleriker besuchten die Frauen zu Hause, während deren Männer bei der Arbeit waren. Priester waren „heilige Männer", und man wusste, dass Klerikerverfehlungen unter den Teppich gekehrt wurden. Anders als bei Juden und Protestanten war die Spanische Inquisition bei Priestern recht barmherzig. Auch waren die Frauen um ihren eigenen Ruf besorgt. Zu Sünden angestiftet wurden auch Kinder und Männer. Nebenbei: Obwohl nach erwiesenen Sollizitationen die jeweiligen Kirchen hätten neu geweiht werden müssen, wurde über solche Weihen nie berichtet.

Folgen und Folgerungen

Es liegt nahe, dass die kirchliche Benachteiligung und Verfolgung von Frauen wesentlich auf die verdrängte Sexualität der ehelosen Priester zurückging. Weibliche Priester lehnt die katholische Kirche (im Gegensatz zu Protestanten und Anglikanern) bis heute rigoros ab, wohl weil sonst das Bild männlich-zölibatärer Überlegenheit zerfiele. Vor allem ist der Zwangszölibat ein Herrschaftsmittel. Nach der Priesterweihe sind die Priester Gefangene des Systems, auch wenn sie sich ihm zu entwinden suchen. Es ist eben, mit den Worten de Rosas, eine „allgemein bekannte Tatsache, dass Frauen, die sich in Priester verlieben, in ein Netz von Heuchelei und Leiden verstrickt werden, weil der Klerus so tun muss, als sei er anders, als er wirklich ist." Kompakt: „Die Früchte des Zwangszölibats sind jene Tausende von Männern, die ein Doppelleben führen, Tausende von Frauen, deren Leben zerstört ist, Tausende von Kindern, die von ihren geweihten Vätern abgelehnt werden, ganz zu schweigen von Priestern, die mit Wunden leben, den psychiatrischen Fällen, den Alkoholikern und den Workaholics, den grauen, einsamen Gesichtern, den Kümmernissen und den Huren, die das Leben so vieler Priester Jesu Christi elend machen."[174] Auch der weltweit gigantische Sexualmissbrauch von Kindern (dazu C 16) und die enorme Verbreitung der Homosexualität bei Geistlichen (dazu C 5) hängen eng mit dem Zwangszölibat zusammen, mag auch das klerikale Klima von Haus aus homosexuell Veranlagte besonders anziehen.

Aber all das veranlasst die meisten Katholiken trotz weitgehender Ablehnung des Zwangszölibats offenbar nicht dazu, sich von der dafür verantwortlichen Institution ganz abzuwenden. Die Gründe dafür sind komplex und wohl eine Folge der erfahrenen Infantilisierung.

7 – Inquisition

Der rechte Glaube glaubt, er disputiert nicht.
            Bernhard von Clairvaux (1091–1153, Kreuzzugsprediger, Heiliger, 1830 Kirchenlehrer)

Die Inquisition ist der umfassendste Versuch, das Abendland mit Gewalt unter der Vormundschaft der Kirche zu erhalten.
[…] machte man sich schon in der alten Kirche kein Gewissen daraus, in Glaubensfragen die Andersdenkenden rücksichtslos zu schmähen […]. Durch diese Schmähungen wurde in den Christen eine gehässige Gesinnung erzeugt, die nicht ohne Wirkung blieb.
Die Kirche betrachtete die Verbrennung der Ketzer als eine verdienstliche Tat und gewährte sogar allen, die Holz für den Scheiterhaufen herbeitrugen, einen vollkommenen Ablass.
            Walter Nigg (reformierter Theologe und Kirchenhistoriker)

Was die Ketzer anbelangt, so haben sie sich einer Sünde schuldig gemacht, die es rechtfertigt, dass […] sie auch durch die Todesstrafe aus dieser Welt entfernt werden […].
            Thomas v. Aquin

Vernunft bedurfte noch nie des Erleuchtungsmittels Scheiterhaufen.
            Horst Herrmann

Das Christentum ist eine an Ketzern besonders reichhaltige Religionsgruppe. Ketzer sind Gläubige, die in einzelnen oder mehreren Punkten von der jeweils herrschenden Glaubenslehre, der „Orthodoxie", abweichen. Solche Abweichungen gab es von Anfang an in Hülle und Fülle. Da die Orthodoxie die Führungsmacht beansprucht, sind Glaubensfragen immer Machtfragen. Den „richtigen" Glauben durchzusetzen, bedarf mangels allgemein einsichtiger nachprüfbarer Argumente stets irgendeiner Form von Machtausübung.[175]

Vorgeschichte der Inquisition

Bis etwa 1200 gab es für Glaubensabweichungen meist nur *Kirchenstrafen* (Kirchenzucht): das öffentliche Anprangern, öffentliche Prügel, Ausschluss von Sakramenten, Geldbußen. Kam es zu „Gottesurteilen", war der Willkür Tür und Tor geöffnet. *Todesstrafen waren Ausnahmen.* Die Praxis war recht uneinheitlich. Schlimm war der *Kirchenbann*, besonders wenn er vom Kirchenbesuch ausschloss oder gar ganze Dörfer und Städte betraf, was mit feierlichen Verfluchungen verbunden war und enorme politische Auswirkungen haben konnte. Das änderte sich mit dem Aufkommen großer, flächendeckender Ketzereien, insbesondere der der Katharer (Albigenser) und Waldenser, die die römische Kirche in Südfrankreich und Oberitalien buchstäblich in ihrer Existenz bedrohten. Zudem galt die *Ketzerei als Teufelswerk*. Strafurteile gegen Ketzer waren regelmäßig Sache der Bischöfe gewesen, die die Verurteilten der weltlichen Gewalt zur Vollstreckung übergaben. Spätestens ab etwa 1200 war das nicht mehr wirksam genug, sodass die römische Kirche die Ketzerverfolgung zentralisierte und durch die Inquisitionsverfahren effizienter machte. Dabei sind (mit Nebenzweigen) drei wesentliche historische Abschnitte zu unterscheiden: die allgemeine Inquisition im Mittelalter (ab etwa 1200), die Spanische Inquisition (ab Ende des 15. Jh.) und die „Römische Inquisition" (ab Mitte des 16. Jh.).

Die *Idee der Einheit* der (durchaus unterschiedenen) weltlichen und kirchlichen Macht unter dem Dach der einen Christenheit (Unum Corpus Christianum) war von Anfang an gefährlich für Abweichler. Zu einer allgemeinen tödlichen Gefahr wurde sie ab dem 12. Jh., als man in Deliktssachen von der Privatklage zur Tatsachenerforschung, Anklage und Verurteilung von Amts wegen überging. Die „Inquisition", d. h. die (amtliche) Erforschung der Tatsachen, war als solche ein Fortschritt, weil die vorherigen irrationalen Verfahren der „Wahrheitsermittlung" ersetzt wurden durch im Ansatz rationale Methoden der Tatsachenermittlung (insbesondere Zeugenbefragung), mit förmlichen Verfahren, ihrer schriftlichen Dokumentation und der Versendung von Akten zwischen Behörden. Das Inquisitionsverfahren wurde wesentlich durch die Kirche ausgebildet und zur effektiveren Bekämpfung der Häretiker verwendet. Wie gefährlich die Verkündung ketzerischer Lehren geworden war, zeigte z. B. der Fall des Pierre de Bruys, der 1126 verbrannt wurde, weil er öffentlich erklärt hatte, Gott sei auf dem Marktplatz so gut zu finden wie in der Kirche, kirchliche Zeremonien seien unnütz und die Lehre von der Verwandlung von Brot und Wein in den Leib und das Blut Christi (Dogma seit 1215) eine Priesterlüge.

Der Kreuzzug gegen die Katharer[176]

Weil die Katharer – im Gegensatz zum Kirchenklerus – ein gutes, ernstes, geistiges und nicht auf Materielles ausgerichtetes Leben führten, hatte die *Hetze u. a. des hl. Bernhard von Clairvaux* nirgendwo verfangen. Die Kirchenführung kam daher zu der Ansicht, dass nur noch Ausrottung helfen könne. Das 3. (ökumenische) Laterankonzil beschloss 1179, die Christen seien mit Waffengewalt zu schützen, Hab und Gut der Katharer und anderer Ketzer einzuziehen. *Ablässe wurden versprochen*, und für den Todesfall winkte ewiger Lohn. Kleriker, die den Ketzern nicht entschlossen widerstanden, sollten ihr Amt verlieren. Auf zentraler Ebene wurde das *Inquisitionsverfahren 1184* auf einem Kongress in Verona etabliert, den Papst Lucius III. und Kaiser Friedrich I. Barbarossa einberufen hatten. Der Kaiser wurde verpflichtet, die nach kirchenamtlicher Untersuchung unter Mithilfe der Bevölkerung überführten Ketzer zu richten. Die Bischöfe hatten zu diesem Zweck regelmäßige Gemeindevisitationen durchzuführen.

1198 wurde *Innozenz III. Papst*, der mächtigste des mittelalterlichen Papsttums. Sein oberstes Leitmotiv war neben der Reform der verkommenen Kirche die Verfolgung Andersdenkender. Nach der Katastrophe des 4. Kreuzzugs (Zerstörung des christlichen Konstantinopel im Jahr 1204) ließ Innozenz den Abt Arnold Amalrich von Cîteaux den *Kreuzzug gegen die Katharer* (Albigenser) predigen. Im Ernennungsdekret heißt es: „[…] gewähren Wir Euch uneingeschränkte Vollmacht, zu zerstören, zu vertilgen und auszureißen […]." Die Ermordung des päpstlichen Legaten durch einen Unbekannten im Jahr 1208 war der Anlass zu einer der schauerlichsten Vernichtungsorgien der Geschichte. Von 1209 bis 1229 wurde Südfrankreich (Okzitanien) in einen Trümmerhaufen mit zahllosen Scheiterhaufen verwandelt. Das *4. (ökumenische) Laterankonzil von 1215*, mit 1300 Teilnehmern bis zum II. Vaticanum von 1962 größtes Konzil, bei dem auch die Lehre von der realen Wandlung von Brot und Wein in Leib und Blut Christi (Sakrament der Eucharistie) dogmatisiert, die jährliche Pflicht zu Beichte und Kommunion eingeführt und der Judenhass zum offiziellen Kirchenprogramm erhoben worden war, hieß auch den Krieg gegen die Katharer gut. Die „Altgläubigen" waren verpflichtet, Katharer zu denunzieren. Das Konzil beauftragte die Bischöfe, notfalls päpstliche Legaten, die Ketzer aufzuspüren und abzuurteilen.

Zur vollständigen Auslöschung der Katharer bedurfte es nach dem Fall Okzitaniens an den französischen König (1229) der Inquisition. Papst Gregor IX. (1227–1241), der eigentliche Begründer der (bald „hochheilig" genannten) Inquisition, ernannte *erstmals 1227 päpstliche Sonderbeauftragte als Inquisitoren*, denen bald zahlreiche andere, meist Dominikaner, folgten (Ketzerdekrete von 1231). Für Deutschland erteilte Gregor 1231 dem längst berüchtigten Ketzerbrenner *Konrad von Marburg* umfassende Vollmacht. Konrad ließ Menschen sogar wahllos und ohne ernsthafte Anhaltspunkte in großem Umfang in vielen Teilen Deutschlands hinrichten und wurde dabei durch Bischöfe unterstützt. Erst Übergriffe auf Höhergestellte wurden ihm, dem Beichtvater der hl. Elisabeth, 1233 zum Verhängnis. In einem Nachruf pries ihn der machtbewusste und kreuzzugsbegeisterte Gregor als Mann von „vollendeter Tugend". Nebenbei: Papst Gregor ließ die Synode von Toulouse 1229 beschließen, Laien den Besitz der Bibel zu verbieten. Sie hatten gemäß der Synode von Terracina, 1234, unter

Androhung des Scheiterhaufens sämtliche Bibeln abzuliefern, damit diese vom Bischof den Flammen ausgeliefert würden.

Der Terror der allgemeinen Inquisition im Mittelalter

Zusätzlich wirkte sich katastrophal aus, dass Papst Innozenz IV. (1243–1254) mit der Enzyklika „Ad extirpanda" *1252 erstmals die Folter zur Wahrheitsfindung zuließ.* Er war geldgierig und in ganz Europa verhasst. Sein Mordanschlag auf Friedrich II. von 1246 scheiterte. Er hasste den Kaiser auch deshalb, weil dieser zu Recht den unerhörten Luxus und die Verkommenheit des hohen Klerus angegriffen hatte, was in den Augen des Papstes Ketzerei war. Der berühmte Ferdinand Gregorovius hat Innozenz IV. als gewissenlosen Priester bezeichnet, der die Welt mit Empörung und Bürgerkrieg erfüllt und die Kirche tief in die weltlichen Dinge hinabgezogen habe. Merkwürdigerweise hat Leo XIII. ihn 1898 seliggesprochen.

Zuvor hatte sich die Kirche lange der Folter widersetzt. Sie war weithin unbekannt gewesen. Das Verbot der Gottesgerichte durch das 4. Laterankonzil 1215 bewirkte jedoch die allmähliche Einführung in der Praxis. Ihre förmliche Billigung 1252 untersagte zwar bleibende Schädigungen, was aber bald missachtet wurde. Es wurde üblich, dass sich Inquisitoren gegenseitig von der Exkommunikation lossprachen, wenn Delinquenten infolge der Folter gestorben waren.

Die Entwicklung kann nicht im Einzelnen erörtert werden, zumal sie in den verschiedenen Ländern und Zeiten auch örtlich unterschiedlich verlief. Die Zahl der Todesopfer war entgegen früher oft fantastischen Behauptungen sicher weitaus geringer als bei den Hexenverfolgungen. Aus übergeordneter Sicht spielt es aber keine so große Rolle, ob es 10 000 oder 50 000 oder mehr oder weniger waren[177], denn die Dörfer, Städte und Regionen waren, soweit sie jeweils durch das Erscheinen eines Inquisitionstribunals unentrinnbar konkret betroffen waren, schrecklicher Angst unterworfen. Buchstäblich niemand konnte vor der Inquisition sicher sein. In der Regel wurden nur hartnäckige „Ketzer" verbrannt, aber niemand kann die Zahl derer benennen, die unaussprechliche Folter- und Gewissensqualen erdulden mussten und bis zu ihrem Ende keinen frohen Tag mehr erleben konnten. Besonders schlimm war es, wenn die Opfer in ständiger elendiglicher Kerkerhaft verenden mussten.

Zum Inquisitionsverfahren selbst nur wenige Stichworte: freiwillige und erzwungene Denunziation, totale Geheimhaltung im Prozess, keine Verteidigung, Ankläger gleich Richter, wiederholte („fortgesetzte") schreckliche Folter mit gesegneten Instrumenten, falsche Zeugen, Konfiszierung aller Güter, regelmäßige Missachtung der Prozessregeln, Zerstörung der Familien, Sippenhaftung, fiskalische und politische Interessen, Ausgraben und Totalverbrennung von

Leichen, keine Verjährung usw. Die Hinrichtungen[178] waren oft besonders abstoßend und mit zusätzlichen Folterungen verbunden. Das hohe Aufragen der Scheiterhaufen-Pfähle ermöglichte ein genaues Verfolgen der Tragödie, und das alles oft an Feiertagen, manchmal festlich als Autodafés mit Tribünen, mit religiösen Gesängen wie „Großer Gott wir loben dich".

Viele empörte Städte bekämpften die Inquisition, manchmal erfolgreich, und nicht wenige Inquisitoren wurden ermordet. Einige von Ihnen wurden freilich (selbst noch im 19. Jh.) zur Ehre der Altäre erhoben.

Spanische Inquisition

Neben dieser allgemeinen päpstlichen Inquisition im Mittelalter ist die Spanische Inquisition ein besonderes und umfangreiches Kapitel. Sie basiert auf einer *Bulle von Papst Sixtus IV. aus dem Jahr 1478*, nachdem Spanien 1478 das dem Kirchenstaat benachbarte Königreich Neapel eingenommen hatte. Das fanatische Königspaar Ferdinand II. und Isabella I. erstreckte die Inquisition auf ganz Kastilien und Aragon. Sie verfolgte systematisch und mit größter Härte die meist nur dem Anschein nach zwangskonvertierten Juden („Marranos", d. h. Schweine), aber auch die zwangskonvertierten Mauren (Moriscos). Erster Generalinquisitor wurde 1488 der berüchtigte *Tomás de Torquemada*, der auch Beichtvater des Königspaars war. Selbst nach den heutigen nüchterneren Schätzungen beträgt die Gesamtzahl der Todesopfer dieser ersten „wilden" Phase der Spanischen Inquisition von 1480 bis 1530 immerhin an die 5000 Menschen. Geht man von ca. fünf Millionen Einwohnern aus, dann ist das etwa so, als ob im heutigen Ober- und Niederbayern oder Hessen 50 Jahre lang jährlich 100 Menschen qualvoll öffentlich ermordet würden. Die Juden wurden also erst zur Konversion gezwungen bzw. veranlasst und dann umgebracht, weil man sie nach wie vor für Juden hielt. Angenendt berichtet von einem Fall, in dem in Valencia ein Mann eingekerkert, gefoltert und verbrannt wurde, obwohl er schon lange christlich lebte, aber vergessen hatte, den als Kind mitgefeierten Yom Kippur zu beichten.[179]

Wenn auch die Spanische Inquisition *hauptsächlich ein Instrument der Königsherrschaft* war, so war sie doch durch den Papst veranlasst und legitimiert, waren die *Inquisitoren sämtlich Geistliche* und arbeiteten am Inquisitionskodex des Torquemada von 1484 die bekanntesten spanischen Theologen mit. An dieser Schuldlast der Kirche ändert auch der Umstand nichts, dass die konfiskationsgierige Spanische Inquisition (Aufteilung des ketzerischen Vermögens zwischen Inquisition, Krone, Kirche und z. T. den Denunzianten) zugleich ein Kampf des Volkes gegen die Reichen war: gegen die reichen, lange kulturtragenden Juden, den mit Juden durchsetzten Hochadel und sogar gegen den hohen Klerus. Schließlich mussten sogar Kardinäle und Könige vor der Inquisition zittern. Bemerkenswert ist das *rassistische Gedankengut* der Spanischen Inquisition, das die ganze Gesellschaft prägt. Bis 1865 wurde etwa für Eheschließungen und den Staatsdienst ein *Ahnennachweis* verlangt, um die nicht jüdische Herkunft zu beweisen. 1876/77 erschien eine Verteidigung der Inquisition durch einen spanischen Geistlichen namens Rodrigo, in der dieser die Wiederherstellung der Inquisition forderte und die Feinde der Kirche verfluchte. Das Buch wurde 1890 im „Historischen Jahrbuch" der katholischen Görres-Gesellschaft von einem Jesuiten positiv gewürdigt. Noch 1899 stimmte der französische Jesuit W. Devivier folgendem Zitat zu: „Um der Wahrheit die Ehre zu geben, gestehe ich, dass die Inquisition heutzutage als ein Vorbild der Gerechtigkeit und Billigkeit angeführt werden könnte." Sechs Kardinäle und zweiunddreißig Bischöfe gaben Deviviers Buch zum Druck frei.[180]

Die Inquisition in Portugal, Nordafrika und anderen Gebieten und vieles andere sei hier vernachlässigt.

Die Römische Inquisition

Der nepotistische und der Astrologie zugewandte Farnese-Papst Paul III. (1534–1549) begründete drei Jahre vor Beginn des gegenreformatorischen Konzils von Trient mit der *Bulle „Licet ab initio" 1542* das „Sanctum Officium", die „Römische Inquisition", die *insbesondere auf den Protestantismus zielte* und in einigen Ländern mit päpstlich ernannten Inquisitoren nach zentralen Direktiven arbeitete. Die mit besonderen Privilegien ausgestattete „heilige" Kongregation (auch „Suprema") bestand aus sechs gelehrten Kardinälen, an der Spitze der fanatische machtbesessene Giovanni Pietro Caraffa (der spätere Paul IV.). Sie breitete sich allmählich in ganz Italien aus. Paul IV. (1555–1559) gilt als eine der grausamsten Gestalten der Papstgeschichte. Er war politisch blind, die Inquisition seine Lieblingsbehörde. Überliefert ist seine Aussage, wenn sein eigener Vater Häretiker wäre, würde er selber das Holz zusammentragen, um ihn zu verbrennen. In seinem letzten Jahr stellte Paul IV. die Beichtväter in den Dienst des Heiligen Officiums. Bei seinem Tod stürmte das Volk das Inquisitionsgebäude und legte Brand.

Die römischen Inquisitoren hatten *alterprobte Handbücher* zur Verfügung. Für die komplizierten Sündentypen hat man „Sündenbäume" erstellt. Hierzu der Inquisitionsforscher Peter Godman: „Es kam vor, dass solche Bäume 87 Äste und 261 Zweige mit 783 Unterarten der Sünde hatten. Dies alles hat der Inquisitor auswendig gelernt."[181] Das Denunzieren war eine kirchenrechtliche Pflicht, und die Zahl der Denunzianten stieg. Sie wurden allerdings einer genauen Glaubwürdigkeitsprüfung unterzogen. Das Verhör bedeutete regelmäßig eine psychische Folter. Allerdings bemühte man sich in der Römischen Inquisition, die zahlreichen Regeln des Verfahrens einzuhalten. Häufig zog man zu theologischen Fragen auch Berater hinzu. Die Folter wurde nur als letztes Mittel angewandt, etwa bei Auskunftsverweigerung, d. h. wesentlich sparsamer als in der weltlichen Justiz. Der neuesten Forschung (nach Öffnung des Geheimarchivs des „Heiligen Officiums" 1998) zufolge handelten die Inquisitoren der Römischen Inquisition nicht aus Sadismus. Die Verfahren seien zivilisierter und in der Tendenz *weniger brutal als die vergleichbaren Verfahren der weltlichen Justiz* gewesen. Das mag sein, wenn man zum Vergleich etwa die Peinliche Gerichtsordnung Karls V. von 1532 (Carolina) mit ihren terroristisch-grausamen Aspekten heranzieht. Da ist die Rede vom Feuer, Rad, Schleifen, Reißen mit glühenden Zangen, Vierteilen, Ohrabschneiden, Augenausstechen u. a. Zwar war die *Folterung* nur bei Einhaltung strenger Voraussetzungen zulässig, aber sie wurden in der Praxis weithin missachtet. Dennoch hat selbst der berühmte Rechtsphilosoph Gustav Radbruch (gest. 1949) in seiner Einführung zur Carolina die uns Heutigen schwer verständliche Meinung vertreten, trotz ihrer zeitbedingten Grausamkeit stehe die Carolina „hoch über der verwilderten Lynchjustiz ihrer Zeit, in der Sicherheit der sittlichen Urteilskraft, mit der sie die Verbrechen in ihrer verschiedenen Art und Schwere bewertet […]."[182]

Bedenkt man allerdings, dass es die Kirche war, die 1252 die Folter (mit verheerender Auswirkung) zur Tatsachenermittlung offiziell erlaubte, dass die Kirche weithin das Alltagsleben der Menschen beherrschte, das Bildungsmonopol hatte und in der Politik ein ständiger bedeutender Machtfaktor war, so fragt man sich schon, warum sie auf den Geist der Zeiten nicht mäßigender eingewirkt hat. Die spezielle Institution der 1542 begründeten und 1816 beendeten Römischen Inquisition hat zwar, wie man heute weiß, weit weniger Todesopfer gefordert, als das im allgemeinen Bewusstsein verankert ist: exakt 97 sollen es für die Stadt Rom zwischen 1542 und 1761 gewesen sein[183], am prominentesten der Pantheist Giordano Bruno im Jahr 1600. Bis 1570 wurden in ganz Italien keine 50 Protestanten hingerichtet. Die Römische Inquisition war auch sonst nicht so schlimm wie die weltliche Justiz (Zustand der Gefängnisse, weniger aggressive Anwendung der Folter). Aber auch ihr gemäßigtes Grauen demonstrierte die Gefahr der Kirche für alle, die ihr zu freies Denken nach außen kundtaten. Und gibt es nicht zu denken, dass eine Kirche, die eine „Religion der Liebe" sein wollte und sich vom Heiligen Geist Gottes geleitet sah, solches so lange gutgeheißen hat? Auch der katholische Kirchenhistoriker Angenendt weiß auf diese „notwendige Fundamentalkritik" keine Antwort.[184]

Bücherzensur

Die Verfolgung des freien Geistes durch die Bücherzensur war zunächst ein Nebenaspekt der Römischen Inquisition.[185] Mit Büchern hatte die Kirche ja von Anfang an ein Problem. Nach 380/81 (Christentum Staatsreligion) wurde die *antike Buchkultur bis auf kleine Restbestände beseitigt*.[186] Während es noch im 4. Jh. Bibliotheken mit Hunderttausenden Bänden gab, enthielten die Klosterbüchereien des 7.–9. Jh. nur 300 bis 500 Bände. Es gab fast nur noch christliche Literatur, bis die Renaissance mit der Überlieferung arabischer und byzantinischer Quellen eine gewisse Erholung brachte. Bis dahin gab es nur sehr wenige Bücher und sie waren extrem teuer. Daher wurde die *Erfindung des Buchdrucks*, besonders seit ihrer Kombination mit der Reformation, für die Kirche eine große Gefahr. In nur 50 Jahren wurden bis 1500 in Europa über 1 000 Druckereien eingerichtet. Nach ersten Zensurlisten in verschiedenen europäischen Städten ab etwa 1544 erließ die Römische Inquisition *1559 einen besonders strengen Index*, der auch alle in eine Volkssprache übersetzten Bibeln betraf. Er umfasste extrem willkürlich über 1 000 Werke, darunter die des Humanisten Erasmus von Rotterdam, obwohl diese für kirchliche Lehrzwecke unverzichtbar waren. Bücher ohne Erlaubnis durften in den päpstlichen Gebieten nicht gehandelt werden. Auch der *Tridentinische Index von 1564* war ein „Monument der Verwirrung" (P. Godman), sodass man zwei sich widersprechende Bücherverbotslisten besaß. Daher schuf man *1571 die Indexkongregation*, aber die Kompetenzen überschnitten sich. Die heutigen Spezialisten bestätigen der Kongregation weitgehende Inkompetenz und Willkür. 1917 wurde sie aufgelöst, ihre Aufgaben an das „Sanctum Officium" übertragen. Der vielfach lächerlich gewordene und stets veraltete Index Romanus blieb. Er enthielt bekanntlich eine Fülle an Weltliteratur und philosophischer sowie theologischer Literatur, in der letzten Ausgabe von 1948 über 4000, mit Nachtrag 1962 ca. 6000 Titel. Judenfeindliche Literatur einschließlich Hitlers „Mein Kampf" stand freilich nie auf der Liste. Erst 1965/66 wurde der Index aufgehoben.

Selbstverständlich unterwirft die katholische Kirche Bücher in gemäßigter Form weiterhin einer möglichen Kontrolle. Der CIC 1983 enthält in elf Canones Regelungen über „soziale Kommunikationsmittel".

Glaubenskongregation und Lehrbeanstandungen

Die heutige vatikanische „Kongregation für die Glaubenslehre" (seit 1965) ist Nachfolgerin des „Sanctum Officium" (seit 1908) und der Inquisitionskongregation, die von 1542 bis 1908 den Namen „Congregatio Romanae et universalis Inquisitionis" trug. Nach wie vor geht es um die Reinhaltung der offiziellen

Kirchenlehre von Glaubensabweichungen (Häresien). Grundlage ist heute der Codex Iuris Canonici (CIC) von 1983. Da die früheren Machtmittel der Papstkirche heute nicht mehr zur Verfügung stehen bzw. außerhalb des Klerus heute nur wenig Bedeutung haben, ist bei kirchlichen Hochschullehrern das Lehrbeanstandungsverfahren (Entzug der theologischen Lehrerlaubnis) von besonderer Bedeutung. Seit jeher haben Päpste und Bischöfe das Recht auf Lehrbeanstandung beansprucht. Die jeweils aktuelle amtskirchliche Lehre hatte von wichtigen – manchmal aber auch nur unerheblichen – „ketzerischen" Abweichungen frei zu bleiben. Die Urteilssanktionen konnten früher im Extremfall bei hartnäckiger Gehorsamsverweigerung bis zur Verbrennung führen. Im 19. und 20. Jahrhundert ging es meist um den Entzug der Lehrerlaubnis. Die betroffenen Theologen waren in den oft willkürlichen Verfahren zunächst so gut wie rechtlos. Und auch die neue Verfahrensordnung der Glaubenskongregation von 1997 enthält trotz einer Liberalisierung nach Ansicht innerkirchlicher Kritiker noch gravierende Mängel und widerspricht in manchem der heutigen Rechtskultur, ja es werden Verstöße gegen die heutige Sicht von Menschenwürde geltend gemacht.[187] Im 20. Jh. betrafen Lehrbeanstandungsverfahren bekannte Theologen wie z. B. Leonardo Boff, worauf leider nicht näher eingegangen werden kann.

Zur heutigen historischen Einordnung der Inquisition aus kirchlicher Sicht

In einem Interview mit BR-alpha am 16. April 1998 sagte Kardinal Ratzinger, damals Präfekt der Glaubenskongregation, wörtlich:
> „Großinquisitor ist eine historische Einordnung, irgendwo stehen wir in der Kontinuität. Aber wir versuchen heut' das, was nach damaligen Methoden, zum Teil kritisierbar, gemacht worden ist, jetzt aus unserem Rechtsbewusstsein zu machen. Aber man muss doch sagen, dass Inquisition der Fortschritt war, dass nichts mehr verurteilt werden durfte ohne Inquisitio, das heißt, dass Untersuchungen stattfinden mussten."

8 – Hexenverfolgung

Ich will kein Mitleid für diese Hexen, ich wünsche, dass man sie Stück für Stück verbrenne.

Martin Luther

> *Die Geißel der Hexenverfolgung ist von der Theologie der christlichen Kirche geflochten worden.*
>
> Joseph Hansen, Nestor der Hexenforschung

Die spezifisch europäischen Hexenverfolgungen, von denen fast alle mittel- und nordeuropäischen Länder betroffen waren, gehören zu den allerschlimmsten Katastrophen des menschlichen Geistes und des Gedankens der Mitmenschlichkeit. Sie sind gleichermaßen Bestandteil der Religions- wie der weltlichen Geschichte. Zentrum der Verfolgung war Deutschland, wo etwa die Hälfte der Opfer aller neuzeitlichen Hexenverfolgungen umkam. Hexenvorstellungen sind ein altes Menschheitsgut und Ausdruck eines magischen Weltbildes. Dieses ist geradezu eine anthropologische Grundkonstante und noch heute, insbesondere in Afrika, verbreitet. Der Glaube an Dämonen und Zauberei war von Anfang an auch wesentlicher Teil des christlichen Glaubens.[188]

Phänomen der Neuzeit

Massenhafte Verfolgungen der „Hexen" und „Hexer" mit schwersten und willkürlichen Folterungen und häufig anschließender Lebendverbrennung (oft auch Enthauptung mit anschließender Verbrennung) durch eine fast immer *weltliche* Justiz sind jedoch im Wesentlichen eine *Erscheinung des Zeitraums von 1450 bis 1700.* Grundsätzliche Unterschiede der Konfession gab es nicht. Trotz umfangreicher Forschungen konnte man sich Häufigkeit und Umfang der Verfolgungen nicht recht erklären und sprach daher vom *Hexenwahn.*

Ausweislich der jüngsten Forschungen zu dem komplexen sozialen Phänomen werden die lokalen Verfolgungen durch unterschiedliche und wechselnde konkrete Umstände ausgelöst. Der örtliche oder regionale Ausbruch von Verfolgungen basierte stets auf *allgemeinen Faktoren:* Glaube an Schadenszauber und Hexenpakt mit dem Teufel, Verbreitung gelehrter Hexenliteratur, Predigertätigkeit, Rechtsbücher, Folter als Verfahrensmultiplikator durch erzwungene Belastung weiterer Personen, Verunsicherung durch konfessionelle Gegensätze, Kriege, Seuchen, Hungersnöte, allgemeines Klima der Angst, Einstellung der Obrigkeit, Organisation des Justizwesens, Bestechungen, Profitgier u. a. Konkret ausgelöst wurden die Verfolgungen aber stets durch zusätzliche, ganz *spezielle und wechselnde Gründe* auf verschiedenen Ebenen wie spektakuläre Unglücksfälle, Naturkatastrophen, Missernten, Missgunst und taktisch-politische Überlegungen. So konnte unabhängig von Geschlecht, Alter und sozialer Herkunft jedermann zum Opfer werden, bis zu Geistlichen und Trägern hoher politisch-administrativer Ämter. Der Anteil der Frauen wird allgemein auf 80 % geschätzt. Selbst Kinder wurden ermordet.

Kirchen und Staat als Verursacher

Die populäre generelle *Beschuldigung der katholischen Kirche* mit ihrer Inquisition trifft in dieser Pauschalität nicht zu. Denn die Verfolgung war in den *protestantischen Gebieten* nicht geringer, und die nicht von der Reformation betroffenen katholischen Länder, insbesondere in Südeuropa einschließlich des Kirchenstaats und Spanien, kannten keine oder nur eine geringe Hexenverfolgung. Die Hexenprozesse wurden fast ausschließlich durch *weltliche und nicht durch geistliche Gerichte* durchgeführt. Die von der Kirche durchgeführten Verfahren der Römischen Inquisition wiesen, insgesamt betrachtet, nicht die besondere Grausamkeit und rechtliche Irregularität der Hexenprozesse auf. Es wurde nachgewiesen, dass viele Verfolgungen erst nach z. T. massiven Forderungen der Bevölkerung aufgenommen und dass sie auch als politisches Machtinstrument eingesetzt wurden. Solche Differenzierungen werden in der neueren Hexenforschung zu Recht herausgestellt. Den Kirchen *unmittelbar* zuzurechnende Verfolgungsfaktoren werden in der Forschungsliteratur aber anscheinend nur im jeweiligen speziellen Zusammenhang beschrieben, sodass leicht der Gesamteindruck einer abmildernden Bewertung entsteht. So findet sich in der für angehende Historiker bestimmten Einführung in den Stand der Forschung von Johannes Dillinger (2007) kein einziger Abschnitt, der kirchlich-theologische Verfolgungsursachen im Zusammenhang und ausdrücklich thematisiert. Die *ideologische Basis und Grundvoraussetzung aller Verfolgungen* bestand jedoch in kirchlich getragenen und massiv propagierten oder doch geduldeten Vorstellungen theologischer Konstrukte wie des Teufelspakts oder der Volksreligion (Dämonenlehre und Schürung der Hexenangst). So gesehen muss man die Frage nach den Hauptursachen anders bewerten (s. dazu näher unten).

Vernichtung der weisen Frauen?

In feministischen und esoterischen Kreisen werden immer noch *Klischees verbreitet*, wonach sich Kirche und weltliche Gewalt aus Frauenhass zusammengetan hätten, um Frauen zu disziplinieren und umzubringen, insbesondere Hebammen und Heilerinnen mit ihrem Wissen zur Empfängnisverhütung und Abtreibung auszurotten. Besonders erfolgreich war die 1985 von Gunnar Heinsohn und Otto Steiger aufgestellte, damals völlig neuartige These, „die Vernichtung der weisen Frauen" (so der Buchtitel) sei durch Kirche und Staat erfolgt, um die (insbesondere infolge der großen Pest im 14. Jh.) stark dezimierte Bevölkerung aus wirtschaftspolitischen Gründen zu steigern. Man habe so die Geburtenkontrolle und die Weitergabe des einschlägigen Wissens unterbunden. Die Autoren konnten in ihrer materialreichen und mehrfach neu edierten Studie tatsächlich viele Belege für ihre Behauptung anführen, die Tötung der „weisen Frauen" sei im Zentrum der Hexenverfolgung gestanden, und als Konsequenz habe sich letztlich auf dem Umweg über die westlich-christliche Kolonialisierung die menschheitsbedrohende Bevölkerungsexplosion ergeben.

Zahlreiche rechtlich einflussreiche Texte (Hexenhammer, Gesetzeswerke, Hebammenordnungen) richten sich in der Tat eindeutig gegen Maßnahmen zur Geburtenregelung. Dennoch wird die *in sich* durchaus nicht unplausible Theorie von der Geschichtswissenschaft einhellig abgelehnt, ja sogar als abstrus und demagogisch (so Franz Irsigler) bezeichnet. Dieses harte Urteil basiert nach den Ergebnissen der historischen Quellenforschung auf dem eindrucksvoll belegten Nachweis des Umstands, dass zwar auch heilkundige Frauen und Geburtshelferinnen Opfer der Hexenverfolgung wurden, jedoch insgesamt nur zu einem äußerst geringen Anteil (F. Irsigler: „im kleinen Promillebereich").[189] Auch wenn man daher die Interpretation der Hexenverfolgung als im Kern bevölkerungspolitische Maßnahme ablehnen muss, verringert sich dadurch die Verantwortlichkeit des Faktors Religion bei der Katastrophe der Hexenverfolgung nicht.

Zeiträume und Regionen

Magische Praktiken führten im mittelalterlichen Europa nur selten wegen Schadenszaubers zu Todesurteilen. Das änderte sich mit der *theologischen Entwicklung eines Kumulativdelikts der Hexerei*, dem zufolge die bislang weniger gefährlichen magischen (zauberischen) Praktiken jetzt als ketzerisch gebrandmarkt wurden (s. u.). Die noch bis in die jüngste Zeit gängige Annahme, die ersten großen Hexenprozesse habe es Anfang des 14. Jh. in Südfrankreich gegeben, hat man neuerdings wegen fehlender Quellenbasis aufgegeben. Erst ab etwa 1420 kam es zu größeren Verfolgungsmaßnahmen in Savoyen, Burgund, um den Genfer See und in Teilen der Schweiz, wobei die erfolterten Geständnisse weitere Hexen gleichsam aus dem Nichts schufen. Auch in Oberitalien gab es bis zur Mitte des 15. Jh. ausgedehnte Verfolgungen. Dämonologische Literatur, meist von Dominikanern, wurde verbreitet und das *Konzil von Basel* (1431–1449) propagierte die Bekämpfung der Hexen. Die Verfolgungen am Bodensee und Oberrhein forderten bis 1500 schon einige Hundert Todesopfer. Größere Hexenjagden fanden im Rhein-Mosel-Raum statt. Dabei spielten bereits der Inquisitor Institoris und sein berüchtigter Hexenhammer (s. u.) eine große Rolle. Auch im Baskenland und Katalonien gab es größere Verfolgungen. Um 1520–1530 fanden die Hexenjagden in Zentraleuropa ein vorübergehendes Ende. Die größte Verfolgungswelle dauerte dann von etwa 1560 bis nach 1750.

Der absolute Höhepunkt der grausamen massenhaften Verfolgungen erstreckte sich von ca. 1580 bis 1630/50 und ereignete sich hauptsächlich in Deutschland.

Opferzahlen

Bevor detaillierter auf Zahlen eingegangen wird, sei die immer noch gern geglaubte *Fantasiezahl von insgesamt 9000000 Todesopfern* in Europa erläutert. Der Quedlinburger Stadtsyndikus Gottfried Christian Voigt veröffentliche 1783 einen Aufsatz über Hexenprozesse in Deutschland. Zur Bekämpfung des auch bei Gelehrten immer noch herrschenden „dicksten, dümmsten und schändlichsten Aberglaubens" stellte er anhand des Quedlinburger Archivs mit Akten von 30 mit dem Tod endenden Hexenprozessen Hochrechnungen auf der Basis diverser freier pauschaler Annahmen und ohne Quellenkenntnisse an. Er wollte kein Ansehen als Historiker erwerben, sondern der europäischen Aufklärung einen Dienst erweisen. Bei seinen Hochrechnungen auf europäische Verhältnisse ging er von Einwohnerzahlen und von nicht weniger als elf Jahrhunderten konstanter und gleichbleibend intensiver Verfolgungen aus und kam so auf die fantastische Zahl von 9442994 Todesopfern.[190] Zur Zeit des Bismarck'schen Kulturkampfs gegen die ultraorthodoxe katholische Kirche griff man solche Materialien dankbar auf, zumal wenn sie sogar von einem seriösen kritischen Theologen wie dem Protestanten Gustav Roskoff, dem Verfasser der noch heute lesenswerten Geschichte des Teufels (1869), offenbar ungeprüft verbreitet wurden.

Derzeit geht die europaweite Hexenforschung ungeachtet der anstehenden Auswertung weiterer Quellen von einer *Gesamtzahl an Todesopfern* der neuzeitlichen europäischen Hexenverfolgung von 50000–70000 aus (Richtwert). Diese Zahl ist erschreckend genug, wenn man bedenkt, wie viel konkrete Angst die lokalen Verfolgungsepidemien verbreiteten, wenn sie einmal begonnen hatten, und das war jederzeit möglich. Im Übrigen sind Opfer ebenso sehr diejenigen, die die Folter überstanden und nicht verbrannt wurden. Trotz ihrer schweren körperlichen und seelischen Dauerschäden mussten sie meist schutzlos abseits der Gesellschaft ihr Leben fristen. Wie viele von ihnen nachträglich an den Folgen von Haft und Tortur starben, lässt sich den Quellen nicht entnehmen. Mehr als die Hälfte der Ermordeten, darüber herrscht heute Einigkeit, kam in Gebieten des Deutschen Reichs ums Leben. Noch nie zuvor hat ein angenommenes Religionsdelikt so viele Opfer gefordert, wie auch der katholische Kirchenhistoriker Angenendt erklärt. Nach Deutschland wiesen folgende Länder in dieser Reihenfolge in *absoluten Zahlen* die meisten Opfer auf: Polen/Litauen, Schweiz und Frankreich, England/Schottland, Dänemark und Norwegen, Italien, Österreich und Tschechien/Slowakei. *Betroffen waren fast alle katholischen und protestantischen Länder*, ausgenommen Irland, Italien, Portugal und Spanien. In *Relation zu den Bevölkerungszahlen* waren mit weitem Abstand die schlimmsten Länder Tschechien/Slowakei und Österreich, gefolgt von der Schweiz und Polen/Litauen. Mit weitem Abstand folgen dann Deutschland und Dänemark/Norwegen, mit noch weiterem Abstand die übrigen Länder. *Allgemein kann man sagen, dass kleine geistliche und weltliche Herrschaftsgebiete besonders betroffen waren*, zumal das Innehaben der Blutgerichtsbarkeit ein politischer Machtfaktor war, ferner generell Gebiete mit höherer Bevölkerungsdichte.

Religiöse Grundlagen

Grundvoraussetzung von Verfolgungen ist die Existenz eines weit verbreiteten *magisch-zauberischen Weltbilds.* Im alten Griechenland und Rom war Magie alltäglich, und das ist gut belegt (Beachtung von Omen wie Vogelflug und Eingeweideschau, Missgeburten, Kometen usw.; Zauberpapyri). Schon das Zwölftafelgesetz (ca. 450 v. u. Z.) stellte Ernte-Schadenzauber (excantare) unter Strafe. Erst um die Zeitenwende befasste man sich auch theoretisch viel mit Magie, Astrologie und Dämonologie. *Das Neue Testament strotzt vor Dämonen. Nicht nur die christliche Antike war vom Dämonenglauben und vom Kampf gegen Satan durchdrungen, sondern auch die wichtigsten christlichen Theologen des Westens*, die Kirchenlehrer Augustinus und Thomas von Aquin sahen in den Dämonen abgefallene Engel, deren Wille auf das Böse gerichtet ist. Diese Lehre vertrat auch das *4. Laterankonzil* von 1215. Schon Augustinus sprach vom Pakt mit Dämonen, und es war verhängnisvoll, dass Thomas von Aquin (1225–1274) diese Pakttheorie auf den Volksaberglauben anwandte. Sogar jede unbedeutende abergläubische Handlung beruhte laut Thomas selbst bei Unwissenheit auf einem Teufelspakt. Dabei war bis dahin selbst für die Oberschicht die Konsultation von Zauberern und Zauberweibern gang und gäbe. Die erhaltenen mittelalterlichen Bußbücher bieten reiches Material zu der großen Verbreitung magischen Gedankenguts, und der Kirche gelang es trotz harter Gegnerschaft nicht, die seltsamen Vorstellungen des heidnischen Volksglaubens (Baumkult, Flugvorstellungen usw.) zu beseitigen.

Vom Aberglauben zum lebensbedrohlichen Ketzerglauben

Ab dem 13. Jh. wurde der „Aberglaube" aber allmählich lebensbedrohend. *Zunehmend sah man in Zauberei auch Ketzerei*, und diese theologische Auffassung beeinflusste auch das weltliche Recht. Der bedeutende Sachsenspiegel (1220–1235) sah für den (allerdings auch nach seinerzeitigen Maßstäben schwer nachzuweisenden) Schadenzauber (maleficium) schon die Verurteilung zum Scheiterhaufen vor. Schlimmer war, dass er Zauberei schon als Unglauben, also Glaubensabfall wertete. Die Katharerverfolgung (dazu B 2) durch die Inquisition verstärkte den Zusammenhang von Zauberei und Häresie. Man unterstellte den Katharern z. B., dass sie sich auf heimlichen Versammlungen, zu denen sie auch hinflögen, in Anwesenheit des Teufels der allgemeinen Unzucht hingäben. Papst Johannes XXII. ließ 1317 den Bischof seiner Heimatstadt als Ketzer verbrennen, weil er sich von ihm verzaubert wähnte. 1326 verfügte er für die ganze Kirche die Bestrafung der Zauberei nach dem Ketzerrecht. So wurde der „Aberglaube" allmählich, völlig neuartig, zu einer Bedrohung. Im ausgehenden 14. Jh. begann man die Zauberer nicht wie in älterer Zeit als isolierte Personen, sondern als nach Ketzerart in einem sektenmäßigen Zusammenhang untereinander stehende Gruppen zu sehen. Das von den Theologen entwickelte neue kumulative *Hexereidelikt* bestand aus den fünf Hauptelementen Teufelspakt, Teufelsbuhlschaft, Flug durch die Luft (Hexenflug) zum Hexensabbat, auf dem Gott abgeschworen und der Teufel angebetet wurde, und Schadenzauber. Damit verbunden waren Werwolfglaube, Monstergeburten, Wettermacherei, Verwandlungen in Tiere. Die große Bedeutung geistlicher Predigten zeigte sich z. B. in *Predigtkampagnen* des wenige Jahre nach seinem Tod heiliggesprochenen Bernhardin von Siena, die in Todi und Rom nach 1425 zu Hexenhinrichtungen führten. Mit der neuen Lehre beschäftigte sich auch das *Konzil von Basel* (1431 ff.), auf dem die Lehre vom Hexereidelikt unter den hervorragenden Theologen große Breitenwirkung entfaltete. Danach begann die Umformung der Ketzer- und Zaubereiprozesse in Hexenprozesse. Auffälligerweise entstanden kurz nach *Erlassen Papst Eugens IV.*, in denen alle Inquisitoren zur Zaubererverfolgung aufgerufen wurden, in den 1440er-Jahren neue Verfolgungsherde. Ab etwa 1450 setzte eine *umfangreiche dämonologische Hexenliteratur* ein, die meist von Dominikanern, darunter viele Inquisitoren, verfasst wurde.

Die Hexenbulle von 1484

Eine neue Dimension erhielten die Verfolgungen mit der Tätigkeit des zwielichtigen *Dominikaners Heinrich Kramer (Institoris)*. Dieser päpstliche Inquisitor war vermutlich in die Heidelberger Hexenprozesse von 1475, jedenfalls in die große Ravensburger Hexenverfolgung 1480 ff. verwickelt, der ersten großen Hexenverfolgung in Deutschland. Trotz des allgemeinen Zauberglaubens lehnten Bevölkerung und Obrigkeiten diese Praktiken zunächst ab. Wegen seines Misserfolgs erwirkte Institoris beim Papst Innozenz VIII. die bekannte *Hexenbulle von 1484* (Summis desiderantes affectibus), die ihm die Vollmacht zur Inhaftierung und Bestrafung Verdächtiger, nicht aber zur Hexenverbrennung verlieh.

Als er in Innsbruck eine Verfolgung inszenieren wollte, erklärte ihn der Brixener Bischof für verrückt und wies ihn aus der Diözese aus. Da verfasste Institoris (der heute als Alleinverfasser gilt), den „Hexenhammer" (Malleus maleficarum), ein umfangreiches Handbuch der Hexenverfolgung, eines der übelsten Werke der Weltgeschichte mit größtmöglicher Auswirkung. Es erschien 1487 und erlebte zahlreiche Auflagen. Trotz fehlender kirchlicher Approbation, jedoch unter Abdruck der Hexenbulle wurde es bald zu einer „Bibel" der von beiden Konfessionen unterstützten Verfolgung. Der Hexenhammer stellte die durch Scholastik und Inquisition fest ausgebildete neue Lehre von der Hexensekte systematisch zusammen. Er löste eine erste zusammenhängende Verfolgung im Rhein-Mosel-Raum aus.

Die Rolle der Kirchen

Die Rolle der Kirchen wird in der aktuellen Hexenforschung mit ihren immer differenzierteren Untersuchungen häufig merkwürdig unterbelichtet. Wolfgang Behringer, einer der etablierten heutigen Forscher, zitiert aber zustimmend den Altmeister Joseph Hansen (um 1900) mit dem Satz: „Die Geißel der Hexenverfolgung ist von der Theologie der christlichen Kirche geflochten worden". Es fällt auf, dass die gelegentliche Bestrafung einzelner Zauberer in vielen Kulturen verbreitet war. Aber der europäischen spätmittelalterlich-neuzeitlichen Hexentheorie vergleichbare Vorstellungen waren der islamischen und jüdischen Kultur unbekannt. Auch die nicht dem Papst unterstehende christliche Orthodoxie kannte sie nicht. Der Pontifikat des extrem zaubergläubigen Johannes XXII. (1316–1334), der, wie schon erwähnt, 1317 den Bischof seiner Heimatstadt Cahors als Ketzer verbrennen ließ, weil er sich von ihm verzaubert fühlte, war der Beginn eines neuen Entwicklungsstadiums. Mit seiner Konstitution „Super illius specula" ordnete er für die gesamte Kirche die Bestrafung der Zauberer nach dem Häretikerrecht zumindest an. Alexander V. (1409–1410) und Martin V. (1417–1431) forderten den Inquisitor für das Gebiet östlich der Rhone zur Verfolgung der Zauberer auf. Auf die Bedeutung des Konzils von Basel wurde schon hingewiesen. Bald nach Hexenerlassen von Eugen IV. (1431–1447) begannen Verfolgungen in Nordfrankreich.

Im reformatorischen Deutschland fanden die Verfolgungen zunächst hauptsächlich in den protestantischen Gebieten statt. Im Zuge der Gegenreformation ging die ideologische Führung von den Dominikanern auf die Jesuiten über, von denen insbesondere der 1925 heiliggesprochene Kirchenlehrer Petrus Canisius die Hexenangst schürte. Das geistliche Kurfürstentum Trier veranstaltete eine bis dahin in Deutschland in diesem Umfang unbekannte Hexenverfolgung. Initiator war der fanatische Weihbischof Peter Binsfeld, auf dessen Betreiben in fünf Jahren Ende des 16. Jh. über 300 Menschen verbrannt wurden. Insbesondere wurden jetzt auch Angehörige der Oberschicht, die die Verfolgung bekämpften, hingerichtet, so auch der Theologe Cornelius Loos, ein persönlicher Feind Binsfelds. Insgesamt lassen sich für Kurtrier für die Zeit von 1487 bis 1660 nicht weniger als 800 Prozesse sicher nachweisen, obwohl 1652 die Prozessakten auf kurfürstlichen Befehl systematisch vernichtet wurden. Auch die Reichsabtei St. Maximin tat sich besonders hervor. Zwischen 1586 und 1596 wurden dort fast 400 Menschen verbrannt. Großen Einfluss erlangte Binsfelds Hexentraktat von 1589 und noch mehr ein Hexenwerk des bedeutenden jesuitischen Gelehrten Martin Delrio von 1599, das auch von Protestanten als Bollwerk des Hexenwahns geschätzt und auch im Ausland häufig nachgedruckt wurde. Katholische Kleriker hetzten als Prediger, Beichtväter von Fürsten und politische Berater gegen die Hexen. Wolfgang Behringer resümiert: „Nicht zufällig erreichten die europäischen Hexenverfolgungen ihren absoluten Höhepunkt in den katholischen geistlichen Fürstentümern, den fränkischen Hochstiften Eichstätt, Bamberg und Würzburg, den rheinischen Hochstiften Trier, Köln und Mainz, sowie den Territorien der Fürstabtei Fulda und der Fürstpropstei Ellwangen."[191] Auf katholischer Seite hielt sich der durch Theologie und päpstliche Erlasse gestützte Hexenglaube besonders lange. Es gab noch Hexenverbrennungen in den Hochstiften Augsburg, Freising, Würzburg, Salzburg und in Deutschland zuletzt 1755 in der Fürstabtei Kempten (die dort 1775 Verurteilte wurde dann allerdings nicht mehr hingerichtet).

Auch Luther, Zwingli und Calvin übernahmen Hexenglauben und Verfolgung. Noch zu Lebzeiten dieser Reformatoren kam es in deren Hauptwirkungsstädten zu Verbrennungen. Da es bei den Lutheranern keine verbindliche Lehrautorität gab, riskierten abweichende Geistliche aber nicht so viel wie katholische. Insgesamt war die Zahl der Hexenschriften aller Konfessionen groß, und viele wurden mehrfach aufgelegt. Bis 1600 gab es zwischen katholischer und reformatorischer Verfolgungsbereitschaft keinen prinzipiellen Unterschied.

Zur Position der Gegner der Hexenverfolgung

Zu allen Zeiten und in allen Konfessionen und Bevölkerungsschichten gab es kritische Stimmen gegen Hexenglauben und Hexenjagden, die aber bei zunehmender Verfolgung leiser wurden und meist verstummten. Auch lag das Veröffentlichungsmonopol regelmäßig in den Händen der geistlichen und weltlichen Hexenjäger. Aber die Zeugnisse jener, die mehr oder weniger offen Kritik übten, zeigen klar, dass *es stets eine Alternative gegeben hat*. Auch der Widerstand von Klerikern reicht bis ins Frühmittelalter, und die Hexenbulle von 1484 richtete sich gegen deutsche Bischöfe, die den Inquisitor Heinrich Kramer von ihrem Gebiet vertrieben hatten. Aber geistliche Obrigkeit, die Schutz bot, war die absolute Ausnahme, und Kleriker mit oft pathologischem Frauenhass fungierten als geistige Brandstifter. „Die härtesten Kritiker der Hexenverfolgungen", so Behringer, „waren in der Regel keine Angehörigen der kirchlichen Hierarchie(n), sondern Laien. Die klerikalen Verfolgungsbefürworter richteten ihre Angriffe in der Regel nicht gegen andere Geistliche, sondern gegen ‚Atheisten', ‚Epikureer' oder ‚Politici' [...] die andere Gesichtspunkte, zum Beispiel solche der Staatsräson oder der Menschlichkeit, höher bewerteten als solche der verletzten ‚Ehre Gottes', die wiederherzustellen das oberste Ziel der Ideologen war."[192] Aber auch diejenigen, die Hexen-Teufels-Pakte theologisch ablehnten, waren zunächst nicht Kirchenleute, sondern vor allem weltliche Juristen und auch Ärzte. Grundsatzkritik an Hexenprozessen von Geistlichen gab es allerdings auch im 16. Jh. Um dem Ketzereivorwurf zu entgehen (dem auch viele Geistliche zum Opfer fielen), verlegten sich katholische Kritiker auf Einwände gegen die Irregularitäten des Verfahrens mit Folterung auf bloße Beschuldigung hin u. a. Es ist erwiesen, dass die Obrigkeit in der Lage war, die Hexenverfolgung zu stoppen, wenn sie nur wollte. So war es auch in Spanien, wo die Inquisition wenigstens die Hexenverfolgung stark einschränkte und 1614 praktisch einstellte: Umfassende Untersuchungen des Inquisitors Don Alonso hatten erwiesen, dass der Glaube an Hexerei Illusion war.[193] *Insgesamt ist festzustellen, dass nur einzelne Kirchenmänner Einsicht und Mut zeigten.* Ihr herausragendes Wirken wie das der weltlichen Kritiker kann hier aber nicht näher gewürdigt werden.

9 – Sklaverei

Jeder soll in dem Stand bleiben, in dem ihn der Ruf Gottes getroffen hat. Wenn du als Sklave berufen wurdest, soll dich das nicht bedrücken; auch wenn du frei werden kannst, lebe lieber als Sklave weiter.

Paulus, 1 Kor 7,20f.

Die schreckliche Institution der Sklavenhaltung bedeutet im Allgemeinen, dass man Menschen alle wesentlichen menschlichen Rechte abspricht, schon die äußere Bewegungsfreiheit und körperliche Integrität, und sie der Willkür und häufig nicht sanktionierten Brutalität und Rücksichtslosigkeit ihrer Eigentümer aussetzt. Das dient dem Zweck wirtschaftlicher Ausbeutung für Dienstleistungen aller Art.[194]

Sklaverei war seit den Anfängen der Zivilisation *in weiten Teilen der Welt verbreitet*. So gab es sie von alters her in *China* als Versklavung von Kriegsgefangenen und als Strafe für Verbrecher, deren Angehörige als Wirtschaftssklaven für Staatsbetriebe eingesetzt wurden. Erst ab 1911 wurde die Sklaverei in China abgeschafft, kam aber bis 1949 vor.

Antike Kultur

Die antike Mittelmeerkultur war eine Sklavenkultur. Ihre insgesamt wohl mildeste Form hatte das *vorchristliche Griechenland*. In der Blütezeit Athens war die Zahl der Sklaven erheblich größer als die der freien Bürger und Fremden. Aber schon zur mykenischen Zeit (17.–11. Jh. v. u. Z.) war die Sklaverei verbreitet. Sklaven und Sklavinnen wurden bei Kriegen und von Piraten erbeutet und vererbten ihren Status. Meist wurden sie in Haus und Landwirtschaft verwendet. Mit dem Handel entwickelte sich ein System der Schuldsklaverei, das im 4. Jh. v. u. Z. abgeschafft wurde. Athenische Sklaven wurden immerhin als Menschen angesehen, durften heiraten und nicht sanktionslos getötet werden. Viele wurden auf dem Gnadenweg, oft durch Freikauf, freigelassen, worüber zahlreiche Urkunden erhalten sind. Weniger gut gingen die Spartaner mit ihren „Heloten" um, der unterdrückten Urbevölkerung. So sollen sie ca. 2 000 von ihnen wegen militärischer Verdienste die Freilassung zugesichert, dann aber alle einzeln ermordet haben. Die Spartaner hatten nämlich stets Angst vor wiederkehrenden Aufständen. – Selbst Aristoteles und Platon billigten die Versklavung von Nichtgriechen (Barbaren), denn Barbaren seien von Natur aus Sklaven und geistig eingeschränkt. Der athenische Staat beruhte auf der Möglichkeit der Oberschicht, sich mit den höheren Dingen zu beschäftigen. Manche Schätzungen kommen für die Zeit um 300 v. u. Z. auf durchschnittlich knapp 20 Sklaven für jeden Athener Bürger. Tausende Sklaven ließ man in Silberminen schuften.

In den beiden Jahrhunderten v. u. Z. gab es im *Römischen Reich* riesige Sklavenmärkte, bei denen am Tag Tausende verkauft wurden. Es gab aber auch zahlreiche Sklavenaufstände, die alle blutig erstickt wurden. Willkür und Grausamkeit gegenüber Sklaven führten sogar zu drei Sklavenkriegen. Der Spartacus-Aufstand (73–71 v. u Z., 3. Sklavenkrieg) nahm für Rom gefährliche Ausmaße an. Nach Aufreibung des großen Heers der Aufständischen durch acht Legionen wurden die 6000 Überlebenden entlang der Via Appia gekreuzigt. Teilweise sollen bis über die Hälfte der Einwohner des Römischen Reichs Sklaven gewesen sein. In der kaiserlichen Zeit nahmen die Freilassungen immer mehr zu. Kaiser Marc Aurel, der Stoiker, verbesserte das Los der Sklaven.

Bibel

In der Hebräischen Bibel ist die Sklaverei ausweislich zahlreicher Textstellen selbstverständlicher Bestandteil. Nach Lev 21,20f. wird es zwar geahndet, wenn ein Sklave an den Schlägen seines Herrn stirbt, nicht aber, „wenn er noch ein oder zwei Tage am Leben bleibt", da es ja nur um das Geld des Sklavenhalters gehe. Selbstverknechtung war nach Deut 15,12–18 etwas Normales. Ausdrücklich gutgeheißen wird Sklaverei in Lev 25,44–46. Ein Dieb, der nicht Ersatz leisten kann, soll nach Ex 22,2 verkauft werden. Nach dem *Neuen Testament* haben weder Jesus (Mt 18,25; Lk 17,7–10) noch Paulus die Institution der Sklaverei kritisiert. Die meisten Paulus-Briefe mahnen die bekehrten Sklaven, zu gehorchen und mit ihrem Los zufrieden zu sein. Allerdings sollten die Herren ihre Sklaven milde behandeln. Einige Beispiele: „Ihr Sklaven, gehorcht euren irdischen Herren mit Furcht und Zittern und mit aufrichtigem Herzen, als wäre es Christus […]" (Eph 6,5ff.). Oder: „Ihr Sklaven, ordnet euch in aller Ehrfurcht euren Herren unter, nicht nur den guten und freundlichen, sondern auch den launenhaften. Denn es ist eine Gnade, wenn jemand deswegen Kränkungen erträgt und zu Unrecht leidet […] denn auch Christus hat für euch gelitten und euch ein Beispiel gegeben […]" (1 Petr 2,18–21). Dass auch Christen Sklaven halten durften, ergibt sich aus Kol 4,1. Vor Christus allerdings seien Sklave und Herr gleichwertig (Kol 3,11; Gal 3,28).

Kirche von der Spätantike bis zur Neuzeit

Die Kirche und ihre bekannten Repräsentanten hielten bis weit in die Neuzeit hinein an der Institution der Sklaverei fest. Kirchenlehrer Ambrosius nannte die Sklaven sogar ein „Gottesgeschenk". Der hl. Augustinus wies Sklaven, die unter zutreffender Berufung auf das AT nach sechs Jahren die Freilassung beanspruchten, zurück. Selbst die religiöse Gleichberechtigung wurde den Sklaven schließlich verweigert. Seit Leo I. (440–461) durften Sklaven nicht mehr zum Bischof ernannt werden, und Gelasius I. (492–496) verbot es sogar, sie überhaupt zu Klerikern zu weihen. Da hatte längst die Herrschaft des Adels in der Kirche begonnen. Die Synode von Agde (509) untersagte Bischöfen und Äbten die Freilassung von Sklaven. Die 4. Synode von Toledo (633, unter Isidor von Sevilla) legte fest, dass Sklaven nur freigelassen werden durften, wenn sie die Kirche aus ihrem eigenen Vermögen entschädigten. Weithin waren Kirchensklaven als Kirchengut unveräußerlich. Bischofskirchen, Klöster und Pfarrkirchen besaßen zahlreiche Sklaven. Bischöfe ließen ihre Kirchensklaven zur Strafe sogar verstümmeln; dies kam so oft vor, dass Konzilien sich veranlasst sahen, es durch besondere Bestimmungen zu verbieten. Im 11. Jh. machte Leo IX.

alle römischen Frauen, die mit Priestern zusammenlebten, zu Sklavinnen des Papstpalastes. Das 3. Laterankonzil (1179) billigte Sklaverei als Strafe für Ketzer. Das Kirchenrecht setzte die *Sklaverei im Kampf gegen die Priesterehen* ein. Auch Priesterkinder wurden von mehreren großen Synoden zu Kirchensklaven gemacht, so 1018 in Pavia. Diese Beschlüsse wurden 1019 in Goslar für in Deutschland verbindlich erklärt und durch Reichsgesetz verschärft umgesetzt. Verhängnisvoll war, dass im 13. Jh. sogar der *hl. Thomas von Aquin* Sklaverei billigte. Auch Christen beteiligten sich jetzt am Sklavenhandel (so in Genua, Pisa, Venedig und in Spanien).

Papst Nikolaus V. legitimierte 1452 in seiner Bulle „Divino amore communiti" die Sklaverei. Er ermächtigte den portugiesischen König, die Länder der Ungläubigen „zu erobern, ihre Bewohner zu vertreiben, zu unterjochen und in ewige Knechtschaft zu zwingen." Die päpstlichen Bullen „Dum Diversas" (1452) und „Romanus Pontifex" (1455) erlaubten es, Sarazenen, Heiden, Schwarze und andere „Feinde des Christentums" zu versklaven und ihren Besitz zu nehmen. Die Portugiesen bauten ihre afrikanischen Stützpunkte zu Sklavenmärkten aus. 1493 legte der berüchtigte Papst Alexander VI. in der Bulle „Inter caetera" eine Trennlinie zwischen den Interessenbereichen Spaniens und Portugals fest. Die Territorien (grob gesprochen) westlich des 38. Längengrads (Amerika) wurden Spanien zugesprochen, die östlich davon (Afrika und Asien) Portugal. Auf dieser Basis kam 1494 mit Unterstützung von Alexander VI. der Aufteilungsvertrag von Tordesillas zustande. Er sollte einen Krieg zwischen den beiden bedeutendsten katholischen Mächten verhindern.

Auf die grausigen Umstände der *spanischen und portugiesischen* (Brasilien) *Eroberungen* mit ihren Millionen Opfern in Amerika kann nur pauschal hingewiesen werden. Dazu gehörten auch die Versklavungen für die Silberbergwerke und die Goldgewinnung. Kolumbus etwa war der Meinung, Heiden seien ohnehin zu ewiger Verdammnis verurteilt, sodass man auf sie keinerlei Rücksicht zu nehmen brauche. Sogar in der verbreiteten apologetischen „Kleinen Kirchengeschichte" von August Franzen in der Bearbeitung von Remigius Bäumer heißt es: „Selbst die wildesten Conquistadoren fühlten sich zur Ausbreitung der christlichen Religion [...] innerlich verpflichtet [...]. Sie setzten ihre Ehre darin, gleichzeitig mit der Eroberung das Heidentum in den Ländern auszurotten und den Christenglauben gewaltsam aufzupfropfen. Sie führten stets Missionare mit sich." Der eindrucksvolle jahrzehntelange Kampf des Dominikaners Bartolomé de Las Casas und einzelner anderer Missionare zeigt, dass die religiöse und weltliche Obrigkeit die Entwürdigung, Folterung und Ermordung einer Unzahl von Menschen zumindest hingenommen hat. Und kirchliche Hoftheologen, die die Gewalt rechtfertigten, fanden sich allemal.

Da sich die Indios, auch wegen der enormen Opfer der von den Weißen eingeschleppten Seuchen, als weniger gut für die rabiate Ausbeutung erwiesen hatten, begann man mit dem *Sklavenimport aus Afrika*, der sich im Rahmen der Kolonisierung Nordamerikas vervielfachte. Am internationalen Sklavenhandel waren so gut wie alle („christlichen") europäischen Seehandelsstaaten beteiligt, auch z. B. der schwedische und dänische. Statistisch werden die unterschiedlichsten Schätzungen genannt. Es sollen ab etwa 1500 mindestens 12 Millionen Sklaven lebend in Nord- und Südamerika angekommen sein. Ebenso unsicher ist die Millionenzahl der Opfer, die schon beim Raub, innerafrikanischen Transport und bei den grausamen Bedingungen des atlantischen Seetransports umgekommen sind.

Die Bulle „Sublimis Deus" von Paul III. von 1537 untersagte zwar (wie später auch andere päpstliche Erlasse) generell die Versklavung, wurde aber zunächst unterdrückt und weithin nicht beachtet. Aber 1548 hielt der derselbe Papst eine Verordnung des römischen Senats für rechtens, wonach innerhalb und außerhalb Roms jeder, gleich welchen Geschlechts, gleich ob weltlich oder geistlich, öffentlich Sklaven kaufen oder verkaufen durfte, weil das den Wohlstand vermehre.[195] Die Haltung der katholischen Kirche blieb im Zwielicht.

Sklavenhandel und Sklavenhaltung in den USA, Kirche, Sezessionskrieg

Hauptträger des *Sklavenhandels nach Nordamerika* wurde nach 1588 (Untergang der spanischen Armada) England. Die „Pilgrim Fathers", die wie viele andere „Häretiker" vor der verfolgenden Anglikanischen Kirche geflohen waren (Ankunft 1620), errichteten in Massachusetts eine schreckliche Theokratie und sprachen den einheimischen Indianern, die ihnen zuvor wesentlich geholfen hatten, ihren rechtmäßigen Landbesitz ab. In ihren Statuten (Body of Liberties) gaben sie Siedlern das Recht auf Sklavenhaltung. Noch 1835 (da war der Sklavenimport in die USA längst verboten) drohte South Carolina jedem Einwohner, der die Sklaverei verurteilt, die Todesstrafe an. In den USA wurden Sklaven häufig schlimmer als Vieh behandelt, in Ketten gelegt und gefoltert. Gemeinden hielten sich einen amtlichen Auspeitscher. Großbritannien, zuvor eine Großmacht des Sklavenhandels, verbot 1807 den Sklavenhandel, wohl auch unter dem moralischen Einfluss des Denkers John Locke und anderer Aufklärer. Die Sklaverei als solche wurde im gesamten Britischen Empire 1833 abgeschafft.

Anders die Situation in den USA, wo, beginnend 1619, zumindest in einigen Südstaaten jeder Weiße, der es sich leisten konnte, schwarze Sklaven hielt. Wegen der Plantagenwirtschaft waren es in den Südstaaten etwa 40 % der Einwohner. Die einzige christliche Gemeinschaft, die schließlich konsequent gegen die Sklaverei kämpfte, waren die Quäker, die 1787 die einflussreiche Gesellschaft zur Abschaffung des Sklavenhandels gründeten. Große Bedeutung im Kampf gegen die Sklaverei hatten Wissenschaftler, Prediger und Politiker sowie der Roman „Onkel Toms Hütte" (1852). Aber viele Politiker und Geistliche verteidigten die Sklaverei mit Argumenten wie: Die Praxis sei biblisch begründet, die afrikanische Rasse minderwertig, freigelassene Sklaven hätten Schwierigkeiten, zu überleben. Aber selbst in der Hauptstadt Washington gab es bis 1850 noch einen Sklavenmarkt, und zur gleichen Zeit und noch danach plädierten auch der Präsident der USA und andere einflussreiche Staatsrepräsentanten für die Aufrechterhaltung der Sklavengesetzgebung. 1857 entschied der Oberste Gerichtshof der USA, auch freigelassene Sklaven könnten keine Staatsbürger sein (Fall Dred Scott v. Sandford).

Entgegen einer verbreiteten Morallegende spielte die Sklavereifrage im *Amerikanischen Bürgerkrieg 1861–1865* nur eine taktische Nebenrolle, die dann erfolgreich zur Hauptrolle umgemünzt wurde. In Wahrheit ging es um den Erhalt der Vorherrschaft des bevölkerungsstarken Nordens mit seiner Industrie und dem Ackerbau gegenüber dem Süden mit seinen großen Baumwollplantagen und dem damit verbundenen Finanzbürgertum. Der profitreiche Baumwollanbau war aber ohne Sklavenhaltung nicht möglich. Der noch heute hochgepriesene Abraham Lincoln erklärte im Präsidentschaftswahlkampf ausdrücklich, es gehe ihm nur um die Einheit der Nation und er habe nicht die Absicht, auf die Einrichtung der bestehenden Sklaverei Einfluss zu nehmen. In seiner ersten Botschaft an die Nation nach seiner Wahl 1860 erklärte er nochmals, er wolle die Institution der Sklaverei nicht angreifen, wozu er auch kein Recht habe. Die weiße Rasse werde stets übergeordnet sein. Nach dem friedlichen Austritt von South Carolina aus der Union im November 1860 folgten in Kürze alle Südstaaten und bildeten einen selbstständigen Bund mit Verfassung und Regierung unter Übernahme der öffentlichen Einrichtungen. Lincoln, der den Krieg wollte, provozierte die Küstenbatterien der Südstaaten mit einem Flottenverband und ließ es nicht bei der baldigen Kapitulation des Fort Sumter bewenden. Eigenmächtig befahl er die Blockade der südstaatlichen Häfen. Um Großbritannien und Frankreich, die an den Agrarerzeugnissen der elf Südstaaten interessiert waren, von einer Intervention abzuhalten, erklärte Lincoln im September 1862 alle Sklaven in den nicht von der Union kontrollierten Gebieten der Südstaaten für frei ab dem 1. Januar 1863. Die Offiziere der Nordstaaten waren aber zunächst selber noch mit schwarzen Dienern in den Krieg gezogen, bis die Sklaverei im Juni 1862 für die ganze Union abgeschafft wurde.

Allmähliche Abschaffung der Sklaverei und Kirche

In den Nord- wie Südstaaten arbeitete der *Klerus* eifrig für den Krieg, der ein beiderseits sehr material- und opferreicher totaler Bürgerkrieg wurde. Er wurde von den weit unterlegenen Südstaaten bis zum letzten Aufgebot geführt mit beiderseits ungeheuren Verlustquoten beim Militär. Gleich nach Kriegsende wurde 1865 die Sklaverei in den gesamten USA durch einen Verfassungszusatz endgültig beseitigt, wenn sie auch trotz aller Frömmigkeit in anderen Formen weiterging. Zu diesem Zeitpunkt war die Sklaverei schon in vielen europäischen Staaten abgeschafft. Dort hat im wesentlichen Großbritannien durch seine Politik das Ende der Sklavenhaltung herbeigeführt, während Frankreich sich wehrte und die übrigen Länder untätig waren. Insgesamt wurde die Sklaverei vom späten 18. Jh. an allmählich weltweit abgeschafft. Wesentliche Impulse gaben die (freilich in dieser Frage gespaltene) Aufklärung und einzelne protestantische Religionsgemeinschaften.

Die *katholische Kirche* hat wegen der Aussagen des NT und wegen ihres in Europa beherrschenden Einflusses in der Sklavereifrage eine *verhängnisvolle und auch in der späteren Neuzeit bestenfalls zwiespältige Rolle gespielt*. Daher schreibt auch der katholische Kirchenhistoriker Arnold Angenendt, die katholische Moraltheologie habe beschwichtigend vielfach bei der Formel verharrt, die Sklaverei an sich sei nicht zu verwerfen. Es müssten nur bestimmte Regeln eingehalten werden (Lebensschutz, Heiratsrecht, Besitzfähigkeit, Arbeitsbeschränkung). Gegner der Sklaverei wie Jean Bodin und Montesquieu kamen auf den Index der verbotenen Bücher. Papst Gregor XVI. (der, nebenbei, eine schlimme Kriegserklärung gegen die Religionsfreiheit abgab) prangerte zwar 1839 den Sklavenhandel an, nicht aber den Besitz von Sklaven. Das Verbot der Sklavenhaltung befürworteten im Katholizismus nur Einzelne. Erst Leo XIII. verwarf 1888 (anlässlich der Beendigung der Sklaverei in Brasilien) endgültig die Sklaverei, aber das war mindestens 100 Jahre zu spät.[196] Und selbst das kirchliche Gesetzbuch (CIC) von 1917 enthielt noch ein Zugeständnis an die Sklaverei: Can. 2354 CIC/1917 statuierte nur ein Sklaven*handels*verbot. Can. 1083 § 1 CIC/1917 erklärte eine Ehe für nichtig, die im Irrtum über die Person des anderen Teils eingegangen wurde. Dazu gehörte nach Can. 1083 § 2 auch der Irrtum über das Fehlen der Sklaveneigenschaft des anderen Teiles. Das heißt: Der heilige Grundsatz der Unauflöslichkeit der Ehe wurde fallen gelassen, wenn sich nachträglich herausstellte, dass der andere Ehepartner Sklavenstatus hatte. Bei vollständiger Zerrüttung der Ehe ist man demgegenüber noch heute unnachgiebig.

Schlussbemerkungen

Bei der Zurückdrängung und Beseitigung der Sklaverei im europäisch-amerikanischen Bereich hatte zwar das Gedankengut christlicher Minderheiten im Umfeld der Aufklärungsphilosophie erhebliche Bedeutung, aber *insgesamt hat das Christentum keine moralisch eindeutig positive, sondern bestenfalls eine zwiespältige Rolle gespielt.* Selbst bei günstigerer Würdigung der christlichen Theologie müsste man sagen, dass *die Kirchen trotz ihres großen politischen Einflusses entweder nicht willens oder nicht fähig waren, etwas Substanzielles zur Sklavenbefreiung beizutragen.* Daran ändert auch nichts der Hinweis darauf, dass Sklaverei weltweit in überaus zahlreichen Kulturen verbreitet war und dass im gesamten *islamischen Raum* die Sklaverei von Anfang an stets eine unangefochtene Institution war. Leider werden mit dem inzwischen in allen Ländern der Welt verbotenen Sklavenhandel noch heute viele illegale Milliarden verdient, und Muslime sind daran wesentlich beteiligt.

10 – Kirchen und Juden im Nationalsozialismus

Wo, Pater Benedikt, bist du gewesen, als sie unseren Bruder geholt haben wie Schlachtvieh, wo?

Max Frisch, in: Andorra

Der Schoa zu gedenken, bedeutet aber für alle Christen die Erkenntnis, dass sie Folge und Kumulation eines fast zweitausendjährigen fehlgeleiteten Verhältnisses zum Judentum ist.

Rat der EKD, „Christen und Juden III", 2000

Zum *Kern des Nationalsozialismus* gehörte sein *rassisch motivierter Judenhass*. Er ergänzte sich gut mit der traditionellen, theologisch und kulturell begründeten *nahezu allgemeinen Judenfeindschaft der katholischen und evangelischen Kirche* (abmildernd: „Antijudaismus"). Diesen gehörten über 95% der deutschen Bürger an. Zusammen mit der Ablehnung der Weimarer Demokratie und der Staats- und Wirtschaftskrise war die Judenfeindschaft eine entscheidende Ursache dafür, warum der Nationalsozialismus die Macht ergreifen und erhalten konnte.[197]

Vorgeschichte

Der aufgrund gesellschaftlicher Umbrüche zur Zeit der Gründung des Deutschen Reichs (1871) aufflammende neue Antisemitismus (ein Begriff dieser Zeit) trug zwar in erster Linie völkisch-rassisch-politische Züge. Er war aber stets begleitet von der allgemeinen religiösen (theologischen und volkstümlichen) Judengegnerschaft beider Konfessionen und konnte auf dieser aufbauen.

Ein großer Teil der deutschen Elite war und blieb mehr oder weniger scharf antijüdisch eingestellt. Beispiele hierfür sind: Richard Wagner, der Nationalökonom Karl Eugen Dühring, der berühmte Rechtsgelehrte Franz Eduard von Liszt, der protestantische Kirchenrechtler Rudolf Sohm, die Historiker Heinrich von Treitschke und Eduard Meyer oder der einflussreiche wahldeutsche Kulturphilosoph Houston Stewart Chamberlain. Besonders unselig wirkte der Dom- und Hofprediger *Adolf Stoecker*, Führungsfigur auch der Inneren Mission, dem es gelang, die deutschen Lande durch seine Hetzpredigten aufzuwühlen. Noch 1892 stellte er im Reichstag die Ritualmordlegenden als historisch wahr dar. 22 Jahre wirkte Stoecker im Reichstag, und, wie der Protestant Günter Brakelmann 1982 schrieb: „Der Antisemitismus strukturierte und vitalisierte alles, was er sagte, schrieb und tat." Er hatte wesentlichen Anteil an einer 1881 beim Reichstag eingereichten scharfen antijüdischen Petition mit 255 000 Unterschriften.[198] Nebenbei: Ende des 19. Jh. wurde in der Donaumonarchie im Gefolge christlicher Hetzprediger eine Hysterie erzeugt, die zu einer ganzen Serie von *Ritualmordprozessen* führte. Aber auch in Deutschland, im vatikanischen Umfeld ohnehin (Zeitschrift „Civiltà Cattolica"!), fanden die grotesken Beschuldigungen großen Anklang.

Seit 1878 rollten in Deutschland ununterbrochen auf allen gesellschaftlichen Ebenen unter Mitwirkung insbesondere der protestantischen Geistlichkeit antijüdische Agitationswellen über das Land. Zutiefst entwürdigende und sogar ins Mörderische gehende Karikaturen und Hetzgedichte wurden massenhaft, etwa auf Postkarten, verbreitet.[199] Ergebnis ist nach umfangreichen Quellenforschungen insbesondere des protestantischen Historikers Werner Jochmann, dass in dieser Zeit eine feste Legierung zwischen Protestantismus, Politik und Antisemitismus entstand, die noch nach 1945 schwarze theologische Blüten trieb. *Die bislang gängige Auffassung, die religiöse Judenfeindschaft sei bei den Protestanten stärker ausgeprägt gewesen als bei den Katholiken, hat sich aber nach den Forschungen von Olaf Blaschke zum katholischen Antisemitismus (1997) als unrichtig erwiesen.*

Nach 1918 waren die deutschen Juden trotz ihres Patriotismus und ihrer 12 000 für das Reich gefallenen Frontsoldaten die Hauptschuldigen, und zahlreiche große Verbände und berufsständische Vereinigungen und vor allem die angesehenen bürgerlichen Zeitungen und Fachzeitschriften ließen die antisemitische Flut steigen. Der Geist des Rassen- und Völkerhasses zog in den 20er-Jahren bald auch in die Gymnasien ein. Die unsäglichen „Protokolle der Weisen von Zion" grassierten. Geistliche beider christlicher Konfessionen waren für antisemitische Kulturkampfparolen besonders empfänglich und unter ihrem Einfluss die Redakteure der auflagenstarken Kirchenzeitungen. Der Protestant Klaus Scholder schreibt zur Weimarer Zeit in seinem schon klassischen Standardwerk zu den Kirchen und dem Dritten Reich: „Man begreift nicht, wie

Christen die Flut des Hasses und der Gemeinheit in Kauf zu nehmen bereit waren, die der völkische Antisemitismus auswarf, wenn man sich nicht klar macht, dass durch die Anfänge der politischen Theologie das Recht des Volkes zum Inbegriff des göttlichen Schöpfungswillens geworden war."[200] *Beide Kirchen trugen, insbesondere durch ihre starke Judenfeindschaft und Gegnerschaft zur demokratischen Weimarer Republik, wesentlich mit zum Untergang derselben bei.* Die seit Anfang der dreißiger Jahre bestehenden „Deutschen Christen", der protestantische Ableger der NSDAP, erhielten bei den preußischen Kirchenwahlen Ende 1932 ein Drittel der Stimmen, und die Mehrzahl der mittel- und norddeutschen evangelischen Pfarrer sehnte sich nach der Machtergreifung durch einen Führer. Bei den Deutschen Christen hatten wichtige Repräsentanten z. T. hohe Parteiämter inne.

Kirchen und NS-Staat

Die Kirchen waren nicht nur Objekt des darauf folgenden terroristischen Systems, sondern sie trugen viel zu seiner Festigung und seinem Bestand bei. Viele Kleriker und z. T. bekannte theologische Gelehrte beider Konfessionen (repräsentativ bei den Katholiken: M. Schmaus, J. Lortz, K. Adam; bei den Protestanten: G. Kittel, P. Althaus, E. Hirsch) verfassten eine Literatur, der zufolge Kirche und Nationalsozialismus gut zusammenpassen und die Juden ein Unglück seien.

Die *katholische Führung*, die den Nationalsozialismus vor 1933 aus ideologischen Gründen abgelehnt hatte, passte sich mit der herannahenden Machtergreifung dem neuen starken Wind an. Die katholische Zentrumspartei stimmte dem Ermächtigungsgesetz vom 23. März 1933 zu und der Episkopat meinte in einer Kundgebung am 28. März 1933 ausdrücklich: „Für die katholischen Christen [...] bedarf es auch im gegenwärtigen Zeitpunkte keiner besonderen Mahnung zur Treue gegenüber der rechtmäßigen Obrigkeit [...]." Am 5. Juli 1933 löste sich das Zentrum auf Druck aus dem Vatikan auf, und mit dem am 20. Juli im Vatikan feierlich unterzeichneten Reichskonkordat erfuhr das NS-Regime eine erste internationale Anerkennung. Alle Bischöfe leisteten den Treueid auf das NS-Regime. Ein geheimes Zusatzabkommen betraf bereits die Militärseelsorge für den Fall der allgemeinen Mobilmachung bei einer künftigen allgemeinen Wehrpflicht. Gegen den großen *Judenboykott vom 1. April 1933* protestierten weder die katholischen noch die protestantischen Führer öffentlich, obwohl sie wegen der getauften Juden selbst betroffen waren, und SA-Leute durften jetzt wieder in Uniform auf der Kommunionbank knien. Kardinal Faulhaber setzte sich in seinen oft erwähnten Adventspredigten von 1933 übrigens keineswegs, wie nach 1945 behauptet, unerschrocken für das jüdische Volk ein. Vielmehr erklärte der Alttestamentler Michael Faulhaber seinerzeit ausdrücklich, nur das AT zu verteidigen, keineswegs aber die jüdischen Zeitgenossen. 1934 verwahrte sich Faulhaber in zahlreichen öffentlichen Schreiben im In- und Ausland gegen die in einer Prager Zeitung aufgestellte Falschbehauptung, er habe in einer Predigt Judenfeindschaft und Rassenlehre angeprangert.

Die viel gepriesene Enzyklika „*Mit brennender Sorge*" von 1937 nannte als Grundwert der Ordnung neben Volk und Staat auch die Rasse. Lediglich eine götzenhafte Überhöhung der im Grundsatz richtigen Rassenpolitik wurde verurteilt. Zum *Einmarsch in die CSR* am 1. Oktober 1938 sandte Kardinal Faulhaber im Namen des Episkopats Hitler ein Danktelegramm, und überall wurden Dankgottesdienste abgehalten. Zum *50. Geburtstag des Führers* am 20. April 1939 überbrachten der Papst und alle deutschen Bischöfe ihre Glückwünsche und es wehten an allen Kirchen die Hakenkreuzfahnen. Eine Woche lang läuteten die Kirchenglocken beim *Sieg über das katholische Polen* im September 1939. Anlässlich des *Bürgerbräuattentats des Georg Elser* auf Hitler am 8. November 1939 schrieb das Passauer Bistumsblatt: „[…] und so müssen wir der Vorsehung Gottes dankbar sein, dass der Führer, dessen Tod gerade in diesen ernsten Tagen höchster nationaler Kraftanstrengung unabsehbare Folgen gehabt hätte, glücklich gerettet wurde." In diesem Sinne hat auch Papst Pius XII. durch den Apostolischen Nuntius in Berlin dem Führer seine persönlichen Glückwünsche für seine Errettung übermitteln lassen. Im Namen der bayerischen Bischöfe sandte Kardinal Faulhaber von München ein Glückwunschtelegramm an den Führer und Reichskanzler.[201]

Bei den *Protestanten* war vieles noch schlimmer als bei den Katholiken, deren Kirchenvolk z. T. nämlich recht widerständig war, insbesondere in Bayern. Noch während des Nürnberger Reichsparteitags von 1935, der in die *Nürnberger Rassegesetze* mündete (wesentlich ausgearbeitet und juristisch kommentiert durch den Katholiken Hans Globke[202]), suspendierten evangelische Kirchenbehörden mehrere Kirchenmusiker jüdischer Abstammung, und bald war die Kirchenmusikerschaft „entjudet". Kirchenrat Klingler, Sprecher der ca. 18 000 evangelischen Pfarrer, verwahrte sich 1937 gegen den statistisch völlig unberechtigten und „schwer kränkenden" Vorwurf, der Pfarrerstand sei verjudet. 1941 konnte das im April 1939 von 13 Landeskirchen in Eisenach gegründete „*Institut zur Erforschung und Beseitigung des jüdischen Einflusses auf das kirchliche Leben*" ein „entjudetes" NT und einen „judenreinen" Katechismus vorlegen.

Beide Großkirchen stellten wie selbstverständlich alle geforderten Daten aus ihren umfangreichen und alten Beständen an Tauf- und Heiratsurkunden bereit, nachdem am 7. April 1933 das „Gesetz zur Wiederherstellung des Berufsbeamtentums" mit seinem Arierparagraphen verkündet worden war. Sie ließen sogar eigens Formulare zum „Nachweis der arischen Abstammung" drucken. Diese „*Ariernachweise*" waren dann organisatorisch notwendige Voraussetzung der

Megamorde. Die christlichen Juden erhielten kaum kirchliche Unterstützung, und man isolierte sie vielfach auf den hinteren Kirchenbänken. Zum großen planmäßig durchgeführten *Pogrom vom 9. November 1938* (Reichspogromnacht, Reichskristallnacht), bei dem fast alle deutschen Synagogen zerstört wurden, schwiegen beide Kirchen, wie zu allem, was die Juden betraf. Mutige einzelne katholische Priester sowie Pastoren, deren kritische Predigt manchmal erstaunlich lange von den Nazis hingenommen wurde, wurden regelmäßig durch die *kirchliche* Hierarchie zum Schweigen gebracht. Der neue Papst Pius XII., zuvor als Nuntius Pacelli Initiator des Reichskonkordats, zeigte seine Wahl zum Papst am 2. März 1939 (Wahlspruch: „Der Friede ist das Werk der Gerechtigkeit – Opus Iustitiae Pax") als erstem ausländischen Staatsmann ausgerechnet Hitler an.

Beide Kirchen unterstützten Hitlers Außenpolitik und Kriege, bei denen die Soldaten ein „Gott mit uns" auf dem Koppelschloss trugen. Zum Angriff auf Polen im September 1939 schrieb der katholische Militärbischof Rarkowski, es gehe um die deutschen Lebensrechte. Nach dem Feldzug meinte er, man müsse Gott dankbar sein, da dieser den aufgezwungenen Waffengang gegen Polen sichtlich gesegnet habe. Daher läuteten die Kirchenglocken acht Tage zum Sieg über das katholische (!) Polen, ähnlich nach dem Frankreichfeldzug 1940. Der Angriff auf die Sowjetunion im Juni 1941 wurde von den Kirchen insgesamt befürwortet und als *Kreuzzug für Europa* angesehen. Sie erklärten den Krieg zu einem gerechten Krieg. Sehr deutlich zeigt sich die kriegerische Haltung auch in den reich dokumentierten *Kriegspredigten* beider großer Kirchen.[203] Noch Ende 1944, als der Krieg nach verbreitetem Eindruck längst verloren war, formulierten Bischöfe Durchhalteappelle, und Erzbischof Lorenz Jäger tat dies noch Anfang 1945 aus Angst vor den Bolschewisten.

Anmerkung zum großen Mord

Zur Shoah (Holocaust) sei angemerkt: So gut wie jede der vielfältigen Verfolgungsmaßnahmen der Nazis gegen die Juden bis zur massenhaften Ermordung hatte ein konkretes Vorbild in der gesamten *Kirchengeschichte*.[204] Trotz alledem ordnete Kardinal Adolf Bertram, Vorsitzender der Deutschen Bischofskonferenz, nach dem Suizid Hitlers (30. April 1945) für diesen ein (nicht abgehaltenes) *„feierliches Requiem"* an, das in allen Pfarreien der Erzdiözese zu zelebrieren sei im Gedenken an den Führer und die gefallenen Wehrmachtsangehörigen. Von anderen Kriegsopfern und Ermordeten war nicht die Rede. Zulässig wäre ein feierliches Requiem nur bei einem wichtigen Anlass und für ein öffentliches Anliegen der Kirche gewesen. Das zeigt laut dem angesehenen protestantischen

Kirchenhistoriker Klaus Scholder, dass der Kardinal „in Hitler unverändert das katholische Staatsoberhaupt des Reiches sah und respektierte".²⁰⁵

Nebenbei: Als die industrielle NS-Tötungsmaschinerie auf Hochtouren lief, unterließen es die so *christlichen USA* offenbar absichtlich, mit Tod und Folter bedrohte Juden in größerem Stil zu retten, was trotz des Krieges ohne Weiteres möglich gewesen wäre. Im Frühjahr und Sommer 1944 flogen nämlich zahlreiche große US-Bombergeschwader, oft bei besten Sichtbedingungen und stets bei absoluter Lufthoheit, nachgerade systematisch um die im Detail längst fotografierten Auschwitzer Mordgebäude herum, und sorgfältig vermied es die Luftwaffe dieser christlichen Weltmacht, Krematorien oder Gleisanlagen zu bombardieren. David S. Wyman hat das genauestens dokumentiert, ebenso wie zahlreiche andere Möglichkeiten der USA, Juden in größerem Umfang aus vielen Gebieten Europas zu retten. Zahlreiche Militär-, Passagier- und Frachtschiffe fuhren leer oder mit viel freier Kapazität in die USA zurück.²⁰⁶

Verdrängung und kirchliche Fluchthilfe für Kriegsverbrecher

Zum großen Mord dann das große Schweigen: bei unmittelbarer und mittelbarer Mitwirkung von etwa einer Million Deutscher, von denen aber später keiner etwas gehört oder gesehen, sondern allenfalls Vages geahnt hatte.²⁰⁷

Nach 1945 ging bei der katholischen Kirche die Kooperation mit den Nazis und Faschisten weiter, und das ist – nach dem Völkermord an den europäischen Juden – besonders erschreckend. Unter den verschiedenen Fluchthilfeorganisationen Roms traten zwei besonders hervor: die der jüdischen Überlebenden des Holocaust und die noch größere der Päpstlichen Hilfskommission (PCA). Über deren Kanäle ist auch eine größere Zahl prominenter blutbesudelter Nazis ins sichere Südamerika entkommen, darunter Adolf Eichmann, Franz Stangl (der Kommandant der Vernichtungslager Sobibor und Treblinka) und sein Vertreter Gustav Wagner, Auschwitz-Mediziner Josef Mengele, Klaus Barbie (der „Schlächter von Lyon"), Walter Rauff (Erbauer der Gaswagen, d. h. fahrbaren Gaskammern mit Hunderttausenden Ermordeten), der Fliegeroberst Rudel und andere.

Eine zentrale Rolle bei diesen hauptsächlich 1948–1951 laufenden Aktionen spielte der ausgesprochen nazistische österreichische Titularbischof *Alois Hudal* (1885–1963), der von 1923 bis 1952 Rektor des römischen Priesterkollegs „Anima" (Collegio Teutonico) war. Hudal, Träger des Goldenen Parteiabzeichens, hatte von einem christlichen Nationalsozialismus geträumt. Er war Vermittler zwischen der österreichischen Kirche und dem Nationalsozialismus gewesen. Mit Kardinal Faulhaber war er persönlich befreundet. Bischof Hudal wurde auch Chef des österreichischen Unterkomitees (Assistenza Austriaca) der *Päpstlichen*

Hilfskommission (PCA), der Pius XII. die Zuständigkeit für die gesamte Flüchtlings- und Gefangenenfürsorge übertragen hatte. Die von einem vatikanischen Monsignore geleitete Auslandsabteilung der PCA arbeitete mit 20 nationalen Unterkomitees. Die PCA finanzierte mit US-Geld, hauptsächlich der „National Catholic Welfare Conference" (NCWC), die Schiffskarten nach Südamerika. Im „Österreichischen Büro" wurden dreisprachige Ausweise ausgestellt, zu denen Hudal Zugang hatte. Die segensreiche Rolle insbesondere Hudals sprach sich weit herum. In seinen Lebenserinnerungen „Römische Tagebücher" (1976) schreibt der Bischof, er habe nach 1945 seine ganze karitative Arbeit „in erster Linie den früheren Angehörigen des Nationalsozialismus und Faschismus, besonders den sogenannten Kriegsverbrechern geweiht [...] und nicht wenige mit falschen Papieren ihren Peinigern durch die Flucht in glücklichere Länder entrissen". Der Vernichtungslagerkommandant Franz Stangl berichtete 1971 kurz vor seinem Tod einer Journalistin: „Ich floh am 30. Mai 1948 aus dem Linzer Untersuchungsgefängnis [...]. Dann hörte ich, dass ein Bischof Hudal beim Vatikan in Rom katholischen SS-Offizieren half, und so fuhr ich nach Rom." Der römische Fluchtweg, auch als Rattenlinie („rat line") oder Klosterroute bezeichnet, konnte auch deswegen so wirksam arbeiten, weil das Internationale Rote Kreuz besonders günstige Reiseausweise („titre de voyage") ausstellte, und zwar für beliebige Länder und ein Jahr. Ein Empfehlungsbrief des PCA genügte dem IRK. Der New Yorker Rechtsanwalt Vincent La Vista, der für den amerikanischen Geheimdienst eine Fülle von Fakten über die „rat line" sammelte, klagte in seinem Bericht vom 15. Mai 1947: „Es gibt noch immer ganze Gruppen von Nazi-Deutschen, die zu dem einzigen Zweck nach Italien kommen, sich fiktive Dokumente ausstellen zu lassen, um dann meist sofort über Genua und Barcelona nach Lateinamerika abzureisen." Übrigens machte die Amerikaner nicht die Flucht von Nazis besorgt, sondern der Umstand, „dass die Kommunisten diese Möglichkeiten ausnützen, um ihre Agenten in die betreffenden Länder zu schicken". Das war Wasser auf die vatikanischen Mühlen: Gegenüber US-Handelsminister Averell Harriman nannte Pius XII. am 15. Juli 1947 die kommunistische Gefahr heimtückischer als die nazistische. In diesem geistigen Klima konnte auch Hudal gut arbeiten. Er pflegte enge Beziehungen zum argentinischen Konsulat und konnte, wie er selbst schrieb, garantieren, dass „keine linksgerichteten Elemente, Juden, Deserteure und alliierte Spione" darunter waren.

1949 erregte ein Skandal die Gemüter. Es kam heraus, dass Hudal lange und bis zu dessen Tod den *Freiherrn Otto Gustav von Wächter* betreut hatte. Dieser war 1934 als österreichischer Nationalsozialist, Sturmbannführer der SS und Polizeigeneral direkt an der Ermordung des Bundeskanzlers Dollfuß beteiligt gewesen. 1942–1945 war er gefürchteter Gouverneur des Distrikts Galizien unter Hans Frank gewesen und auch für Massenmorde in der Ukraine verantwortlich. In seinen posthum 1976 erschienenen „Römischen Tagebüchern" schreibt Hudal voll Genugtuung, dem von alliierten und jüdischen Stellen Gesuchten sei es gelungen, „nicht zuletzt dank der rührenden selbstlosen Mithilfe italienischer Ordensgeistlicher", in Rom unbehelligt zu leben. Seinen Rektorposten musste Hudal erst 1952 quittieren, und aus Rache für diese „Ungerechtigkeit" stellte er sich 1959 Rolf Hochhuth als Informant zur Verfügung.

Wesentlich bei der Fluchthilfe für Naziverbrecher war das *Zusammenspiel des Vatikans mit der ODESSA*, der Organisation der ehemaligen SS-Angehörigen, die die „Klosterroute" Österreich–Italien–Südamerika aufgebaut hatte. Obwohl zur damaligen Zeit viele Behörden in verschiedenen Ländern bemüht waren, Nazigrößen aufzuspüren, die der Beteiligung an der Judenvernichtung verdächtigt wurden, war die Zusammenarbeit mit den kirchlichen Stellen so gut, dass ODESSA ihr Ziel im Wesentlichen erreichte. Einige Hundert Naziverbrecher konnten sich in Sicherheit bringen, außer nach Südamerika auch nach Franco-Spanien, in den Nahen Osten und zum Teil nach Afrika. Die ODESSA unter dem Hauptakteur Johann von Leers, ehemals Judenreferent bei Goebbels, arbeitete so heimlich, dass die Geheimdienste nichts merkten. Hinweise auf diese Organisation tauchten erst in den späten sechziger Jahren auf, erstmals anlässlich des Düsseldorfer Prozesses gegen Franz Paul Stangl (Sobibor, Treblinka). Stangl sagte vor Gericht aus, mithilfe eines (nicht genannten) österreichischen Bischofs einen IRK-Pass erhalten zu haben. Die vatikanischen Geistlichen prüften im Allgemeinen die politische Einstellung der Flüchtlinge nicht.

Zu den interessanten Fällen gehört auch der des Franzosen *Paul Touvier*. Er war stellvertretender Kommandant der kollaborierenden Miliz in Lyon und wurde zweimal in Abwesenheit zum Tod verurteilt, entkam aber aufgrund eines Geschäfts mit dem Vatikan. Er erklärte sich bereit, alle nach dem Krieg noch übrig gebliebenen Gelder der Miliz dem Vatikan zu übergeben, Gelder, die aus der Plünderung jüdischen Eigentums stammten. Der Vatikan sagte Touvier Schutz zu. Der amerikanische Katholik Nino Lo Bello fasste die Affäre 1983 wie folgt zusammen:

> „Mit Hilfe des Vatikans gelang es Touvier, den Behörden zu entkommen. Er besaß Identitätsausweise auf den Namen Paul Berthet. Die darin angegebene Adresse war die des Erzbischofs von Lyon. Häufig trug er eine Priestersoutane, und es gab mindestens ein Dutzend Geistliche, die sich um ihn kümmerten, während die Resistance nach ihm fahndete. Obwohl er bereits völlig in Vergessenheit geraten war und weiterhin unter vatikanischem Schutz in ruhiger Zurückgezogenheit hätte leben können, tauchte er im Jahr 1962 mit einem Gnadengesuch an den französischen Staatspräsidenten Georges Pompidou wieder auf, einem Gnadengesuch, das offen unterstützt wurde von dem für sein Gebiet zuständigen französischen Kardinal, der überdies Informationen zusammentrug, die für

Touviers Rehabilitierungsverfahren nützlich sein konnten. Bald nachdem der Kardinal einen wichtigen Posten im Vatikan erhielt, wurde Touvier begnadigt. Allerdings konnte Touvier nicht mehr lange in Chambery bleiben und seine Begnadigung genießen, da wutentbrannte Männer und Frauen der Resistance nach Rache trachteten. Und so musste Touvier 1972 im Alter von siebenundfünfzig Jahren wieder untertauchen."[208]

Nach Enthüllungen von „Le canard enchaîné" wurde Touvier 1989 in Nizza in einem Kloster katholischer Fundamentalisten festgenommen. Die Kirche geriet in größte Schwierigkeiten, hatten doch 15 Klöster und hohe Kirchenfunktionäre Touvier jahrzehntelang protegiert. Benediktiner, Jesuiten und Dominikaner hatten dem Gehilfen des Gestapo-Chefs Klaus Barbie („Schlächter von Lyon") geholfen, besonders auch Charles Duquaire (Generalsekretär der Bischofskonferenz) und Kardinal Jean Villot (1962 Konzilssekretär, später Präfekt der Kleruskongregation und lange Kardinalstaatssekretär). 1992 veröffentlichte eine Historikerkommission im Auftrag des Kardinals Albert Decourtray einen Bericht, wobei der Kardinal die Blasphemie verurteilte, Touvier wie den verfolgten Jesus zu behandeln. „Der Teufel hat im Weihwasser gesessen", schrieb die französische Presse, zu deren Zorn die Justiz im April 1992 die Anklage wegen Verbrechen gegen die Menschlichkeit fallenließ, das Vichy-Regime stark verharmlosend.

Der als Kriegsverbrecher gesuchte berüchtigte Klaus Barbie (s. o.) wurde vom US-Geheimdienst 1947 heimlich als Leiter eines Spionagenetzes eingesetzt. Weil er Angst vor den französischen Geheimagenten hatte, verschaffte ihm der „deutsche" CIC (Counterintelligence Corps) die neue Identität „Klaus Altmann". Mitsamt Familie konnte er mithilfe des kroatischen Theologieprofessors Krunoslav Draganovic über Rom nach Bolivien ausreisen. Draganovic war in Kroatien für die Deportation von Juden und Serben verantwortlich gewesen und hatte in Rom die Fluchthilfe für die Ustascha-Verbrecher aufgebaut („Rattenlinie"), deren Hauptverbrecher, der glühende Katholik und ehemalige Ustascha-Staatschef Ante Pavelić, auf diesem Weg nach Argentinien entkommen konnte. Sein Regime, das von Papst Pius XII. klar unterstützt worden war, war eines der schrecklichsten der Menschheitsgeschichte (s. zur Ustascha-Problematik einschließlich Fluchthilfe Kapitel C 11.3 am Ende).

Zur kirchlichen Nachkriegsgeschichte

Auf das Verhalten und die Äußerungen maßgeblicher deutscher Kirchenvertreter nach 1945 kann, auch wegen der Fülle an offiziellen kirchlichen Erklärungen, nur mit wenigen Worten eingegangen werden. Die Themen „christliche

Judenfeindschaft" und „Kirchen und Nationalsozialismus" wurden ebenso systematisch wie erfolgreich vom Bewusstsein der Öffentlichkeit ferngehalten. Es ist nicht übertrieben, die Reaktionen beider Kirchen in der unmittelbaren Nachkriegszeit mit ihren *unverfrorenen Geschichtslügen* (aus dem Widerstand weniger Einzelner wurde der Widerstand der Kirchen) als unappetitlich zu bezeichnen.[209] Die Theorie, die gigantischen Untaten zur NS-Zeit seien in erster Linie die eines verbrecherischen und gottlosen Systems, trifft allenfalls in einem unmittelbar-vordergründigen Sinn zu und verdeckt weit mehr, als sie zu erklären vermag. Die pauschale Aussage, das NS-System sei gottlos gewesen, trifft keineswegs zu. Die NSDAP strebte nach 1936 an, dass die Parteimitglieder nicht Agnostiker oder gar Atheisten wurden, sondern sich, und sei es außerhalb der Kirchen, zu Gott bekannten. Sie erfüllte zunehmend auch religiöse Funktionen („politische Religion"). Religionskritische (freireligiöse) Verbände wurden 1933 als Erste verboten und Gottlosigkeit galt als Ausdruck zersetzenden jüdischen Geistes.

Nach wie vor bestehen *erhebliche Unterschiede in der Aufarbeitung der Materie im katholischen und evangelischen Bereich*. Während der nationalistisch-deutsche Protestantismus noch tiefer in die Abgründe der NS-Herrschaft verstrickt war als der Katholizismus, gab es *bei den Protestanten schon bald deutliche Anzeichen ernsthafter Umkehr*, die zwar länger heftig bekämpft wurden, sich aber dann auf breiterer Ebene durchsetzten. Die historische Aufarbeitung ist bei den Protestanten durch viele Historiker z. T. „gnadenlos" erfolgt und theoretisch so gut wie abgeschlossen, auch kirchenoffiziell in vielen Landeskirchen. *In auffallendem Gegensatz* hierzu steht – ungeachtet der Existenz auch anderer katholischer Stimmen – die *Verhaltensweise des deutschen katholischen Episkopats und des Vatikans*. Trotz der grundsätzlichen römischen Erklärungen von 1998 und des allgemeinen Schuldbekenntnisses von 2000 betreiben sie bis zum heutigen Tag eine Politik der Verdrängung und Beschönigung. Die vatikanische Erklärung „Wir erinnern – Eine Reflexion über die Shoah" vom 16. März 1998 enthält „einige Geschichtsglättungen", wie es in der Süddeutschen Zeitung zutreffend, aber noch zurückhaltend hieß.[210] Die katholische Geschichtsschreibung zeichnet sich durch eine mehr oder weniger stark abmildernde Tendenz aus. Eine nähere Auseinandersetzung mit den vielen Aspekten der Aufarbeitungsproblematik und den überaus zahlreichen Dokumenten ist hier nicht möglich.[211]

Abschließend kann man sagen, dass vom Katholizismus insgesamt eine ernsthafte Akzeptanz der historischen Fakten niemals zu erwarten ist.[212] Bei den gebildeten Protestanten neigt man zu Ehrlichkeit, aber ausreichende Tatsachenkenntnis hat man auf breiter Ebene nicht erreichen können oder wollen. Die Zeit ist jetzt so weit fortgeschritten, dass die heutige Schülergeneration für diese im Detail komplizierten Fragen nur schwer zu interessieren sein wird. *Die Themen*

„christliche Judenfeindschaft" und besonders „Kirchen und Nationalsozialismus" wurden ebenso systematisch wie erfolgreich vom Bewusstsein der Öffentlichkeit und auch der Studierenden der Geschichte und der Theologie ferngehalten.[213]

11 – Katholische Kirche und moderne Diktaturen

Im 20. und bisherigen 21. Jh. war weltweit keine Institution derart in eine so große Zahl höchst verbrecherischer bzw. terroristischer Regime verstrickt wie die katholische Kirche. Sie hat alle geistlich überhöht und z. T. massiv unterstützt, einschließlich aller Päpste.[214] Dass selbst die Päpste Johannes Paul II. und Benedikt XVI. in beispielloser Massenhaftigkeit zu Tode gekommene Priester der Franco-Diktatur selig gesprochen haben, nicht aber Kleriker der republikanischen Seite, und dass sie damit die diktatorische, ja Schreckensherrschaft Francos noch nachträglich beschönigt haben, ist eine der zahlreichen moralischen „Gipfelleistungen" der Catholica in der Zeitgeschichte.[215]

11.1 Kirche als Diktatur

Zu Beginn des 20. Jh. entwickelte sich die Kirche selbst zu einer absoluten Diktatur, bevor sie in weltliche Diktaturen verwickelt war. Schon der Kirchenstaat des fanatischen Judenhassers (Kinderraub, Zwangstaufen; Affäre Edgar Mortara) Pius IX. (1846–1878, seliggesprochen 2000) galt als einer der rückständigsten und korruptesten Europas und weit darüber hinaus. Der berühmte Kirchenhistoriker Ignaz v. Döllinger nannte ihn Klerokratie. Obwohl er nur durch fremde Truppen noch aufrechterhalten werden konnte, herrschte in diesem Polizeistaat Willkür und Denunziantentum. Die Menschen begehrten gegen die tyrannische Priesterherrschaft auf. Viel mehr noch als das Unfehlbarkeitsdogma  des I. Vatikanischen Konzils von 1870 begründete das gleichzeitig beschlossene Dogma vom Jurisdiktionsprimat die seitdem im Ernstfall geltende Alleinherrschaft des Papstes, nämlich durch Ausübung der höchsten, vollen, unmittelbaren und universalen ordentlichen Gewalt in stets freier Ausübung, wie es das kirchliche Gesetzbuch von 1983 in Canon 331 formuliert. Mit gleichartiger Machtvollkommenheit bekämpfte Pius X. (1903–1914, heiliggesprochen 1954) erbittert jegliche moderne theologische Weiterentwicklung und demokratische Tendenzen. 1907 erlegte er – entgegen dem biblischen Schwurverbot – allen Klerikern den berüchtigten unehrlichen Antimodernisteneid auf, der jede theologische Entwicklung verbot und als Mittel absoluter Disziplinierung gedacht war. Verstärkt wurde dieser geistige Terror durch die Einrichtung einer kurialen Gestapo unter Leitung des Unterstaatssekretärs Umberto Benigni, eines späteren Mussolini-Agenten. Pius X. unterstützte diese Ketzerriecherei, der viele Theologen zum Opfer fielen und das innerkirchliche Klima in Europa vergiftete.

11.2 Faschistische Diktaturen

Kirche und Mussolini-Diktatur

Pius XI. (1922–1939) trat sein Amt im selben Jahr an, in dem Mussolini an die Macht kam. Beide blieben eng verbunden. Ein halbes Jahrhundert waren die Päpste tief gekränkt gewesen, weil man ihnen den Kirchenstaat genommen hatte und Italien ein weltlicher und mehr oder weniger liberaler Staat war. Der 1922 etablierten faschistischen Herrschaft schenkten der neue Papst und seine Kurie sogleich ihre Gunst. Dabei war der 1883 geborene Benito Mussolini ein leidenschaftlicher Kirchenhasser, der noch 1920 Religion für Unsinn und religiöse Menschen für krank erklärte. Die wirtschaftliche Not, Ohnmacht der Demokratie und Zerstrittenheit der Linken führte zu antisozialistischen Gewalttaten faschistischer freikorpsähnlicher Kampfbünde, und trotz ihrer schnell anwachsenden Gewalt- und Mordtaten, Plünderungen, Vergewaltigungen usw. in ganz Italien ließen sich Adel, Militär und Geistlichkeit beruhigen. Die Faschisten wurden durch die Polizei geschützt, blieben unbehelligt und konnten zunehmend weite Teile Italiens terrorisieren. Nur wenig später, Mitte 1921, rühmte der Opportunist Mussolini die Idee des Katholizismus und distanzierte sich derart von seinem bisherigen Kirchenhass, dass Kardinal Ratti von Mailand ihn gar zum „wundervollen Mann" erklärte. Mussolini wiederum eilte nach der Wahl Rattis zum Papst am 5. Februar 1922 sofort erfreut zum Petersplatz. Es war der Auftakt zu einem langen gemeinsamen Kampf gegen Kommunisten, Sozialisten und Liberale.

Noch vor der Machtübernahme Mussolinis im Oktober 1922 forderte der Vatikan den Klerus auf, den *katholischen* Partito Popolare, eine faschistenfeindliche Partei, *nicht* zu unterstützen. Danach wurde die Kollaboration immer enger. Es fand den Beifall des Vatikan, dass Mussolini nicht nur wieder den Religionsunterricht einführte, beschlagnahmtes Kirchengut freigab und kirchliche Gelder mit großen Summen angesichts eines drohenden Bankenbankrotts rettete, sondern auch die der Kirche verpönte Pressefreiheit wieder aufhob. Zum Dank zwang der Vatikan alle Priester zum Austritt aus der genannten katholischen Partei. Er protestierte weder gegen Priestermorde noch gegen die Ermordung Tausender Kommunisten und Sozialisten. Nach langen Verhandlungen gelangen unter wesentlicher Mitwirkung eines Bruders von Eugenio Pacelli (dem späteren Pius XII.) die Lateranverträge vom 11. Februar 1929, die kirchliche Träume erfüllten: Sicherheit und völlige Eigenständigkeit durch Garantie des kleinen Vatikanstaats, eine enorme Finanzabfindung, Katholizismus als italienische Staatsreligion, absolutes Scheidungsverbot, Abstimmung der Gesetzgebung mit dem kirchlichen Recht, Verbot antikirchlicher Propaganda u. a. Mussolini kapitulierte vor der Kirche, polierte aber das Ansehen der Faschisten enorm auf: ein Vorbild für das spätere Reichskonkordat mit Hitler. In feierlichen Gottesdiensten mit Militär- und Parteiführern priesen die italienischen Bischöfe Mussolini und Pius XI., und die deutsche katholische Presse lobte ebenfalls die Verbrüderung. Die italienischen Schulkinder beteten: „O lieber Gott, behüte den Duce, damit er dem faschistischen Italien lange erhalten bleibt."

Seit 1933 bereitete Mussolini heimlich seinen *Angriffskrieg gegen Abessinien* (Äthiopien) vor. Mit ihm sollten die vorhandenen ostafrikanischen Kolonien (Somalia, Eritrea) abgerundet werden. Mitte 1935, als die Vorbereitungen auf Hochtouren liefen, erklärte Pius XI., ein *Verteidigungskrieg* zum Zweck der Expansion einer wachsenden Bevölkerung könne gerecht sein. Die offiziöse Jesuitenzeitschrift „Civiltà Cattolica" war der Meinung, ein Staat dürfe sich im Fall äußerster Not „durch gewaltsame Eroberung sein Recht nehmen". Vier Wochen vor Kriegsausbruch sandten 19 Erzbischöfe und 57 Bischöfe Mussolini ein Telegramm, das der vatikanische „Osservatore Romano" veröffentlichte: Italien bete für die wachsende Größe des geliebten Vaterlandes. Der Angriff begann am 3. Oktober 1935, was 52 Völkerbundstaaten als Angriffskrieg verurteilten. Es war der letzte koloniale Eroberungskrieg. Er wurde auch als Agrarreformersatz bezeichnet. Die italienischen Bischöfe agitierten öffentlich für den nach sieben Monaten „erfolgreich" abgeschlossenen Krieg, der nach heutigen Schätzungen ca. 500 000 oder mehr Opfer erforderte. Insbesondere Kardinalstaatssekretär Pacelli (dessen Seligsprechung der heutige Vatikan mit Macht anstrebt) unterstützte die nationalistische Haltung des italienischen Klerus. Gräuelberichte über den abessinischen „Barbarenstaat" sollten die Italiener aufputschen. Insbesondere der hohe Klerus forderte zu Edelmetallspenden auf und brachte sogar Bischofskreuze bei, Wallfahrtsorte wurden zur Herausgabe ihrer wertvollsten Votivgeschenke aufgerufen. Madonnenbilder wurden auf die italienischen Schiffe gebracht. Selbstverständlich wurden für die große „zivilisatorische Mission", den „heiligen Krieg", Kanonen und Bomber gesegnet. Der Abessinienkrieg war Experimentierfeld für einen kommenden Großkrieg in Europa, in dem alle modernen Waffen der italienischen Armee bis hin zu Giftgas erprobt wurden. Das Giftgas wurde in Abessinien in Form massiver Luftangriffe mit Senfgas (Lost) auch gegen die Zivilbevölkerung eingesetzt. Es gab Massenliquidierung der einheimischen Eliten und Geistlichen, Verseuchung oder Verbrennung von Dörfern, Vieh und Feldern, Vergeltungsmassaker, gezielte Vernichtung von Rot-Kreuz-Krankenhäusern. Zu letzterem benutzte man Informationen des Roten Kreuzes, die dazu gedacht waren, versehentliche Angriffe auf Hospitäler zu vermeiden.

Der Mailänder Kardinal Alfredo Schuster beispielsweise war begeistert über die „katholische Mission des Guten", denn auf den Schlachtfeldern trage „die Fahne Italiens im Triumph das Kreuz Christi vorwärts [...]." Am 9. Mai 1936 segnete er die heimkehrenden Soldaten. 1945 stand er, trotz des nahenden Kriegsendes, in Verbindung zu faschistischen Gruppen und versuchte vergeblich, das Leben des Diktators zu retten. Das diözesane Seligsprechungsverfahren hat 1957 der spätere Paul VI. eröffnet, Johannes Paul II. hat ihn 1996 endlich seliggesprochen.

Austrofaschismus

In großen Teilen Österreichs gingen aus Länder- und Gemeindewahlen im April 1932 die Nazis deutlich gestärkt hervor. Nur mit Mühe konnte der Katholik Engelbert *Dollfuß* als neuer Kanzler bei einer parlamentarischen Mehrheit von nur einer Stimme ein Kabinett bilden. Dollfuß verstand sich als Vollstrecker des langjährigen Kanzlers und katholisch-doktrinären Theologieprofessors Ignaz Seipel. Dieser, ein Christsozialer, hatte sich mithilfe von Bankiers und Industriellen „Heimwehren" als antidemokratische Macht mit Stoßrichtung gegen die Linke geschaffen. Sein Hauptinteresse galt dem Nutzen der Kirche. Die Heimwehren forderten 1930 einen Ständestaat unter Leitung eines Führers, der 1932 Dollfuß wurde. Er strebte eine klerofaschistische Diktatur an. Schon zu Beginn seiner Regierung schaltete er das Parlament aus. Von Anfang an arbeitete Dollfuß eng mit Mussolini und der Kirche zusammen und wandte sich bald offen dem Faschismus zu. Nach dem Parlament entledigte sich die Regierung auch des Verfassungsgerichtshofs, sodass die zahlreichen Notverordnungen juristisch nicht mehr gefährdet waren. Der Wiener Kardinal Innitzer begrüßte die Ausschaltung des Parlaments am 12. März 1933 als „Anbruch einer neuen Zeit". Im August 1933 erschwerte die Regierung den Austritt aus der katholischen Kirche. Von nun an mussten alle Menschen, die gewillt waren, der katholischen Kirche den Rücken zu kehren, eine Prüfung ihres Geistes- und Gemütszustandes über sich ergehen lassen. Die für den Austritt zuständigen Bezirkshauptmannschaften konnten dieses Verfahren beliebig lange hinausziehen. Ab September 1933 wurden mehrere sogenannte Anhaltelager zur irregulären Internierung politischer Gegnerinnen und Gegner errichtet (Bestand Herbst 1934: 13 000 politische Häftlinge), in denen zunächst die damals bekämpften Nazis und ab Februar 1934 auch Sozialdemokraten und Kommunisten interniert wurden. Im September 1933 wurde die 1919 abgeschaffte Todesstrafe wieder eingeführt, und es gab auch Standgerichte, denen insbesondere Sozialdemokraten zum Opfer fielen. Die Hochschulen wurden „gesäubert", ideologische Pflichtstunden eingeführt. Den Katholikentag im Oktober 1933 stellte Kardinal Innitzer unter das Motto „Numquam retrorsum" (niemals zurück). Im Weihnachtsbrief der österreichischen Bischöfe hieß es, das Jahr 1933 habe der ganzen Christenheit reichen Gnadensegen und dem Vaterland Österreich viele Freuden gebracht.

Bereits am 5. Juni 1933 wurde in Rom ein Konkordat unterzeichnet, wenn auch erst am 1. Mai 1934 in Kraft gesetzt. Kirchlich geschlossene Ehen wurden unter Kirchenrecht gestellt, sodass Neuverheiratungen nur nach kirchlicher Ungültigkeitserklärung der ersten Ehe möglich waren. Der katholischen Kirche wurde starker Einfluss auf das zuvor säkularisierte Bildungssystem eingeräumt. Man konnte die Höhere Schule nicht abschließen, ohne Religionsunterricht besucht zu haben. Kirchliche Würdenträger beteiligten sich an der Säuberung von Arbeiterbüchereien, von der neben linker Literatur auch Schriften jüdischer Autoren betroffen waren. Streiks waren verboten, Pressefreiheit gab es nicht. Der Staat verstand sich als „Ständestaat", in dem Arbeitgeber und Arbeitnehmer innerhalb der Berufe kooperieren sollten, was Gewerkschaften überflüssig machte.

Im Februar 1934 mündete ein sozialdemokratischer Arbeiteraufstand (Anlass: polizeiliche Durchsuchung) in zahlreichen Städten in einen „Bürgerkrieg" (12.–15. Februar) mit mehreren Hundert Toten. Er führte zum Verbot aller sozialdemokratisch orientierten Organisationen und zur Absetzung des Wiener Oberbürgermeisters. Sogar noch während der Februarkämpfe 1934 erteilte Papst Pius XI. Bundeskanzler Dollfuß den apostolischen Segen. Der (katholische) Österreichische Cartellverband (ÖCV), der 1933 in Abgrenzung zum gleichgeschalteten deutschen CV entstanden war, nahm während der Zeit des Austrofaschismus eine intellektuelle Trägerfunktion des Regimes wahr. Zwischen 1933 und 1938 wurden wichtige öffentliche Ämter regelmäßig mit ÖCV-Mitgliedern besetzt. Dem Regierungschef und Führer Dollfuß wurde ein Mitspracherecht bei der Besetzung von Ämtern innerhalb des ÖCV eingeräumt.

Gleichzeitig mit dem Konkordat wurde am 1. Mai 1934, dem vormaligen Tag der Arbeit, die neue faschistische Verfassung in Kraft gesetzt. Sie wurde erlassen „Im Namen Gottes, des Allmächtigen, von dem alles Recht ausgeht [...]". Die in ihr verankerte „Vaterländische Front" hatte militärischen Charakter und ruhte auf dem Führerprinzip. Im Juli 1934 wurde bei einem Putschversuch österreichischer Nationalsozialisten Engelbert Dollfuß erschossen. Die Geistlichkeit feierte ihn als großen Märtyrer. Bis zum heutigen Tag ist dieser Diktator Ehrenmitglied zahlreicher ÖCV-Verbindungen und wird alljährlich mit Kränzen geehrt. Ihm folgte dessen (natürlich ebenfalls katholischer) Justizminister Kurt Schuschnigg als Bundeskanzler. Dieser schloss 1936 das Juliabkommen mit dem Deutschen Reich, in dem Adolf Hitler die Unabhängigkeit Österreichs zusicherte – im Austausch für Zugeständnisse an die Nationalsozialisten. In der Folge wurden Tausende österreichische Nationalsozialisten amnestiert. Auf Drängen der katholischen Kirche wurde ein Gesetz erlassen, wonach alle Bürger einer Religionsgemeinschaft angehören mussten. Das führte zu Massenübertritten in die evangelische Kirche.

Sowohl die Christsozialen insgesamt wie auch die klare Mehrheit der Bevölkerung und auch die Bischöfe beharrten auf der Unabhängigkeit Österreichs, trotz vieler Ähnlichkeiten mit dem NS-Regime. Aber Schuschnigg geriet zunehmend unter den Druck Hitlers. Daher ernannte er 1937 den guten Katholiken und Nazi Seyß-Inquart zum Staatsrat und nach dem Berchtesgadener Abkommen vom 15. Februar 1938 zum Innen- und Sicherheitsminister. Noch am 10. März 1938 lehnte die von Kardinal Innitzer einberufene Klerus-Konferenz die Nazis scharf ab und beharrte auf der staatlichen Eigenständigkeit Österreichs. Nach der erzwungenen Abdankung Schuschniggs zugunsten Seyß-Inquarts marschierten schon am 12. März die Deutschen, ohne auf militärischen Widerstand zu treffen, unter dem Jubel zahlreicher Österreicher ein. Jetzt, unmittelbar nach der Klerus-Konferenz, begrüßte Innitzer den Nazieinmarsch mit Glockengeläut und kirchlichen Hakenkreuzfahnen. Er rief die Österreicher auf, sich zu Hitler als dem Mann der göttlichen Vorsehung zu bekennen, und beauftragte die Geistlichkeit zur Abhaltung von Dankgottesdiensten. Wenige Tage später riefen die Bischöfe mit einer Ausnahme unter dem Gruß „Heil Hitler" dazu auf, bei der Volksabstimmung für den Anschluss an Deutschland zu stimmen. In einem am 28. März 1938 veröffentlichten Bekenntnis zu Großdeutschland, das in allen katholischen Kirchen verlesen wurde, erklärten die Bischöfe „aus innerster Überzeugung und mit freiem Willen: Wir erkennen freudig an, dass die Nationalsozialistische Bewegung [...] Hervorragendes geleistet hat und leistet [...]. Die Bischöfe begleiten dieses Wirken für die Zukunft mit ihren besten Segenswünschen und werden auch die Gläubigen in diesem Sinn ermahnen. Am Tage der Volksabstimmung ist es für uns Bischöfe selbstverständliche nationale Pflicht, uns als Deutsche zum Deutschen Reich zu bekennen, und wir erwarten auch von allen gläubigen Christen, dass sie wissen, was sie ihrem Volk schuldig sind." Das Wahllokal betrat Innitzer am 10. April mit dem „deutschen Gruß". Das Ende der ersten Republik war besiegelt. Konservative österreichische Kreise vermeiden übrigens noch heute den Begriff (Austro-)Faschismus und sprechen von Ständestaat, Imitationsfaschismus und Halbfaschismus.

Franco-Diktatur

Der General und brutale Diktator Francisco Franco (1892–1975) war nach dem von ihm 1936 durch einen Staatsstreich verursachten Bürgerkrieg von 1939 bis zu seinem Tod Staatschef. Während seiner gesamten Herrschaft war er der katholischen Kirche auf Gegenseitigkeit eng verbunden, wenngleich es in der letzten Herrschaftsperiode zu erheblichen Spannungen mit der Kirche kam.

In Spanien wurde nach dem Sturz der Königin Isabella im Jahr 1868 und der Etablierung einer demokratisch-parlamentarischen Verfassung mit freier Religionsausübung bereits Mitte der 1870er-Jahre wieder die Bourbonenherrschaft restauriert und der Katholizismus zur Staatsreligion erklärt. Auch in den Universitäten durfte nichts gelehrt werden, was „gegen das katholische Dogma und die gesunde Moral" stand. Liberale Dozenten wurden entlassen, z. T. inhaftiert. Die Verquickung von Staat und Kirche führte zum Bruch zwischen Amtskirche und Proletariat, die Säkularisierung der Gesellschaft und ein Antiklerikalismus der Unterschicht und unteren Mittelschicht schritten fort. Im Rahmen von Unruhen in Katalonien im Zusammenhang mit dem Marokkofeldzug 1909 wurden als Reaktion auf die gewaltige Zunahme des Ordenseinflusses in den Industriezonen mit dominierendem Einfluss auf den Erziehungssektor zahlreiche Kirchen und Klöster niedergebrannt. Damals entstanden katholische Laienorganisationen, die den zur Kompromisslosigkeit erzogenen Klerus unterstützten. Das war auch im Sinn des Königs Alfons XIII. (1902–1931). Fast zwei Drittel der Bevölkerung waren Analphabeten, große Teile der Bevölkerung litten Hunger. Der hohe Klerus war verfilzt mit Großkapital und Adel, die vom Staat bezahlte Kirche hatte ihr großes Vermögen in Banken, Reedereien, Bergwerken usw. angelegt. Der Erste Weltkrieg, an dem Spanien nicht beteiligt war, brachte auch der Kirche große Gewinne. Daher hieß ein geflügeltes Wort: „Das Geld ist sehr katholisch." Die Massen aber blieben verelendet. 1917–1921 gab es erhebliche soziale Unruhen, der König aber weihte die Nation 1919 dem „heiligen Herzen". Wegen dieser Verhältnisse praktizierte der größte Teil der Spanier den Katholizismus nicht mehr. 1923 errichtete General Primo de Rivera mit königlicher Billigung eine Militärdiktatur. Die Kirche unterstützte diese, zumal König und Diktator noch 1923 dem Papst in Rom Gehorsam gelobten. Das verstärkte wiederum die Entkatholisierungstendenzen. Arbeiter sahen in der Kirche die Unterstützer der Ausbeuter. Anlässlich der Weltwirtschaftskrise 1929 brach die restaurative Diktatur zusammen.

Im April 1931 kam es zu landesweiten Kommunalwahlen, die ein klares Votum gegen das alte Regime erbrachten. Die Republikaner errangen die Mehrheit in 41 von 50 Provinzhauptstädten, besonders deutlich in Madrid und Barcelona. Noch im April wurde unblutig eine Republik proklamiert. Der angesehene Spanien-Spezialist Bernecker formuliert: „Das neue Regime wurde im ganzen Lande mit großer Begeisterung begrüßt."[216] Der König verließ angesichts dieser Lage das Land. Die 1931 verabschiedete neue Verfassung gewährte erstmals das Frauenwahlrecht und führte die Zivilehe ein. Spanien sollte moderner und gerechter werden. Die Kompetenzen des Madrider Zentralstaates sollten zugunsten der historischen Regionen neu definiert, die Herrschaft der alten Eliten zurückgedrängt und die ländlichen Eigentumsverhältnisse erneuert werden. Die republikanische Regierung war die erste in Spanien, die sich um die Alphabetisierung ernsthaft kümmerte – immerhin konnte bei Ausrufung der Republik ein Drittel der über zehn Jahre alten Spanier nicht lesen und schreiben. Die Regierung strebte an, die Einschulungsrate der Kinder zu erhöhen, richtete Kommissionen zur Förderung der Berufsausbildung ein, installierte Abendkurse für Erwachsene und entsandte Wanderbüchereien in die abgelegeneren Regionen. Obwohl die Republikaner für Religionsfreiheit und Toleranz geworben hatten, brach in der demokratischen Republik alsbald ein heftiger Antiklerikalismus aus, getragen von Intellektuellen, liberalen Mittelschichten und der Unterschicht und gespeist durch die vorangegangenen Jahrzehnte der Unterdrückung. Spanien war kein katholisches Land mehr. Sogar Kardinalprimas Gomá y Tomás hat 1936 in einem Hirtenbrief eingeräumt, das Volk betrachte die Kirchenleute mit Argwohn und geradezu als Feinde seiner Wohlfahrt. Überaus zahlreiche Kirchen wurden zerstört. Das machte sich die Kirche, Verteidigerin der abgewirtschafteten Monarchie und traditionell im Bund mit Adel, Großgrundbesitz und Großkapital, zunutze. Der „Heilige Stuhl" erkannte das neue Regime nicht an, der spanische Episkopat hetzte gegen die Regierung und forderte einen „heiligen Kreuzzug" für die vollständige Wiederherstellung der kirchlichen Rechte. Der Papst erklärte die kirchenfeindlichen Verfügungen einschließlich der Religionsfreiheit für nichtig.

1933 entstand auf Betreiben Eugenio Pacellis die CEDA, die einen nationalen, den päpstlichen Enzykliken entsprechenden Katholizismus propagierte. Ihr „Jefe" (Chef) Gil Robles war ein militanter Bewunderer Hitlers und seines Hetzblatts „Völkischer Beobachter". Parallel gründete der Sohn des früheren Diktators Primo de Rivera die von den Jesuiten geförderte, notorisch antisemitische „Falange Española", die einen totalitären christlichen Staat anstrebte. Nach dem Auseinanderbrechen der linken Regierung endeten die Neuwahlen im November 1933 für die zerstrittenen linksrepublikanischen Parteien mit einer herben Niederlage. Wahlsieger war das Wahlbündnis einer Vereinigung rechtskatholischer Parteien. Die neue Regierung nahm die neue Sozialgesetzgebung und die Kirchengesetze zurück und kürzte den Bildungsetat. Die Großgrundbesitzer konnten wieder uneingeschränkt über ihre Ländereien herrschen, die Löhne wurden gesenkt, Entlassungen häuften sich. Ein Gesetz amnestierte die Putschoffiziere von 1932 und gab ihnen ihre Positionen zurück. Gegen gewaltsame Aufstände der Bevölkerung setzte man die spanische Fremdenlegion und die berüchtigten maurischen Einheiten ein, die für ihre Stärke und Grausamkeit bekannt waren. Sie machten nach ihrer Tradition keine Gefangenen und verschonen auch Unbeteiligte nicht, es gab über 1000 Tote. Gefangene wurden gefoltert. Oberkommandierender war Francisco Franco, der 1935 Generalstabschef wurde. Die offiziöse „Civiltà Cattolica" nannte die erschossenen Arbeiter Mörder und Barbaren und forderte Kollektivstrafen. Die Gründe, nämlich Ausbeutung, Unrecht und Hunger, interessierten nicht. Als Alternativen sah man nur ein faschistisches Terrorregime oder eine kommunistische Revolution.

Im Januar 1936 standen sich die neu gebildeten Fronten, nämlich Volksfront und Nationale Front, gegenüber. Vor den Wahlen schleuderte Kardinal Gomá y Tomás in einem Hirtenbrief Bannflüche gegen die Volksfront. Dennoch ging diese aus den Wahlen vom 16. Februar 1936 als überwältigender Sieger hervor. Da lauerten die Falangisten ihren Gegnern auf, schlugen sie tot; sie ermordeten Richter, Journalisten usw. Beiderseits folgten Morde. Als am 13. Juni 1936 Volksfrontpolizisten, wohl als Vergeltung für die Ermordung eines Sozialisten, den Oppositionsführer Sotelo umbrachten, war das Auslöser für den ohnehin bevorstehenden Militärputsch. Dieser war von einer Generalsclique seit den Wahlen sorgfältig geplant worden, nachdem eine Offiziersvereinigung schon 1933/34 einen Staatsstreich mit Unterstützung von Militär und Kirche sowie von Mussolini ausgeheckt hatte. Am 18. Juli 1936 schlugen die Militärs in Spanisch-Marokko los. Der größte Teil des Heeres mit den allermeisten Offizieren und der Zivilgarde ging in fast ganz Spanien gleichzeitig zu den Rebellen über. Die Erhebung gegen die gewählte Regierung firmierte unter „Kreuzzug". Den Aufständischen standen von Anfang an deutsche und italienische Panzer, Flugzeuge, Waffen und Soldaten zur Verfügung. *Fast die gesamte Kirchenhierarchie identifizierte sich mit dem Putsch*. Trotzdem schlugen Regierung und das erbittert kämpfende Volk die faschistischen Erhebungen zunächst nieder. Viele, auch Mussolini, prophezeiten Francos Niederlage.

Aber seit dem 27. Juli 1936 beförderten deutsche Ju 52 Francos muslimische Mauren nach Spanien. Sie verbreiteten den Tod und kastrierten ihre Opfer. Die Nazis betrachteten Spanien als Experimentierfeld für ihr Kriegsmaterial und schickten bald 16 000 Mann. Katholische Freiwilligenbrigaden aus diversen Ländern kamen Franco bald zu Hilfe. Traurige Berühmtheit erlangte die Vernichtung des baskischen Dorfes Guernica durch die deutsche Luftwaffen Legion Condor. Finanziert wurde Franco hauptsächlich durch den Wirtschaftsboss Juan March. Mussolini entsandte insgesamt über 100 000 Soldaten, und das klerikale Portugal Salazars sorgte für den Nachschub mit Waffen. Unter anderem wurden Tausende von Männern in den Arbeitervierteln von Sevilla zusammengetrieben und umgebracht. Im Reglement der Franquisten hieß es, sie seien berufen, dem „Christus die Nation seiner Auserkorenen wiederzuerobern [...]. Wenn du [...] dein Leben dafür opferst, so lobpreise die göttliche Barmherzigkeit, die das Gewissen mit dem erhabenen Licht des Märtyrerscheins überstrahlt [...]." Und weiter: „Du trägst in deinem Herzen das Feuer eines Apostels und deine Hände müssen das Werkzeug der göttlichen Allmacht sein". Franco, der seinen der

Republik geschworenen Treueid gebrochen hatte, führte als „Kämpfer Christi" einen Kreuzzug des Glaubens gegen diese.

Die um Hilfe gebetenen westlichen Demokratien halfen der Republik nicht, obwohl sie Opfer eines internationalen Überfalls war. *Franco täuschte der Welt erfolgreich vor, er führe einen Religionskrieg gegen den gottlosen Kommunismus*, obwohl die Volksfront kein marxistisches Programm vertrat und ihre Regierung nicht einen einzigen kommunistischen Minister aufwies. Als Franco an Mariä Himmelfahrt in Sevilla (s. o.) die monarchistische Fahne hisste, küsste sie auch der dortige Kardinal. Der Erzbischof von Santiago nannte die Republikaner eine „Bande von Räubern". Der angesehene Richter Villaplana, der während des Bürgerkriegs in Francos Hauptquartier Burgos amtierte, berichtete 1945 in seinem Buch „Questo è Franco", die Kirchenvertreter hätten an allen militärischen Kundgebungen teilgenommen, sie geleitet, Waffen gesegnet und ein Tedeum abgehalten. Niemals, so Villaplana, habe die Geistlichkeit ihre Rache vergessen. Bischöfe der ganzen Welt billigten das Gemetzel, und auch der Wiener Kardinal Innitzer war gleich dabei, wie auch der deutsche Episkopat auf Weisung des späteren Papstes Pius XII., sich gleichzeitig als „Sendboten des Friedens" bezeichnend. 43 von 45 spanischen Bischöfen wandten sich an alle etwa 900 Kollegen weltweit, und diese bestätigten die Legitimität des Kreuzzugs. Francos Fahne wehte nach einiger Zeit auch im Vatikan, unter Pius XI. wie unter Pius XII. Neben der vatikannahen Jesuitenzeitschrift „Civiltà Cattolica" hetzte auch der halboffizielle „Osservatore Romano" gegen die republikanischen Kräfte. Sie seien Kriminelle und Barbaren. Pius XI. stand in einer Front mit Franco, Hitler und Mussolini. Als die französische und die britische Regierung ihn im Sommer 1938 baten, sich ihrem Protest gegen die Bombardierung der Zivilbevölkerung im republikanischen Landesteil anzuschließen, lehnte der „Heilige Vater" ab. Die „nationalen" Truppen Francos beichteten, kommunizierten und feierten ihre Siege mit Messen, Tedeum und Marienlob. Die Grausamkeiten geschahen zwar beiderseits (z. B. stalinistische Politkommissare), aber die von Francos Seite systematisch und ständig, die der Republikaner überwiegend als Racheakte.

Pacelli, am 2. März 1939 zum Papst gewählt, konnte am 1. April 1939 Franco zu seinem großen Sieg herzlich beglückwünschen. Er ließ „auf den Staatschef und seine Regierung, auf den großartigen Episkopat und den opferbereiten Klerus, auf die heldenhaften Krieger und auf alle Gläubigen unseren [seinen] Apostolischen Segen herabkommen". In Anlehnung an die Enzyklika „Quadragesimo Anno" von 1931 etablierte Franco ein Ständesystem. In seinem Staat wurden alle Freiheiten wieder aufgehoben, alle Medien streng kontrolliert, alle Parteien außer der faschistischen Falange verboten, ebenso alle nicht katholischen Bekenntnisse einschließlich der protestantischen. Nach amtlichen

Statistiken ließ Franco in den ersten drei Jahren seiner neuen Diktatur über 200 000 Menschen erschießen.

Die Amtskirche war Francos wichtigste Stütze, auch nach 1945. Pius XII. war ebenso absoluter Herrscher in der Kirche wie Franco in Spanien. Nichtkatholische öffentliche religiöse Zeremonien und Kundgebungen waren verboten, die Kirche vom Staat finanziert, in allen wichtigen Gremien maßgeblich vertreten. Die Kirche kontrollierte das gesamte Bildungswesen und dominierte die Presse. Die Bischöfe wurden dem Vatikan von Franco vorgeschlagen. In die pompösen Hochämter zog Franco unter einem von Priestern getragenen Baldachin ein. In der spanischen Armee erhielt die Muttergottes den Rang eines Ehrengenerals. Die gesamte Gesellschaft wurde vollkommen klerikalisiert. Seit den 1940er-Jahren wurden im großen Stil systematische Volksmissionen durchgeführt. Die Kirche war für das Regime wichtiger als die Ideologie der (alleinigen) falangistischen Partei Francos. Das Konkordat von 1953, wonach im Kollisionsfall das staatliche Recht zu weichen hatte, war derart prokirchlich, dass es nur teilweise eingehalten werden konnte. Spanien war ein totalitärer christlicher Staat. Das betraf natürlich auch eine umfassende „moralische" Unterdrückung. Das totalitäre Opus Dei saß mit seinen Repräsentanten auch an den Schalthebeln der Macht und häufte mit zahlreichen Unternehmen, insbesondere Banken, Reichtümer auf.

Der Vollständigkeit halber sei angemerkt: Seit dem Ende der 1950er-Jahre, bis zum Tod Francos 1975, gab es aus unterschiedlichen Gründen immer mehr Konflikte zwischen *Regime* und *Kirche*, in der letzten Dekade insbesondere wegen der Weigerung des Regimes, die durch das II. Vatikanische Konzil bedingte Öffnung der Kirche aufzunehmen. Immerhin erhielten die Protestanten endlich 1967 religiöse Duldung.

Bemerkenswert ist die aktuelle Legitimierung Francos, eines der großen Massenmörder des 20. Jahrhunderts, durch den Vatikan. Schon zu Zeiten von Johannes Paul II. waren 471 Spanier seliggesprochen worden. Am 28. Oktober 2007 sprach der Stellvertreter Gottes auf Erden durch den Leiter der Kongregation für Selig- und Heiligsprechungen nach zehnjähriger Vorarbeit auf dem Petersplatz 498 franquistische Opfer des Bürgerkriegs selig. Sie dürfen jetzt mit kirchenamtlicher Genehmigung lokal als Vorbilder und Märtyrer verehrt werden. Es handelte sich fast nur um Priester, die hauptsächlich in der Anfangszeit der faschistischen Erhebung als Gegenreaktion von den republikanischen Streitkräften getötet worden waren. Angeblich seien sie nur aus religiösen Gründen umgebracht worden. Der beachtlichen Minderheit insbesondere baskischer Geistlicher, die von den Franquisten umgebracht wurden, gedachte man nicht. Fast alle spanischen Bischöfe reisten zur größten Massenseligsprechung der Kirchengeschichte an, obwohl sie in Spanien große Wunden aufgerissen hat. Wie der Zufall so spielt, ereignete sich das unmittelbar, bevor ein Gesetz zur Rehabilitierung von Zehntausenden Opfern der Franco-Diktatur erlassen wurde, das die Kirche bekämpft hatte. Die katholische Kirche ist die einzige offizielle Institution, die die Erinnerung an den Bürgerkrieg und Francos Diktatur bis heute hochhält.

Salazar-Regime in Portugal

Der streng katholische Wirtschaftsprofessor António de Oliveira Salazar (1889–1970) begründete in der Nachfolge einer Militärdiktatur die autoritäre Diktatur des „Estado Novo", dessen Ministerpräsident er von 1932 bis 1968 war. Er stützte sich (wie die Franco-Diktatur) auf Kirche, Militär, Wirtschaft und Großgrundbesitzer. Salazar beendete das Staatschaos und schuf auf der Basis einer neuen Verfassung von 1933 ein Einparteiensystem. Die Verbindungen mit dem Katholizismus waren eindeutig. Andersdenkende wurden zum Exil gezwungen oder in eines der berüchtigten Gefängnisse gebracht, teilweise ermordet. Unterdrückung war Salazar wichtiger als die Mobilisierung und Ideologisierung von Massen. Seine Herrschaft trug klerikal-faschistische Züge. 1939 schloss Salazar einen Beistandspakt mit Franco, den er im Bürgerkrieg unterstützt hatte, und 1940 wurde ein kirchengünstiges Konkordat geschlossen, dessen Aussagen im Kern bis heute gelten. Andere Religionen als die katholische waren jedoch nicht rechtlos wie in Spanien. 1936 wurde auf den Kapverdischen Inseln das Konzentrationslager Tarrafal eingerichtet. In den 17 Jahren der ersten Phase des Lagers sollen etwa 340 Personen bei unmenschlichen Haftbedingungen inhaftiert gewesen sein, von denen 32 starben (Kämpfer der Internationalen Brigaden aus dem spanischen Bürgerkrieg, Oppositionelle, Kommunisten).

Tiso-Diktatur

Bereits in den 1920er-Jahren propagierte die nationalistische Slowakische Volkspartei mit der Parole „Ein Gott, ein Volk, eine Partei, ein Führer" einen autoritären katholischen Ständestaat. Nach dem Münchener Abkommen von 1938 ermöglichte die Schwäche der Tschechoslowakischen Republik (abfällig: „Hussitenrepublik") eine slowakische Autonomie von Hitlers Gnaden, also einen NS-Satellitenstaat, gegründet am 14. März 1939 nach Direktiven Hitlers. Das Staatsgebiet war aber im Wesentlichen besatzungsfrei. Mit dem Deutschen Reich wurde ein Schutzvertrag geschlossen. Zu den Parteifunktionären gehörten, der Parteitradition entsprechend, viele Geistliche. Auch der langjährige Parteivorsitzende, Andrej Hlinka (gest. 1938), war Priester gewesen, seit 1924 Päpstlicher Kammerherr und seit 1927 Apostolischer Protonotar. Der erste

Regierungschef, dann Staatspräsident Jozef Tiso (1887–1947), wurde 1910 zum Priester geweiht und bereits 1915 Leiter des theologischen Seminars in Nitra, wo er auch Moraltheologie lehrte. Seit 1925 war er tschechoslowakischer Parlamentsabgeordneter, obwohl er den Parlamentarismus durch eine klerikalfaschistische, jedenfalls autoritäre Ordnung ersetzen wollte. Dies geschah nach der Staatsgründung rasch. Als Tiso mit Zustimmung des Erzbischofs Karol Kmetko am 26. Oktober 1939 zum Staatspräsidenten bestellt wurde, beglückwünschte ihn Pius XII. und würdigte ihn mit dem Titel „Monsignore". Parteien, Vereine und sogar christliche Gewerkschaften wurden aufgelöst. Die 1938 gegründete paramilitärische Hlinka-Garde terrorisierte die politischen Gegner, insbesondere Juden. Es wurden Internierungslager eingerichtet, die Religionsfreiheit wurde aufgehoben, 1942 das Führerprinzip konsequent verwirklicht. Man orientierte sich an Portugal, Italien und dem (durch den „Anschluss" 1938 beendeten) österreichischen Dollfuß-Regime.

Die 1939 unter dem frommen Ministerpräsidenten Vojtech Tuka erlassenen antisemitischen Gesetze nach NS-Muster stießen auf wenig Widerspruch, konnten sie doch auf der traditionellen katholischen Judenfeindschaft aufbauen. Wie in Deutschland wurden Schilder aufgestellt nach dem Motto: „Juden, Zigeunern [und Hunden] ist der Zutritt verboten." Mithilfe eines deutschen SS-Sonderberaters und Eichmann-Mitarbeiters wurde im September 1941 ein besonders scharfer „Judenkodex" verabschiedet. Die Regierung strebte von sich aus die Deportation der slowakischen Juden an. Nachdem die Todesfahrten 1942 begonnen hatten, rechtfertigten das die slowakischen Bischöfe mit der traditionellen Theologie der Juden als Gottesmörder und als Volksschädlinge. Tiso erklärte hierzu am 28. August 1942: „Was die jüdische Frage anbelangt, so fragen manche, ob das, was wir tun, christlich und human sei. Ich frage so: Ist es christlich, wenn die Slowaken sich von ihren ewigen Feinden, den Juden, befreien wollen? Die Liebe zu unserem Nächsten ist Gottes Gebot. Seine Liebe macht es mir zur Pflicht, alles zu beseitigen, was meinem Nächsten Böses antun will." Erst etwa ein Jahr später, als sich die Kriegswende abzeichnete und bereits drei Viertel der slowakischen Juden ermordet waren, veröffentlichten die Bischöfe einen (intern sogar umstrittenen) Hirtenbrief in lateinischer Sprache (!) gegen die Deportationen, und selbst die lateinische Lesung unterließen viele Priester aus Protest.[217] Mehrmalige Proteste des Vatikans gegen die Deportationen blieben diskret. Der Vatikan unternahm nichts gegen die Priester in Regierung und Parlament, distanzierte sich nicht öffentlich von ihnen und ließ sie weiter Sakramente spenden.

Die nationalkatholisch-faschistische Slowakei unterstützte Hitlers Kriege: gleich zu Beginn den Feldzug gegen das katholische Polen (!), wobei sie den Angriff deutscher Truppen von ihrem Territorium aus gestattete. Am Krieg gegen die Sowjetunion beteiligte sie sich mit 50 000 Mann, die durch den Segen der Bischöfe Vojtaššak und Buzalka gestärkt waren. Wegen der Absehbarkeit der deutschen Niederlage brach am 28. August 1944 ein Aufstand gegen das Tiso-Regime aus. Dennoch verkündete Tiso Ende September: „Die Slowakei wird an der Seite der Achsenmächte bis zum Endsieg stehen." Nach dem Zusammenbruch 1945 lieferten die USA den geflohenen Tiso nach Unterzeichnung der Kapitulation von Österreich aus an die Tschechoslowakei aus. Am 18. April 1947 wurde er in Bratislava erhängt. Für den Vatikan war Tiso aber ein vorbildlicher Priester, der ein unbescholtenes Leben führte (so die „Catholic Enzyclopedia" der Kurie, Supplementband 1958).

Der Sender n-tv berichtete im April 2008 unter Bezugnahme auf die Tageszeitung „Sme", der Erzbischof der Diözese Trnava (Tyrnau), Jan Sokol, habe eine Gedenkmesse zum 61. Jahrestag der Hinrichtung des Präsidenten Tiso zelebriert und dabei auch einen Historiker reden lassen, der für die Verharmlosung von Judendeportationen bekannt sei. Dabei habe das Regime an das Deutsche Reich für jeden deportierten Juden ein Kopfgeld aus jüdischem Vermögen gezahlt.[218] Nach wie vor gibt es Bestrebungen slowakischer Katholiken, den „Märtyrer" Jozef Tiso seligsprechen zu lassen.

Vichy-Regime (Frankreich)

Die katholische Kirche unterstützte das mit Hitler kooperierende französische Vichy-Regime voll. Aus diesem Grund wollte Charles de Gaulle nach Kriegsende mindestens 27 Bischöfe des Amtes enthoben sehen. Auf Initiative von Pius XII. wurden aber nur neun Bischöfe amtsenthoben. Nur zwei Bischöfe arbeiteten mit der Résistance zusammen: Erzbischof Saliège von Toulouse und Bischof Théas (Pax Christi) von Montauban.

Das autoritäre Regime bildete sich nach Anerkennung der militärischen Niederlage im Waffenstillstand von Compiègne am 22. Juni 1940 und bestand bis 1944. Weithin anerkannt war es aber nur in der ersten Zeit. Der Waffenstillstand brachte die De-facto-Teilung Frankreichs. Der nördliche und westliche Landesteil stand unter deutscher Militärverwaltung, über das unbesetzte Südfrankreich mit etwa 40% der Landesfläche verfügte mit einer gewissen Unabhängigkeit die Marionettenregierung des Marschall Philippe Pétain mit Vichy als Regierungssitz. Innerhalb weniger Tage erließ das Vichy-Regime mit dem Einverständnis des Vatikans eine Reihe von Gesetzen, die sich gegen die im Lande lebenden ausländischen Juden richtete. „Pétain arbeitet an der Auferstehung Frankreichs", erklärte etwa der Erzbischof von Aix-en-Provence. Der antiklerikale Ungeist der Republik war vertrieben. Die Juli 1942 einsetzenden Großrazzien und Deportationen der ausländischen Juden riefen nur bei einem Teil des Klerus Protest hervor.

Die *milice française*, eine vom Regime anerkannte Kollaborationsgruppe (1943), fungierte als Hilfsgruppe der Waffen-SS, bekannte sich mehr als andere zur christlichen Gesellschaft und respektierte kreuzzugsartig katholische Traditionen. Sie ergriff versteckte Juden und Mitglieder der Résistance und lieferte sie an die deutschen Besatzer aus. Einer ihrer regionalen Anführer war Paul Touvier, der sich besonders für das Aufspüren und Deportieren von Juden interessierte. Gegen sie und auch die Résistance führte er Razzien durch. 1946 und 1947 wurde er in Abwesenheit zum Tod verurteilt. Mithilfe des Vatikans und von Geistlichen konnte sich Paul Touvier dem Zugriff der Justiz entziehen. Der Erzbischof von Lyon ließ für ihn sorgen. Unter Mitwirkung des zuständigen französischen Kardinals wurde er 1962 von Staatspräsident Pompidou begnadigt. Aus Angst vor der Rache der Résistance musste er 1972 wieder untertauchen. Seit 1981 offiziell wegen Verbrechen gegen die Menschlichkeit gesucht, fand er Zuflucht in Klöstern und erhielt Papiere auf den Namen Paul Perthet. Nach Enthüllungen der satirischen Zeitschrift „Le canard enchaîné" wurde Touvier 1989 in einem katholischen Kloster festgenommen. Es stellte sich heraus, dass Touvier, Gehilfe des Gestapo-Chefs Klaus Barbie („Schlächter von Lyon") jahrzehntelang von 15 Klöstern und etlichen hohen Kirchenfunktionären (darunter Kardinal Jean Villot) protegiert worden war. Sogar eine kirchliche französische Historikerkommission verurteilte die Vorgänge scharf. Man habe, so jetzt Kardinal Decourtray, Touvier wie den verfolgten Jesus behandelt. Erst 1994 wurde Touvier zu lebenslanger Haft verurteilt.[219] Nach seinem Krebstod 1996 zelebrierte Erzbischof Lefèbvre in Paris seine Beerdigung. Dessen Priesterbruderschaft St. Pius X. (eine zumindest in seinen Führungsleuten rechtsradikale, demokratie- und judenfeindliche Vereinigung) ist Benedikt XVI. 2009 stark entgegengekommen (Aufhebung von vier Exkommunikationen, darunter Bischof Williamson, Holocaustleugner).

11.3 Ustascha-Regime (Kroatien): Exzesse der Grausamkeit[220]

Verdrängung. Die Ereignisse in dem 1941 nach dem Einmarsch der deutschen Wehrmacht gebildeten klerikalfaschistischen „unabhängigen" Kroatien, dem Terror-Regime des Katholiken und Ustascha-Führers Ante Pavelić, gehören zu den ungeheuerlichsten Kapiteln der modernen Geschichte. Der Völkermordforscher Gunnar Heinsohn schreibt in seinem „Lexikon der Völkermorde" (1998, 227f.): „Das römisch-katholische Kroatien der Ustascha hat 1941 […] etwa 6,25 Mio. Einwohner. Von diesen tötet das faschistische Regime bis 1945 durchweg genozidal […] ca. 655 000. Davon sind etwa 25 000 Juden, 30 000 Sinti und Roma sowie fast 600 000 Mitglieder der griechisch-orthodoxen [richtig: serbisch-orthodoxen, Cz.] serbischen Minderheit […]. Auf das Verhältnis von Bevölkerung zu Opfern bezogen erweist sich das Kroatien der Ustascha als die intern genozidintensivste Nation des 2. Weltkrieges." Wohl gerade deshalb, weil die katholische Kirche so außergewöhnlich stark in diese Ereignisse verstrickt war, ist dieses Thema im deutschsprachigen Raum, aber auch in den USA der Allgemeinheit gänzlich oder zumindest in seiner wahren Dimension unbekannt. Regelmäßig fehlen z. B. in Lexika Hinweise auf die regimetragende kirchliche Rolle und entsprechende Literaturhinweise (Ausnahme: Encyclopedia of the Holocaust).

Vorgeschichte und Etablierung des Regimes. Nachdem das Territorium Serbiens 1941 unter deutsche Militärverwaltung gestellt und Jugoslawien als Staat aufgelöst war, wurde die Staatsführung des neuen Kroatien dem bislang in Italien lebenden Terroristenführer Ante Pavelić und seiner Ustascha-Bewegung übertragen. Diese war 1929 nach der Proklamation des serbischen Diktator-Königs Alexander 1929 als nationalrevolutionärer Kampfbund von dem Juristen Pavelić mitbegründet worden, der auch Hauptverantwortlicher für die Ermordung Alexanders 1934 in Marseille war und dafür eine italienische Staatspension erhielt. In einer 1936 von Pavelić unterzeichneten Denkschrift heißt es, Hitlerdeutschland sei der „mächtigste Kämpfer für lebendes Recht, wahre Kultur und höhere Zivilisation". Mussolini stellte Pavelić ein Haus in Bologna als Ustascha-Hauptquartier zur Verfügung („Hausarrest"), von wo aus er Bombenexplosionen in Zügen (Wien–Belgrad) und andere Anschläge verschiedenster Art planen und durchführen konnte.

Der am 10. April 1941 mit dem deutschen Einmarsch in Zagreb proklamierte Vasallenstaat von Hitlers Gnaden, an der Spitze der Führer (Poglavnik) Ante Pavelić, erhielt bereits am 17. April 1941 ein Kabinett. Der Erzbischof von Zagreb, Alojzije Stepinac (1998 seliggesprochen), und der wohl größte Teil seines Klerus begrüßten das neue katholische Regime sehr. Priester waren von Anfang an (1929) eine tragende Säule der Ustascha gewesen. Deren Interesse deckte sich mit dem langgehegten Wunsch des Vatikans, das orthodoxe (nicht katholische) Christentum auf dem Balkan mit allen Mitteln zurückzudrängen und die Serben möglichst zu katholisieren. Priester waren bei der Masse der katholischen Kroaten die Hauptstütze des Regimes, wobei der Begriff Kroate den des Katholischen automatisch enthielt. Vladimir Dedijer listet ca. 130 römisch-katholische Priester auf, die mit Verdienstorden I. bis III. Klasse bzw. Höchstorden und anderen Orden für Verdienste um den Ustascha-Staat ausgezeichnet wurden, darunter eine größere Zahl von Bischöfen, Klostervorstehern und Theologieprofessoren.[221]

Der Hass des terroristischen Ustascha-Regimes richtete sich nicht nur gegen die orthodoxen Serben aus Rache für die bisherige serbische Vorherrschaft, sondern auch gegen die Juden und die Roma („Zigeuner"); Muslime wurden geduldet. Der Plan war, ein Drittel der Serben nach dem deutsch besetzten Serbien zu vertreiben (wo Massentötungen gang und gäbe waren), ein Drittel zum katholischen Glauben umzutaufen und die restlichen Serben zu vernichten. Die ersten Regierungsanweisungen an das Volk wurden durch die Geistlichkeit verkündet. Eine endlose Reihe von Vorschriften folgte, unter anderem Rassengesetze nach deutschem Vorbild. Geschäfte und Industrieunternehmungen wurden enteignet. Die orthodoxen Serben mussten ein blaues Band mit einem P (für orthodox) tragen, die Juden ein gelbes Abzeichen. Es ging um einen „heiligen Kampf", der jedes Mittel erlaubte und „Bibel und Bombe nebeneinander als Wahrzeichen und Kampfmittel" einbezog (s. Hory/Broszat), um einen Religionskrieg der katholischen Kroaten gegen die orthodoxen Serben. Dies wird aus dem Umstand deutlich, dass katholische Serben in der Regel verschont blieben.

Aufgabe der *„Religionsabteilung"* der Regierung, zunächst mit dem Priester Dionizije Juricev an der Spitze, war es, orthodoxe Gotteshäuser zu zerstören und nicht geflohene Serben zwangsweise zu konvertieren. Juricev war Vertrauensmann von Pavelić, später sein Hauskaplan und Kindererzieher. Bei dem Kreuzzug wurden Hunderte orthodoxer Kirchen ausgeraubt bzw. zu Toiletten, Ställen u. a. umgewandelt. Über 200 000 Serben wurden katholisiert, soweit sie nicht, oft nach schrecklichen Folterungen, abgeschlachtet wurden. Massenhafte *Zwangskonversionen* wurden teilweise geregelt in Regierungserlassen vom 3. Mai 1941, 30. Juni 1941 und (an die Bischofsordinariate) vom 14. Juli 1941. Sie sind im Ton vertrauensvoller Zusammenarbeit zwischen Ustascha-Regierung und Episkopat abgefasst. Ziel war es, der ärmeren Bevölkerungsschicht die Katholisierung zu ermöglichen, die unter Terrorisierung erfolgte, und die wohlhabenden Serben von der Konversion auszuschließen, um sie auszusiedeln oder umzubringen mit der Folge der Besitzkonfiskation. Die „Katholicki list", Organ des Erzbischofs Stepinac, unterstützte diese „Bekehrungen" durch hetzende Artikel.

Die Ustascha begann bereits Ende April mit der Durchführung eines *Gemetzels an den Serben in ganz Kroatien*, obwohl die katholischen Kroaten nur gut die Hälfte und die Serben etwa ein Drittel der Bevölkerung stellten. Auch Frauen, Kinder und Greise wurden in ihren Dörfern brutal ermordet, abgeschlachtet oder in KZs verschleppt. In den Städten fanden *Massenverhaftungen und Erschießungen* statt. Im Sommer 1941 begann bereits auch die Massendeportation der Juden in die Konzentrationslager auf der Insel Pag und am Velebit und in das berüchtigte Lager Jasenovac südöstlich von Zagreb. Zu den bekannten *Massakern* gehört das Blutbad in der Kirche von Glina in Bosnien am 29. Juli 1941 und noch tagelang in der Umgebung mit Tausenden von Ermordeten. Initiatoren waren Justizminister Dr. Mirko Pak und der Franziskanerprior von

Cuntic, Hermenegildo (alias Castimir Hermann u. a.). Immer wieder brandmarkten selbst SS-Leute das Geschehen. Die Massenvernichtung der serbischen Bevölkerung wurde im Laufe der vierjährigen Ustascha-Schreckensherrschaft pausenlos fortgesetzt. Die katholischen Ustascha-Kapläne leisteten ihren Schwur vor zwei Kerzen, einem Dolch und einem Revolver.[222] Zahlreiche Kleriker waren, wie gesagt, schon lange Mitglied der Ustascha. „[…] es ist fast unmöglich, sich eine Strafexpedition der grauenhaften Ustascha-Kader ohne einen Priester vorzustellen, vor allem ohne einen Franziskaner, der sie anführt und aufreizt".[223] Franziskaner hatten führende Positionen in Konzentrationslagern (insbesondere Jasenovac, s. u.) inne.

Im *größten KZ, Jasenovac* („Auschwitz des Balkan"), wurden die Menschen, auch zahlreiche Kinder, vorzugsweise umgebracht durch Messer, auch speziell gekrümmte Schlachtmesser, Holz- und Eisenhämmer, Beile, Äxte und Hacken, Eisenstangen, aber auch Erhängen, Verbrennen, Erfrieren, Hunger u. a. Mehrere Geistliche des Erzbischofs Stepinac waren in Jasenovac tätig. Stepinacs Verbindungsmann zum Vatikan, Theologieprofessor Draganović wirkte als Mitglied des Komitees für die Bekehrung in Jasenovac. Einer der Kommandanten des KZs war der Franziskanerpater Miroslav Filipović, der auch durch das Massaker bei Banja Luka Anfang 1942 bekannt wurde, bei dem etwa 2 200 Serben (Männer, Frauen, Kinder) mit Spitzhacke und Beil ermordet wurden (Faksimile des Gauleiterberichts: s. Dedijer). Zahlreiche Morde verübte er selbst. Den Heiligen Abend 1941 „feierte" die Besatzung von Jasenovac mit dem Abstechen von 500 serbischen Bauern aus der Umgebung. Der Chef der deutschen Sicherheitspolizei berichtete am 17. Februar 1942 dem Reichsführer SS: „[…] die von den Kroaten niedergemetzelten und mit den sadistischsten Methoden zu Tode gequälten Pravoslawen müssen schätzungsweise auf 300 000 Menschen beziffert werden […] letztlich die katholische Kirche durch ihre Bekehrungsmaßnahmen und ihren Bekehrungszwang die Ustascha-Greuel forciert hat […]."[224] Deutsche, selbst nicht zimperliche Truppen haben sogar wiederholt die Ustascha wegen deren Schandtaten angegriffen. Die Ustascha-Milizen begingen vielfach Grausamkeiten, die diejenigen in den NS-KZs in den Schatten stellten. Die italienischen Faschisten wiegelten in ihrem Einflussbereich im Westen sogar gegen das Regime auf und konnten Serben und Juden in sehr erheblichem Umfang retten.

Politik des Vatikan bzw. der Kirche. Die Orthodoxie war der katholischen Kirche seit Langem ein Dorn im Auge. Zwischen den beiden Weltkriegen unterstützte der Vatikan den kroatisch-katholischen Separatismus. Dedijer weist darauf hin, anlässlich der Einnahme Zagrebs am 10. April 1941 seien Ustascha-Dokumente veröffentlicht worden, denen zufolge der Vatikan der kroatischen Kirche bereits den Auftrag erteilt hatte, die Ustascha beim Aufbau ihrer Geheimorganisation zu unterstützen. Am 28. April 1941, als bereits massenhafte

Mordtaten an den orthodoxen Serben verübt waren, schrieb Primas Stepinac in einem euphorischen und von frommen Worten triefenden Hirtenbrief, der bei Dedijer im vollen Wortlaut abgedruckt ist, man könne in den Geschehnissen „das Wirken der göttlichen Hand" erkennen. Nur „auf dem Gesetz Gottes und nicht auf den verlogenen Prinzipien dieser Welt" könne der kroatische Staat aufgebaut werden. Das werde auch Unterstützung finden, „da wir die Männer kennen, die heute das Schicksal des kroatischen Volkes in der Hand haben […]." Ganz offen erklärte das Bistumsblatt von Sarajewo, der Katholizismus sei zu verkünden „mit Hilfe von Kanonen, Maschinengewehren, Panzern und Bomben". Besonders die Franziskaner mit ihren zahlreichen Klöstern, die Ustascha-Waffenlager waren, machten sich um das Regime verdient, aber auch die Jesuiten. Der im Mai 1941 bereits vom Papst gesegnete (s. u.) Pavelić gab am 26. Juni 1941 eine Audienz für den Episkopat, als bereits viele Zehntausende, auch zahlreiche orthodoxe Priester und Mönche ermordet waren. Auch drei orthodoxe Bischöfe waren schwer gefoltert und umgebracht worden. Erzbischof Stepinac ordnete später an, den Jahrestag der Proklamation des Ustascha-Staats und den Geburtstag des Führers Pavelić feierlich zu begehen; an dessen Namenstag sei in allen Kirchen das Tedeum zu singen.

Der Papst ernannte im Januar 1942 einen obersten Militärvikar für Kroatien, nämlich Erzbischof Stepinac, der in jeder Ustascha-Einheit über einen Feldkaplan verfügte. Das bedeutete, zusammen mit der Entsendung eines ständigen römischen Gesandten, die De-facto-Anerkennung des Ustascha-Staats. Der päpstliche Gesandte Ramiro Marcone blieb von August 1941 bis zum Schluss in Zagreb und wurde sehr hofiert. Auf zahlreichen Romreisen erstattete er Bericht. So waren der Vatikan und Pius XII. stets bestens über die Geschehnisse informiert. Am 17. Juli 1941 begrüßte die Kongregation für die Ostkirchen, an der Spitze Kardinal Tisserant, die Konvertierungen. Die kroatische Presse war gerührt von der Herzlichkeit, mit der Pius XII. Pavelić und seine Leute bereits am 18. Mai 1941 in Privataudienz empfing. Am 22. Juli 1941 begrüßte Seine Heiligkeit über hundert kroatische Jugendliche, diese z. T. in Ustascha-Uniform (Abzeichen: U mit explodierender Bombe). Für Kroatien wurde im Vatikan ein eigenes Amt eingerichtet. Zum 25. Bischofsjubiläum Pius XII. brachte Radio Zagreb einen Vortrag über seine Beziehung zu Ustascha-Kroatien. Zitiert wurde aus einem Begleitschreiben des Papstes für Marcone vom August 1941: „Der Heilige Vater hegt eine besondere Zuneigung für das edle katholische Kroatien und schickt ihm seinen Vertreter, um den besonderen religiösen und politischen Bedürfnissen des ihm so teuren kroatischen Volkes zu entsprechen […]." Den Sendungstext druckte „Katolicki tjednik" am 24. Mai 1942 komplett ab. Der Staatssekretär des Papstes lobte am 21. Februar 1942 die kroatischen Bischöfe und übermittelte ihnen den apostolischen Segen. Noch am 20. Mai 1943 zitierte dieselbe katholische Zeitung Marcone mit der Aussage, der Heilige Vater verfolge „mit größter Liebe und Unterstützung die Entwicklung und den Fortschritt dieses kleinen, aber ihm treu ergebenen kroatischen Volkes". Weiter wurde berichtet, Marcone habe Siroki Brijeg und Cabljina besucht und auch mit Priestern und der Bevölkerung gesprochen. Aber gerade in dieser Zeit wurden in diesen Gebieten Massaker unter Einbeziehung von Kindern verübt. Eine beachtliche Zahl von Schlächtern ging gerade aus den Reihen der franziskanischen Mönche von Siroki Brijeg, einem Ustascha-Zentrum, hervor, wie zahlreiche dort später beschlagnahmte Dokumente belegen. Noch 1944, als das Ende des Regimes abzusehen war, spendete Marcone der Ustascha-Jugend persönlich das Sakrament der Firmung.

Der vatikanischen Tradition entsprechend gab es erst dann milde Proteste gegen die Verbrechen und das Regime, als dessen Schwäche deutlich wurde. Erst als der Sieg der Alliierten sicher war, wurde der Vatikan deutlicher. Gleichzeitig hob man (zutreffend) Hilfe für die (wenigen verbliebenen) Juden hervor. Erzbischof Stepinac erklärte sich erst Mitte 1943 öffentlich gegen den großen Mord, nachdem die meisten Serben und Juden längst tot waren. Aber noch im Juli 1944 zeigte er sich bei einer großen Wallfahrt in Marija Bistrica in feierlichem Gewand mit Pavelić und rief die Gottesmutter zum Schutz Kroatiens an. Er verurteilte die Alliierten und die Volksbefreiungsbewegung Titos als Kriegsverbrecher.

Nach 1945 galt der Führer und Großschlächter Ante Pavelić allgemein bis zu seinem Tod in Franco-Spanien als frommer Mann. Pavelić war ein so guter praktizierender Katholik, dass er, wie auch zahlreiche Fotos zeigen, ständig von Geistlichen umgeben war, einen eigenen Beichtvater und eine eigene Kapelle besaß. Er entkam seiner Strafe wie fast alle führenden Ustascha-Verbrecher: sein Vertreter Slavko Kvaternik und dessen berüchtigter Sohn Eugen-Dido, die meisten Minister und viele andere. Ihr Fluchtweg führte zunächst über österreichische Klöster und wie bei den Nationalsozialisten über den Vatikan, wo ein besonderes Hilfsnetz gegründet wurde (Leiter: der Priester Krunoslav Draganović), das die Verbrecher versteckte und ihnen Papiere verschaffte, mit denen sie sich nach Südamerika absetzten konnten. Auch die Bischöfe Sarić (Sarajewo) und Garić (Banja Luca) konnten fliehen. Pavelić wurde in einem Kloster, das zum Vatikan gehörte, untergebracht und dann mit der ganzen Familie nach Argentinien geschmuggelt. Der amerikanische Geheimdienst in Rom wusste über Pavelićs Versteck Bescheid, aber es erging die Weisung, ihn laufen zu lassen. Mittlerweile gibt es eine stattliche Literatur zur „Rattenlinie", auch „Klosterroute" genannt.

Pavelić, 1957 von Argentinien kommend, starb 1959 im deutschen Krankenhaus in Madrid, nachdem er gebeichtet und die hl. Kommunion empfangen sowie von Papst Johannes XXIII. einen besonderen Segen erhalten hatte, mit einem Rosenkranz Pius' XII. in der Hand. Pius XII. ließ es sich nicht nehmen,

Erzbischof Stepinac nach dem Krieg besonders zu ehren. Stepinac wurde erst nach der Weigerung Roms, ihn abzuberufen, 1946 verhaftet. In Anwesenheit der Weltpresse wurde er durch die ausschließlich katholischen Richter zu milden 16 Jahren Zwangsarbeit verurteilt. Trotzdem intervenierte der Vatikan bei zahlreichen Regierungen mit dem Ergebnis, dass die Weltpresse gegen das Urteil des (freilich mit viel Blut geschaffenen) Tito-Staates polemisierte. Vom Mord (gegen die) Serben wollte man nichts wissen. Nach fünf Jahren wurde Stepinac freigelassen (Hausarrest) und von Pius XII. 1952 wegen seiner großen Verdienste („ein Vorbild des apostolischen Eifers und des christlichen Mutes") zum Kardinal ernannt. Johannes Paul II. vermochte diese Ehre noch zu überbieten, als er Stepinac am 3. Oktober 1998 in Marija Bistrica seligsprach. Am 5. Juni 2011 rückte Benedikt XVI. im Zagreber Dom den „Märtyrer Stepinac" in den Mittelpunkt seiner Ansprache. Er sei ein „furchtloser und vorbildlicher Hirte" gewesen, dessen „heroisches Leben" auch noch heute prägendes Vorbild sei. „In der Zeit der nazistischen und faschistischen Diktatur war er ein Verteidiger der Juden, der orthodoxen Christen sowie aller Verfolgten […]." Er pries Stepinac als einen „Anwalt Gottes" auf dieser Erde, er habe „hartnäckig die Wahrheit und das Recht des Menschen verteidigt, mit Gott zu leben".

Für die Kirchengeschichtsschreibung existiert der Genozid während des Ustascha-Regimes nicht (von den enormen Defiziten im weltlichen Bereich der „Geschichtspflege", insbesondere in den USA und Deutschland sowie Kroatien, sei hier abgesehen). Das „Handbuch der Kirchengeschichte", ein „klassisches" katholisches Standardwerk, bringt in dem über 800 Seiten starken 7. Band (hg. v. Hubert Jedin und Konrad Repgen, Die Weltkirche im 20. Jahrhundert, 1979) nur den Satz: „Die dortige Regierung kam der kath. Kirche sehr entgegen, zwang sie jedoch oft zur Kollaboration und zog sie in die blutigen Auseinandersetzungen der kroatischen Ustaschen mit den serbischen Partisanenverbänden hinein". Anschließend weist der Verfasser Adrianyi auf die bedauerlichen Gewalttätigkeiten gegen die deutsche Bevölkerung und die katholische Kirche hin, die 243 ermordete Geistliche zu beklagen habe. Und der Theologe Wilhelm Weber klagte, Erzbischof Stepinac sei einer derjenigen Bischöfe im kommunistischen Bereich, die Opfer der Schläge gegen die Kirche geworden seien.

11.4 Südamerikanische Diktaturen

Das chilenische Pinochet-Regime

1970 löste die freie Wahl des Sozialisten Salvador Allende eine zehnjährige christdemokratische Präsidentschaft ab. Allende versuchte, eine sozialistische

Gesellschaft auf demokratischem Weg zu gestalten. Chile sollte insbesondere weniger von den USA abhängig werden. Noch 1970 wurden der Kohlebergbau und die Textilindustrie verstaatlicht. 1971 wurden die hauptsächlich US-amerikanischen Anteile am Kupferbergbau mit Zustimmung aller Parlamentsparteien enteignet. Bei einer Agrarreform gingen 20 000 km² von Großgrundbesitzern an Bauern und Kollektive. Anfängliche Wirtschaftserfolge mündeten schließlich in eine große Inflation und Wirtschaftskrise, es gab erhebliche Unruhen und zahllose Terroranschläge rechter Gruppen. Trotzdem konnte die Partei Allendes bei Neuwahlen 1973 sogar noch Stimmen dazugewinnen. Eine stabile Regierung kam jedoch nicht zustande.

Am 11. September 1973 putschte das Militär unter Führung des Oberbefehlshabers Augusto Pinochet. Maßgeblich beteiligt waren der US-Geheimdienst CIA und, soweit ersichtlich, das ultraorthodox-katholische Opus Dei. Kampfjets bombten die Regierung Allende aus dem Präsidentenpalast, in dem Allende (wahrscheinlich) Suizid beging. Pinochet, der sich als Mann der göttlichen Vorsehung sah, wurde Präsident einer Militärjunta. Schon am ersten Tag des Putsches dürften Soldaten und Polizisten mehr als 2000 Menschen verhaftet haben. Sie wurden ins Nationalstadion von Santiago verschleppt, in dem vor der Weltöffentlichkeit lange Zeit bis zu Zehntausende von Menschen unter unerträglichen Bedingungen interniert und teilweise gefoltert wurden. Öffentliche Gebäude wurden zu Konzentrationslagern umfunktioniert. Es begann eine brutale Folterdiktatur mit 3000 bis 4000 Ermordeten bzw. „Verschwundenen", die meisten in den ersten drei Jahren. Die enorme Zahl der Gefolterten und seelisch Geschädigten ist kaum bezifferbar. „Die chilenische Diktatur [...] war zweifellos eine der brutalsten und systematischsten Lateinamerikas", schreibt der katholische Theologe und Politologe Veit Straßner 2007 in seinem Lateinamerikabuch.[225]

Eine Spezialität des für die „Dreckarbeit" zusätzlich errichteten Geheimdienstes DINA war die Vernichtung der Gegner durch massenhaftes „Verschwindenlassen". Die DINA unterstand Pinochet unmittelbar. Vom Hubschrauberplatz im Küstenstädtchen Bucalemu, dem Sommersitz Pinochets, aus wurden Leichen ins Meer geflogen. Kein Bischof und kein Papst engagierten sich damals für die Menschenrechte in Chile. Der Außenminister und drei Bildungsminister Pinochets waren Opus-Dei-Leute. Auch sein Pressesprecher war (wie ja ab 1984 auch derjenige von Johannes Paul II.) Mitglied des Opus Dei. Ab 1977 umgab sich Pinochet, bei fortdauernder harter Diktatur, mit Zivilisten statt Militärs und begann radikale weltmarktorientierte Wirtschaftsreformen, die großen Erfolg hatten. Das machte aber die Armen ärmer und die Reichen reicher. Das Opus Dei, Lieblingsorganisation von Johannes Paul II. und Benedikt XVI., spielte in Wirtschaft und Finanz eine große Rolle.

Zwischenzeitlich leisteten erhebliche Teile der chilenischen Kirche dem Regime Widerstand. Angesichts der Feierlichkeiten zur neuen Verfassung hielt der Kardinal von Santiago das Tedeum erkennbar widerwillig ab. Immerhin neun Bischöfe beschlossen 1980, die Exkommunikation aller Amtsträger zu verfügen, die foltern lassen oder Folter dulden.[226]

Im Jahr 1987 besuchte Papst Johannes Paul II. Chile.[227] Ihn focht die Regimegegnerschaft der chilenischen Kirche nicht an. Er besuchte den Diktator in seinem Regierungspalast. Mit zahlreichen Generälen und Bischöfen ließ er sich auf dem Balkon fotografieren. Die Unterdrückten forderte er auf, „in Christus den Frieden zu suchen". Im gleichen Palast, in dem Allende ums Leben gekommen war, kniete Johannes Paul II. mit Pinochet zum Gebet nieder. Dabei war zu diesem Zeitpunkt auch der hohe chilenische Klerus zu Pinochet längst auf Distanz gegangen und das Regime seit 1973 international geächtet. Bis dahin hatte es noch kein Staatsmann für angemessen erachtet, sich öffentlich mit Pinochet zu zeigen. Eigenhändig spendete jetzt der Papst dem Diktator die Kommunion und betete mit ihm in seiner Privatkapelle. Mit dabei war Chile-Nuntius Angelo Sodano, der dann Kardinalstaatssekretär wurde. Auch er steht dem Opus Dei nahe.

Erst ab 1988–1990 erfolgte ein Übergang zu demokratischen Verhältnissen. 1998 wurde Pinochet aufgrund eines spanischen Haftbefehls wegen Folter und Genozid in London verhaftet. Kardinalstaatssekretär Sodano, Zweiter in der Vatikanhierarchie, ersuchte die britische Regierung, den verhafteten Ex-Diktator freizulassen. Kardinal Jorge Medina Estévez, Präfekt der päpstlichen Kongregation für Gottesdienst und Sakramente (bis 1996 Bischof von Valparaiso/Chile), gab bekannt, er habe für den Senator gebetet und bete für ihn, weil er leide. Nach über einjährigen juristischen Winkelzügen wurde Pinochet wegen – vorgetäuschten, wie sich nachträglich herausstellte – Gesundheitsproblemen freigelassen. In Chile verlor der Ex-Diktator seine Immunität und konnte sich vor Gerichtsverfahren wegen Mordes, Folter, Entführung und massiven Unterschlagungen nur durch zweifelhafte Atteste retten. Auch forderte er, der Gnadenlose, Gnade ein. Ihn zu bestrafen sei ungerecht, da er dem krisengeschüttelten Land so geholfen habe. 2006 starb Pinochet, ohne Einsicht und ohne Verurteilung.

2010 riss die Kirche erneut Wunden auf. Anlässlich der Feiern zu 200 Jahren Unabhängigkeit und zum 20-jährigen Gedenken an das Ende der Gewaltherrschaft schlug die chilenische Kirche dem Staatspräsident eine Begnadigung der Menschenrechtsverbrecher vor, wenn sie die Hälfte der Strafe abgesessen haben. Die Kirche glaube, „dass auch bei Verbrechen gegen die Menschlichkeit Schritte der Milde getan werden können im Rahmen des Rechtsstaates […]." Dass die Angehörigen der Opfer dies anders sahen, kann kaum verwundern.[228]

Nicaragua und Johannes Paul II.[229]

Seit den 1930er-Jahren ist die Familie Somoza die herrschende in diesem zentralamerikanischen Land. Ihre Macht ist geprägt durch Morde, Wirtschaftsverbrechen, die Nationalgarde. 1967 wurde Anastasio Somoza Debayle durch Wahlbetrug Präsident. Die illiberale Regierung erhielt US-Wirtschafts-, Finanz- und Militärhilfe. Die internationalen Hilfsgelder, die anlässlich des die Hauptstadt Managua betreffenden großen Erdbebens 1972 eintrafen, kassierte großenteils die Somoza-Familie. Korruption, Unterdrückung und Machtmissbrauch führten 1977 zu einem das Land erfassenden Bürgerkrieg. Etwa ein halbes Jahr bevor der Diktator Mitte Juli 1979 nach Florida floh, ernannte der neue Papst Johannes Paul II. (seit Oktober 1978 im Amt) ausgerechnet einen Neffen Somozas zum Weihbischof von Managua – gegen den Willen sämtlicher Bischöfe Nicaraguas. Der päpstliche Nuntius, ein Freund der Somoza-Familie, hatte ihn vorgeschlagen. Zu keinem Zeitpunkt verurteilte der Papst die Somoza-Diktatur, obwohl zahlreiche Appelle aus der ganzen Welt dies gefordert hatten und Todesschwadronen die Opposition bedrohten. Als Somoza die Stadt Leon zerstören ließ, vergnügte sich der Nuntius auf einem Fest General Samozas. Nicht einmal im Juni 1979, als der Vernichtungskrieg mit einer Bombardierung der eigenen Zivilbevölkerung seinem Höhepunkt zustrebte, nahm der Papst klar Stellung. Er sprach sich nur allgemein gegen Gewalt aus und für Frieden und Versöhnung.

Die Beziehungen des Vatikans zur Somoza-Diktatur waren konfliktfrei gewesen. Das änderte sich erst, als die sozialistischen Sandinisten ans Ruder kamen. Das Spektrum der Sandinisten ging von Marxisten bis zur Befreiungstheologie. Unmittelbar nach Antritt der rasch gebildeten Regierung wurden Grundrechte gesetzlich garantiert, Todesstrafe und Folter abgeschafft. Noch 1979 wurde die kostenfreie Schulpflicht eingeführt und anschließend durch eine große Alphabetisierungskampagne der Analphabeten-Anteil von 50 auf 12% gesenkt. Im ganzen Land wurden einfache Schulen gegründet, Lehrer ausgebildet, ländliche Krankenstationen errichtet. Auch tat man etwas für die Frauenrechte. Kultusminister wurde der bekannte Dichter und Priester Ernesto Cardenal, auch der Außenminister war katholischer Priester. Allerdings führte die Nicaraguanische Revolution zu wirtschaftlichen Einbußen insbesondere großer US-Konzerne, die während der Somoza-Diktatur in Nicaragua investiert hatten. Das wurde den Sandinisten zum Verhängnis, und vom Vatikan hatte ein sozialistisches Land, auch wenn es demokratisch war, keinen Schutz zu erwarten. Jetzt, in einem Land ohne Terror, erinnerte der Papst an die Notwendigkeit, die Menschenrechte zu achten, und zeigte sich besorgt um die katholische Erziehung und die Gefahr des Linksextremismus bei der Alphabetisierungskampagne, obwohl diese von einem Jesuiten geleitet wurde.

Schon ab 1981 bildeten die USA militärische Einheiten in Honduras aus, die gegen die Sandinisten gerichtet waren. In erheblichem Umfang leisteten sie militärische und finanzielle Hilfe für die Opposition (die Contras; Irangate-Skandal). In diesem bis 1990 dauernden Guerillakrieg der Contras wurden etwa 60 000 Nicaraguaner, hauptsächlich Zivilisten, getötet und die Infrastruktur eines großen Teils des Landes zerstört. Die Contras waren für ihre große Grausamkeit bekannt und die USA wurden 1986 vom Internationalen Gerichtshof in Den Haag zum Gewaltverzicht und zu Reparationsleistungen an Nicaragua verurteilt (vergeblich). Der CIA hatte für die Contras ein 1984 bekannt gewordenes Handbuch zur psychologischen Kriegführung u. a. gegen die Zivilbevölkerung einschließlich detaillierter Darstellung von Foltermethoden herausgebracht.

Bei seiner Südamerikareise 1983 verweigerte Johannes Paul II. bei der Begrüßung Ernesto Cardenal, dem Priester-Minister, der vor ihm kniete, demonstrativ den Handschlag, was er bei Diktatoren und Massenmördern nicht getan hatte. Seine Nicaragua-Politik war mit den USA abgestimmt. Bei einer Predigt über Erziehung in Léon erwähnte er das erfolgreiche Alphabetisierungsprogramm mit keinem Wort. Bei der Papstmesse in Managua mit etwa 700 000 Menschen kam es wegen der massiv antisandinistischen Tendenz der Predigt zu deutlichen Diskrepanzen mit der großen Mehrheit der Gläubigen; kein Wort der Solidarität mit den Eltern der von den Contras ermordeten Kinder und Jugendlichen war von ihm zu hören. Die somozistische Organisation FDN verbreitete Flugblätter mit dem Text: „Der Papst ist mit uns". Den Erzbischof der Hauptstadt, Obando y Bravo, der mit seinem antisandinistischen Hass dem Volk und den meisten einheimischen Kirchenleuten in den Rücken fiel, machte Johannes Paul II. 1985 zum Kardinal. Dieser hielt bei seiner Rückreise in Miami eine Messe für die Exilnicaraguaner, bei der sich die wichtigen Contra-Führer trafen.

Argentinische Militärdiktatur[230]

1976 kam nach dem Sturz der Präsidentin Isabel Perón in dem heruntergewirtschafteten Land eine Militärjunta unter Führung von Jorge Rafael Videla an die Macht. Während dieser Zeit (1976–1983) verschwanden spurlos an die 30 000 Menschen, die sich in Opposition zu den Militärs gestellt hatten oder in entsprechenden Verdacht geraten waren. Es war die brutalste der diversen argentinischen Diktaturen des 20. Jh. Nur anfangs erhielt das Regime relativ großen Zuspruch. „La Guerra sucia" (der schmutzige Krieg) wird diese Epoche genannt. Die Junta erklärte, ihre Politik auf der Basis christlich-konservativer Werte auszurichten, aber gegen die linken Guerillaorganisationen vorzugehen. Jegliche Kritik an ihrem autoritär-katholischen Weltbild sollte im Keim erstickt werden. Zivile Kreise nutzten den Terror zur Beschneidung von Arbeiterrechten.

Schon nach kurzer Zeit wurden geheime KZ-artige Haftanstalten eingerichtet. In etwa 340 landesweit verteilten Einrichtungen wurden Menschen ohne Prozess monate- oder jahrelang festgehalten, fast alle systematisch gefoltert und später umgebracht, nur ein Bruchteil wieder freigelassen. Schwangere Frauen brachte man z. T. nach ihrer Geburt um. Ihre Kinder gab man an Offiziersfamilien zur Adoption frei. Die Regierung kooperierte mit zahlreichen kriminellen Todesschwadronen, die geduldet bzw. unterstützt wurden. Diese terrorisierten insbesondere Einwanderer, Juden, Muslime und Studenten.

Die fromme Unterstützung von Gewaltherrschaft hat auch in Argentinien alte Wurzeln. Nach 1945 halfen Kirchenführer, Altnazis und Kriegsverbrecher in Argentinien untertauchen zu lassen. Über die Fluchtwege dieser Leute in überwiegend südamerikanische Länder, insbesondere Argentinien („Rattenlinie", „Klosterroute"), und das verruchte Zusammenspiel von Klöstern, Vatikan, Geheimdiensten und Internationalem Roten Kreuz gibt es genügend Literatur und Dokumente. Nach dem Algerienkrieg gingen französische Militärmissionare nach Südamerika, auch Argentinien, predigten den Kampf für christliche Werte, verbreiteten Verschwörungstheorien über Kommunisten, Juden und Freimaurer und rechtfertigten die Folter als Teil der Lehre von Thomas von Aquin („La Cité Catholique", entstanden aus der „Action Française"). Die französischen Foltermethoden hatten sich schon im Algerienkrieg „bewährt", wobei Militärkapläne das Gewissen der Offiziere beruhigten. Dieses Gedankengut fiel bei den stramm katholischen argentinischen Offizieren auf fruchtbaren Boden. Der selbst beteiligte Marineoffizier Adolfo Francisco Scilingo gestand als Erster die Tötung von medikamentös ruhiggestellten und durch Steine beschwerten Regimegegnern durch Flugzeugabwürfe über dem Atlantik bzw. dem Rio de la Plata. Zwei Jahre lang seien diese Todesflüge zweimal wöchentlich durchgeführt worden, mit stets anderen Personen, mit insgesamt 1500 bis 2000 Opfern. In eingehenden Interviews bestätigte er, dass all das von kirchlichen Autoritäten abgesegnet war. Nach diesen Exekutionen wurden die Beteiligten durch Geistliche begleitet.[231] Generell wurde zu Folterungen berichtet, Folterknechte seien in Begleitung eines Arztes und Priesters erschienen (so der frühere Pressesekretär von Isabel Perón, Osvaldo Papaleo).

Erhebliche Vorwürfe wegen Kooperation mit dem Regime Videlas wurden auch gegen Jorge Mario Bergoglio, einen Gegner der Befreiungstheologie, erhoben. Insbesondere die Vorsitzende der Mütter der „Plaza de Mayo" (Mütter der „Verschwundenen"), Hebe de Bonafini, klagte Bergoglio an. Er war zur Zeit der Diktatur Ordensprovinzial und Seminarrektor. Dennoch wurde er 1998 Erzbischof von Buenos Aires und 2001 Kardinal und zum Vorsitzenden der argentinischen Bischofskonferenz gewählt. Er war Mitglied mehrerer vatikanischer Kongregationen und amtiert seit 2013 als Papst Franziskus. Die Berechtigung der gegen Franziskus erhobenen Vorwürfe ist wohl nicht ausreichend geklärt, eine Wertung daher unangebracht. Diese Problematik wird hier nur wegen ihrer Aktualität angesprochen.

Nach Überzeugung nicht nur de Bonafinis hat die Amtskirche zu Folter und Mord geschwiegen und die Opfer ignoriert. Selbst die von der argentinischen Militärdiktatur verfolgten und gefolterten Priester habe die offizielle Kirche im Stich gelassen. Anders demgegenüber die „Kirche des Volkes". Besonders zu nennen ist der päpstliche Nuntius in Argentinien, Pio Laghi, eine wichtige ideologische Stütze des Regimes. Es lag ihm offenbar fern, die große geistliche Macht der Kirche gegen Folter und Mord in Stellung zu bringen. Mit dem praktizierenden Katholiken und Junta-Chef Videla pflegte er enge Kontakte. Laghi hat den Repräsentanten des Regimes den Segen Johannes Pauls II. überbracht. 1990 wurde er Kardinal und Präfekt der Kongregation für das katholische Bildungswesen, 1993 Großkanzler der Päpstlichen Universität Gregoriana.

Als der Demokrat Raul Alfonsín 1983 in freier Wahl zum Präsident gewählt wurde, versuchte er mutig und entschlossen die Rechtsstaatlichkeit wiederherzustellen und die dunkle Vergangenheit zu durchleuchten. Aber nicht nur in den Kasernen und der Beamtenschaft erhob sich dagegen massiver Widerstand. Auch höchste Würdenträger der Kirche wollten die jüngste Geschichte unter den Teppich kehren. Obwohl unmittelbar nach dem Sturz des Terrorregimes massenhaft gefolterte Leichen gefunden wurden usw., verlautete aus dem Vatikan so gut wie nichts. Im Jahr 2000 baten die argentinischen Bischöfe zwar um Vergebung für die Verfehlungen von Katholiken im Rahmen des Eucharistischen Nationalkongresses, fanden dabei aber keine besonders deutlichen und aufschlussreichen Worte.

Zu einem großen Skandal führte 2005 ein offener Brief des Militärbischofs Antonio Baseotto an den Gesundheitsminister, in dem er dessen Forderung nach Straffreiheit des Schwangerschaftsabbruches und die öffentliche Verteilung von Kondomen an Jugendliche geißelte: „Als Sie öffentlich Verhütungsmittel an Jugendliche verteilten, erinnerten Sie ans Evangelium, wo unser Herr bekräftigt, dass jene, die einen von diesen Kleinen zum Bösen verführt, es verdienen, dass man ihnen einen Mühlstein um den Hals hängt und im Meer versenkt" (vgl. Mt 18, 6). Das war mehr als eine grobe Geschmacklosigkeit, denn die Opfer der Todesflüge waren ja mit Steinen beschwert worden. Präsident Nestor Kirchner erklärte Baseotto für abgesetzt und forderte den Vatikan auf, das Gleiche zu tun. Der Gesundheitsvizeminister Conti erklärte: „Es scheint, dass Monseñor seine Kontakte zu den Unterdrückern, die in Argentinien Terror und Tod säten in Epochen, die wir für überwunden hielten, gut geölt hält." Aber der Vatikan reagierte nicht, und Baseotto blieb bis zu seinem 75. Geburtstag im April 2007 als Militärbischof im Amt. Damit nicht genug: Gleichzeitig würdigte Papst Benedikt XVI. Baseotto anlässlich seines 50-jährigen Priesterjubiläums persönlich, er habe sich durch „richtige Interpretation der Kirchenlehre" und

„besondere Bedachtsamkeit" ausgezeichnet. Im gleichen Jahr noch sprach Benedikt 498 Franco-Anhänger selig ...

Ebenfalls 2007 wurde der katholische Priester Christian von Wernich in La Plata nach einem großen Prozess zu lebenslanger Haft verurteilt wegen Verbrechen gegen die Menschlichkeit im Rahmen des Völkermords der Diktatur. Ihm war die Beteiligung an sieben Morden, 31 Folterungen und 42 Entführungen nachgewiesen worden. In einem Kommuniqué am Tag der Urteilsverkündung verwiesen die argentinischen Bischöfe lediglich darauf, bereits 2000 habe die Kirche um Verzeihung gebeten, und 1995 habe die Ständige Kommission der Bischofskonferenz erklärt, wenn ein Kirchenmitglied solches gutgeheißen oder getan habe, habe er schwerwiegend gegen Gott und die Menschheit gesündigt, und das habe er persönlich zu verantworten. Theologisch ist das übrigens konsequent: Die Kirche als solche bleibt stets „heilig". Man nehme nur Nr. 2030 im Katechismus der katholischen Kirche von 1993: Die Kirche gibt „das Beispiel der Heiligkeit". Am nächsten Tag folgte die an Heuchelei kaum zu überbietende bischöfliche Erklärung: „Wir bedauern, dass es in unserer Heimat so viel Spaltung und Hass gab, den wir als Kirche weder vermeiden noch heilen konnten." Bis heute liegen keine Informationen darüber vor, dass von Wernich vom Priesteramt suspendiert oder exkommuniziert wurde.[232]

Zum 25. Mai 2010, dem 200. Jahrestag der argentinischen Unabhängigkeitserklärung, ersuchte der verurteilte General Videla gemeinsam mit anderen Militärs die Regierung um Amnestie. Das Gesuch überbrachte ... ein katholischer Bischof. Ebenfalls 2010 veranstalteten der bekannte katholische Kirchenhistoriker Hubert Wolf und die Historikerin Silke Hensel im Rahmen des Exzellenzclusters „Religion und Politik" der Universität Münster eine Fachtagung zum Thema „Katholische Kirche und Gewalt im 20. Jahrhundert." Prof. Hensel resümierte, die vielfältige katholische Kirche könne in Lateinamerika weder grundsätzlich als Friedensstifterin noch als Stütze undemokratischer Herrschaft gelten. Wörtlich: „Vor allem in Argentinien haben sich große Teile der Ortskirche auch nach dem Zweiten Vatikanischen Konzil noch mit gewalttätigen Regimen arrangiert". Das heißt auch bei großherziger Betrachtung und unter Berücksichtigung innerkirchlicher Opposition bei den Laien und auch der Hierarchie: Die Kirche hat den Menschen insgesamt jedenfalls nicht geholfen.

12 – Völkermord in Ruanda und katholische Kirche

Einer der schlimmsten Völkermorde ereignete sich 1994 in einem der am stärksten christianisierten Länder Afrikas. Überwiegend brachten Katholiken andere Katholiken um. Der Vatikan deckte nachträglich kirchliche Mörder.[233]

Worum es geht

Der Mord an etwa 800 000 bis einer Million Menschen innerhalb von 100 Tagen, vom 6. April 1994 bis zum 15. Juli 1994, ist in verschiedener Hinsicht wohl welthistorisch einmalig und mit Sicherheit die bisher größte Katastrophe der Vereinten Nationen. Sie sahen nämlich, obwohl lange vorgewarnt und nach den Statuten zum Eingreifen bei Völkermord verpflichtet, bewusst zu, wie etwa 90% der in Ruanda einheimischen Tutsi-Bevölkerung, dazu eine große Zahl demokratisch gesinnter Angehöriger der Hutu-Mehrheitsbevölkerung, oft unvorstellbar grausam umgebracht wurden. Erhebliche Mitschuld trifft anerkanntermaßen insbesondere Frankreich (das die Hutu-Regierung aufgerüstet hatte und um seinen Einfluss fürchtete), aber auch Belgien. Der große Ruanda-Mord ist jedoch, selbst angesichts einer bluttriefenden langen Geschichte der katholischen Kirche, auch kirchenhistorisch etwas Herausragendes. An mörderischer Qualität am ehesten vergleichbar ist dieser Völkermord mit den Perversionen des klerikal-faschistischen Ustascha-Regimes (1941–1944, s. C 11.3), und die aktive Verwicklung der Kirche in die Geschehnisse ist im Fall Ruanda eher noch unbekannter. Dabei waren es in Ruanda „überwiegend katholische Christen, die andere katholische Christen ein und desselben Kulturkreises brutal massakrierten. Ruanda ist das am stärksten christianisierte Land Afrikas, und Kirchenvertreter spielten während des Mordens zumeist eine überaus unselige Rolle." So fasst die Ereignisse Markus A. Weingardt in seiner intensiven und materialreichen Studie zusammen.

Vorgeschichte und Umfeld eines ethnisierten Konflikts

Schon vor 1994 hatten die anhaltenden Spannungen zwischen den beiden Stämmen, auch im Nachbarstaat Burundi, immer wieder zu großen Massakern geführt, obwohl beide in derselben Kultur lebten, dieselbe Sprache sprachen und es keine religiösen Besonderheiten gab. Für eine manchmal behauptete auswärtige Herkunft der durchschnittlich etwas schlankeren und größeren Tutsi gibt es keine belastbaren Anhaltspunkte. Die Tutsi hatten aber seit Kolonialzeiten eine bevorzugte soziale Stellung. Die Ethnisierung scheinen erst die Kolonialherren (erst Deutsche, dann Belgier) aus machtpolitischen Gründen bewirkt zu haben. Die Mehrheit von ca. 84% Hutu erhob sich 1959 gegen die Tutsi-Monarchie. Sie gewannen bei Wahlen eine klare Mehrheit, beraubten 250 000 bis 500 000 Tutsi ihrer Habe und jagten sie ins Exil. Viele wurden 1959–61 unter den Augen der belgischen Kolonialherren massakriert. Unmittelbar nach der staatlichen Unabhängigkeit 1962/63 wurden nochmals viele Tausende von Mitgliedern der Tutsi-Oberschicht ermordet. In Uganda, aber auch Kenia und Burundi wuchs die dorthin geflohene Tutsi-Bevölkerung stark an, und viele junge Männer organisierten sich (Uganda ab 1987) und drängten nach ihrem Herkunftsland Ruanda. Dort konnte ihre Befreiungsarmee aber erst im Mai 1994 den laufenden Völkermord militärisch stoppen.

Im katholischen Ruanda betrug zu dieser Zeit die Geburtenrate 8,2 Kinder pro Frau, die höchste der Welt. Die zurückdrängenden Tutsi erschienen als existenzbedrohlich (Heimkehreranspruch). Der Völkermord von 1994 war seitens der Regierung von langer Hand professionell geplant, und externe Beobachter brachten das auch der westlichen Politik vergeblich zur Kenntnis. Am 6. April 1994 wurde ein Flugzeug beim Landeanflug auf die ruandische Hauptstadt mit einer Rakete abgeschossen. Der ruandische diktatorische Hutu-Präsident Habyarimana und der burundische Tutsi-Präsident Ntaryamira kamen ums Leben. Einiges spricht dafür, dass der Anschlag nicht von Tutsi, sondern von Hutu-internen Gegnern Habyarimanas verübt wurde. Jedenfalls begann bereits eine knappe Stunde später die systematische Ermordung von Tutsi („Kakerlaken") nach PC-Listen der Einwohnermeldeämter, die die Daten von Tutsi und demokratisch gesinnten Hutu samt Familienmitgliedern enthielten. Immer wieder wurde die Hutu-Bevölkerung per Radio zum Töten aufgefordert, wobei sich sogar Frauen und Kinder beteiligten. Was da kaum Glaubliches geschah, fasst Weingardt wie folgt zusammen: „Besonders erschreckend war neben dem Ausmaß und der Brutalität dieses regelrechten Gemetzels die Mitwirkung der Zivilbevölkerung. Einfache Menschen, Männer wie Frauen, Junge wie Alte, gingen von einem Tag auf den anderen mit Macheten und Gewehren auf ihre Mitmenschen vom Stamm der Tutsi los, mit denen sie zusammen zur Schule gegangen waren und Geschäfte machten, mit denen sie befreundet und durch stammesübergreifende Heirat vielleicht verwandt waren, mit denen sie die gleiche Sprache gesprochen und dieselbe Kirche besucht hatten. Die einstigen Nachbarn wurden vor den Augen ihrer Angehörigen zerstückelt, gefoltert, verschleppt, vergewaltigt, bei lebendigem Leibe verbrannt – die Grausamkeit, so schien es, kannte in diesen 100 Tagen keine Grenze."[234]

Tiefe Verstrickung der katholischen Kirche in den Genozid

So war das Umfeld, in dem auch die katholische Kirche existierte. Damals waren über zwei Drittel der Ruander katholisch, wobei die Hutu als kirchenverbundener galten. 15–25% bekannten sich zu protestantischen Kirchen, 5–10% waren Muslime. Die katholische Kirche war nach dem Regime die stärkste und einzige Macht, die in der Lage gewesen wäre, der Katastrophe Einhalt zu gebieten. Aber sie schürte sie. Sowohl bei Hutu wie Tutsi gab es zwar Kirchenleute, die um Gewaltvermeidung und Menschenschutz bemüht waren, sie mussten das aber oft mit dem Leben bezahlen. Weitaus zahlreicher waren aber die Kirchenleute, die erheblich zur Gewalteskalation beitrugen oder eigenhändig daran beteiligt waren. Bischöfe unterstützten die Mordaktionen, segneten die Mörder, Priester sperrten Flüchtende in ihren Kirchen ein, wo sie dann lebendig verbrannten, Nonnen schafften das Benzin herbei und Katecheten griffen zur Machete.[235]

Viele, insbesondere führende Kirchenleute waren mit dem diktatorischen Hutu-Regime verflochten, so der Erzbischof Vincent Nsengiyumva. Er war 15 Jahre im Zentralkomitee der Einheitspartei, mit Diktator Habyarimana gut bekannt und Beichtvater von dessen Frau. Christian Scherrer, der den Völkermord für die UN untersuchte, kam, was die christlichen Kirchen betrifft, zu einem vernichtenden Urteil: „Auch Ruandas Kirchen boten den verfolgten Gläubigen keinen Schutz. Die Zeugen Jehovas und die Muslime waren als einzige religiöse Gruppen nicht am Völkermord beteiligt."[236] Schon Anfang der 1990er-Jahre hatten, in Ahnung kommenden Unheils, islamische Führer und islamische Schulen vor Gewalt gewarnt. Sie vermittelten die Gleichheit der Rechte ungeachtet der Ethnie oder Religion als islamische Werte, auch in öffentlichen Stellungnahmen. In Moscheen Geflohene wurden nicht ihren Mördern ausgeliefert. Eine sehr große Zahl Überlebender verdankt ihr Leben den Muslimen.

Die genozidale Verstrickung der katholischen Kirche wurde u. a. von der Londoner Menschenrechtsorganisation „African Rights" untersucht. So begann am 14. April 1994 – um nur dieses Beispiel zu nennen – das Massaker von Kibeho, dem „Lourdes von Ruanda", zunächst an den 15 000 Flüchtlingen im Kirchen-Areal. Es dauerte zwei Tage. Hauptverantwortlicher war Schuldirektor Uwayezu, der später bei Florenz als Hilfspfarrer arbeitete. Zuletzt kamen auch die abgesonderten Schulkinder dran, und Bischof Augustin Misago hatte es nach vorliegenden Erkenntnissen abgelehnt, sie zu schützen. Ergebnis: „Die Killer kamen gegen neun Uhr früh: von fanatischen Hutu-Milizen aufgehetzte Bauern. Aber auch Lehrer des Internats beteiligten sich am Massaker. Mädchen und Jungen wurden zu Tode gehackt oder verstümmelt, erschossen oder erschlagen."[237] Aber, soweit ersichtlich, deckte der Vatikan später Angeklagte und viele kirchliche Missetäter, die in Italien, Frankreich, Belgien sowie afrikanischen Ländern, insbesondere in Klöstern, unterkamen. Der des Völkermords angeklagte Bischof Misago wurde allerdings 2000 von einem ruandischen Gericht freigesprochen, wobei der Vatikan noch kurz vor der Urteilsverkündung zu seinen Gunsten interveniert hatte. Bekannt ist der Fall zweier Ordensschwestern (Benediktinerinnen), die 2001 in Brüssel zu 15 bzw. 12 Jahren verurteilt wurden, weil sie an der Ermordung Tausender mitgewirkt hatten. 1996 hatte Papst Johannes Paul II. eine Mitverantwortung der katholischen Kirche für den Völkermord abgelehnt. Die Schuld liege allein bei einzelnen Gläubigen. Später hat er öffentlich um Gnade für 22 wegen Massakern und Völkermord an Tutsi zum Tod verurteilte römisch-katholische Hutu gebeten.

13 – Heiligenverehrung und Kirchenpolitik, insbesondere seit 1900

Heilige sind zwielichtige Gestalten. Am besten fragt man zuerst, wer sie selig- oder heiliggesprochen hat und welche Interessen mit einer solchen Heiligsprechung verbunden sind.
Fulbert Steffensky, geb. 1933, protestantischer Theologe

Die gemalten Heiligen seynd die frömbsten.
Mittelalterlicher Spruch

Allgemeines[238]

Verstorbene werden in mehreren großen Religionen als Heilige verehrt, weil sie sich in besonderer Weise vorbildhaft durch Leben und Glauben als Glaubenslehrer, Bekenner, Wohltäter oder Märtyrer hervorgetan haben (sollen) und dem Ideal des religiös und ethisch vollkommenen Menschen nahegekommen sind. Die Heiligen gelten als Mittler zwischen Menschen und Gottheit. Ihnen werden regelmäßig Wundertaten zugeschrieben. Ihre Verehrung erfolgt durch Gebete, Wallfahrten und Devotionalien (Votivgaben, Kerzen, Spenden) und mittels Reliquien. Ihnen wird Segensmacht als Nothelfer, Heiler oder Schutzheilige zugeschrieben, manchmal sollen sie Rachehelfer sein. Oft erfolgt eine Verehrung schon zu Lebzeiten.

Im *Judentum* gab es auch in vorchristlicher Zeit eine Heiligenverehrung (Heiligengräber mit Gräberkult; Prophetenverehrung; Märtyrerverehrung seit den makkabäischen Kriegen). Heute spielen Heiligengräber als Wallfahrtsziele eine Rolle (Erzvätergräber in Hebron; Davidsgrab in Jerusalem). Insgesamt ist die Heiligenverehrung jedoch nicht bedeutend. Als besonders problematisches Beispiel ist die Davidverehrung hervorzuheben. Denn abgesehen von seiner weitgehenden Legendenhaftigkeit[239] ist der biblische David ein skrupelloser mörderischer Potentat, Angriffs- und Raubkrieger, dessen Leben allen Minimalforderungen an einen gerechten Herrscher krass zuwiderläuft (freilich damit weitgehend dem Willen des biblischen Gottes entspricht, vgl. im AT z. B. 1 Sam und 2 Sam).

Im *Islam* gab es schon bald bei Sunniten wie Schiiten eine Heiligenverehrung, in späterer Zeit auch eine Verehrung bekannter Mystiker (Sufis). Die „Freunde Allahs" werden aufgrund des Konsenses der Gläubigen verehrt. Islamische Minderheiten, darunter die Wahhabiten, lehnen die Heiligenverehrung ab. Bei den Heiligen der *indischen Religionen* des Hinduismus, Buddhismus und Jainismus stehen Askese und durch Meditation erlangte höhere Weisheit im Vordergrund. Im (später entstandenen) Mahayana-Buddhismus („Großes Fahrzeug") werden Buddha und die Bodhisattvas als Erleuchtete kultisch verehrt. Im Jainismus wird eine relativ kleine Zahl von Menschen als Heilige verehrt, weil sie, obwohl aus dem Geburtenkreislauf bereits erlöst, immer wieder den Menschen den richtigen Weg aufgezeigt haben.

Entstehung, Bedeutung und Verfahren der christlichen bzw. katholischen Heiligenverehrung.

Große Bedeutung hat die Heiligenverehrung im Katholizismus und in den orthodoxen Kirchen, die Protestanten lehnen sie hingegen ab. Während im AT nur Gott Heiligkeit zukommt, werden im NT alle Getauften (Mitglieder der Jesus-Gemeinde) als Heilige bezeichnet. Im 2. Jh. begann die Verehrung einzelner Verstorbener als „Heilige" in Form von kultischer Verehrung. Die Heiligen sollten um Fürsprache bei Gott bitten, d. h. ihn beeinflussen (zur Gebetspraxis s. A 8). Von „Anbetung" (Idolatrie) der Heiligen konnte aber zu keinem Zeitpunkt die Rede sein. Zunächst wurden die Märtyrer (Blutzeugen des Glaubens) verehrt[240], dann auch die verfolgten Bekenner und Asketen, alle Apostel, die wichtigen Glaubenslehrer und sogar sämtliche „Päpste" (die römischen Bischöfe) der ersten drei Jahrhunderte, obwohl das Papsttum erst im 4. Jh. entstanden ist (s. C 3). Die feierliche freiwillige Ehrung einer „heiligen" Person ist in der katholischen Kirche und den orthodoxen Kirchen traditionell üblich. Die Heiligen werden als gottbegnadete und in den Himmel aufgenommene Vorbilder angesehen, wobei indirekt Gott geehrt wird (Kreuzzeichen). Allerdings können die Verbeugung vor Heiligenbildern (Ikonen), Küsse auf Skulpturen usw. irritierend wirken. Schon in den ersten Jahrhunderten entwickelten sich *gewaltige Missstände* in Form von massenhaftem Betrug und Fälschung von Reliquien.[241] Seit dem 5. Jh. wird im Katholizismus bis heute und oft exzessiv die Gottesmutter Maria verehrt (s. C 4). Die *protestantischen Kirchen* lehnen den Heiligenkult ab, es gibt aber eine gewisse Lutherverehrung und ein Heiligengedenken, teilweise auch eine verhaltene Marienverehrung.

Im ersten Jahrtausend nahmen regelmäßig die Regionalbischöfe Heiligsprechungen vor, die die liturgische Verehrung gestatteten. Wirtschaftliches Kalkül spielte dabei oft eine größere Rolle als Frömmigkeit, da Heilige viele Menschen und Geld an den Ort der Verehrung brachten. Das Anwachsen der Zahl der Heiligen führte 794 sogar zu einem Verbot der Anrufung neuer Heiliger durch eine Synode in Frankfurt am Main. Kaiser Karl d. Gr. erneuerte und verschärfte es 805. *Ab etwa 900 wurden die Heiligsprechungen (Kanonisierungen) nach einem förmlichen Verfahren durch den Papst vorgenommen*, erst ausnahmsweise, später zunehmend. Papst Alexander III. machte 1170 (allgemeingültige) Heiligsprechungen durch den Papst zur Regel. Damit bekundete die Kirche ihre Überzeugung, der Kanonisierte habe seine Vollendung in Gott erreicht. Da viele Bischöfe nicht auf die „Kanonisation" verzichten wollten, bezeichnete man ihre Tätigkeit als nur regional verbindliche „Seligsprechung".

Das seit 1584/86 geführte *Martyrologium Romanum* ist das offizielle Verzeichnis der förmlich vom Papst Heiliggesprochenen. Seit 1735 ist eine *Seligsprechung Voraussetzung für eine Heiligsprechung*. Es wurde der verfahrensmäßige Nachweis mindestens zweier Wunder auf Fürbitte des Kandidaten verlangt. Verfahrensrechtlich zuständig war seit 1588 die „Heilige Kongregation für Riten", seit 1969 ist es die spezialisierte „Kongregation für die Selig- und Heiligsprechungsprozesse". Ende 2004 hat der Vatikan ein aktualisiertes und bereinigtes Gesamtverzeichnis der Heiligen und Seligen der katholischen Weltkirche vorgelegt. Es enthält auf 844 Seiten biografische und liturgische Angaben über 6650 namentlich bekannte Selige und Heilige. Aufgeführt sind ferner etwa 7400 nicht mit Namen identifizierbare Märtyrer, die bei Christenverfolgungen der ersten Jahrhunderte getötet worden sein sollen.

Unter dem *Pontifikat von Johannes Paul II.* wurden insgesamt 1268 Menschen selig- und 483 heiliggesprochen (Zahlenangaben differieren geringfügig). Das bedeutet wesentlich mehr Selig- und fast doppelt so viele Heiligsprechungen als in den fast 400 Jahren seit 1588 zusammen. Der ab 2005 regierende Papst Benedikt XVI. sprach am 28. Oktober 2007 nicht weniger als 498 „Märtyrer des Spanischen Bürgerkriegs" in Rom selig; bei Johannes Paul II. waren es in dieser Hinsicht insgesamt 468 gewesen. Seligsprechungen gestatten amtlich im Unterschied zu Heiligsprechungen nur eine regional oder auf eine Gemeinschaft begrenzte Verehrung.

Die *Heiligsprechungsverfahren* wurden 1983 in einer Apostolischen Konstitution neu geregelt. Nach Abschluss aller Voruntersuchungen in der örtlichen Diözese werden die Unterlagen von der römischen Kongregation geprüft, Ärzte prüfen bei behaupteten Heilungswundern, und zum Schluss erörtern ein Theologenkongress und eine Versammlung von Kardinälen und Bischöfen die Angelegenheit. Die allein vom Papst getroffene Schlussentscheidung bedeutet, dass den Heiliggesprochenen „amtliche Verehrung" zu erweisen ist. Jedes Verfahren verursacht regelmäßig Kosten in der Größenordnung von 250 000 Euro (Gutachterhonorare, Zeugengelder, Dokumentation, Übersetzungen, Druck, Feierlichkeiten), die meist von den Antragstellern – Diözesen oder Orden –

aufgebracht werden. Die Verfahren sind auch eine wichtige Einnahmequelle für den Vatikan.

Rückblick auf 1900 Jahre

Unter den wichtigeren in der katholischen Kirche als Heilige Verehrten befinden sich eine ganze Serie von Kirchenlehrern bzw. einflussreichen Theologen und Ordensgründern wie Irenäus von Lyon, Ambrosius, Hieronymus, Johannes Chrysostomus, Augustinus, Benedikt von Nursia, Bernhard von Clairvaux, Franz von Assisi, Thomas von Aquin, Petrus Canisius, Roberto Bellarmino, Alfons von Liguori. Von erheblichem Einfluss waren auch Katharina von Siena und Teresa von Avila. Diese und etliche andere sind bemerkenswerte und vielfach äußerst unterschiedliche Persönlichkeiten, deren „Heiligkeit" jedoch in vielerlei Hinsicht kritisch zu würdigen wäre: im Hinblick auf Ketzer- und Judenverfolgung, Anfälligkeit für Visionen, Leibfeindlichkeit, Theologie, Intellektualität, innerkirchliche Einstellung. Zu beachten ist dabei auch der Zeitpunkt der Heiligsprechung, die Person des heiligsprechenden Papstes und die Frage, welche Hauptkriterien bei der Bewertung außerhalb der innerkirchlichen Bedeutung maßgeblich sein sollen.

Als Vorbild angesehen wurden und werden jedenfalls auch folgende (teilweise als Märtyrer gewertete) *Inquisitoren:* Guillaume Arnaud (ermordet 1242, sel. 1866); Petrus von Verona (ermordet 1252, hl. 1253); Johannes von Capestrano (gest. 1456, sel. 1622, hl. 1690); Jakobus Piceni, (gest. 1476, hl. 1726); Aimo (Haymon) Taparelli, (gest. 1495, sel. 1856); Pedro Arbués (ermordet 1485, hl. 1867); Pius V. (gest. 1572, hl. 1712).

Heilig- und Seligsprechungen des 20. und 21. Jahrhunderts

Diese Aktivitäten des „Heiligen Stuhls" sind besonders aufschlussreich im Hinblick auf die heutigen strengen Verfahrensvorschriften, die historische Einordnung und die Berücksichtigung von Sonderfaktoren (Nützlichkeit im Hinblick auf die Amtskirche, Volksfrömmigkeit). Bei der Auswahl wurden der Bekanntheitsgrad und die Bedeutung insbesondere für den deutschsprachigen Raum berücksichtigt.

Jeanne d'Arc (um 1412–1431)
wurde 1909 selig- und 1920 heiliggesprochen. Sie führte die Franzosen während des Hundertjährigen Krieges gegen die Engländer und die Burgunder. Sie wur-

de verraten und von den Burgundern an die mit ihnen verbündeten Engländer verkauft. In einem Kirchenprozess unter dem Vorsitz eines den Engländern nahestehenden Bischofs wurde sie wegen z. T. absurd anmutender Verstöße gegen Kirchengesetze verurteilt und als 19-Jährige auf dem Marktplatz von Rouen verbrannt. Nach einem Revisionsprozess der Kurie wurde das Urteil 1456 aufgehoben und Jeanne d'Arc zur Märtyrerin erklärt. Laut Gerichtsprotokoll hatte sie ihre ersten Visionen schon mit 13 Jahren. Von der hl. Katharina, dem Erzengel Michael und der hl. Margareta erhielt sie den Befehl, Frankreich von den Engländern zu befreien. Im 19. Jh. setzte in Frankreich eine große Verehrung der Jeanne d'Arc ein.

Bernadette Soubirous (1844–1879) von Lourdes
war körperlich zurückgeblieben, ohne Schulbildung und musste als Schweinehirtin und Bedienung in einer Schänke arbeiten. Mit 14 Jahren hatte sie mehrere Marienerscheinungen. In einer zweiten Erscheinung soll die Dame Bernadette auf die Heilkraft der ihr gezeigten Quelle hingewiesen haben. Ein erblindeter Mann soll sein Augenlicht wiedergefunden haben. Beim sechzehnten Treffen soll die Dame auf die Frage, wer sie sei, mit den Worten „Ich bin die unbefleckte Empfängnis" geantwortet haben. Papst Pius IX. hatte vier Jahre zuvor das Dogma von der Unbefleckten Empfängnis Mariens verkündet, man nahm aber an, dass Bernadette von diesem Dogma nicht gehört haben konnte. 1866 trat Bernadette in ein Kloster ein. Auch nachdem sie dort schreiben gelernt hatte, schrieb sie nie über ihre Erscheinungen. Mit 35 Jahren starb sie an Knochentuberkulose. In der Presse wurde sie als hysterisch bezeichnet, in ihrem Kloster abgelehnt. Ihr Leib blieb unverwest, eine sogenannte Faulleiche. 1879 wurde sie in einem verlöteten Bleisarg bestattet; solche Särge verhindern Zersetzungserscheinungen. Pius XI. sprach Bernadette 1925 selig, 1933 heilig. Die Lourdes-Wallfahrt hat jährlich 4–6 Millionen Besucher.

Karl Lwanga (1865–1886)
ist ein Märtyrer aus Uganda. Er war Führer der königlichen Pagen und 1885 getauft worden. König Mwanga ließ alle Angehörigen des Hofes, die nicht vom Beten ablassen wollten, töten, meist verbrennen, darunter Lwanga. Papst Benedikt XV. sprach Karl Lwanga und seine Gefährten 1920 selig. Papst Pius XI. erklärte ihn 1934 zum Patron der Jugend Afrikas. Paul VI. sprach Karl Lwanga und seine Gefährten 1964, während des II. Vatikanischen Konzils, als Märtyrer heilig (insgesamt 22 Personen).

Thérèse von Lisieux (1873–1897)

wollte, wie schon ihre beiden Schwestern, bereits als Fünfzehnjährige mit Unterstützung ihrer Familie in den Karmel eintreten, wurde jedoch zunächst abgewiesen. Sie führte das Leben einer unauffälligen, außerhalb kaum bemerkten Existenz einer in strenger Klausur verharrenden Ordensfrau. Papst Pius XI. nannte sie „den Stern" seines Pontifikats. Sie starb, gerade 24-jährig, an Tuberkulose. Auf Anordnung ihrer Priorin schrieb sie ihre Lebensgeschichte, die nach der Bibel das meistgelesene geistliche Buch in französischer Sprache sein soll. 1923 wurde Thérèse von Lisieux durch Pius XI. selig- und 1925 heiliggesprochen, 1927 auch zur Patronin der Weltmission gemacht wie Franz Xaver. Nebenbei: Pius XI. arbeitete eng mit Mussolini zusammen und erklärte den kolonialen Angriffskrieg auf Abessinien (Äthiopien) zum gerechten Krieg (näher C 11.2). 1997 erhob Johannes Paul II. Thérèse neben Katharina von Siena und Teresa von Ávila sogar zur Kirchenlehrerin. Seit den 1990er-Jahren ist ein Reliquienschrein der Thérèse auf Weltreise. Ungewöhnlich ist, dass Benedikt XVI. 2008 ihre Eltern in Lisieux seliggesprochen hat.

Konrad von Parzham (1818–1894)

„Bruder Konrad" trat mit 31 Jahren in das Kapuzinerkloster von Altötting ein, weil er den elterlichen Hof nicht übernehmen wollte und sich zu Gott hingezogen fühlte. Dort war der Gebetseifrige 41 Jahre lang Pförtner und betreute die Wallfahrer, die ihn ebenso liebten, wie die Bevölkerung es tat. Die tägliche Kommunion und die Verehrung des heiligsten Herzens Jesu sowie Marias waren ihm wichtig. Papst Pius XI. sprach ihn 1930 selig und 1934 heilig. Zahlreiche kirchliche Einrichtungen sind nach ihm benannt.

Maria Goretti (1890–1902)

wurde zur Heiligen, weil sie, noch Kind, vom 16-jährigen Sohn des im selben Haus wohnenden Verpächters bei einem Vergewaltigungsversuch nach heftiger Gegenwehr erstochen wurde, ihm aber auf dem Sterbebett vergab. Die Seligsprechung erfolgte 1947 durch Pius XII., die Heiligsprechung 1950 nach einem aufsehenerregenden Heiligsprechungsverfahren vor einer halben Million Gläubigen, der ersten Feier, die auf dem Petersplatz stattfand. Es ist bemerkenswert, dass die Kirche nach ihrem gigantischen Versagen zur Nazizeit und in allen faschistischen Diktaturen *besonders* gerade Mädchen und Frauen zum Vorbild erklärte, die sich gegen ihre Schändung bis zum Tod zur Wehr setzten. Paul VI. und Johannes Paul II. haben das Grab Maria Gorettis besucht. Der Freundeskreis Maria Goretti, München, fordert wie auch Benedikt XVI. die Abschaffung schulischer Sexualerziehung.

Pius X. (1835–1914)

war von 1903 bis 1914 Papst. Pius XII. sprach ihn 1951 selig- und 1954 heilig. Pius X. wurde gewählt, nachdem der österreichische Kaiser Franz Josef I. gegen Kardinal Rampolla, der in drei Wahlgängen die meisten Stimmen erhalten hatte, durch einen „Kronkardinal" sein Veto eingelegt hatte. Pius X. reagierte panisch auf alle modernen Strömungen, auch des Reformkatholizismus, dem es auch um Themen wie christliche Demokratie, christliche Gewerkschaften und Zölibat ging. Pius X. förderte den häufigen Empfang der heiligen Kommunion. 1907 gründete bzw. unterstützte er eine kuriale Gestapo, die die „modernistischen" Theologen ganz Europas das Fürchten lehrte. Sie wurde von Umberto Benigni geleitet, einem der „übelsten Denunzianten des Integralismus" (Hans Kühner) und späteren Agenten Mussolinis. In ganz Europa wurde die kirchlich-gesellschaftliche Atmosphäre vergiftet. Ebenfalls 1907 verurteilte Pius X. in einem Syllabus 65 Sätze des berühmten französischen Theologen Alfred Loisy, des Hauptes der „Modernisten", und kurz darauf folgte die schlimme Enzyklika „Pascendi Dominici gregis". Jeder Protest dagegen wurde mit Exkommunikation bedroht, seriöses bibelwissenschaftliches Forschen wurde unmöglich. Berüchtigt ist der nicht einhaltbare und daher entwürdigende Antimodernisteneid, den alle Priester bis 1967 leisten mussten. Wie wichtig muss all das Pius XII. nach dem Zweiten Weltkrieg gewesen sein?

Josemaria Escrivá de Balaguer (1902–1975)

Der Gründer des Opus Dei (OD) ist eine der problematischsten Figuren der Kirchengeschichte des 20. Jh., wurde aber von Johannes Paul II. schon 1992 seliggesprochen und auch von Benedikt XVI. in höchstem Maß geschätzt. Escrivás ganz durch ihren Gründer geprägte Geheimgesellschaft mit 80 000–90 0000 weit überwiegend Laienmitgliedern weltweit ist seit Langem eine herrschende Kraft im Vatikan, den Ortsbischöfen entzogen und eine institutionell weit herausgehobene Sonderinstitution. Escrivá wurde 1925 zum Priester geweiht; 1928 gründete er sein später Opus Dei genanntes Werk, dessen Gründungsauftrag er unmittelbar von Gott erhalten haben will. Das OD hält die Kirche seit dem II. Vaticanum, noch zu Lebzeiten von Escrivá, für verschmutzt und vom Teufel befallen, weshalb sie gereinigt und zur Wahrheit zurückgeführt werden müsse. Die Vorwürfe gegen das OD, durch bekannt gewordene interne Dokumente und umfangreiche Insiderberichte untermauert, betreffen folgende Punkte: Indoktrination von Beginn an; totale Abschottung zwischen den inneren hierarchischen Kreisen; strikte Schweigepflicht nach außen, in der Regel auch über Mitgliedschaft; rückhaltlose Offenheit gegenüber den Vorgesetzten; sklavischer Gehorsam; totale Trennung von Männern und Frauen; Behandlung der Frauen als minderwertig; ständige Kontrollen, u. a. durch wöchentliche Beichte nur bei OD-Priestern, häufige Klausuren, wöchentliche Aussprachen, ständige „Brüderliche Zurechtweisung"; umfangreiche Gebete; tägliche Messe mit Kommunionempfang; dreimal tägliche Gewissenserforschung. Askese ist ein zentraler Punkt: Demutsgesten, ständige „Abtötungen" durch kleine Entsagungen, täglich mindestens zweistündiges Tragen eines stachelbewehrten Bußgürtels am Oberschenkel, wöchentliche Geißelung u. a. („Gesegnet sei der Schmerz"). Das OD versteht sich als Familie und zugleich Kampftruppe. Die Hierarchie ist stark gegliedert, die Kleriker haben das Sagen. Außerordentliche Mitglieder, die „Supernumerarier", können verheiratet sein und haben oft Führungspositionen in Wirtschaft, Finanzwelt, Staat und Wissenschaft inne. Ihre Mitgliedschaft wird nur ausnahmsweise bekannt. Besonders typisch für das OD ist auch die starke Marienfrömmigkeit. Das Werk besitzt viele prominente Mitglieder in Kultur, Politik und Wirtschaft, die überall konservativ-katholische Positionen zum Zuge bringen. In Franco-Spanien galt die Mitgliedschaft als Karrierehilfe.

Der bekannte katholische Theologe Peter Eicher hat das OD 1995 psychologisch und kirchensoziologisch kritisch analysiert mit dem Ergebnis: „Das Opus Dei bildet [...] den härtesten Kern der klerikalen Restauration."[242] Offenbar gerade deswegen und nicht nur wegen des offiziell hervorgehobenen OD-Ziels der christlichen Alltagsheiligung hat Johannes Paul II. unter Missachtung der ansonsten geltenden Regeln bereits sechs Jahre nach Escrivás Tod dessen Seligsprechungsprozess eingeleitet. 1990 erging das Dekret über den heroischen Tugendgrad und 1991 das Wunderdekret. Als Wunder anerkannt ist die Tumorrückbildung bei einer 70-jährigen Karmelitin im Jahr 1976. 1992 erfolgte die Seligsprechung und 2002 die Heiligsprechung bei einer der größten Heiligsprechungsfeiern der Kirchengeschichte auf dem Petersplatz. Als weiteres Wunder wurde dabei der Fall eines spanischen Chirurgen anerkannt, dessen fortgeschrittenes tödliches Röntgenoderm nach dreißig Jahren 1992 auf Fürsprache Escrivás geheilt worden sein soll. Benedikt XVI. hofierte das OD wie sein Vorgänger.

Padre Pio (1987–1968)

war Kapuzinerpater und ist der heute wohl populärste italienische Heilige. Bekannt wurde er durch seine Kreuzigungsstigmata, die er seit 1918 an Händen und Füßen trug. Vatikanische Gutachter weigerten sich lange, die Stigmata als echt anzuerkennen. Der Pater erhielt sogar Messverbot und Hausarrest. Erst nach und nach wurde er rehabilitiert. Die Echtheit der Stigmata von Padre Pio ist allerdings ernsthaften Zweifeln ausgesetzt (Sergio Luzzatto), was aber hier nicht problematisiert werden muss. Man weiß, dass es viele Stigmatisierungsschwindler gab, aber auch, dass echte Stigmatisierungen körperlich-seelisch verursacht werden können (Einbildungskraft, Blutkreislauf, Nerventätigkeit).[243]

Die ersten historisch beglaubigten Stigmatisierungen traten erst um 1200 auf, als ein radikaler Frömmigkeitswandel mit wörtlicher Nachfolge Christi eintrat. 1999 wurde Padre Pio selig-, 2002 heiliggesprochen. Dabei spielten die Stigmatisierungen keine Rolle, sondern wie üblich Krankenheilungen. Pater Pio verkörpert den Wunsch nach einem Volksheiligen und das Bedürfnis nach Wundern.

Johannes XXIII. (1881–1963; Papst seit 1958), *Pius IX.* (1772–1878, Papst seit 1846)

Dass beide am selben Tag im Jahr 2000 durch Johannes Paul II. seliggesprochen wurde, scheint bezeichnend für das taktische Vorgehen des Vatikans. Denn in vieler Hinsicht sind die beiden gegensätzlich und vertreten völlig unterschiedliche kirchenpolitische Linien.

Johannes war weltoffen und warmherzig, ein Öffner der Türen des stickigen, vergifteten Vatikans und allgemein als Menschenfreund anerkannt. Ganz anders hingegen „Pio Nono". Er war erzreaktionär und problematischen Charakters mit großer Härte gegen Andersdenkende. Er ist durch Rückständigkeit und Fanatismus hervorgetreten, ein Feind von Demokratie und Freiheitlichkeit in jeder Form („Syllabus errorum" von 1864), ein Schwarz-Weiß-Denker, Herr über einen der rückständigsten und korruptesten Staaten Europas, dessen Kennzeichen tyrannische Priesterherrschaft, Rechtswillkür und unbarmherzige Unterdrückung der Juden (z. B. Zwangstaufen; näher C 1) waren (Ignaz v. Döllinger: „Klerokratie"). Sogar alle gekrönten Häupter Europas waren seinerzeit empört über Pius' Untat, das jüdische Kind Edgar Mortara seinen Eltern zu entreißen, aus dem noch zum Kirchenstaat gehörenden Bologna nach Rom zu entführen und später sogar zum Priester zu machen.[244] In theologischer Hinsicht ist das Dogma von der Unbefleckten Empfängnis Mariä (1854) zu erwähnen, d. h. die Befreiung Marias von der Erbsünde. Eine kirchenpolitische Katastrophe ersten Ranges sind die zwei Dogmen des I. Vatikanischen Konzils von 1870. Es sind das Dogma von der päpstlichen Unfehlbarkeit in Glaubens- und Sittenfragen bei Ex-Cathedra-Erklärungen und das Dogma vom Jurisdiktionsprimat.[245] Dieser machte den Papst erstmalig zum völlig uneingeschränkten Herrscher über die Gesamtkirche (zum Papsttum C 3). Mit gutem Grund haben alle deutschsprachigen katholischen Kirchenhistoriker gegen die Seligsprechung votiert, die Juden haben sie als Affront verstanden und Protestanten sowie Orthodoxe als ökumenischen Rückschritt. Pius IX. ein aktuell verehrungswürdiges Vorbild in Glauben und Leben? Natürlich gibt es auch kirchenpolitische Gründe zugunsten von Pius IX., wie sie etwa der damalige Chefhistoriker des Vatikans, Walter Brandmüller, herausgestellt hat. Das ändert aber nichts an der Richtigkeit des oben Dargestellten.

Die gleichzeitige Seligsprechung des tatsächlich verehrungswürdigen Johannes XXIII. muss aus heutiger Sicht als dessen Herabwürdigung verstanden werden, mag sie auch reine Taktik gewesen sein.

Jacinta und Francisco Marto (1910–1920 bzw. 1908–1919), Fatima-Kinder

Ihr Verdienst bestand darin, dass ihnen und ihrer Cousine Lucia 1916 nahe Fatima (Portugal) beim Schafehüten dreimal ein Engel erschienen sein soll. Diese drei Kinder sollen dann bis Oktober 1917 sechs Erscheinungen der Gottesmutter gehabt haben, über die Lucia dann berichtete. Trotz Drohungen waren die Kinder nicht bereit, über die ihnen anvertrauten Geheimnisse zu sprechen; lieber wollten sie sterben. Ihre Krankheiten (Spanische Grippe) haben sie bewundernswert ertragen. Damit wollten sie laut vatikanischer Erläuterung Sühne leisten für jene, die Gott aus ihrem Leben ausschließen. Anlässlich einer Wallfahrt von Papst Johannes Paul II. wurde Jacinta am 13. Mai 2000 gemeinsam mit ihrem Bruder Francisco in Fatima seliggesprochen. Lucia lebte da noch und kam daher für eine Seligsprechung nicht in Betracht.

(Maria) Kreszentia Höß (1682–1744)

Franziskanerobern, soll sehr lebensklug gewesen sein. Sie stand mit vielen bedeutenden Persönlichkeiten ihrer Zeit in Briefkontakt. Als schwächliche Person hatte sie Visionen. Besonders verehrte sie das Leiden Christi und die Eucharistie sowie den Heiligen Geist, der ihr in der Gestalt eines Jünglings erschien. Mit ihrem Tod setzte ein großer Pilgerstrom zu ihrem Grab in Kaufbeuren ein, zahlreiche Gebetserhörungen werden ihr zugeschrieben. Nach der Seligsprechung 1900 setzte ein ständiger Strom von Verehrern ein, der schließlich zur Heiligsprechung im Jahr 2001 führte. Im Rahmen des Heiligsprechungsverfahrens wurde eine Gebetserhörung untersucht, die ein Mädchen betraf, das nach einem Badeunfall, bei dem sie 35 bis 45 Minuten unter Wasser gelegen hatte, reanimiert werden konnte und vollkommen gesund wurde. Die Angehörigen schrieben die Heilung der Fürsprache der heiligen Kreszentia zu. Eine Kommission von fünf medizinischen Sachverständigen stellte nach eingehender Prüfung fest, diese Heilung sei nach dem heutigen Stand der medizinischen Wissenschaft nicht zu erklären.

Mutter Teresa (1910–1997)

wurde als Agnes Gonxha Bojaxhiu in eine sehr religiöse albanische Familie in Skopje geboren. Ihre Seligsprechung 2003 erfolgte nach ungewöhnlich kurzer

Zeit. Als ihr mit acht Jahren der Vater starb, intensivierte sie ihren Glauben, wollte schon mit zwölf Jahren Ordensfrau werden und ließ sich mit achtzehn Jahren in den irischen Zweig der Englischen Fräulein aufnehmen. Schon kurz darauf konnte sie nach Kalkutta reisen, wo sie siebzehn Jahre als Lehrerin und Direktorin wirkte. Nach ihrem Tagebuch hatte sie 1946 eine mystische Begegnung mit Jesus, der sie aufgefordert habe, alles aufzugeben und ihm in die Slums zu folgen. Nachdem sie ihren Orden verlassen durfte, tat sie sich mit Ex-Schülerinnen zusammen, nahm die indische Staatsbürgerschaft an und gründete 1950 den später päpstlich anerkannten Orden „Missionarinnen der Nächstenliebe", der sich besonders um Sterbende, Waisen und Kranke, speziell Leprakranke, kümmern wollte. Ein Porträt in „Life" brachte Teresa den wirksamen Beinamen „Saint of the Gutters" („Heilige der Gosse") ein. „Mutter Teresa" erhielt weltweit zahlreiche Preise bis zum Friedensnobelpreis 1979. In Indien war sie sakrosankt und ihr Orden wurde stark privilegiert gegenüber anderen Einrichtungen. Sie erhielt ein Staatsbegräbnis, ist weltweit als „Engel der Armen" anerkannt und eines der meistgenannten Vorbilder. Aber der „Engel der Armen" ist ein Produkt der Medien der 1970er-Jahre. Teresa hat den Ruf einer Heiligen, die sich selbstlos für die Ärmsten aufopfert. Daher läuft jeder Versuch einer kritischen Würdigung Gefahr, sich gewissermaßen selbst zu richten und als von vorneherein unseriös abgetan zu werden. Unter diesem warnenden Vorbehalt folgen kritische Anmerkungen von außen, wie sie von insgesamt nicht wenigen Journalisten auch bekannter Organe und Institutionen wie „Spiegel", „Die Zeit", „Stern" und Fernsehanstalten des In- und Auslandes vorgetragen wurden.

So hat der selbst bei manchen religiösen Gegnern angesehene Religionskritiker Christopher Hitchens (wie viele andere) 1996 auf erhebliche Widersprüche zwischen Theorie und Praxis der Mutter Teresa hingewiesen, die viel Zeit gefunden habe, um sich den Reichen und Mächtigen zu widmen. Er fährt dann fort: „Britische und amerikanische Ärzte haben etwa auf das eher dürftige Niveau der medizinischen Versorgung in den Hospizen hingewiesen, die von Mutter Teresa in Kalkutta unterhalten werden: Es gibt keine schmerzstillenden Mittel, die Spritzen werden unter kaltem Wasser gereinigt, die Ernährung der Patienten ist katastrophal, und der Tod wird mit fatalistischem Gleichmut hingenommen. An fehlendem Geld kann es nicht liegen." Denn zumal nach der Nobelpreisverleihung hat Teresa weltweit große Summen gesammelt, die auf vatikanischen Konten einer unbekannten Verwendung harren. Aufgrund ihrer fundamentalistischen Glaubensüberzeugungen, so Hitchens weiter, „überrascht also nicht, wenn man erfährt, dass Mutter Teresa sich bei innerkirchlichen Debatten um die ‚Befreiungstheologie' und andere ‚moderne Häresien' stets auf die Seite Papst Johannes Pauls II. gestellt hat. Zudem hat sie einmal geäußert: ‚Es ist etwas sehr Schönes, wenn man sieht, wie die Armen ihr Kreuz tragen. Wie die Passion Christi ist ihr Leid ein großes Geschenk für die Welt.'" Sie lehne jedes politische Projekt ab, das gegen die soziale Ungerechtigkeit kämpfe.²⁴⁶ Auf den Vorwurf häufig mangelnder medizinischer Ausbildung ihrer Mitarbeiter soll Mutter Teresa entgegnet haben: „Nicht der Erfolg, sondern die Treue im Glauben ist wichtig." Von Demokratie hielt sie nichts („Teufelswerk").

Jack Preger, ein britischer Arzt, hat bei Mutter Teresa begonnen und arbeitet seit 1979 mit seiner Organisation „Calcutta Rescue", mit der er u. a. Tuberkulose und Lepra bekämpft, und zwar ohne behördliche Unterstützung. Er wurde Teresas scharfer Gegner: „Was Mutter Teresa tut, ist einfach irrsinnig. Sie legt Tuberkulose-Patienten mit anderen zusammen, sie versorgt die Sterbenden nicht ausreichend mit Schmerzmitteln, in vielen Fällen schickt sie die Menschen nicht zu ärztlicher Untersuchung." Mutter Teresas Antwort auf solche Vorhaltungen ist einfach: „Wir sind keine Krankenschwestern, wir sind keine Sozialarbeiter, wir sind Nonnen."²⁴⁷ Soziale und politische Aktivitäten außerhalb der „Missionarinnen der Nächstenliebe" scheinen wesentlich mehr Erfolg bei der Verbesserung der Slum-Situation in Kalkutta gehabt zu haben.²⁴⁸

Teresa hatte ausweislich ihrer Tagebuchnotizen und Briefe jahrzehntelang bis zu ihrem Tod derart massive Glaubenszweifel („Der Himmel bedeutet nichts mehr"; „In meinem Innern ist es eiskalt"; „Tief in meinem Innern ist nur Leere und Dunkelheit. Ich habe keinen Glauben [...]")²⁴⁹, dass ihre Seligsprechung erstaunt. Eine natürliche Erklärung wäre, dass der weltweite Spendenfluss, der mit der Nobelpreisverleihung einsetzte, zusammen mit dem der Kirche zugutekommenden weltweiten Renommee ein ausreichendes Motiv war. Dazu passt die (von den behandelnden indischen Ärzten zurückgewiesene) windige „Wunderheilung" und die bekannte finanzielle Begehrlichkeit des Vatikans. Vielleicht auch hat Teresa der Mut gefehlt, zu ihrem Unglauben zu stehen, und sie hat dies durch zwanghafte äußere Aktivität zu überspielen gesucht.

Kaiser Karl I. von Habsburg **(1887–1922)**

seliggesprochen 2004, war von 1916 bis 1918 der letzte Kaiser der Donaumonarchie und der erste seliggesprochene Kaiser überhaupt. Der Seligsprechungsprozess wurde durch die „Kaiser-Karl-Gebetsliga für den Weltfrieden" (Vorsitz: der ultraorthodoxe Bischof Kurt Krenn) gefördert. Die Kreise um den Kaisersohn Otto, extrem rechter Repräsentant der Habsburg-Anhänger und der CSU, waren angetan. In der Ansprache bei der Messe zur Seligsprechung im Oktober 2004 würdigte Johannes Paul II. Kaiser Karl als Friedensfreund, der von Anfang sein Herrscheramt als „heiligen Dienst an seinen Völkern" und als Grundlage für „vorbildliche soziale Tätigkeit" verstanden habe. Dem Seligen wird folgendes Wunder zugeschrieben: In Brasilien litt eine polnische Nonne seit Jahrzehnten an einem schmerzhaften unheilbaren Venenleiden. Als sie 1960 den Kaiser Karl um Hilfe rief, war sie am nächsten Tag schmerzfrei, ihre offenen Geschwüre verheilten.

Aber selbst wenn Karl tatsächlich ernsthafte und anerkennenswerte Initiativen zur Beendigung des Ersten Weltkriegs unternommen haben sollte, ihm der österreichische Giftgasangriff in Italien nicht anzulasten wäre und er tatsächlich ungewohnt sozial gewesen sein sollte: Was ist an einem solchen Leben derart vorbildhaft und heiligmäßig, dass man Karl im Jahr 2004 so offiziell ehren zu müssen glaubte? Die offizielle Ehrung ist ein Geschenk an rechtskatholische Kreise.

John Henry Newman (1801–1890)
war Kardinal und wurde 2010 seliggesprochen. Als zunächst anglikanischer Priester beschäftigte er sich viel mit den alten Kirchenvätern. Nach langwierigen inneren Kämpfen wurde er 1845 katholisch. Den theologischen Liberalismus, der Dogmen kritisch gegenüberstand, lehnte er ab. Lange befand er sich zwischen Anfeindung einerseits, Misstrauen andererseits. Durch seine Gelehrsamkeit erwarb er sich schließlich breites Ansehen. Er verstand sich als Modernisierer der Ghetto-Kirche und sah keinen Widerspruch zwischen Glaube und Wissenschaft, auch nicht zu Darwin. Leo XIII. ernannte ihn 1879 zum Kardinal. Durch sein akademisches und literarisches Wirken sowie durch seine Konversion zur römisch-katholischen Kirche beeinflusste er das geistige Leben Englands und Europas im 19. und 20. Jahrhundert. Er gehört zu den Wegbereitern eines vor dem Wissenshorizont der Moderne verantworteten Katholizismus.

Johannes Paul II. (1920–2005)
Dieser seit 1978 regierende Papst wurde bereits knapp sechs Jahre nach seinem Tod am 1. Mai 2011 seliggesprochen. Person und Wirkung des am 2. April 2005 verstorbenen Johannes Paul II. sind komplex.[250] Er zeichnete sich aus durch menschliche Wärme, persönliche Ausstrahlung, Kritik an den Auswüchsen des Kapitalismus; Bekenntnis zu historischen Verfehlungen; bedeutsame symbolische Gesten und Taten gegenüber dem Judentum; seine wichtige politische Rolle im Zusammenhang der Auflösung des Ostblocks; deutliche Ablehnung des Irakkriegs; den beginnenden interreligiösen Dialog; aus speziell kirchlicher Sicht: das Zusammenhalten der Weltkirche.

Zahlreiche *Problempunkte* werden aber häufig unkritisch übersehen. Rigoros hielt er am Zölibat und an der tradierten (weithin nicht ernst genommenen) Sexualmoral fest und hielt Frauen von kirchlichen Leitungsämtern fern. Rigide wies er kritische Nonnen zurück und behandelte, im Verein mit seinem Nachfolger und Chef der Glaubenskongregation Ratzinger, die schlimmen sexuellen Verfehlungen der Priesterschaft allzu nachsichtig. Er unternahm nichts gegen die diesbezügliche Vertuschungsstrategie. Äußerst ungnädig ging er gegen die Vertreter der sogenannten Befreiungstheologie vor, und Lehrbeanstandungsverfahren wurden skandalös behandelt. Bei der Wiederheirat geschieder Katholiken und bei verheirateten Priestern und ihren Frauen unterdrückte er seine Menschlichkeit zugunsten einer verlogenen kirchenpolitischen Taktik. Den religiösen Fanatiker, totalitär denkenden und handelnden Opus-Dei-Gründer Josemaría Escrivá de Balaguer sprach er 2002 vorzeitig sogar heilig und privilegierte massiv das demokratiefeindliche Opus Dei auf verschiedenen Ebenen (s. o.). Generell betrieb er eine restaurative Kirchenpolitik. Mit diktatorischen, menschenverachtenden Regimen und Potentaten pflegte er (vornehm ausgedrückt) unkritischen Umgang (s. C 11). Die großen kirchlichen Finanzskandale und anderes duldete er. Die Eindämmung der weltweiten Bevölkerungsexplosion behinderte er stark durch erfolgreiche Ausübung von massivem Druck auf Regierungen, Maßnahmen zur Sexualaufklärung und Verhütung zu unterlassen. Dass die menschheitsbedrohende Bevölkerungsentwicklung nach derzeitigem Stand der Dinge wohl trotzdem noch rechtzeitig gestoppt wird, kann man diesem Papst nicht zugutehalten. Insgesamt kann dem Pontifikat Johannes Pauls II. daher aus außerkatholischer Sicht wohl nur das Prädikat „sehr fragwürdig" verliehen werden. Dies allein schon deshalb, weil unter seiner Verantwortung mit Alojzije Stepinac einer der Hauptverantwortlichen für das exzessiv verbrecherische katholische Ustascha-Regime seliggesprochen wurde (s. u. sowie C 11.3). Auch hat er noch rückblickend die Grausamkeiten des Franco-Regimes indirekt positiv gewürdigt und damit erneut einen Keil in die spanische Gesellschaft getrieben (s. u. sowie C 11.2). Von einem menschlichen Vorbildcharakter kann bei Johannes Paul II. insgesamt keine Rede sein.

Speziell: Heilige und Selige der nationalsozialistisch-faschistischen Epoche

Maximilian Kolbe (1894–1941)
wurde als Märtyrer 1971 selig- und 1982 heiliggesprochen. Nach einer Marienerscheinung mit 16 Jahren wurde er Franziskaner und Missionar. 1941 wurde er von der Gestapo festgenommen, nachdem er in Niepokalanow 2300 Juden und polnischen sowie ukrainischen griechisch-katholischen Flüchtlingen Zuflucht gewährt hatte. Er wurde schließlich in das Konzentrationslager Auschwitz verlegt, wo er als Priester und Seelsorger wirkte. Im Juli 1941 wurden Männer als Vergeltungsmaßnahme für die vermutete Flucht eines anderen Häftlings zur Ermordung aussortiert. Als einer der Männer in lautes Klagen wegen

seiner Familie ausbrach, bat Pater Kolbe den Kommandanten darum, seinen Platz einnehmen zu dürfen, und wurde in den berüchtigten „Hungerbunker" gesperrt, wo er mit seinen Leidensgenossen betete. Schließlich wurde Pater Kolbe mit drei anderen Bunkerinsassen durch Phenolspritzen umgebracht. Der Familienvatter Gajowniczek überlebte und starb 1995.

Rupert Mayer (1876–1945)

wurde 1987 seliggesprochen. Er war Militärseelsorger im Ersten Weltkrieg und wurde 1921 Präses der Marianischen Männerkongregation. Er war Volksmissionar und „Stimme der Münchener Katholiken". Schon in den 1920er-Jahren und auch nach der Machtergreifung predigte er in München gegen die Nazis. Im Januar 1937 wurde er von den Nazis erstmals verhaftet, schließlich wegen einer Predigt zu sechs Monaten Haft verurteilt („Kanzelmissbrauch"). Vor dem Sondergericht hatte er erklärt: „Trotz des gegen mich verhängten Redeverbotes werde ich weiterhin predigen [...]." Wegen starken Protests von Kardinal und Bevölkerung wurde er freigelassen, hielt sich aber nicht an das Redeverbot. Wegen konspirativer Kontakte wurde er im November 1939 zum dritten Mal verhaftet und musste sieben Monate im Konzentrationslager Sachsenhausen verbringen. 1940 wurde er freigelassen mit der erneuten Auflage eines Predigtverbotes. Bis Kriegsende lebte er isoliert unter Bewachung durch die Gestapo im Kloster Ettal. Nach Kriegsende wirkte er wieder kurz als Seelsorger in München, starb aber alsbald während einer Messe. Seitdem wird er sehr verehrt.

Edith Stein (1891–1942)

Die gebürtige Jüdin war Philosophin und Ordensfrau und wurde 1987 als Märtyrerin seliggesprochen, die Heiligsprechung folgte 1998. Nach Lektüre der Biografie der Teresa von Avila ließ sich Edith Stein 1922 taufen, blieb aber dem jüdischen Volk bis zuletzt stark verbunden. Mitte April 1933 schrieb sie angesichts der Pogromstimmung gegen die Juden einen eindringlichen Brief an Papst Pius XI., er möge seine Stimme für die Juden erheben. Sie erhielt nur ein Absageschreiben des Kardinalstaatssekretärs Pacelli. Es waren gerade die Verhandlungen zum Reichskonkordat aufgenommen worden. 1938 übersiedelte Edith mit ihrer Schwester in ein niederländisches Karmelitenkloster. Auf ökumenisch-kirchliche Bitten sagte Reichskommissar Seyß-Inquart zu, alle vor 1941 getauften Juden zu verschonen unter der Voraussetzung, dass die Kirchen das nicht öffentlich machen würden. Als der Erzbischof 1942 mit einem Hirtenbrief dagegen verstieß, wurden 244 zum Katholizismus konvertierte ehemalige Juden einschließlich der Schwestern Stein verhaftet und schließlich 1942 in Auschwitz ermordet. Den baldigen Tod vor Augen, schrieb Edith schon 1939 in ihrem Testament, Gott möge ihr Leben und ihren Tod u. a. auch annehmen für den Unglauben ihres Volkes.

Schon über die Seligsprechung 1987 in Köln waren viele Juden verstimmt, da Edith Stein als Jüdin ermordet worden sei und nicht, weil sie Nonne gewesen sei. Mit der Heiligsprechung 1998 wurde Edith Stein neben Katharina von Siena und der 1273 gestorbenen hl. Birgitta von Schweden auch zur Patronin Europas erhoben. Steins Werk-Gesamtausgabe umfasst 26 Bände.

Bernhard Lichtenberg (1875–1943)

war Domprobst der St.-Hedwigs-Kathedrale Berlin und wurde 1996 seliggesprochen. Joseph Goebbels, Reichspropagandaleiter und NSDAP-Gauleiter von Berlin, hetzte schon 1931 gegen Lichtenberg, hatte dieser doch zum Besuch des Anti-Kriegsfilms „Im Westen nichts Neues" aufgerufen. Durch einen Gestapo-Besuch 1933 ließ er sich nicht einschüchtern. Als ihm ein Bericht über Zustände im KZ Esterwegen und über schwere Misshandlungen zugespielt wurde, protestierte er schriftlich bei Göring und wurde selber wegen „Verbreitung von Gräuelpropaganda" misshandelt. Nach der Reichspogromnacht 1938 betete Lichtenberg öffentlich für die verfolgten Juden wie auch für die konvertierten Juden, und er protestierte 1941 wie von Galen gegen die Ermordung „lebensunwerten Lebens". 1942 wurde Lichtenberg wegen Kanzelmissbrauchs zu einer zweijährigen Haftstrafe verurteilt. Nach deren Verbüßung sollte er ins KZ Dachau gebracht werden, starb aber, schwer krank, während des Transports 1943. Er zählt zu den Gerechten unter den Völkern in Yad Vashem. Für sein Lebenszeugnis wurde er 1996 durch Papst Johannes Paul II. seliggesprochen.

Mit Alojzije Stepinac (1898–1960; 1953 Kardinal)

hat Johannes Paul II. im Jahr 1998 die vielleicht schlimmste Figur der Kirchengeschichte des 20. Jh. seliggesprochen. Vom ersten bis zum letzten Tag hat er das exzessiv mörderische klerikal-faschistische Ustascha-Regime (1941–1945; von Hitlers Gnaden) des katholischen Verbrechers Ante Pavelić unterstützt (näher C 11.3; unter LitV 4 f) Literaturangaben). Der Klerus mit Stepinac als Erzbischof begrüßte das schauerlich-grausame Regime sehr und war seine Hauptstütze. Mit der Machtübernahme begannen die genozidalen Massenmorde, insgesamt werden die Opfer auf 600 000–700 000 geschätzt, zumeist orthodoxe Serben (die nicht zwangskatholisiert werden wollten), aber auch Juden (soweit sie nicht deportiert wurden) und Sinti. Auch an den Mordtaten waren zahlreiche Geistliche führend beteiligt. 1942 wurde Stepinac Militärvikar der Ustascha-Truppen und hatte stets besten Kontakt zum Regime wie zum Vatikan. Dieser unterstützte das Regime sehr, auch mit diversen Audienzen Pius' XII. Auf seinem Bischofsgewand trug Stepinac auch das Ustascha-Emblem und er war

Parlamentsmitglied. Johannes Paul II. würdigte ihn als „hervorragende und verehrungswürdige Gestalt, als Bollwerk der Kirche Kroatiens".

Die Seligsprechung von 1998 hat erstaunlich wenig Protest ausgelöst. Das mag eine Folge davon sein, dass Generationen von Kirchenhistorikern und der machtpolitische Einfluss der Kirche mit ihrer Faktenverdrängung trotz aller ja nicht geheimen Forschungsergebnisse Erfolg gehabt haben. Daher sind die historischen und reich dokumentierten Tatsachen über das Ustascha-Regime nur relativ wenig bekannt nach dem Motto: Eine Vertuschungslüge muss nur groß genug sein, damit sie geglaubt wird. Der Jugoslawienkrieg der 1990er-Jahre und das Serbien unter Milosevic haben das Vergessen erleichtert. Sollte es ein Test gewesen sein, ob man die Seligsprechung von Pius XII. wagen könne, so wäre er grandios gelungen. Benedikt XVI. hat sich nicht gescheut, am 5. Juni 2011 im Zagreber Dom den „Märtyrer Stepinac" (der aber friedlich und von vielen in Kroatien hoch angesehen 1960 gestorben ist) in den Mittelpunkt seiner Ansprache zu stellen. Er sei ein „furchtloser und vorbildlicher Hirte" gewesen, sein „heroisches Leben" auch noch heute prägendes Vorbild.

Nikolaus Groß (1898–1945)

war katholischer Gewerkschafter und Journalist und wurde 2001 seliggesprochen. Groß engagierte sich gegen die Nazis, übernahm etwa Kurierdienste und stand in Kontakt mit oppositionellen Kreisen (Carl Friedrich von Goerdeler). Er wurde im Januar 1945 aufgrund eines Urteils des Volksgerichtshofs erhängt, weil er im Verrat mitgeschwommen sei. Alexander Groß, einer der Söhne des Seligen, hatte Schwierigkeiten mit der Seligsprechung 2001. Der „Süddeutschen Zeitung" erklärte er, er halte den Heiligenschein für eine „Art ‚Geschichtsklitterung', mit der die Kirche davon ablenken wolle, dass sich viele Geistliche allzu willfährig gegenüber den Nazis gezeigt hätten."[251] Sein Vater sei ebenso sehr Antifaschist gewesen wie Katholik. Sohn Alexander erinnerte sich an einen kirchlichen Fragenkatalog zu Anfang der 1990er-Jahre: Ob sich der Vater bewusst gewesen sei, „dass er das eigene Blut aus Liebe zu Christus vergoss" habe, und wie es um seinen Vorsatz gestanden habe, als Märtyrer zu sterben. Alexander, damals 14 Jahre alt, war der Meinung, sein Vater sei vor allem wegen seiner politischen Überzeugung umgekommen, die Kirche habe das Urteil im Nachhinein mit einem Glaubenshass der Nazis in Verbindung bringen wollen. Seine Mutter habe trotz ihrer sieben Kinder kaum kirchlichen Zuspruch erhalten, insbesondere nicht vom Bischof.[252]

13 – Heiligenverehrung und Kirchenpolitik, insbesondere seit 1900

Spanischer Bürgerkrieg I

2001 sprach Papst Johannes Paul II. 233 spanische Priester der Franco-Seite als Märtyrer selig, die alle während des Spanischen Bürgerkriegs nur um ihres Glaubens willen ermordet worden sein sollen. Mit politischen oder ideologischen Auseinandersetzungen hätten die Ermordeten nichts zu tun gehabt. Sie seien gottbegnadete Beispiele des Mutes und standhaften Glaubens. Angesichts der sozialpolitisch bemerkenswerten und langen Vorgeschichte des Bürgerkriegs, der immerhin mit einem Militärputsch Francos gegen die gewählten und demokratischen Republikaner begann und in der sich die Kirche stets mit reaktionärer Unterdrückung identifiziert hatte, waren die antiklerikalen Mordtaten der Franco-Gegner als Reaktionen der Wut, Rache und Verzweiflung verständlich. Der von den Frankisten ermordeten katholischen Priester hat die Kirche – umgekehrt – bis heute nicht gedacht. Die Seligsprechung nimmt auf die immer noch bestehende Spaltung der spanischen Bürgerschaft keine Rücksicht und stellt die Geschichte und das heutige Verständnis von sozialer Gerechtigkeit grotesk auf den Kopf. Der spanische Klerus weigert sich bis heute, die tiefe Verstrickung der katholischen Kirche in die blutigen Ereignisse des zwanzigsten Jahrhunderts in Spanien anzuerkennen (zum Ganzen C 11, Franco-Diktatur; unter LitV 4 d) Literaturangaben).

Clemens August Graf von Galen (1878–1946)[253]

war Bischof von Münster („Löwe von Münster"). Für seine Seligsprechung 2005 (wenige Monate nach der Wahl Benedikts XVI.) spricht aus Außensicht eigentlich nur der große Mut und eine generell deutlichere Rede in der NS-Zeit (insbesondere gegen das NS-Neuheidentum und die Ermordung von Insassen der Heil- und Pflegeanstalten), besonders im Vergleich zu den anderen deutschen Bischöfen. Ansonsten aber hat er sich ganz wie diese verhalten: Er war besonders nationalistisch, begrüßte bei seiner Bischofsweihe im Oktober 1933 das gottgefällige Wirken der Regierung und ihres göttlich erleuchteten Führers, den Kampf der Nazis gegen Bolschewismus, Freidenkertum und Liberalismus, betonte stets den Gehorsam gegenüber der (angeblich rechtmäßigen[254]) NS-Obrigkeit, begrüßte den Austritt aus dem Völkerbund 1933, erflehte Gottes Segen für den Führer. Völlig im Gegensatz zu den anderen Bischöfen schlug er 1935 sogar eine festliche Ehrung des Generals Ludendorff vor, der 1923 wesentlich am Hitler-Putsch beteiligt und ein fanatischer Judenhasser war. Wie seine Kollegen unterstützte von Galen bis zuletzt Hitlers Kriegsziele, auch den Überfall auf das immerhin katholische Polen. Mit seinem Hirtenbrief vom 15. März 1942 bekräftigte er, wie süß und ehrenvoll es sei, für das Vaterland zu sterben, und dass der Krieg eine gerechte Völkerordnung und einen dauerhaften Frieden bringen solle. Mit dem Feldgeschrei „Gott will es" solle der Bolschewismus niedergerungen werden, wie es schon der „Befreier Franco" getan habe. Dass es sich um einen „gerechten Krieg" handle, daran hatte von Galen auch in seiner Predigt vom 4. Juni 1943 keinen Zweifel. Für die tapferen deutschen Soldaten in den eroberten Gebieten ließ von Galen beten, für die russischen Kriegsgefangenen in seiner Diözese, die auch bis zur physischen Vernichtung schuften mussten, nicht. Das Neuheidentum eines Alfred Rosenberg bekämpfte von Galen offen, aber er plädierte auch für die Reinerhaltung des Blutes, die ihm wichtig war. Mit allem Kirchenvolk gelang es ihm 1936, die Rücknahme des NS-Verbots der Kreuze in Oldenburgs Schulen zu erzwingen, aber wie dieselbe Bevölkerung verhielt auch er sich völlig passiv, als 1941 die Judendeportationen begannen.

Als von Galen am 3. August 1941 konkret die Ermordung Geisteskranker anprangerte, trug ihm das bleibenden Ruhm ein. Aber da waren seit der Tötungsanweisung Hitlers vom 1. September 1939 bereits ca. 70 000 Patienten umgebracht worden und hatte es schon seit über einem Jahr evangelische Protestaktionen gegeben. Der katholische Episkopat beließ es bei nicht öffentlichen Mahnungen. Erster Bischof, der öffentlich und deutlich konkret über die Euthanasie-Morde gesprochen hatte, war im März 1941 Preysing (Berlin) gewesen, der aber keine besondere Wirkung erzielt hatte. Als von Galen im Juli 1941 zwei antinazistische Predigten hielt, ging es um massive Übergriffe der Gestapo gegen Orden im Bistum von Galens, die auch die Bevölkerung erregten (Beschlagnahmen, Vertreibungen, Auflösungen). Erst am 3. August 1941 erfolgte die berühmte Predigt gegen die „Euthanasie"-Morde, die deren vorübergehende Einstellung zur Folge hatte. Freilich: Als im Herbst 1941 eine gefälschte Galenrede in Umlauf kam, wonach er zum passiven Widerstand gegen das Regime aufgerufen habe, dementierte von Galen sofort: Das Schriftstück stehe in schroffem Widerspruch zu seiner Haltung.

Äußerungen gegen die Judenverfolgung sind auch seitens von Galen nicht bekannt – was nicht überrascht, waren doch die Juden für den Episkopat stets ein „nicht nahestehender Interessenkreis". Als nach der Zerstörung der Synagoge von Münster 1938 Juden, die er nicht einmal vorließ, um öffentliche Fürsprache baten, knüpfte von Galen das an eine Bedingung, worauf die Delegation verzichtete. Als im Dezember 1941 die Deportationen aus Münster begannen, das war kurz nach dem erfolgreichen „Löwenauftritt", rührte sich von Galen nicht.

Nach 1945 vertrat er die Überzeugung, Grund für den Untergang Deutschlands sei die Auflehnung gegen die gottgewollte Wertordnung und Verabsolutierung säkularer Prinzipien gewesen. Hatte er doch schon 1932 die Abhandlung „Die ‚Pest des Laizismus' und ihre Erscheinungsformen" verfasst. Seine 1946 erfolgte Erhebung zum Kardinal durch Pius XII. muss als Zeichen verstanden werden. Die Erhebung zum Seligen im Jahr 2005 wirft die Frage auf, welches kirchentaktische Kalkül Benedikt XVI. kurz nach seiner Wahl dazu bewogen haben mag, einen Bischof mit so zwiespältigem Charakter zum Vorbild zu erheben.

Spanischer Bürgerkrieg II
Sieben spanische Märtyrer, gestorben 1936, wurden am selben Tag wie von Galen seliggesprochen, am 9. Oktober 2005. Es handelte sich um Geistliche, die nach erheblichen Brutalitäten der Franco-Putschisten (gegen die Mehrheit der republikanisch gesinnten Bevölkerung) in der Anfangszeit des Bürgerkriegs erschossen wurden. Auch diese Tötungen sind im Gesamtzusammenhang der Geschichte dieses Krieges (C 11, Franco-Diktatur, und oben Spanischer Bürgerkrieg I) zu sehen. Die Seligsprechungen bekräftigen, was die Kirche Benedikts XVI. (unter dem Einfluss von Opus Dei und anderen reaktionären Kirchentruppen) als „vorbildhaft" versteht.

Franz Jägerstetter (1907–1943)
war österreichischer Landwirt und Kriegsdienstverweigerer. Er wurde wegen Wehrkraftzersetzung hingerichtet und 2007 als Märtyrer seliggesprochen: vor den oben geschilderten Hintergründen eher eine Verhöhnung. Unter dem Einfluss seiner Frau las er religiöse Literatur und liebte Heiligenbeschreibungen. Nach dem Anschluss Österreichs stimmte er als Einziger aus seinem Dorf mit Nein. Er nahm keine Vergünstigungen der NSDAP in Anspruch und spendete auffälligerweise nichts für die Partei. Nachdem er zunächst den Fahneneid geleistet hatte, dann aber als unabkömmlich eingestuft wurde, erfuhr er einen Sinneswandel aufgrund des sogenannten Euthanasieprogramms und der Kirchenbekämpfung sowie infolge seines Bücherstudiums und seiner Bibellektüre. Er erklärte öffentlich, als gläubiger Katholik keinen Wehrdienst für den nationalsozialistischen Staat leisten zu dürfen. Seine Umgebung und der Bischof von Linz rieten von einer Wehrdienstverweigerung ab. Als 1943 erneut eine Einberufung kam, verweigerte er im Bewusstsein der Konsequenzen den Wehrdienst und kam sofort ins Wehrmachtsgefängnis. Er weigerte sich, seine Entscheidung zu ändern, obwohl er von anderen Verweigerern gehört hatte und davon, dass auch der Pallottinerpater Franz Reinisch wegen Wehrdienstverweigerung hingerichtet worden war. Das bestärkte ihn vielmehr in der Richtigkeit seiner Entscheidung. Im August 1943 wurde Jägerstetter aufgrund eines Todesurteils mit dem Fallbeil hingerichtet.

Auch in der Kirche wurde das Verhalten Jägerstetters meist abgelehnt, und 1946 wies der Linzer Bischof Fließer einen Artikel über Jägerstetter in der Kirchenzeitung ab, weil er diejenigen Katholiken, die in „heroischer Pflichterfüllung" gekämpft hatten, für die größeren Helden hielt. Das verband er mit einer

Herabsetzung der Bibelforscher und Adventisten, die lieber im KZ starben, als zur Waffe zu greifen. Erst seit 1983 gab es in Österreich jährliche Gedenkfeiern. Jägerstetters Haltung wurde stets kontrovers diskutiert. 2007 erhielt seine Witwe das Goldene Verdienstzeichen der Republik Österreich und drei Jahre später vom Bischof das päpstliche Ehrenzeichen „Pro Ecclesia et Pontifice". Aber etwa zur gleichen Zeit hielt der katholische Militärsuperior Siegfried Lochner von der Militärakademie Wiener Neustadt Franz Jägerstätter für ein „bedauernswertes Opfer seines irrenden Gewissens und der äußeren Umstände seiner Zeit". Er habe nicht an einem Krieg teilnehmen wollen, der von vielen als „gerechter Verteidigungskrieg" gesehen worden sei. Lochner zitierte den Trierer Bischof Bornewasser, der 1947 in einem Hirtenbrief geschrieben hatte: „Vaterlandsliebe bedeutet Treue. Wer die Treue bricht, ist ein Verräter."

Nur zwei Tage nach der Festmesse in Linz mit 30 Bischöfen zu Ehren Jägerstetters wurden in Rom auf dem Petersplatz weitere 498 spanische Bürgerkriegsopfer der Franco-Seite ebenfalls seliggesprochen.

Spanischer Bürgerkrieg III
In der bisher größten Seligsprechung aller Zeiten wurden 498 Opfer des Spanischen Bürgerkriegs und der ihm vorangehenden Entwicklungen aus der Zeit von 1934–1937 in Rom am 28. Oktober 2007 als Märtyrer geehrt, fast nur Ordensleute und etliche Weltpriester sowie einige Laien. Die Frankisten seien von Sozialisten, Kommunisten und Anarchisten aus Glaubenshass umgebracht worden. Leuchtende Kapitel der Geschichte hätten die Seligen geschrieben. Eine solche Seligsprechung, die keinem einzigen derjenigen ermordeten Priester oder katholischen Laien zuteilwurde, die die gewählte republikanische Regierung unterstützten, ist natürlich kein Zufall. Vielleicht war es auch kein Zufall, dass der Seligsprechungstermin nur wenige Tage vor der Verabschiedung eines spanischen Gesetzes zur Rehabilitierung von Zehntausenden Opfern der Diktatur stattfand, gegen dessen Verabschiedung die Kirche eingetreten und das ohnehin schon stark verwässert worden war.[255]

Gerhard Hirschfelder (1907–1942)
wurde als Märtyrer-Priester 2010 seliggesprochen. Der Jugendseelsorger hielt Predigten gegen die NS-Ideologie. 1941 prangerte er in einer Predigt die Zerstörung christlicher Symbole an. Wer den Glauben der Jugend an Christus zerstören wolle, sei ein Verbrecher. Nach seiner baldigen Verhaftung wurde er schließlich ins KZ Dachau gebracht, wo er an Entkräftung starb.

Georg Häfner (1900–1942)

war ebenfalls Märtyrer-Pfarrer und wurde 2011 seliggesprochen. Trotz Zurückhaltung in Predigten sei der Pfarrgemeinde die antinazistische Haltung Häfners nicht verborgen geblieben, er habe auch den Hitlergruß verweigert. 1941 habe er einen geschiedenen und wiederverheirateten Nationalsozialisten auf dem Sterbebett eine Erklärung unterzeichnen lassen, worin er die Zivilehe für nichtig erklärte und sich den göttlichen und kirchlichen Gesetzen unterwerfe, um das gegebene Ärgernis ungeschehen zu machen. Die Erklärung wurde in der Kirche verlesen, was für Häfner die Voraussetzung für ein kirchliches Begräbnis war. Er wurde daraufhin verhaftet und starb im KZ Dachau.

Zur Systematik und Politik der Selig- und Heiligsprechungen im 20. und 21. Jahrhundert

Zwar konnten aus der Fülle derer, die im 20. und beginnenden 21. Jh. zur Ehre der Altäre erhoben wurden, nur einige aus dem europäischen Raum und meist nur recht knapp vorgestellt werden, aber insgesamt lassen sie doch bestimmte Typisierungen zu.

Etliche Selig- oder Heiligsprechungen begünstigen rein innerkirchlich *bestimmte Frömmigkeitsformen* und die naive Volksfrömmigkeit. Andere betreffen *Märtyrer*, die (wirklich?) wegen ihres Glaubens zu Tode gebracht wurden. Weitere sind auf höherer Ebene *kirchenpolitisch* bedeutsam. Eine größere Zahl dient der *Geschichtsfälschung*. Viele Seligsprechungen dienen dem *nationalen religiösen Stolz* oder sind zur *regionalen Stärkung* der Gläubigen gedacht und stehen nicht selten im unmittelbaren Zusammenhang von Papstreisen. Die Inhalte mancher Lebensläufe sind, auch innerreligiös betrachtet, im Vergleich völlig konträr und lassen manche Selig- bzw. Heiligsprechungen als *Ergebnis innerkirchlicher Richtungskämpfe* und Ausdruck von *Opportunismus* erscheinen. Die Gesamttendenz ist bisher konservativ bis reaktionär, ja dreist. Persönlichkeiten, die auch außerkirchlich als Person und wegen ihrer allgemeinen Bedeutung Respekt oder gar hohe Anerkennung verdienen, findet man nur wenige. Die Seligsprechung Johannes' XXIII. ist völlig entwertet durch die gleichzeitige Seligsprechung Pius' IX. Bei einer *Gesamtbetrachtung* der Selig- und Heiligsprechungen ist beim Vergleich der jeweiligen Verhaltensweisen teilweise eine große Widersprüchlichkeit festzustellen: Soll der Mut von kirchlich seinerzeit bekämpften Kriegsdienstverweigerern Vorbild sein und gleichzeitig ein verbrecherisches Verhalten wie das von Erzbischof Stepinac? Welche geistige Haltung soll denn nun als Vorbild dienen? Man kann nicht erkennen, welches Denken und Handeln nach kirchlicher Ansicht als ein Vorbild dienen könnte, das auch nach den Kriterien einer hochentwickelten, demokratisch orientierten und wissenschaftlich begründeten Ethik (dazu F 3) anerkennenswert wäre.

Einige Anmerkungen sollen der *Verdeutlichung* dienen. Das Besondere an heutigen *Märtyrern* ist, dass sie (anders als die vor 1900 umgebrachten heiligen Inquisitoren) meist trotz ihrer Unschuld ermordet wurden. Das allein wird ihnen als ein solches Verdienst angerechnet, dass bei ihnen die formale Anerkennung eines „Wunders" entfällt. Das „Martyrium" einer Maria Goretti besteht schlicht darin, dass sie sich noch als Kind einer drohenden Vergewaltigung widersetzte und dabei umgebracht wurde. Sicher war sie, wie zahllose andere, ein guter Mensch, da sie dem Täter verzieh. Aber in welcher Hinsicht ist das Unglück eines Kindes für Erwachsene ein Vorbild? Die „Märtyrer" aus der NS-Zeit wurden kirchenpolitisch instrumentalisiert, mag das Verhalten etlicher von ihnen auch sehr respektabel gewesen sein.

Die Politik der Seligsprechungen aus der Zeit des *Faschismus* ist in ethischer Hinsicht verwerflich, denn sie wird als *taktisches Mittel zur historischen Glättung*, wenn nicht Reinwaschung der Kirche eingesetzt. Der deutschen katholischen Kirche ist es trotz ihrer vielfach abscheulichen Verwicklung in das NS-Regime nach 1945 mithilfe einer klerikalen Politik ohnehin gelungen, diese Verstrickungen weithin zu verdrängen (d. h. zumindest indirekt wegzulügen) und entsprechende Kenntnisse von den nachwachsenden Generationen fernzuhalten (C 10). Gerade deswegen konnte sie es wagen, von den relativ wenigen widerständigen einzelnen Gläubigen auffällig viele förmlich zu ehren. Bei regimekritischen Predigern und Kriegsdienstverweigerern ist das peinlich, weil die Kirche selbst einigen oft lange relativ unbehelligt gebliebenen Predigern Predigtverbot erteilt und Kriegsdienstverweigerer regelrecht bekämpft hat. Rückblickend regelrecht perfide ist die Seligsprechung der Edith Stein, einer in der Tat bedeutenden Persönlichkeit, weil sie mit ihrer frühzeitigen Initiative vom Vatikan abgebürstet worden war und dann nicht wegen ihres katholischen Glaubens, sondern als Jüdin ermordet wurde. Dabei war es die Kirche gewesen, die viele Jahrhunderte lang die Judenfeindschaft massiv betrieben und in der NS-Zeit bis zuletzt fortgeführt hat (C 10). Ähnlich befremdlich ist die kirchentaktisch erfolgreiche Seligsprechung des „Löwen von Münster", weil dieser trotz seines partiell gezeigten Mutes mit seiner nationalistischen und demokratiefeindlichen Gesinnung als Vorbild in Europa ungeeignet ist.

Den *Gipfel der Dreistigkeit* stellte die Seligsprechung des Alojzije Stepinac im Jahr 1998 dar, der einer der bedeutendsten und schlimmsten Kriegsverbrecher des 20. Jh. war, mag er auch persönlich niemanden direkt umgebracht haben (s. o. und C 11.3). Zum Dank ernannte ihn der bestens informierte Pius XII., dessen Seligsprechung (trotz anhaltender Widerstände) seit Langem massiv betrieben wird, zum Kardinal und segnete ihn noch auf dem Totenbett. Und noch besser: Der selbst mittlerweile selige Johannes Paul II. erhob Stepinac zum verehrungswürdigen Vorbild. Was ist das für eine Institution? Es hat seinen Grund, warum die Päpste in unschuldiges Weiß gekleidet sind. Das gibt aber auch Anlass zu der Frage: Welche Grund-„Wahrheit" hat eine Institution zu verkünden, die einen wie Stepinac als, so der selige Johannes Paul II., „hervorragende und verehrungswürdige Gestalt" bezeichnet (und damit in Kroatien noch Begeisterung hervorruft)? Mit welchen Gründen wird sie selbst in demokratischen Staaten noch hofiert? Gar als moralische Macht bezeichnet? Und wo ist bei allem der Heilige Geist geblieben?

Erwähnenswert sind noch die *geforderten Wunder.* Schon bei Seligsprechungen wird die Feststellung des „heroischen Tugendgrads" und zusätzlich, falls es sich nicht um einen Märtyrer handelt, der Nachweis eines auf Anrufung des Betreffenden „nachgewiesenen Wunders" gefordert, bei Heiligsprechungen sind es zwei. Die „Nachweise" sind teilweise sehr um Plausibilität bemüht (medizinisch unerklärliche Heilungen), manchmal aber in hohem Grad lächerlich. Sie stellen sich stets entsprechend den Terminplanungen rechtzeitig ein. Wissen das die Journalisten nicht?

Bei der Klassifizierung der „Seligen" und „Heiligen" wäre noch zu fragen, warum selbst relativ unbedeutende Menschen noch nach sehr langer Zeit zur Ehre der Altäre erhoben werden, andere aber, die es auch aus allgemein-menschlicher Hinsicht sehr verdient hätten, wie z. B. Oscar Romero, nicht.

14 – Reformation und Protestantismus

Als die Reformation zuschlug, war das Zölibat des Klerus ebenso wie der Ablassskandal die Provokation
Peter de Rosa, katholischer Theologe

Die Heiligenlegenden entlarvte Luther als Märchen. An den Bibellegenden hielt er fest, am Teufelsglauben auch; am Hexenwahn auch; an der Ketzervertilgung auch, am Antisemitismus auch, am Kriegsdienst, an der Leibeigenschaft, den Fürsten. Man nennt es: Reformation.
Karlheinz Deschner

„Reformation"[256] war ursprünglich ein Versuch, die [katholische] Kirche, die durch Ablasshandel, Käuflichkeit der Kirchenämter, Sittenlosigkeit des Klerus und totale Verderbtheit des Papsttums mit seiner üppigen Hofhaltung völlig korrumpiert war, wieder aufzurichten. Die reformerischen Versuche führten bald zu getrennten neuen Glaubensrichtungen, die auch die politische Landschaft Europas umgestalteten. Die Glaubensspaltung war notwendige Voraussetzung zur Entwicklung der Freiheit verschiedener religiöser Konfessionen im Staat, bis seit dem 19. Jh. auch die persönliche Religionsfreiheit nach und nach Raum gewann und schließlich 1965 selbst von der katholischen Kirche anerkannt wurde. So hat im Rückblick „die Reformation" als Gesamterscheinung einen allgemein positiven Klang, obwohl ihre einzelnen Ausprägungen aus kritischer Sicht auch sehr viele negative, ja schlimme Seiten aufweisen, die freilich von den aus der Reformation entstandenen Konfessionen und Abspaltungen gern ignoriert werden.

Einer der Vorläufer der Reformation war John Wyclif, der in England mit Unterstützung des Königs großen Erfolg hatte. Schon im 14. Jh. lehnte er Bilder-, Heiligen- und Reliquienkult, den Zölibat und die eucharistische Lehre von der Realpräsenz Christi in den Gestalten Wein und Brot ab, und die an den Papst abzuführende Steuer tat ein Übriges. Das Konstanzer Konzil, das den Abweichler Jan Hus treubrüchig verbrennen ließ, verurteilte Wyclif 1415 posthum als Ketzer.

Anmerkungen zu Martin Luther

Die Zeit wartete sozusagen auf einen wie Martin Luther, der nicht nur gebildet war, sondern mit seiner Wortgewalt und Volksnähe in Verbindung mit der neu etablierten Buchdruckerkunst mit reißerischen, illustrierten und wenig feinen Flugblättern in Kürze einen Flächenbrand in Deutschland entfachen konnte. Der 1483 in Eisenach geborene Martin Luther war *die* Hauptfigur der Reformation, als deren Beginn man das Jahr 1517 ansieht. Auf dem Weg zu seinem Studienort Erfurt wurde er 1505 von einem schweren Gewitter überrascht. In Todesangst rief er die hl. Anna an und trat kurz darauf in das Augustinerkloster in Erfurt ein. Bereits zwei Jahre später wurde er zum Priester geweiht. Er litt an Gewissensnöten, weil er nicht sicher war, ob er bei der Sündenbeichte die Absolution erhalten könne. Denn dazu reichte es nicht, dass man die Sünden aufrichtig aus Angst vor Gottes Strafe bereute, sondern das Motiv musste die Gottesliebe sein. Luther war daher verzweifelt, weil er die Heilsgewissheit vermisste und die ewige Verdammnis fürchtete. Daher studierte er zusätzlich Theologie und wurde nach seinem Doktorat 1512 sogleich Professor für Bibelauslegung an der Universität Wittenberg.

Schwer verständlich erscheint, dass die erlösende Erkenntnis Luthers über die Gerechtigkeit Gottes in der dem Gläubigen geschenkten Gnade bestand. Das ist die viel zitierte *Sola-Fide-Lehre:* Es kommt nur auf den Glauben und die göttliche Gnade an, nicht auf die selbst erbrachten guten Werke (die sich daraus von selbst ergeben). Damit war die Vermittlerfunktion der Kirche erschüttert. Ein wichtiger äußerer Anlass für Luthers Opposition war der Kampf gegen die schamlosen Ablassbriefe, den Luther 1516 mit Predigten aufnahm. Das *Ablassunwesen* hat seine Ursache in der Lehre vom Fegefeuer als einem Ort der Reinigung (Purgatorium) für diejenigen Verstorbenen, die zwar nicht in die ewige Hölle mussten, aber wegen ihrer Sünden nicht unmittelbar in den Himmel gelangen konnten. Diese Lehre wurde nach jahrhundertelanger Vorgeschichte spätestens um 1200 fest etabliert. Das Ablasswesen entwickelte sich aus dem Glauben, dass man Verstorbene durch Gebete und gute Werke vorzeitig aus dem Fegefeuer erlösen könne. Das geschah insbesondere durch Stiftungen, aber auch direkte Geldzuwendungen an die Kirche. Um 1500 war das Ablasswesen ein reines Finanzgeschäft zur Ausbeutung der gläubigen Massen. Sie stießen sich nicht daran, dass die Sündenschuld durch das Bußsakrament zwar getilgt und auch Buße geleistet war, aber eigenartigerweise doch noch zeitliche Sündenstrafen übrig blieben, die grundsätzlich im Fegefeuer abzubüßen waren. Wer Ablassbriefe kaufte, musste nicht einmal mehr gebeichtet haben. Ihm wurde entsprechend der Spendenhöhe in einem Dokument bescheinigt, dass ihm oder verstorbenen Angehörigen zeitliche Sündenstrafen im Fegefeuer erlassen seien. Der Werbespruch des zur Zeit Luthers in Deutschland tätigen Dominikaner-Ablasspredigers Johann Tetzel (1460–1519) lautete sinngemäß: „Wenn das Geld im Kasten klingt, die Seele aus dem Feuer springt." Die Hälfte der Einnahmen war für den Bau des Petersdoms in Rom bestimmt. Die andere Hälfte teilten sich der Mainzer Erzbischof Albrecht und der Ablassprediger. Kardinal Albrecht hatte Schulden bei den Fuggern, die ihm den Kauf dreier Bistümer und damit auch die Mainzer Kurfürstenwürde finanziert hatten. Mithin waren die bekannten 95 Thesen Luthers von 1917, die sich mit der Kirchenbuße und der Verwerflichkeit des aktuellen Ablasswesens befassten, ein Angriff auf das päpstliche Finanzsystem, das sechs geldhungrige Päpste praktizierten.

Entgegen besseren historischen Erkenntnissen wird noch heute die Legende vom Anschlag der 95 Thesen an die Schlosskirche von Wittenberg als Tatsache ausgegeben. Luther hat seine Thesen lediglich (Bischöfen) in lateinischer Sprache zur Disputation vorgelegt. Für einen Bruch mit der Kirche geben sie keinerlei Anhaltspunkt. Im Rahmen des durch die Ablassthesen ausgelösten Ketzerverfahrens beharrte Luther auf dem Reichstag zu Augsburg 1518 auf seinen Ablassthesen und vertrat die Ansicht, die Rechtfertigung erfolge durch den Glauben, nicht das Sakrament. Bei der Leipziger Disputation zwischen dem Papstvertreter Johannes Eck und führenden Reformatoren vertrat Luther die Auffassung, Papst und Konzilien könnten irren, der päpstliche Primat sei aus der Schrift nicht begründbar. Danach erwirkte Eck die Bannbulle gegen Luther, der Bruch war perfekt.

Maßgeblich sind drei Reformationsschriften von 1520. Luther verwarf das Papsttum, das Sakrament der Priesterweihe und das traditionelle Bischofsamt. Die Autorität der Bibel steht bei ihm über der Autorität der Kirche. Luther plädierte unter großem öffentlichem Anklang gegen den Zwangszölibat und war gegen den Kirchenstaat. Die Geistlichen haben bei ihm zwar besondere Aufgaben, aber allen Gläubigen steht das allgemeine Priestertum zu. Die angestrebte Wahl der Pfarrer durch die Kirchengemeinde konnte auch wegen der kriegerischen Bedrohung durch die katholischen Mächte nicht verwirklicht werden. Trotz seiner Zwei-Reiche-Lehre sah sich Luther gezwungen, die evangelisch gewordenen Landesherren zu bitten, vorerst als kirchliche Führer („Notbischöfe") zu fungieren. Sprichwörtlich ist der von Luther geforderte blinde Untertanengehorsam der Christen.

Von den sieben alten Sakramenten blieben nur Taufe und Abendmahl (katholisch: Eucharistie, Lehre von der Transsubstantiation) übrig, über den Charakter der Buße war Luther unschlüssig. Letztlich wird das Heil durch das Wort vermittelt. Luther behielt zwar (im Gegensatz zu den anderen Reformatoren) die Lehre von der Realpräsenz Christi beim Abendmahl bei. Er vertrat aber (wie noch heute die lutherischen Kirchen) dennoch eine Abweichung von der katholischen Lehre (Konsubstantiation), die aber kaum irgendwo verständlich ausgedrückt ist und aus kritischer Sicht dahinstehen mag. Vor Gott ist der Sünder allein durch seine Gnade gerechtfertigt, in der Welt hingegen muss sich der Glaube bewähren und in guten Werken zeigen.

Ansonsten plädierte der wortgewaltige Luther für die allgemeine Zugänglichkeit von Bildung und für eine geregelte Armenfürsorge. Im Übrigen war er von größter Bedeutung für die Schaffung einer einheitlichen deutschen Schriftsprache.

Bleibende Negativposten Luthers

So weit, so gut, wenn auch Luthers religiöse Lehren irrational sind wie bei allen Religionen. Verhängnisvoll sind aber historisch wirksame Lehren und Handlungen Luthers, die zwar nie abgestritten, aber gern heruntergespielt werden. Dabei sind sie mit sehr negativen Charakterzügen verbunden wie Jähzorn, Hass auf Andersdenkende, Rachsucht, maßlose Polemik, Selbstgerechtigkeit, Verlogenheit, Opportunismus und Grausamkeit. Zu nennen sind vor allem die Forderung nach Unterwürfigkeit gegenüber der weltlichen Obrigkeit, die in Luthers mörderischen Hetzschriften gegen die unterdrückten Bauern zum Ausdruck kommt, seine Verfolgung der sogenannten Hexen im Verein mit seinem krankhaften Teufelsglauben und sein abartiger Hass gegen die Juden. Und Toleranz gegen Andersdenkende war Luther generell fremd. Die von ihm erstmals stark geförderte breite Bildung war mit einer Prügelpädagogik verbunden, die noch weit bis ins 20. Jh. hinein seine schlimmen Auswirkungen hatte.

Zum Bauernkrieg 1524/25

Den Bauern ging es in Europa im Allgemeinen schlecht. Im späten Mittelalter kam es in vielen Ländern zu Aufständen. Im Deutschland des 15. Jh. gab es regional immer wieder Erhebungen. Besonders verhasst waren gerade den durchaus frommen wohlhabenderen Bauern die „Pfaffen", war doch die Kirche der größte Grundeigentümer und waren kirchliche Landbesitzer dabei, Feudalrechte auszuweiten. Eine übergeordnete nationale Autorität war nicht vorhanden. So gab es in den Jahrzehnten vor Luthers Thesen vor allem in Württemberg, aber auch in Österreich und der Schweiz immer wieder Aufstände, und bedrohlich waren die bäuerlichen Bundschuhaufstände am Oberrhein und im Elsass. Der Würzburger Bischof z. B. ließ 1476 mit Kanonen auf 16 000 Bauern schießen. 1491/92 erhoben sich die Bauern gegen den Fürstabt von Kempten. 1502 erhob sich der Bruchsaler Bundschuh gegen den Bischof von Speyer, der als Leuteschinder bekannt war. Zehn der Rebellen ließ er köpfen und vierteilen. Der Hass auf die Kirche war in deren Reichtum, ihrer Korruption und im wenig geistlichen Leben der Priester begründet. Die geistlichen Fürsten waren besonders verhasst, zumal in Deutschland, wo ein Fünftel des Landes den Fürstbischöfen, Bischöfen und Klöstern gehörte und Simonie und Vetternwirtschaft besonders grassierten. Auch der niedere Klerus galt als habgierig.

Die allgemeine Missstimmung führte zum Bauernkrieg, der auch von Bürgern und Handwerkern angeführt wurde. Er begann im Juni 1524 im Schwarzwald und breitete sich bald in ganz Süddeutschland aus, ausgenommen Bayern, wo es eine funktionierende und auch die Grundbesitzer zügelnde herzogliche Macht gab. Ohne das Luthertum mit seiner unmittelbaren Mensch-Gott-Beziehung ist die große religiös-soziale Bauernkriegsbewegung nicht denkbar, und die Aufständischen sahen sich sämtlich als Christen und wähnten Luther an ihrer Seite, Predigtgottesdienste waren häufig. Im Februar 1525, zum Beginn des eigentlichen Aufstands, erschienen die bemerkenswerten Memminger „Zwölf Artikel der Bauernschaft in Schwaben", die weit über die Region hinaus von den Aufständischen akzeptiert wurden und heute als menschenrechtliches Dokument anerkannt sind. Der Text ist stark religiös geprägt. Selbst Luther hat die meisten Forderungen als „billig und recht" anerkannt, und die Bauern waren zunächst versöhnungsbereit. Aber die Herren ignorierten das. Luther griff in seiner Schrift „Ermahnung zum Frieden auf die Zwölf Artikel der Bauernschaft in Schwaben" von 1525 sogar die Ausbeuter und Schinder massiv an, den Hauptpunkt gegen die Leibeigenschaft akzeptierte er aber nicht. Seine Obrigkeitslehre verlangte, dass auch eine schlechte Obrigkeit ausgehalten werden müsse. Aufruhr war Luther ein Gräuel. Da trotz einer insgesamt zurückhaltenden Vorgehensweise der militärisch weit unterlegenen Bauern zahlreiche Plünderungen und Morde geschahen, schwenkte Luther, auch wegen der Radikalität der rasch erdrückten

Revolte des reformerischen Theologen Thomas Müntzer (5000 Opfer, fast nur aufseiten der Aufständischen), rasch um und hetzte mit einer Anfang Mai 1525 erschienenen Schrift schier unglaublich erbarmungslos gegen die Bauern: „Wider die räuberischen und mörderischen Rotten der Bauern". Mit maßloser Sprachgewalt wiegelte er die Fürsten auf: „Liebe Herren, steche, schlage, würge, wer da kann. Bleibst du drüber tot, wohl dir seligeren Tod kannst du nimmermehr bekommen. Denn du stirbst im Gehorsam göttlichen […] Befehls […]. So soll die Obrigkeit […] mit gutem Gewissen dreinschlagen, solange sie eine Ader regen kann […] welcher Bauer darüber erschlagen wird, mit Leib und Seele verloren und ewig des Teufels ist" usw., etwa: Man müsse sie totschlagen wie einen tollen Hund, „heimlich oder öffentlich, wer da kann", d. h. jeder, der dazu in der Lage ist. „Ich bin der Meinung", tönte Luther, „es ist besser, dass alle Bauern erschlagen werden als die Fürsten und Obrigkeiten […]." Und die Fürsten nahmen grausam Rache. Trotz zugesagter Schonung wurden am 19. Mai 1525 bei Zabern 18 000 Menschen umgebracht, und insgesamt sprechen seriöse Schätzungen von 70 000 Toten. 1533 nahm Luther das ohne Reue auf seine Blutkappe: „Ich habe im Aufruhr alle Bauern erschlagen. Denn ich hab sie heißen totschlagen. All ihr Blut ist auf meinem Hals." Freilich habe der Herrgott ihm solches zu reden befohlen.

Der Toleranzfeind Luther – ein Rätsel

Und so trifft Luther eine erhebliche Mitschuld an der *historischen Katastrophe der weitgehend vergeblichen Bauernaufstände*. Genauso schlimm ist Luthers Wandel in seiner Einstellung gegenüber den Juden. Er gehörte zunächst zu den Wenigen, die sich für die Juden einsetzten. In seiner Streitschrift „Dass Jesus Christus ein geborener Jude sei" von 1523 bewies er mit 40 Jahren einen klaren und menschenfreundlichen Geist. Man solle Nächstenliebe an ihnen üben und sie nicht wie Hunde behandeln. Genau 20 Jahre später warf er mit seiner berüchtigten Schrift „Von den Juden und ihren Lügen" *unflätigen Hass gegen die Juden* aus, dem nur noch der direkte Aufruf zu ihrer Ermordung fehlte. Zur Erklärung wird meist lediglich gesagt, Luther sei verzweifelt darüber gewesen, dass die Juden halsstarrig ihre Bekehrung abgelehnt hätten und eine Glaubensgefahr darstellten (s. C 1). Auch bei der Hexenverfolgung (C 8) war Luther wie andere Reformatoren rigoros und wollte seit 1526 sämtliche Hexen brennen sehen. Ebenso wandelte sich Luther in der Ketzerfrage zum Schlechten. Noch 1528 lehnte er ab, falsche Lehrer zum Tod zu verurteilen, man solle Ketzer durch Schriften überwinden. Das Ketzerbrennen sei wider den Heiligen Geist. Aber seit 1530 hieß er die Todesstrafe gut, auch bei bloß falscher Lehre, wie auch andere Reformatoren. In der Hinrichtung zahlreicher Wiedertäufer (europaweit bis zu 2000 oder 3000) kam das deutlich zum Ausdruck. Die Verbrechen dieser nach außen völlig friedlichen *Täuferbewegungen* bestanden darin, dass sie den Eid auf die Obrigkeit verweigerten, die Säuglingstaufe ablehnten und die Ausübung öffentlicher Ämter verweigerten, insbesondere wenn sie mit Gewaltausübung verbunden waren. Zu der meist mit Stillschweigen übergangenen gewaltsamen *Volkserziehung* Luthers und seiner nachhaltigen Wirkung wird an anderer Stelle eingegangen (C 16).

Zwingli und Calvin

Schon bald begann sich der neue Glaube aufzusplittern. *Ulrich Zwingli* (1484–1531) brachte als Chorherr in Zürich die reformatorische Lehre unabhängig von Luther mithilfe des Rats zwischen 1522 und 1525 zur alleinigen Herrschaft. Wie Luther lehnte er Heiligenverehrung, Ablass, Zölibat usw. ab, ebenso die Lehre von der Werkgerechtigkeit. Aufsehen erregte seine erste Aktion, ein von der alten Kirche verbotenes Wurstessen in der Fastenzeit. Altäre, Orgeln und Reliquien wurden zerstört. Die Messe wurde abgeschafft, Abendmahlsfeier und öffentliche Einrichtungen geschaffen. Hauptsächlich in der Abendmahlslehre wich Zwingli wesentlich von Luther ab, denn er verurteilte dessen Lehre von der Realpräsenz und sah im Abendmahl nur ein Symbol. Wie später Calvin vertrat er aber schon die *Prädestination*. Die *Schrift war oberstes Gebot* und Allgemeingut. Die weltliche Obrigkeit trat an die Stelle des Bischofs. Nahe Zürich entstand schon 1525 die Abspaltung der Täufer, die die Herrschaft des Züricher Rates ablehnten und sich dann rasch in die Schweiz, nach Deutschland und die Niederlande ausdehnten. 1526 führte Zürich die *Todesstrafe für die Erwachsenentaufe* ein, weil man die Störung der Gesellschaft verhindern wollte. Zwingli war für *Unterdrückung aller anderen Konfessionen*. Luther stand hinter den Fürsten, Zwingli hinter der Stadtrepublik und den Kantonen, die er auch für kirchliche Angelegenheiten zuständig erklärte. Die Zwinglianer ertränkten nicht nur die Täufer, sondern warfen Katholiken aus dem Rat, zerstörten Altäre usw. und hoben Klöster auf. Einen Churer Abt folterten die Zwinglianer und richteten ihn hin, in den katholischen Regionen ging man entsprechend gegen Kirchenstürmer vor. Gegen widerspenstige katholische Orte wurden *Lebensmittelsperren* errichtet, das Land sollte vom falschen Christentum gesäubert werden. In einem *Glaubenskrieg* gegen die drei katholisch gebliebenen Urkantone wurde Zwingli 1531 erschlagen und geviertelt, was Katholiken und Lutheraner begrüßten. Damit war die Bedeutung Zwinglis fast erloschen, bis auf Basel, Bern, Zürich und Schaffhausen.

Nach Luther war *Johannes Calvin* (1509–1564) der einflussreichste Reformator. Er war als Jean Cauvin in Nordfrankreich geboren, sein Vater hatte eine hohe kirchliche Position inne und bestimmte seinen Sohn schon früh zum Priester. 1533 floh er, der lutherischen Ketzerei verdächtig, aus Paris, denn in Frankreich wurden die Protestanten streng verfolgt. In Basel verfasste er mit 25 Jahren sein 1536 zunächst anonym erschienenes und zuletzt 1559 überarbeitetes theologisches Hauptwerk „Institutio Religionis Christianae", das großen Einfluss gewann. Im gleichen Jahr wurde er nach Genf gerufen, von wo er bereits 1538 nach übereifriger Einführung eines neuen Katechismus und einer neuen Kirchen- und Lebensordnung wieder ausgewiesen wurde, weil er der unwürdigen Gemeinde das Abendmahl verweigert hatte. Er wurde Professor in Straßburg und schon 1541 nach Genf zurückgerufen, wo seine Kirchenordnung 1542 zum Grundgesetz der Republik wurde und eine berüchtigt gewordene theokratische Diktatur entstand. Es ging darum, dass die Prediger über alles herrschen sollten und das Reich Satans zerstört werde, Widerstrebende seien zu vernichten. Grundlegend für Calvins Diktatur war die Bibel mit beiden Testamenten, wobei er das AT mit seiner rigorosen Verfolgung von Glaubensfeinden besonders schätzte. Man nannte ihn schon damals den „protestantischen Papst". Mithilfe von besoldeten Spitzeln verbreitete er Angst und unterwarf Genf seiner totalen Kontrolle. Zu seinem blutigen Terror gehörte es, dass er die Foltermethoden um die Röstung der Fußsohlen ergänzte. Zu seinem geistlichen Terror gehörte die Kirchgangskontrolle und die Abendmahlspflicht (viermal jährlich), bei Versäumnis folgte eine einjährige Verbannung. Kunst, Spiel und Tanz wurden verboten, Volksfeste waren verpönt. Das gesamte gesellschaftliche und private Leben wurde systematisch überwacht, auch Kinder unbarmherzig bestraft.

Welche Theologie nun lag dem zugrunde? Das Wort der Bibel, sagte Calvin. „Unter Vorsehung verstehen wir", erklärte er, „Gottes ewige Anordnung, vermöge deren er bei sich beschloss, was nach seinem Willen aus jedem einzelnen Menschen werden sollte. Denn die Menschen werden nicht alle mit der gleichen Bestimmung erschaffen, sondern den einen wird das ewige Leben, den anderen die ewige Verdammnis vorher zugeordnet." Auf die persönlichen Verdienste kommt es bei dieser strengen Prädestination nicht an, Lebensführung und Lebenserfolg sind aber ein Indiz. In diese Richtung war schon Paulus im Römerbrief gegangen und noch deutlicher der hl. Augustinus. In Röm 8,28–30 und besonders Röm 9–11, wird die Frage des Zusammenhangs von Freiheit, Verwerfung und göttlicher Gerechtigkeit aufgeworfen (andere NT-Stellen lassen freilich auf einen allgemeinen göttlichen Heilswillen schließen). Rudolf Schnackenburg erklärte im katholischen „Lexikon für Theologie und Kirche" 1963[257], das NT lehre insgesamt „die Tatsache, aber auch die Unbegreiflichkeit der Prädestination".

Auch Calvin führte Prozesse gegen Hexen und lehrte tödlichen Hass gegen die „Feinde Gottes". Theologische Gegner beschimpfte er (natürlich). Allein in den Jahren 1541–1546 erließ Calvin 58 Todesurteile, 35 Menschen wurden verbrannt.

Bekannt ist die Verfolgung seines einstigen Mitreformers *Michael Servet*, Entdecker des kleinen Blutkreislaufs. Servet hatte die Lehre von der göttlichen Trinität zu Recht als unbiblisch attackiert und wurde so für alle Protestanten zum prominenten Satan. Unklar bleibt, warum der allseits verfolgte Servet 1553 ausgerechnet über Genf nach Italien reisen wollte. Unter Bruch des Gastrechts wurde er beim Verlassen der Kirche festgenommen und für Wochen, gefesselt an Händen und Füßen, in ein feuchtes kaltes Kerkerloch gesteckt. Als man ihn dann verbrannte, verwendete man grünes, schwer brennbares Holz, um die Todesqualen möglichst zu verlängern. Auf seinem Sterbebett 1564 beteuerte Calvin, alles nur zur Ehre Gottes getan zu haben. Die orthodox-katholische zweite Auflage des LThK würdigte 1958 Calvin und seine Lehre mit großem Respekt. So heißt es z. B.: „Calvins Pflichtgedanke und Sittenzucht verliehen ihm einen starken ethischen Akzent". Demgegenüber schreibt die dritte Auflage (1993ff.), Calvin sei *„von grausamer Härte und rücksichtslosem Fanatismus"* gewesen, freilich gleichzeitig betonend, er sei „vornehmer und konsequenter als Luther, religiös und sittlich höher stehend als Zwingli".[258]

Auf den umfangreichen Lehren Calvins bauen die „reformatorischen" Kirchen auf, die einen Hauptzweig des Protestantismus bilden. Noch im 16. Jh. schlossen sich die Zwinglianer dem Calvinismus an, auch Ungarn, Siebenbürgen, Schottland (John Knox) und in Frankreich die dort zwischen 1562 und 1598 in acht Kriegen verfolgten *Hugenotten*. In den Niederlanden etablierte sich 1566 die Calvinistische Kirche, und von dort wie von England aus verbreitete sich der stark missionarische Calvinismus über große Teile der Welt.

Die auch in Nordwestdeutschland verbreiteten calvinistischen Kirchen gehörten mehrheitlich dem Reformierten Weltbund in Genf an, der wesentlich auf Calvin und andere Reformatoren zurückgeht. Der Weltbund war bis 2010 eine internationale Gemeinschaft von 215 reformierten Kirchen mit insgesamt bis zu 75 Mio. Mitgliedern in 107 Ländern. Dieser 1970 in Nairobi entstandene Weltbund war ein Zusammenschluss von presbyterianischen (synodale Strukturen) und kongregationalistischen (reines Gemeindeprinzip) Kirchen. Hinzugekommen sind 2010 weitere Reformierte aus vielen Ländern. Alle zusammen sind jetzt in der „Weltgemeinschaft Reformierter Kirchen" aus ca. 230 Ländern mit über 80 Mio. Menschen zusammengeschlossen. Darunter befinden sich auch zwei Landeskirchen der EKD.

Zur weiteren Entwicklung des Protestantismus

Historischer Ausgangspunkt des Protestantismus ist die außerordentlich massive Kritik Luthers an den zahlreichen Missständen und Entartungen der spätmittelalterlichen Kirche. Die sich daraus ergebende *Kirchenspaltung war eine (unbeabsichtigte) Voraussetzung für die Jahrhunderte dauernde, oft sehr blutige Entwicklung bis zur persönlichen Religionsfreiheit.* Die evangelischen Reichsstände (d. h. Fürsten und Reichsstädte) kämpften auf dem 2. Reichstag zu Speyer 1529 erfolgreich gegen die zugunsten der Katholiken beschlossene Anwendung des Mehrheitsprinzips in Glaubenssachen und beriefen sich dabei auf die Glaubensfreiheit, die aber dem Einzelnen selbst nach dem Dreißigjährigen Krieg im Westfälischen Frieden von 1648 keineswegs zugestanden wurde. *Typisch für den Protestantismus sind seine zahlreichen konfessionellen Aufspaltungen.* Wichtig war der 1555 beim „Augsburger Religionsfrieden" beschlossene Grundsatz, wonach *es Sache der Landesfürsten war, für ihre Herrschaft verbindlich die katholische oder protestantische (lutherische) Religion vorzuschreiben.* Evangelische Fürsten sollten nach Luther nur Notbischöfe sein, aber die Landesherren wollten auf diesen Machtzuwachs nicht mehr verzichten. Die Landesherren beriefen nur genehme Theologen und Juristen in ihre oberste Kirchenbehörde. In den zum Absolutismus entwickelten Staaten *hatte das landesherrliche Kirchenregiment bis 1918 Bestand*, die Fürsten regierten z. T. erheblich in kircheninterne Angelegenheiten hinein, der Untertanengeist regiert die Kirchen. Bedeutung gewann auch eine Reihe von *Bekenntnisschriften*. Die Konkordienformel (Eintrachtsformel) ist die letzte Schrift der lutherischen Kirche, mit der innerlutherische Glaubensstreitigkeiten harmonisiert werden sollten. Sie entstand 1577 auf Veranlassung des Kurfürsten August von Sachsen.[259]

Gemeinsame traditionelle Kennzeichen der Protestanten sind abgesehen von der Ablehnung des Papsttums eine besondere Betonung der (ursprünglich ziemlich wörtlich verstandenen) Heiligen Schrift (Altes und Neues Testament: sola scriptura); die entscheidende Bedeutung des richtigen Glaubens (Rechtfertigungslehre, sola fide) und des Angewiesenseins auf die göttliche Gnade zur Erlangung des ewigen Heils (sola gratia) sowie der besondere Bezug zur göttlichen Person Jesus Christus. Sämtliche Protestanten kennen *kein verbindliches Lehramt*, sondern betonen das allgemeine Priestertum aller Gläubigen. Sie haben daher kein sakramentales Amtsverständnis und stellen die *unmittelbare Verantwortung der Gläubigen* vor Gott und dem je eigenen Gewissen in den Vordergrund. Den priesterlichen Zölibat lehnen sie ab, das Mönchtum ist eine seltene Ausnahme. Statt der Gehorsam fordernden Autorität der kirchlichen Amtshierarchie (so in der katholischen Kirche) wurde, anders als in der Anfangszeit der lutherischen Rebellion, *strikter Gehorsam gegenüber der weltlichen Obrigkeit* gefordert, da alle Macht von Gott stamme. Diese Gehorsamspflicht wird heute, nach der auch kirchlichen Katastrophe des Nationalsozialismus (C 10), freilich erheblich relativiert.

Problematische Vielfalt des Protestantismus

Welche unglaubliche Fülle an reformatorischen Bewegungen mit abenteuerlich anmutenden unterschiedlichsten theologischen Theorien und unterschiedlicher Frömmigkeitspraxis der Protestantismus schon zur Reformationszeit aufwies, wird in dem schon klassischen theologiehistorischen Sammelwerk von C. Andresen und A. Ritter[260] dargelegt. Später entstand eine Reihe größerer Glaubensgemeinschaften, die dem Protestantismus zugerechnet werden: z. B. im 17. Jh. die Baptisten (in Deutschland seit 1834), die Methodisten (18. Jh.), die Siebenten-Tags-Adventisten (19. Jh.). In Deutschland zählen sie zur Gruppe der evangelischen *Freikirchen*. Weltweit haben sich *evangelische Konfessionsfamilien* herausgebildet: der Lutherische Weltbund, der Reformierte Weltbund, der Baptistische Weltbund, der Weltrat Methodistischer Kirchen, die Mennonitische Weltkonferenz u. a. Die Anglikanische Kirche wird nicht zum Protestantismus gerechnet, da sie trotz Ablehnung des Papsttums Ähnlichkeiten mit der katholischen Kirche aufweist, freilich neuerdings (wie mittlerweile schon viele protestantische Richtungen) die Frauenordination zulässt.

Seit Längerem breiten sich in den USA, aber auch in Südamerika und Afrika *fundamentalistische protestantische und teilweise fanatische Strömungen* stark aus (Christliche Rechte, „Evangelikale"), wobei sich auch ein grotesker Irrationalismus breitmacht. So sind sie mitverantwortlich für rabiate Hexenverfolgungen in Nigeria. Politisch verhängnisvoll haben sich in den USA die Fernsehprediger ausgewirkt, die auch einen erheblichen Anteil an den Irakkriegen haben. An verhängnisvoll-einflussreichen Fernsehpredigern und Propagandisten der religiösen Rechten seien etwa genannt Jim Bakker, Jerry Falwell, Billy Graham, Ted Haggard, Tim LaHaye, Sarah Palin, Pat Robertson, Jim Swaggard, Rick Warren u. a. Etliche dieser religiösen Propagandisten wurden in größere Skandale verwickelt und mussten teilweise zurücktreten. Diese Bewegung zeichnet sich, besonders wieder seit 1980 (Präsidentschaft Reagans), u. a. durch rigiden Kampf gegen die Relativierung der Bibel, gegen Schwangerschaftsabbruch aus welchen Gründen auch immer bis zu Terroranschlägen und gegen jede Duldung Homosexueller, zugleich aber für auch harten Kapitalismus, gegen die Gleichberechtigung der Frau, gegen die erwiesene Tatsache der natürlichen Evolution des Lebens (s. A 2), trotz enormer Defizite des US-Rechtssystems für die Todesstrafe und für religiös überhöhten Patriotismus sowie für eine ewige Hölle aus. *Für solchen moralischen Rigorismus mit seinem Schwarz-Weiß-Denken ist natürlich jede liberale Theologie ein Gegner, der weltliche Humanismus aber der Erzfeind. Gegen diese Richtung kann in den USA seit Langem nur noch sehr schwer regiert werden.*

Deutschland

Die größte intellektuelle Leistung des Protestantismus überhaupt ist die *Entwicklung der wissenschaftlichen Bibelkritik* (näher C 15), durch die sich deutsche Theologen besonders um 1900 großes internationales Ansehen erworben haben. Sie hat aber zwangsläufig erheblich zur intellektuellen Aufweichung des Christentums beigetragen und im liberalen Protestantismus bis zur Auflösung geführt. Die stark liberale Tendenz der deutschen Protestanten hat seit 1949 (im Gegensatz zur NS-Zeit) dazu geführt, dass die Demokratie (anders als in der katholischen Kirche) bald akzeptiert wurde und die klare Mehrzahl protestantischer Wähler bis heute die (freilich recht kirchenfreundliche) SPD gegenüber den „christlichen" Parteien bevorzugt.

Die gesellschaftliche Verweltlichung ist *innerhalb der Evangelischen Kirche in Deutschland* (EKD: Zusammenschluss von derzeit 23 selbstständigen Landeskirchen) verbunden mit *starken inhaltlichen Auflösungserscheinungen*. Rudolf Bultmann, Vertreter der kritischen Bibelwissenschaft, entwickelte seit 1941 eine „*Entmythologisierung*" der Bibel, wonach etwa der Glaube an Wunder, die leibliche Auferstehung Jesu und vieles andere unglaubwürdig geworden ist. Das Neue Testament als Ausdruck eines mythischen Weltbildes sei überholt. Dieser zeitbedingte erzählerische Verstehensrahmen sei neu zu interpretieren, um den Kern der Botschaft zum Ausdruck zu bringen. Die Bibel wird demontiert, um dann wieder neu geglaubt zu werden. Heute gilt Bultmann als einer der bedeutendsten Theologen des 20. Jh. Wie schwierig es ist, über inhaltliche Fragen des Protestantismus zu sprechen, zeigt die Bemerkung des Theologen und Kirchenhistorikers Gerhard Besier, an den deutschen evangelischen Fakultäten herrsche „*theologische Konfusion*".[261] Zwischen den großkirchlichen Theologen seien die *Lehrunterschiede* oft größer als die etwa zwischen einer EKD-Kirche und dem Bund Evangelisch-Freikirchlicher Gemeinden. Die evangelische Universitätstheologie sei geprägt durch „Unsicherheit und Zerrüttung des Faches".[262]

All das hat eine *Gegenströmung* zur Folge. Zunehmende Bedeutung gewinnen daher außerhalb, vor allem aber innerhalb der evangelischen Landeskirchen die sog. *bibeltreuen Christen* und die lautstarken Gegner der (naturwissenschaftlich nicht sinnvoll bestreitbaren) Evolutionslehre, nämlich die *Kreationisten* und (gemäßigter) die Anhänger des sogenannten *Intelligent Design*, und diese z. T. sehr konservativen Richtungen sind in der EKD schon beängstigend stark. Ähnlich groß ist freilich der Anteil der Gegner der Evolutionslehre bei den deutschen Katholiken. Hinzu kommt die starke Gruppierung der sehr konservativen *Aussiedler* aus den Gebieten der früheren Sowjetunion. – Derzeit bestehen keine Anzeichen dafür, dass sich die evangelischen Landeskirchen der Ansicht des evangelischen Kirchenhistorikers Gerhard Besier anschließen könnten, die EKD als Volkskirche und „religiöser Großkonzern" solle sich zugunsten von Bekenntniskirchen als Freiwilligkeitskirchen auflösen (1997). Weitere Ausführungen zum schwer darstellbaren Protestantismus verbieten sich aus Raumgründen.

15 – Bibel, Bibelwissenschaft, Bibelpraxis

Was ist die Bibel? Ein Buch, wo jeglicher, was ihn gelüstet, sucht, und jeglicher auch, was ihn gelüstet, entdeckt.
Johann Heinrich Voss, bedeutender Übersetzer antiker Dichter
und von Shakespeare.

Haben sich doch unsere gelehrten Bibelausleger das unbestreitbare Recht erworben, […] die heilige Schrift wie ein Fell strecken und dehnen zu dürfen […]. Und dieses Geschäft betreiben sie mit einer so glücklichen Unverschämtheit, dass sie sogar oft den Neid der Rechtsgelehrten erregen.
Erasmus von Rotterdam (Humanist, Theologe) 1508,
in: Lob der Torheit, Kap. 64.

Es ist merkwürdig, wie desinteressiert sich die Christen am geschichtlichen Ursprung ihres Glaubens verhalten, den sie doch sonst als religionsgeschichtliche Einmaligkeit verteidigen.
Anton Mayer, Neutestament-Forscher

Wer da glaubt und getauft wird, der wird selig werden, wer aber nicht glaubt, der wird verdammt werden.
„Jesus", Mk 16,16

Wer sich über die Bibel nicht empört, kennt sie nicht.
Franz Buggle, Psychologe, Bibelkritiker

Die Kirche lebt praktisch davon, dass die Ergebnisse der wissenschaftlichen Leben-Jesu-Forschung in ihr nicht publik sind.
Hans Conzelmann, protestantischer Neutestamentler[263]

Der neutestamentliche Kanon begründet als solcher nicht die Einheit der Kirche. Er begründet […] dagegen die Vielzahl der Konfessionen.
Ernst Käsemann, protestantischer Neutestamentler
(zum Ergebnis der historisch-kritischen Bibelforschung)

Ein gewisser Zirkelschluss bei der Kanonisierung der Schriften des Neuen Testaments scheint unverkennbar. Einerseits gilt diese Sammlung als normgebend für die Kirche, andererseits ist der Kanon ein Produkt der Kirche [...]. Die Norm entstand nicht ohne die Tradition.

Kurt Nowak, protestantischer Kirchenhistoriker

Was wird nicht alles gepredigt? Wenn das alles Gottes Wort wäre, was da landauf, landab gepredigt wird, wie ist dann die fast völlige Wirkungslosigkeit des Wortes Gottes zu erklären?

Gerd Lüdemann, Neutestamentler, Kirchenkritiker

Zu unterscheiden sind die Hebräische Bibel (im Wesentlichen identisch mit dem von den Christen in späterer Zeit teilweise herabsetzend so bezeichneten Alten Testament) mit ihren vielen historischen Bezügen als Basistext (schriftliche Thora) und die gerade in entscheidenden Punkten davon völlig abweichenden Ergebnisse der Geschichtswissenschaft und Archäologie.[264]

Zur Entwicklung des jüdischen Monotheismus

Weltgeschichtlich bedeutsam ist die *erstmalige Entwicklung eines monotheistischen und transzendenten Gottesbegriffs ohne nationale Grenzen*. Wie traditionelle Christen wollen auch traditionelle Juden freilich nicht wahrhaben, dass „Gott" bzw. JHWH (Jahwe) oder El (und andere Bezeichnungen) sich laut der Hebräischen Bibel begrifflich und historisch von magischen Vorstellungen bis zum umfassenden Weltenherrscher erst entwickelt hat. Zu unterscheiden sind mehrere Phasen.

Am *Anfang der israelitischen Religionsgeschichte* stand ein magischer Glaube an machthaltige Gegenstände und an Dämonen – religionswissenschaftlich kein überraschender Befund. Davon gibt es vielfältige Belege in der Bibel, wie z. B. Gustav Mensching im Einzelnen dargelegt hat.[265] Auf dieser Basis entstand die (fälschlich) einem „Moses" zugeschriebene Religion des Jahwe (JHWH) – Gottes – zunächst als Stammes- und Volksgott. Die Sinai-Schilderung in Ex 19,16ff. legt nahe, dass Jahwe zunächst ein örtlicher Gewittergott gewesen war. Neu und einzigartig ist der Gedanke eines Bundes zwischen Volk und Gott (Ex 24,4ff.). Ob die israelitische Religion einer (außerbiblisch nirgendwo belegten) Mosesgestalt zu verdanken ist, wird nach dem heutigen Stand der Forschung stark bezweifelt. Vor allem der weithin angenommene Zeitpunkt der Etablierung *dieser* Religion um 1200 v. u. Z. (da traten nach den archäologischen Befunden die ersten Israeliten als Hirten und Bauern im Bergland auf) lässt sich als stark verfrüht nicht mehr halten (s. u.). Im Land Kanaan an der

Mittelmeerküste, das die Israeliten zumindest laut Bibel erobert haben (anders die heutige Archäologie: allmähliche Besiedelung), herrschten der Baal-Kult und ähnliche Ackerbaukulte als Lokalkulte, die nach und nach durch den Stammesgott Jahwe verdrängt wurden. Jahwe war zunächst in seinem Bereich zwar höchste Macht und überweltlich (vgl. Deut 10,17: Gott über den Göttern), aber noch kein Weltgott, sondern nur Landesgott. Sein wie eine Naturgewalt häufig ausbrechender Zorn war nicht stets durch menschliche Verfehlungen veranlasst, sondern Ausdruck seiner Macht und Heiligkeit: Er war *zunächst ein dämonischer Gott* mit den Kennzeichen der Spontaneität, Grausamkeit, Regellosigkeit (z. B. Ex 4,24; 2 Sam 6,7) und Wildheit (Am 1,2; Jes 31,4; Jer 25,30; Hos 13,7 ff.), mit einer einheitlichen Verantwortlichkeit für Gut und Böse (Ri 9,23; 1 Kön 8,10: Lügengeist).

Erst in der *Zeit der Propheten* (8. und 7. Jh. v. u. Z.) wird die Religion ethisiert. Es geht viel um Recht und Gerechtigkeit. Die bisherige oft nur äußerliche Beachtung der Kultvorschriften zur Erreichung relativer Sicherheit wurde als Glaubensabfall scharf angeprangert. *Im Rahmen einer Tempelrenovierung 622 v. u. Z. entdeckte der Hohepriester einen sensationellen Text, wonach der bisherige JHWH-Kult ganz falsch gewesen sei.* Alles Volk und die Ältesten wurden laut 2 Kön 23,2f. daher von Josia, König des winzigen Königreichs Juda, verpflichtet, die in dem aufgefundenen Buch verzeichneten göttlichen Gebote zu beachten. Es schloss sich eine *grundstürzende Reform* an, mit der die eigentliche jüdische Religion erst begründet wurde. Alle „Götzenpriester" im ganzen Land wurden abgesetzt, sogar der Tempel (!) musste von Baal (allg. Ausdruck für verschiedene Götter) und Aschera (Große Göttin) erst gereinigt werden (2 Kön 23,4 ff.). Auch die Stätten ausländischer Kulte wurden vernichtet. Der Bibeltext enthält Anspielungen auf alle großen Persönlichkeiten und Ereignisse. Die Beschreibung des im Tempel gefundenen Gesetzbuchs weist viele Ähnlichkeiten mit dem Buch Deuteronomium (Dtn; sog. 5. Buch Moses) auf. Beiden Texten liegt eine gemeinsame Ideologie zugrunde: *die Bundesideologie und das konsequente Verbot aller Nicht-JHWH-Kulte, die in den ersten vier Büchern der Bibel oft nicht einmal kritisiert werden.* Das 622 plötzlich aufgetauchte Buch erschien genau zu der Zeit, für die die Archäologie erstmals eine weite Verbreitung des Lesens und Schreibens nachweisen konnte. Das Deuteronomium entspricht wesentlich jenen Regeln, die König Josia erstmals durchsetzte. Es ist daher jenes Buch wohl eine Originalversion des erst später verfassten Deuteronomiums und war 622 sicher noch nicht sehr alt.[266]

Josia und das Deuteronomium begründen erst die jüdische Buch- und Gesetzesreligion als staatliche Angelegenheit (vgl. auch die Einleitung der katholischen „Einheitsübersetzung" zum Deuteronomium). Das Deuteronomium stellte eine *Einheit von Volk und erneuerter Religion* (Kultreinheit) her und schuf in seinem Geschichtswerk ein bedeutendes, hochpolitisches Nationalepos in einer Zeit des assyrischen Niedergangs und ägyptischen Wiedererstarkens mit entsprechenden Gefahren für die Unabhängigkeit (politisch-religiöse Absonderungsideologie). Die Geschichten der ersten vier biblischen Bücher wurden überarbeitet im Hinblick auf die aktuelle Situation. Das Deuteronomium (nach der Tradition im Wesentlichen das Schlussvermächtnis des Moses) enthält auch bemerkenswerte *soziale Vorschriften* mit Schutz des Individuums und Menschenrechten. Es geht um die Belange von Frauen, Armen, Fremden, Sklaven u. a. (Gesetzessammlung: Dtn 12–26). Wie sehr mit der Absonderungsideologie auch *Gewaltbereitschaft* verbunden war, ergibt sich freilich u. a. aus dem Deuteronomium bis zum 2. Buch der Könige ebenfalls.[267]

Befestigt wurde der Monotheismus endgültig in der Zeit *nach dem babylonischen Exil*, d. h. nach 539 (s. die Bücher Esra und Nehemia). Der Pentateuch („die fünf Bücher Moses"), d. h. die Thora im engeren Sinn, wurde wohl erst um 400 v. u. Z. endgültig erstellt. Nach Beendigung des Tempelneubaus 515 v. u. Z. entwickelte sich während der nachexilischen Perserherrschaft ein *theokratischer Tempelstaat*. Erst unter dem Einfluss der persischen Religion (Zarathustra) gelangte der Dualismus mit Gott und Teufel (Satan), Himmel und Hölle in das Judentum.

Der gesamte *Kanon der Hebräischen Bibel* wurde erst um die Zeit der Zerstörung Jerusalems durch die Römer (70 u. Z.) endgültig festgelegt. Er besteht aus 39 Büchern in drei Hauptteilen: den fünf Büchern der eigentlichen Thora (Genesis, Exodus, Leviticus, Numeri, Deuteronomium) als dem Kern der „Heiligen Schrift", den Vorderen und Hinteren Propheten sowie den Gesammelten Schriften (darunter die Psalmen). Die Anordnung der Texte weicht im Christentum teilweise davon ab.

Näheres zur Hebräischen Bibel

Bibel, Bibelwissenschaft sowie Glaubens- und Kulturleben des Judentums sind ganz verschiedene Dinge. „Thora" (Weisung) wird im traditionellen Judentum als von Gott stammendes Lehrgut verstanden, zu dem im engeren Sinn die ersten fünf Bücher (Genesis bis Deuteronomium) gehören. Sie gelten als heilig, werden in einer sogenannten Heiligen Lade aufbewahrt, bei Unbrauchbarwerden wie Menschen beerdigt und sind bis heute Symbol der Zusammengehörigkeit aller Juden. In einem weiteren Sinn gehören auch die übrigen Bücher der schriftlichen Hebräischen Bibel als göttliche Offenbarung zur „Thora". Die Tradition kennt auch eine mündliche Thora, die ebenfalls von Gott geoffenbart sein soll, aber der Auslegung – im Talmud – bedarf. Die Tradition der Rabbiner, die 248 biblische Gebote und 365 Verbote (zusammen 613 Gesetze) kennt, die den Willen Gottes ausdrücken (Beschneidung, Sabbatheiligung, Reinheits- und

Speisevorschriften, humanitäre Gebote u. a.), stellt ethisch problematische Aussagen der Thora natürlich nicht besonders heraus. Die Thora im engeren Sinn gilt als Urquell aller Weisheit mit den zehn Geboten im Buch Exodus 20 als Kernstück und nachfolgend weiteren Vorschriften. Das Buch Exodus leite zu sittlichem Verhalten an (Hilfe für den Feind, keine Benachteiligung von Fremden); Gott sei erbarmungsvoll, langmütig, huldvoll und treu (Ex 34,6); es mache das Volk Israel zum priesterlichen Diener der ganzen Menschheit (Ex 19,5f.) usw. Eindrucksvoll sind die Gebote sozialen Verhaltens in Lev 19,11–18. Sie gipfeln in dem Satz: „Du sollst deinen Nächsten lieben wie dich selbst." Die ganze Thora ist, so z. B. Leo Trepp, „eingehüllt in den Geist göttlicher, tätiger Liebe".[268] Aber um zu einer solchen Aussage zu kommen, muss man schon vieles bewusst ausblenden, etwa die Vorliebe des biblischen Gottes für Eroberungs- und Vernichtungskriege (z. B. Num 31,1–18; Dtn 2,30–35; Dtn 3,1–7; Dtn 7,1 ff, 16–24; Dtn 20,10–17) und viele andere Grausamkeiten.[269] Dennoch erklärte der pharisäische Gelehrte Hillel, der um die Zeitenwende lebte und größten Einfluss ausübte, die Nächstenliebe zur Grundlage des jüdischen Glaubens.

Nach der Zerstörung Jerusalems im Jahr 70 u. Z. erloschen die damaligen Richtungen der Sadduzäer, Essener und Zeloten, und die weitere Entwicklung lag in den Händen der pharisäischen Lehrer und Rabbinen. Sie vollendeten als Ergänzung zur Thora um 200 u. Z. die Mischna (mit praktischen Entscheidungshilfen), der später die Sammlung Midrasch folgte. Die weitere Entwicklung des Judentums ist in diesem Zusammenhang nicht von Bedeutung.

Zu zentralen Erzählungen der Hebräischen Bibel („Altes Testament")

Obwohl die traditionelle jüdische Religion keine Dogmen kennt, gilt doch vor allem die *Thora als göttlich und unantastbar*. Aber *zentrale Erzählungen der Hebräischen Bibel haben keinerlei historische Basis*. Der mythische Charakter der *Schöpfungsgeschichte* ist offensichtlich. Ein Zeitalter der *Stammväter* (Abraham Saga) kann es nicht gegeben haben. Das für die Juden *zentrale Exodus-Epos von der Befreiung der Israeliten aus der ägyptischen Sklaverei ist aus etlichen Gründen völlig legendär*. So hätte ein vierzigjähriger Weg einer großen Menschenmasse durch den Sinai irgendwelche archäologische Spuren hinterlassen müssen. Eine Sinai-Offenbarung gab es daher nicht. Die im Buch Josua in den Kapiteln 1–12 beschriebene biblische *„Landnahme"*, d. h. die Eroberung des zwischen Jordan und Mittelmeer gelegenen verheißenen Landes Kanaan, ist *ein an Brutalität kaum zu überbietender Blitzkrieg*. In ihm eilten die Eindringlinge von Sieg zu Sieg, und die mächtigen Könige von Kanaan wurden in einer großen Schlacht geschlagen. Der Krieg fand aber nicht statt. Hierzu fragen die Archäologen Finkelstein und Silberman angesichts der biblischen Vorgeschichte: „Wie konnte eine Armee in Lumpen, begleitet überdies von Frauen, Kindern und Alten, nach jahrzehntelanger Wanderung aus der Wüste auftauchen und gleich eine siegreiche Invasion starten? Wie konnte solch ein chaotischer Haufen die großen Festungen in Kanaan mit ihren Berufsheeren und gut trainierten Wagenlenkern überwinden?" Moses, David und Salomo sind auch keine Verfasser biblischer Schriften, und David und Salomo herrschten auch nicht über ein Großreich. Die exklusive Jahwe-Verehrung konnte sich erst nach dem babylonischen Exil im 6. Jh. v. u. Z. gegen den jüdischen Polytheismus und Polyjahwismus durchsetzen[270] (ergänzend sei hier auf D 1 verwiesen).

Altes Testament und Frühchristentum[271]

Christliche Denker zählten es zu ihren ersten Aufgaben, die gegen Ende des 1. Jh. u. Z. endgültig zusammengestellte Hebräische Bibel nach ihrer Brauchbarkeit für neutestamentliche Themen zu durchforsten. Man verstand die Bibel von Anfang an, schon bei Paulus, als christliches und nicht als jüdisches heiliges Buch (vgl. Röm 4,23 f. und 15,4; 1 Kor 9,10 und 10,11 sowie 15,3 ff.). Zur Predigt gehörte, dass man die Botschaft als „schriftgemäß" und somit nicht hinterfragbar verkündete. Das NT verweist häufig auf Textstellen des AT, häufig werden aber AT-Anspielungen nicht eigens kenntlich gemacht. Beliebt sind die *„Weissagungsbeweise"* mit ihrer Rede von der „Erfüllung" der Schrift. Schon Paulus, der älteste christliche Schriftsteller, geht bei seiner „Auslegung" der Schrift wie auch spätere Autoren des NT sehr willkürlich und mit teils raffinierten Tricks vor, wie der kritische Neutestamentler Lüdemann detailliert und umfangreich nachweist. *Man liest die jüdische Bibel gegen ihren ursprünglichen Sinn.* Beispiele: Die (legendäre) *Flucht nach Ägypten* wird mit dem Exodus verknüpft (Hos 11,1 einerseits, Mt 2,14 f. andererseits). Bei der Darstellung des unhistorischen *Kindermords in Bethlehem* nimmt Mt 2,16 ff. unsinnig Bezug auf Jer 31,15. Aus dem gottgeschaffenen und daher königlichen Menschen (Ps 8,4–7) wird in Hebr 2,6–9 ein Hinweis auf Christus. Grotesk ist Mt 1,22 f., wo bei der *Ankündigung der Geburt Jesu aus einer Jungfrau* (gr. parthenos) auf Jes 7,14 Bezug genommen wird. Dort geht es im Zusammenhang einer kriegsbedrohlichen Situation um ein Prophetenwort, in dem dem judäischen König Ahas ein Zeichen gegeben wird: Eine junge Frau (hebr. Original: almah) werde zu seinen Lebzeiten einen Sohn gebären. Nicht besser ist die z. B. in 1 Kor 11,24 f., 15,3 und 2 Kor 5,21 und Mk 14,24 sowie Röm 10,16 und 15,21 und an anderen Stellen behauptete bzw. vorausgesetzte „Weissagung" des *stellvertretenden Leidens* Jesu, d. h. der Erlösungsvoraussetzung, durch Rückbezug auf das Jesajabuch (Jes 52,13–53, 12), insb. das 4. Gottesknechtslied, z. B.: „Aber er ist um unsrer

Missetat willen verwundet und um unsrer Sünde willen zerschlagen. Die Strafe liegt auf ihm, auf dass wir Frieden hätten, und durch seine Wunden sind wir geheilt" (Jes 53,5). Wer der in diesen Texten genannte Gottesknecht sein soll, ist ungeklärt. Jedenfalls hat Jesus es nicht wie der Gottesknecht als seine Aufgabe gesehen, die verschleppten Israeliten zu befreien und einen neuen Kult zu gründen. Moses, David und die Propheten haben nach Ansicht der Christen das Kommen Christi erwartet. Zusammenfassend kann man sagen: *Dieser Gebrauch des AT in der ältesten Kirche hat mit seiner Fantastik das wesentliche Ziel, diese Texte für ihre Zwecke einer Jesus-Religion gegebenenfalls gewaltsam umzubiegen.*

Das AT war die einzige allseits anerkannte Urschrift (der Urkanon) des jungen Christentums. Es wurde ausschließlich christusbezogen gelesen und so den Juden „genommen". Daneben sprach für die Verwendung des AT als des maßgeblichen Textes und Kerns der vorgefundenen jüdischen Kultur insbesondere der Schöpfergott, das AT als Quelle für sittliche Ermahnungen (Gesetz Moses) und der Einfluss des AT auf die überlieferten Jesusworte. Zum AT hinzu kam eine große Fülle von recht unterschiedlichen Schriften, aus denen die Kirche allmählich bestimmte auswählte, sie im Rang erhöhte und schließlich dem AT gleichrangig zur Seite stellte. Das bis heute fortgeführte „*Possenspiel*", *neutestamentliche Texte auf solche der Hebräischen Bibel zurückzubeziehen* (Lüdemann), ist nicht erst seit der Entwicklung der kritischen Bibelwissenschaft ein intellektuelles Ärgernis. So hat der Philosoph Kelsos (Celsus) nach der Überlieferung des bedeutenden Theologen Origenes in seiner Schrift „Wahres Wort" (bekannt unter dem Titel „Gegen die Christen") im Jahr 178 kritisiert, dass christliche Autoren „mit einer völlig unbegreiflichen Dummheit Dinge zusammenstellen, die sich nicht vereinigen lassen".[272]

Zur Entstehung des Neuen Testaments

Schon in der Frühkirche nannte man die von ihr anerkannten Schriften der Hebräischen Bibel (sog. Altes Testament) und des in Entstehung begriffenen „Neuen Testaments" „biblia", das sind die Bücher, d. h. Schriften, die als „heilig" angesehen wurden, weil man sie als Gottes Offenbarung ansah. Diese zahlreichen Schriften entstanden im historischen *Prozess der Kanonisierung*, in dem sie sich gegen andere Schriften durchsetzten. Über die konkrete Entstehungsweise ist nichts bekannt. Der Kanon (Richtschnur) wurde bei der Hebräischen Bibel im Wesentlichen im 2. Jh. v. u. Z. abgeschlossen, endgültig gegen Ende des 1. Jh. u. Z. Beim NT war der Ausleseprozess aus einer Fülle von Schriften sehr komplex.[273] Um 150 hat es noch kein NT gegeben. Die Paulusbriefe waren, wie man Textanalysen entnehmen kann, Anfang des 2. Jh. noch stark umstritten. Auch Paulus bezog sich aber vielfach auf das AT.

Eine *Wende in der Paulusrezeption* brachte der gegen Ende des 1. Jh. geborene Bischofssohn *Markion*. In seinen streng sachlich argumentierenden „Antithesen" erklärte er das christliche Evangelium für vollkommen neu und ohne Verbindung zur weitgehend wörtlich gedeuteten jüdischen Bibel, die mit dem Liebesevangelium Jesu insbesondere wegen eines erbärmlichen Gottes nicht vereinbar sei. In den prophetischen Schriften des AT fand Markion zahlreiche Widersprüche. Adolf von Harnack hat ihn als „paradoxeste und gewaltigste Erscheinung im nachapostolischen Zeitalter" bezeichnet.[274] Markion erkannte nur ein gereinigtes Lukasevangelium und zehn Paulusbriefe, die den heutigen sieben als echt anerkannten Paulusbriefen entsprechen, sowie sein eigenes Werk als Einführung in sein reduziertes NT an. Markions 144 gegründete eigene Kirche fand im ganzen Römischen Reich schnell Anklang. Seine Lehre hat sich zwar nicht durchsetzen können, war aber von großer historischer Bedeutung. Denn sie zwang die Kirche, sich mit dem umstrittenen Paulus näher zu befassen. Einiges spricht dafür, dass es ohne Markion kein NT mit dominierendem Paulus gegeben hätte. Ironischerweise hat so ein Ketzer den Hauptanstoß für die Aufnahme des Paulus und, in seinem Schlepptau, der anderen Briefe in das NT gegeben.

Die schrecklichste, man könnte auch sagen perverseste Schrift des NT ist die *Apokalypse oder Offenbarung des Johannes*. Der unbekannte Verfasser will den Auftrag dazu in einer Vision vom himmlischen Jesus selbst erhalten haben (Apk 1). Die Apokalypse war im Westen noch bis ins 4. Jh. hinein umstritten, in der Ostkirche bis gegen Ende des 7. Jh. Aber der um 200 im Westreich verfasste *Canon Muratori* enthielt neben anderem bereits die vier Evangelien des NT, die Apostelgeschichte, 13 Paulusbriefe und die Apokalypse, und dabei blieb es. Die nicht in den als verbindlich angesehenen Katalog der NT-Schriften aufgenommenen Texte, darunter eine Reihe von Evangelien, werden als Apokryphen (verborgene Schriften) bezeichnet. Viele von ihnen hatten aber dennoch Bedeutung für Kirche und Volksfrömmigkeit. Als erster legte Athanasius von Alexandrien 367 einen *vollständigen Kanon* der heutigen 27 NT-Schriften vor. Eine weitere Liste legte eine römische Synode 382 fest. Damals regierte der skrupellose Bischof („Papst") Damasus I., der 366 unter sehr blutigen Krawallen an die Macht gekommen war. Weitere westliche Synoden folgten.

Auch die Reformation änderte am Kanon im Ergebnis nichts. Der *Protestantismus* hat allerdings die Bedeutung der einzelnen biblischen Bücher auf unklare Weise relativiert. Das *Tridentinische Konzil* (1545–1563) hingegen erklärte ausdrücklich sämtliche bisher anerkannten Teile des NT und auch des AT (insoweit mit vereinzelten Ausnahmen) *in vollem Umfang zum Werk Gottes* und daher für heilig. Die menschlichen Verfasser seien sämtlich von Gott „inspiriert"

(d. h. vom Heiligen Geist geleitet) gewesen. Die lateinische Bibelübersetzung „Vulgata" des Hieronymus (4. Jh.) wurde 1546 für authentisch erklärt, obwohl es keine fehlerfreie Fassung gab. Erst Papst Sixtus V. (1585–1590) nahm sich der Sache an. Zahllose Fehler, insbesondere des Papstes selbst, mussten nach seinem Tod heimlich beseitigt werden.

Bibelkritik der Moderne und kritische protestantische Bibelwissenschaft

Nikolaus Kopernikus (1473–1543), Neuentdecker des heliozentrischen Weltbilds (Erstentdecker: Aristarch von Samos, 3. Jh. v. u. Z.) sowie Galileo Galilei (1564–1642), der dieses bekräftigte, machten die *Spannung zwischen dem biblischen und dem physikalischen Weltbild* einer größeren Öffentlichkeit bewusst. *Baruch Spinoza* (1632–1677) wurde schon 1656 wegen seiner religionskritischen Positionen aus der Amsterdamer Synagoge ausgeschlossen. 1670 veröffentlichte er anonym seinen bibel- und religionskritischen „Tractatus theologico-politicus". Unter Gott verstand er eine unendliche kosmische Substanz, in der es zwar Materie und Geist gebe, aber nicht als duale Gegensätze, sondern monistisch. Landläufig ist das Pantheismus. Die fünf Bücher Moses habe nicht Moses geschrieben. In ihnen würden Gebote und Geschichten durcheinander wiedergegeben und dieselben Geschichten tauchten mehrmals und manchmal ganz verändert auf. Spinoza forderte Redefreiheit und eine natürliche Religion. *Nur erstarrte Dogmen und Rituale hielten laut Spinoza Judentum und Christentum noch am Leben.* Die Heilige Schrift werde zitiert, um Gehorsam zu erlangen. Ihr entnehme man die Dogmen und jeden Aberglauben. Spinoza ist einer der Mitbegründer der modernen Bibelkritik. Erst lange nach seinem Tod wurde er anerkannt und von Denkern wie Lessing, Herder, Goethe und anderen bewundert. Ludwig Feuerbach pries ihn als den „Moses der modernen Freigeister und Freidenker". Der französische Priester *Richard Simon* (1638–1712) folgte Spinoza zwar in vielem nicht, veröffentlichte aber 1678 eine „Historische Kritik des Alten Testaments", die zu seinem Ordensausschluss führte. Erst heute wieder würdigt man ihn als weiteren Pionier der kritischen Bibelauslegung.

In der Folge entwickelte sich in der europäischen Gelehrtenwelt eine Bibelkritik, die die Bibel nicht anders untersuchte als andere Texte. Das entsprach der *Philosophie der Aufklärung*, die die „Vernunft" zum Maßstab jeglicher Kritik machte. Logik und Empirie hatten Vorrang vor tradierter Autorität. *Hermann Samuel Reimarus*, Vertreter einer natürlichen Religion, vollendete 1765 nach 20-jähriger Arbeit eine „Apologie oder Schutzschrift für die vernünftigen Verehrer Gottes", die er aber nicht zu veröffentlichen wagte. Reimarus war schließlich zur völligen Ablehnung des biblischen Offenbarungsglaubens gelangt. Die Veröffentlichung besorgte dann in Auszügen der Pfarrerssohn *Lessing,* der bedeutendste deutsche Dichter der Aufklärung. Er begann 1774 mit der berühmten Veröffentlichung der „Fragmente eines Ungenannten" aus dem Nachlass von Reimarus (mit dem er in vielem nicht übereinstimmte), was trotz einiger Distanzierungen Lessings zu einem anhaltenden Streit mit dem Hamburger Hauptpastor Goeze führte, widersprach doch auch Lessing der These von der Bibel als exklusiver Aussage Gottes. Diese Auseinandersetzungen können als der eigentliche Beginn der historisch-kritischen Bibelexegese und Leben-Jesu-Forschung angesehen werden.

Die *historisch-kritische Methode der Bibelwissenschaft und Bibelkritik* (ein Konglomerat vieler Gesichtspunkte) wurde insbesondere von deutschen protestantischen Theologen entwickelt und vorangetrieben und trug wesentlich zur Weltgeltung der deutschen Theologie vor und nach 1900 bei. Es geht zunächst um Textkritik, d. h. Rekonstruktion einer möglichst ursprünglichen Textgestalt. Für das Neue Testament bedeutet das die Arbeit mit vielen Tausenden Abschriften von Abschriften und von Fragmenten aus dem 2.–4. Jh.[275] Weiter geht es um Formgeschichte (Gesetze mündlicher Überlieferung; Literaturgattungen, redaktionelle Bearbeitungsstufen, soziologische Formen), Traditionsgeschichte (religionsgeschichtliche Motive, historisches Umfeld) und die sich daraus ergebende Gesamtinterpretation. Man fand immer mehr primitive und abergläubische Elemente in der Bibel. Die vergleichende Religionswissenschaft sah im AT den Monotheismus als Ergebnis einer Entwicklung vom Animismus zum Polytheismus und darüber hinaus. Beim NT unterscheidet man unter Anerkennung der Erkenntnisse der Bibelkritik heute allgemein zwischen den synoptischen Evangelien in der zeitlichen Reihenfolge Markus (um 70) sowie Matthäus und Lukas (um 90) einerseits und dem auch theologisch andersartigen, noch deutlich jüngeren Johannesevangelium (erst Anfang des 2. Jh.). Matthäus und Lukas haben das um 70 entstandene Markusevangelium als Quelle benutzt und weisen auch sonst viele Gemeinsamkeiten auf, die zu Vermutungen einer unbekannten weiteren Quelle Q (Logienquelle) geführt haben. Insgesamt ergibt sich eine große Fülle an auch gravierenden Unterschiedlichkeiten bei der Zusammenschau der vier Evangelien. So ist z. B. eine Entwicklung vom Menschen Jesus zum göttlichen Christus nachzuweisen. Einhellige Meinung der heutigen Theologen ist jedenfalls, dass es nicht Absicht der Evangelisten war, historisch wahre Begebenheiten zu berichten, sondern Glaubensdokumente zu erstellen, also zu verkündigen. Andererseits wird an bestimmten Dingen als historisch festgehalten.

David Friedrich Strauß (1808–1874) hielt in seinem „Leben Jesu" von 1835 die Evangelien für mythisch und historisch weitgehend wertlos. Die Leben-Jesu-Forschung erhielt großen Auftrieb. Der berühmte Adolf von Harnack (1851–1930) sah in Jesus keinen Gott. Die Geschichte der Leben-Jesu-Forschung von Albert Schweitzer aus dem Jahr 1906 ergab, dass alle Autoren ihre persönlichen Vorstellungen in die Person Jesu hineininterpretierten. Einen Höhepunkt des kritischen Bibelverständnisses stellte das vom protestantischen Theologen *Rudolf Bultmann* (1884–1976) entwickelte Programm der Entmythologisierung des NT dar, das ab 1948 unter Theologen weltweite Bedeutung erlangte. Danach sind die Evangelien nur „erweiterte Kultuslegenden", die aus dem Menschen Jesus im Ergebnis ein präexistentes himmlisches göttliches Wesen machten. Man habe mythologische Gedanken über ein erlösendes Gottwesen, die längst im Judentum und Heidentum vorhanden waren, auf Jesus übertragen. *Das NT sei aus einem mythologischen naiven Weltbild heraus geschrieben* und inzwischen von einem wissenschaftlichen Weltbild abgelöst worden. Daher sei es Aufgabe der Theologie, den vom mythologischen Weltbild unabhängigen Kern der christlichen Verkündigung herauszuarbeiten.

Geister- und Dämonenglaube, Wunder, Jungfrauengeburt, Himmel- und Höllenfahrt sind bei Bultmann und seiner großen Anhängerschar erledigt. „Welch primitive Mythologie", schreibt Bultmann z. B. in seiner berühmten Abhandlung von 1941, „dass ein Mensch gewordenes Gotteswesen durch sein Blut die Sünden der Menschen sühnt!"[276] Die leibliche Auferstehung Jesu ist bei ihm nicht historisch, sondern nur die Entstehung des Osterglaubens unter den Jüngern ist es. Jesu Kreuzigung ist (nur) als Heilsereignis zu verstehen. Nach dieser völligen Dekonstruktion des Evangeliums betrieb Bultmann eine „existentiale Interpretation" des NT. Der Gekreuzigte sei in das Kerygma hinein auferstanden, heißt es dann – anders ausgedrückt: Die Wirklichkeit der Auferstehung zeigt sich in ihrer Wirkung als Verkündigung. Das Christliche muss auch bei Bultmann einfach geglaubt werden.

Von diesem Klassiker protestantischer Theologie haben sich freilich dessen Schüler weitgehend distanziert. Die Autorität Bultmanns brachte es aber mit sich, dass es zumindest in der deutschen evangelischen Theologie lange Zeit nicht üblich war, Aussagen über den historischen Jesus zu machen, denn darüber weiß man fast nichts. Heute ist man auf unklare Weise wieder viel bibelfrommer. Die Frage nach dem historischen Jesus ist wieder eine ökumenische Modefrage, mit entsprechenden Ergebnissen.

Katholische Kirche und Bibelwissenschaft

Die *These von der absoluten Irrtumslosigkeit der ja göttlich inspirierten Bibel* hatte zur Folge, dass man biblische Irrtümer historischer oder naturwissenschaftlicher Art nur zugeben konnte, wenn man Ausnahmen von der Inspiration zugab. Diesen Weg versuchten einige herausragende katholische Gelehrte zu gehen. Aber die erste große päpstliche Enzyklika, die sich mit Fragen der modernen

Bibelwissenschaft und den Herausforderungen der Naturwissenschaft befasst, nämlich „Providentissimus Deus" von *Leo XIII.* (1893), geht von der Unfehlbarkeit der Heiligen Schrift als Gotteswort aus: „Denn die Bücher, welche die Kirche allesamt und vollständig als heilige und kanonische anerkennt, sind mit all ihren Teilen unter Eingebung des Heiligen Geistes verfasst. Der göttlichen Eingebung jedoch kann kein Irrtum unterlaufen [...]. Das ist der alte und beständige Glaube der Kirche, wie er auch durch feierliche Erklärung der Konzilien zu Florenz und Trient ausgesprochen, zuletzt bekräftigt und noch deutlicher auf dem Vatikanischen Konzil erklärt worden ist [...]." Dementsprechend hatte auch die 1902 gegründete Päpstliche Bibelkommission zu verfahren: „Jeden Hauch des Irrtums" hatte sie von der Bibel fernzuhalten. Dieser Aufgabe unterzog sich der 1954 heiliggesprochene Pius X. (1903–1914) mit fanatischer Konsequenz. Im Zuge seiner *Antimodernismushysterie* hatte er in seinem Dekret „Lamentabili" 1907 alle „modernistischen" Irrtümer verurteilt. Man müsse an Wunder als Beweismittel der Offenbarung und an die Einsetzung der Kirche „durch den wahren und geschichtlichen Christus selbst" glauben. Von einer historischen Entwicklung der Dogmen könne keine Rede sein. *Geschichtsforscher dürften nichts feststellen, was der Glaubenswahrheit widerspreche*. Unzulässig sei es, bei der Erklärung der Heiligen Schrift die kirchliche Überlieferung und die Normen des Apostolischen Stuhls außer Acht zu lassen usw. Von 1910 bis zum II. Vatikanischen Konzil mussten alle Kleriker den berüchtigten, unehrlichen und sittenwidrig knebelnden *Antimodernisteneid* leisten.

Die Gründung des Päpstlichen Bibelinstituts in Rom 1909 war gegen die von dem Dominikaner Lagrange 1890 gegründete École Biblique in Jerusalem gerichtet, die Rom zu fortschrittlich war. Dem *innerkirchlichen Vernichtungskampf* gegen auch nur vermeintliche Neuerer fielen nicht wenige Theologieprofessoren zum Opfer. Pius X. errichtete sogar eine kuriale Geheimpolizei unter der Führung des Ketzerriechers Umberto Benigni, der das ganze katholische Europa vergiftete. Unter Benedikt XV. (1914–1922), der das totalitäre kirchliche Gesetzbuch von 1917 promulgierte, erfolgte in Sachen Bibelwissenschaft zumindest gegenüber Leo XIII. keine Liberalisierung. Auch unter Pius XI. (1922–1939) wachte das Heilige Officium sorgfältig darüber, keine solche aufkommen zu lassen. Dazu der angesehene Theologieprofessor Herbert Haag, auch aus eigener Erfahrung: „Es galt also, sich zu ducken, offiziell linientreu zu sein, das was man wirklich dachte, verschleiert zu sagen."[277] Als Fortschritt empfand man die Bibelenzyklika „Divino afflante Spiritu" Pius' XII. von 1943, wonach die Bibel irrtumslos nur in dem sei, was der biblische Verfasser habe aussagen wollen.

Das *II. Vatikanische Konzil* schließlich schränkte in seiner Offenbarungskonstitution *Dei Verbum* 1965 die Irrtumslosigkeit der Bibel auf die Heilswahrheiten ein. Aber auch damit, so Haag, werde man nicht durchkommen, denn über die Parusie (Wiederkunft Christi) fänden sich im NT gewiss irrige Aussagen, obwohl es sich dabei um eine Heilswahrheit handle. Der Antimodernisteneid wurde zwar 1967 durch einen *neuen Treueid* (professio fidei) ersetzt, und dieser fordert u. a.: „Auch was die Kirche über die Glaubens- und Sittenlehre durch feierliche Lehrentscheidung oder durch ihr ordentliches Lehramt vorträgt und festlegt, nehme ich im ganzen und im einzelnen an und halte daran fest, so wie die Kirche es vorlegt [...]" (geringfügige Modifikation 1989). 1993 veröffentlichte die Kirche einen vom Papst erlassenen *Katechismus*. Dort heißt es im Abschnitt über die Heilige Schrift, deutlich hinter das II. Vatikanische Konzil zurückfallend, in Nr. 105 ohne Einschränkung: „Denn die heilige Mutter Kirche hält aufgrund apostolischen Glaubens die Bücher sowohl des Alten wie des Neuen Testaments in ihrer Ganzheit mit allen ihren Teilen für heilig und kanonisch, weil sie, auf Eingebung des Heiligen Geistes geschrieben, Gott zum Urheber haben und als solche der Kirche übergeben sind." Viel deutlicher kann eine Absage an eine wissenschaftliche, d. h. dogmatisch unvoreingenommene Untersuchung und Erläuterung des AT und NT nicht sein.

Nebenbei: Die ausschließlich wörtliche Interpretation der Bibel ist eine recht junge Entwicklung. Bis ins 19. Jahrhundert betrachtete kaum jemand die Schöpfungsgeschichte als Tatsachenbericht. Die Auslegung war bei Juden wie Christen meist allegorisch und erfindungsreich.

Ergebnis einer 250-jährigen kritischen Bibelforschung

Wesentliche Teile der *Hebräischen Bibel* sind rein legendär. Die monotheistische Religion wurde nach allem, was man heute nach den Ergebnissen einer dogmenfreien, nicht religiös gebundenen historischen, archäologischen und textkritischen Forschung sagen kann, erst ab dem 7. und 6. Jh. v. u. Z. aus politisch-nationalreligiösen Gründen staatlich propagiert und massiv durchgesetzt. Ein – historisch nicht belegter – Moses hat zumindest mit der Abfassung der fünf Bücher des Pentateuch von der Genesis bis zum Deuteronomium nichts zu tun. Es hat kein abrahamitisches Zeitalter der Stammväter gegeben, keinen Auszug aus Ägypten, keine brutale Landnahme, kein glorreiches Königreich von David und Salomo, sondern nur eine arme und recht kleine Herrschaft (Judäa, Südreich). Im AT gab es, lange unbeanstandet, viele Götter, und ein zunächst recht willkürlicher und grausamer monotheistischer Gott wurde erst allmählich entwickelt und ethisiert. Dem Textumfang nach überwiegen bei weitem grausame Schilderungen und ethisch abzulehnende Thesen gegenüber ethischen Forderungen der Gerechtigkeit und Nächstenliebe.[278]

Die *christliche Bibel* bestand zunächst aus der textlich übernommenen Hebräischen Bibel, jedoch mit einer oft lächerlich und grotesk anmutenden Rückprojektion des christlichen Messiasglaubens auf frühere Jahrhunderte. Außerchristliche Belege für eine messianische Erlöserfigur Jesus (Jeshua) existieren fast nicht, die historische Existenz eines Jesus ist aber plausibel (s. näher B 2 Nr. 1). Über *Jesu Leben* weiß man, ausgehend insbesondere von den Evangelien und nach Durchführung historisch-wissenschaftlicher Rekonstruktionsversuche, nur wenig. Unter diesem Vorbehalt kann man sagen: Er war unehelicher Herkunft und einer der damals nicht seltenen jüdischen Wanderprediger. Er wollte die pharisäischen Gesetzesgebote auf ein sinnvolles Maß zurückführen und ersehnte schon für die nahe Zukunft ein Gottesreich, auf das er die Menschen einschließlich des Endgerichts und einer apokalyptischen Endschlacht vorbereiten wollte. Auch hatte er beachtliche heilerische Fähigkeiten. Seine große Familie hielt ihn zu Lebzeiten für etwas verrückt. Er umgab sich mit Männern als seinen Gefolgsleuten und Schülern, von denen einige harte Gegner der brutalen römischen Besatzungsmacht waren. Auch Frauen gehörten zu seinem Kreis. Soziale Vorbehalte kannte er nicht.

Da Jesus in Konflikt mit der sadduzäischen romnahen Tempelpriesterschaft stand, wurde er schließlich als Aufrührer von den Römern unter der Herrschaft des Prokurators Pilatus am Kreuz hingerichtet. Pilatus war, historisch gut belegt, ein übler und notorisch gewalttätiger Mensch. Die Schilderungen des Passionsgeschehens sind weitgehend legendär, die wundersamen Erzählungen zur Geburt Jesu völlig. Die vier Passionsberichte weichen in zahlreichen, auch wesentlichen Punkten voneinander ab. Jesus, der sich stets als Jude verstanden hat und schon wegen des erwarteten nahen Weltendes mit Sicherheit keine neue, sondern nur eine reformierte jüdische Religion wollte, ist wahrscheinlich nach einem militärischen Schnellverfahren erbärmlich hingerichtet worden. Sein religiöses Interesse war rein national. Er war völlig befangen im damaligen Dämonen- und Teufelsglauben. Eine brauchbare Ethik ist den Evangelien nach dem Gesamttext nicht zu entnehmen (dazu näher C 17). Jesus mag eine eindrucksvolle Persönlichkeit von allenfalls regionaler Bedeutung gewesen sein, hat aber keinerlei Schriften hinterlassen. Die bibelkritischen Untersuchungen haben ergeben, dass nur ein Bruchteil der Jesus im NT zugeschriebenen Worte mit höherer Wahrscheinlichkeit als echt angesehen werden kann.[279]

Die Entstehung des Christentums liegt im Dunkel (s. zur frühchristlichen Entwicklung B 2). Das im Kampf mit dem paulinischen Heidenchristentum stehende Judenchristentum (Nazoräer), das sich aus dem Umfeld Jesu entwickelte und Jesus als Mensch sah, konnte sich gegenüber dem Heidenchristentum des hellenistisch gebildeten und missionarischen Paulus nicht durchsetzen. Mit der Vernichtung Jerusalems im Jahr 70 war das Ende des jesusnahen Judenchristentums weitgehend besiegelt.

Kirchlich-theologische Praxis und Glaubensrealität

Schon in der christlichen Antike haben Theologen überaus *zahlreiche Ungereimtheiten, ja klare Widersprüche auch im NT* festgestellt. Das ist den Gläubigen und generell Nichtklerikern nicht aufgefallen, da sie des Lesens meist unkundig und die Texte zudem in lateinischer oder griechischer Sprache abgefasst waren. Gern wird die Bibel als sprachlich-inhaltlicher Steinbruch verwendet: „Was ist die Bibel? Ein Buch, wo jeglicher, was ihn gelüstet, sucht, und jeglicher auch, was ihn gelüstet, entdeckt" (Johann Heinrich Voss).[280] Wegen eines gewissen sozialkritischen Potenzials der Bibel wurde deren Lektüre nicht Autorisierten immer wieder verboten.

Bei der *heutigen Kirchenpraxis* fällt auf, dass nur ein kleiner Teil meist derselben biblischen Texte Gegenstand von Lesung, Predigt und Unterricht ist, weil die anderen als unbrauchbar bzw. nicht präsentabel erscheinen, etwa die göttlichen Völkermordbefehle. Heute steht der *liebende Gott im Vordergrund*, und problematische Texte werden in dieser Zielrichtung harmonisierend (z. B. allegorisch) verstanden („ausgelegt") oder als ethisch unakzeptabel weggelassen. Der Wirtschaftswissenschaftler Ingo Wulf hat Bibel-Bezüge von 328 im Internet vorhandenen protestantischen Predigten der Jahre 2002–2007 aus Deutschland und der Schweiz untersucht. Interessanterweise wurden 32 der 66 Bücher der Bibel (AT und NT) nicht zitiert. Auch zeigte sich, dass die Evangelien nach Lukas, Johannes, Markus und Matthäus sowie die Genesis (sog. 1. Buch Moses) in dieser Reihenfolge die Grundlage für etwa 75 % der vorgefundenen Bibelverweise bilden. Die zitierten Verse machen aber nur knapp 6 % des gesamten Bibeltextes aus. Diese fünf Bücher haben 139 Kapitel, von denen aber nur 78 verwendet wurden.[281] Aus dem AT werden einzelne Erzählungen gern zitiert, etwa die Schöpfungsgeschichte und die über die Arche Noah sowie Einzelstellen, deren man sich gerade zur Illustrierung bedienen möchte (insb. Teile der „Psalmen Davids").

Dass die *äußerst selektive Verwendung der „Heiligen Schrift"* bis zur Groteske gesteigert werden kann, hat die Jahreslosung 2006 gezeigt. Die Jahreslosungen werden von einer „Ökumenischen Arbeitsgemeinschaft für Bibellesen" ausgewählt und sind vor allem im evangelischen Bereich Gegenstand vieler Predigten. Die Jahreslosung 2006 ist dem AT-Buch Josua 1,5 entnommen: „Gott spricht: Ich lasse dich nicht fallen und verlasse dich nicht." Auch mehrere Bischöfe der EKD haben darüber gepredigt. So hat man gesagt, Gott verheiße seine Treue, das Existenzrecht Israels dürfe nicht bestritten werden, es wurde ein Jahr der Nächstenliebe ausgerufen, Erdbebenopfern müsse man helfen, es gehe um Mut und Vertrauen, das Wort schenke Daseinsgewissheit u. a. Der nie erläuterte biblische Zusammenhang ist aber der göttliche Befehl an Josua, den Nachfolger Moses, das verheißene Land zu besetzen. „Niemand wird dir Widerstand leisten können", heißt es unmittelbar vor der Jahreslosung. Und im Folgenden ist im Buch Josua lang und breit beschrieben, wie bei der Eroberung alle Einwohner aller Städte bis zum letzten umgebracht wurden, wobei Israel keine Gnade walten ließ, wie Gott schon Moses befohlen hatte (so Jos 11,20). „Schwelgen in Ausrottungsfantasien", hat das Gerd Lüdemann genannt.[282] Die Predigten hatten mit dem Buch Josua natürlich nichts zu tun und hätten ohne die Jahreslosung genauso gehalten werden können.

Der selektive Umgang mit dem AT und NT ist natürlich bei den *Katholiken* im Grundsatz derselbe, nur ist die *Unredlichkeit bei ihnen noch verschärft*, obwohl die katholische Bibelwissenschaft entgegen den vatikanischen Vorgaben einen ähnlichen Stand erreicht hat wie die evangelische. *Jeder nicht völlig unbedarfte und unwissende deutsche Theologe der katholischen Kirche oder einer EKD-Kirche muss wissen, dass die Bibel nicht Gottes Wort ist*, und auch bei großzügigem Umgang mit ihr zumindest in weiten Teilen nicht. Und wollte man zwischen inspirierten und nicht inspirierten Teilen der Bibel unterscheiden, wäre niemand in der Lage, plausible und verbindliche Kriterien dafür anzugeben außer seinem persönlichen Gutdünken. Und doch werden katholische Bibellesungen mit dem Satz beschlossen: „Wort des lebendigen Gottes", und die Bibel wird sogar mit Kuss und Weihrauch geehrt. Aber auch in den evangelischen Kirchen werden Weihnachtsgeschichte, Passionsgeschichte und andere so vorgetragen, als ob sie sich zumindest im Prinzip so ereignet hätten. Und Kinder glauben das natürlich.

Während sich im katholischen Bereich wissenschaftliche Erkenntnisse zur Bibel und kirchliche Glaubensforderung schroff und unüberbrückbar gegenüberstehen, lassen sich die Gegensätze bei den Protestanten wegen fehlenden Lehramts leichter überspielen. Wie sehr ihr Glaube in Deutschland aber in Auflösung begriffen ist, zeigt eine Untersuchung des Theologieprofessors Klaus-Peter Jörns von 1997.[283] In der Frage der Akzeptanz traditioneller biblisch-theologischer Glaubenssätze ergab sich bei Geistlichen der Evangelischen Kirche Berlin-Brandenburg ungefähr Folgendes: Lediglich zwei Drittel schrieben Jesus das Gottesprädikat zu. Nur ein Drittel hielt die Bibel für heilig. An die Allmacht Gottes glaubten nur noch 43%, an die Erbsünde gar nur noch 13%. Nur ein Drittel glaubte an das Jüngste Gericht, und etliche waren gar Agnostiker oder Atheisten. Aber dieselben Geistlichen taufen, konfirmieren, trauen und beerdigen im Namen der christlichen Religion.

Theologen werden aufgrund ihrer zwangsläufigen Unehrlichkeit mit jeder Situation fertig. Das haben ihre Kritiker immer wieder an biblischen Beispielen gut nachprüfbar dargelegt, so etwa Rudolf Augstein[284], Franz Buggle[285], Joachim Kahl[286] oder Gerd Lüdemann[287]. *Die Kirchen leben davon, dass die Menschen weder die Bibel noch die Geschichte der Kirchen kennen* und auch nicht informiert sind über Umfang und Hintergründe des politisch-gesellschaftlichen Einflusses der Kirchen. Eine beklagenswerte Unkenntnis biblischer Inhalte haben in den letzten Jahren auch prominente deutsche Politiker bewiesen (z. B.: Das Lesen der Bibel als „wertvoller Beitrag für die frühkindliche Erziehung"; das deutsche Grundgesetz als Konsequenz der Zehn Gebote).

16 – Religiöse Erziehung und ihr Missbrauch

Für Literaturhinweise zum Gesamtthema, siehe die Anmerkungen[288].

Fest steht [...], dass die Religion immer auf den noch ungeformten und schutzlosen Verstand junger Menschen Einfluss zu nehmen versucht und alles Erdenkliche getan hat, um sich dieses Privileg zu sichern, indem sie mit den säkularen Mächten [...] Allianzen eingegangen ist.
Christopher Hitchens, Kulturkritiker

Glauben ist [...] eine Form, die frühkindlichen Denkgewohnheiten mit in das Erwachsenenalter zu übernehmen.
Andreas Kilian, Biologe

Man sollte sich zur heiligsten Pflicht machen, dem Kinde nicht zu früh einen Begriff von Gott beibringen zu wollen. Die Forderung muss von innen heraus geschehen, und jede Frage, die man beantwortet, ehe sie aufgeworfen ist, ist verwerflich. Das Kind hat vielleicht seine ganze Lebenszeit daran zu wenden, um jene irrigen Vorstellungen wieder zu verlieren.
Friedrich von Schiller

Alle religiösen Überzeugungen kommen denen, die nicht mit ihnen aufgewachsen sind, seltsam vor.
Richard Dawkins, Evolutionsbiologe

Der Appell an die kindliche, zum Glauben bereite Einfalt durchzieht alle vier Evangelien.
Rudolf Augstein, in: Jesus Menschensohn, 1999

Früh krümmt sich, was ein Haken werden will.
Neuzeitlicher christlicher Erziehungsgrundsatz

Wer die Rute spart, hasst seinen Sohn, wer ihn liebt, nimmt ihn früh in Zucht.
Sprüche Salomos 13,24

Geschichte bis zur Renaissance

In der *europäischen Antike* konnten auch größere Teile der Unterschichten lesen und schreiben. Es gab Akademien, an denen wissenschaftlich gearbeitet wurde. Christen waren aber meist Analphabeten und notorisch bildungsfeindlich. Die Entwicklung geistiger Kräfte war dem Christentum kein Selbstzweck, sondern nur Mittel zur religiösen Erziehung. Eine allgemeine Volksbildung war 1500 Jahre unerwünscht. 1200 Jahre benötigte das Christentum, um die Universitäten hervorzubringen. Auch im östlichen Christentum sah es nicht besser aus. Die wesentlichen europäischen Traditionsströme bestanden in der römisch-griechischen Antike, der arabischen Kultur, der jüdischen Geistigkeit und der Aufklärung.

Bis etwa 1500 war Kindererziehung kein Thema, Bilddarstellungen von Kindern waren selten. Abgesehen von Kleinkindern galten Kinder als kleine Erwachsene und wurden als solche behandelt. Zu allen Lebensereignissen hatten sie Zugang, auch zu öffentlichen Hinrichtungen, und bestraft wurden sie ebenfalls wie Erwachsene. Dafür waren sie ziemlich frei. Affektive Eltern-Kind-Bindungen fielen der hohen Kindersterblichkeit zum Opfer. Es gab nur wenige Lateinschulen, die aber sämtlich dem Klerikernachwuchs dienten, und in ihnen herrschte die Prügel. Dass Thomas von Aquin bereits mit fünf Jahren ins Kloster (Monte Cassino) kam, war nicht ungewöhnlich. Im Ergebnis war die Kirche um 1500 aus vielen Gründen insgesamt vollkommen entartet.

Die Renaissance entdeckte das Individuum. Humanisten wie Erasmus und Montaigne, die harmonische Menschen bilden wollten und Prügelschulen ablehnten, vermochten sich gegen den Zeitgeist jedoch nicht durchzusetzen.

Erziehung seit Martin Luther

Martin Luther wurde der wirkmächtigste Prügelpädagoge mit Auswirkungen bis zum 20. Jh. Er begründete die „christliche Familie" mit seiner Frauenrolle, und christliche Kindererziehung war ihm höchste Elternpflicht. Die Eltern deklarierte er zu Gottes Stellvertretern. *Kindererziehung wurde in Europa interkonfessionell zum Erdrückungssystem.* Mit Zuckerbrot, Knüppel und Peitsche waren die Kinder zur Furcht vor Gott und zu willenlosen Untertanen zu erziehen, ihr Eigenwille war zu brechen, damit sie „demütig und sanftmütig werden". Denn sie waren von Geburt an böse und verderbt. Oberstes Erziehungsziel war der Gehorsam, die höchste aller Tugenden, und in seinem grausamen Hass gegen die aufständischen Bauern hat Luther bekanntlich die Fürsten zur Lynchjustiz aufgehetzt. Die Kindererziehung meinte Luther genauso ernst. So zitierte er in seiner Schrift „An die Ratsherren" (1524) zur Errichtung christlicher Schulen

Dtn 21,18ff., wonach man einen selbst noch nach der Züchtigung ungehorsamen Sohn greifen soll, und dann „sollen ihn steinigen alle Leute der Stadt, dass er sterbe, und sollst also das Böse von dir tun, dass es ganz Israel höre und sich fürchte". Für die nächsten Jahrhunderte wurde aus dem Eltern-Kind-Verhältnis oft ein Macht- und Herrschaftsverhältnis. Die Pfarrer wollten zunächst oft nicht wie Luther. Aber dieser gab keine Ruhe und verlangte sogar, die Hausväter sollten Kinder und Gesinde wöchentlich seinen Großen Katechismus abfragen. Luther setzte sich durch. Noch rigoroser als er war Johannes Calvin, der ein Mädchen hinrichten ließ, weil es den Sonntag mit Reifenspiel geschändet hatte.

In weiten Teilen Europas wurde aus den früheren gelegentlichen Schlägen systematische, demütigende Prügel für alle Altersstufen, in Frankreich und England bis zum Alter von 20 Jahren, auch öffentlich und mit der Peitsche. Die *Jesuiten* mit ihrem Kadavergehorsam standen nicht nach, nur dass sie nicht selbst prügelten, sondern prügeln ließen und so auch noch die Schülersolidarität zerschlugen. Sie praktizierten auch ein perfektes Denunziantentum. Wer nicht denunzierte, wurde selbst bestraft. Noch heute wird als erster moderner Pädagoge der pietistische Professor *August Hermann Francke* (1663–1727) aus Halle gepriesen, der zwar das blanke Drauflosprügeln ablehnte, aber das Prügeln taktisch sinnvoll und differenziert einsetzte, um die Bosheit der Kinder zu bestrafen. Im Prinzip waren ihm alle Bücher außer Bibel und Katechismus unnütz oder Gift, und die konsequente Öffnung der Schülerpost war ihm schon deswegen wichtig, weil die Elternbeschwerden nicht überhand nehmen sollten. Franckes „Disziplin" von 1713 umfasste 63 Punkte. Prügeln im Zorn lehnte Francke ab: „Erst beten und dann schlagen", meinte er.

Auf die z. T. schrecklichen Blüten, die die *Sittlichkeitserziehung* trieb, kann hier nur hingewiesen werden. Gegen alles Geschlechtliche führte man einen eifernden Kampf, und Buben drohte man gern mit dem Abschneiden des Gliedes. Bei der Infibulation wurde die Vorhaut mit einem Ring verschlossen. Masturbation galt noch in der zweiten Hälfte des 20. Jh. als Krankheitsursache, und zuvor sprach man von Erblinden und Wahnsinn.

Über der christlichen Erziehung stand Gott, der alles sieht.[289] Der Priester dahinter vermittelte das Gefühl, minderwertig zu sein, und Demut war eine christliche Tugend. Die 1950 geborene Journalistin Annette Dröge schrieb zu ihrer christlichen Erziehung: „Da ist die Angst und immer wieder die Angst. Die Lehrerinnen bilden mit den Eltern und dem lieben Gott eine Verschwörergemeinschaft, aus der es kein Entrinnen gibt."[290] Ein Beispiel dafür, wie man Kindern und Jugendlichen Höllenangst eingetrichtert hat, bietet James Joyce in seinem autobiografischen „Jugendbildnis des Dichters".

Welch Unsinn geistig wehrlosen Kindern eingetrichtert wird, kann man an *Kinderbibeln* belegen.[291] So enthalten Darstellungen zur Schöpfungsgeschichte (von der kreationistischen Frage ganz abgesehen) die Aussage: Wer vom Baum der Erkenntnis isst, muss sterben. Kinder sind aber wissbegierig, das Verbot daher unsinnig. Was ist das für ein allmächtiger und allwissender Gott, der in der Sintflutgeschichte überrascht feststellt, die Menschen seien so böse, dass es ihn reue, sie geschaffen zu haben, und sie umbringt? Und warum müssen auch die schuldlosen Tiere zugrunde gehen? Ein Autor erklärt in der Arche-Geschichte: Weil sich die Menschen nicht mehr um Gott gekümmert haben, seien sie hartherzig und böse geworden. Das heißt doch: Andersdenkende sind böse. In der Abraham-Isaak-Geschichte wird der blinde mörderische Gehorsam gerechtfertigt. Welche Ethik wird damit bei Kindern grundgelegt? Dient das der kindlichen Persönlichkeitsentwicklung? (Man vergleiche dies mit Artikel 29 der UN-Kinderrechtskonvention von 1989.) Und doch: Sogar der frühere Bundespräsident Horst Köhler sagte laut dpa im Dezember 2009, er lese seinen Enkelkindern mit Begeisterung aus der Bibel vor. Es gebe „wunderbare Kinderbibeln". „Es macht Freude, diese Texte Kindern vorzulesen, ihnen auf diese Weise die Grundlagen unseres Glaubens zu vermitteln." Er wurde mit den Worten zitiert: „Das kann ein wertvoller Beitrag für die frühkindliche Erziehung sein."

Schon länger bekannt sind die Schrecknisse christlicher *Prügelpädagogik in Heimen*, die in der Bundesrepublik (wie auch etwa in Irland) nach 1945 jahrzehntelang dominierten. Mit allen Mitteln wurde versucht, eine Publikmachung zu verhindern. Ein Artikel in der „Frankfurter Rundschau" resümiert 2009: „Bis zu 800 000 Kinder wurden nach Schätzungen bis in die 70er Jahre in Waisenheime und Erziehungsanstalten eingewiesen, die meist von Ordensgemeinschaften, Caritas oder Diakonie, geführt wurden. Heute weiß man, dass viele von ihnen durch brutale Erziehungsmethoden, Zwangsarbeit und sexuelle Übergriffe traumatisiert wurden. Sie schwiegen jahrzehntelang. Doch mit dem Alter nahmen die psychischen und körperlichen Probleme zu […]."[292]

Besonders berüchtigt waren bis vor relativ kurzer Zeit die seit etwa 1800 existierenden, von Nonnen betriebenen irischen *„Magdalenenheime"*, die ursprünglich als soziale Hilfe für gefallene Mädchen und Frauen gedacht waren und dann in menschenverachtende Gefängnisse pervertiert wurden (insbesondere schwere Wäscherinnenarbeit) mit nachfolgender gesellschaftlicher Ächtung. Über die dort begangenen perversen Auswüchse u. a. kann man sich über das Internet gut unterrichten.

Sexuelle priesterliche Verfehlungen

Noch schlimmer: Der weltweit praktizierte *Sexualmissbrauch* übelster Sorte durch katholische Priester hat ausweislich ungezählter Berichte und Dokumentationen insbesondere seit den 1990er-Jahren auch in ihrer quantitativen Dimension ein Ausmaß erreicht, das in Kürze gar nicht mehr darstellbar ist.

Eine Ahnung vom Umfang der Skandale gibt die deutsche Wikipedia. An dieser Stelle sei darauf hingewiesen, dass die Themen Päderastie und Homosexualität streng getrennt werden müssen (vgl. zur Homosexualität näher unter C 5).

Dass jedenfalls die Erzwingung homosexueller Handlungen an gewaltunterworfenen Kindern durch Priester schwer kriminell ist und lebenslange Störungen zur Folge haben kann, sollte den Gottesmännern bekannt sein. Man kann sich fragen, welche Glaubensüberzeugungen solches ermöglichen. Wie gläubig sind Geistliche, wenn sie ein Kind missbrauchen und am nächsten Tag den allmächtigen Schöpfer des Himmels und der Erde durch ein Zauberwort in eine Hostie zwingen, ihn essen und an seine Rückkehr am Tag des Jüngsten Gerichts denken? Wie glaubwürdig ist die Kirche, wenn sie einen Zusammenhang mit dem Zölibatsgebot (C 6) nicht zugibt, obwohl die Missbräuche bei den protestantischen Glaubensgemeinschaften weitaus geringer sind?[293] Die katholischen Verteidiger scheuen sich nicht, statistisch beweisen zu wollen, die Zahl der priesterlichen Sexualmissbräuche sei zumindest nicht höher als die der Missbräuche insgesamt. Was wäre das aber für eine erzieherisch wertvolle religiöse Ethik, deren Repräsentanten lediglich nicht noch schlechtere Menschen sind als andere?

Ansonsten: Jahrzehntelang hat die Kirche auch in Deutschland die zahlreichen schweren Verfehlungen verschwiegen, nicht zur Anzeige gebracht und selbst Wiederholungstäter ungeschoren gelassen, nicht selten in ähnlicher Funktion in anderen Gemeinden eingesetzt. Trotz aller Ankündigungen und kirchlicher Dokumente werden selbst heute noch priesterliche Verfehlungen vertuscht oder verharmlost. Das mag schamlos sein, ist aber kein Wunder. Denn selbst der seinerzeitige Präfekt der Glaubenskongregation, Joseph Ratzinger, so der katholische Spezialist Richard Sipe, „verweigerte [...] disziplinarische Maßnahmen bei einem amerikanischen Priester, der nachweislich 200 taube Kinder missbraucht hatte (zum größeren Wohl der Kirche)". Diese Vorfälle und Dokumente wurden ausgiebig in der Weltpresse verbreitet.

Christliche Schulpolitik

Aber nach wie vor ist „christliche Erziehung", was immer das sei, in einigen deutschen Bundesländern ein Anliegen staatlicher Schulverwaltung, die ja Schulbücher genehmigen muss.[294] Nicht nur, aber vor allem in Bayern wurde und wird eine dezidiert christliche Schulpolitik[295] betrieben, allen Verbalfloskeln von der religiös-weltanschaulichen Neutralität des Staates zum Trotz. So hat der Schulbuchverlag Cornelsen noch 2010 auf Ersuchen des bayerischen Kultusministeriums einen Text für ein Englischbuch der gymnasialen Oberstufe gestrichen, in dem sich eine amerikanische Publizistin mit dem Fundamentalismus in den USA beschäftigt und auf einen Zusammenhang zwischen religiösem Fundamentalismus und geringer Bildung hingewiesen hatte. Der Kreationismus habe die öffentliche Bildung in vielen Regionen der USA nachhaltig beeinflusst. Das hatte dem Ministerium nicht gefallen.²⁹⁶ Und so wird der Kampf um die Köpfe und die Macht mit allen Mitteln fortgeführt.

17 – Christliche Ethik?

Die Welt kann nicht regiert werden nach dem Evangelio, denn das Wort ist zu wenig und zu eng.
Martin Luther

Es dürfte schwerfallen, auch nur einen einzigen ethischen Satz zu nennen, der als unverwechselbar christlich gelten kann.
Kurt Nowak, evangelischer Theologe und Kirchenhistoriker

Vorüberlegungen

Die Werte und Normen des abendländischen Kulturkreises seien weitgehend vom Christentum geprägt. Das propagieren gebetsmühlenartig die großen Kirchen in Deutschland und die ihnen wirklich oder taktisch verbundenen Politiker und auch immer wieder Gerichte. Das soll darauf hinauslaufen, ohne die Kirchen sei es um unseren Staat schlecht bestellt. Leicht sieht man das christliche Abendland in Gefahr. Der Religionsunterricht sei für die Werteerziehung unerlässlich. In Wirklichkeit geht es aber um die Macht. Die Frage, was denn konkret die christlichen Werte sind, erhält man nicht beantwortet. Man bekommt nur Sprechblasen.

Von Christen angenommene Grundsätze der Ethik sind naturgemäß religiös fundiert. Sie werden, pauschal gesehen, auf „Gott" und die Bibel mit dem Zentrum Jesus zurückgeführt sowie im Katholizismus insbesondere auf die kirchliche Tradition. Dass man generell auf Religion keine besonders gute Ethik aufbauen kann, ist hier nicht näher zu erörtern und wird vorausgesetzt (s. dazu A 7). Hier soll untersucht werden, ob es *überhaupt* so etwas wie ein *christliches* Ethiksystem gibt, sowie ansatzweise, was einzelne christliche Moralnormen besagen und in welchem Zusammenhang sie stehen.

Christliche Ethik und Theologie

Von einer *systematischen,* spezifisch christlich-biblischen Ethik kann nicht gesprochen werden. Insbesondere auch das NT enthält zwar eine Fülle von Verhaltensregeln und moralisch bedeutsamen Beispielen, aber sie widersprechen sich z. T. fundamental. Ein einheitliches ethisches System des Jesus von Galiläa ist nicht erkennbar, wie unten noch näher aufgezeigt wird. Es gibt allerdings christliche Ethikversuche mit dem Liebesgebot als heute bevorzugtem Hauptprinzip, aber auch solche mit der Priorität des Gehorsams, der Angst und der Gerechtigkeit. Der berühmte protestantische Theologe Rudolf Bultmann beispielsweise vermochte ein spezifisch christliches ethisches System nicht zu erkennen. Der Kirchenhistoriker Nowak sagt in aller Deutlichkeit: „Es dürfte schwerfallen, auch nur einen einzigen ethischen Satz zu nennen, der als unverwechselbar christlich gelten kann. Selbst das […] Gebot der Nächsten- und Feindesliebe hat Parallelen in anderen Religionen und Philosophien." Er ergänzt: „Je weiter sich die materiale Ethik in die Alltagswelt ausdifferenziert, desto strittiger wird all das, was als Gottes Gebot gelten kann." Der Unterschied zwischen christlicher und nicht christlicher Ethik bestehe „allein in ihren Begründungen".[297] Der katholische Theologe Tomáš Halík führt aus:

„Wenn Sie es wagen, manchen, die den Mund voll nehmen von ‚christlichen Werten', die Frage zu stellen, was sie damit eigentlich meinen, bekommen sie sehr allgemeine und banale Antworten. Ein ‚Verzeichnis der christlichen Werte' ist meiner Meinung nach leider nicht aufzustellen. […] je mehr wir von der Geschichte und Kultur der außereuropäischen Zivilisationen und der anderen Religionen wissen, je tiefer wir sie dank den hermeneutischen Methoden verstehen können und je radikaler wir uns vom narzisstischen Eurozentrismus zu Gunsten des multikulturellen Perspektivismus verabschieden, desto schwerer fällt uns die ‚Unterscheidung des Christlichen' und desto leichtsinniger und naiver kommt es uns vor, etwas als ‚rein christlich' zu bezeichnen."[298]

Die Fülle der theologischen Bücher zur Ethik vermag am Befund nichts zu ändern. Die allgemeinen Ausführungen dazu sind zu einem erheblichen Teil historischen und aktuellen Auseinandersetzungen mit den unterschiedlichsten theologischen Entwürfen auf hochabstrakter, weit abgehobener Ebene gewidmet und werfen weit mehr Verständnisfragen auf, als dass sie Antworten bieten. Konkrete ethische Fragen, etwa zur Bioethik, werden stets unter detaillierter Erörterung auch naturwissenschaftlicher und weltlich-philosophischer Fragen abgehandelt. Die dabei oft nur unterschwellige religiöse Verankerung aktueller rechtspolitischer Fragen entsprechend der jeweiligen theologischen Ethik ist für die Gesellschaft aber nicht sehr hilfreich. So hat etwa die erst 1869 päpstlich verfügte, aber bis dahin weit überwiegend abgelehnte Lehre von der Simultanbeseelung des Menschen (mit der Verschmelzung von Ei- und Samenzelle, statt bisher Sukzessivbeseelung: nach 40 Tagen beim männlichen und 80 Tagen beim weiblichen Fötus) zu den oft fanatischen und reichlich irrealen heutigen Auseinandersetzungen über die Menschenwürde des befruchteten, 1/1000 mm großen Eies geführt. Seine Beseitigung, zu welchem Zweck auch immer, wird vor allem von orthodoxen Katholiken vielfach als Mord bezeichnet. Beide großen Konfessionen betonen aber den Zusammenhang von Glaube und Vernunft in ethischen Fragen. Nach welchen einsehbaren Kriterien dabei im Einzelfall vorzugehen ist, erfährt man jedoch nicht.

Insbesondere: Jesuanische Moral[299]

Viele von den Kirchen Enttäuschte klammern sich an den „Geist des Nazareners" (Hans Küng), an die „Nachfolge Jesu". So stellen überzeugte Christen gern die Frage: Was würde Jesus dazu sagen? Das ist nicht sinnvoll, denn vom historischen Jesus weiß man fast nichts. Nichtchristliche Quellen gibt es im Ergebnis keine, und dass die Schriften des NT Glaubensschriften sind und keinen Wert auf historische Fakten legen, ist unter Neutestamentlern allgemein anerkannt. Die über 250 Jahre alte kritische Bibelwissenschaft vermochte zwar mit diffizilen Methoden Aussagen über die mehr oder weniger große Wahrscheinlichkeit zu machen, mit der Jesus zugeschriebene Sätze tatsächlich von ihm stammen mögen; es ist ein kleiner Prozentsatz.[300] So gesehen kann es ohnehin keine jesuanische Ethik bzw. Moral geben. Da aber in der kirchlichen Praxis die Bibel immer noch als insgesamt „Heilige Schrift" bezeichnet und entsprechend geachtet wird (Lesungen werden in der katholischen Kirche mit den Worten beendet: „Wort des lebendigen Gottes"), ist es legitim, die Jesus kirchenamtlich zugeschriebenen NT-Aussagen moralischer Bedeutung insgesamt kritisch zu würdigen.

Das NT enthält zahlreiche Passagen, die man auch heute nur begrüßen kann, so das Gebot der Nächstenliebe oder die Vorhaltung an Steiniger, ob sie denn schuldlos seien. Aber im Einzelnen ergeben sich auch bei positiv zu bewertenden Forderungen kritische Fragen einschließlich der nach der zugrunde liegenden Motivation. Vielen gilt die *Bergpredigt* Jesu als eindrucksvollster Text des NT, in dem das entscheidend Christliche stehe, so etwa 1983 dem Bestsellerautor Franz Alt. In erster Linie sind die neun Seligpreisungen in Mt 5,3–11 gemeint, aber auch die insgesamt eindrucksvollen Kapitel 5–7 des Matthäusevangeliums. Nebenbei bemerkt: Die Bibelwissenschaft ist sich seit Jahrzehnten ziemlich einig, dass diese Rede nie gehalten, sondern weitgehend aus einer nicht erhaltenen umfangreichen Sammlung älterer Sprüche komponiert wurde (Logienquelle). Das Lukasevangelium kennt keine Bergpredigt, sondern eine andersartige, radikalere und politisch getönte Feldrede (Lk 6,20–49). Bei Markus und Johannes findet sich weder eine Bergpredigt noch eine Feldrede, obwohl sie doch andererseits im Zentrum der Lehre Jesu stehen soll.

Die *Seligpreisungen* beziehen sich auf die Armen (Einheitsübersetzung: „die arm sind vor Gott"; häufig dunkel: „die Armen im Geist"; Luther: „geistlich Armen"; vgl. Lk 6,20: die Armen), die Trauernden, die Friedfertigen, die sich nach Gerechtigkeit Sehnenden, die Barmherzigen, die mit einem reinen Herzen, die Friedenstifter, die verfolgten Gerechten, die um Jesu willen Verfolgten und Verleumdeten. Sodann ist von guten Werken die Rede, vom Versöhnen und Friedenschließen, von Großzügigkeit, von der Feindesliebe, von ehrlicher Wohltätigkeit. Die bekannte *Goldene Regel* wird hervorgehoben, wonach man an sich und alle anderen Menschen die gleichen Forderungen und Erwartungen stellen soll (Mt 7,12). So weit, so schön.

Viele Christen, die sich von den Kirchen abgewandt haben und ein Urchristentum suchen, das auf ursprünglichen Lehren Jesu basiert, stellen die Bergpredigt in den Vordergrund. Soweit diese moralische Forderungen aufstellt, sind sie nicht neu, bis auf die Feindesliebe. Wichtige Aussagen sind dem Schrifttum der Essener entnommen, wie man aus den Qumran-Rollen (1947) weiß. Da jedes Liebes*gebot,* weil eine emotionale Empfindung, naturwidrig ist, wäre ein wörtlich verstandenes Gebot der Feindesliebe besonders unsinnig. Eine Ethik kann nur verlangen, Mitmenschen anständig, fair, gerecht, gegebenenfalls großmütig zu behandeln, und das ist auch gegenüber dem „Feind" möglich. Warum sagt das „Wort Gottes" das nicht klar und deutlich, sondern fast unverständlich? Kein Ausweis von Weltklugheit ist die Empfehlung, keine Schätze auf der Erde zu sammeln (Mt 6,19), denn diese Empfehlung der Besitzlosigkeit verhindert jede kulturelle Fortentwicklung. Freilich war Jesus vom bevorstehenden Weltende überzeugt, und nur so ist die nach den Maßstäben einer weltlichen Ethik verantwortungslose Ablehnung der Lebensvorsorge („Seht euch die Vögel des Himmels an: Sie säen nicht, sie ernten nicht [...]", Mt 6,26ff.) erklärbar. Dieser Umstand beweist übrigens deutlich, dass Jesus nicht gleichzeitig Mensch und Teil des allwissenden Gottes sein konnte, denn sonst hätte er sich über den Lauf der Welt nicht so fundamental irren können.

Zu den Geboten der Bergpredigt wie überhaupt zu den sittlichen Forderungen des NT ist zunächst *kritisch anzumerken*, dass sie stets mit Verheißungen verbunden sind: Sie sind stets mit der Zusage von Lohn, insbesondere im Himmel, verknüpft, womit der ethische Gehalt, das Gute um des Guten willen zu tun, schwindet. Aus dem ethischen Verhalten wird ein *Handelsgeschäft*. Diese Kritik könnte man zumindest noch etwas abmildern mit dem Hinweis auf die Erkenntnisse der Soziobiologie, wonach selbst altruistisch erscheinende Verhaltensweisen letztlich auf eigennützige Motive zurückgeführt werden können, was nicht ohne Weiteres als negativ zu werten ist.[301] Weitaus bedenklicher sind andere Passagen der Bergpredigt: Wer seinem Bruder auch nur zürnt, soll dem

Gericht verfallen sein. Wer aber sagt „Du gottloser Narr", soll gar *auf ewig* in der Hölle braten, Mt 5,22. Nicht wenige Berufschristen ignorieren diese Drohung bekanntlich im Kampf gegen Menschen mit anderen Grundüberzeugungen. Wenig Achtung vor natürlichen Gegebenheiten zeigt die sexualfeindliche und unrealistische Passage: „Wer eine Frau auch nur lüstern ansieht, hat in seinem Herzen schon Ehebruch mit ihr begangen" (Mt 5,28). Wen sein Auge zum Bösen verführt, soll es lieber ausreißen, als dass sein Leib in die Hölle komme (entsprechend auch Mk 9,42ff. und andere Stellen; Mt 13,41f.: Feuerofen, Heulen und Zähneklappern). Wie die Androhung einer *ewigen* Grausamkeit für eine *zeitliche* Verfehlung mit der Liebe Gottes vereinbar sein soll, bleibt rätselhaft. Sie spricht jeder Verhältnismäßigkeit als einer Grundregel jeglicher Gerechtigkeit Hohn, sodass jedes vergleichbare menschliche Verhalten als verwerflich anzusehen wäre. Andererseits soll man dem Bösen keinen Widerstand leisten, Mt 5,39: ein unsinniges Gebot, das zumindest in dieser Allgemeinheit die Gewalt fördert. (Dass es notwendig sein kann, eine Gewaltspirale durch einseitigen Verzicht auf Gegengewalt zu durchbrechen, ist eine andere Sache.) Angst erzeugt die Rede von den zwei Wegen (Mt 5,13f.), wonach viele auf dem ins Verderben führenden breiten Weg gehen, aber nur wenige den schmalen Weg finden, der zum Leben führt – das aber heißt, noch freundlich formuliert, dass den meisten Menschen der Himmel verschlossen ist. Liebe Gottes? Sie wird auch infrage gestellt durch das absolute Gebot des Gehorsams. In Mt 7,21ff. liest man: „Nicht jeder, der zu mir sagt: Herr! Herr!, wird in das Himmelreich kommen, sondern nur, wer den Willen meines Vaters im Himmel erfüllt. Viele werden an jenem Tag zu mir sagen: Herr, Herr, sind wir nicht in deinem Namen als Propheten aufgetreten, und haben wir nicht mit deinem Namen Dämonen ausgetrieben und mit deinem Namen viele Wunder vollbracht? Dann werde ich ihnen antworten: Ich kenne euch nicht. Weg von mir, ihr Übertreter des Gesetzes!" *Die Ethik der Bergpredigt ist demnach eine „Ethik" der Angst und des Gehorsams.*

Es kommt hinzu, dass *viele Passagen des NT außerhalb der Bergpredigt genau das Gegenteil* der oben zitierten positiven Aussagen besagen. Nach Lk 11,21 ist ein Besitz durch Bewaffnung zu sichern. Von Friedfertigkeit und Toleranz kann oft nicht die Rede sein. Nicht mit Nachsicht, sondern Unbarmherzigkeit werden die törichten Jungfrauen in Mt 25,1ff. behandelt. Von hartherziger kapitalistischer Moral ist auch das Gleichnis vom anvertrauten Geld geprägt, ganz im Gegensatz zur Bergpredigt, die dem Reichtum sehr kritisch gegenübersteht. Die Diener, die das Silbergeld des Herrn durch geschicktes Wirtschaften vermehrt haben, werden reich belohnt, zum ängstlichen Diener aber, der das Geld nur verwahrt hat, sagt der Herr: „Werft den nichtsnutzigen Diener hinaus in die äußerste Finsternis! Dort wird er heulen und mit den Zähnen knirschen" (Mt 25,14ff., 30). Wenig Tier- und Menschenliebe beweist Jesus, wenn er die

Dämonen zweier Besessener austreibt und in eine Schweineherde fahren lässt, die daraufhin einen Abhang hinab in einen See stürzt und ertrinkt (Mt 8,28ff.).

Selbst die weitgehende Reduzierung des „Wortes Gottes" auf die Bergpredigt führt daher nicht zu einer akzeptablen Ethik, sondern ist sowohl in sich als auch im Gesamtzusammenhang widersprüchlich. Man kann die Bergpredigt nicht nur auf das Liebesgebot und Vollkommenheits- sowie Armutsforderungen reduzieren, auf die sich freilich christliche Minderheiten immer wieder berufen haben, die in der Bergpredigt eine revolutionäre Botschaft sahen. Aber schon Martin Luther hat mit seiner Zwei-Reiche-Lehre die Bergpredigt aufgeweicht, und „christliche" Politiker sind regelmäßig der Meinung, für die politische Praxis sei die Bergpredigt unbrauchbar.

Am auffälligsten ist der Selbstwiderspruch der „jesuanischen Moral", wenn man zwei Tatbestände gegenüberstellt. Laut Mt 22,37ff. forderte Jesus: „Du sollst den Herrn, deinen Gott, lieben mit ganzem Herzen, mit ganzer Seele und mit all deinen Gedanken. Das ist das wichtigste und erste Gebot. Ebenso wichtig ist das zweite: Du sollst deinen Nächsten lieben wie dich selbst. An diesen beiden Geboten hängt das ganze Gesetz samt den Propheten." Dem *„Liebesgebot"* (man kann Liebe nicht anordnen!) steht die Tatsache gegenüber, dass sich im NT über 30 Stellen mit *Höllendrohungen* finden.

Zahlreiche Passsagen der synoptischen Evangelien (Mt, Mk, Lk) sind erschreckend. Mt. 5,27–30 (Bergpredigt) lautet: „Wie ihr wisst, heißt es im Gesetz: ‚Du sollst nicht die Ehe brechen!' – Ich sage euch aber: Schon wer eine Frau mit begehrlichen Blicken ansieht, der hat im Herzen mit ihr die Ehe gebrochen. – Wenn dich also dein rechtes Auge verführt, dann reiß es heraus und wirf es weg! Besser, du verlierst eins deiner Glieder, als dass du heil und unversehrt in die Hölle geworfen wirst. – Und wenn dich deine rechte Hand verführt, Böses zu tun, so hack sie ab und wirf sie weg! Es ist besser, ein Krüppel zu sein, als mit Haut und Haaren in die Hölle geworfen zu werden." Mt 10,14f.: „Wenn ihr in einer Stadt oder in einem Haus nicht willkommen seid und man eure Botschaft nicht hören will, so geht fort und kümmert euch nicht mehr um diese Leute! Schüttelt vielmehr den Staub von euren Füßen als Zeichen dafür, dass Gott diese Stadt strafen wird. – Aber das sage ich euch: Die Einwohner der Städte Sodom und Gomorra werden am Gerichtstag besser wegkommen als die Menschen einer solchen Stadt" (ähnlich Lk 10,10ff.). Mt. 13,41ff.: „Der Menschensohn wird seine Engel senden. Sie werden aus dem Gottesreich alle Verführer und alle, die Unrecht tun, aussondern, – sie in den Feuerofen werfen und verbrennen. Dort wird viel vergebliches Heulen und ohnmächtiges Jammern [Zähneknirschen] zu hören sein. – Aber alle, die Gottes Willen tun, werden im Reich ihres Vaters leuchten wie die Sonne. Hört auf das, was ich euch sage!" Zum Weltgericht erklärt Mt 25,41–46: „Zu denen auf seiner linken Seite aber wird er sagen: ‚Geht mir aus den Augen, ihr Verfluchten, ins ewige Feuer, das für den Teufel und seine Helfer bestimmt ist. – Denn ich war hungrig, aber ihr habt mir nichts zu essen gegeben. Ich war durstig, aber ihr habt mir nichts zu trinken gegeben. – Ich war ein Fremder unter euch, aber ihr habt mich nicht aufgenommen […].' – Dann werden auch sie ihn fragen: ‚Herr, wann haben wir dich denn hungrig oder durstig, ohne Unterkunft, nackt, krank oder im Gefängnis gesehen und dir nicht geholfen?' – Darauf wird ihnen der Richter antworten: ‚Die Hilfe, die ihr meinen geringsten Brüdern verweigert habt, die habt ihr mir verweigert.' – Und sie werden der ewigen Strafe ausgeliefert sein. Aber die Gottes Willen getan haben, erwartet unvergängliches Leben." Lk 12,4 ff.: „Ich sage aber euch, meinen Freunden: Fürchtet euch nicht vor denen, die den Leib töten und danach nichts mehr tun können. Ich will euch aber zeigen, vor wem ihr euch fürchten sollt: Fürchtet euch vor dem, der, nachdem er getötet hat, auch Macht hat, in die Hölle zu werfen. Ja, ich sage euch, vor dem fürchtet euch."

Zur heutigen Verdrängung der Höllenlehre

Die ewige grausame Hölle für zeitliche Sünden ist den meisten europäischen Theologen peinlich. Heutige Bibelausgaben enthalten vielfach selbst in umfangreichen Stichwortregistern die Begriffe Hölle oder Verdammnis nicht mehr, da sie nicht zum *lieben* Gott passen. Aber die entsprechenden Bibelstellen bleiben bestehen, ohne dass sie (nach welchen Kriterien auch, ohne die Bibel insgesamt aufzulösen?) für überholt erklärt würden. Die EKD-Kirchen vermeiden in der Regel die Höllenlehre, auch viele katholische Geistliche. Aber sie ist nach wie vor offizielle katholische Lehre und von Benedikt XVI. bekräftigt. Die ganzen Jahrhunderte hindurch hat die Kirche die Menschen mit der Höllenangst gepeinigt, und Literatur (Dante) und Malerei (Bosch) haben sie überaus sadistisch geschildert. Im Katholischen Weltkatechismus von 1993 heißt es in Nr. 1035: „Die Lehre der Kirche sagt, daß es eine Hölle gibt und daß sie ewig dauert. Die Seelen derer, die im Stand der Todsünde sterben, kommen sogleich nach dem Tod in die Unterwelt, wo sie die Qualen der Hölle erleiden, ‚das ewige Feuer'. Die schlimmste Pein der Hölle besteht in der ewigen Trennung von Gott, in dem allein der Mensch das Leben und das Glück finden kann, für die er erschaffen worden ist und nach denen er sich sehnt."

Dieses *unehrliche Verhältnis von amtlich-theologischer Lehre und Glaubenspraxis* machen auch außerhalb der katholischen Kirche nicht alle Christen mit. So vertreibt der bibeltreue Betanien Verlag das Büchlein (2005) von Hans-Werner Deppe unter dem Titel „Wie wird es in der Hölle sein?" und preist es wie folgt an: „Aber was sagt die Bibel, was sagt Jesus Christus wirklich über die Hölle? Dieser Frage geht das vorliegende Buch nach und stellt dabei fest, dass Jesus über kein anderes Thema mehr gesprochen hat als über die Hölle und das Gericht.

Die Hölle war fester Bestandteil seiner Hauptbotschaft. Von allen biblischen Aussagen zur Hölle sind Jesu Worte die deutlichsten. Jesus hat keinen weichen, ewig lächelnden Gott verkündigt, sondern vor Gottes gerechtem Zorn gewarnt und ihn als den verkündet, der ‚Seele und Leib verderben kann in der Hölle‘ (Matthäus 10,28). – Während dieses Buch verbreitete falsche Vorstellungen von der Hölle ausräumt, bezieht es sich allein auf die Bibel als sichere Auskunft über den Ort der Verdammnis und trägt die biblischen Details – viele aus Jesu eigenem Mund – zu einem furchtbaren Gesamtbild zusammen. Aufkommende Fragen werden beantwortet und auch der Ausweg vor der Hölle aufgezeigt."

Was bleibt von der Moral des Neuen Testaments?

Die angeblichen Gipfel neutestamentlicher Moral, die Bergpredigt und die Feldpredigt (s. o.), fallen bei näherem Hinsehen weitgehend in sich zusammen. Ihre positiven Aspekte (wichtig: Gleichnis vom barmherzigen Samariter) bringen nichts Neues. Schon das Gebot, Gott zu lieben, leuchtet wenig ein, wenn man bedenkt, dass man Gott auch fürchten soll, wie sich schon aus den zahlreichen Androhungen Jesu von ewiger Höllenstrafe ergibt. Kann man jemand lieben, vor dem man Angst hat? Kann ein Gott gütig und barmherzig sein, wenn er *ewige* Grausamkeiten für zeitliche Verfehlungen androht? Das tut der Gott der Juden übrigens nicht. Was ist das für eine Liebe Gottes, die seinen unschuldigen „Sohn" grausam hinrichten lässt, um die sündige Menschheit durch diese neue Bluttat mit Gott zu versöhnen? Hätte es nicht nahegelegen, dass der allmächtige gute Gott der Menschheit einfach verzeiht, ohne Opferung eines Unschuldigen?

Bei dieser Betrachtung sind die schauerlichen Texte der „Geheimen Offenbarung" noch gar nicht berücksichtigt, die von Franz Buggle zu Recht als „neutestamentlicher Gipfelpunkt der in der biblisch-christlichen Religion enthaltenen sadistisch-inhumanen Aspekte" bezeichnet werden.[302] Makaber ist es daher, wenn die einleitende Erläuterung zur „Offenbarung des Johannes" in der ökumenischen Einheitsübersetzung mit der Feststellung schließt, diese einzige prophetische Schrift des NT, die die Bereitschaft zum Martyrium stärken wolle, sei „das große Trost- und Mahnbuch der Kirche" geworden. Zudem legt der Neutestamentler Gerd Lüdemann anhand einer genauen Untersuchung von sieben „Apostelbriefen" des NT dar, dass sie massiv von Intoleranz geprägt sind, und erläutert im Schlusskapitel, alles bestens belegt, dass das NT bei einer Gesamtbetrachtung für eine positive Zuordnung zu „Toleranz" ausscheidet.[303] Stellvertretend mag dafür der Jesus zugeschriebene Satz stehen: „Wer da glaubt und getauft wird, der wird selig werden, wer aber nicht glaubt, der wird verdammt werden" (Mk 16,16). All diese Texte sind Bestandteil des zentralen

Glaubensdokuments NT, und die Kirchen denken nicht daran, irgendetwas davon zu ändern.

Christliche Moral?

Ist demnach die neutestamentliche Moral, wenn man die offiziell verbreiteten Texte ernst nimmt, trotz positiver Teilaspekte insgesamt nicht akzeptabel, wie könnte es dann eine „christliche Moral" sein? Denn Christentum ohne Neues Testament ist kein solches mehr. Nun darf man nach Auffassung eines westlichen, „aufgeklärten" und mehr oder weniger liberalen Christentums die Bibel nicht insgesamt wörtlich nehmen. Man muss im Zuge der Historisierung Teile davon entmythologisieren und kann auch versuchen, echte von unechten Jesusworten zu unterscheiden und sonstige Fälschungen als solche zu behandeln. Aber nach welchen Kriterien geht man dabei im Allgemeinen und in besonderen Zweifelsfällen vor? Solche Kriterien können nur säkulare sein, und damit erweist sich die Rede von der christlichen Moral oder gar einem christlichen ethischen System als leeres Gerede. So hat etwa der berühmte Rudolf Bultmann nachgewiesen, dass von der Verkündung einer neuen Ethik durch Jesus nicht gesprochen werden kann.[304] Daher hat auch Hans Küng in seinem bekannten Werk „Christ sein" geschrieben: „Auch in der Ethik sucht man vergeblich nach dem unterscheidend Christlichen, wenn man es abstrakt in irgendeiner Idee oder einem Grundsatz [...] sucht. Handeln aus ‚Liebe' etwa oder in ‚Freiheit' [...] das können schließlich auch andere, Juden, Moslems, Humanisten verschiedenster Art. Das Kriterium des Christlichen [...] ist dieser konkrete Jesus als der Christus, als der Maßgebende."[305] Aber gerade die Gestalt und Lehre des (später vergöttlichten) wirklichen Menschen Jesus bleibt im Nebel der Geschichte weitgehend verborgen.[306]

18 – Verhalten sich religiöse Menschen besser? Westliche Gesellschaften im Verhaltensvergleich

Wer an Gott glaubt, ist gewalttätiger, wenn er zuvor liest, dass Gott die Gewalt billigt. Der religiöse Kontext führt zu größerer Aggressivität.
  Teilergebnis eingehender Untersuchungen an Studenten der USA und
  der Niederlande in den Jahren 2006 und 2007

Gesellschaftspolitische Bedeutung der Fragestellung

Die westlichen Länder sind historisch und aktuell in sehr unterschiedlichem Maß durch das Christentum geprägt. Neben sehr religiösen Ländern gibt es viele, in denen der christliche Firnis schon sehr dünn und lückenhaft ist. Aber die Religionslobbyisten bemühen sich erfolgreich, auch dort im öffentlichen Bewusstsein die Vorstellung zu verankern, ein religiöser Glaube sei im Allgemeinen Voraussetzung dafür, ein gutes Leben zu führen. Nicht wenige „christliche" Politiker halten es daher z. B. in Deutschland und Österreich für opportun bzw. glauben gar wirklich, Nichtgläubige (aggressiv: „Atheisten") seien ein gesellschaftliches Hauptübel. In den meisten deutschen Schulbüchern für den Ethikunterricht, den in erster Linie ja „Konfessionslose" besuchen, ist viel von christlichen Werten die Rede, aber wenig vom weltlichen Humanismus. Zahlreiche, auch hohe Kirchenrepräsentanten erklären den Unglauben ungeachtet der religionssoziologischen Verhältnisse regelrecht zum Feind, und jede noch so problematische, auch nicht christliche Glaubensrichtung ist ihnen lieber als rein säkulare Menschen. Man behauptet einfach, Nichtgläubige seien tendenziell als Mitglied der Gesellschaft problematischer. Dass der dabei manchmal zudem gewählte Ton moralischer Überhebung unangebracht ist, hat sich in diesem Buch schon vielfach gezeigt. Aber es gibt auch ernsthafte empirische Untersuchungen über das in der Gesellschaft als wünschenswert angesehene Verhalten in Abhängigkeit von der Religiosität, und sie gelangen zu ganz anderen Ergebnissen.

Einzeluntersuchungen

So hat der amerikanische Soziologe Gregory S. Paul 2005 im „Journal of Religion and Society" eine vergleichende Studie über die gesellschaftlichen Auswirkungen des Glaubens veröffentlicht.[307] Er hat Umfragen über die Häufigkeit von Mord, Schwangerschaftsabbruch, Suizid, Schwangerschaft bei Minderjährigen u. a. aus Industrieländern herangezogen, weil diese Erhebungen hinreichend zuverlässig erschienen. Die Daten, meist aus den 1990er-Jahren, betrafen ca. 800 Millionen Menschen.

Interessant ist der Umstand, dass gerade in den USA mit seiner bemerkenswert hohen Zahl von Gottgläubigen die soziale Funktion der Gesellschaft hochgradig gestört ist. Das zeigt sich z. B. an einer extremen Mordrate. Obwohl die Regierung von George W. Bush christliche Keuschheitsprogramme mit viel Geld unterstützt hat, sind die Infektionsraten bei sexuellen Krankheiten in den USA wesentlich höher als in weniger religiösen Ländern. Jugendliche Schwangerschaften sind nach Paul in den USA 20 Mal so häufig wie in säkularen Ländern und auch die Abtreibungsraten sind dort besonders hoch. Insgesamt schneiden die USA in allen Bereichen von allen Vergleichsstaaten am schlechtesten ab, während die ziemlich ungläubigen Gesellschaften etwa in Frankreich, den skandinavischen Ländern und Japan die besten Werte erreichen. Selbst innerhalb der USA sind die sozialen Probleme in den religiösen Süd- und Mittel-West-Staaten größer als in den europäischeren nordöstlichen Staaten.

Hilfreich ist die von Andreas Müller 2009 vorgelegte Zusammenfassung neuerer systematischer Untersuchungen zur Frage des ethischen Verhaltens von Gläubigen und Nichtgläubigen.[308] So hat sich gezeigt, dass US-Christen keineswegs (wie behauptet) viel wohltätiger sind als andere Einwohner. Denn Christen spenden hauptsächlich sonntags, „Atheisten" auch werktags, sodass sich die Ergebnisse gleichen. Die Behauptungen in einem Buch von Arthur C. Brooks, wonach Religiöse deutlich wohltätiger sind als Nichtreligiöse, beruht auf zwei Tricks: Brooks hat in seine Belege Spenden an die eigene religiöse Gemeinde einbezogen, die diese für ihre Existenz benötigt, das Alter der Untersuchten aber verfälschend nicht berücksichtigt. Gläubige sind auch nicht kooperativer, wie 2009 ein schwedischer Wissenschaftler anhand von Ergebnissen eines Standard-Spiels zum Test der Kooperativität (Gemeinwohl-Spiel) bei Wirtschaftsstudenten in Schweden, Mexiko und Italien feststellte. Es zeigte sich kein Unterschied zwischen religiösen und nicht religiösen Studenten, was frühere Untersuchungen bestätigte. In den USA ergab sich, dass selbst regelmäßige Kirchgänger nicht weniger Pornografie konsumierten als Nichtgläubige. In den genannten Punkten verhalten sich die Gläubigen also nicht besser als Ungläubige. Allerdings hat sich auch gezeigt, dass sie das zumindest glauben. Demnach macht zumindest die christliche Religion die Menschen nicht besser.

Noch mehr verdunkelt sich das Verhaltensbild der Gläubigen, wenn man weiter berücksichtigt: In den USA befürworten signifikant mehr Kirchgänger als Nicht-Kirchgänger die Folterung mutmaßlicher Terroristen, und entsprechend ist die Einstellung zur Todesstrafe. Ein Artikel aus „Psychology Today" befasste sich 2009 mit diversen Studien[309], die Folgendes ergaben: Zum Teil waren keine Verhaltensunterschiede festzustellen. Ansonsten kamen sie zu dem Ergebnis, dass religiöse Schüler bei Prüfungen signifikant häufiger betrügen als atheistische, dass Religiöse gegenüber Minderheiten intoleranter sind, dass Fundamentalisten ethisch zurückgeblieben sind, weil sie sich schon „gerettet" wissen. In die gleiche Richtung geht die Abhandlung des Psychiaters und Neurowissenschaftlers Manfred Spitzer.[310] Schon ältere und weitgehend unbekannte psychologische Studien seien zu dem Ergebnis gekommen, dass es zwischen Religiosität und Verhalten kaum einen Zusammenhang gibt. So habe man die Werte von College-Studenten nach deren Angaben hierarchisiert und dann mit 16 Aussagen der Bibel konfrontiert und nach ihren religiösen Gepflogenheiten befragt. Nach einiger Zeit bat man die Studenten zu einem Geschicklichkeitsexperiment. Während sie kurze Zeit alleine gelassen wurden, simulierte im Nebenraum jeweils eine Frau einen sehr schweren Sturz, wobei jeder Student glauben musste, sie sei von einer Leiter gefallen. Man bestimmte dann genau die Zeit, bis sich die Studenten zur Hilfe entschlossen. Nur 35 von 71 Studenten entschlossen sich zur Hilfeleistung, aber es ergab sich kein Zusammenhang zwischen Wertesystem, Bibelfestigkeit, Bibelglaube und Häufigkeit der religiösen Praxis einerseits und der Hilfsbereitschaft. Entsprechendes hatte sich schon 1960 gezeigt. Eine Studie von 1988 legte dar, dass Menschen, die zur Nazizeit ihr Leben für Juden riskierten, sich im Hinblick auf ihre religiöse Erziehung, Religiosität und die ihrer Eltern von Zuschauern und anderen Nichtrettern nicht signifikant unterschieden.

Spitzer führt zum Zusammenhang von Religiosität/Nichtreligiosität und moralisch gutem Verhalten noch eine größere Zahl von – jeweils belegten – Beispielen auf, die in der Regel keinen solchen Zusammenhang erkennen lassen. Kirchenmitglieder werden zwar von ihrer Religionsgemeinschaft beeinflusst, aber ein höheres Verantwortungsgefühl für die Mitmenschen resultiert daraus nicht. Im Gegenteil gibt es Bereiche, in denen sich die Religion negativ auswirkt, worauf oben schon hingewiesen wurde. Interessant sind umfangreiche Experimente, die 2006 oder 2007 parallel an 248 Studenten einer religiösen US-Universität und 242 Studenten einer niederländischen weltlichen Universität zur Gewaltfrage und zur Aggressivität durchgeführt wurden. Von den US-Studenten gaben 99% an, an Gott und die Bibel zu glauben. Von den niederländischen Studenten glaubten nur 50% an Gott und nur 27% an die Bibel. Den Probanden wurden Texte aus dem Alten Testament vorgelesen, aber jeweils der Hälfte von ihnen wurde gesagt, es handle sich um Texte aus einer archäologischen Ausgrabung von 1984. Die (näher beschriebenen) gut ausgeklügelten Untersuchungen ergaben: Wer an Gott glaubt, ist gewalttätiger, wenn er zuvor liest, dass Gott die Gewalt billigt. Der religiöse Kontext führt zu größerer Aggressivität. Gewalt in religiösen Schriften kann zu Gewalt in der realen Welt führen. Männer sind deutlich gewalttätiger als Frauen und empfänglicher für die aggressionsfördernden Auswirkungen religiöser Texte.

Gesamtergebnis

Nimmt man alles zusammen, so verhalten sich religiöse und nicht religiöse Menschen gegenüber ihren Mitmenschen grundsätzlich gleich gut und gleich schlecht. In mancher Hinsicht zeigen religiöse Menschen mehr Mängel. Zwar wurden die meisten Untersuchungen in den USA bzw. im christlichen Kulturkreis durchgeführt. Aber es gibt keine Anhaltspunkte, dass das Ergebnis in anderen Kulturkreisen deutlich abweichen würde.

19 – Kirche, Wahrheit, Wissenschaft

Der christliche Gläubige ist eine einfache Person. Aufgabe der Bischöfe ist es deshalb, den Glauben dieser kleinen Leute vor dem Einfluss von Intellektuellen zu bewahren.
    Benedikt XVI., alias Kardinal Ratzinger, Predigt vom 31.12.1979, zum Entzug der *Missio canonica* für Hans Küng (zitiert nach John L. Allen, Joseph Ratzinger, 2002)

Denn die Kirche lebt in letzter Analyse in guten wie in schlechten Zeiten vom Glauben derjenigen, die einfachen Herzens sind.
    Benedikt XVI., alias Kardinal Ratzinger, Interview 1988 mit „Die Presse", Wien (zitiert nach John L. Allen, Joseph Ratzinger, 2002)

Die Kirchengeschichte ist die beste Schule, um an dem Dasein eines Gottes als Weltenlenkers zu zweifeln.
    Franz Overbeck, evangelischer Theologe, 1837–1905

Die Heuchelei gehört bis heute zu den widerlichsten, doch wesentlichen Charakterzügen des Christentums. Gemäß der alten Devise „si non caste caute", wenn schon nicht keusch, dann wenigstens vorsichtig, unterschieden viele Päpste zwischen einer heimlichen und einer bekannt gewordenen Sünde, bei der sie die Strafe verdoppelten, ja verdreifachten.
    Karlheinz Deschner, 2010 in einem Interview für dpa, das dann, weil zu pointiert, nicht verwendet werden durfte[311]

Einstweilen sieht es so aus, dass die Kirchen weiter ein vitales Interesse an der Nicht-Aufklärung haben […].[312]
    Gerd Lüdemann, protestantischer Neutestamentler, Apostat

Tatsächlich war ja ein Grund meines Kirchenaustritts [1972, Cz.], dass ich so vielen Agnostikern, ja Atheisten unter den hohen Würdenträgern der beiden Kirchen begegnete, die aber zugleich vor dem kirchlichen Fußvolk, den staatlichen Behörden und der Öffentlichkeit die angebliche Kraft ihres Glaubens betonten. Es gibt nur wenig Schlimmeres als diese heuchlerische Schizophrenie, die aber groteskerweise die Stabilisierung des charakterlosen staatskirchlichen Mischverhältnisses noch verstärkt.[313]
Hubertus Mynarek, katholischer Apostat, Religionswissenschaftler

Die Kirche lebt davon, dass die Ergebnisse der wissenschaftlichen Forschung verschwiegen werden.
Hans Conzelmann, protestantischer Theologe und Kirchenhistoriker

Wer schon in seiner Kindheit die Absurditäten der religiösen Lehren geschluckt hat, über dessen spätere „Denkschwäche" braucht man sich nicht arg wundern.
Sigmund Freud, in: Die Zukunft einer Illusion

Dieses Kapitel ergänzt sich mit dem Folgenden zu Theologie und Amtskirche und ist von diesem schwer zu trennen. Zur „Wahrheit" haben die Kirchen ein höchst problematisches Verhältnis. Hier seien unter „Wahrheit" historische und naturwissenschaftliche Tatsachen (nach jeweiligem Erkenntnisstand) und gedanklich durch *jede und jeden* nachprüfbare Argumente gemeint. „Historische Tatsachen" müssen das Ergebnis (möglichst) interessenunabhängiger und widerlegbarer wissenschaftlicher Argumente sein, Nichtwissen darf nicht durch bloße, d. h. unqualifizierte Vermutungen ersetzt werden. Wissenschaft ist stets auf der Suche nach Wahrheit in diesem Sinn. Kunst und schöngeistige Literatur ist etwas anderes.

Die christliche Kirche bzw. die christlichen Kirchen als die jeweils geistig oder politisch Macht habende religiöse Hauptrichtung ist in den *dominierenden* Führungspersonen nie vorrangig auf Wahrheitssuche gewesen. Das bedeutet selbstverständlich nicht, dass nicht überaus zahlreiche Theologen, auch Frauen und gebildete Laien, ernsthaft auf der Suche nach richtiger Erkenntnis waren, wenn sie auch stets auf nicht hinterfragbare religiöse Grundannahmen aufbauten.

Christliche Basisannahmen

Einige wenige christliche Basisannahmen hatten verheerende Auswirkungen: Die schlimmsten sind zunächst der *angsterzeugende Dualismus* zwischen dem Guten mit dem „jenseitigen" Himmel einerseits und der „jenseitigen" realen

Hölle andererseits, sodann die allmähliche *Vergottung des Menschen Jesus*, beginnend im NT, die einen ebenso haarspalterischen wie verlogenen und Unfrieden stiftenden *Dogmatismus* zur Folge hatte. Der Dogmatismus wurde auf andere Bereiche ausgeweitet und war und ist eine stete Quelle von sinnlosem Theologengezänk unpragmatischer Männer, wobei die Wahrheit regelmäßig auf der Strecke blieb. Die dogmatische Lehre vom dreieinigen Gott, die *Trinitätslehre*, hat zwar religionshistorische Parallelen, ist aber eine *freie Erfindung ohne Anhaltspunkt im Neuen Testament*.

Unter Dogma versteht man heute einen starren Lehrsatz, der mit dem Anspruch absoluter, nicht hinterfragbarer Richtigkeit autoritär vorgesetzt wird, also *geistige Unterwerfung* fordert. Sinn der Dogmen ist es, den stets im Glauben heimlich nistenden Zweifel autoritativ zu überwinden, nämlich durch Glaubensgehorsam. Dieser wird in der katholischen Kirche, etwas reduziert bei den orthodoxen Kirchen, noch heute groß geschrieben. Widerlegte feste Glaubenslehren, die nach wie vor von der kirchlichen Autorität vertreten werden, sind sämtlich große Lügen.

Die größte Grund-Lüge ist die von der Bibel als Wort Gottes. Die als verbindlich geltende Zusammenstellung der 27 Schriften des NT hatte einen komplizierten Entstehungsprozess, stand erst um 200 im Wesentlichen fest und wurde erst im 4. Jh. endgültig abgeschlossen. Der katholische „Weltkatechismus" von 1993 erklärt undifferenziert, die Bibel, d. h. AT und NT, sei insgesamt komplett heilig und auf Eingebung des Heiligen Geistes geschrieben, obwohl Letzterer erst im 4. Jh. Gegenstand diffiziler Spekulationen war und in seiner Bedeutung als Teil des trinitarischen Gottes stets unklar geblieben ist. Das bedeutet, dass es Gott war, der einerseits Nächsten- und Feindesliebe geboten hat (NT), andererseits trotzdem grundlose Völkermorde anordnen konnte (AT). Die Bibel enthält anerkanntermaßen zahllose *Widersprüche*, sodass jede Wohltat und jede Untat aus ihr begründet werden kann und historisch auch wurde.

Eine ebenso dreiste wie obendrein lächerliche Lüge ist die von *Petrus als dem ersten Papst und von der Apostolischen Sukzession*, wonach alle Bischöfe und Priester ihre durch Handauflegung begründete Weihegewalt auf die Apostel zurückführen können. Denn das Bischofsamt als geistlich und kirchenrechtlich umfassendes Amt gibt es erst seit Ende des 2. Jh. Jeder Geistliche weiß das, und keiner braucht an die Sukzessionsthese zu glauben. Nach außen hin bekräftigt man diese These nach wie vor, weil sie so gut klingt bzw. weil man muss.

Die *Verehrung der Gottesmutter Maria* als Göttin-Ersatz ist ein wichtiges Merkmal des Katholizismus. Obwohl Maria in den Evangelien eine völlig unbedeutende und eher negative Rolle spielt, erhob 431 das völlig irreguläre Konzil von Ephesus, das zu Recht Räubersynode genannt wird, im Zusammenhang mit Machtkämpfen Maria zur „Gottesgebärerin". So konnte sie am Ort des großen Tempels der Göttin Artemis, den man in aller Toleranz abriss, diese

Muttergottheit wie auch die damit oft gleichgesetzte ägyptische Isis mitsamt deren Insignien (Blauer Sternenmantel, Stern und Mondsichel) beerben. Bis dahin hatte der Heilige Geist, unter dessen Leitung die Kirche ja angeblich stand, gebraucht, um der Menschheit diese Erkenntnis zu vermitteln. Im Detail ist die Geschichte der Maria bis zum heutigen Tag hochinteressant, die Marienverehrung noch heute kirchenoffiziell wie im schlichten Volksglauben von größter Bedeutung, ein Glaube, der machtpolitisch im Lauf der Jahrhunderte ungeheuer missbraucht wurde (näher C 4).

Eine grandiose Lüge ist die Behauptung der *Unfehlbarkeit des Papstes* in bestimmten Sonderfällen der Glaubens- und Sittenlehre. Noch nie vor der Dogmatisierung dieser Unfehlbarkeit in Ex-cathedra-Fragen durch das I. Vatikanische Konzil im Jahr 1870 hatte es in der katholischen Kirche eine solche allgemein anerkannte Lehre gegeben. Das Dogma musste gegen den z. T. erbitterten Widerstand u. a. fast aller deutschen Bischöfe durchgesetzt werden. Die unter bewusstem Zeitdruck stehende Konzilsdebatte wurde mithilfe des Kurienapparates massiv manipuliert. Der (seit 2000 selige) Pius IX. beschimpfte die zahlreichen Opponenten wüst, man arbeitete mit Denunziationen und Pressemanipulation. Schier unglaublich sind die Methoden, mit denen das Dogma durchgesetzt wurde. Daher reisten viele Opponenten schon vor der Abstimmung ab. Ende 1871 war, auch aufgrund römischer Pressekampagnen, der Widerstand der Minoritätenbischöfe fast vollständig durch Unterwerfungserklärungen zusammengebrochen. Auch der gelehrte Hans Urs von Balthasar, der kurz vor seinem Tod 1988 noch zum Kardinal ernannt worden war, hatte die Dogmatisierungen von 1870 (Unfehlbarkeit und Jurisdiktionsprimat) als „gigantischen Unfall" bezeichnet. Der Priester August Bernhard Hasler hat die diffizilen und unwürdigen Vorgänge nach 9-jähriger Quellenforschung in zwei Bänden 1977 publiziert.[314] Dass vom Unfehlbarkeitsdogma bisher erst einmal Gebrauch gemacht wurde (1950: Aufnahme der Gottesmutter in den Himmel), kann wohl als indirektes Eingeständnis einer Fehlentscheidung gewertet werden.

Eine große Gesamtlüge (zumindest der kirchlichen Führungspersonen) ist auch die, die Kirchen verstünden sich als große *Dienerin an Volk und Gesellschaft*. Aktuell zeigt sich etwa: Wenn andere solche Dienste statt ihrer übernehmen wollen, bekämpfen sie das unredlich mit allen rechtspolitischen Mitteln. So konnte es geschehen, dass in den weitgehend „ungläubigen" neuen Bundesländern binnen weniger Jahre das Diakonische Werk den größten Teil der sozialen Dienste übernehmen und das Sozialwesen somit dominieren konnte, vielfach verbunden mit dem existenziellen Druck, nur des kirchlichen Arbeitsplatzes wegen in die Kirche einzutreten („Zwangskonfessionalisierte"). Ein anderes Beispiel: Wehe, wenn die obersten kirchlichen „Diener" bei staatlich-öffentlichen Anlässen nicht zentral in der ersten Reihe sitzen dürften!

Kirchengeschichtsschreibung

Man könnte die ganze *Kirchengeschichte* auch als ununterbrochene Geschichte der *institutionellen Lüge* beschreiben. Das kam auch in zahllosen Urkundenfälschungen zugunsten der Kirche bzw. zu Klostergründungen u. a. zum Ausdruck. Eine der größten Fälschungen war die um oder vor 800 von zahlreichen Geistlichen für den Papst gefertigte „Konstantinische Schenkung", mit der der gerade 756 entstandene Kirchenstaat gefestigt und erweitert wurde und die somit für das Papsttum und somit die europäische Geschichte von größter Bedeutung war. Kaiser Konstantin soll laut Fälschung dem bedeutunglosen römischen Bischof Silvester und seinen Nachfolgern die Herrschaft über ganz Italien und die westlichen Länder überlassen haben.[315]

Schon die *Anfänge der Kirchengeschichtsschreibung* sind bemerkenswert. Als ihr hauptsächlicher Begründer gilt allgemein, neben Laktanz, der Kirchenlehrer und Bischof *Eusebius von Cäsarea* (Kaisareia in Palästina). Er war Hoftheologe Konstantins, bewunderte diesen Gewaltherrscher sehr und pries ihn auch nach seinem Tod als Ideal eines christlichen Herrschers. Eusebius erklärte, wie Laktanz, selber, voreingenommen zu schreiben. Er lobte die amtierenden Herrscher unverhältnismäßig und beschmutzte das Ansehen ihrer Gegner. Er überzog in seiner Kirchengeschichte Andersdenkende und insbesondere Nichtchristen mit Verleumdungen und Beschimpfungen. Der berühmte Jacob Burckhardt (gest. 1897) bezeichnete Eusebius als den „ersten durch und durch unredlichen Geschichtsschreiber des Altertums", und der nicht weniger gewichtige Theodor Mommsen (gest. 1903) nannte Eusebius einen der „verlogensten Skribenten" der Antike.[316]

Nun kann auch Geschichtsschreibung und erst recht Kirchengeschichtsschreibung niemals „objektiv" sein, denn die zahlreichen möglichen Ausgangspunkte der Betrachtung mit unterschiedlichen Blickwinkeln (personenbezogen, systembezogen, soziologisch orientiert, konkret und abstrakt usw.) sind immer entsprechend „einseitig", und wenn sie noch so faktenbasiert sind. Aber wenn Geschichte als Heilsgeschichte unter dem Blickwinkel *einer* religiösen Idee von vielen verstanden wird, womöglich unter dem Aspekt der göttlichen Belohnung und Bestrafung, ist das etwas grundlegend anderes. Wenn sich jemand möglichst objektiv und realitätsnah über die Geschichte der Sowjetunion informieren möchte, würde er vorrangig Bücher eines orthodoxen sowjetisch-kommunistischen Historikers lesen? Soll demgegenüber das Studium speziell kirchlicher Historiker in Sachen Kirchengeschichte glaubwürdiger sein als das wirklich wissenschaftlich orientierter Historiker?

Als Beispiel für die Unredlichkeit, die in der regelmäßig von Theologen betriebenen Kirchengeschichtsschreibung bis in die jüngste Zeit dominierte, nenne ich das lange Jahre als Standardwerk angesehene und noch heute gepriesene sieben- bzw. zehnbändige „Handbuch der Kirchengeschichte", das von Hubert Jedin 1962–1979 herausgegeben wurde (10-bändige Sonderausgabe 1985). Selbstverständlich hat es hohen Informationsgehalt, und einen aus heutiger Sicht vielfach veralteten Forschungsstand kann man ihm nicht anlasten. Aber entscheidend für die Zuverlässigkeit ist nicht nur das Bemühen um die Richtigkeit der Tatsachenbehauptungen und konkrete Nachvollziehbarkeit der Wertungen, sondern es dürfen auch innerhalb des jeweils gestellten Themas keine wesentlichen Auslassungen erfolgen. In dieser Hinsicht erscheint der das 20. Jh. betreffende voluminöse Band besonders kritikwürdig. So sind die wenigen Zeilen, die dem katholischen Ustascha-Regime (s. C 11.3) gewidmet sind, einfach skandalös. Da hilft es nicht, wenn die Herausgeber betonen, das Handbuch sei von den Autoren aus katholischer Sicht geschrieben.

Heute können auch katholische Kirchenhistoriker nicht mehr so verfahren. Sie betreiben ernsthafte quellenorientierte Forschung mit auch neuen Ergebnissen. Besondere Vorsicht ist aber generell geboten, weil die Gefahren in der Schwerpunktsetzung und in Auslassungen liegen. Das ist für Nichtspezialisten oft nur schwer oder nicht erkennbar. So kann man etwa neue wissenschaftlich erhellende, unbezweifelbare Forschungsergebnisse zum Verständnis der Hexenverfolgungen vorlegen, gleichzeitig aber das Ausmaß der kirchlichen Verstrickung indirekt herunterspielen, indem man grundlegende Sachverhalte nicht erwähnt.

An dieser Stelle *ein Wort zu* seriösen Kirchenkritikern: Natürlich greifen sie „einseitig" die kritikwürdigen Dinge heraus, und das sind wahrlich genug. Das beweisen nicht nur die zehn Bände der „Kriminalgeschichte des Christentums" (vgl. LitV 3) von Deschner, sondern auch zahllose Bücher von Theologen und Ex-Geistlichen. Man kann ihnen angesichts der Masse der kritikwürdigen Tatsachen weder ihre Themenwahl vorwerfen noch den Umstand, dass sie die positiven Aspekte aus wahrheitswidrigen Motiven beiseitelassen. Denn immerhin sind sie meist peinlich bestrebt, nichts Falsches zu behaupten. Sie greifen das heraus, was kirchliche Interessenvertreter verdrängen oder fälschen. Seriöse Kritiker leugnen nicht tatsächlich vorhandene positive Seiten kirchlicher Repräsentanten. Auch arbeiten sie, wenn seriös, nicht mit eigennützigen interessengesteuerten Unterstellungen, Verleumdungen und Beleidigungen, höchstens mit Ironie oder manchmal Sarkasmus. Und mit Polemik, an sich ja nichts Schlechtes, arbeiten Kirchenleute mehr als ihre Kritiker, denen sie Polemik aber gern vorwerfen. Bemerkenswert ist schließlich, dass Kritiker oft von geistig höchst unterschiedlicher Herkunft sind, in wichtigen Kritikpunkten aber dennoch genau übereinstimmen.

Selbst wenn positive Aspekte großes Gewicht aufweisen sollten (auch aus Sicht der Allgemeinheit bzw. Andersdenkender?), werden sie doch in der *Gesamtschau* hinabgezogen durch das Negative. Der eigenwillig-konservative

Kulturjournalist Rudolf Krämer-Badoni hat das am Ende seines Lebens so formuliert: „Alles Schöne und Hohe und kulturell Förderliche und künstlerisch Hinreißende, das aus dem Christentum geflossen ist, wiegt die vergifteten und vergiftenden Grundlagen des Christentums nicht auf. Kulturelle Leistungen können nicht als Alibi für eine Religion dienen."[317]

Unbedingt zu erwähnen ist zu kirchengeschichtlich wichtigen Themen (etwa zur Papstgeschichte) der insgesamt meist *erhebliche Unterschied zwischen Autoren katholischer und evangelischer Provenienz*. Wohl am krassesten ist das bei der Frage der Aufarbeitung der NS-Zeit, obwohl in Deutschland sowohl Protestanten wie Katholiken tief in das tragische Geschehen verwickelt waren (C 10). Protestantische Kirchenhistoriker begannen nach schlimmen Anfängen bald und oft gnadenlos, die kirchlichen Verstrickungen zu erforschen. Das fand auch in zahlreichen offiziellen Dokumenten einen klaren Ausdruck. Demgegenüber sind die Verhaltensweisen im Bereich der Catholica erheblich anders, nämlich weitgehend geprägt durch grobe Geschichtsglättungen, auch in zahlreichen kirchenoffiziellen Dokumenten der zumindest im Katholizismus angeblich „Heiligen Kirche", bis hin zur groben Unwahrheit. Die Unehrlichkeit ist selbst in der vatikanischen Grundsatzerklärung von 1998 über die Shoah, einem Schuldeingeständnis, leicht nachzuweisen.

Kirchliche Überlebensfragen

Wie alle großen Institutionen sind die Kirchen sehr bestrebt, ihre Macht in Politik und Gesellschaft und ihren Einfluss auf die Köpfe möglichst lange zu erhalten und gegebenenfalls auszubauen. Im Kampf um die Macht kann man aber die Wahrheit oft nicht sagen. Regelrecht unappetitlich ist es, wenn sich insbesondere die katholischen Institutionen *überheblich zum Hüter der Moral* und *Diener des Volkes* aufwerfen, aber dabei gleichzeitig jämmerlich versagen (weltweiter massiver *Sexualmissbrauch* in der katholischen Kirche mit systematischer Vertuschung und Abmilderung). Eine völlige Korrumpierung des Denkens und der eigenen Religion liegt beispielsweise im verbal rigiden Kampf gegen die *Homosexualität*, während weltweit selbst nach den niedrigsten kircheninternen Schätzungen mindestens 20% der Priester homosexuell sind, bis in den Vatikan hinein. Die Betroffenen werden durch den Geheimhaltungszwang entwürdigt, gleichzeitig aber geduldet – aber nur so lange, bis durch ein Bekanntwerden oder Outing ein Ärgernis entsteht oder konstruiert wird (dazu C 5).

Alle Kirchen können ungeachtet aller übrigen Defizite aber nur überleben, weil sie zumindest irgendwie an ihren „heiligen" Schriften (A 6) festhalten, und das ohne im eigentlichen Sinn sachliche Begründung und auf sehr unklare und höchst selektive Weise (zur Bibel C 15). *Die meisten bzw. viele europäischen*

Christen können ihr Christentum nur noch weitgehend verbal aufrechterhalten, weil sie wegen fundamentaler Unkenntnis in Glaubens- und Kirchenfragen zu enormen Verdrängungsleistungen in der Lage sind und weil sie in den Kirchen noch eine gewisse Heimat fürs Gemüt sehen. Manche können sogar trotz guter Information diese ausblenden. Zutreffend stellt so Michael Schmidt-Salomon in seiner Grundlagenschrift „Manifest des evolutionären Humanismus" in einem Abschnitt über die Traditionsblindheit der Religionen fest, in religiösen Dingen hätten die Menschen „*jegliches Gefühl für intellektuelle Redlichkeit verloren* […], da sie von einer ‚Theologie der Leerformeln' geprägt wurden, die sie darauf trainiert hat, *sprachlich* noch den Kontakt zu einer Tradition aufrechtzuerhalten, deren Boden sie *inhaltlich* längst schon verlassen haben."[318]

20 – Theologie, Amtskirche, Machterhalt

20.1 Theologie und Amtskirche

Vielleicht wäre es geratener, die Theologen ganz mit Stillschweigen zu übergehen und diesen Camarinischen Sumpf [Camarina: sizilianische Stadt], diesen Anagyrisstrauch [Stinkstrauch], unberührt zu lassen; denn diese Menschenklasse ist verteufelt grimmig und reizbar […].
Erasmus von Rotterdam, Humanist und Theologe, in: Das Lob der Torheit, 1508, Kap. 53

Der Gegenstand der Theologie ist nur dem Glauben sichtbar.
Rudolf Bultmann, evangelischer Theologe[319]

Eine der offensichtlichen Folgen der Wortinflation religiöser Sprache ist die unübersehbare Zahl theologischer Theorien. Es gibt kaum zwei Theologen, die ein- und dieselbe Theorie vertreten. Für einen Profanwissenschaftler ist das ein ziemlich sicheres Zeichen, dass hier Theorie über etwas gemacht wird, von dem man nichts weiß.
Rupert Lay, Jesuit

Theologie setzt […] Glauben sowohl im subjektiven Sinn der persönlichen Gläubigkeit des Theologen wie im objektiven Sinn der vorgegebenen Glaubensaussagen voraus; sie ist […] von der philosophischen Gotteslehre […] wesensmäßig unterschieden und bezeichnet eine völlig neue geistige Ebene, die als „übernatürlich" benannt wird.
Joseph Ratzinger, in: Theologie III, RGG, 3. Aufl., Bd. 6, 1962

Theologie ist der professionalisierte und institutionalisierte Missbrauch der Vernunft im Dienste des Glaubens.
Hans Albert, Philosoph

Theologie ist der „Satan der Religion"
  Franz Overbeck, gest. 1905, evangelischer Kirchenhistoriker, Theologiekritiker

An den Gräbern retten sich die Pastoren [...] meist in die wolkige Beschwörung einer vagen transzendentalen Hoffnung.
Die Auferstehung, das zentrale Element christlicher Existenz, kann ihre Realität mehr denn je nur durch das „credo quia absurdum est" des Tertullian gewinnen: Ich glaube, weil es unglaublich ist.
Klaus Harpprecht, Publizist, 2012

Wir werden gezwungen sein, zu lügen.
Großinquisitor in: Dostojewski, Die Gebrüder Karamasow

Die Kirche lebt davon, dass die Ergebnisse der wissenschaftlichen Forschung verschwiegen werden.
Hans Conzelmann, protestantischer Theologe und Kirchenhistoriker

Wer in der katholischen Kirche bestehen will, muss in der bigotten Welt des heiligen Scheins mitspielen.
  David Berger, katholischer Theologe, ehemaliger prominenter rechtskonservativer Insider, 2010 in seinem fulminanten Buch „Der heilige Schein"

Theologie

Wissenschaftler wissen, dass sie nur vorläufig (bis zur Erlangung besserer Erkenntnis) etwas „glauben" (d. h. aktuell etwas für wahr bzw. wahrscheinlich halten), während Theologen glauben, etwas zu wissen (s. näher A 5). Theologie ist der Versuch, durch Verknüpfung von Glaubensinhalten, also von nicht konkret nachprüfbaren ideellen Tatsachenbehauptungen, Zusammenhänge in Form von Systemen herzustellen, also den Glauben zu rationalisieren. Dazu benutzen sie gelehrt klingende Begriffe und schaffen mit ihnen gern ein schwer verständliches und nicht direkt widerlegbares Wortgeklingel. Vorzugsweise christliche Theologen geben sie dann als Wissenschaft aus und sind beleidigt, wenn man der Theologie den Wissenschaftscharakter abspricht. Darüber hat sich Erasmus von Rotterdam in seinem „Lob der Torheit" köstlich lustig gemacht, und er wusste ja als gelehrter Theologe besonders Bescheid. Im Prinzip hat sich an der Theologie bis heute außer ihrem intellektuellen Anstrich nichts geändert.

Selbst die ausgefeilte heutige christliche Theologie erfüllt in ihren Kernfächern nicht die anerkannten Mindestkriterien wissenschaftlichen Arbeitens: Verzicht auf dogmatische Festlegung der Denkvoraussetzungen; vernunftgemäße Fassbarkeit des Untersuchungsgegenstands; vorbehaltlose Bereitschaft zur Kritik hinsichtlich der Arbeitsergebnisse; Nachvollziehbarkeit der Ergebnisse durch die Vernunft. Besonders ausgeprägt ist das in der katholischen akademischen Theologie, was hier nicht näher ausgeführt werden kann: „Glaubenswissenschaft".[320] Der gelernte evangelische Theologe Joachim Kahl meint dazu nur trocken: „Dass katholische Theologie unwissenschaftlich ist, brauche ich nicht im einzelnen nachzuweisen, da es unmittelbar zutage liegt."[321] Anschließend legt er eindrucksvoll konkret dar, warum auch protestantische Theologie allenfalls die Zusammenfassung rechtfertigt: „Viel Lärm um nichts" (s. auch C 15 zur Bibelwissenschaft; A 3 und A 5). Dabei ist der Zweifel als Erkenntnisprinzip im Vergleich zum Katholizismus relativ ausgeprägt, und zwar mangels eines ordnenden Lehramts und weitgehend fehlenden Dogmatismus.

Nicht bestritten werden soll, dass theologische Einzeldisziplinen, insbesondere Randfächer, wissenschaftlich betrieben werden *können*, etwa antike Sprachen, Biblische Archäologie, Kirchengeschichte, Religionswissenschaft, Liturgiewissenschaft, Missionswissenschaft. Aber sie sind bei Theologen in der Regel eingebunden in außerwissenschaftliche Vorgaben und Interessen. Hervorragende in obigem Sinn *wissenschaftliche* Einzelleistungen von Theologen sind die Ausnahme. Die bekannten katholischen Theologen Karl Rahner und Herbert Vorgrimler (heute als „links" verschrien) erklärten zur katholischen Theologie in ihrem Bestseller „Kleines theologisches Wörterbuch" ganz offen, sie sei „eine Wissenschaft, die Glauben (Glaubensgnade) und Kirche (Lehramt, Schrift, Tradition) voraussetzt." Der schon mehrfach genannte protestantische Theologe Rudolf Bultmann (gest. 1976) entmythologisierte das Neue Testament wissenschaftlich gnadenlos, um es dann im Glauben wiederauferstehen zu lassen. Theologie war für ihn nichts anderes als eine „intellektuelle Rationalisierung religiöser Heilsgewissheit" (so die Formulierung von Gerd Lüdemann).

Die *theologische Sprache* hat etwas ganz Eigenes. Abgesehen von der „Wortinflation religiöser Sprache" (Rupert Lay) – dass sie vielfach durchsetzt ist mit oft überflüssigen Fremdwörtern, hat sie mit profanen Disziplinen wie Philosophie oder Soziologie gemein. Häufig geht sie dabei aber besonders überschwänglich vor und erschwert die Lesbarkeit gern bis zur Unverständlichkeit. Damit wird der Eindruck besonderer Gelehrsamkeit verstärkt. Das mag der Absicht dienen, den Leser zu überwältigen und reif zu machen für vordergründig verständliche Passagen, deren Akzeptanz erwünscht ist. Diese Passagen werden dann ohne die schon gebrochene kritische Widerstandskraft leicht als richtig hingenommen.

Gern arbeiten Theologen auch mit Zirkelschlüssen, die das zu „Beweisende" verklausuliert bereits als gegeben voraussetzen.

Ein aktuelleres Beispiel für theologische Sprache entnehme ich dem vielseitigen und an sich recht informativen „Materialdienst des Konfessionskundlichen Instituts Bensheim" (MdKI), das oft auch sehr klare Texte publiziert. Heft 4/2012 enthält einen Aufsatz, in dem eingehend über die theologische Begründung von Ethikmodellen in neueren christlichen Publikationen referiert wird. Im Abschnitt über die ökumenische Perspektive wird auf das „naturrechtlich-autoritative Normenverständnis des römischen Lehramts" eingegangen und dann ausgeführt:

> „Im Naturbegriff treffen unterschiedliche fundamentalistische Positionen aufeinander. Die katholische Rede von der ‚im Sein enthaltenen ethischen Botschaft' (Benedikt XVI.) kann den Anrufcharakter der Wirklichkeit überhaupt bezeichnen oder aber die leibliche Verfasstheit der Person, die lehramtlich ‚keinen Raum für eine Trennung von Freiheit und Natur' (Johannes Paul II.) lässt. Unterstellt wird ein ontischer Zusammenhang zwischen Natur und Schöpfung Gottes, von dem aber erkenntnismäßig abstrahiert werden kann, um Natur als einen philosophisch beschreibbaren und normativ aufgeladenen Lebenszusammenhang des Menschen in seiner Hinordnung auf Transzendenz zu verstehen. ‚Natur' steht zwischen dem Menschen und Gott als sein ‚Wesen', mit dem er von innen her eins werden soll und das für ihn ‚Trägerin einer ethischen Botschaft' ist, an der schuldig werden kann [sic, Cz.]. Wenn evangelische Theologie von ‚Natur' spricht, schaut sie umgekehrt von Gott her auf die Wirklichkeit und bezeichnet als Natur das, was der durch das Heilsereignis befreite Blick des Glaubens von Gott her als Schöpfung wahrnimmt (Dabrock). In der vermittelnden Position der Natur bz w. des Seins zwischen Gott und den einzelnen Seienden schlägt die katholische analogia entis durch, die aber – was evangelische Polemik übersieht – im Ursprung ebenfalls analogia fidei ist, gegründet allerdings im Schöpfungsglauben statt in der Christologie. Die Unmöglichkeit, unter Überspringen der ‚Gabe' sofort Aussagen über den ‚Geber' zu machen, begründet das katholische Miteinander von Theologie und Philosophie."

Abschließend wird allen vorgestellten unterschiedlichen theologischen Ethiken zugutegehalten, dass sie die dominierenden speziellen „Bereichsethiken" ablehnen und dass diese ein „Einfallstor für Ideologien" seien, was offenbar bei einer integrativen Leitbildethik mit Ausrichtung auf Gott nicht der Fall sein soll (?).[322] Alles klar? So geht „wissenschaftliche" Theologie, deren wesentliche Vertreter überwiegend vom normalen Steuerbürger leben und mit dessen Geldern auch ausgebildet worden sind.

Die Unwissenschaftlichkeit der theologischen Kernmaterien wirkt sich auf das *Verhalten der* Theologen aus: Sie reagieren gern „grimmig und reizbar" (Erasmus) und zeigen wenig Humor. Welcher Mensch, beispielsweise, der halbwegs bei Sinnen ist, glaubt schon an die jungfräuliche Empfängnis Mariens? Der aus solchen und anderen Angriffen auf den Verstand resultierende andauernde Verdacht, sie dächten naiv (oder seien verlogen), wurmt die Theologen natürlich. Ganz unaufgeklärt können sie heute nicht mehr sein, wenn sie auch in aller ihnen eigenen Unbescheidenheit von der theologischen Wissenschaft sprechen. Sie müssen daher dauernd beweisen, nicht naiv zu sein. Dazu Christoph Türcke: „Wenn einer z. B. alle Register moderner Sprachphilosophie zu ziehen weiß, oder wenn einer sich zentrale Lehr- und Bruchstücke kritischer Theorie zu eigen macht – und dann die Hände zum Credo faltet: dann steht er doch ganz anders da [...]." Sein Credo ist dann gewissermaßen durch wissenschaftliche Reflexion geadelt. Aber nur ein wirklich Naiver wird sich dadurch täuschen lassen. Der ganze Aufwand wird ja nur betrieben, damit der Glaube bestehen bleibt. „Gott wird in die elaboriertesten wissenschaftlichen Termini übersetzt – aber 1. immer unter der schlichten Voraussetzung, dass er existiert und der Geschichte Sinn und Ziel gegeben hat, und 2. immer zu dem Zweck, diese schlichte Voraussetzung als der Weisheit letzter Schluss zu erhärten. Die Selbstreflexion des Credo [...] ist die mit allen Wassern der Aufklärung gewaschene Bemäntelung seiner Naivität". Das ist „sowohl naiv als auch durchtrieben"[323] und dadurch das Kennzeichen der modernen Theologie.

Die vielleicht härteste Verurteilung der Theologen hat beim Evangelisten Lukas Jesus selbst ausgesprochen. Darin ist die Kirchengeschichte vorweggenommen: „Jesus sagte vor dem ganzen Volk zu seinen Jüngern: Hütet euch vor den Schriftgelehrten! Sie gehen gern in langen Gewändern umher, lieben es, wenn man sie auf den Straßen und Plätzen grüßt, und wollen in der Synagoge [Kirche] die vordersten Sitze und bei jedem Festmahl die Ehrenplätze haben. Sie bringen die Witwen um ihre Häuser und verrichten in ihrer Scheinheiligkeit lange Gebete. Aber umso härter wird das Urteil sein, das sie erwartet" (Lk 20,45–47).

Amtskirche

Amtskirche, das ist vor allem eine katholische Angelegenheit. *Sie ist bestimmt durch die jeweils tonangebende innerkirchliche Richtung, die sich durchgesetzt hat*: die „Siegerkirche" (Horst Herrmann). Ihre Vertreter blicken ungerührt auf diejenigen, die sie besiegt haben: im geistigen oder körperlichen Sinn. So haben auf dem grundlegenden Konzil von Nicäa (325) zwei theologische Richtungen, die die göttliche und menschliche Natur Jesu betrafen, erbittert gegeneinander gerungen (näher B 2). Arius vertrat in dem Streit, in dem es schon im Vorfeld um hierarchische Machtansprüche der damals schon hochbegehrten Bischofssitze gegangen war, die Position, Jesus sei nur gottähnlich, aber keine göttliche Person. Der letztlich maßgebende, zumindest damals aber noch ungetaufte (heidnisch gebliebene) Kaiser Konstantin I.[324], der Ruhe wollte, schlug sich auf die gegnerische Seite des Athanasius, und so wurde die Sache entschieden und vom Kaiser gebilligt. In der Folge wurden die Arianer im Westen nach vielfältigen wechselseitigen Verfolgungen in den nächsten Jahrhunderten als Glaubensrichtung beseitigt. Im Osten erstarkten sie bald wieder und wurden ungeachtet des Konzils von 325 möglicherweise sogar wieder die verbreitetste Richtung, bis Kaiser Theodosius I. 381 der trinitarischen Lehre, dem Konzil von Konstantinopel folgend, mit Herrschermacht endgültig zum Durchbruch verhalf. Die Kirche war eine Machtkirche geworden, die schon mit der Entwicklung des Bischofsamts seit Ende des 2. Jh. vorgezeichnet war und ab Mitte des 3. Jh. allgemein eine quasi-monarchische Bedeutung erlangt hatte. *Glaubensfragen waren meist Machtfragen*, und so blieb es vor allem im Katholizismus bis heute.

Das Lehramt war und ist grundsätzlich stets Sache der Bischöfe, die über richtig und falsch zu entscheiden haben und personelle Konsequenzen ziehen können. Noch wichtiger wurde die *Zentralisierung des obersten Lehramts bei den Päpsten*, von denen der Sache nach eigentlich erst seit Mitte des 5. Jh. gesprochen werden kann. Die Papstmacht blieb allerdings außerhalb des Kirchenstaats mangels heutiger Kommunikationsmittel und wegen starker weltlicher Einflüsse oft nur auf dem Papier. Die Frage der höchsten Autorität in der Kirche ist freilich schon logisch prekär. Wer jeweils rechtmäßiger Papst war, ist schon wegen der diversen Papstwahlregeln, wegen der sehr häufig durch reine Gewalt (bis zu Kleinkriegen) oder Bestechung errungenen Papstmacht und der häufigen Gegenpäpste eine höchst unsichere Sache. Das Konzil von Konstanz (1414–1418) hat die nicht weniger als drei konkurrierende Päpste abgesetzt und wählte 1417 Martin V. als neuen Papst. Zuvor, 1415, hatte das Konzil die Oberhoheit der Konzile über den Papst verbindlich definiert. Aber diese Oberhoheit der Konzilien über den Papst ging noch im Verlauf des 15. Jh. wieder verloren. Am Ende der Konzilien von Basel (1431–1449; u. a. Proklamierung eines „Gegenpapstes") bzw. von Ferrara-Florenz (1438–1445: Konzil des „Papstes") hatte der Primat des Papstes gesiegt. Politik, Geld und Militärmacht spielten in den Wirren dieser Zeit die wohl wichtigste Rolle. Von ebenfalls großer Bedeutung war, dass die beiden beherrschenden Konzilsgelehrten Piccolomini und Nikolaus von Kues (Cusanus), die zunächst beide überzeugte Anhänger des Konziliarismus waren, aufgrund der sich wandelnden Machtverhältnisse klammheimlich zur päpstlichen Gegenseite wechselten. Eine weitere große Änderung gab es 1870, als das I. Vaticanum mit erstaunlich rigiden Methoden sich selbst entmachtete und dem Papst absolute Rechtshoheit und Unfehlbarkeit in Ex-cathedra-Erklärungen zu Sitten- und Glaubensfragen zugestand, ohne eine solche zu vergebende Macht besessen zu haben. Die zahlreichen standhaft gebliebenen Gegner wurden nachträglich regelrecht unterworfen. Daher *hat heute der Papst mit singulärer, völlig ungebundener Personalhoheit eine tatsächlich absolute Macht, wie er sie zuvor in der ganzen unheiligen Geschichte noch nie gehabt hatte.*

Amtskirche: das ist die Kurie, das einzigartige Kirchenrecht, das Bischofsernennungsrecht des Papstes, die völlig untergeordnete (mit dem Gesetzbuch von 1983 nur etwas optisch aufgehübschte) Stellung der einfachen Gläubigen, die bedeutende rechtliche und gesellschaftlich-politische Stellung der Kirche in vielen demokratischen Staaten. Wesentlich ist der Amtskirche, das Kirchenvolk so unwissend wie möglich zu halten. So wird weiterhin die Lehre von der Reihenfolge der Päpste ab Petrus als erstem Papst bis heute offiziell aufrechterhalten, obwohl jeder in Europa gelernte Theologe weiß, dass das nur eine fromme Legende ist.

Ein Skandal ist es, dass und wie die Kirche die Ergebnisse der modernen Bibelforschung nach der historisch-kritischen Methode dem Kirchenvolk vorenthält (ausf. C 15). Dabei wissen auch die katholischen Berufstheologen, zumindest soweit sie an staatlichen Universitäten studiert haben, ziemlich genau, was Sache ist. Man behilft sich mit der These von der gestuften Wahrheit: Je nachdem, welche Kenntnis ein nicht theologischer Gesprächspartner zeigt, gibt man ihm, nur im unbedingt erforderlichen Umfang, Recht. Das unwissende Volk darf man aber nicht unnötig verunsichern. Bis zum heutigen Tag werden die Lesungen von Evangelientexten in der Messe üblicherweise mit den Worten beschlossen: „Wort des lebendigen Gottes": In dieser Form ist das eine grobe Lüge.

Ebenso unglaublich ist das Funktionieren der Behauptung, letztlich würden die Päpste unter Mitwirkung des Heiligen Geistes (einer relativ späten Erfindung), also von Gott selbst, auserwählt. Dabei ist selbst kirchlichen historischen Arbeiten zu entnehmen, dass das Papstamt regelmäßig aufgrund machtpolitischer Konstellationen in Rom oder der großen europäischen Politik errungen wurde, unter Einsatz von viel Geld, kriegsähnlichen Auseinandersetzungen, Aufputschung des Volkes und des Öfteren Meuchelmord. Sind das die Mittel göttlich geleiteter Auswahl? Bildung für breitere Volksschichten, die die Antike sehr wohl gekannt hatte, hat die Kirche stets vermieden. So war jeder gesellschaftlich-bildungsmäßige Aufstieg lange und meist nur mithilfe der Kirche möglich, und so konnte diese jede unerwünschte Regung unterdrücken.

Wie die Kirche die Kleriker noch bis in die jüngste Zeit kleingehalten hat und hält, hat z. B. *Eugen Drewermann* in seinem großen Opus „Kleriker" von 1989 minutiös erklärt (psychische Struktur und Gedankenwelt, Hierarchisierung mit autoritärem Zentralismus, Zwangseid, Willensunterwerfung, Ruin des

Selbstwertgefühls, Keuschheitswahn, Homosexualität, Marienfrömmigkeit), mag das System zwischenzeitlich auch partiell aufgeweicht sein. Kirchen- und Glaubenskritiker Drewermann war von 1966 bis zu seiner Dispensierung 1992 katholischer Priester und lange Privatdozent für katholische Theologie. In seinem berühmten Buch „Kleriker" schrieb er wörtlich: *„Die katholische Kirche darf uneingeschränkt als dasjenige System gelten, das am konsequentesten [...] wirklich ‚exklusiv' in dieser Hinsicht in der Geschichte der Menschheit insgesamt, die psychische Entfremdung seiner Mitglieder vorangetrieben und ausgebaut hat."*[325]

20.2 Umgang mit Andersdenkenden und Machterhalt

In der Institution Kirche geht es nicht um den einzelnen Menschen, es geht auch nicht um theologische Impulse, sondern um eine starre, fundamentalistisch orientierte Institution.
        Gotthold Hasenhüttl, emeritierter katholischer Theologieprofessor, 2010

Es ist das Gefühl da, dass alte Herren versuchen, ihre Macht zu erhalten.
  Daniel Dickopf, Sänger der Wise Guys, beim Katholikentag in Mannheim, 2012
      (heftiger Beifall signalisiert, dass Dickopf den Nerv getroffen hat)

Kirche [...] neigt [...] dazu, einmal erworbenes Gut und erworbene Positionen zu verteidigen. Die Fähigkeit zu Selbstbescheidung und Selbstbeschneidung ist nicht in der richtigen Weise entwickelt.
        Joseph Kardinal Ratzinger in: Salz der Erde, 1996, 185

Wer mit Pfaffen kämpft, der mache sich darauf gefasst, dass der beste Lug und die triftigsten Verleumdungen seinen armen guten Namen zerfetzen und schwärzen werden.

        Heinrich Heine

Je älter ich wurde, je mehr Erfahrung ich mit der Amtskirche und mit dem „Lehramt" machte, um so mehr erschienen mir die römische Kurie und die Deutsche Bischofskonferenz als eine anonyme Macht, der man mehr oder weniger wehrlos ausgeliefert ist und die man nur dann versteht, wenn man Franz Kafkas „Der Prozess" gelesen hat.
        Herbert Haag, gest. 2001, katholischer Alttestamentler

Allgemeine Methoden

Auch nur in Kürze näher skizzieren zu wollen, mit welchen Methoden die katholische Amtskirche früher und aktuell ihre Macht aufrechterhält und ausweitet, wäre ein Ding der Unmöglichkeit. Es können aus dem Kosmos der Sachverhalte nur, notgedrungen teilweise etwas willkürlich, einige wenige Punkte herausgegriffen werden, die unterstreichen sollen, dass auch die Kirche der letzten 50 Jahre im Kern ihre alten Taktiken fortführt.

In der *Vergangenheit* hat die katholische Kirche Machtpolitik betrieben mithilfe der Herrscher, durch brutale Bekämpfung von sogenannten Häretikern, Monopolisierung des Bildungssystems für eine kleine Schicht von geistig-geistlich Hörigen bzw. Abhängigen, Schürung eines ständigen Schuldbewusstseins bei den einfachen Leuten, Erzeugung von Höllenangst. *Im 19. Jahrhundert* bekämpfte die Kirche in Europa jegliche freiheitliche Bewegung, Demokratie und Menschenrechte waren ihr ein Gräuel. Ein ständiges wichtiges Mittel zur Unterdrückung war die Sexualmoral. Die subtilen psychologischen Methoden der Unterdrückung der Kleriker hat Eugen Drewermann eindrucksvoll beschrieben. *Im 20. Jahrhundert* stellten die von Theologen zu leistenden Knebelungseide (insbesondere: Antimodernisteneid von 1910[326], verfügt vom 1954 heiliggesprochenen Pius X.) eine grobe, ja schier unglaubliche Würdeverletzung dar. Mit größter Erbitterung hat die Kirche die Gleichberechtigung der Geschlechter in der noch patriarchalen deutschen Gesellschaft der 1950er-Jahre bekämpft, während gleichzeitig, wie man heute weiß, in erschreckendem Ausmaß Verbrechen an Minderjährigen und Kindern begangen wurden, deren kompromisslose Aufklärung durch die Bischöfe Anfang 2013 (nach zahlreichen anderen unwürdigen Verhaltensweisen der Kirche) abgeblockt wurde. Wie in C 11 beschrieben, hat die Kirche sämtliche faschistischen Diktaturen mit ihren Verbrechern nachhaltig unterstützt, ja die dabei getöteten eigenen Leute z. T. massenhaft zur Ehre der Altäre erhoben, wie schon zuvor etliche Inquisitoren auch. Die tiefe Verstrickung auch in das NS-Regime (C 10) hat sie umgemünzt in eine überdimensionierte Opferrolle. Nach 1945 hat sie in Übereinstimmung mit einem großen Teil der existenziell verunsicherten und mitschuldigen Bevölkerung trotz einer eindrucksvollen gegenteiligen Forschungsliteratur eine zutiefst verlogene Widerstandslegende aufbauen können, unbequeme Ergebnisse wurden mit den sublimen Mitteln christlicher Personalpolitik auf allen politischen Ebenen erfolgreich verdrängt. Nur mit Mühe konnte bei der Staatsgründung 1949 der kirchliche Versuch, wichtige Teile des Staats ganz an sich zu reißen, abgeblockt werden. Auch *im 21. Jahrhundert* ist es den deutschen Kirchen bis heute gelungen, mithilfe fast der gesamten Politik und großer einseitiger akademischer Unterstützung trotz einer sehr stark säkularisierten Bevölkerung eine *sehr dominante juristisch-gesellschaftliche Position* verfassungswidrig zu sichern

(Näheres unter F 2). Auf die speziellen soziologischen und psychologischen Bedingungen kann hier nicht eingegangen werden.

Die *evangelischen Kirchen* standen dem in vielem nicht nach. Im 16. und 17. Jh. verfolgten sie ebenso hart sogenannte Hexen (C 8) und religiöse Minderheiten (C 14), das alles in Abstimmung mit den protestantischen Landesherren, in deren Verwaltung sie, bei großer personeller und finanzieller Abhängigkeit, mehr oder weniger integriert waren. Mit dem preußisch dominierten Deutschen Reich von 1871 konnten die protestantischen Kirchen die Dominanz im Reich aufrechterhalten. Nur zum kleinen Teil konnten sich dann während der Hitler-Diktatur freiheitliche Tendenzen durchsetzen. Die schreckliche kirchliche Judenfeindschaft bis zum Holocaust ist an anderer Stelle ausführlich behandelt (C 1, C 10). Nach 1945 zeigten sich die Protestanten alles in allem als wesentlich demokratischer und freiheitlicher als die katholische Kirche, in deren interessenpolitischem Schlepptau sie sich meistens befanden. Die Kirchen der EKD erwiesen sich geradezu als Stütze der Demokratie und, im Vergleich zum Katholizismus, je nach Landesteil fast als Hort der Liberalität. Wie machtbewusst und unredlich aber auch evangelische Kirchenführer sein können, zeigte sich etwa im oft unfairen Kampf ihrer Sektenbeauftragten (seit den 1970er-Jahren) und in einem erbitterten langjährigen Kampf gegen ein weltanschaulich ungebundenes Schulfach mit Schwerpunkt Ethik in Berlin sowie Brandenburg (LER, ab 1990), ein Unterricht, den sie doch im Westen als Mittel zur Stabilisierung des staatlichen Religionsunterrichts so propagiert hatten.[327]

Der Kampf gegen die „Ungläubigen"[328]

In den *nicht religiösen Menschen* sieht insbesondere die katholische Kirche weltweit einen *Hauptgegner,* dessen Sachargumente sie, im Verein mit prominenten „christlichen" Politikern, fürchtet. Diese überaus zahlreichen Menschen (zu statistischen Daten s. A 12) werden selbst in den westlichen Demokratien immer noch gern mit dem diffamierend gemeinten Ausdruck „Atheisten" belegt, seien sie auch noch so nachdenklich, tolerant und ethisch gesinnt. In etlichen öffentlichen Äußerungen katholischer Kirchenfürsten kommt, als Widerlegung des Geredes von der Nächsten- oder gar Feindesliebe, *Feindschaft offen zum Ausdruck.*

So schreibt der *hl. Papst Pius X.* 1904 in der Enzyklika „Iucunda sane": „Ohne Gott gibt es keine Ehrfurcht vor den Staatsgesetzen und keine Ehrfurcht vor noch so nötigen Einrichtungen." Auch andere Amtsträger befassten sich immer wieder mit den Nichtreligiösen. *Johannes Paul II.* widmete die Ansprache auf seiner Generalaudienz vom 14. April 1999 dem Atheismus. Darin beruft er sich auf das AT mit folgenden Worten: „Der Torheit bezichtigt der Psalmist diejenigen, die denken: ‚Es gibt keinen Gott' (Ps 14,1), und sich danach verhalten: ‚Sie handeln verwerflich und schnöde; da ist keiner, der Gutes tut'." Der Papst greift zwar im Folgenden trotz aller Vorwürfe die Nichtgläubigen nicht in ihrer Würde an, distanziert sich aber auch nicht. Das kann nicht verwundern, wenn man den Römerbrief des hl. Paulus berücksichtigt. Dort heißt es: „Der Zorn Gottes wird vom Himmel herab offenbart wider alle Gottlosigkeit und Ungerechtigkeit der Menschen […]. Denn was man von Gott erkennen kann, ist ihnen offenbar; Gott hat es ihnen offenbart […]. Daher sind sie unentschuldbar […]" (Röm 1,18ff.).

Benedikt XVI. sprach sich bei seinem Weihnachtsempfang für die Römische Kurie 2009 für einen vertieften Dialog mit dem Atheismus aus. Daher nahm im März 2011 am Sitz der UNESCO in Paris ein „Vorhof der Völker" seine Arbeit auf. Der Präsident des Päpstlichen Kulturrates, Kardinal Gianfranco Ravasi, sagte hierzu, es gehe um ein ernsthaftes Gespräch mit aufgeschlossenen Nichtglaubenden. Erst später wolle man auch mit Vertretern eines aggressiven und von fundamentalistischen Zügen geprägten Atheismus ins Gespräch kommen.

Was damit gemeint war, zeigte sich beim interreligiösen *Friedenstreffen von Assisi* am 27. Oktober 2011.[329] Zunächst räumte der Papst ein, religiöse Ideen könnten Motive und Rechtfertigung für Gewalt bilden. Das solle für Gläubige zutiefst beunruhigend sein. Er forderte die Gläubigen dazu auf, „Pilger der Wahrheit und des Friedens" zu werden. Dann ist aber zu lesen: „Aber das Nein zu Gott hat Grausamkeiten und eine Maßlosigkeit der Gewalt hervorgebracht, die erst möglich wurde, weil der Mensch keinen Maßstab und keinen Richter mehr über sich kennt, sondern nur noch sich selbst zum Maßstab nimmt. Die Schrecknisse der Konzentrationslager zeigen in aller Deutlichkeit die Folgen der Abwesenheit Gottes." Hierin zeigt sich aber gerade eine *totale Korrumpierung des kirchlichen Denkens*, wenn man an die verheerende Rolle der kirchlichen Judenfeindschaft (C 1) und die Rolle der Kirchen zur Zeit des Nationalsozialismus denkt (C 10). Dann lässt der noch vor Kurzem so verehrte Benedikt XVI. die Katze aus dem Sack. Im Abschnitt „Verwahrlosung des Menschen ohne Gott" der Papstrede heißt es nämlich ohne Differenzierung: „Die Abwesenheit Gottes führt zum Verfall des Menschen und der Menschlichkeit."[330] Zu Recht sagte dazu der Berliner Philosoph Frieder Otto Wolf: „Die Shoa als atheistisches Phänomen darzustellen, ist ein perfider Akt des Kirchenführers und entwertet dessen übrige Rede", und er wies darauf hin, dass gerade die säkularsten demokratischen Gesellschaften auf der Erde laut allen in wissenschaftlicher Weise gewonnenen Erkenntnissen zugleich die friedlichsten und gewaltfreiesten sind. Der Kampf gegen den Säkularismus sei ein Versuch, einen Keil zwischen überzeugte Atheisten und Menschen anderer Grundüberzeugung zu treiben. Friedenstreffen?[331]

Freilich blasen auch zahlreiche andere kirchliche Würdenträger in das gleiche Horn. Kardinal *Robert Sarah,* Präsident des Päpstlichen Rates „Cor Unum", erklärte 2012, ohne Gott sterbe das Leben, unsere Brüderlichkeit löse sich in leere Utopie auf und unsere Zukunft sei auf Gedeih und Verderb von Mobbing und Interessen des Stärkeren abhängig. Nach Sarah ist „die Abwesenheit Gottes die eigentliche Wurzel der Ungerechtigkeiten, die uns umgeben."[332]

Bei solchen Attacken der obersten Kirchenführung braucht man sich über Ansichten vieler (keineswegs aller) Diözesanbischöfe nicht zu wundern. Es handelt sich dabei nicht nur um Einzelfälle. Beispiele: „Ich meine, dass der Islam problematisch ist, aber die Gottlosigkeit ist noch viel schlimmer." Das erklärte der berüchtigte Bischof *Kurt Krenn*, St. Pölten, in einem Interview 2003. – „Wer nicht mehr beten kann ‚Ehre sei Gott in der Höhe' [...], dem kann auch auf Erden nichts mehr heilig sein"; „Menschlichkeit ohne Gottesglauben verkommt in Brutalität": Das sind Zitate aus der Predigt von Kardinal *Joachim Meisner* am Weltfriedenstag 2007.[333] – „Wo Gott geleugnet oder bekämpft wird, da wird bald auch der Mensch und seine Würde geleugnet und missachtet. [...] Eine Gesellschaft ohne Gott ist die Hölle auf Erden" (Bischof *Walter Mixa*), Osterpredigt 2009. – „Wo Gott geleugnet wird, gibt es keine Werte mehr", so Bischof *Gerhard Ludwig Müller* 2008 in Tirschenreuth.[334] Prof. Müller war ein äußerst unbeliebter, rigider und machtbesessener langjähriger Bischof von Regensburg, der gerichtlich bestätigt haben wollte, als Kirchenmann dürfe er auch tatsachenwidrige und persönlichkeitsverletzende Äußerungen gegenüber einem Kirchenkritiker machen, weswegen er bis zum Bundesverwaltungsgericht (2011) vergeblich prozessierte. Seit 2012 ist Müller u. a. Präfekt der Glaubenskongregation und im Vatikan nach dem Papst mit der mächtigste Mann. Ausgerechnet Müller hat 2010 anlässlich des Papstbesuchs in Großbritannien dem prominenten Evolutionsbiologen und Religionskritiker Richard Dawkins vorgeworfen, er instrumentalisiere die Naturwissenschaften zu ideologischen Zwecken und verhalte sich fanatisch und ohne Anstand gegenüber Andersdenkenden. Sein „aggressiver Atheismus" (Dawkins ist philosophisch Agnostiker) trete das Gebot zur Achtung der Menschenwürde mit Füßen. Atheisten erhöben einen „totalitären Anspruch".

Das alles färbt stark ab auf das Verhalten einfacher Gläubiger und sogar Geistlicher, die sich z. B. in zahlreichen Leserbriefen nicht selten mit kaum gezügeltem Hass auch gegen sachlich argumentierende Kritiker wenden. So kann es nicht verwundern, dass auch immer wieder Politiker meinen, sich mit polemischen und oft verfassungswidrigen Äußerungen beliebt machen zu sollen: Muslime seien, erklärte 2006 der damalige Ministerpräsident und heutige EU-Kommissar *Günther Oettinger*, dem Staat willkommener als Scientologen und Atheisten.[335] Berlusconis (!) Außenminister *Franco Frattini* schrieb im Oktober 2010 im vatikanischen „Osservatore Romano", Atheismus, Materialismus und Relativismus seien verderbte, durch „Fanatismus und Intoleranz" charakterisierte Phänomene, die „die Gesellschaft bedrohen". Daher müsse man sie durch ein Bündnis unter Christen, Moslems und Juden bekämpfen.

Innerkirchliche Methoden des Machterhalts und politische Einflussnahmen

Nach wie vor ein bewährtes Mittel, Gläubige in ihrem Glauben und damit in ihrer Glaubensgemeinschaft zu halten, ist ihre bewusste Verdummung. So werden die Ergebnisse der wissenschaftlichen historisch-kritischen Bibelauslegung (C 15) dem breiten Kirchenvolk (trotz allgemeiner Zugänglichkeit) de facto vorenthalten. Petrus gilt offiziell nach wie vor als erster Papst: eine faustdicke Lüge. Die Selig- und Heiligsprechungen bedienen oft Wünsche der Kirche nach Geschichtsfälschung (Inquisition, NS-Zeit, Faschismus, Festigung der kirchlichen Sexualmoral) und regionale Wünsche von Fangemeinden (näher C 13). Seit dem 16. Jahrhundert finden *Wallfahrten zum sogenannten „Heiligen Rock"* statt, und seitdem pilgerten Millionen von Menschen nach Trier, um sich Fragmente der angeblichen Tunika Jesu anzuschauen und zu bewundern. Beim „Weltjugendtreffen" 2005 in Köln hat Papst Benedikt XVI. die Verehrungswürdigkeit der *Gebeine der heiligen drei Könige* betont. Die Kirche hat keine Hemmungen, dem primitiven Volksaberglauben solche Zugeständnisse zu machen. Der kirchliche Glaube an den *Teufel und die Hölle* freilich, dem Kirchenvolk in den letzten Jahrzehnten weitgehend abhandengekommen, ist kein spezielles Zugeständnis an das ungebildete naive und fundamentalistische (Rest-)Kirchenvolk, sondern bis heute offizielle katholische Lehre, und die katholische Kirche bildet wieder verstärkt Exorzisten aus. Johannes Paul II. hat sogar persönlich zwei Exorzismen durchgeführt.

Wo es möglich erscheint, auf Staaten Einfluss zu nehmen und sie für eigene Zwecke einzuspannen, tut die Kirche das hemmungslos. In zahlreichen Ländern gelingt es katholischen Bischöfen immer wieder erfolgreich, durch *Ausübung von politischem Druck* Gesetze nach ihren speziellen „moralischen" Vorstellungen durchzusetzen und menschenfreundliche Gesetze zu verhindern, ob es nun um Ehescheidung, Empfängnisverhütung in Ländern mit hohen Geburtenraten, den Zwang, Kinder aus Vergewaltigungen auszutragen, oder anderes geht. Unentwegt wetterte, wie schon Johannes Paul II., Benedikt XVI. gegen die „Diktatur des Relativismus" und die „Kultur des Todes" und meint damit die Meinungs- und Pressefreiheit in Religionsfragen und den „Sittenverfall" in den sexuellen Fragen (auch wenn er bei Letzterem hinsichtlich mancher Auswüchse recht hat) und der Sterbehilfeproblematik: der Katholizismus soll allen Menschen seine Moral aufzwingen dürfen. Der Papst schreckte nicht davor zurück, mit seinem Rechtskatholizismus ein Bündnis mit dem fundamentalistischen Islam einzugehen. Im Mai 2008 verabschiedete er ein Kampfdokument mit führenden iranischen Mullahs, um gemeinsam „moralische Werte zu fördern".

Schon bei der von der Uno-Bevölkerungsorganisation UNFPA 1994 durchgeführten *Kairoer Weltbevölkerungskonferenz*, bei der fast alle UN-Staaten teilnahmen, hatte der Vatikan im Vorfeld bei 184 Staaten interveniert, um einen „ernsthaften Rückschlag für die Menschheit" zu verhindern. Das zu verabschiedende umfangreiche Dokument war familienorientiert und sollte angesichts eines z. T. dramatischen, menschheitsbedrohlichen Bevölkerungswachstums u. a. durch Gesundheitsförderung der Frauen der Senkung der Geburtenrate dienen. Der Vatikan wollte mit allen Mitteln, im Verein mit den iranischen Mullahs und den christlichen Fanatikern in den USA, das Dokument verhindern. Wahrheitswidrig machte er geltend, es führe zur „generellen internationalen Anerkennung eines völlig uneingeschränkten Rechts zur Abtreibung". Eine „total individualistische Sexualität" werde allen aufgezwungen. Dies, obwohl es sich gerade die Kirche generell zum Programm gemacht hat, ihre spezielle Minderheitsmoral und ihre Interessen mittels fragwürdiger Methoden durch die Parlamentsmehrheit der großen Mehrheit der Bürger aufzuzwingen.[336]

Zum Thema *Rechtskatholizismus* fand der bis vor Kurzem (bis zu seinem Outing als Homosexueller) hoch angesehene „rechte" Theologe und Insider David Berger folgende Worte: „Der katholische Dschihad kann in seinem Kampf gegen die offene Gesellschaft in der Demokratie also auf ein erstaunlich großes Netzwerk zurückgreifen, das von den ranghöchsten Männern der katholischen Kirche über Rechtsaußenpolitiker und Restbestände des europäischen Adels bis hin zu fundamentalistischen Muslimen fest geknüpft ist."[337] Und der bekannte *Jesuit Rupert Lay* schließlich wirft, wie unzählige andere, der katholischen Kirche vor, sich vorrangig dem eigenen Machterhalt zu widmen. Wie bei allen Institutionen nehme die Sorge um ihren Erhalt eine Eigendynamik an. Hiermit sei jedoch das „Ewigkeitsthema" des kirchlichen Machterhalts notgedrungen abgebrochen.

D – Die wichtigsten nicht christlichen Religionen

1 – Judentum

Ich, der Herr, dein Gott, bin ein eifersüchtiger Gott: Bei denen, die mir Feind sind, verfolge ich die Schuld der Väter an den Söhnen, an der dritten und vierten Generation. Bei denen, die mich lieben und auf meine Gebote achten, erweise ich Tausenden meine Huld.

AT, Buch Exodus (2. Buch Moses) 20,5f.

Liebe deinen Nächsten, denn er ist wie du.

AT, Buch Levitikus (3. Buch Moses) 19,18 – ethische Hauptforderung des rabbinischen Judentums

Einführung

Das Judentum ist geprägt durch die Akzeptanz der Hebräischen Bibel als zumindest kultureller Kern. Das Judentum ist mit etwa 15 Millionen Personen, von denen eine große Zahl nicht mehr oder kaum noch gläubig ist, die kleinste der bekannten Weltreligionen. Die Aufnahme in dieses Buch ist gerechtfertigt durch seine Bedeutung als Vorläufer des Christentums und entscheidende Ursache für die Entwicklung des Monotheismus.

Die Besonderheit des vagen Begriffs Judentum im Vergleich zum Christentum und Islam besteht in einer unklaren Verbindung der jüdischen Weltreligion mit nationalen Elementen bzw. von Volk und Religion, die sich im Staat Israel verdichtet. Dort haben ein überwiegend ungeliebtes orthodoxes Staatsrabbinat und rechtsreligiöse Parteien trotz starker religiöser Minderheiten einen großen Einfluss auf das Rechtsleben. Traditionell ist Jude, wer von einer jüdischen Mutter abstammt oder förmlich-rituell zum Judentum übergetreten ist. Die

Zahl der Diaspora-Juden war schon in der Antike wesentlich größer als die der Juden in den ursprünglichen Siedlungsgebieten. Als Juden betrachten sich auch die selbst in Israel zahlreichen rein säkularen Menschen jüdischer Tradition, die aber statistisch nicht gesondert erfasst werden. Der Gesamteindruck ist daher etwas unwirklich. Kulturell, unabhängig von persönlichen Überzeugungen, hat die hebräische Bibel die Juden von alters her zum „Volk des Buches" gemacht. Die Bibel und die damit verbundenen umfangreichen ergänzenden Literatursammlungen waren Mittelpunkt einer ständigen geistig-kulturellen Auseinandersetzung. Eine lange Geschichte mit umfassenden Leiderfahrungen in fast allen christlichen Ländern hat eine weltweite Verbundenheit zur Folge, die aus religiösen Gründen immer auch räumlich auf das „Heilige Land" bezogen ist. Die Verbundenheit mit dem Staat Israel ist sehr groß, vor allem in den USA. Prägend für das Judentum und den Staat Israel ist die Welttragödie des Holocaust, von der nicht religiöse Juden genauso betroffen waren wie religiöse.

Religionsgeschichte bis zur Zeitenwende

In religiöser Hinsicht sind vor allem zu unterscheiden: die Hebräische Bibel („Altes Testament") mit ihren vielen historischen Bezügen als Basistext (schriftliche Thora) und die umfangreiche rabbinische Überlieferung (Talmud); der Bibeltext und die Bibelkritik; die geschichtlichen Ereignisse laut Bibel und die Ergebnisse der Geschichtswissenschaft und Archäologie; die Bibel und das tatsächliche jüdisch-religiöse Leben (siehe zum Ganzen auch C 15).

Weltgeschichtlich bedeutsam ist die erstmalige *Entwicklung eines monotheistischen und transzendenten Gottesbegriffs* ohne nationale Grenzen. Wie traditionelle Christen wollen auch traditionelle Juden freilich nicht wahrhaben, dass „Gott" bzw. JHWH (Jahwe) oder El (und andere Bezeichnungen) sich laut der Hebräischen Bibel begrifflich und historisch von magischen Vorstellungen bis zum umfassenden Weltenherrscher erst entwickelt hat. Zu unterscheiden sind mehrere Phasen. Am Anfang der israelitischen Religionsgeschichte stand ein magischer Glaube an machthaltige Gegenstände und an Dämonen – religionswissenschaftlich kein überraschender Befund. Davon gibt es vielfältige Belege in der Bibel, wie z. B. Gustav Mensching im Einzelnen dargelegt hat.[338] Auf dieser Basis entstand die Moses zugeschriebene Religion des Jahwe (JHWH) – Gottes – zunächst als Stammes- und Volksgott. Die Sinai-Schilderung in Ex 19,16ff. legt nahe, dass Jahwe zunächst ein örtlicher Gewittergott gewesen war. Neu und einzigartig ist der Gedanke eines Bundes zwischen Volk und Gott (Ex 24,4ff.). Inwieweit die israelitische Religion einer (außerbiblisch nirgendwo belegten) Mosesgestalt zu verdanken ist, ist nach dem heutigen Stand der Forschung mehr als zweifelhaft. Vor allem der weithin angenommene Zeitpunkt der Etablierung *dieser* Religion um 1200 v. u. Z. (da traten nach den archäologischen Befunden die ersten Israeliten als Hirten und Bauern im Bergland auf) lässt sich als stark verfrüht wohl nicht mehr halten (s. u.). Im Land Kanaan an der Mittelmeerküste, das die Israeliten zumindest laut Bibel erbarmungslos erobert haben (anders die heutige Archäologie: allmähliche Besiedelung), herrschten der Baal-Kult und ähnliche Ackerbaukulte als Lokalkulte, die nach und nach durch den Stammesgott Jahwe verdrängt wurden. Obwohl in seinem Bereich höchste Macht und überweltlich (vgl. Dtn 10,17: Gott über den Göttern), war Jahwe zunächst noch kein Weltgott, sondern nur Landesgott. Sein wie eine Naturgewalt häufig ausbrechender Zorn war nicht stets durch menschliche Verfehlungen veranlasst, sondern Ausdruck seiner Macht und „Heiligkeit": Er war zunächst ein dämonischer Gott mit den Kennzeichen der Spontaneität, Grausamkeit, Regellosigkeit (z. B. Ex 4,24; 2 Sam 6,7) und Wildheit (Am 1,2; Jes 31,4; Jer 25,30; Hos 13,7ff.), mit einer einheitlichen Verantwortlichkeit für Gut und Böse (Ri 9,23; 1 Kön 8,10: Lügengeist).

Erst in der *Zeit der Propheten* (8. und 7. Jh. v. u. Z.) wird die *Religion ethisiert*. Es geht viel um Recht und Gerechtigkeit. Die bisherige oft nur äußerliche Beachtung der Kultvorschriften zur Erreichung relativer Sicherheit wurde als Glaubensabfall scharf angeprangert. Im Rahmen einer Tempelrenovierung 622 v. u. Z. entdeckte der Hohepriester einen sensationellen Text, wonach der bisherige JHWH-Kult ganz falsch gewesen sei. Alles Volk und die Ältesten wurden laut 2 Kön 23,2f. daher von Josia, König des winzigen südlichen Königreichs Juda, verpflichtet, die in dem aufgefundenen Buch verzeichneten göttlichen Gebote zu beachten. Es schloss sich eine *grundstürzende Reform* an, mit der die eigentliche *jüdische Religion erst begründet* wurde. Alle Götzenpriester im ganzen Land wurden abgesetzt, sogar der Tempel (!) musste von Baal (allgemeiner Ausdruck für verschiedene Götter) und Aschera (Große Göttin) erst gereinigt werden (2 Kön 23,4ff.). Auch die Stätten ausländischer Kulte wurden vernichtet. Der Bibeltext enthält Anspielungen auf alle großen Persönlichkeiten und Ereignisse. Die Beschreibung des im Tempel gefundenen Gesetzbuchs weist viele *Ähnlichkeiten mit dem Buch Deuteronomium* (Dtn; sog 5. Buch Moses) auf. Beiden Texten liegt eine gemeinsame Ideologie zugrunde: die *Bundesideologie* und das konsequente *Verbot aller Nicht-JHWH-Kulte*, die in den ersten vier Büchern der Bibel oft nicht einmal kritisiert werden. Das 622 v. u. Z. plötzlich aufgetauchte Buch erschien genau zu der Zeit, für die die Archäologie eine weite Verbreitung des Lesens und Schreibens nachweisen konnte. Das Deuteronomium entspricht wesentlich jenen Regeln, die König Josia erstmals durchsetzte. Es ist daher jenes Buch wohl eine Originalversion des erst später verfassten Deuteronomiums und war 622 v. u. Z. sicher noch nicht sehr alt.[339]

Josia und das Deuteronomium begründen erst die jüdische Buch- und Gesetzesreligion als staatliche Angelegenheit (vgl. auch die Einleitung der katholischen „Einheitsübersetzung" zum Dtn). Das Deuteronomium stellte eine *Einheit von Volk und erneuerter Religion* (Kultreinheit) her und schuf in seinem Geschichtswerk ein bedeutendes, hochpolitisches Nationalepos in einer Zeit des assyrischen Niedergangs und ägyptischen Wiedererstarkens mit entsprechenden Gefahren für die Unabhängigkeit (*politisch-religiöse Absonderungsideologie*). Die Geschichten der ersten vier biblischen Bücher wurden überarbeitet im Hinblick auf die aktuelle Situation. Das Deuteronomium (nach der Tradition im Wesentlichen das Schlussvermächtnis des Moses) enthält auch bemerkenswerte *soziale Vorschriften* mit Schutz des Individuums und Menschenrechten. Es geht um die Belange von Frauen, Armen, Fremden, Sklaven u. a. (Gesetzessammlung: Dtn 12–26). Wie sehr mit der Absonderungsideologie auch *Gewaltbereitschaft* verbunden war, ergibt sich freilich u. a. aus dem Deuteronomium bis zum 2. Buch der Könige ebenfalls.[340]

Endgültig befestigt wurde der *Monotheismus* in der Zeit *nach dem babylonischen Exil*, d. h. nach 539 v. u. Z., siehe die Bücher Esra und Nehemia. Der Pentateuch („die fünf Bücher Moses"), d. h. die Thora im engeren Sinn, wurde wohl erst um 400 v. u. Z. endgültig hergestellt. Nach Beendigung des Tempelneubaus 515 v. u. Z. entwickelte sich während der nachexilischen Perserherrschaft ein *theokratischer Tempelstaat*. Erst unter dem Einfluss der persischen Religion (Zarathustra) gelangte der *Dualismus* mit Gott und Satan, Himmel und Hölle in das Judentum. Der gesamte Kanon der Hebräischen Bibel wurde erst um die Zeit der Zerstörung Jerusalems durch die Römer (70 u. Z.) endgültig festgelegt. Die Anordnung der Texte weicht im Christentum („Altes Testament") teilweise von der Hebräischen Bibel ab.

Zur Würdigung

Die Hebräische Bibel ist ein gutes Beispiel dafür, in wie hohem Maß religiöse Grundlagenschriften *widersprüchlich und legendär* sein können bzw. sind. Selbst nach katholischer Auffassung (Anmerkungen zur deutschen Einheitsübersetzung) sind die fünf Bücher des Moses (Thora) nach den Ergebnissen der Bibelforschung eine aus mehreren Schichten bestehende Sammlung von Überlieferungen vieler Verfasser, die bis ins 13. Jh. v. u. Z. zurückreichen kann. Insbesondere die kritische (nicht glaubensgebundene) Archäologie der letzten Jahrzehnte hat erwiesen, dass zentrale Momente jüdischen Glaubens und jüdischer Tradition völlig legendär sind. Erwiesen ist, dass es ein Zeitalter der Stammväter (Abraham-Saga) nicht gegeben hat, dass es weder einen Auszug aus Ägypten noch eine blutige Eroberung Kanaans (des „Heiligen Landes") gegeben hat. Die Erzählungen über Salomon, David und die Feindschaft zwischen einem Nord- und Südreich (Israel und Juda) sind legendär.[341]

Bemerkenswert sind die *Inhalte der Hebräischen Bibel in der Gesamtschau*. Gewiss, schon das „AT" enthält das Liebesgebot (Lev 19,11–18) und viele soziale Gebote, die im Judentum stets eine große Rolle gespielt haben und allgemein anzuerkennen sind. Nun macht der gesamte Textkorpus in der überwiegend katholisch-evangelischen (EKD) „Einheitsübersetzung" von 1979 weit über 1000 kleingedruckte Seiten aus, die von niemand vollständig erfasst werden können, weshalb der Leser der wissenschaftlichen (d. h. nicht interessengeleiteten) Anleitung bedarf, um sich sinnvoll orientieren zu können. *Diejenigen biblischen Handlungsanleitungen, die solchen ethischen Forderungen entsprechen, die heute in Europa allgemein akzeptiert sind, machen dabei textlich einen relativ geringen Teil aus.* Franz Buggle hat überaus eindrucksvoll nachgewiesen, dass das sogenannte Alte Testament alles andere ist als eine Sammlung von Liebesbotschaften. Der Gott des AT ordnet sogar Eroberungs- und Vernichtungskriege, ja Genozide an (z. B. Num 31,1–18; Dtn 2,30–35; Dtn 3,1–7; Dtn 7,1 ff, 16–24; Dtn 20,10–17), Kinder werden vor den Augen ihrer Eltern zerschmettert, Psalmen zeigen großes Rache- und Gewaltbedürfnis, gegen Andersgläubige wird mit Gewalt und Mord vorgegangen. Gott fordert exzessive Anwendung der Todesstrafe, zeigt sich als Sadist. Normabweichendes „sündiges" Verhalten wird in den Kernbüchern des AT grausam bestraft. *Insgesamt: ein gewalttätig-inhumanes Buch*, dessen negative ethische Aussagen im Gesamttext klar dominieren. Das kann jeder gut nachprüfen, wenn er auch andere Passagen als die von der (jüdischen bzw. christlichen) Religion bevorzugten heranzieht (z. B. in den Büchern Exodus, Deuteronomium, Jesaja).

Thora und jüdische Kultur

Bibel, Bibelwissenschaft sowie Glaubens- und Kulturleben des Judentums sind ganz verschiedene Dinge. „Thora" (Weisung) wird im traditionellen Judentum als von Gott stammendes Lehrgut verstanden, zu dem im engeren Sinn die ersten fünf Bücher (Gen bis Dtn) gehören. Sie gelten als heilig, werden in einer Heiligen Lade aufbewahrt, bei Unbrauchbarwerden wie Menschen beerdigt und sind bis heute *Symbol der Zusammengehörigkeit aller Juden*. In einem weiteren Sinn gehören auch die übrigen Bücher der schriftlichen Hebräischen Bibel als göttliche Offenbarung zur „Thora". Die Tradition kennt auch eine *mündliche Thora*, die ebenfalls von Gott geoffenbart sein soll, aber der Auslegung – im Talmud – bedarf. Die Tradition der Rabbiner, die 248 biblische Gebote und 365 Verbote (zusammen 613 Gesetze) kennt, die den Willen Gottes ausdrücken (Beschneidung, Sabbatheiligung, Reinheits- und Speisevorschriften, humanitäre Gebote u. a.), stellt ethisch problematische Aussagen der Thora natürlich nicht besonders heraus. Die Thora im engeren Sinne gilt als *Urquell aller Weisheit* mit den zehn Geboten im Buch Exodus 20 als Kernstück und nachfolgend weiteren Vorschriften. Das Buch Exodus leite zu sittlichem Verhalten an (Hilfe für den Feind, keine Benachteiligung von Fremden); Gott sei erbarmungsvoll, langmütig, huldvoll und treu (Ex 34,6); Ex 19,5f. mache das Volk Israel zum priesterlichen Diener der ganzen Menschheit usw. Eindrucksvoll sind die Gebote sozialen Verhaltens in Lev 19,11–18. Sie gipfeln in dem Satz: „Du sollst deinen Nächsten lieben wie dich selbst." Die ganze Thora ist, so z. B. Rabbiner Leo Trepp, „eingehüllt in den Geist göttlicher, tätiger Liebe". Aber man muss schon vieles bewusst ausblenden, um zu einer solchen Aussage zu kommen, etwa die Vorliebe des biblischen Gottes für Eroberungs- und Vernichtungskriege (s. o.) und viele andere Grausamkeiten.

Bibel und jüdische Identität

Das riesige Konvolut alttestamentarischer Schriften und Stilformen (Offenbarungen, historische und andere Erzählungen, Fabeln, Sinnsprüche, Lieder u. a.) von z. T. großer Sprachkraft hat ungeachtet seiner unverständlichen Aspekte zusammen mit einer großen Folgeliteratur und den damit verbundenen Sitten und Gebräuchen die *Identität der Juden* in einer ihnen feindlichen Umgebung durch die Jahrhunderte geprägt und sie so vor dem Untergang bewahrt. Um die Zeitenwende übte der pharisäische *Gelehrte Hillel* größten Einfluss aus. Er *erklärte die Nächstenliebe zur Grundlage des jüdischen Glaubens*. Nach der Zerstörung Jerusalems im Jahr 70 u. Z. erloschen die damaligen Richtungen der Sadduzäer, Essener und Zeloten, und die weitere Entwicklung lag in den Händen der pharisäischen Lehrer und Rabbinen. Sie vollendeten als Ergänzung zur Thora um 200 u. Z. die *Mischna* (mit praktischen Entscheidungshilfen), der später die Sammlung *Midrasch* folgte. Die Gelehrten der wohlhabenden und bevölkerungsstarken babylonischen Juden entwickelten daraus bis etwa 500 die große Sammlung des *Babylonischen Talmud*. Erstaunlicherweise konnten die Juden auf dieser Basis trotz ihrer Zerstreuung nicht nur eine bedeutende eigenständige Kultur entwickeln (Literatur, Kunst, Musik usw.), sondern sie auch trotz umfangreicher Verfolgungen im christlichen Europa bis heute bewahren.

Zur jüdischen Geschichte in Europa

Sie ist weitgehend eine Geschichte der Judenfeindschaft. Trotzdem ist die innerjüdische Entwicklung vielfältig, ihr Mittelpunkt sind Thora und Talmud.

Nach rabbinischer Lehre muss die schriftliche Thora mit „tiefer Liebe zu Gott und den Menschen" (L. Trepp) weiterentwickelt werden. Daraus resultiert der Talmud. Er befasst sich mit Gottesverehrung; Tempelopfer und Speisegesetzen; Reinigungsritualen; Feiertagsregelungen; Ehe- und Scheidungsgesetzen; Zivil- und Strafrecht; Landwirtschaft. Der Talmud wird, ausgehend von einem festen Text, durch die Rabbiner stets weiterentwickelt. *Eine wörtliche Auslegung der Bibel wird abgelehnt.*

Seit dem Mittelalter unterscheidet man zwischen den beiden jüdischen Kulturen der Aschkenasim (Mittel- und Westeuropa, später auch Osteuropa) und der Sephardim. Die *Sepharden* wanderten mit dem Islam nach Nordafrika und insbesondere Spanien („Kultur der drei Ringe", seit 711). Ihnen ist es zu verdanken, dass das *philosophische Erbe der Antike* und die *naturwissenschaftlich-medizinischen Errungenschaften* der damals weit überlegenen arabischen Kultur Eingang in das mittelalterliche Westeuropa fanden. Im Zuge der christlichen „Reconquista" wurden nach Vertreibung der „Mauren" im Jahr 1492 alle Juden, sofern sie nicht konvertierten, aus Spanien vertrieben. Diese sephardischen Juden gingen insbesondere nach den Niederlanden und deren südamerikanischen Kolonien, nach Nordafrika und vor allem ins Osmanische Reich, zu dem auch Palästina gehörte. Sephardim und Aschkenasim entwickelten bedeutende *Zentren der Gelehrsamkeit*. Die (anderen) westeuropäischen, vor allem die zahlreichen deutschen Juden (*Aschkenasim*) flüchteten vor den Gräueln der Kreuzzugszeit und der Pest nach Polen und Russland.

Neuzeitliche Entwicklung (zur Judenverfolgung: C 1)

Eine spezielle Richtung ist der (aschkenasische) *Chassidismus* (von Chassid: Frommer). Ursprünglich war es eine mystische Bewegung mit hymnischen Gesängen, die zur Kreuzzugszeit in Deutschland entstand und mit Askese, Buchstaben- und Zahlensymbolik verbunden war und später mit magisch-volkstümlichen Vorstellungen befrachtet wurde. Meist meint man mit Chassidismus die im 18. Jh. in Osteuropa von Baal Schem ins Leben gerufene und dort in sozialen Problemschichten weit verbreitete Bewegung, die mit ekstatischem Gebet, Gesang und Tanz verbunden war. Kennzeichnend sind die Beibehaltung alter Lebensgewohnheiten und die jiddische Sprache. Zum rabbinischen Establishment bestanden Spannungen, aber *sowohl Orthodoxie wie Chassidismus lehnten jede Aufklärung ab.* Die Abgrenzung des Chassidismus zur spekulativen und komplizierten Geheimlehre der *Kabbala*, in der auch Alltagsfragen große Bedeutung hatten, ist nicht immer klar.

Der Gedanke der *Aufklärung* und bürgerlichen Emanzipation gewann im 18. und 19. Jh. in Europa gerade im Judentum große Bedeutung. Im Gegensatz zu

Osteuropa assimilierten sich die Juden in Mittel- und Westeuropa sehr. Die daraus resultierende *religiöse Reformbewegung* stand im Gegensatz zur Orthodoxie. Alle religiösen jüdischen Strömungen der Gegenwart haben ihren Ausgang in den Impulsen der Geistesgeschichte vor allem Deutschlands und Europas ab Ende des 18. Jh. Das *säkulare und humanistisch-ungläubige Judentum* war gerade bei den deutschen Juden Anfang des 20. Jh. schon sehr stark verbreitet, wie auch im heutigen Israel. Nicht wenige, die sich zum Judentum bekennen, begreifen sich als Atheisten bzw. Agnostiker und können dennoch „gute Juden" sein.

Zur aktuellen Entwicklung

Im Mittelpunkt der aktuellen Entwicklung des Judentums stehen seit dem Ende des 19. Jh. die USA. Verantwortlich für die starke Auswanderung nach Nordamerika waren die großen zaristischen Verfolgungen. Zwei Drittel des religiös geprägten Judentums gehören nicht zur Orthodoxie, ein Drittel zählt sich zum orthodoxen Judentum mit seinen verschiedenen Unterströmungen. Nicht orthodox bedeutet dabei reformorientiert oder liberal in einem weiteren Sinne. Das nicht orthodoxe Judentum versteht die Sinai-Offenbarung nicht als absolut, sondern als einen fortschreitenden Prozess des Dialogs Gottes mit seinem Volk, in der Zeit und in den Kulturen.

Von den heute insgesamt etwa 15 Millionen Juden in vielen Ländern leben etwa 6 Millionen in den USA und nunmehr schon über 7 Millionen in Israel. Daneben haben, abgesehen von den Nachfolgestaaten der früheren Sowjetunion, nur wenige Länder eine zahlenmäßig relativ starke jüdische Minderheit: Von den trotz Holocaust (dazu C 10) um 1990 noch über zwei Millionen sowjetischen Juden ist wegen einer äußerst aggressiven Judenfeindschaft im früher sowjetischen Bereich der allergrößte Teil, obwohl überwiegend nicht mehr religiös, bereits ausgewandert. Dies erfolgte hauptsächlich nach Israel, aber auch in westliche Länder, vorzugsweise Deutschland. Die Einwanderung verursachte für die Gesellschaftsstruktur in Israel und für die Jüdischen Gemeinden in Deutschland[342] erhebliche Probleme.

Zusammenfassende Hinweise zum religiösen Judentum

Folgende Punkte markieren *Gemeinsamkeiten und Unterschiede zum Christentum*: keine strengen Dogmen, kein förmliches theologisches System, keine Priesterhierarchie, kein autoritatives Lehramt; einiger und einziger Schöpfergott (keine Trinität), zu dem der Mensch keinen Mittler benötigt; nur Tatsünde, keine Erbsünde; Erwählungsbewusstsein (Bundesschluss für die Dauer der Weltzeit), männliche Beschneidung als Bundeszeichen, Offenheit für alle Menschen, Hoffnung auf ein erneuertes irdisches Königreich in erneuerter Schöpfung (Gottesherrschaft) durch göttliches Eingreifen mithilfe eines Messias (orthodoxe Ansicht) bzw. Anbruch eines Reiches der Gerechtigkeit und des Friedens (liberale Ansicht); Fortleben der einzelnen Seele und individuelle Auferstehung am Weltende (zu Lebzeiten Jesu noch sehr umstritten); Ethik der Gottes- und Nächstenliebe.

Große praktische Bedeutung haben die *jüdischen Sitten und religiösen Bräuche*, die teilweise auch von säkularen Juden beachtet und von Außenstehenden z. T. als unverständlich angesehen werden. Sie wirken auf sie teils sehr fremdartig, insbesondere die Kleidung der Orthodoxen. Bekannt sind die von Strenggläubigen genau beachteten Speisevorschriften. Das „koschere", d. h. thoragerechte Essen verlangt z. B., dass Milch- und Fleischprodukte nicht zusammen gegessen werden dürfen und dass jeweils ein eigenes Geschirr verwendet werden muss. Bei Tieren gibt es viele Sonderregeln und Verbote. Weniger bekannt dürfte sein[343], dass sogar Obst nur dann koscher ist, wenn die Erntebäume mindestens drei Jahre alt sind, dass Anzüge nur dann koscher sind, wenn Wolle und Leinen nicht gemischt sind (Zertifikat), und dass man bei Handys von koscher spricht, wenn sie keinen Internetzugang haben.

Gefährliche Fanatismen

Das alles mögen Außenstehende als Marotte sehen, die sie weiter nicht berührt und im Allgemeinen keine Toleranzprobleme verursacht. Anders ist es schon mit dem aggressiven Auftreten der ultraorthodoxen Juden besonders in Jerusalem im Viertel Mea Shearim. Als im Sommer 2009 auf Veranlassung des neuen Bürgermeisters wegen der enormen Parkplatzprobleme ein Parkhaus außerhalb von Mea Shearim am Sabbat geöffnet wurde, machten die Ultras wie schon Wochen zuvor Krawall und richteten erheblichen Schaden an öffentlichem Gut an. Sie blockierten den Verkehr, beschimpften Polizisten als Mörder und Nazis, bewarfen sie mit Müll und lieferten sich mit ihnen schwere Straßenschlachten. Sie allein wollen bestimmen, wie jüdisch der Staat, den sie ohnehin ablehnen, sein müsse.[344] Sie wollen das biblische Gesetz oder das, was sie dafür halten, allen Israelis aufzwingen. Auch 2011 kam es wieder zu erheblichen Unruhen. Sie führten dazu, dass immer mehr säkulare Juden Jerusalem verlassen und lieber z. B. nach Tel Aviv ziehen. Dabei genießen die Ultras (Charedim) viele Privilegien. Nicht wenige leben von Sozialhilfe und Kindergeld des von ihnen abgelehnten Staats und widmen sich hauptsächlich dem Thora-Studium. Viele haben keinen Fernseher, lesen nur orthodoxe Zeitungen und hören nur orthodoxe Radiosender. Sie sind der Überzeugung, Gott werde alle für das Treiben der Liberalen strafen, so wie in Los Angeles. Da sei nach einer Gay-Parade ein Erdbeben ausgebrochen. Bilder von Frauen sind verpönt. Selbst die frühere Außenministerin Tzipi Livni durfte in Zeitungen der Ultras nicht abgebildet werden. Brustkrebs heißt bei ihnen (wegen des sexuellen Bezugs) Frauenkrebs.

Mit der Gründung des Staats Israel (1948), der von Anfang an massiv in seiner Existenz bedroht war, setzten sich die orthodoxen Richtungen durch, indem sie Israel von Anfang an ihren Stempel aufdrückten. *Seit der Staatsgründung sind orthodox-religiöse Politiker an der Regierung beteiligt und üben enormen Einfluss aus. Viele Gesetze sind theokratisch*, vor allem seit 1977 Menachem Begin vom orthodoxen Likudblock mithilfe Nationalreligiöser und Ultraorthodoxer an die Regierung kam. Dabei ist *allen orthodoxen Gruppen der weltliche Staat ein großes Übel*. Die beiden Kriege von 1967 und 1973 und die Annexionen palästinensischer Gebiete gaben der fanatischen biblisch begründeten *Groß-Israel-Bewegung* enormen Auftrieb. Nach 1973 begann eine *äußerst aggressive Siedlungspolitik*. Mit dem Regierungswechsel 1977 wurde die Bewegung staatlich anerkannt und massiv unterstützt. Eine gewalttätige Untergrundbewegung und messianische Utopien eines fundamentalistischen Schriftverständnisses führten 1984 beinahe dazu, dass jüdische Terroristen den Felsendom und die Al-Aqsa-Moschee auf dem Tempelberg gesprengt hätten. Und es war ein extrem-religiöser Student, der 1995 den versöhnungsbereiten Ministerpräsidenten Jitzchak Rabin im Namen Gottes ermordete. Politik und Religion sind in Israel untrennbar. Die weit über 100 000 jüdischen Siedler (ihre Zahl nimmt weiter zu) in der eigentlichen Westbank (außerhalb des Bereichs um Jerusalem) sind aus biblischen Gründen zur Inbesitznahme und gewalttätigen Verteidigung der „ihnen" gehörenden Westbank fest entschlossen. Gewaltbereiter politischer und insbesondere *religiöser Fanatismus hat den Nahen Osten zu einem Pulverfass gemacht*, und weder die israelische noch die US-Regierung (von der Israel auch finanziell abhängig ist) treffen effiziente Gegenmaßnahmen, weil sie nicht „können" oder nicht wollen. Dabei weiß jeder Informierte, dass die (2011 durch die Regierung Netanjahu noch weiter befestigte) Siedlungspolitik den politischen Kern des Gesamtkonflikts ausmacht.[345]

Jüdische Religion, Krieg und Frieden

Die Thora ist *das* heilige Buch der Juden. Aber obwohl das „Alte Testament" zahllose Passagen enthält, die den Mindestanforderungen einer modernen allgemein anerkannten Ethik Hohn sprechen (s. Franz Buggle), sind diese schrecklichen Texte in der jüdischen Geschichte der letzten 2000 Jahre nicht handlungsleitend oder gar prägend geworden. Das rabbinische Judentum, wie es in den umfangreichen Textsammlungen des Talmud und der Mischna einen Ausdruck gefunden hat, legt größten Wert auf die biblische Forderung: „Liebe deinen Nächsten, denn er ist wie du" (so etwa der Urtext, Lev 19,18). Die konkrete Ethik ist nach üblicher jüdischer Meinung den aktuellen Erfordernissen, ausgehend von der Thora, anzupassen und die Ansichten gehen dabei je nach religiöser Richtung z. T. erheblich auseinander. Die gewalttätigen apokalyptischen Vorstellungen der israelischen Siedlerbewegung[346] sind keineswegs prägend für „die" jüdische Ethik.

2 – Islam

Sicher bin ich mir nur, dass die islamische Geschichtsschreibung Heilsgeschichte ist, die gar nichts oder kaum etwas mit der wirklichen historischen Entwicklung zu tun hat, und dass die Geschichtlichkeit Mohammeds zweifelhaft ist. Ansonsten habe ich viele offene Fragen und verfolge mit großem Interesse alle Forschungsansätze.
(Muhammad) Sven Kalisch, Islamwissenschaftler, 2008[347]

Faktisch war der historische Muhammad schon immer egal, denn er war nur eine Projektionsfläche für theologische Gedanken. Wir kennen dieses Phänomen ja auch aus der Forschung über den historischen Jesus, über den es so viele Auffassungen gibt, wie es Theologen gibt [...].
(Muhammad) Sven Kalisch, 2006[348]

Abgesehen von den dreizehn Jahren, in denen der Prophet seine Botschaft in Mekka verkündete, ist die Geschichte des Islam unbestreitbar eine Aufeinanderfolge von Gewaltanwendungen und Machtergreifungen.
Ali Dashti, 1973/74 (zunächst iranischer schiitischer Gelehrter, dann Journalist und Verteidiger rationalen Denkens, starb 1981 an den Folgen dreijähriger Inhaftierung)

Gläubige Moslems verehren in Mohammed [...] den vollkommensten Menschen, der je auf Erden gelebt hat. Seine schweren charakterlichen Mängel, der ausufernde Größenwahn, die sexuelle Verwahrlosung im Alter und die gnadenlose Verfolgung von Feinden wurden so erfolgreich verdrängt, dass kaum jemand wagte, sich damit zu beschäftigen. Schmähungen des Propheten werden zudem schwer bestraft.
Armin Geus, Medizinhistoriker, in: Die Krankheit des Propheten, 2007

Je mehr ich über die die Frauen betreffenden Bestimmungen der Scharia erfuhr, desto überzeugter war ich, dass diese Bestimmungen Teil eines verlogenen Systems sind, das alleine die Interessen des Mannes bedient.
  Ilhan Arsel, türkischer ehemaliger Juraprofessor, 2012

Vielleicht werden konservative Ideologen [...] ihre Gesellschaften für alle Zeiten im Mittelalter festhalten. Vielleicht aber auch nicht.
  Steven Pinker, Harvard-Psychologe, 2011
  (in seinem Monumentalwerk „Gewalt" zum Islam)

Es können hier nur einige wenige Hinweise zur nach den christlichen Religionsgemeinschaften weltweit zweitgrößten Religionsgruppe, dem in viele Varianten aufgefächerten Islam, gegeben werden. 57 sehr unterschiedliche Staaten bekennen sich offiziell zu ihm. Dass diese Hinweise insgesamt als sinnvoll, im Wesentlichen zutreffend und nicht unfair erscheinen sollen, ist eine ebenso undankbare wie eigentlich unlösbare Aufgabe. Unter diesem Vorbehalt stehen, aus einer ideologisch offen kritischen Außensicht, die folgenden Ausführungen.[349]

Zur Person des Propheten

Begründer der islamischen Religion ist nach traditioneller, fast allgemeiner Ansicht Mohammed (ca. 570–632), der den Muslimen als letzter der Propheten gilt. Ihm soll der Erzengel Gabriel das endgültig geoffenbarte Wort Gottes in Form des Heiligen Koran eingegeben haben. Der komplizierten wissenschaftlichen Theorie der historischen Fragwürdigkeit Mohammeds wird hier nicht nachgegangen.[350] Jedenfalls gibt es keine *unabhängigen* zeitgenössischen Quellen. In verschiedenen zeitgenössischen Texten wird Mohammed als militärischer Führer beschrieben.

Mohammed kam nach traditioneller Sicht aus dem mächtigen Stamm der Quraisch in Mekka, der die vorislamische („heidnische") Kaaba-Wallfahrt dominierte, und wuchs, seit er sechs Jahre alt war, als Waise bei einem Großvater und danach bei einem armen Onkel auf. Etwa 595 heiratete er eine mindestens fünfzehn Jahre ältere reiche Kaufmannswitwe, durch die er finanziell unabhängig wurde. In vorgerücktem Alter war er mit vielen Frauen gleichzeitig verheiratet und hatte außerdem Sklavinnen als Konkubinen. Koran-Sure 33,50 zufolge machte Allah/Gott nur für Mohammed eine Ausnahme von dem Verbot, mehr als vier Ehefrauen zu haben. Um 623 heiratete Mohammed die sechsjährige Aischa und vollzog als 53jähriger die Ehe mit ihr, als sie neun Jahre alt war. Ab 610, dem Beginn der 23-jährigen Eingebungen, sollen die durch den Erzengel Gabriel verkündeten Offenbarungen von Mohammed-Anhängern aufgeschrieben worden sein.

Über Kindheit und Jugend Mohammeds gibt es nur eine Fülle an Legenden. Die Quraisch hatten die Aufsicht über die Kaaba, den schwarzen Stein des polytheistischen Heiligtums („Götzentempel"), und verdienten an den Wallfahrten dorthin. Der Zweifel Mohammeds an der Wirksamkeit und Existenz der einheimischen Götter wurde genährt durch die Juden und Christen Mekkas und seine Reisen nach Syrien. Wegen der 610 begonnenen Lehrtätigkeit (da war Mohammed schon 40 Jahre alt) und seines Kampfes gegen die Götzen wurde er verspottet und bekämpft, zumal seine Lehre auf einen Umsturz des die Reichen begünstigenden Systems hinauslaufen musste. Es gab in Mekka eine große unterdrückte Unterschicht, und Mohammed konnte in den 13 Jahren, die er in Mekka verbrachte, durch große Eloquenz, bescheidenen Lebensstil und humane Regeln auch Anerkennung gewinnen. Seine Predigt vermochte sich aber nicht durchzusetzen. Er wanderte daher 622 nach der später Medina genannten Stadt aus: ein Wendepunkt.

Mohammed verstand sich als den auserwählten Gesandten Allahs, der das jüdische Prophetentum einschließlich Jesus und somit die monotheistisch-göttliche Offenbarung endgültig abschließen und die Lehren der bisherigen Schriftbesitzer (Juden und Christen) korrigieren sollte („Siegel des Propheten"). Mit seinem Größenwahn, der universalistisch auf Bekehrung aller „Ungläubigen" zielte, konnte er weder Ruhe geben noch finden. Bei einem angeblich so einzig von Gott Auserwählten stellt sich aber, wie bei anderen Religionsgründern auch, allen Außenstehenden die Frage nach seiner geistig-körperlichen Gesundheit. Sie wurde früher jahrhundertelang von einzelnen Ärzten und Philosophen diskutiert, meist unter dem damals vagen Begriff „Epilepsie". Heute gelten solche naheliegenden Fragen in Deutschland als politisch nicht „korrekt", wohl auch deswegen, weil eine wissenschaftlich fundierte breite Islamkritik die Gefahr einer intensiven fundamental-kritischen Würdigung auch des Christentums in einer *breiten* Öffentlichkeit fördern könnte. Die deutschen Kirchen solidarisieren sich daher trotz umfangreicher Christenverfolgungen in etlichen islamischen Ländern mit dem Islam.

Aber nicht nur zahlreiche Zeitgenossen Mohammeds aus den Jahren in Mekka erklärten diesen für verrückt, sondern der Koran selber erwähnt solche Anschuldigungen (Sure 15,7; 51 gegen Ende; 68,3). Er enthält auch diverse Hinweise auf Erlebnisse und Verhaltensweisen, die heute als Persönlichkeitsstörungen eingestuft werden. Da auch die Propheten des AT (wie auch neuere Sekten- bzw. Religionsgründer, etwa der Begründer der Mormonen) und überhaupt zahllose Menschen religiöse Visionen und ekstatische Zustände hatten, ist die kritische Untersuchung der Ursprünge der Weltreligion Islam, auch wegen der mit ihr verbundenen terroristischen Varianten, legitim und wissenschaftlich sowie politisch notwendig.

Einen neuerlichen interessanten Versuch, eine psychische Erkrankung Mohammeds zu erörtern, hat 2011 der Medizinhistoriker Armin Geus angestellt. Er kommt zu folgendem Ergebnis: „Koran und Hadith[e] enthalten zahlreiche Indizien, dass Mohammed seit der ersten Offenbarung an einer paranoid-halluzinatorischen Schizophrenie mit definierten Wahnvorstellungen und charakteristischen Sinnestäuschungen erkrankt war. Seine Denkstörungen äußerten sich in häufigen, immer gleichartig verlaufenen akustischen, anfänglich auch optischen Halluzinationen sowie in überwertigen Ideen [...]. Mohammed hatte bekanntlich keine Schwierigkeiten, in den überbrachten Botschaften seine eigenen Gedanken zu erkennen, obwohl er für die Dauer der Offenbarung die fremde Stimme des Erzengels Gabriel vernahm. Die zur Niederschrift der Suren erforderliche Rekapitulation des Gehörten einerseits und die Entscheidungen Allahs andererseits, die manchmal nur banale Konflikte im Harem des Propheten lösen sollten und immer zugunsten Mohammeds ausfielen, beruhen auf der Logik des in sich schlüssigen Wahnsystems. – Aus medizinhistorischer Sicht ist der Koran die Chronik einer Krankengeschichte [...]."[351]

Geus legt auf der Basis eines umfangreichen Schrifttums dar, dass halluzinierte Stimmen häufig die psychische Verfassung wiedergeben und dies auch beim koranischen Mohammed so war. Er hörte die Stimme Gabriels mit göttlichen Anweisungen im Zusammenhang mit der Restaurierung der Kaaba. Grauenhafte sadistische Details über die Höllenbesichtigung und der Bericht über seine Himmelsreise sind Ausdruck fantasiereicher Wahnvorstellungen. Viele Suren widersprechen menschlichen Erfahrungen. Mohammed verstand sich als Gottes Liebling und hatte großes Sendungsbewusstsein. In der Anfangszeit seiner „Offenbarungen" glaubte er wohl selbst, wahnsinnig und von Dämonen besessen zu sein (Sure 68, Anfang). Der Anspruch eines Menschen, Quelle aller göttlichen Offenbarung zu sein, würde heute, so Geus, leicht in die Psychiatrie führen.

Islamische Frühgeschichte

Es scheint derzeit kaum möglich zu sein, ausreichend zuverlässige Daten zur Frühgeschichte des Islam zu präsentieren. Die ersten beiden Jahrhunderte liegen weitgehend im Dunkel, denn die *Differenz zwischen islamischer Geschichtsschreibung und nicht islamischen Quellen* ist groß, und schon die bisher zutage geförderten archäologischen Fakten lassen zudem wohl nur den Schluss zu, dass die islamische Geschichtsschreibung allenfalls einen geringen historischen Kern enthält. Aus den ersten beiden Jahrhunderten ist nur auffällig wenig Literatur erhalten, wahrscheinlich wurde vieles aus theologischen Gründen beseitigt. Zudem ist ihre Authentizität schwer überprüfbar. Selbst im innerislamischen Schrifttum wurde eine große Zahl von Fälschungen und ideologisch-politischen Tendenzen festgestellt. Vielfach wurde die Überlieferung der Hadithe, der Prophetenworte und -taten außerhalb des Heiligen Korans, als ganz unzuverlässig kritisiert. Es gibt aber auch keine nachvollziehbare Überlieferungsgeschichte zum Koran selbst. Der Islam des 3. islamischen Jahrhunderts passt nicht zu Münzen und Inschriften der Frühzeit. Wenn es damals schon eine verbreitete Religion des Islam gegeben hat, wie man traditionell behauptet, muss sie ganz anders gewesen sein. Das gilt auch für einen historischen Mohammad, der heute als vollkommenes Vorbild für alle Menschen gilt. Aber: „Faktisch war der historische Muhammad schon immer egal, denn er war nur eine Projektionsfläche für theologische Gedanken" (Sven Kalisch).[352] Wenn man von Mohammed als Idealbild des Menschen ausgeht, muss man vieles, was ihm zugeschrieben wird, gegebenenfalls willkürlich umdeuten oder ignorieren. Der bekannte Islamforscher Tilman Nagel kommt in seiner großen Mohammed-Biografie (2008), ausgehend von den traditionellen Texten, die er von den übernatürlichen Aspekten reinigte, zu dem Ergebnis, der überlieferte Mohammed habe viele unsympathische einschließlich gewalttätiger Aspekte und sei trotz auch vorbildhafter Züge insgesamt kein Vorbild. Zu diesen Eigenschaften gehören auch diejenigen, die zur Annahme schwerer krankhafter Wahnvorstellungen führen (s. o.).

Dieser Punkt spricht meines Erachtens zusammen mit anderen, insbesondere im Koran enthaltenen negativen Texten klar für die Existenz eines (wie auch immer gearteten) historischen Mohammed, denn gerade die Erhaltung negativer Texte spricht am ehesten für eine historische Realität.

Religiöse Intoleranz

Unabhängig vom Wert des Korans und anderer religiöser Texte ist für eine heutige Würdigung des Islam bedeutsam, wie sich die islamische Ausbreitung historisch und gesellschaftlich bis heute tatsächlich entwickelt hat. Dass der Islam nicht muslimischen Untertanen gegenüber besonders tolerant gewesen sei, trifft keinesfalls zu. Nur in einer bestimmten historischen Phase war er Christen und Juden gegenüber nicht so intolerant wie umgekehrt, aber auch das nur im Rahmen einer religiösen Hierarchie. *Tolerante Äußerungen* finden sich zwar im Koran, meist in den frühen, aus der Zeit in Mekka stammenden Suren (z. B.: Euch euer Glaube und mir mein Glaube, Sure109,6; auch die Medina-Sure 2 gegen Ende: „Es ist kein Zwang im Glauben"). Mit dem Zuwachs an politisch-militärischer Macht in der Zeit ab der Auswanderung nach Medina

(622) wandelte sich der koranische Mohammad zunehmend vom Bekehrer zum aggressiven, Gehorsam einfordernden Dogmatiker und Krieger (etwa die Suren 2, 4, 5, 8, 9, 22, 47). Der Koran strotzt vor *pauschalen Drohungen* mit ewiger sadistischer Hölle gegenüber den Ungläubigen nach dem Tod. Sure 47 empfiehlt den Religionskrieg mit massenhafter Tötung der Ungläubigen, wobei den gefallenen Muslimen das Paradies versprochen wird. Die Feindschaft, mit der Allah laut Koran den Nichtgläubigen entgegentritt, zeigt sich in einer Serie von teilweise erschreckenden Suren: 4,59; 8,40; 9,5; 9,29; 9,69; 47,4 (keineswegs vollständig). Diese Stellen haben textlich weitaus größeren Umfang als die wenigen, die die Existenz anderer Religionen (keineswegs aber der „Gottlosen") zumindest hinnehmen (insbesondere 2,257; 109,6) und überwiegend aus der Zeit in Mekka stammen. Für angeblich heilige und allesamt göttliche Worte ist das alles recht erstaunlich. Feindschaft fordernde Gebote können daher, da der Koran traditionell als überhistorisch-allgemeingültig verstanden wird, schlecht mit der Überlegung abgemildert werden, sie seien im zeitgenössischen Kontext verständlich.

Christen kommen im Koran besser weg als die *Juden*, gegen die er ein ganz spezielles Feindbild entwickelt. Sure 51,5 untersagt aber, Juden oder Christen zu Freunden zu haben. Mohammed stand nach überlieferter Darstellung den Juden, von denen er vieles übernommen hat, anfangs recht nahe. Aber die Juden wollten sich von ihm (wie später von Luther) partout nicht belehren lassen. Gegen drei jüdische Stämme in der Region von Medina führte er Angriffskriege. Im dritten begnügte er sich nicht mit der völligen Unterwerfung und Vertreibung, sondern schlachtete Hunderte ab und versklavte Frauen und Kinder. Dass das mehr machtpolitisch als religiös begründet war, macht das Verhalten des Propheten nicht besser. Das Negativbild (5,65; 5,84; 7,166 u. v. a.) von den Juden ist sehr auffällig. Ab dem 9. Jh. wurden antijüdische Schmähschriften verbreitet. *Der Koran selber rechtfertigt pauschal jegliche Diffamierung der Juden*. An die Judenfeindschaft des christlichen Mittelalters kam die islamische jedoch bei Weitem nicht heran.

Gewaltsame Ausbreitung

Der Islam (welchen Inhalt er auch jeweils gehabt haben mag) und seine politische Herrschaft wurden hauptsächlich durch *Eroberungskriege* verbreitet, Massaker an der Bevölkerung inbegriffen. Schon Mohammed führte laut traditioneller Überlieferung zunächst Feld- und Raubzüge gegen die Mekkaner und verzahnte Religion und Politik. *Die Expansionskriege wurden jedenfalls im Namen des Islam geführt*, und zwar unabhängig von der Frage einer wirklichen religiösen Absicht. Die religiöse Führung beteiligte sich aber an der Unterwerfung. Während die blutigen Eroberungen der Christen zur Kreuzzugszeit und während der langen Zeit des Kolonialismus wenigstens heute als verwerflich angesehen werden, gibt es im Bereich der islamischen Welt kein vergleichbares breites kritisches Bewusstsein. *Es gibt keine Gesten des Bedauerns,* sondern vielmehr werden muslimische Feldherren auch aktuell als Helden verehrt („Eroberer[Fatih]-Moscheen"). Der Begriff „Dschihad" wurde hauptsächlich im Sinn des „Heiligen Krieges" verstanden. Zwar stellt man heute zumindest in Europa als Hauptbedeutung des Begriffs meist allgemein und beschönigend die gottgefällige Anstrengung heraus. Aber eine Überprüfung ergibt Folgendes: Der Koran spricht an 35 Stellen von Dschihad, aber nur an sechs Stellen im Sinn von Anstrengung oder in diesem Sinn auslegbar. Bei über 80% der Koranstellen geht aus dem Zusammenhang zweifelsfrei hervor, dass ein militärisches Vorgehen gemeint ist.[353]

Für die ersten Jahrhunderte kann man von einem *arabischen Imperialismus* sprechen, später dann von einem osmanischen. Zwangsbekehrungen waren nicht selten. Zu mit den Eroberungen verbundenen Ausschreitungen der ersten Eroberungswelle kam es z. B. in Ägypten, Tripolis, Karthago, Armenien. In der indischen Stadt Brahminabad wurden alle Männer der Militärkaste, in der Größenordnung von 6000, enthauptet. Die eigentliche *Eroberung Indiens* begann, nach Anfängen im 8. Jh., etwa um das Jahr 1000, wobei Mahmud von Ghazni in 17 Invasionen das Land weitgehend zerstörte. Aus den entweihten Hindutempeln wurden riesige Schätze erbeutet. Bedeutende Kunstwerke gingen zugrunde. Noch heute bewundern Muslime den Mahmud. Im 14. Jh. konvertierten viele zum Islam, um keine Kopfsteuer zahlen zu müssen. Immer noch hielt man die Gewährung von Toleranz für Götzenkulte für sündhaft. Einen „muslimischen" Herrscher gab es allerdings, der sogar um universelle Toleranz bemüht war: Akhbar den Großen (1542–1605). Er vergab sogar hohe Ämter an Hindus und hielt viel von den Jesuiten, stand freilich unter dem Einfluss höfischer Freidenker und Mystiker und soll die islamische Religion sogar verachtet haben. Ein muslimischer Fanatiker hingegen war Aurangzeb (1618–1707), der wieder die Kopfsteuer für Nichtmuslime einführte und Tempel zerstörte. Der (von Sonderentwicklungen abgesehen) *friedliche Buddhismus* wurde in seinem Ursprungsland zwischen 1000 und 1200, unterstützt durch den Hinduismus, von den Muslimen *zum Erlöschen gebracht.*

Die Stellung der nicht muslimischen „Schriftbesitzer"

Ein Wort zur oft beschworenen muslimischen Toleranz im *Mittelalter*. Trotz der Ausgrenzung Andersgläubiger aufgrund des koranischen Absolutheitsanspruchs wurde zwischen den nicht monotheistischen, schrift- und buchlosen

„Heiden" und den Schriftbesitzern Juden und Christen unterschieden. Die „Heiden" mussten grundsätzlich mit ihrer Tötung rechnen. Die Schriftbesitzer wurden trotz ihrer nach islamischer Ansicht verfälschten Offenbarung als Minderheit im islamischen Machtbereich hingenommen. Dabei wurden ihnen als vertraglich „*Schutzbefohlenen*" *(Dhimmis)* Sicherheit, persönlicher Besitz, Religionsausübung und teilweise interne Selbstregelung garantiert, wenn sie in einem Schutzvertrag *Tributzahlungen und diskriminierende Bestimmungen* hinnahmen wie hohe Sonderabgaben, Kleidervorschriften, bedrohliche strafrechtliche Ungleichheit. Trotzdem konnten in der Praxis die Juden jedenfalls sicherer und freier leben als in den christlichen Ländern, einzelne große Massaker ausgenommen (Fez-Marokko 1033, Cordoba-Andalusien 1010–1013, Granada 1066, Marrakesch 1232). *Die islamische Judenfeindschaft war insgesamt bei Weitem nicht so aggressiv wie die christliche.*

Islam und Vernunft

Denken im Sinn der europäischen Aufklärung ist den meisten, wenn nicht allen orthodoxen Richtungen im heutigen Islam völlig fremd. Es gab allerdings wiederholt *rationalisierende Häresien* (Mutaziliten, Einfluss der griechischen Philosophie im 8.–10. Jh., al-Razi, al Farabi, Ibn Sina genannt Avicenna, Ibn Rushd genannt Averroes im 12. Jh.) die jedoch stets verfolgt wurden.[354] Der Sieg des *orthodoxen* Islam (der Koran als komplett wörtlich zu verstehende göttliche Offenbarung, trotz der vier verschiedenen Rechtsschulen), der eine *selbstständige* Rolle der Vernunft ablehnt und die Frage der Entstehungsgeschichte des Korans gar nicht stellt, ist spätestens seit dem Perser al-Ghazali (1058–1111), einem der bedeutendsten islamischen Theologen überhaupt, eine „Totalkatastrophe" (Ibn Warraq). Auf diesem strengen Stand ist auch der heutige weltweit herrschende orthodoxe Islam jeglicher Couleur. Selbst dann, wenn er behauptet, die Demokratie zu wollen, ist das erklärte Ziel stets die „islamische Gesellschaft". Das bedeutet z. B., dass nach der neuen ägyptischen Verfassung von 2011 alle Gesetze der Azhar-Universität vorgelegt werden mussten, damit dort entschieden wird, ob sie mit dem Islam vereinbar sind. Noch rigoroser ist freilich die in Ägypten starke Minderheit der Salafisten, die einen Gottesstaat mit z. B. Schleierzwang wollen.[355]

Islam und Frauen

Aus Raumgründen kann dieses bedeutende Thema nur sehr kurz angerissen werden.[356] *Diskriminierung von Frauen und Gewalt gegen sie ist typisch für alle patriarchalischen Gesellschaften*, und alle islamischen Gebiete bzw. Staaten waren bzw. sind patriarchalisch geprägt. Dieser Sachverhalt wird dadurch verstärkt, dass der *Koran* die männliche Überlegenheit und die *Minderwertigkeit der Frauen* ausdrücklich und unverblümt, gerade auch in Rechtsfragen, betont. Der Koran sieht Geschlechtsverkehr ausschließlich aus männlicher Sicht. Frauen erben nur halb so viel wie Männer, und ihr Zeugnis vor Gericht gilt nicht viel (Sure 2,282). Im Wesentlichen haben nur Männer das Recht auf Scheidung, und viele Tätigkeiten sind Männern vorbehalten. Bekannt ist der üble Spruch „Die Weiber sind euer Acker, geht auf euren Acker, wie und wann ihr wollt" (Sure 2,223). Wichtig ist Sure 4,34: „Die Männer stehen über den Frauen, weil Gott sie (vor diesen) ausgezeichnet hat und wegen der Ausgaben, die sie von ihrem Vermögen (Morgengabe?) gemacht haben [...]. Und wenn ihr fürchtet, dass irgendwelche Frauen sich auflehnen, dann vermahnt sie, meidet sie im Ehebett und schlagt sie! Wenn sie euch (wieder) gehorchen, dann unternehmt weiter nichts gegen sie!" Insgesamt sind Frauen im Koran und auch in der Scharia, einem nachkoranisch entstandenen Regelwerk, stark benachteiligt, trotz vieler akzeptabler, ja seinerzeit fortschrittlicher Koranstellen. Der berühmte Gelehrte al-Ghazali warnte die Männer vor den Frauen, denn „ihre Arglist ist grenzenlos [...] sie sind unmoralisch und von kleinlicher Gesinnung". Ein berühmtes Hadith sagt: „Die Frauen haben weniger Vernunft und weniger Glauben." Ein anderes lautet: „Es ist für einen Mann besser, von einem Schwein bespritzt zu werden, als den Ellenbogen einer Frau zu streifen, die ihm nicht erlaubt ist."

Hierzulande wird zwar manchmal, vor allem von Muslimen, eine Frauenfreundlichkeit des Islam behauptet. Dazu bedarf es aber einer einseitigen, gezielten Auswahl der Suren und Verse. Dass die Emanzipation muslimischer Frauen in Europa, jedenfalls in den deutschsprachigen Ländern, vorangekommen ist, soll nicht bestritten werden. Für Deutschland macht die zunehmende Emanzipation gebildeter muslimischer Frauen (die durch Einflüsse der hiesigen Kultur begründet sein dürfte) Hoffnung, wenn auch immer noch schlimme patriarchalische Gewohnheiten auf der Tagesordnung stehen.

Die *Praxis in den islamischen Staaten* ist sehr unterschiedlich, von der (heute nur noch seltenen) Steinigung aus uns völlig unverständlichen Gründen bis zur ausnahmsweisen Gleichberechtigung in manchen türkischen Städten. Im *Iran* betrug für Mädchen das *Heirats-Mindestalter* unter Khomeini 9, dann – soweit ersichtlich – immerhin 13 Jahre. Dieser „Fortschritt" soll laut Mitteilung der „Internationalen Gesellschaft für Menschenrechte" anlässlich des Weltkindertags im September 2012 im Hinblick auf das Beispiel des Propheten zum Vollzug der Ehe wieder auf 9 Jahre gesenkt werden. Die Ungeheuerlichkeiten der weiblichen Genitalverstümmelung mit Millionen Opfern ereignen sich hauptsächlich im Machtbereich des Islam. *Zwangsverheiratungen* sind immer noch häufig.

Inflexibilität und Liberalisierungshoffnung

Die *Übergänge zwischen Islam und Islamismus* (s. auch A 10) sind fließend. Das Haupthindernis für eine freiheitliche Entwicklung in der islamischen Kultur ist die (schwer verständliche) Tatsache, dass die herkömmliche und immer noch herrschende Theologie im Koran nach wie vor das direkte Wort Gottes sieht und dass das vom 8. bis zum 10. Jahrhundert allmählich entstandene Konstrukt der Scharia eine ähnliche Autorität genießt. Auch die Hadithe (außerkoranische Worte des Propheten) üben trotz ihrer unklaren Entstehung einen ungünstigen Einfluss aus. Der Islam ist daher *strukturell unflexibel*. Zwar gibt es neuere Versuche, ihn mit den individuellen Menschenrechten im Sinn der UN-Deklaration von 1948 zu harmonisieren, aber zugestanden werden nur „islamische" Menschenrechte unter Koranvorbehalt. Der Koran lässt zwar besonders viele Auslegungsmöglichkeiten zu, was durch die Sprache und die Besonderheiten der arabischen Schrift begründet ist und in z. T. enorm unterschiedlichen Übersetzungen zum Ausdruck kommt. Auch ist das Zusammenspiel von Koran, Hadithen und Scharia wegen der vielen Unbestimmtheiten schwierig. Aber dennoch sind die Möglichkeiten der Liberalisierung sehr stark begrenzt und erfordern viel Verdrängung, einseitige Textauswahl und Textmanipulation. Die Hoffnung auf einen *Euro-Islam* (Bassam Tibi), der Menschenrechte als Individualrechte ohne Bindung an den Islam versteht, ist derzeit fragwürdig.[357] Jedenfalls für die außereuropäischen muslimischen Länder erscheint die Hoffnung auf Liberalisierung derzeit nicht berechtigt bzw. gering, für die europäischen Länder besteht eine gewisse Hoffnung. Ein großes Problem dürfte die offensichtliche *Unkenntnis der Menschen aus dem islamischen Kulturkreis über die Grundlagen ihres eigenen Glaubens* sein.

Beispiele für islamische Gefährdungen aus Geschichte und Gegenwart

Aus der *neueren Gewaltgeschichte* des Islam seien einige Beispiele angeführt. So kamen 1894–1896 bei Massakern in der *Türkei* mindestens 100 000 (christliche) Armenier um, abgeschlachtet von türkischen und kurdischen Spezialeinheiten. Es folgten Zwangskonversionen zum Islam und Vertreibung, und die „christlichen" europäischen Länder sahen zu. Getragen wurde der Genozid von der „jungtürkischen"(pantürkischen) Bewegung mit ihren islamfanatischen und rassistischen Elementen. Es folgte 1909 ein weiteres Massaker mit über 20 000 Opfern im Raum Adana. 1915–1916 kulminierte die „kulturelle Säuberung" im Zuge des Scheiterns der türkischen Kriegsoffensive gegen Russland in der Ermordung von 800 000 bis 1,5 Mio. Armeniern, unter wesentlicher Mitwirkung deutscher Militärs. Etwa 2000 Kirchen wurden zerstört. Bis zum heutigen Tag leugnet die islamisch geprägte Türkei den Genozid rigide. Versuche, die (gut erforschte) historische Wahrheit zu publizieren, sind in der Türkei gefährlich. Die republikanische Türkei des Kemal Atatürk liquidierte im Zuge der Staatsgründungskämpfe 1919–1923 ca. 250 000 Griechen, in Kirchen Geflüchtete wurden dort verbrannt (Massaker in Smyrna 1922).

Die Zahl der bedeutenderen Ereignisse des 20. Jh. ist enorm und kann nicht im Einzelnen benannt werden. Sie betreffen den gesamten Nahen Osten, Nordafrika, Saudi-Arabien, Nord-Sudan, Somalia, Indien, Pakistan, Afghanistan, Indonesien, Philippinen. Es gibt aber eine Reihe von *aktuellen Beispielen:*

Im Großstaat *Nigeria* breitet sich der Islam vom Norden immer mehr gewalttätig nach dem christlichen Süden aus. Besonders im Grenzbereich der Landesteile kommt es häufig zu Massakern an Christen. Speziell seit der Demokratisierung 1999 nahm die Islamisierung zu. In den zwölf nördlichen Bundesstaaten wurde sogleich – verfassungswidrig – die Scharia eingeführt und soll möglichst auch auf den Süden erstreckt werden. Allein zwischen 1999 und 2004 dürften ca. 10 000 Menschen bei Pogromen umgekommen sein. Die Terrorgruppe „Boko Haram" gilt als Nigerias Talibantruppe. Nur nachrangig spielen auch wirtschaftliche Not, Korruption und andere Faktoren eine Rolle. Homosexualität wird, um nur das noch zu nennen, in den nördlichen Bundesstaaten mit Steinigung bedroht.

Bekanntermaßen ist es in etlichen muslimischen Staaten auch in den letzten Jahren zu *Steinigungen* von (sogar vergewaltigten) Frauen gekommen. Selbst in der gemäßigten *Türkei* war es 2009 möglich, dass das oberste Berufungsgericht die Rechtmäßigkeit einer Scheidung aufgrund der Tatsache feststellte, dass die Braut keine Jungfrau mehr war (2009).

In *Saudi-Arabien* schrieb am 4. Februar 2012 der 23-jährige Journalist Hamsa Kaschgari während eines Feiertags zu Ehren des vermuteten Geburtstags des islamischen Propheten Mohammed drei kurze Twitter-Nachrichten. Mohammed sei für ihn eine Quelle der Inspiration gewesen. Er wird auch mit dem Satz zitiert: „Ich habe bestimmte Aspekte von Dir geliebt, andere gehasst und viele nicht verstanden." Es gab Zehntausende entrüsteter Reaktionen, und hochrangige islamische Theologen stempelten ihn zum Ungläubigen. Dafür ist in Saudi-Arabien die Todesstrafe vorgesehen. Eine vorsorgliche Flucht ins früher liberalere, heute orthodox-islamische Malaysia (Islamisierung seit den 1970er-Jahren) nutzte ihm nichts, weil er rechtswidrig nach Saudi-Arabien zurückgeschoben wurde. Ihm drohte die Todesstrafe. (Im Oktober 2013 soll er aufgrund einer weiteren Entscheidung eines malaysischen Gerichts wegen unzulässiger Auslieferung freigelassen worden sein.) Immer noch ist in Saudi-Arabien Frauen sogar das Autofahren untersagt. Und *Fremdarbeiterinnen* werden dort und in anderen islamischen Staaten unter oft entsetzlichen Bedingungen wie Sklaven gehalten.

In *Ägypten* wurde 2012 der bekannte 71-jährige Schauspieler und Komiker Adel Emam (Abdel Imam) zu drei Monaten Haft verurteilt, weil er den Islam beleidigt habe. Das von einem Islamisten in Gang gesetzte Verfahren betraf Emams Auftritt in einem Film von 2007 und in einem Theaterstück von 1998. Aber auch zahlreiche andere Schauspieler, Regisseure, Künstler und Intellektuelle wurden seit der Machtübernahme der Islamisten angeklagt, den Islam beleidigt zu haben.[358] Anfang Juni 2013 hielt der bekannte deutsch-ägyptische Politologe und Islamkritiker Hamed Abdel-Samad (Mitglied der Deutschen Islamkonferenz des Innenministeriums) in Kairo einen Vortrag über religiösen Faschismus in Ägypten, der ihm wegen Beleidigungen des Propheten und des Islam Internet-Hetzkampagnen mit öffentlichen Mordaufrufen einbrachte. Professor Mahmoud Shabaan von der Al-Azhar-Universität Kairo forderte: „Er muss umgebracht werden".[359]

Im April 2013 wurde eine Fatwa (Rechtsgutachten) des Obersten Rats der Religionshüter (CSO) in *Marokko* veröffentlicht, das die *Todesstrafe* für vom Glauben abgefallene Muslime fordert, jedoch auch dort zu heftigen Diskussionen führte.[360] Der CSO repräsentiert den offiziellen Islam. Usw. usf.

Wenn hierzulande muslimische Führer gerne behaupten, der (wahre) Islam sei völlig friedlich, so steht das im Widerspruch zur Geschichte. Von Anfang an gab es scharfe innerislamische Kämpfe. Die schiitische Minderheit wurde meist von der sunnitischen Mehrheit bekämpft. Im religiös und ethnisch zersplitterten Syrien kämpfen z. B. die zum schiitischen Spektrum gehörenden Alawiten gegen Sunniten und Sunniten gegen Schiiten, Islamisten gegen Christen usw.

Hoffnung

Für Europa, jedenfalls Deutschland, kann man hoffen, dass das Leben in einer grundsätzlich säkular-freiheitlichen Kultur allmählich auf die Menschen aus der muslimischen Kultur Einfluss gewinnt. An der Rechtstreue der allermeisten besteht kein Zweifel. Islamische Organisationen beteuern gern, selbstverständlich erkenne man die Menschenrechte und das Grundgesetz an und der Islam sei völlig friedlich und frauenfreundlich. Die zahlreichen Terrorakte seien unislamisch. Es gibt „progressive" islamische Theologen und Religionswissenschaftler wie die pakistanisch-amerikanische Riffat Hassan (u. a. Harvard-Universität), die mit zahlreichen Koranstellen belegen wollen, der Koran sei (in Wahrheit) „die Magna Charta der Menschenrechte" und er fordere sogar Religionsfreiheit für A-Theisten.[361] Solche Behauptungen sind natürlich generell mit größter Skepsis zu genießen, was hier leider nicht näher dargestellt werden kann (zum Islamismus näher A 10). Hierzu sei auf Arbeiten von, um nur wenige zu nennen, S. Ates, P. Heine, N. Kelek, A. Pfahl-Traughber, U. Spuler-Stegemann und B. Tibi verwiesen. Zum Thema Islam und Menschenrechte habe ich mich anderweitig geäußert.[362]

Einleuchtend weist Steven Pinker in seinem Monumentalwerk „Gewalt" darauf hin, Religion gedeihe auf einer emotionalen Bindung an (heilige) Texte, die niemand liest (höchstens auswendig lernt oder nachbetet), sodass die Anhänglichkeit an die Scharia häufig nur ein symbolisches Festhalten an moralischen Einstellungen sei. Man hält die Scharia für gut, will aber keine wortgetreuen Konsequenzen ziehen. Hoffen wir es mit Bangen. „Vielleicht", um nochmals Steven Pinker zu zitieren, „werden konservative Ideologen […] ihre Gesellschaften für alle Zeiten im Mittelalter festhalten. Vielleicht aber auch nicht."[363]

3 – Hinduistische Religionen in Indien

Allgemeines – religionsgeschichtliche Entwicklung

„Hinduismus" ist eine von den europäischen Kolonialherren eingeführte Sammelbezeichnung für verschiedene religiöse Richtungen, die hauptsächlich auf dem indischen Subkontinent verbreitet sind, aber heute als kleine Minderheiten auch in Ostafrika, Nordamerika und Europa existieren.[364] Insgesamt mag es sich derzeit um etwa 900 Millionen Menschen handeln und somit um die weltweit drittgrößte Religionsgruppierung nach dem Christentum und dem Islam. Ihr Ursprungsland und ihr Hauptverbreitungsgebiet ist Indien, wo etwa 80 % der Einwohner zu den Hindus gerechnet werden. Der *Buddhismus*, der sich als Protestbewegung gegen die Brahmanen aus dem Hinduismus entwickelt hat (und von diesem noch heute als hinduistische Richtung angesehen wird), ist in Indien heute eine sehr kleine Minderheit und spielt kaum eine Rolle.

Der Hinduismus kennt keinen einzelnen Religionsstifter und *keine göttlich festgelegten unantastbaren Glaubenswahrheiten*, ferner kein solches heiliges Buch, das der Bibel oder dem Koran vergleichbar wäre. Dem Fehlen eines allgemein gültigen Glaubensbekenntnisses entspricht das Fehlen eines hierarchischen Systems und von Konzilien. Jeder Tempel regelt seine Angelegenheiten selbstständig. Eine Besonderheit des Hinduismus ist sein fragwürdiges *Kastenwesen*, das die heutige Gesellschaft noch tief prägt. Hierauf wird gesondert eingegangen. *Den Hinduismus als Religionssystem gibt es gar nicht, sondern nur verwandte Traditionen ohne zentrale Autorität*. Die Ansichten über existenzielle Fragen gehen auseinander, nur den Glauben an die Reinkarnation teilen die meisten. Gemeinsames Feiern und Beten ist trotz gravierender Unterschiede möglich, die „Einheit in der Vielfalt" wird heute beschworen.

Die meisten Hindus glauben an *Karma und Wiedergeburt*. Das heißt, jeder wird je nach dem Wert oder Unwert seiner Handlungen in einer entsprechenden Kaste oder Tierart wiedergeboren, bis er schließlich Erlösung findet und in der großen Weltseele „Brahman" aufgeht, was immer das sei. Die Befreiung aus dem Kreislauf der Wiedergeburten erfolgt durch Befolgung heiliger Gesetze unter Ausführung bestimmter Rituale (Gebete, Kult) und erfordert ein moralisches Verhalten sich selbst, der Familie und der Gesellschaft gegenüber (Dharma). Vielleicht kann man sagen: Ziel ist letztlich das Aufgehen des Individuums im Weltganzen.

Der Hinduismus entwickelte sich mit der Ackerbau- und Städtekultur der vor etwa 4000 Jahren allmählich eingewanderten indogermanischen Nomaden. Mit der gesellschaftlichen Differenzierung entstanden viele Götter, ähnlich den christlichen Heiligen, die man für besondere Anliegen anrufen konnte. In der Periode des „Hinduismus", in der die Götter kamen und gingen, entstanden ab etwa 1200 v. u. Z. die *Veden* als erste heilige Bücher. Es entwickelte sich eine *mächtige Priesterkaste*, die das Monopol auf den Verkehr mit den Göttern hatte: die Brahmanen. Aus dem *Brahmanismus* entwickelten sich zahlreiche Glaubenssysteme und Philosophien. Noch heute ist das vedische und brahmanische Gedankengut im Hinduismus aktuell. In dieser alten Religion gab es Speise- und Tieropfer. Vorzugsweise Angehörige der nicht arischen Unterschicht wurden von den Opfern und dem Studium der vedischen Schriften ausgeschlossen. Zu den weiteren großen Religionsgruppen gehören der *Vishnuismus* (Inkarnationen: Rama; Krishna), der *Shivaismus* (Kultbild: Lingam-Phallus) und der *Shaktismus* (weiblich; Tier- und Menschenopfer).

Spätestens ab dem 6. Jh. v. u. Z. gab es aber die *philosophische Richtung des Charvaka* (auch: Lokayata), die irrationale Erkenntnismethoden und Handlungsweisen ablehnten: etwa den Glauben an die Heiligkeit der Veden, an einen Schöpfergott, an das Baden in heiligen Gewässern als Verdienst und das Kastenwesen. Die Charvaka-Philosophen legten Wert auf *Logik, Wahrheit und Freiheit des Denkens*. Basis des Denkens war für sie die Beobachtung. Erkenntnisgewinn zogen sie aus der Erfahrung und nahmen mit diesem empirischen Denken David Hume (18. Jh.) vorweg. Die Erfahrung stand dem Glauben an Götter, Karma oder ein Leben nach dem Tod entgegen. An Königshöfen wurden Diskussionen zwischen Atheisten und Deisten geführt. Der letzte bekannte Auftritt der Charvaka-Philosophen soll 1578 am Hofe des Großmoguls Akbar auf einer Konferenz gewesen sein, bei der sie zur Verbesserung der Gesetzgebung beitrugen. Im Rahmen ihrer *innerweltlichen Ethik* propagierten sie einen maßvollen Lebensgenuss. Die Charvaka-Schule existiert heute nicht mehr. Denn die machtbewusste Priesterklasse (die an den allumfassenden Geist Brahman glaubenden Brahmanen) sorgte dafür, dass die Charvakas, die jegliche Metaphysik ablehnten, endgültig unterdrückt wurden. Ihre Bücher wurden vernichtet.

Heute unterscheidet man in der hinduistischen Welt *sechs alte Denkrichtungen*, die teilweise keinen Schöpfergott kennen, sondern nur die Natur. Eine *atomistische Lehre* hält Materie und Weltenseele für ewig. Ein System der Lebensphilosophie (Nyaya) beschäftigt sich mit der Unterscheidung von Richtig und Falsch, wobei kein Gott eine Rolle spielt. Die Systeme Vedanta und Yoga sind Sammelsurien. Die allermeisten Hindus glauben aber an Götter, deren es Tausende gibt. Zur Götterwelt gibt es Epen, die trotz vieler Widersprüche z. T. noch große Bedeutung haben. In einem nimmt der Hauptgott Vishnu Menschengestalt an, um die Welt vom Bösen zu befreien. Gott Krishna hatte über 1000 Frauen, Gott Ramayana steht für Monogamie.

Zur *Befreiung aus dem Zyklus der Wiedergeburten* gibt es eine Reihe von Wegen. Dazu gehören magische Rituale, leiblich-seelische Übungen (Yoga), gute Werke mit Bedeutung für die Wiedergeburt, Gottesliebe. Zum Weg des Wissens und der Erkenntnis benötigt man einen Guru.

Besonderheiten und negative Aspekte im indischen Hinduismus

Die meisten Hindus sind *polytheistisch* eingestellt. Sie *missionieren nicht*. Der Reinheit wird große Bedeutung beigemessen. Daher ist *vegetarisches Essen* beliebt, weil es frei ist von verunreinigendem Blut. Die *Verehrung „Heiliger Kühe"* (aller Rinder) ist insofern nicht ungewöhnlich, als Rinder (wie auch andere Tiere) in vielen alten Kulturen besonders geachtet wurden, weil sie in verschiedener Hinsicht notwendig waren. In der indischen Religionsgeschichte haben die Rinder große Bedeutung. Noch heute sind für die meisten Hindus Kühe unantastbar, sie werden nicht geschlachtet. Islamische Eroberer benutzten seinerzeit Kuhherden vor der Angriffsformation, um die gegnerische Verteidigung zu erschweren. Auf dem Land spielt die Verwendung von Dung als Rohstoff noch heute eine wichtige Rolle. In den Städten haben die Rinder eine wichtige Funktion als Abfallverwerter. Vielfach genießen sie ein Gnadenbrot.

Besonders bekannt sind die *rituellen Witwenverbrennungen* (Sati), die von den Briten ab 1829 unter Schwierigkeiten unterbunden wurden, aber in Einzelfällen immer noch Aufmerksamkeit erregen. Insgesamt ein Minderheitsphänomen, nahm diese Form des oft nicht freiwilligen *Menschenopfers* (s. zum grausigen Kapitel der Menschenopfer, auch speziell in Indien, wenngleich meist schamhaft verschwiegen, A 8) oft massive Formen an. Schon Alexander d. Gr. hat im Pandschab Sati festgestellt. Um 400 u. Z. scheinen sie, durch Hinduschriften empfohlen, weite Verbreitung genossen zu haben. Die Witwenverbrennung war zumindest oft durch den Hinduglauben begründet (der verstorbene Gemahl als Gott, Glück im Jenseits). Sie brachte, freiwillig begangen, den Familien großes Ansehen und der verbrannten Witwe Verehrung. Bei Kalkutta, dem Zentrum des Satikultes, wurden 1799 mit der Leiche eines Brahmanen 37 Frauen lebend verbrannt. Noch im 18. und 19. Jh. wurden solche Zeremonien von Brahmanen begleitet. Um 1900 wurden sogar kindliche Bräute verbrannt.[365]

Ergänzend sei darauf hingewiesen, dass generell auch in Indien das *Menschenopfer* als religiöse Handlung von alters her bis zur Ankunft der Briten weit verbreitet war, während die Opferzahl zur buddhistischen Zeit gering gewesen war. Bekannt sind die Opfer an die Mutter- und Todesgöttin Kali, von der man annahm, dass sie von rohem Menschenfleisch lebte. Mitunter kam es zu Massenopferungen. Im Shivatempel von Tandschur hat man bis zum Verbot durch die Briten wöchentlich einen Knaben geopfert. Verbreitet war die Sitte, unter neue Gebäude Menschen einzugraben, so dass man Angst haben musste, als Opfer ergriffen zu werden. Auch Flussdämonen erforderten viele Opfer. Als solche bevorzugte man etwa Kriegsgefangene, Sklaven, Aussätzige und Verbrecher. Auch Kinderopfer waren in Indien verbreitet, insbesondere wurden im Zusammenhang mit dem Kastenwesen unerwünschte Mädchen systematisch getötet. Schon die Mitgift für eine einzige Tochter konnte und kann für die Eltern vollkommen ruinös sein, weswegen noch heute viele weibliche Föten gezielt abgetrieben werden mit gesellschaftlich schlimmen Auswirkungen (näher zur Menschenopferproblematik A 8). Selbst wenn derartige Opfer teilweise nicht direkt religiös begründet gewesen sein sollten, haben die hinduistischen Religionen und Machthaber sie jedenfalls nicht bekämpft.

Das Kastenwesen[366]

Obwohl in der indischen Verfassung von 1947 theoretisch abgeschafft, ist die Kastenordnung heute noch *einer der allerwichtigsten gesellschaftlichen Faktoren*, der aber den gesellschaftlich-politischen Fortschritt in der neben China bevölkerungsreichsten Region der Erde *erheblich* behindert. Die Kasten sind u. a. maßgeblich für die Berufsausübung, die Ernährung, Partnerwahl und die gesamte Politik. Von alters her gab es vier hierarchisch geordnete Hauptkasten (Brahmanen: Priester und Geistesarbeiter; Herrscher und Krieger; Bauern und Kaufleute; Handwerker). Etwa um 1000 v. u. Z. kam die Gruppe der Unreinen bzw. Unberührbaren hinzu. Das waren Nichtarier, die gesondert siedeln mussten. Heute nennen sie sich „Unterdrückte" (Dalit). Die Angehörigen unberührbarer Kasten machen über 15 % der Einwohner aus. Mit der weiteren Entwicklung der Berufsgruppen (heute gibt es Tausende davon) entstanden strenge Regeln und typische Bräuche als trennende Merkmale. Viele Hindus glauben tatsächlich, durch Kontakte mit einer unteren Kaste verunreinigt zu werden. Dazu gibt es Reinigungsrituale. Typisch sind Eheverbote.

Die Entstehung des Kastenwesens ist bis heute unklar. Sein Hauptzweck mag gewesen sein, der Minderheit der von Norden um 2000–1500 v. u. Z. eingewanderten Arier (Indogermanen) eine Sonderstellung und die kulturelle Identität gegenüber der Urbevölkerung zu sichern. Obwohl durch die Bundesverfassung von 1947 verboten, ist die Kastenzugehörigkeit vor allem auf dem Land immer noch von großer Bedeutung. Rechtswidrig werden insbesondere die „Unberührbaren" (Dalit) immer noch stark diskriminiert, z. B. am Betreten von Tempeln oder an der gleichberechtigten Brunnenbenutzung gehindert. Als Kastenlose sind die Dalit von kasteninternen Dienstleistungen ausgeschlossen, etwa von Zeremonien, weil sich die Priester nicht verunreinigen wollen. Die Kastenlosen verfügen daher über eigene Dienstleister und haben intern ein eigenes System von Hierarchien mit Ausschluss bestimmter Gruppen entwickelt. Heute unterliegt das Kastenwesen zwar insbesondere in den mittleren Ebenen einem Wandlungsprozess, es ist variabel geworden. Aber selbst in Metropolen wie Neu-Delhi werden Heiraten noch sehr häufig kastenintern geschlossen. Die Praxis ist allerdings recht unterschiedlich. Insbesondere in den großen Städten hat das Kastenwesen insgesamt nur noch wenig Bedeutung. In der Verfassung sind sogar Parlamentssitze für die Unberührbaren entsprechend ihrem Bevölkerungsanteil reserviert. 1997 konnte einer von ihnen sogar Staatspräsident werden. Ungünstig wirkt sich aber die *zunehmende Politisierung der Kasten* aus, insofern immer mehr Organisationen für die jeweilige Interessenpolitik entstehen. Daher werden sogar staatliche Leistungen nicht nach individuellen wirtschaftlichen Kriterien vergeben, sondern nach Kastenzugehörigkeit. Quoten für Arbeits- und Studienplätze werden diskutiert. Kastenspezifische Parteien stehen einer Durchsetzung des Kastenverbots entgegen.

Die Missstände kulminieren insbesondere im massenhaften Hungertod in einer der größten Hungerregionen der Welt, dem indischen Bundesstaat Madhya Pradesh, wie Georg Blume 2011 in einem eindringlichen Artikel im Einzelnen erörterte.[367] Insgesamt sterben in dem wirtschaftlich stark prosperierenden Indien derzeit etwa 1,7 Millionen Kinder (bis zu 5 Jahren) jährlich, nämlich 66 von 1000 Kindern gegenüber 4 in Deutschland. Entwicklungsexperten zufolge sterben etwa 90% von ihnen an Unterernährung und Krankheiten wie Durchfall und Masern, die bei ausreichender Ernährung nicht tödlich wären. Zwar gibt es etliche (theoretisch ausreichende) staatliche Programme gegen den Hunger und das Land könnte prinzipiell alle Einwohner ernähren, aber die Korruption und vor allem das Kastenwesen sind für die offiziell vertuschte Katastrophe verantwortlich. Gerade 2010 gab es im Hungerstaat Madhya Pradesh eine Rekordernte, was aber der Masse der Besitzlosen nicht zugutekam. Die meisten Kinder gehören zu den Unberührbaren, und sie (ver-)hungern inmitten eines Wohlstands, in dem das Vieh gut genährt ist. Die wenigen Wohlhabenden, darunter Brahmanen, kümmert das nicht.

Religiöse Konflikte in Indien

Der Islam eroberte Indien insbesondere nach 1000 mit großen Massakern und Plünderungen. Ein Gelehrter des Eroberers Mahmud spricht von 17 Invasionen und vollkommener Zerstörung des Landes, der Entweihung von Hindutempeln usw. Anstelle der „Götzentempel" wurden Moscheen errichtet. Nach einer toleranten Epoche des Herrschers Akbar (1542–1605), der sich allerdings weit vom orthodoxen Islam entfernt hatte, wandte sich der muslimische Puritaner Aurangzeb (1618–1707) wieder scharf gegen die „ungläubige" Mehrheit der Nichtmuslime und führte für sie wieder die verhasste „Kopfsteuer" ein. So etwas bleibt im historischen Gedächtnis.

Trotz eines jahrhundertelangen Nebeneinanders *enthält das Verhältnis Hinduismus/Islam das größte Konfliktpotenzial*. 1946 kamen bei Unruhen zwischen Hindus und Muslimen nach offiziellen Angaben etwa 4000 Menschen, überwiegend Hindus, um. Anlässlich der Abtrennung (West-)Pakistans von Indien 1947[368] wurden über eine Million Menschen Opfer des politisch-religiösen Hasses. Bisher friedliche Dorfgemeinschaften erlebten große Gräueltaten. Etwa 10 Millionen Menschen wechselten die neue Grenze. Auf den Bangladesch-Krieg 1971, bei dem es zu massiven Ausschreitungen zwischen Hindus und Muslimen kam, und die Kaschmirkriege sei nur hingewiesen.

Der im 16. Jh. entstandene streng monotheistische *Sikhismus* vereint Züge des Islam und Hinduismus. Das Kastenwesen lehnt er ab, die Lehre der Wiedergeburten jedoch nicht. 1984 forderten sikhistische Separatisten einen Sikh-Staat, woraufhin indische Truppen den Goldenen Tempel in Amritsar stürmten und ca. 3000 Sikhs ums Leben kamen. Daraufhin ermordeten Sikh-Leibwächter die Premierministerin Indira Gandhi. Obwohl eine kleine Minderheit, sind die Sikhs nach wie vor unverhältnismäßig einflussreich.

Seit etwa 1990 prallen ein schon seit Jahrzehnten schwelender *Hindu-Nationalismus* (Hindutva) und ein *islamischer Fundamentalismus* aufeinander. 1992 beanspruchten hindu-nationalistische Organisationen das Land, auf dem im nordindischen Ayodhya (Uttar Pradesh) die im 16. Jh. erbaute Babri-Moschee stand, mit der Behauptung, es sei der Geburtsort des Gottes Ram, zu dessen Ehren sie einen Tempel bauen wollten. Dem Aufruf der Hinduorganisation VHP und einiger Politiker folgend machten 300 000 Freiwillige Ende 1992 die Moschee dem Erdboden gleich, und es gab viele muslimische Tote. Diesen „Hindus" genügte der bloße Glaube, der Ort sei heilig. 2002 kamen in einem Zug 57 Anhänger der VHP bei einem Brand ums Leben. Obwohl nach amtlichen Ermittlungen keine Brandstiftung vorlag, war der Vorfall Auslöser von Ausschreitungen mit mindestens 2000 Toten, nahezu sämtlich Muslime. Die Gewalt hielt zwei Monate an, unterstützt durch Polizei und führende Politiker.

Politisch fasst seit 1980 die Bharatiya Janata Party (BJP; Indische Volkspartei) die hindu-nationalistischen Bestrebungen zusammen, ist seit Langem die insgesamt zweitstärkste Kraft in Indien und will eine religiös fundierte nationale Einheit schaffen, die nicht nur die Muslime als die historischen Aggressoren ausgrenzt, sondern alle religiösen Minderheiten, wobei aber Sikhs, Jainis und Buddhisten vom Hinduismus vereinnahmt werden. Dieser nationalistische Hinduismus ist jedoch eine künstliche Konstruktion, die es so nie gegeben hat, die weitgehend inhaltsleer bzw. vage ist und letztlich auf statistische Gründe der britischen Kolonialmacht zurückgeht. *Säkularität des Staats und religiöse Gleichberechtigung sind bereits weitgehend ausgehöhlt*, wie auch diverse umfangreiche gewalttätige *Ausschreitungen gegen die christliche Minderheit* unterstreichen.

Freiheitlich-atheistisches Denken

Das freie Denken der Charvaka-Philosophie hat, wie oben ausgeführt, eine alte und verbreitete Tradition im hinduistischen Indien. Der 1964 gestorbene erste Ministerpräsident des unabhängigen Indien, Jawaharlal Nehru, lehnte Religion als wesentliches Hindernis für eine gute Entwicklung des Landes ab. Heute machen die nicht religiösen Inder etwa 7% der Einwohner aus und haben ihre Hochburgen im Staat Kerala. Bedeutung auch in sozialer Hinsicht hat das Atheist Centre in Vijayawada (Bundesstaat Andhra Pradesh).

Ethik im Hinduismus?

Von wenigstens einigen einheitlichen ethischen Grundzügen der indischen Religionen kann keine Rede sein.[369] Der Lehre von der Wiedergeburt (Karma) nach ist das Karma und die Chance zu einem höherwertigen nächsten Leben von den Taten abhängig, was Bemühungen um ein „rechtes" Leben (was immer das sei) und somit Ethik befördern müsste. Das Kastenwesen ist jedoch im Grundsatz statisch. Jeder hat ohnehin das, was er verdient, wozu sich also um etwas anderes als die ureigensten Belange und die Pflichten innerhalb der eigenen Kaste kümmern?

Die oben erläuterte völlig unnötige Hungerkatastrophe spricht gegen eine funktionsfähige religiöse Ethik, auch die 2012/13 in Europa allgemein bekannt gewordenen weitreichenden und ungeheuerlichen Gewalttätigkeiten gegen Frauen, die ein massenhaftes Phänomen sind. Es geht aber darüber hinaus um die verbreitete Abtreibung speziell weiblicher Föten und die Ermordung von Mädchen und Frauen, ohne dass sich (bisher) die Polizei darum kümmerte. Verfassungsrechtlich und in öffentlicher Rede sind die Geschlechter zwar gleichberechtigt. Aber Mädchen und Buben bekommen nicht gleiches Essen und gleiche Gesundheitsversorgung. Genaue Untersuchungen der nordamerikanischen Wissenschaftler Siwan Anderson und Debraj Ray haben ergeben, dass jährlich *zwei Millionen* Frauen mehr sterben als Männer, was im Grundsatz schon der indische Wirtschaftsnobelpreisträger Amartya Sen festgestellt hatte. Anders als in China mit seinen verhängnisvollen Mädchenabtreibungen geht es in Indien dennoch „weniger um Abtreibungen als um lebenslange Diskriminierung als Todesursache" (Anderson, Ray). Gewisse Fortschritte wie Mikrokreditprogramme für Frauen lassen westliche Beobachter z. B. über einen schrecklichen Brauch hinwegsehen: „Viele indische Familien glauben noch immer, das Recht zu haben, ihre eingeheiratete Schwiegertochter zu töten, wenn sie nicht genug Mitgift einbringt – indem sie die Braut verbrennen." Von den fehlenden Frauen zwischen 15 und 29 Jahren sterben laut Anderson und Ray mehr Frauen an äußeren Verletzungen als wegen Schwangerschaft und Geburt. Sie haben jährlich 225 000 mehr weibliche als männliche verletzungsbedingte Todesopfer ermittelt, und ein großer Teil davon soll auf *Brautverbrennungen* beruhen. Die Täter der Mitgiftmorde werden kaum je bestraft. Die 40 Millionen Witwen gelten als gesellschaftlich nutzlos und werden oft verstoßen („sozialer Tod").[370] Offenbar gibt es, betrachtet man dieses Bild, keine hinduistische Ethik und Hindupartei, die willens oder in der Lage wäre, korrigierend einzugreifen.

Schlussgedanken

Die hinduistischen Religionen sind *im Grundsatz tolerant*, weil sie (anders als Christentum und Islam) keinen Absolutheitsanspruch haben und jeder auf seine Weise „selig werden" lassen. Sie sind auch nicht missionarisch und *an sich nicht aggressiv*, stellen daher machtpolitisch keine Gefahr für umliegende Länder dar. Sie lassen sich an weltlich-nichtreligiöse Ethikkonzepte anpassen, freilich mit *erheblichen Einschränkungen durch das Kastenwesen*. Enorme gewalttätige Auseinandersetzungen mit der Eroberer-Religion Islam sind historisch bedingt. Der *Hindu-Nationalismus* (seit etwa 1920) ist ein künstliches Konstrukt, das zwar über den Kasten steht, aber eine große gesellschaftliche Gefahr mit Unterdrückung von Minderheiten darstellt.

4 – Buddhismus

Nutzen und Schaden von Religionen von einem agnostischen Standpunkt aus zu würdigen, ist auch beim Buddhismus schwierig, obwohl er weithin als friedfertig gilt. Auch hier sind freilich z. T. erhebliche Einschränkungen zu machen. Das gilt insbesondere für den andersartigen tibetischen Buddhismus, der zunächst ausgeklammert wird.[371]

Vielfach wird bestritten, dass es sich beim Buddhismus um eine Religion handelt. Denn der Buddhismus kennt keinen Gott im monotheistischen Sinn, bietet viele Lebensregeln und wird daher oft als Philosophie angesehen. Das sei hier nicht diskutiert. Zumindest in den asiatischen Ländern spielen in den verschiedenen buddhistischen Richtungen generell Riten und Reliquien eine beachtliche Rolle. Wie die (anderen) größeren asiatischen Religionen neigt „der" vielfältige Buddhismus nicht dazu, die Wahrheit nur in der eigenen Glaubensrichtung zu sehen. Er kennt keinen Schöpfergott, dem sich der Mensch zu unterwerfen hätte, und die Heilsvorstellungen sind vielfältig und wandelbar – anders als in den monotheistischen Religionen. Es gibt keine religiösen Instanzen, die verbindlich entscheiden, und es herrscht kein Glaubenszwang. In der religiösen Praxis verlieren die umfangreichen und gelehrten religiösen Texte zudem an Bedeutung, weil die buddhistischen Vorstellungen häufig mit regionalen religiösen Gepflogenheiten vermischt sind und überhaupt eine große Divergenz zwischen der jeweiligen buddhistischen Theorie und den tatsächlich geübten Riten und Gebräuchen besteht. Die westlichen Gelehrten, die sich seit dem 19. Jh. intensiv (aber überwiegend mit abendländisch-christlichen Vorurteilen) mit dem Buddhismus befassen, ziehen meist die Erörterung der buddhistisch-normativen Texte gegenüber der Untersuchung der gesellschaftlichen Auswirkungen vor, was den Versuch einer knappen Gesamtwürdigung zusätzlich erheblich erschwert.

Zur Geschichte des Buddhismus

Über das Leben des Begründers der buddhistischen Bewegung, Siddharta Gautama „Buddha" (d. h. der Erleuchtete), im 5. Jh. v. u. Z. ist wenig bekannt. Es gibt (wie bei Jesus) nur Berichte, die lange nach seinem Tod aufgezeichnet wurden. Unter diesem Vorbehalt hat der Wanderprediger Buddha von Wundern und spekulativen Lehrstreitigkeiten nichts gehalten. Den zentralen Gedanken vom *Kreislauf der Wiedergeburten* hat der Buddhismus von den Hindu-Religionen übernommen. Art und Anzahl der Wiedergeburten (Tier, Mensch, Dämon) hängt vom angesammelten *Karma* ab, dieses von der Zahl der guten und schlechten Handlungen. Bei besonders schlechtem Karma muss man schreckliche Höllenqualen erleiden. Diese Höllenvorstellungen spielen in den Schriften aber keine große Rolle. Privilegierte Lebensverhältnisse lassen auf im Vorleben angesammeltes positives Karma schließen, schlechte weisen auf abzutragendes Negativ-Karma hin. Es hat also jeder das, was er moralisch verdient, womit kein Anreiz für wohltätiges Handeln besteht. Andererseits gilt es, durch ein untadeliges Leben als Mensch den Kreislauf zu durchbrechen und zur Erlösung zu gelangen. Wenn alles negative Karma aus früheren Leben abgebüßt und im jetzigen Leben kein neues mehr angehäuft worden ist, wird man zum Buddha und ist erlöst. Dabei wird (zumindest teilweise) zwischen zwei Stufen der Erlösung unterschieden.

Der (südliche) *Theravada-Buddhismus* (heute in den südostasiatischen Ländern und Sri Lanka) verbreitet, enthält noch die meisten *ursprünglichen Elemente*. Basis eines guten Lebens sind die *vier edlen Wahrheiten*: die Erkenntnis, dass das Leben von „Leiden" (in etwa: allgemeine Unvollkommenheit und Unbeständigkeit, Nichtigkeit) geprägt ist, zweitens die Erkenntnis, dass dieses Leiden auf Lebensdurst (Begierde, Hass und Verblendung) beruht, drittens, dass das Leiden durch Beseitigung dieser Ursachen beendet werden kann, und viertens, dass der Weg dahin über den sogenannten *Achtfachen Pfad* führt. Es geht um ethische und asketische Zucht (rechtes Reden, rechtes Handeln, rechtes Leben), Meditation und als höchste Stufe die Erkenntnis, d. h. die rechte Anschauung und Gesinnung. Die fünf auch Laien betreffenden *ethischen Hauptverbote* sind: Man soll nicht töten oder Töten billigen und keinem Wesen ein Leid antun; nichts nehmen, was einem nicht gegeben wird; kein sexuell unheilsames Leben führen, nicht lügen und sich nicht berauschen. Positiv gelten die *Gebote* der Friedfertigkeit, des Mitleids und der Liebe gegenüber *allen* Lebewesen. Diese Ethik ist aber nicht Selbstzweck, sondern nur Mittel zum Heilserwerb. Ihre Einhaltung führt zu einem besseren Karma. Am Ende des Weges steht die erlösende Schau, die das unheilvolle Rad der Lebenserscheinungen durch das *Nirwana* beendet: durch ein diesseitiges und, nach dem endgültigen leiblichen Tod, vollkommenes Nirwana.

Dieser alte Buddhismus, dessen lange hauptsächlich mündliche Tradition im 1. Jh. v. u. Z. und danach im umfangreichen sogenannten Pali-Kanon (Tripitaka) schriftlich gefasst wurde, wurde vielfach überformt durch *populärreligiöse Elemente*. Zu Recht gilt der Buddhismus als vergleichsweise sehr tolerante und flexible Religion. Riten und Kult haben große Bedeutung[372], man glaubt an Götter und Geister, die in das Alltagsleben positiv und negativ eingreifen, Amulette, Reliquien und Wunder sind beliebt, das Mönchswesen ist von großer Bedeutung. Der jüngere, um die Zeitenwende entstandene Mahâyâna-Buddhismus, der heute in China und Japan (dort Sondersituation), Taiwan und Korea verbreitet ist, kam der breiten Bevölkerung besonders entgegen, da die Erlösung erleichtert wurde, insbesondere durch die sogenannten *Bodhisattvas*. Das sind erleuchtete Wesen, die anderen auf ihrem Heilsweg helfen. Im buddhistischen Ursprungsland Indien wurde der Buddhismus durch die islamischen Eroberer im 12. und 13. Jh. so gut wie vollständig beseitigt und hat auch seit 1947 nur eine bescheidene Existenz (unter 1 % der Bevölkerung).

Die Gewaltfrage

In der Frage der Friedlichkeit des Buddhismus bzw. der Gewaltfrage geht man sinnvollerweise auf die alten kanonischen Texte zurück.[373] Da ist von denen die Rede, die sich und andere quälen, darunter auch die reichen (vedischen) Brahmanen, die Tiere zu Opferzwecken schlachten und Bäume fällen lassen. Demgegenüber stehen die buddhistischen Ordinierten mit ihrem anderen Heilsweg. Dazu gehört das Verbot der Tötung lebender Wesen und die *Unterlassung jeglicher gewalttätiger Handlungen*. Damit setzt sich der Buddhismus ab von selbstquälerischen Gemeinschaften und den brahmanischen Opferritualen. Untersagt wird regelmäßige und religiöse physische Gewalt gegenüber Mensch und Tier, und das gilt grundsätzlich auch für die Laien. Den Ordinierten wird sogar auferlegt, kleine Tiere wie Ameisen nicht zu töten. Unter den Gewalt anwendenden Gruppen sind allerdings Soldaten und Herrscher (ausgenommen religiöse Gewalt) nicht genannt. Die Soldatenpflicht durfte zwar erfüllt werden, aber im Übrigen war das Tötungsverbot einzuhalten. Nicht genannt waren strafrechtliche Maßnahmen des Königs, obwohl in der Anfangszeit des Buddhismus Hinrichtung und Verstümmelung von Tätern üblich waren. Weiter gehende Ansätze forderten, innenpolitische Probleme nicht mit Gewalt, sondern durch Freigebigkeit zu lösen. Durch gerechte Regierung sollte Gewalt unnötig werden. Teilweise hat man Ordinierten empfohlen, Pflanzen nicht zu schädigen, die wohl z. T. als empfindungsfähig angesehen wurden. Vielleicht hat man auch an Naturgeister gedacht, die in den Buddhismus eingegliedert wurden.

Das *Verbot des professionellen Tötens von Tieren* war stets zentral, dieses Töten galt als schlimmes Fehlverhalten (anders als im Christentum und Islam). Noch heute fungieren in vielen buddhistischen Ländern Muslime als Metzger. Wichtige buddhistische Herrscher wie Ashoka (3. Jh. v. u. Z.) haben die Tierschlachtung unterbunden bzw. eingedämmt. Selbst das Töten gefährlicher oder giftiger Tiere soll schlechtes Karma bringen. Das lässt sich natürlich vor allem in der Landwirtschaft nicht durchhalten. Vielfach ist jedenfalls grundloses Töten verpönt. Teilweise sind *Kompensationshandlungen* üblich wie Spenden an Mönche und Freikaufen von Tieren oder Entschuldungsrituale. Insbesondere im Mahâyâna-Buddhismus gibt es Richtungen, die aus verschiedenen Gründen das Töten von Menschen erlauben (z. B. im Interesse des Heils eines zur Übeltat schreitenden Täters). Diese Versuche der Relativierung des Gewaltverbots im privaten Bereich sind aber Ausnahmen.

Das Problem *kriegerischer Gewalt* bleibt oft unerwähnt. Die buddhistische Gewaltlosigkeit kollidierte mit der Verpflichtung des Herrschers, sein Land zu schützen. Einer radikalpazifistischen Position stand das realpolitische *Konzept des gerechten Königs* gegenüber, der Gewalt nur einsetzen durfte, wenn es unvermeidlich schien. Verteidigungskriege waren daher erlaubt, die Todesstrafe nach einigen Texten nicht. Im ceylonesischen Buddhismus z. B. galt der Verstoß gegen die Norm der Gewaltlosigkeit selbst dann als schlechtes Karma, wenn etwa ein Krieg zur Rettung des Buddhismus erfolgte. Andere Texte werteten solche Gewalt aber als verdienstvoll. Lambert Schmithausen erklärt[374], ihm sei immer noch „kein Fall bekannt, in dem Buddhisten ein nichtbuddhistisches Land mit *Waffen*gewalt, d. h. mittels einer gewaltsamen *militärischen Invasion*, missioniert hätten, auch nicht im Mahâyâna-Buddhismus." Belegt sei allerdings die teils sehr brutale Durchsetzung des Buddhismus in ursprünglich nicht buddhistischen Regionen wie in Tibet und der Mongolei, dies jedoch mit Unterstützung der dortigen Führungsschicht oder fremden Mächten. Auch hat es, meist in Tibet und Japan, *Kriege zwischen den verschiedenen buddhistischen Richtungen* gegeben. Der lange Krieg zwischen den buddhistischen und vom Staat insoweit privilegierten Singalesen (Regierung) und den separatistischen Tamilen (hauptsächlich Hindus) in *Sri Lanka* war ein erst 2009 durch das Militär beendeter, lange andauernder ethnischer Bürgerkrieg (seit 1983), der durch kämpferische buddhistische Mönche und Laien angefeuert wurde und eine lange historische Vorgeschichte hat (benachbarte Königreiche).

An der grundsätzlichen Friedlichkeit des Buddhismus ändern auch nichts die Gewalttaten, die seit Sommer 2012 Mönchsbanden in *Myanmar* unter dem Schutz der Sicherheitskräfte an der muslimischen Minderheit begehen. Die Extremistengruppe der Mönche mit ihrem Anführer Ashin Wirathu hetzt die Bevölkerung auf. Betroffen ist hauptsächlich die schon vom früheren Regime verfolgte Volksgruppe der dunkelhäutigeren Rohingya an der Grenze zu Bangladesch. Aber auch in den muslimischen Vierteln der Städte einschließlich Rangoon herrscht Angst, hat es doch bereits Plünderungen und Massaker mit Hunderten Toten, Angriffe auf Moscheen und massenhafte Vertreibungen gegeben. Die rassistische Bewegung verbreitete sich geografisch sehr schnell.[375]

Sonderentwicklungen, insbesondere der tibetische Buddhismus

Eine Sonderentwicklung hat der Buddhismus mit vielen Richtungen in Japan genommen. Auch fast alle (sehr hart erzogenen) *Samurai-Krieger*, Angehörige eines besonders grausamen Kriegerkults, waren Buddhisten und praktizierten die Religion auch, aber sie missachteten die Grundregel des Gewaltverzichts in großem Maß. Und so friedfertig, wie es die so gütige Selbstdarstellung und die Friedensschriften des heutigen XIV. Dalai Lama nahelegen möchten, war auch der *tantrische tibetische Buddhismus*, ebenfalls eine Sonderentwicklung, beileibe nicht. Vom 7. bis 9. Jh. dauerte eine erste Phase des Buddhismus im damals mächtigen Tibet. Die Einführung einer tibetischen Schrift war mit entscheidend. Unter König Lang Darma (838–842) wurde der Buddhismus verboten, alle Klöster zerstört. Man kehrte wieder zur Bön-Religion mit ihrem Geister- und Dämonenglauben und zu animistischen Praktiken zurück.

Um 1000 setzte mit dem Inder Atisha eine neue buddhistische Phase ein, in der auch Paradies- und Höllenlehren in Kombination mit Elementen der Bön-Religion eine wichtige Rolle spielten. Große Geisterbeschwörungen machten Eindruck. Geschaffen wurde eine *neue Religion*, die mit dem zentralen Pali-Kanon des alten Buddhismus nicht mehr viel gemein hatte. Auf Atisha geht auch das Ritual des Kalachakra-Tantra zurück (s. u.). Die im 11. Jh. entstandene Sakyapa-Schule („Rotmützen") wurde in kurzer Zeit auch politisch mächtig und entwickelte Tibet im Verbund mit den Großgrundbesitzern zum *Priesterstaat*. Das Ende der Mongolenherrschaft führte ab etwa 1335 zu langwierigen und *teilweise brutalen Machtkämpfen* zwischen den großen Schulen und Klöstern, aus denen im 15. Jh. die neue Gruppierung der Gelugpa („die Tugendhaften"; „Gelbmützen") hervorging. Der Neffe des Sektengründers Tsong Khapa, Gendün Drub, wurde Abt des Großklosters Ganden und begründete das *Inkarnationsprinzip für die Amtsnachfolge:* Er werde in der Gestalt eines kleinen Buben wiederkommen. Dieser Wiedergeborene, Gendün Gyatso (1475–1542), etablierte prunkvolle Spektakel im Rahmen eines reichhaltigen Ritualwesens, später folgten Elemente mit Ähnlichkeit zum katholischen Barock (Rosenkränze, Glocken u. a.). Der Nachfolger Gendün Gyatsos erhielt vom Mongolenfürsten Altan Khan den Ehrentitel „Dalai Lama" (etwa: Ozean der Weisheit), den er rückwirkend auch seinen beiden Vorgängern zusprach, so dass er selbst sich als den Dritten Dalai Lama bezeichnen konnte. Wie der Zufall so spielt, fand man den vierten Dalai Lama in der Familie des Altan Khan. Die Gelugpa (Gelbmützen) beseitigten im 17. Jh. insbesondere die wieder aufgekommenen Rotmützen und verbrannten ihre Schriften, und der fünfte Dalai Lama konnte im so geeinten Tibet einen *diktatorischen Mönchsstaat* mit Leibeigenschaft der normalen Bevölkerung errichten. Es herrschten Armut, Hunger und fast vollständiger Analphabetismus der einfachen Bevölkerung, bis nach einer wechselvollen Geschichte 1950 die Chinesen Tibet endgültig annektierten.

Eigenartig ist das seit Jahrhunderten geübte rituelle *Verfahren zur Auffindung eines neuen Dalai Lama* im Kindesalter nach vagen Kriterien. Die tibetische Elite (heute: Findungskommission) fand regelmäßig solche Kandidaten als Wiedergeburt eines hochrangigen Lama, die ihr genehm waren. Daher entschied im 19. Jh. nach dem Willen des chinesischen Kaisers – Tibet war seit Ende des 18. Jh. Vasallenstaat – nunmehr das tibetische Staatsorakel durch Losentscheid zwischen drei Knaben, um den Missbrauch einzudämmen. Aber der 9.–12. Dalai Lama starben noch als Kinder bzw. kurz nach Antritt der Regentschaft unter nicht geklärten Umständen.

Man hat übrigens die lamaistischen Schutzgötter mit den Blutgöttern der Azteken verglichen. So ist die furchterregende Palden (auch: Pelden) Lhamo, persönliche Schutzgottheit der Dalai Lamas, nach bildlichen Darstellungen durch einen Blutsee mit Leichenteilen geschwommen, ihren ungläubig bleibenden Sohn soll sie ermordet haben. Ein zentraler Bestandteil der Lama-Kultur ist das schon erwähnte aus dem 11. Jh. stammende mehrtägige *Kalachakra-Tantra-Ritual*, ein groß inszeniertes Mysterien-Spektakel des tibetischen Buddhismus. Es soll der Erlangung der Buddhaschaft dienen. „Seine Heiligkeit", der 14. Dalai Lama, praktizierte es seit 1954 in unregelmäßigen Abständen, seit 1970 weltweit (2002: Graz). In öffentlichen Initiationen wurden schon Hunderttausende eingeweiht, allerdings nur in die ersten sieben Stufen. Auf Stufe 7 werden die Symbole von Phallus und Vulva (Diamantszepter und Glocke) überreicht.[376] Man soll die Berechtigung erlangen, als „Shambhala-Krieger" wiedergeboren zu werden. Dabei gilt es, in einem *apokalyptischen Endkampf* die Feinde des Buddhismus vernichtend zu schlagen. Es geht um die drei monotheistischen Religionen, insbesondere den Islam. Anführer dieses Endkampfes (vgl. die „Geheime Offenbarung" des Johannes im NT) soll eine künftige Inkarnation des Dalai Lama sein. Hierzu vertritt Alexander Berzin, Dalai-Lama-Experte des Kalachakra-Tantra, die Ansicht, die Kalachakra-Darstellung des Shambhala-Krieges zeige bemerkenswerte Ähnlichkeiten mit der islamischen Diskussion über den Dschihad.

Die Stufen 8–15 bleiben nach wie vor geheim und sind nur wenigen Auserwählten zugänglich. Im Kern geht es um realen Sex, der aber den Zugang zu einer höheren Seinsebene verschaffen soll. Das ist ein Höhepunkt des tibetischen Vajrayana-Buddhismus („Diamantszepter" oder „Phallusgefährt", „tantrischer Buddhismus"), der die Möglichkeit geben soll, schon in einem Leben durch Erleuchtung den Kreislauf der Wiedergeburten zu verlassen. Die einschlägigen Praktiken waren stets einer Mönchselite vorbehalten, für die stets sehr junge „Weisheits"-Gefährtinnen rekrutiert wurden. Die Diskussion dieser Thematik wird in Tibet durch Einschüchterung unterdrückt, die Behauptung entsprechender Sachverhalte im Westen von den Lamas meist zurückgewiesen.[377] Jedenfalls führen die Lamas bei öffentlichen Zeremonien in der rechten Hand das Diamantszepter (Vajra, Phallussymbol) und in der Linken die Glocke (Gantha, Vaginasymbol).

Tausende von Klöstern machten im Lauf der Jahrhunderte Tibet zu einem *autoritären Mönchsstaat*, wobei oft *2- bis 3-jährige Buben von ihrer Familie getrennt* und in die rein männliche strenge Klosterwelt entführt wurden; die Eltern verbesserten dadurch ihr Karma. Schon die kleinen Mönchsschüler erfahren dann, dass *Frauen minderwertige Wesen* seien. (Der 14. Dalai Lama fordert freilich öffentlich, man solle im Buddhismus Mann und Frau gleichstellen.) Schon in den Geburtslegenden des Buddha hat das Weibliche nichts Natürliches: keine natürliche Empfängnis, Geburt durch die Hüfte. Nach der Geburt stirbt die Mutter: sie hat ausgedient. Hingewiesen sei noch auf die wahnwitzigen

Höllenvorstellungen nach Art der Gemälde von Hieronymus Bosch, mit denen man Mönchen und Nichtmönchen seit jeher Angst gemacht hat. Exzessiv werden in den Klöstern Unterwerfungsgebete (Buddha, Lehre, Lama) praktiziert. Schläge sind fester Bestandteil der klösterlichen Erziehung. Kritik an Lamas bringt schlechtes Karma, die Lamahörigkeit ist groß. Auf die Problematik der Existenz und des Umfangs sehr spezifischer sexistischer Gewalt im Lamaismus mit auch recht unappetitlichen Details kann hier nur hingewiesen werden, zumal die Literatur buddhistischer Provenienz dominiert und die Unterscheidung zwischen Wahrheitsinteresse und Interessenwahrnehmung schwierig sein kann.

Versuch einer Gesamtwürdigung

Will man den gesellschaftlichen Nutzen oder Schaden „des Buddhismus" beurteilen, so ist das schon wegen der problematischen Sonderentwicklungen kaum möglich. Von diesen abgesehen ist der Buddhismus aber *ungleich friedlicher* als die anderen großen Religionen, und das liegt an den zentralen Lehren des „ursprünglichen" Buddhismus (vier edle Wahrheiten, achtfacher Pfad), die trotz aller Widersprüche mehr oder weniger allgemein anerkannt werden, und am fehlenden Dogmatismus. Grundsätzliche Achtung vor dem Leben von Mensch *und* Tier, Vermeidung von fremdem Leid und fehlende Aggressivität bzw. Toleranz gegenüber anderen Glaubensvorstellungen und Grundüberzeugungen sind hervorzuheben.

Das „*Buddhistische Bekenntnis*" des alle Richtungen umfassenden Dachverbandes „Deutsche Buddhistische Union" von 2004[378] enthält als Grundkonsens die Lehren des alten Buddhismus und somit kaum spezifisch religiöse Forderungen. Religiös ist nur das Grundaxiom der Lehre von Karma und Daseinskreislauf. Die breite und konsequente Einhaltung der Lebensregeln (achtfacher Pfad) würde u. a. jeden destruktiven und ausbeuterischen Kapitalismus ausschließen und die Welt friedlicher machen. *Ernsthaft kritikwürdig* ist dabei nur die Lehre von den Wiedergeburten. Dass jeder an seinem Schicksal aufgrund des in einem früheren Leben erworbenen schlechten Karmas selbst schuld sei, ist kein ethischer Ansporn für andere. Dass es im Buddhismus (anders als im Hinduismus) keine Seele als Trägerin des Karmas gibt, die auf die neue Existenz übergehen könnte, erscheint darüber hinaus unlogisch, denn bei einer Bindung des Ich-Bewusstseins an ein konkretes Leben erscheint der Gedanke von Ursache und Wirkung wohl als bedeutungslos für das Verhalten im Hinblick auf ein künftiges Dasein.

Entfernt man vom Buddhismus den Daseinskreislauf und das große Brimborium des Volks- und Klosterbuddhismus mit seinem Götterwesen, den Riten usw., so bleiben *wichtige Grundregeln für ein gutes Leben*, aus denen man ein allgemein nachvollziehbares ethisches System entwickeln oder doch wichtige Aspekte dafür entnehmen kann. Wäre es aber nicht einfacher und unproblematischer, ohne religiöses Begleitwerk gleich nach heutigem Wissen auf die Entwicklung menschen- und naturfreundlicher Verhaltensmuster zuzusteuern und dabei die heutigen Gesamtumstände der jeweiligen Gesellschaft und des Globus zu beachten?

E – Gesamtbilanz des religiösen Denkens und Handelns

Religion sucht nicht Erkenntnis, sie schenkt Geborgenheit.
                    Joachim Wehler (Wehler, Joachim), Physiker und Informatiker

Religion ist das als eine Lebensnotwendigkeit tief empfundene Gefühl der Abhängigkeit.
                                                Karl Gutzkow, Schriftsteller, 19. Jh.

Auch Religion ist nur eine Frage der Geographie. Und des Datums.
                    Karlheinz Deschner, Kirchenkritiker, Schriftsteller, Historiker

Religion ist für die meisten etwas, woran man glaubt, weil man glaubt, dass der andere daran glaubt.
                            Hjalmar Söderberg, schwedischer Schriftsteller, gest. 1941

Die Religion ist nichts als der Schatten, den das Universum auf die menschliche Intelligenz wirft.
                                                                    Victor Hugo

Welche Religion ich bekenne? Keine von allen, die du mir nennst. – Und warum keine? Aus Religion.
                                                            Friedrich von Schiller

Wer Wissenschaft und Kunst besitzt, hat auch Religion; wer jene beiden nicht besitzt, der habe Religion.
                                                                J. W. von Goethe

Die Religionen sind wie die Leuchtwürmer: sie bedürfen der Dunkelheit, um zu leuchten.

Arthur Schopenhauer

Es gibt gute Menschen und böse Menschen. Aber dafür, dass gute Menschen Böses tun, bedarf es der Religion.

Steven Weinberg, Astrophysiker, Nobelpreisträger

Während die Irrtümer in der Philosophie bloß lächerlich sind, sind die Irrtümer in der Religion gefährlich.

David Hume

Religiosität erkennt man daran, dass sie etwas zu verbergen hat.

Adolf Holl, Theologe

Religion ist der Weihrauch des Unverdauten.

Martin Kessel, Schriftsteller, gest. 1990

Gott ist das einzige Wesen, das, um zu herrschen, nicht einmal der Existenz bedarf.

Charles Baudelaire

Je mehr der Mensch an der Religion hängt, desto mehr glaubt er. Je mehr er glaubt, desto weniger weiß er. Je weniger er weiß, desto dümmer ist er. Je dümmer er ist, desto leichter kann er regiert werden!

Johann Most (1846–1906)

Wer fragt, hört auf zu glauben.

Rudolf Augstein

Ein religionskritisches Handbuch lässt natürlich erwarten, dass die Gesamtbilanz religiösen Denkens negativ ausfällt. Das bedeutet aber nicht, dass man das Positive ganz unter den Tisch fallen lässt und dass man Religion *pauschal* bekämpfen sollte. Denn dies wäre aus evolutionsbiologischen Gründen, im Hinblick auf den mitmenschlichen Respekt und die zwangsläufigen Gegenreaktionen nicht sinnvoll. Das menschliche Gehirn ist nach heutigem Erkenntnisstand so strukturiert, dass es die Entstehung von Glaubensvorstellungen begünstigt. Es denkt kausal und sucht stets nach Ursachen. Was es sich nicht erklären kann, also Lücken in der Sinnes- und Gedankenverarbeitung, füllt es durch Rückgriff auf Vorhandenes (Erlebtes, Gedachtes, Gelesenes) und Gewünschtes. Im Übrigen sind Kosten und Nutzen in den Religionssystemen unterschiedlich verteilt.

Nutzen der Religionen

Religion ist bekanntlich ambivalent. Zumindest europäische Theologen streiten das nicht ab, Politologen ohnehin nicht. Buchtitel wie „Toleranz und Gewalt" (A. Angenendt), „Gewalt als Gottesdienst" (H. G. Kippenberg) und andere bringen das zum Ausdruck. Kirchenleute stellen naturgemäß den individuellen und gesellschaftlichen Nutzen insbesondere der eigenen Religion heraus. Nichtgläubige sind für sie Hauptgegner und Missionsobjekte, für nicht wenige gar Feinde, weil sie angeblich auf der Seite des „Bösen" stehen. Bei den Gläubigen steht die *lebenspraktische Hilfe* im Vordergrund. Im Einzelnen:

- Generell kann man sagen, dass Religion *Bedürfnisse* befriedigt und *Trost* spendet. Sie vermag die *Sinnfrage*, etwa bei großen existenziellen Verlusten, auf Über- bzw. Außermenschliches zu verschieben, das man nicht zu verstehen braucht.
- Viele Menschen sind überzeugt, ohne Religion habe ihr Leben keinen *Sinn*. Sie wollen glauben, es gebe etwas, das größer ist als sie selbst.
- Religion stiftet *Gemeinschaft* durch gemeinsame Rituale, Bräuche, Verhaltensweisen, Grundsätze und kann dadurch zum Seelenfrieden beitragen.
- Religion kann den Menschen aus seinem Alltag herausheben, weil sie auch *erhabene Gefühle* erzeugt: durch Werke der Kunst, Musik, feierliche Handlungen, feierliche Sprache und Gewänder.
- Religionen erbringen die große Leistung, dass sie ihren Anhängern bestimmte *Entscheidungen abnehmen*. Die Gläubigen sind froh, nicht immer alles selber entscheiden und durchdenken zu müssen.
- Religion kann, je nach persönlichem Glaubensinhalt, *Angst nehmen*.
- Beim *Beten* fühlen sich viele Menschen nicht mehr so allein und besser.
- Zweifellos können tief Gläubige *Grausamkeiten des Schicksals durchstehen*, an denen Nichtgläubige zugrunde gehen würden.
- Religion bewahrt *Kulturen* vor dem Untergang und hält oft *Nationen* zusammen.

Inwieweit die meisten dieser möglichen Wirkungen nicht auch ohne Religion zu erzielen sind, sei hier nur als Frage aufgeworfen.

Den Religionen werden noch *weitere positive Aspekte* zugeschrieben. So wird unter Hinweis auf Untersuchungen behauptet, Religion mache die Menschen gesünder, glücklicher, moralischer (zum ethischen Verhalten C 18) und friedlicher. Gegenteilige Untersuchungen, die aber oft nicht zur Kenntnis genommen werden, bestreiten das oder kommen zu klar gegenteiligen Ergebnissen. Das ist z. T. eine Frage der Auftraggeber und der untersuchenden Institutionen, aber auch der Solidität der Fragestellungen. Eine umfangreiche Datenauswertung aus elf europäischen Ländern hat ergeben, dass sich Gläubige nur in stark religiösen Ländern besser fühlen. Demnach beruht der Wohlfühleffekt der Religion vor allem auf der Wertschätzung, die man im sozialen Umfeld erfährt.[379]

Religion als Dauerfaktum

Religion befriedigt jedenfalls Bedürfnisse und wird deshalb nie aussterben. Selbst hochintelligente Menschen, die von Berufs wegen stets streng wissenschaftlich denken müssen, d. h. insbesondere widerspruchsfrei und nie ohne gute (aber stets widerlegbare!) Gründe für Behauptungen, bringen es fertig, im Bereich der Religion dieses Denken wegzuschieben und sich mit begründungslosen Glaubensbehauptungen zufriedenzugeben. Manchmal geben sie sogar zu, etwa einen naiven Konfirmandenglauben an einen persönlichen Gott zu haben, wie etwa der bekannte Astrophysiker Harald Lesch oder der frühere Feuilletonchef des SPIEGEL, Matthias Matussek. Dieses Phänomen müssen wir als gegeben hinnehmen. Ob man ein solch gespaltenes Denken unterstützen soll, ist eine andere Frage. Im Ergebnis ist Religion für sehr viele Menschen, abhängig von der jeweiligen Erziehung, Psyche, Bildung, persönlichen Erlebnissen u. a. wichtig, manchmal unverzichtbar. Die Sondersituation des recht ungläubigen Europa ist im Kapitel zur Religions- und Kirchenstatistik (A 12) erläutert.

Insgesamt lässt sich das vielgestaltige Phänomen Religion nicht abschaffen, auch wenn man das wollte. Es kommt daher darauf an, mit Religion und nicht religiösen Weltanschauungen angemessen umzugehen, d. h. möglichst so, dass *wenigstens der äußere Frieden zwischen den Religionen sowie der zwischen den Religiösen und Nichtreligiösen gewahrt* bleibt. Das erfordert die Tugend der Toleranz und die Achtung der individuellen Menschenrechte, insbesondere die gegenseitige Anerkennung von Rechten und Pflichten auf der Basis von Gewaltfreiheit und Gleichheit (dazu F 1 und F 2). Dazu braucht man einen freiheitlich-pluralistischen Staat, in dem idealerweise alle politischen und vor allem parlamentarischen *Entscheidungen nur auf der Basis allgemein einsehbarer Gründe* getroffen werden, die unabhängig von speziellen religiös-weltanschaulichen Überzeugungen sind.[380]

Generelle Argumente gegen Religion

- *Religion basiert auf Gefühl*. Das ist kein zuverlässiger Ratgeber. „Alle Theorien, die von unseren Wünschen begünstigt werden, sind verdächtig", hat dazu schon David Hume erklärt. Gut kommt das Gefühlige der Religion in Goethes Faust am Schluss der Beantwortung der Gretchenfrage zum Ausdruck: „Nenn's Glück! Herz! Liebe! Gott! Ich habe keinen Namen dafür! Gefühl ist alles; Name ist Schall und Rauch, umnebelnd Himmelsglut." Wer kennt nicht das oft gelehrte oder gelehrt klingende *Geschwurbel der Theologen*, bei dem sich nach einer halben Stunde Wortemachens über die Heiligste Dreifaltigkeit oder den unerforschlichen Ratschluss Gottes der Kreis geschlossen hat: Man steht wieder am Nichts des Anfangs (näher C 20). Die Worte erzeugen aber Gefühle, und diese überwinden Argumente.

- Die *inhaltlichen Behauptungen* der Religionen, soweit sie über das Lebensweltliche hinausgehen, können nicht durch rational nachprüfbare Tatsachen und Argumente erhärtet werden und sind in vielem nachweislich falsch, ja unsinnig. „Der Gegenstand der Theologie ist nur dem Glauben sichtbar", sagte der berühmte protestantische Theologe Rudolf Bultmann.
- *Religionen widersprechen sich* untereinander und sind auch in sich in der Regel nicht konsistent. Die zahllosen Religionen und die Religionsgruppen haben inhaltlich und in der Religionspraxis (neben manchen Gemeinsamkeiten) oft weitgehend andere Vorstellungen. Innerhalb der Weltreligionen und größeren Religionen gibt es viele Aufspaltungen, die sich z. T. spinnefeind sind (Kampf gegen „Häretiker" und „Sekten").
- *Die Religionen liefern keine allgemein einsehbaren Argumente für richtiges Handeln*, sofern die Argumente spezifisch religiöser Natur sind. Sie haben mit anderen Worten keine *allgemein* überzeugende Ethik.
- Religionen neigen dazu, Andersdenkenden ihre spezielle Moral aufzunötigen oder gar aufzuzwingen. Daher sind sie in pluralistischen Ländern eine stete Gefährdung für die Integration der Gesamtbevölkerung (dazu C 13).

Insbesondere: Religionen produzieren ein verzerrtes Bild der Wirklichkeit

Die Dinge werden nicht so wahrgenommen, wie sie sind, sondern mithilfe falscher Ideen interpretiert und in Handlungen umgesetzt. Sie tragen daher oft zur *Korrumpierung des Denkens und Handelns* bei, und gerade darin besteht vielleicht ihre größte Gefahr. Das sei an nur wenigen Beispielen aufgezeigt.

a) Die vor Milliarden Jahren entstandene Erde ist nach Ansicht der nicht nur in den USA politisch mächtigen *Kreationisten* vor erst 6000–10 000 Jahren zusammen mit dem Kosmos entstanden. Solche grotesken Überzeugungen sollen der Mehrheit der Menschen wo nur möglich mit rechtlichem Zwang aufgenötigt werden.

b) Ohne die religiös aufputschende Begründung des US-Präsidenten George W. Bush und seiner Anhänger wäre es kaum zum Ausbruch des *Golfkriegs 2003* gekommen.

c) *Hexen* als Personen, die Schadenzauber verursachen, werden in vielen Regionen der Erde noch heute massiv verfolgt, vor allem in Afrika. In den 1970er-Jahren machte man in Westafrika Hexen für Epidemien verantwortlich, die Zahl der ermordeten Hexen ist beachtlich. Per Radio verbreitete man Geständnisse, wonach alte Frauen in der Gestalt von Waldkäuzen die Seelen kranker Kinder gestohlen hätten, statt dass man Impfprogramme gestartet hätte. Aktuell (2011) sind besonders in Kinshasa (Kongo) mit seinen 10 Millionen Einwohnern und einer mehr als katastrophalen Wirtschaftslage viele Tausende „Hexenkinder" akut bedroht. Sie werden verjagt oder gar umgebracht. In vielen Ländern Afrikas ist der Hexenglaube traditionell verbreitet, aber auch in anderen Teilen der Erde kommt er vor, Morde sind nicht selten. Die heutzutage in Kinshasa stark verbreiteten evangelikal-fundamentalistischen Sekten machen sich diesen Hexenglauben zunutze. Sie unterziehen die angeblichen Hexenkinder teilweise qualvollen Exorzismen, um sie von ihrer Besessenheit zu befreien. Einige afrikanische Länder haben sogar eine Gesetzgebung gegen Hexerei eingeführt, und in anderen Staaten wird darum diskutiert. Man macht Hexen auch für Aids verantwortlich.

d) Auf den katholischen Philippinen lassen sich seit den 1960er-Jahren jährlich am Karfreitag etwa in der Größenordnung von 30 Menschen Männer und Frauen in Nachahmung des Leidens Christi völlig freiwillig für eine gewisse Zeitspanne vor Tausenden an Holzkreuze nageln. Etliche tun das wiederholte Male. In San Fernando gibt es sogar drei Kreuzigungsstätten. Diese fremdenverkehrsfördernden Schauspiele sind mit blutigen Massengeißelungen verbunden. Jeder kann das leicht im Internet nachprüfen und mitverfolgen.

e) Im Oktober 2010 berichteten die Medien, elf Menschen seien aus einer Wohnung in der Nähe von Paris aus einem Fenster im zweiten Stock gesprungen, weil sie einen nackten *Mann für den Teufel hielten*. Der Mann afrikanischer Herkunft war nachts aufgestanden, um sich um sein Kind zu kümmern – und plötzlich hielten ihn alle für den Teufel. Er wurde von den anderen Bewohnern angegriffen, mit einem Messer schwer verwundet und aus der Tür gestoßen. Als er wieder in die Wohnung wollte, sprangen die Erwachsenen, einer mit einem zweijährigen Kind, in panischer Angst aus dem Fenster. Ein Baby erlitt dabei tödliche Verletzungen.

f) Ein Einzelbeispiel für die Verzerrung der Wahrnehmung ist die Eröffnung einer *Schule für Übernatürliches* im Mai 2011 in Springfield, Australien, durch den fundamentalistischen Pastor Bill Johnson. Er leitet die große Bethel-Kirche in Kalifornien. In einem sechsmonatigen Kurs sollen die Teilnehmer lernen, durch Gebete Wunder zu vollbringen, etwa trotz Unfruchtbarkeit Schwangerschaft zu erzeugen, Knochenbrüche und sogar Krebs zu heilen. Die Neugründung fand regen Anklang.

Negative gesellschaftliche Auswirkungen

Religiöse Vorstellungen behindern die gesellschaftliche Entwicklung und tragen, mit katastrophalen Auswirkungen, wesentlich zur Umweltzerstörung bei.

a) Ein besonders gewichtiges Beispiel ist die Behinderung oder Verhinderung einer wirksamen *Geburtenkontrolle* gerade in Ländern mit einer hohen Geburtenrate durch die katholische Kirche und die Muslime. Dabei ist die starke Bevölkerungszunahme zusammen mit der Umweltzerstörung wohl die größte Bedrohung der Menschheit.

b) Die USA, eines der religiösesten Länder der Welt, haben eine an Verantwortungslosigkeit schwer überbietbare *Energiepolitik* betrieben, die teilweise auch religiöse Gründe hatte (God's own country). Erdbeben, Überschwemmungen und andere *Naturkatastrophen* werden weltweit oft als *Strafe Gottes für Verfehlungen* angesehen, statt dass man im Rahmen des Möglichen alles tut, um Katastrophen vorzubeugen. In der großen *Ölkatastrophe*, die 2010 den Golf von Mexiko aufgrund von geldgierigem Leichtsinn verheerte, sah die Christliche Rechte den *Zorn Gottes*. Als schließlich das Leck geschlossen werden konnte, schrieb man das der Kraft des Gebets zu.

c) Die evangelikale Cornwallalliance hat eine „Cornwall Declaration on Environmental Stewardship" (ohne Datum) verfasst, die das Gedankengut des Intelligent Design verbreitet und einen Zusammenhang von Mensch und *Erderwärmung* ablehnt.[381]

d) Das durch die indische Verfassung vor über 60 Jahren theoretisch abgeschaffte hierarchische hinduistische *Kastenwesen* (Basis: die Veden) ist bis heute grundlegender Bestandteil der indischen Gesellschaft und bestimmt u. a. weitgehend die Berufswahl, allgemein die Lebenschancen. Es gelten spezielle religiöse Bräuche und Riten. Der Aufstieg aus unteren Kasten, insbesondere den „Unberührbaren", ist stark erschwert. Auf dem Land werden die grob 150 Millionen „Dalits" (Unterdrückte) immer noch stark diskriminiert. So sind sie vielfach in der Fäkalienentsorgung tätig. Manche Dalit-Frauen werden noch immer zur Tempelprostitution gezwungen. Das Kastenwesen provoziert soziale Unruhen (s. D 3).

e) Zumindest *quasireligiös* ist die grausame und (abgesehen von der Unterwerfung der Frauen in einer patriarchalischen Gesellschaft) völlig sinnlose Praxis der weiblichen *Genitalverstümmelung*, die hauptsächlich in muslimischen Regionen Afrikas durchgeführt wird und der noch heute viele Millionen Mädchen zum Opfer fallen. Sie stammt aus vorislamischer Zeit. Der Koran äußert sich nicht, aber mehrere Hadithe, also Aussprüche, die in nachkoranischer Zeit Mohammed zugeschrieben wurden, lassen in verschiedenen Varianten weibliche Genitalverstümmelung zu, teilweise wird sogar ein Gebot ausgesprochen. Erst 2006 haben Menschenrechtsaktivitäten jedoch dazu geführt, dass Islamgelehrte in Kairo eine Fatwa beschlossen, wonach die Beschneidung weiblicher Genitalien nicht mit der Lehre des Islam zu vereinbaren sei. Das wird aus einer Zusammenschau von Koranversen abgeleitet. Von solchen neuen Meinungen abgesehen (ein einflussreicher Gelehrter spricht gar von Teufelswerk) sind aber die ungebildeten muslimischen Gläubigen in den fraglichen Gebieten überzeugt, mit der Beschneidung eine *religiöse Pflicht* zu erfüllen, und die religiösen Instanzen haben bisher nichts dagegen unternommen. Allein in Deutschland leben bis zu 50 000 Mädchen, die von Genitalverstümmelung bedroht sind, von denen ca. 80% zum Opfer werden und die in der Regel ungehindert in ihre Heimatländer zu diesem Zweck verbracht werden. Von einzelnen Ausnahmen abgesehen, duldet die katholische Kirche die Genitalverstümmelung weltweit.[382] – Die komplexen Probleme der männlichen Beschneidung (Zirkumzision) mit ihrer Ignorierung der Grundrechte von Kindern, die in Judentum und Islam im Wesentlichen nur einen religiösen Brauch darstellen, seien nur ergänzend erwähnt.

Unvereinbarkeit von Glaube und Wissenschaft

Glauben heißt, sich von lediglich behaupteten Sachverhalten überzeugen zu lassen, obwohl es dafür keine guten, nachprüfbaren Gründe gibt. Ganz anders ist das bei den stets nachprüfbaren und widerlegbaren Ergebnissen der Wissenschaft. Der hiergegen erhobene Vorwurf der Wissenschaftsgläubigkeit übersieht die definitionsgemäße Vorläufigkeit jeder Wissenschaft. Bertrand Russell sagt: „Wenn es allgemein üblich würde, Überzeugungen auf Beweise zu gründen und ihnen nur jenen Grad an Gewissheit zuzuerkennen, den ein Beweis rechtfertigt, würden die meisten Übel geheilt, an denen die Welt krankt."

Derzeit sind, angesichts des in Europa grassierenden Unglaubens, die Bemühungen christlicher Führer stark, den Glauben für gut vereinbar mit der Wissenschaft zu erklären. Man kann aber in informierten Gesellschaften erprobte wissenschaftliche Ergebnisse schlecht abstreiten. Deshalb ist Glaube dort nur in den Bereichen möglich, in denen die Wissenschaft noch keine oder noch keine gesicherten Ergebnisse hat. Aber warum sollte man Behauptungen einfach begründungslos glauben, statt sich mit dem Nichtwissen zu bescheiden? (S. näher A 5.)

Religion, Gewalt und Friede

Religiöse Ideen können zwar im Einzelfall bei entsprechenden Konstellationen zum Frieden beitragen oder ihn überhaupt ermöglichen. Aber sie stellen zur Abgrenzung von anderen gern die Unterschiede heraus. Sie eignen sich daher zur Mobilisierung der Bevölkerung durch *religiöse Aufladung der Konflikte*. Wenn auch die eigentlichen Kriegsursachen regelmäßig nicht religiöser Natur sind, so lässt sich Religion doch leicht instrumentalisieren. Das ist umso verhängnisvoller, als *Religion typischerweise auf der Seite der Machthaber* steht. Bei einer großen Zahl von Kriegen und Bürgerkriegen spielt Religion zumindest eine verschärfende Rolle, und solche Auseinandersetzungen sind oft besonders grausam. Beispiele für frühere und aktuelle Konfliktherde: Kreuzzüge, Schwertmission, Türkenkriege, Hugenottenkriege, Dreißigjähriger Krieg, Aztekenreich, Indien/Pakistan, Sri Lanka, Nordirland, Nigeria, alte und neue Balkankriege, Iran/Irak, Libanon, Israel/Palästina.

Einen Versuch, trotzdem das *Friedenspotenzial der Religionen* herauszustellen, hat eindrucksvoll Markus Weingardt von der Stiftung Weltethos und der Forschungsstätte der Evangelischen Studiengemeinschaft (FEST) mit 40 Fallstudien aus den letzten Jahrzehnten unternommen.[383] Ziel des Bandes ist u. a., das angebliche Zerrbild von den konfliktverursachenden und konfliktverschärfenden Religionen zu korrigieren, obwohl es für diese Sicht unbestreitbar Evidenzen gebe. Die vorgestellten religionsbasierten Friedensprozesse beweisen natürlich, dass religiöse Akteure in vielen Einzelfällen friedenstiftend und gewaltmindernd wirken können, aber das vermag doch die großen Gewaltausbrüche, in die Religionen verwickelt waren und sind, nicht im Entferntesten auszugleichen. Zwar lehren die großen Religionen sinngemäß alle auch die Goldene Regel, nämlich andere nicht schlechter zu behandeln, als man selber behandelt werden möchte. Die allgemeinen Formulierungen lassen aber meist unausgesprochen, ob sie nur für die eigenen Glaubensgenossen oder auch für alle Außenstehenden gelten. Die Religionen sind regelmäßig in sich nicht konsequent und halten sich in großem Umfang auch nicht an die Goldene Regel (näher zur Kriegsproblematik A 11).

Der innere Frieden wird auch in *pluralistischen Staaten* schon dadurch aufs Spiel gesetzt, dass auf Macht und Einfluss bedachte *Religionen ihre eigenen ideologischen Positionen durchsetzen wollen.* Sie stören dadurch den inneren Frieden, etwa in bioethischen Fragen, bis hin zur Spaltung der Gesellschaft. Es genügt ihnen nicht, wenn Staat und Gesellschaft ihnen die interne Einhaltung der religiösen Gebote und Vorstellungen ermöglichen, nein, sie wollen ihre eigene spezifisch religiöse Moral mit Mitteln des Gesetzeszwangs selbst einer Mehrheit Andersdenkender aufzwingen.

In *Diktaturen* kann von innerem Frieden ohnehin keine Rede sein. Gerade Diktaturen werden aber fast immer von den dominierenden Religionen gestützt (obwohl Religionen auch zum Regimesturz beitragen können). Das zeigen nicht nur die unter C 11 näher behandelten faschistischen Diktaturen und die Rechtsdiktaturen in Lateinamerika, sondern auch etwa die jahrhundertelange Unterstützung der Zarenherrschaft durch die Orthodoxie, die Diktatur des Katholiken Diem in Kambodscha, die Marcos-Diktatur auf den Philippinen (ab etwa 1970, wobei die Kirchenführung erst 1986 gegen Ende der Marcos-Herrschaft umschwenkte und mit dem Volk ein Ende der Diktatur herbeiführte)[384] oder die 30-jährige tyrannische Herrschaft des Rafael Trujillo über die Dominikanische Republik (s. Vargas Llosa „Das Fest des Ziegenbocks"). Trujillo, ein Freund Francos, zeigte sich gegenüber der katholischen Kirche finanziell sehr großzügig. Nicht zu vergessen sind die zahlreichen islamischen diktatorischen Staaten.

Schließlich ist Religionen anzulasten, dass sie einerseits auf Gefühl basieren und Respekt einfordern, gleichzeitig aber *oft das Gefühl ihrer Gegner beleidigen*.

Weitere Negativa

Zumindest die großen Religionen sind große Verdrängungskünstler. Von eigenen erwiesenen Irrtümern oder gar Verbrechen wollen sie entweder nichts wissen oder sie verharmlosen sie direkt oder durch selektive Darstellung oder interpretieren sie um nach dem Motto: Überleben ist alles. Strenggläubige blenden Gegenargumente bzw. Tatsachen rigoros aus, manchmal wird sogar der Versuch einer intellektuellen Beschäftigung mit ihnen konsequent unterbunden (Zensur, Lehrbeanstandung). *In religiösen Dingen scheinen viele Menschen jegliches Gefühl für intellektuelle Redlichkeit verloren zu haben.* Die religiöse *Denkschwäche*, die Widersprüche oft nicht bemerkt, dürfte eine Folge frühkindlicher Erziehung sein. Nicht ohne Grund haben die Religionen meist wenig oder nichts für die Bildung der breiten Bevölkerungsschichten getan bzw. sie haben die Bildung monopolisiert oder doch ihren Erziehungseinfluss sichergestellt, wo immer es möglich war.

Die Religionen haben die Menschen nicht besser gemacht. Gegenteilige Behauptungen vermögen schon angesichts des Verlaufs der Geschichte nicht zu überzeugen. Auch sind die allgemein anerkannten ethischen Lehren nicht spezifisch christlich oder muslimisch usw., sondern waren schon lange zuvor geläufig.[385] Die besonders religiösen USA weisen im Vergleich zu anderen westlichen Staa-

ten eine extreme soziale Ungleichheit und die bei Weitem höchste Mordrate auf. Dennoch wollen Glaubensverteidiger dort gerne mittels Studien etwa beweisen, dass Gläubige wohltätiger sind und, beispielsweise, bei ihnen Pornografie eine geringere Bedeutung hat. Sieht man genauer hin, treffen solche Behauptungen aber nicht zu. Zumindest in den USA sind Gläubige nämlich nur am Sonntag wohltätiger und sie konsumieren nur am Sonntag weniger Pornografie, während die Gesamtwertung ausgeglichen ist. Ein wesentlicher Unterschied besteht aber darin, dass Religiöse von sich selbst in allen umfragenbasierten Studien *behaupten*, sie seien wohltätiger als „Atheisten". Demgegenüber zeigt sich aber, dass Nichtgläubige in mancher Hinsicht sogar besser abschneiden: In den USA befürworten regelmäßige Kirchgänger die Folterung von mutmaßlichen Terroristen häufiger als andere Menschen (54% : 42%). Protestanten und Katholiken sind überdurchschnittlich oft Anhänger der Todesstrafe. Weitere Studien ergaben, dass nicht gläubige Schüler bei Prüfungen signifikant weniger betrügen als gläubige und dass Gläubige gegenüber Minderheiten intoleranter sind. In US-Staaten mit besonders hohem Anteil an Gläubigen gab es mehr Morde, Teenager-Schwangerschaften und Geschlechtskrankheiten.[386] Zu weiteren Aspekten und Einzelheiten wird auf C 18 verwiesen.

Selbst moderater Glaube ist gesellschaftlich problematisch. Denn liberale Gläubige sind davon überzeugt, der Glaube sei etwas Gutes. Würden sie das der Gesellschaft nicht einzureden versuchen, hätten es Fundamentalisten erheblich schwerer, Anhänger zu gewinnen. So fördern die liberalen, aufgeschlossenen und toleranten Gläubigen indirekt die Fundamentalisten (ähnlich Sam Harris).

Bilanzierende Zusammenfassung

Religionen sind für viele Menschen hilfreich. Vielfach helfen sie aber nur, die von ihnen selbst gesäten Übel zu mildern. Sie verbiegen die gesunde Entwicklung des Denkens von klein an und halten die Menschen vom vorurteilsfreien, offenen und kritischen Denken ab. Ihre Lebensweisheiten und Verhaltensregeln stehen im günstigsten Fall auf einer Stufe mit denen nicht religiöser Denker, sind aber nicht besser. Die Religionen haben die Menschen nicht besser gemacht, sie belügen sich und andere und behindern die gesellschaftliche Fortentwicklung. Soweit sie zum Seelenfrieden beitragen, erreichen sie nicht mehr als weltliche Meditationstechniken. Religionen beflügeln zwar, auch durch ihr Mäzenatentum, Werke der Kunst und Literatur, aber ohne Religionen gäbe es eben eine andere Kunst und Kultur.

In der Regel standen und stehen die Religionen bzw. ihre Führungspersonen auf der Seite der Macht. Zwar haben Religionen in den letzten Jahrzehnten in vielen Einzelfällen zum Völkerfrieden beitragen können. Aber ihre Rolle in

Diktaturen, bei der Kriegsentstehung und Brutalisierung der Kriege ist schon wegen ihrer Instrumentalisierbarkeit ungleich verhängnisvoller. Daran ändert auch nichts der Umstand, dass die eigentlichen Kriegsursachen regelmäßig nicht religiöser Natur sind. Die fundamentalistische religiöse Zuspitzung des jahrzehntelangen fanatischen Kampfes um das kleine Westjordanland als „Heiliges Land" hat die Welt mehr als andere Konflikte an den Rand des Abgrunds gebracht, wobei einige Zehntausend fanatische und gewaltbereite jüdische Siedler eine ernsthafte Friedenspolitik ihrer Regierung verhindern.

Auf einer Waage dürften – beim Versuch einer „objektiven" Gewichtung der Einzelaspekte – die negativen Aspekte des Gesamtphänomens Religion ungleich schwerer wiegen als die positiven. Aber man wird sich darüber nicht einigen können oder wollen. Jedenfalls macht „der Glaube" das Leben nicht unbedingt einfacher, zumal die Religionen – ernst genommen – recht kompliziert sind. Sie leben aber von der Unwissenheit ihrer Anhänger.

Eine Pauschalbewertung aller Religionen unter einer weltlich-kritischen Perspektive ist nicht möglich. So viel kann man aber sagen: die *monotheistischen Religionen* sind insgesamt ungleich problematischer als die *östlichen Religionen*, die keinen Dogmatismus kennen. Aber aus naturgegebenen Gründen (s. A 2) ist es offenbar nicht möglich, Religionen abzuschaffen. Auch würden solche Versuche nur Gewaltorgien auslösen. Zudem können undogmatische religiöse Vorstellungen individuell durchaus hilfreich sein. *Die generelle Bekämpfung des Phänomens Religion ist daher verfehlt.*

„Religiöse" Nichtgläubige?

Etwas völlig anderes als die traditionellen Religionen ist eine Haltung, die etwa „Ehrfurcht" angesichts des Kosmos empfindet. Sie könnte zwar, wie z. B. bei dem Nichtgläubigen Erich Fromm, als „religiös" bezeichnet werden. Das wäre aber reichlich missverständlich, könnte von Religionsführern instrumentalisiert werden und ist daher abzulehnen.

Konsequenzen einer religionskritischen Haltung

Das *Dominanzstreben* der jeweils einflussreichen Religionen ist abzublocken und ihre Forderungen sind, soweit illegitim, zurückzuweisen. Für die Staaten besteht kein Anlass, Religionen und religiöse Einrichtungen welcher Art auch immer immateriell oder materiell, indirekt oder direkt im Hinblick auf ihre religiöse Ausrichtung zu fördern. Das bedeutet nämlich stets eine Benachteiligung anderer und eine Gefährdung der Gerechtigkeit bzw. des inneren Friedens.

Man muss die Existenz von Religionen zur Kenntnis nehmen und ihre Freiheit gewährleisten, aber ihre Aktivitäten kanalisieren, um den inneren Frieden nicht zu gefährden. *Man muss die Religionen im Rahmen einer pluralistischen Ordnung gerecht behandeln. Dazu gehört auch, dass man trotz aller Probleme für ihren Schutz sorgt und ihre Existenz garantiert, denn mit der Religionsfreiheit fällt die Freiheit insgesamt. Es gibt aber keinerlei Grund, Religionen von Staats wegen in irgendeiner Form zu privilegieren.* Vgl. dazu näher F 2.

Die Menschen sind mit und ohne Religion, wie sie sind. Aber religiöse Strukturen bringen stets zusätzliche Gefahren mit sich. Freilich enthalten die meisten Religionen auch beherzigenswerte Weisheiten, Tugendkataloge und Lebensregeln, die auch heute allgemein anerkannt werden können, etwa die Goldene Regel. Aber diese philosophisch-ethischen Einsichten und Forderungen bedürfen keiner Religion. Die Religionen hingegen propagieren neben den auch von Andersdenkenden anerkannten Regeln meist auch solche, die nicht akzeptabel erscheinen, und sind dann ethisch widersprüchlich (s. A 7, C 17 und F 3).

„Während die Irrtümer in der Philosophie bloß lächerlich sind", sagt David Hume, „sind die Irrtümer in der Religion gefährlich". Die Religionen verhindern das *unabhängige* kritische Denken. Das Denkvermögen ist es aber, das uns aus der Tierwelt heraushebt. Wir haben nichts anderes als unser Denken. Daher ist auch das, was jeweils mit dem Leerbegriff „Gott" gemeint ist, zunächst nur das Produkt unseres Denkens. Ob dem darüber hinaus auch eine Realität entspricht, ist eine ganz andere Frage.

Es bleibt also dabei: Religion ist zwar eine individuell, nicht aber generell vermeidbare Angelegenheit der Menschen. Aber über Schutzgewährung und Existenzsicherung hinaus ist die öffentliche Förderung von Religion als solcher sachlich nicht begründbar und schädlich.

F – Wo bleibt das Positive?

1 – Toleranz und Menschenrechte

Die Idee der Toleranz ist Luther und den Reformatoren durchaus fremd.
Gustav Mensching, Religionswissenschaftler

Was nicht der Wahrheit und dem Sittengesetz entspricht, hat objektiv kein Recht auf Dasein, Propaganda und Aktion.
Papst Pius XII., 1953

Wir sind alle voller Schwächen und Irrtümer; vergeben wir einander unsere Dummheiten. Das ist das erste natürliche Gesetz.
Voltaire

Zur Geschichte der europäischen Toleranzidee[387]

Der positiv wirkende Modebegriff *Toleranz* ist unbestimmt und eignet sich daher gut zum Kampf um moralische, politische oder rechtliche Positionen. Das Wort leitet sich von lat. tolerare ab mit dem Sinn von „ertragen, dulden, hinnehmen". Das bloße geduldige friedliche Ertragen einer anderen, „falschen" religiös-weltanschaulichen Position ist schon viel. Das Christentum als Offenbarungsreligion stand von Anfang an in Spannung selbst zu einer Toleranz in diesem reduzierten Sinn.[388] Bis zum Aufkommen der Toleranzidee (im 17. Jh.), die die religiöse Toleranz als sittlichen Wert und rationales Prinzip zur Erreichung des inneren Friedens begriff, gab es solche Toleranz in Form begrenzter Duldung abweichender religiöser Überzeugung in Europa nur punktuell. Aber selbst einzelne Vorkämpfer der religiösen Toleranz wie Erasmus von Rotterdam (1465/69–1537), Thomas Morus (1478–1535) oder noch John Locke (1632–1704) und Jean-Jacques Rousseau (1712–1778) bestanden auf einem religiösen Minimum. Der Nichtgläubige war lange Staatsfeind, und selbst in sehr weltlichen europäischen Ländern gilt er noch in vielen Augen als gesellschaftsschädlich. Die Folge ist eine auch politische Diskriminierung. Die Garantien religiöser Toleranz im Westfälischen Frieden (1648) entsprangen keineswegs toleranter Gesinnung, sondern bedeuteten nur eine Kapitulation vor den tatsächlich ausgeglichenen Machtverhältnissen. Papst Innozenz X. fand sich seinerzeit selbst mit der bloß formalen Existenzberechtigung der Protestanten nicht ab und erklärte den Westfälischen Frieden für „null und nichtig, für verdammt, ohne allen Einfluss und Erfolg für die Vergangenheit, Gegenwart und Zukunft". Dieses toleranzfeindliche Denken hat die bekannte „Toleranzrede" von Pius XII. 1953 vor italienischen Juristen konzentriert zum Ausdruck gebracht: „Was nicht der Wahrheit und dem Sittengesetz entspricht, hat objektiv kein Recht auf Dasein, Propaganda und Aktion. Nicht durch staatliche Gesetze und Zwangsmaßnahmen einzugreifen, kann trotzdem im Interesse eines höheren und umfassenderen Gutes gerechtfertigt sein."

Benedikt XVI. ging, über 50 Jahre später, mit seinem Kampf gegen die „Diktatur des Relativismus" klar in diese Richtung zurück, wie auch seine Hofierung zutiefst pluralismusfeindlicher Kräfte wie des Opus Dei und anderer zeigt. Aber immer wieder sprechen auch katholische Theologen historische Wahrheiten aus. So hat Max Seckler 1995 zu den christlichen Konfessionen geschrieben: „Der Billigung der Ideen der religiösen Toleranz und ebenso der Religionsfreiheit widersetzten sie sich, solange es irgend möglich war […]. Und es war bekanntlich hier wie dort vor allem der äußere Druck der Verhältnisse in Staat und Gesellschaft, der die Kirchen und Konfessionen schließlich schrittweise dahin brachte, sich wenigstens de facto auf Toleranzregelungen einzulassen."[389]

Heute ist die Notwendigkeit der grundsätzlichen *formalen Duldung* unterschiedlicher religiös-weltanschaulicher Überzeugungen durch die Staaten und die Inkompetenz des Staats in Sachen Religion in den westlichen Ländern weithin anerkannt: formale Toleranz bedeutet Nichteinmischung in die inneren Angelegenheiten, ist in pluralistischen Staaten ein Gebot des inneren Friedens und auch für den zwischenstaatlichen Frieden von Bedeutung. Selbst das scheint die Menschheit häufig bereits zu überfordern, ist aber weltweit größtenteils zumindest theoretisch anerkannt. Hinzu sollte der moralische Anspruch, ja das Recht aller Menschen kommen, in ihrem Anderssein als gleichberechtigtes moralisches Individuum anerkannt zu werden.

Individuelle Menschenrechte

Das führt zur allgemeinen Problematik individueller Menschenrechte, deren Akzeptanz durch die neuerliche arabische Freiheitsbewegung zunächst gestärkt schien: Es ist schwieriger geworden, die Menschenrechtsidee als kulturimperialistisch abzutun, was nur im Interesse diktatorischer Machthaber liegen kann. Aber die weitere Entwicklung in Nordafrika und im Nahen Osten ist ziemlich offen.

Die Grund- und Menschenrechte im modernen Verständnis als individuelle, einklagbare Rechte haben eine *lange Vorgeschichte*. Ihre Wurzeln liegen schon in der Antike, fanden damals aber nur wenig Anklang, ausgenommen die ca. 300 v. u. Z. gegründete Philosophenschule der Stoa, die auch Sklaven als vernunftbegabte Wesen behandelte und die Brüderlichkeit der Menschen verkündete. Ansonsten behandelte man Sklaven, Frauen und „Barbaren" aber nicht als gleichwertige Menschen. So blieb es in großem Umfang auch in den europäischen Ländern, im Grundsatz bis nahe an die Gegenwart (Kolonien). Allerdings wurde im Renaissance-Humanismus die Stoa wieder belebt. Darauf aufbauend trat in der politischen und rechtlichen Philosophie des 17. und 18. Jh. das Individuum allmählich in den Vordergrund. *Die Aufklärung* verstand Religionsfreiheit schon als individuelles Menschenrecht. So focht Thomas Hobbes (1588–1679) die aristotelische und christlich-mittelalterliche Lehre von der natürlichen Ungleichheit des Menschen an, das Naturrecht mit seinem Gleichheitsgedanken entwickelte sich. Man berief sich auf die Gleichheit vor Gott, verstärkt aber auch auf die biologische Artgleichheit. Die Gewährleistung des konfessionellen Friedens in Europa als Staatsaufgabe war freilich noch hauptsächlich durch die verheerenden Religionskriege erzwungen und nicht Ergebnis einer toleranten Haltung.

Bei der Frage nach der *geistigen Herkunft der Menschenrechte* wird häufig, manchmal mit regelrecht abenteuerlichen Thesen[390], auf die christliche Religion verwiesen. Dazu ist aber festzustellen, dass die Vorstellung der einen und gleichen Würde des Menschen vor der Neuzeit jedenfalls nicht zum Durchbruch kam. Vielmehr war bis dahin die hierarchisch gestufte Ungleichheit Grundlage der gesamten politisch-sozialen Ordnung. Erst seit dem 18. Jh., spätestens seit Kant (1724–1804), gehört zur Menschenwürde die sittliche Autonomie des Menschen, und die so verstandene Menschenwürde ist Grundlage der Freiheits- und Gleichheitsrechte des bundesdeutschen Grundgesetzes. Die christliche Theologie hat demgegenüber, anders als christliche Naturrechtler, diesen Autonomiebegriff 200 Jahre lang bekämpft. Zu Recht beschreibt der Philosoph Otfried Höffe (Höffe, Otfried) das Kapitel „Christentum und Menschenrechte" eingehend als ein Drama, in dem das Christentum zunächst wesentlich selbst jene Schwierigkeiten geschaffen habe, für deren Lösung man die Menschenrechte brauche.[391] Das sozial unverträgliche Prinzip „Wahrheit vor Freiheit" galt im katholischen Bereich in abgeschwächter Form sogar bis zum II. Vaticanum. Die dort 1965 erfolgte totale Kehrtwende ist in der Erklärung über die Religionsfreiheit eindrucksvoll zum Ausdruck gekommen.[392] In ihr sind auch die individuellen Rechte der Nichtgläubigen auf Freiheit ihrer Überzeugung wenigstens theoretisch anerkannt. Trotz aller grausamen Rückschläge ist weltweit die Idee grundlegender, jedem Menschen in jeder Kultur zustehender existenzieller Rechte etwas vorangekommen. Wie wichtig das auch für Menschen in einer nicht europäischen Kultur ist, in der großer Wert auf das Kollektiv gelegt wird, zeigen die aktuellen arabischen Freiheitsbewegungen. Freilich wird der Idee der universalen subjektiven Menschenrechte in vielen Staaten, insbesondere den islamischen, großer Widerstand entgegengesetzt, da die diktatorischen Regime eben freiheitsfeindlich sind. Anhand der islamischen Staaten habe ich die Problematik näher dargestellt.[393]

Eine andere Möglichkeit für eine friedlichere Welt als die, dass die Kulturen zunehmend politischen und religiös-weltanschaulichen *Pluralismus wenigstens in Abstufungen als formales Prinzip* zulassen mit der Folge der Religionsfreiheit und anderer persönlicher Freiheiten auch für Andersdenkende, ist nicht zu erkennen. Die Hoffnung, dass sich etwas mehr Vernunft in dieser Richtung durchsetzt, darf nicht aufgegeben werden.

2 – Religions- und Weltanschauungsfreiheit

Wie die Meinungs- und Pressefreiheit ist die Religions- und Weltanschauungsfreiheit ein Gradmesser für die Freiheitlichkeit eines Staates und einer Gesellschaft. Für Literaturhinweise zum Gesamtthema, siehe die Anmerkungen[394].

Offizielle Texte

Die Religionsfreiheit und die Weltanschauungsfreiheit nicht religiöser Menschen gehört zu den anerkannten Menschenrechten und wird *weltweit durch eine Serie völkerrechtlicher Vertragswerke sowie durch innerstaatliche Vorschriften geschützt*. Artikel 18 der *UN-Menschenrechtserklärung von 1948* lautet: „Jeder hat das Recht auf Gedanken-, Gewissens- und Religionsfreiheit; dieses Recht schließt die Freiheit ein, seine Religion oder Überzeugung zu wechseln, sowie die Freiheit, seine Religion oder Weltanschauung allein oder in Gemeinschaft mit anderen, öffentlich oder privat durch Lehre, Ausübung, Gottesdienst und Kulthandlungen zu bekennen." Zusätzlich erklärt Art. 2, dass jede und jeder

u. a. einen Anspruch hat auf alle in dieser Erklärung verkündeten Rechte und Freiheiten ohne irgendeinen Unterschied im Hinblick etwa auf Rasse, Hautfarbe, Geschlecht, Sprache, Religion, politische oder sonstige Überzeugung, nationale oder soziale Herkunft, Vermögen, Geburt oder sonstigen Stand.

Vorläufer der UN-Menschenrechtserklärung waren die *Unabhängigkeitserklärung der Vereinigten Staaten von 1776* und die *Erklärung der Menschen- und Bürgerrechte der französischen Nationalversammlung von 1789*. Die UN-Menschenrechtserklärung wurde 1948 von 48 Ländern verabschiedet, weitere sechs Länder enthielten sich der Stimme: *Sowjetunion, Polen, ČSSR, Jugoslawien, Saudi-Arabien* und *Südafrika*. Seitdem erkennt jedes Land mit seinem Beitritt zu den Vereinten Nationen automatisch die Menschenrechtserklärung an.

Auf der zweiten *Weltmenschenrechtskonferenz der Vereinten Nationen 1993 in Wien* bekannten sich die fast vollzählig versammelten 171 Staaten in der Abschlusserklärung sämtlich zu ihren menschenrechtlichen Verpflichtungen. Im Jahr 1990 beschloss die *Organisation der Islamischen Konferenz* aber die *Kairoer Erklärung der Menschenrechte*, die inhaltlich erheblich von der Allgemeinen Erklärung der Menschenrechte abweicht, obwohl sie im Wortlaut ähnlich gehalten ist. Sie garantiert z. B. keine Gleichberechtigung von Männern und Frauen und kein Recht auf freie Wahl der Religion oder des Ehepartners. Weiter *stellt sie alle dargestellten Rechte unter den Vorbehalt der islamischen* Scharia, *lehnt also im Ergebnis individuelle Menschenrechte ab.*

Religionsfreiheit und Trennung von Staat und Religion

Ohne ein Mindestmaß an Trennung von politischer Gewalt und Religion gibt es keine Religionsfreiheit. Das ist besonders für monotheistische Religionen mit ihrem relativ starken Wahrheits- und Machtanspruch von Bedeutung. Die Entwicklung hin zur Trennung von Staat und Religion (Kirche) ist spezifisch europäisch und im Kulturvergleich ungewöhnlich. Herrschaftssysteme mit Einheit von Staat und Religion, in denen die religiöse Wahrheit zugleich Staatswahrheit ist, dominierten historisch weltweit. Religion legitimierte und stützte die Herrschaft und diese sicherte die Existenz der Religion und schützte sie vor Konkurrenz. Systeme mit zumindest grundsätzlicher Trennung von religiöser und politischer Macht sind aber Voraussetzung der Religionsfreiheit sowohl für die Religionsgemeinschaften als auch für die Einwohner. Aber selbst in Europa konnte sich die Religionsfreiheit wegen des Widerstandes der großen Kirchen erst ab dem 19. Jh. nach und nach im Großen und Ganzen durchsetzen.

Eine erste Voraussetzung für Religionsfreiheit schuf die *Reformation*. Sie brachte in Deutschland zunächst anstelle der Religionseinheit die Religionszweiheit (Augsburger Religionsfriede 1555) und dann, nach 30-jährigem Morden, die Glaubensdreiheit (Westfälischer Friede 1648), freilich nur reichsrechtlich-institutionell und unter Ausschluss aller anderen Konfessionen. Auf der Ebene der Einzelstaaten und Individuen blieb es zunächst beim Religionszwang, mit Lockerungen im Einzelfall. Erst die politische *Philosophie der Aufklärung* des 17. und 18. Jh. verschaffte dem Individuum allmählich mehr Freiheit. Die staatliche Sorge um das Seelenheil der Bürger wurde in wichtigen neuzeitlichen europäischen Territorialstaaten durch das Staatsziel des inneren, insbesondere konfessionellen Friedens ersetzt, verbunden mit einer religionspolitischen Instrumentalisierung der Religion. Musterbeispiel: In Preußen mit seinen starken katholischen Minderheiten bestand ein großes Interesse an konfessionellem Frieden. Gegenüber den diversen kleinen christlichen Gemeinschaften übte man Toleranz, was im europäischen Staatsvergleich besonders fortschrittlich war. Aber trotz des säkularen Staatszwecks verpflichtete das Preußische Allgemeine Landrecht von 1794 (ALR) die Kirchen ausdrücklich dazu, „ihren Mitgliedern Ehrfurcht gegen die Gottheit, Gehorsam gegen die Gesetze, Treue gegen den Staat und sittlich gute Gesinnungen gegen ihre Mitbürger einzuflößen", ein Denken, das viele konservative Politiker in Europa noch heute pflegen. Aber immerhin war der *Weg vom Glaubensstaat zum Staat der Religionsfreiheit* möglich geworden. In einem schwierigen Prozess setzten sich im mitteleuropäischen 19. Jh. allmählich freiheitliche Ideen zugunsten des Einzelnen durch, während im Übrigen der rein säkulare Staatszweck und die Idee des christlichen Staats miteinander rangen.

Deutschland

Während in *Frankreich* die antikatholische Trennungsgesetzgebung von 1905 aufgrund einer speziellen historischen Entwicklung (Action Française; zur Dreyfus-Affäre C 1) erfolgte (Laizismus, heute mit abmildernder Praxis), wurden in *Deutschland* die Restbestände des Staatskirchentums erst durch die Weimarer Reichsverfassung (WRV) von 1919 beseitigt, wenngleich sie aber in der Weimarer Staatspraxis noch systemfremd fortwirkten. Die WRV bedeutete insofern eine entscheidende Epochenwende: *Der gemäßigte christliche Glaubensstaat des 19. Jh. wurde zum agnostischen Staat der Religionsfreiheit, der sich in interne religiöse Belange nicht einmischen darf*. Alle Religionsgemeinschaften erhielten erstmals die Garantie der Selbstbestimmung im Rahmen der allgemeinen Gesetze, wobei freilich auch alle nicht religiösen Gemeinschaften gleichgestellt wurden. Die persönliche Freiheit in allen religiös-weltanschaulichen Fragen wurde konsequent festgeschrieben. Obwohl die Weimarer Verfassung sehr religionsfreundlich war (staatlicher Religionsunterricht, theologische Fakultäten, Kirchensteuer, spezieller Körperschaftscharakter, Anstalts- und Militärseelsorge), haben die großen Kirchen den von der SPD mit der katholischen Zentrumspartei ausgehandelten Verfassungskompromiss feindselig bekämpft. Die zuvor in den Staat integrierte evangelische Kirche vermisste die besondere staatliche Fürsorge und die katholische Kirche war erzürnt über den Wegfall des staatlichen Zwangs, den schulischen Religionsunterricht zu besuchen, sowie über den Wegfall der geistlichen Schulaufsicht. Die Kirchen sahen ihre religiöse Vormachtstellung bedroht.[395]

Das *Grundgesetz* für die Bundesrepublik Deutschland (GG) übernahm 1949 das Weimarer System nahezu vollständig und intensivierte es noch erheblich durch die unmittelbare Rechtsgeltung der Grundrechte. Verletzungen individueller Rechte können jetzt gerichtlich bis hin zum Bundesverfassungsgericht unterbunden werden. Die Gottesnennung in der Präambel gibt nach einhelliger Meinung der Verfassungsrechtler keine inhaltliche Direktive (was den religionsneutral-agnostischen Text der Verfassung unverständlich machen würde), sondern ist nur ein Hinweis auf die Motivation der Mitglieder des Parlamentarischen Rats 1949. Obwohl die Bundesrepublik mit ihrem ausgefeilten Rechtsschutz religionsrechtlich mit an der Spitze der freiheitlichen Systeme steht, ist sowohl der persönliche wie der korporative Schutz der Religionsfreiheit in sehr vielen Einzelpunkten und auch großen gesellschaftlichen Bereichen noch recht mangelhaft, weil nicht nur Gesetze, Politik und Verwaltung, sondern auch Gerichte vielfach das *Neutralitätsgebot* (Gebot der Unparteilichkeit) missachten.[396] Insbesondere die großen Kirchen genießen in Gesellschaft und politischer Praxis eine überreiche Fülle an Privilegien, die aus der Außensicht nicht gerechtfertigt erscheinen.[397] Im Einzelnen: Obwohl in Deutschland Religionsfreiheit grundsätzlich großgeschrieben wird, hofiert die Politik bisher trotz gravierender Skandale die großen Kirchen. Sogenannte Sekten und damit zahlreiche kleine Religionsgemeinschaften wurden vor allem bis 1998, nämlich bis zur Vorlage des umfangreichen ernüchternden Abschlussberichts der Enquete-Kommission „Sogenannte Sekten und Psychogruppen" des Bundestags, durch Gesellschaft und Politik stark diskriminiert. Selbst die Rechtsprechung hat dabei fast durchgängig mit zweierlei Maß gemessen.[398] Hauptsächlich benachteiligt, auch finanziell[399], sind die nicht religiösen Menschen. Sie machen im heutigen Deutschland selbst nach dem (strengen) Hauptkriterium der formalen Mitgliedschaft mittlerweile schon deutlich über ein Drittel der Bevölkerung aus, soziologisch gesehen sogar die Hälfte (s. näher A 12). Dennoch wird das *verfassungsrechtliche religiös-weltanschauliche Neutralitätsgebot* bis zum heutigen Tag zugunsten der großen Kirchen und zulasten vor allem der Nichtreligiösen auf praktisch allen rechtspolitisch interessanten Feldern mehr oder weniger *grob missachtet*. Das betrifft etwa das Schulwesen[400], den Sozialbereich mit Arbeitsrecht, die „Kirchensteuer", die Universitäten, Subventionen aller Art und vieles mehr.[401] Die gesamte tonangebende Politik ist erklärtermaßen nicht bereit, daran etwas zu ändern, sodass ein großer Teil der Bevölkerung zwar persönlich wegen seiner Weltanschauung (wie alle anderen auch) absolut gesichert ist, aber doch viele Nachteile erleidet. Die Bundesverfassung wird in dieser Hinsicht einfach ignoriert, obwohl die (verbal als wichtig anerkannte) Neutralität ein zentrales Gebot der Verfassung und gewissermaßen die Zwillingsschwester des Trennungsgebots ist.

Europa und Welt

Die religionsrechtlichen Systeme der *europäischen Staaten* sind zwischen den Polen Trennung und Staatskirche sehr unterschiedlich ausgestaltet. Sowohl die in allen Ländern gültige Europäische Menschenrechtskonvention (EMRK) als auch das grundsätzlich diskriminierungsfeindliche Recht der Europäischen Union (EU) lassen das zu. Die *persönliche Religionsfreiheit* ist aber in allen EU-Ländern *zumindest theoretisch* mehr oder weniger gut gewährleistet. *Ernsthafte* persönliche Verfolgung muss niemand fürchten. Allerdings weist die Staatspraxis eine Fülle an religiösen Diskriminierungen auf, wie Experten auf vielen wissenschaftlichen Tagungen in den letzten Jahren immer wieder bestätigt haben.[402]

Nun ist Deutschland unbestreitbar ein demokratischer Rechtsstaat mit starker Betonung der Freiheitsrechte, freiem pluralistischem Meinungsbildungsprozess und insgesamt vorbildlich starker rechtlicher Sicherung im religiös-weltanschaulichen Bereich. Wenn selbst hier entgegen der Verfassung erhebliche Defizite auftreten, ist das ein Alarmzeichen. Man kann mit Sicherheit sagen, dass außerhalb der EU die Verhältnisse in fast allen anderen Staaten schlechter, oft katastrophal sind. Insbesondere die *islamischen Staaten* lehnen ungeachtet verbaler Aussagen und völkerrechtlicher Verpflichtungen die verbindliche individuelle und korporative Religionsfreiheit sowie alle anderen *individuellen Menschenrechte* ab. Freiheit wird nur nach jeweiliger Opportunität im Rahmen allgemeiner politischer Machtinteressen willkürlich gewährt.

Resümee

Religions- und Weltanschauungsfreiheit ist ein *Gradmesser für die Freiheitlichkeit* eines Staats überhaupt. Alle Diktaturen kennen günstigstenfalls partielle Religionsfreiheit. Die Religionsfreiheit bündelt und ordnet zwar juristisch eine große Zahl spezieller Rechtsfragen. Ihre Wichtigkeit im Rahmen der Menschenrechte wird aber wohl überschätzt. Denn ein starker freiheitlicher demokratischer Rechtsstaat mit freiem politischem Prozess und Pluralismus muss definitionsgemäß Meinungs- und Pressefreiheit garantieren sowie eine grundsätzliche Handlungsfreiheit im Rahmen korrekt zu handhabender Gesetze. Daraus ergibt sich automatisch die Garantie der Religionsfreiheit, selbst wenn sie nicht im Verfassungstext stünde. Alle Religions- und Weltanschauungsgemeinschaften müssen freilich die rechtsstaatlichen Regeln zumindest nach außen hin, im staatlichen Bereich, respektieren.

Überall, wo Religionen Dominanz im staatlich-politischen oder gesellschaftlichen Bereich sichern oder erreichen wollen, ist echte Religionsfreiheit in Gefahr. Bei einer Gesamtwürdigung des Menschenrechts auf Religions- und Weltanschauungsfreiheit verläuft die Scheidelinie, wie sonst auch, zwischen Demokratie und Diktatur.

3 – Humanismus und weltliche Ethik

Das sittliche Handeln und die sittliche Wertschätzung ist von dem Glauben an die Existenz eines Gottes unabhängig. [...] Habe Mut, Dich Deines eigenen Verstandes zu bedienen! → Sapere aude!

Immanuel Kant, Philosoph

Eine gute Welt braucht Wissen, Güte und Mut; sie braucht keine schmerzliche Sehnsucht nach der Vergangenheit, keine Fesselung der freien Intelligenz durch Worte, die vor langer Zeit von unwissenden Männern gesprochen wurden.

Bertrand Russell, Mathematiker und Philosoph

Tue das Gute um des Menschen willen.

Ludwig Feuerbach, Philosoph

Nur wer meint, im Dienste des Absoluten zu stehen, ist intolerant und gefährlich. Der Zweifler, der Suchende bleibt menschlich. Er gibt zu, nicht alles zu wissen, er braucht nicht gegen andere vorzugehen. Er fühlt sich von ihnen nicht bedroht, weil er weder Gralshüter noch eifernder Missionar ist.

Tanja Dückers, Kulturjournalistin, Schriftstellerin, ZEIT-online v. 28.12.2012

Ablehnung religiöser Ethik, rationale ethische Grundregeln, Gewissen, Goldene Regel[403]

Als soziale Wesen brauchen Menschen Regeln, die möglichst allseits akzeptiert werden: Regeln für ein sozialverträgliches und befriedigendes individuelles

Leben und für das Leben in der Gemeinschaft, ferner für das friedliche Zusammenleben der verschiedenen Gemeinschaften bzw. Gesellschaften. Konkrete einzelne Regeln für „richtiges" Verhalten nennt man meist moralische Regeln. Die systematische und stimmige Zusammenfassung solcher Regeln geschieht in Systemen der Ethik (zu diesen Begriffsfragen A 7). Wichtige Rechtsnormen bedürfen zu ihrer langfristigen Akzeptanz moralischer Grundlagen, werden aber nicht durch soziale Sanktionen, sondern staatlichen Zwang durchgesetzt.

Spezifisch religiöse Regeln scheiden in pluralistischen Gesellschaften schon deshalb als allgemeinverbindliche Regeln aus, weil sie allenfalls einen mehr oder weniger großen Teilbereich der Gesellschaft integrieren können. Sie setzen einen Glauben an einen persönlichen Gott voraus, was in etlichen westlichen Ländern sogar mehrheitlich nicht mehr der Fall ist (zu statistischen Fragen A 12). Auch sind religiöse Regeln sehr lückenhaft und vielfach besonders unklar. Selbst bekannte und eindrucksvolle christliche moralische Forderungen (Berg- und Feldpredigt) brechen im Gesamtzusammenhang der Bibel als widersprüchlich zusammen (C 15). Dennoch ist auch hierzulande Ethik selbst angesichts der bekannten großen Fehlleistungen der großen Kirchen für viele immer noch eine mit Religion verbundene Sache. Erstaunlicherweise halten sogar viele maßgebliche Journalisten in Deutschland, selbst bei persönlichem Unglauben, Religion aus Gründen des gesellschaftlichen Zusammenhalts für unverzichtbar. Rational ist das nicht nachzuvollziehen. Denn soweit religiös motivierte Verhaltensregeln auch über die Religion hinaus allgemein anerkannt sind, gibt es dafür zusätzliche, nämlich nicht religiöse Begründungen der praktischen Vernunft, die von jeder und jedem einschließlich der Gläubigen nachvollzogen und akzeptiert werden können.

Ist aber *religiöse Ethik für die Allgemeinheit unbrauchbar*, so ist man gezwungen, die wichtigsten moralischen Gebote durch Erkenntnisse der Lebenserfahrung, *rational allgemein nachvollziehbare Verhaltensgebote* und Beachtung der evolutionär gegebenen Tatsachen zu begründen. Das muss so erfolgen, dass sie unabhängig von darüber hinausgehenden religiösen Forderungen von *allen* sozialverträglichen Religionen bzw. Weltanschauungen als *gemeinsame gerechte Basisforderungen* anerkannt werden können. Mit derartigen Fragen des richtigen Verhaltens befasst sich seit der Antike die selbstständige philosophische Disziplin der Ethik. Zahllose philosophische Ethiker befassen sich mit nicht religiösen Begründungen für moralische Forderungen und haben unzählige theoretische Konzepte und Einzelbegründungen hervorgebracht. Die meisten davon sind nur von philosophiehistorischer Bedeutung oder haben zumindest heute nur geringe Resonanz. Auf sie wird im Folgenden nicht eingegangen.

Das Gewissen ist eine höchst subjektive und unsichere Angelegenheit. Zwar widerspricht sich selbst, wer seiner Gewissensforderung nicht nachkommt. Aber wer nach seinem Gewissen handelt, handelt deswegen noch nicht unbedingt „richtig". Das irrende Gewissen kann leicht zu ethisch falschen Handlungen führen. Es ist der Inbegriff der individuellen Verhaltensmuster, bildet und verändert sich im Verlauf des Lebens auf Grund von äußeren Einflüssen, Erlebnissen, von Lektüre usw. und ist daher auch vom Zufall abhängig. Ethisch stimmig gebildete neue Überzeugungen verändern das bisherige Gewissen, sodass dieses eine gute Basis auch für rasche Entscheidungen bilden kann. Die Ethiklehren befassen sich mit der Bildung tragfähiger (Gewissens-)Grundlagen für Einzelentscheidungen. Das von Religion unabhängige ethische Denken kann dabei natürlich Teile religiöser Verhaltenslehren verarbeiten.

Ein wichtiger Aspekt ist auch in vielen religiösen Texten enthalten (mögen diese insoweit oft auch höchst widersprüchlich sein), nämlich die bekannte „*Goldene Regel*", der zufolge man andere nicht anders behandeln soll, als man selbst behandelt werden möchte. Solche Formulierungen sind seit der frühen Antike bekannt, etwa im Zoroastrismus, in der Hebräischen Bibel und im Neuen Testament, bei altgriechischen Philosophen (z. B. bei Sokrates, Platon), im Konfuzianismus, Buddhismus, in hinduistischen Texten, bei Mohammed, den Bahá'í, aber natürlich auch in Texten des modernen säkularen Humanismus. Die Goldene Regel ist aber nur ein Ausdruck des ethischen Begriffs der *Verallgemeinerung* und sehr trivial, schon weil die jeweiligen Menschen und ihre Umstände höchst unterschiedlich sein können. Schon die *Forderung, andere stets „fair" zu behandeln,* geht trotz seiner Unbestimmtheit um einiges weiter und ist daher besser. Es ist aber nötig, konkretere ethische Regeln zu finden und für ihren Geltungsbereich (Gruppe, konkrete Gesellschaft, Menschheit) nachvollziehbar zu begründen.

Zu einigen Ethikkonzepten

Es gibt eine *objektive und eine subjektive Art der Begründung ethisch verbindlicher Normen.* Objektive Normen als vernunftbestimmte Basis für konkrete Verhaltensgebote setzen voraus, dass Menschen in der Lage sind, bestimmte Verhaltensanforderungen „objektiv" zu erkennen, d. h. unabhängig davon, ob und wie viele Menschen sie für sich akzeptieren. Diese objektiven Basisvorstellungen sind theoretische Ideale, die man als vorpositiv bezeichnen kann. Sie müssen, wenn es sie gibt, ermittelt werden können, und zwar durch eine *allgemein* einsichtige rationale Methode. Sie müssen sich auf verallgemeinerbare Grundsätze stützen können und sollen möglichst weitgehende Zustimmung erfahren.

Dass einzelne Normenbereiche (z. B. zur Sexualität, zum Rassismus) in sich widerspruchsfrei zusammenpassen, genügt natürlich nicht. Man hat früher versucht, aus der *Natur des Menschen* ethische Grundsätze zu entwickeln. „Natürlich" ist dabei, was für die Spezies Mensch insgesamt als das „Normale" anzusehen ist. Diese allzu pauschalisierende Ansicht ist noch heute im Alltagsdenken verbreitet und Grundlage der (freilich nur noch von einer kleinen Minderheit ernst genommenen) offiziellen katholischen Sexuallehre. Das ändert aber nichts daran, dass die Natur kein Bewusstsein wie eine Person hat und daher keine besonderen Ziele verfolgen kann. Da es z. B. Homosexualität unabhängig von ihrer gesellschaftlichen Akzeptanz tatsächlich schon immer gegeben hat und sie, wie man heute weiß, hauptsächlich physiologische Ursachen hat, mag sie zwar nicht die Regel sein, ist aber doch nicht wider die Natur. Aus der menschlichen Natur abgeleitete ethische und rechtliche Normen („objektives Sittengesetz") sind nichts anderes als Leerformeln, die mit beliebigen Inhalten gefüllt werden können und die sich daher sowohl für Zwecke der Herrschaft wie auch deren Bekämpfung eignen. So hat man mit dem Begriff Naturrecht sogar die Kastration kirchlicher Sänger gerechtfertigt, ebenso einen Taschenspiegel als gerechten Preis für einen schwarzen Sklaven gewertet. *Aus der Natur hergeleitete Verhaltensregeln benutzen unbestimmte Begriffe zur Erzeugung von Gefühlen und definieren sich zirkelhaft durch andere unbestimmte Begriffe. Objektive und verbindliche ethische Normen können sich aus der „Natur" des Menschen nicht ergeben.* Es fehlt ein brauchbares Auswahlkriterium für Gebote und Verbote.

Zu den Vertretern einer objektiven Moralbegründung gehört der noch heute einflussreiche Immanuel Kant. Sein vielzitierter „Kategorischer Imperativ" besagt, dass man stets nur nach einer Maxime handeln darf, die sich für ein allgemein gültiges Gesetz eignet. Das ist freilich wesentlich ein Verfahrensprinzip. Fachphilosophen haben schon oft auf zahlreiche Probleme des Kategorischen Imperativs hingewiesen. Er lasse letztlich offen, wie damit die Existenz objektiver inhaltlicher Moralnormen erwiesen werden kann. Freilich bringt Kants Imperativ unser allgemeines Moralverständnis gut zum Ausdruck, ebenso wie schon die Goldene Regel.

Eine noch heute viel zitierte und zunächst einleuchtende Lehre ist die vom Utilitarismus (wichtige Vertreter: Jeremy Bentham, John Stuart Mill, David Hume). Es handelt sich um eine Ethik der Nützlichkeit, die viel mit *Erfahrung* zu tun hat. Sie erklärt die Geltung moralischer Normen, individuell wie gesellschaftlich, mit ihrem Nutzen. Dieser besteht darin, ein lebenswertes Leben mit Befriedigung der Interessen bis zur Glückserfahrung zu ermöglichen. Die in diesem Sinn jeweils nützlichsten Handlungen, und zwar *für alle* Betroffenen, sind die richtigen. Nun lässt sich aber die Qualität von Glück und Unglück schwer vergleichend feststellen. Daher ist es fragwürdig, die Richtigkeit oder Pflichtgemäßheit einer Handlung durch das Kriterium der Handlungsfolgen zu bestimmen. Allerdings ist das zielgerichtete (teleologische) Vorgehen der Utilitaristen günstig für das politische Handeln. *Der Utilitarismus objektiviert das Handeln, weil er mit empirischen Erkenntnissen arbeitet* und nicht mit dem

Gewissen oder Gefühlen und auch keine vorgegebenen ideellen Forderungen beachten muss. Aber die konkreten Handlungsfolgen sind oft schwer abzuschätzen und risikobehaftet. Kontrovers ist, ob ein reines Nützlichkeitsdenken fähig ist, Gesichtspunkte der Gerechtigkeit bei der Nutzenverteilung zu berücksichtigen. So genügt es bei Kriminalstrafen nicht, nur die etwaige (bei schweren Delikten oft nicht vorhandene) abschreckende Wirkung oder den (ohnehin problematischen) Vergeltungsgedanken zu berücksichtigen.

Einen ganz anderen Versuch, die Begründbarkeit objektiver Moralnormen zu behaupten, hat *Jürgen Habermas mit seiner Diskurstheorie* unternommen. Ihr zufolge sind Moralnormen immer dann objektiv begründet bzw. legitim, wenn sie die Zustimmung aller Teilnehmer eines praktischen Diskurses finden bzw. finden könnten, wobei weder Täuschung noch Zwangsausübung zulässig ist und sich alle in die Situation aller anderen hineinversetzen müssen (fiktiver Rollentausch). Das läuft aber, praktisch betrachtet, im Wesentlichen auf einen *hypothetischen Konsens* hinaus. Bei sozialen Normen werden aber tatsächliche Diskurse mit tatsächlicher Übereinstimmung kaum vorkommen, und die hypothetische Übereinstimmung im Ergebnis ist nicht sicher festzustellen. Oft wird eine Einigung auf Moralnormen auch nicht möglich sein, weil es um den Ausgleich divergierender Interessen geht, die irgendeinen Kompromiss erfordern; das aber ist etwas anderes als die Begründung ethischer Regeln. Vor allem aber *leuchtet nicht ein, warum die bloße Einigung auf Normen diese schon objektiv richtig machen soll*. Fraglich ist auch, wie weit der Kreis der Diskursteilnehmer gezogen werden soll: Geht es um gruppeninterne Interessen? Um Diskurse innerhalb politischer Einheiten, innerhalb von Kulturen? Oder um Belange, die grundsätzlich alle Menschen auf der Erde betreffen? Nur die relativ wenigen ethischen Normen, die sich für *alle* Menschen (gegebenenfalls auch andere Lebewesen) rational begründen lassen, sind übergeordnete Basisnormen, die man als objektiv bezeichnen kann.

Auf eine universale Geltung zielt auch die *von Norbert Hoerster vertretene Interessentheorie, die von tatsächlichen individuellen Interessen ausgeht* und zu inhaltlich bestimmten Normen führt. Seine Beispiele betreffen grundlegende Interessen, die in allen Kulturen gleich sind, weil sie sich *intersubjektiv begründen* lassen: Jeder Mensch hat ein Interesse daran, dass in seiner Gesellschaft ein grundsätzliches Tötungsverbot besteht und auch in der Regel eingehalten wird, und zwar unabhängig davon, ob Einzelne es manchmal trotzdem übertreten. Entsprechendes gilt z. B. für das Verbot der Körperverletzung, das Gebot, freiwillig geschlossene Verträge sowie Versprechen einzuhalten und keine Diebstähle zu begehen. Solche Regeln sind offensichtlich intersubjektiv, weil sie im Verhältnis aller Menschen untereinander gelten. Sie sind daher selbst bei sonst großen Unterschieden in allen Kulturen anzutreffen. Anders ist es mit umstrittenen Fragen wie der Steuerpolitik, bioethischen Fragen oder solchen der Umweltproblematik. Aber auch hier gilt, dass unabhängig vom Inhalt der jeweils durchgesetzten Norm jeder moralisch begründeten Norm *stets Interessen der betroffenen Menschen* zugrunde liegen. Ein solches Interesse kann auch *altruistisch* sein, nämlich sowohl auf das persönliche Umfeld als auch auf den Fernbereich bezogen werden (Hilfe bei Naturkatastrophen). Altruistische Wünsche und Handlungen zielen auf fremdes Wohl, wenn sie auch meist mit dem Eigeninteresse innerer Befriedigung verbunden sind. Bei der Abwägung gegenläufiger Interessen muss es sich natürlich um *aufgeklärte Interessen* handeln, die auf ausreichenden und zutreffenden Informationen beruhen. Es gibt Gründe, die gegen jegliche *Diskriminierung* sprechen, denn jeder gehört in verschiedener Hinsicht einer Minderheit an oder könnte es (etwa durch Unfall). Auch sind viele „Interessen" nicht aufgeklärt, sondern beruhen auf Fehlvorstellungen und sind daher keine wirklichen Interessen. Im Übrigen können Diskriminierungen eine ganze Gesellschaft beeinträchtigen. Für die Zustimmung zu *Menschenrechten* schließlich sprechen rationale und intersubjektiv akzeptable Gründe.

Nebenbei: Die noch heute, selbst von Juristen, oft gehörte Behauptung, *Menschenrechte seien wesentlich im Christentum begründet*, entbehrt zumindest historisch jeder Grundlage. Die Vorstellung der gleichen Würde der Menschen kam vor der Neuzeit nicht zum Durchbruch. Vielmehr war bei Thomas von Aquin die hierarchisch gestufte Ungleichheit Grundlage der gesamten politisch-sozialen Ordnung und geradezu kosmisches Prinzip. Erst spätestens seit Kant (1724–1804) gehört zur Menschenwürde die sittliche Autonomie des Menschen und ist Grundlage der Freiheits- und Gleichheitsrechte auch des GG. Diese Autonomie bekämpfte die christliche Theologie 200 Jahre lang als frevelhafte Anmaßung. Obwohl auch die meisten Aufklärer, zumindest in Deutschland, auf dem Boden des Christentums standen, das sie als Vernunftreligion akzeptierten, sind Menschenrechte und Religionsfreiheit keine christliche Erfindung. Die große Bedeutung der französischen aufklärerischen Deisten und Atheisten kann man schlecht ignorieren. Manch theologischer Autor sieht das klarer[404] (näher hierzu F 1).

Zu den genannten Ethiktheorien gehört auch die *Vertragstheorie*, der zufolge rationale Menschen bestimmte Moralnormen vertraglich vereinbaren würden. Sie ist etwas Ähnliches wie eine individualistische interessenfundierte Begründungstheorie.

Von den aufgeführten Theorien dürfte die Interessentheorie besonders beachtenswert sein. Sie ist praktisch ausgerichtet und geht von tatsächlichen Individualinteressen aus. *Generell lässt sich zu den verschiedenen Ethikkonzepten sagen, dass sie wohl alle gute oder brauchbare Kriterien enthalten, die religiösen Begründungen stets überlegen* sind (näher A 7). Sie sind von Fall zu Fall zu ergänzen. Denn die Umstände, unter denen moralische Entscheidungen zu treffen sind, sind so unterschiedlich (nach Personen, Institutionen, verbreiteten

Grundüberzeugungen usw.), dass die meist sehr theoretischen Ethikkonzepte wohl kaum alle konsequent anwendbar sind, wenn sie ihr Ziel, das Leben für alle Menschen zu verbessern, erreichen wollen. Es gibt keine Letztbegründungen. Daher gilt es, unter Ablehnung vorgegebener (ontologischer) und leerlaufender abstrakter Ethikwerte aus allen Konzepten deren jeweils allgemein als gut anerkannte Grundgedanken zu nehmen und den konkreten Umständen entsprechend zu kombinieren. Das verspricht, zu sachlich begründeten, sozial sinnvollen, möglichst allseits befriedigenden und gerechten Ergebnissen zu kommen. Die biologischen Grundgegebenheiten (genetisches Potenzial, Biochemie, psychologische Fakten, Motive) und das Erfahrungswissen spielen dabei eine wichtige Rolle.

Demgegenüber ist insbesondere der von Christen so gern zitierte, aber besonders unvollständige Dekalog des AT zum einen sehr banal, zum anderen diktatorisch und intolerant (Verstoßung Andersdenkender bis ins vierte „Glied"). Dabei ist auch nicht akzeptabel, wenn Frauen auf eine Ebene mit Sachen und Tieren gestellt werden. Dass auch von einer christlichen bzw. jesuanischen Moral nicht sinnvoll gesprochen werden kann, wird unter C 17 erörtert.

Weltlicher Humanismus und Menschenrechte

Der „Humanismus" als – in den Personen auch christlich verankerter – *Renaissance-Humanismus* des 14.–16. Jh. beschäftigte sich intensiv mit der nicht christlichen griechisch-römischen Antike und wandte sich gegen Aberglauben und Dogmatismus. Wichtige Vertreter waren u. a. Giovanni Boccaccio, Laurentius Valla, Erasmus von Rotterdam, Michel Montaigne, Thomas Morus oder Johannes Reuchlin. Vor und nach der Französischen Revolution entstand der *Neuhumanismus*, der durch die klassisch-antike Bildung Bedeutung erhielt. Wichtige Vertreter waren hier Wilhelm von Humboldt, Johann Joachim Winkelmann, Schiller, Goethe oder Johann G. Herder. Der Individualismus spielte eine große Rolle.

Der *moderne säkulare Humanismus*[405] ist eine Sichtweise, deren konkrete Inhalte das Denken der Menschen in den westlich-demokratisch orientierten Ländern heute sehr weitgehend bestimmen, auch wenn die Verstöße gegen ihre anerkannten Grundprinzipien enorm sind (Wirtschaftsimperialismus, Waffenexporte, Rohstoffausbeutung usw.). Als Leuchtpfeiler dieses humanistischen Denkens gelten der Religionskritiker Ludwig Feuerbach, aber auch bedeutende Menschen wie Erich Fromm (wobei der eindeutig „ungläubige" Fromm sich sprachlich missverständlich als einen in gewisser Weise „religiösen Menschen" bezeichnete). In dieser humanistischen bzw. humanitären Tradition und ihrer Fortentwicklung stehen, von der religiösen Überzeugung abgesehen, die in den westlichen Gesellschaften grundsätzlich anerkannten *Hauptgrundsätze*: Selbstbestimmung des Individuums, persönliche Grundrechte, gleiche Menschenwürde und dementsprechend gleiche Rechte von Mann und Frau sowie von Angehörigen von Minderheiten (ethnisch, weltanschaulich, sexuell), Verbot der Diskriminierung aller Art, allgemeines Gewaltverbot, freier geistiger Prozess mit freier politischer Meinungsbildung, Demokratie mit Pressefreiheit und Wissenschaftsfreiheit, Religions- und Weltanschauungsfreiheit, Schutz der natürlichen Lebensgrundlagen, Völkerfrieden, Toleranz im Sinn der Achtung vor dem Andersdenkenden als Person, Bekämpfung der Intoleranz. Der Versuch, individuell und in den Institutionen „Gerechtigkeit" walten zu lassen, zumindest durch Vermeidung von Willkür, sowie generell der Fairness-Gedanke gehören zu diesem Wertekanon.

All diese ethischen und rechtlichen Prinzipien zusammen dienen dem *Zweck, das Leben aller Menschen – der Religiösen wie Nichtreligiösen – national, regional und global zu verbessern.* Jeder soll im Idealfall in Würde, Sicherheit, Frieden und Gesundheit nach seiner *persönlichen Vorstellung* leben können. Das setzt freilich die Einhaltung von Mindestkriterien im obigen Sinn voraus, um Freiheit und Wohlergehen aller Menschen zu ermöglichen und zu schützen.

Diese Rechte und Grundsätze finden sich zumindest in wesentlichen Punkten in den wichtigen *staats- und völkerrechtlichen Dokumenten*, beginnend mit der Virginia Bill of Rights (1776) und der Französischen Erklärung der Menschen- und Bürgerrechte (1789), die freilich Frauen noch nicht einbezog, und der amerikanischen Bill of Rights (1791). Das heute weltweit zentrale Dokument ist die „Allgemeine Erklärung der Menschenrechte" der Vereinten Nationen (1948), und zunehmende Bedeutung hat die Europäische Menschenrechtskonvention (1950; EMRK). Deren besonderes Merkmal ist eine durchaus auch wirksame Rechtsprechung des „Europäischen Gerichtshofs für Menschenrechte" (Straßburg; EGMR), der sich die derzeit 47 Staaten des Europarats unterworfen haben. Die EMRK ist auch integrierter Bestandteil des Rechts der EU. Zahlreiche völkerrechtliche Konventionen der UN (zu politischen Rechten, zu den Rechten der Frauen und Kinder, zum Diskriminierungsverbot, zu Sozialrechten und zur Bildung, zum Folterverbot u. a.) wurden von der Mehrheit der UN-Staaten unterschrieben. Auf all diese institutionellen Gesichtspunkte und die ihnen zugrunde liegende individuelle Moral (individuelle Freiheit, Toleranz und Gleichberechtigung, Nächsten- und Friedensliebe, Gewaltverbot, Grundprinzipien der Gerechtigkeit usw.) hat man sich wenigstens formal geeinigt, und in den westlichen Staaten werden sie, trotz zahlreicher gravierender Mängel, überwiegend auch befolgt. Auf der Ebene der einzelnen Menschen wird dieses Gedankengut immerhin zu einem erheblichen Teil befürwortet, wenn auch nicht konsequent angewandt.

Soweit dieses *humanitäre Gedankengut* weltweit teils nur theoretisch, teils praktisch anerkannt wird, ist es *ganz unabhängig von religiösen und weltanschaulichen Überzeugungen*. Es enthält wesentliche Aspekte unseres Lebens, deren Beachtung *kulturunabhängig* im aufgeklärten Interesse *aller* Menschen liegt (friedliches Zusammenleben, Gewährleistung einer Existenz in Würde, gegenseitige Respektierung fundamentaler Menschenrechte, insbesondere der Gleichheit der Geschlechter, Wissenschaftsfreiheit). Diese Werte entsprechen – aus der Sicht aller Individuen, nicht (nur) der herrschenden – (bei Ausblendung rein ideologisch begründeter institutioneller Interessen) den grundlegenden menschlichen Individualinteressen. Sie sind daher nicht kulturimperialistisch und sollten deshalb grundsätzlich auch weltweit von den Religionen anerkannt werden. Soweit diese dazu nicht wenigstens im Rechtsverkehr, d. h. extern, bereit sind, fehlt ihnen die moralische und rechtliche Legitimation. Zum friedlichen Zusammenleben und zur Toleranz gehört auch, dass alle die *formale Existenzberechtigung unterschiedlicher spezieller Moralüberzeugungen im Rahmen dieser allgemeinen Prinzipien akzeptieren:* Es gibt nun einmal religiös-weltanschaulich denkbar unterschiedliche Überzeugungen, insbesondere im Bereich der Bioethik (embryonales Leben, Sterbehilfe usw.), die gegenseitig hingenommen werden müssen und niemandem aufgezwungen werden dürfen. Eugen Roth (1895–1976) hat das *Grunderfordernis der Toleranz* treffend so zum Ausdruck gebracht:

Ein Mensch, der, sagen wir, als Christ
Streng gegen Mord und Totschlag ist
Hält einen Krieg, wenn überhaupt,
nur gegen Heiden für erlaubt.
Die allerdings sind auszurotten
Weil sie des wahren Glaubens spotten!
Ein andrer Mensch, ein frommer Heide,
tut keinem Menschen was zuleide.
Nur gegenüber Christenhunden
Wär jedes Mitleid falsch empfunden.
Der ewigen Kriege blutige Spur
Kommt nur von diesem kleinen „Nur".

Das heißt: Keine Seite darf einer anderen ihre spezielle Sicht aufzwingen wollen, wie das religiöse Institutionen gegenüber Andersdenkenden gerne tun. Insbesondere für die monotheistischen Religionen ist das ein besonderes Problem, denn es geht ihnen stets auch um Macht und gesellschaftlichen Einfluss. Das ist für Politik und Recht bedeutsam. Ethische gegenseitige Toleranz der Staatsbürger muss bzw. müsste daher in einem freiheitlich-humanistisch-säkularen Staat für die Gesetzgebung die strikte Beachtung der religiös-weltanschaulichen

Neutralität (nicht: nur Toleranz) zur Folge haben. Der Staat müsste in allen Funktionen ethisch-ideologisch neutral sein. Andernfalls wird diskriminiert (keine formale ethische Gleichstellung) und ist der innere Frieden gefährdet. Besonders im deutschen Grundgesetz sind die wesentlichen genannten Werte in vorbildlicher Weise zumindest indirekt zum Ausdruck gekommen. Freilich ist die rechtlich-politische Praxis reichlich defizitär, was hier nicht weiter ausgeführt werden kann (näher unter F 2; dort auch Nachweise und Web-Links).

Naturalistischer (säkularer) Humanismus als nicht religiöse Weltanschauung

Der soeben dargestellte allgemeine Wertekanon, der sich nicht mit den detaillierten Moralfragen zu speziellen Sachthemen befasst, ist zugleich wesentlicher Bestandteil der säkular-humanistischen Weltanschauung. *Zu einer Weltanschauung, die ein Sinnganzes ergibt, wird dieser demokratisch-freiheitliche Humanismus erst durch seinen Naturalismus.*

Der Begriff Humanismus meint zum einen eine nicht religiöse Grundeinstellung, deren Kern ein *konsequent wissenschaftliches Weltbild* (Naturalismus) darstellt. Zum anderen geht es generell um eine Fortführung der Tradition der europäischen *Aufklärung*, die Anerkennung der *Demokratie* sowie persönlicher und gleicher *universaler Menschenrechte*, das *Selbstbestimmungsrecht* des Einzelnen in Fragen der Lebensführung, *Toleranz* gegenüber Andersdenkenden, die Bekämpfung aller Formen von Intoleranz sowie die *Ablehnung jeglichen Dogmatismus*. Esoterisch-abergläubische Ansichten und Praktiken sind diesem Humanismus fremd. Seine *Ethik* gründet auf diesen Grundsätzen, ist solidarisch und trägt den biologischen Gegebenheiten Rechnung. Dadurch wird eine Überforderung der menschlichen Möglichkeiten vermieden.

„*Naturalismus*"[406] ist nach dem hier vertretenen Verständnis eine wissenschaftlich-philosophische Grundhaltung. Sie erhebt den universellen Anspruch, dass es im Universum mit „rechten Dingen" zugeht und zur Beschreibung und Erklärung der Welt nur streng wissenschaftliche Grundsätze zugelassen werden. Religiös-metaphysische Annahmen, die nicht widerlegbar sind, gehören nicht dazu. *Alles, was existiert, hat eine natürliche Basis.* Es gibt keine Götter und Dämonen, die in die Naturgesetze punktuell eingreifen. Mit der auf Darwin aufbauenden Lehre von der natürlichen Evolution des Lebens, die ein naturwissenschaftliches Faktum ist, ist die gesamte Biologie natürlich begründet. Eine durch eine Gottheit eingepflanzte Teleologie ist entbehrlich. So etwas wie minimale Metaphysik kennt der Naturalismus nur insoweit, als er annimmt, dass eine zusammenhängende Welt bewusstseinsunabhängig real existiert. Die hauptsächlich empirisch gewonnenen Erkenntnisse sind stets kritisierbar.

Bestandteil der Natur sind auch das Denken, Fühlen und Werten, die gesamte Psyche, denn alles basiert auf neuronalen Prozessen.

Dass es viele *Wissenslücken* gibt und viele Phänomene rätselhaft sind, nimmt der Naturalist (bescheidener als der Gläubige) hin und sucht nach einer natürlichen Erklärung. Die Geschichte der Naturwissenschaften hat gezeigt, dass man mit ihren Methoden das Verständnis der Welt ungeahnt ausweiten konnte und dass ihre Erkenntnisse Metaphysik weitgehend überflüssig machen. Sie werden gewonnen nach dem Prinzip der Erklärungskraft und der Einfachheit: Hypothesen sollen die Phänomene möglichst gut erklären und zugleich mit möglichst wenig Annahmen auskommen („Ockhams Rasiermesser").

Dass man auf einer metaphysikfreien Basis eine funktionierende Ethik entwickeln kann, wurde schon gezeigt. *Diese Ethik kann aber nicht in erster Linie auf biologischen Umständen beruhen. Das wäre ein abzulehnender Biologismus. Aus der menschlichen Natur allein folgen nie Sollensanforderungen.* Erkennt man aber humanistische Verhaltensziele als kulturell begründet an, so nützt es nichts, hohe Ziele zu verfolgen, die unrealistisch sind, wenn sie nachgewiesenen Eigenheiten der menschlichen Natur widersprechen. In den Worten von Michael Schmidt-Salomon: „Besteht der ‚*naturalistische Fehlschluss*' darin, dass aus einem (unterstellten) ‚Sein' ein ‚Sollen' abgeleitet wird, so wird im Falle des ‚*kulturistischen Fehlschlusses*' aus einem ‚Sollen' abgeleitet, was als adäquate Beschreibung des ‚Seins' zu gelten hat" (Hervorh. Cz.). Mit Sozialdarwinismus hat ein solcher „evolutionärer Humanismus", wie ihn die Giordano-Bruno-Stiftung seit 2004 vertritt[407], nichts zu tun.[408] *Es geht darum, eine illusionslose Ethik zu entwickeln, die den biologischen und sozialen Gegebenheiten des Menschen gleichermaßen gerecht wird* (Fähigkeit zum Mitgefühl, Kooperationsbereitschaft, sozialverträglicher Egoismus, gegenseitige Abhängigkeit, gegenseitiges Interesse an einem friedlichen Zusammenleben). Auf der Basis solcher Minimalforderungen sollten sich Ethiken entwickeln lassen, die die Menschen nicht überfordern (z. B. im Hinblick auf Sexualität; s. C 5) und allen dienen.

Unerörtert bleibt das oft abgehandelte *Problem, warum die einzelnen Menschen sich moralisch verhalten sollen.*[409] Wenn jemand die bei seinen Mitmenschen vorhandene Moral für seine Zwecke ausnutzt, um sich selbst darüber hinwegzusetzen, kann man zwar mit sozialer Ächtung und Strafe gegensteuern. Aber das reicht oft nicht. Wenn alle Menschen von klein auf nach der Goldenen Regel behandelt werden, werden sie sich auch selber weitgehend danach richten (erb- und krankheitsbedingte Aggressionen usw. ausgenommen). Am wirkungsvollsten dürfte das *gute Beispiel* als Erziehungsgrundsatz sein. Aber was ist im Einzelnen „gut"?

Ein *psychologisches Problem* der rational begründeten säkular-humanistischen Werte ist freilich, dass sie kein Charisma aufweisen und das Gemüt nicht befriedigen. Wenn Religionen entzaubert sind, bleibt bei manchem doch etwas

Sehnsucht. Wer also etwas „Höheres" fürs Gemüt braucht, mag es unbehelligt in irgendeiner Religion finden. Aber er soll andere damit in Ruhe lassen. Es ist sicher auch nicht Aufgabe des pluralistischen Staats, die Suche nach einer Religion zu unterstützen oder gar das Ergebnis einseitig, auf Kosten anderer, zu privilegieren. Das Denkprinzip des Suchens und Zweifelns als Grundlage allen Erkennens ist jedoch zu fördern. *Und es sollte vor allem möglich sein, die emotionalen Bedürfnisse bei den Mitmenschen, in der Musik, Literatur, den bildenden Künsten, im Sport und nicht zuletzt in den eigenen guten Taten zu suchen, zu finden und sich damit zufriedenzugeben.*

Einen ansprechenden Versuch, praktische ethische Lebensregeln zu finden, hat Michael Schmidt-Salomon in seinem „Manifest des evolutionären Humanismus" (2005/06) im Anhang vorgelegt: „Die zehn Angebote des evolutionären Humanismus".[410] Empfehlenswert sind auch die „Humanistischen Grundsätze" des Humanistischen Verbands Deutschlands – Bayern von 2012[411]

Anmerkungen

A – Allgemeine und übergreifende Themen
1 – Grundfragen der Religions- und Kirchenkritik

1. Vgl. die Zitatensammlung von *Wolfgang Klosterhalfen*, www.reimbibel.de/HETZE.htm
2. *M. Schmidt-Salomon*, Manifest des evolutionären Humanismus, 2. Aufl., 2006, 53.
3. Zur gewandelten Habermas'schen Position: *J. Habermas*, Zwischen Naturalismus und Religion, Frankfurt 2005; *M. Reder/J. Schmidt* (Hg.), Ein Bewusstsein von dem, was fehlt. Eine Diskussion mit Jürgen Habermas, Frankfurt 2008; Kritik: *P. Flores d'Arcais*, 11 Thesen zu Habermas, in: DIE ZEIT v. 22.11.2007, Nr. 48.
4. *R. Dawkins*, „Im Einsteinschen Sinne bin ich ein tief religiöser Mensch". Dankesrede nach dem Erhalt des Deschner-Preises, in: Vom Virus des Glaubens, Aschaffenburg 2008, 29–33 (Schriftenreihe der Giordano-Bruno-Stiftung 2).
5. *C. Türcke*, in: Kassensturz. Zur Lage der Theologie. Frankfurt 1992, Vorwort.
6. *D. C. Dennett*, Den Bann brechen, 2008, S. 248 ff., LitV 1.
7. *B. Müller* in: Schlußstrich. Kritik des Christentums, 1995, 5f. (2. Aufl. 2004).

2 – Religionsbegriff, Entstehung, Arten und Funktion der Religion(en)

8. S. LitV 1 (dort genauere Daten): *K. Armstrong*, Der große Umbruch, 2008; *P. Boyer*, Und Mensch schuf Gott, 2004; *R. Dawkins*, Der Gotteswahn, 2007 (Kap. 5); *K.-J. Grün/M. Friedman/G. Roth* (Hg.), Entmoralisierung des Rechts, 2008; *T. Junker/S. Paul*, Der Darwin-Code, 2009; *A. Kilian*, Die Logik der Nichtlogik, 2010; *A. Newberg/E. d'Aquili/V. Rause*, Der gedachte Gott. Wie Glaube im Gehirn entsteht, 2003; *U. Schnabel*, Die Vermessung des Glaubens, 2008; *M. Urban*, Warum der Mensch glaubt, 2005, *R. Vaas/M. Blume*, Gott, Gene und Gehirn, 2000, *R. Vaas*, www.darwin-jahr.de/evo-magazin/gott-gene-und-gehirn-evolution-religiositaet (2009).
9. *R. Vaas*, www.darwin-jahr.de/evo-magazin/gott-gene-und-gehirn-evolution-religiositaet (2009).
10. *U. Schnabel*, Vermessung, 2008, 289 ff.
11. Zitat *R. Dawkins*, Gotteswahn, 2007, 225.
12. Eine Ahnung von der Komplexität der Forschungsproblematik gibt *R. Vaas*, www.darwin-jahr.de/evo-magazin/gott-gene-und-gehirn-evolution-religiositaet (2009).
13. Eingehend *D. Dennett*, Bann, 2008, 144 ff; dazu und zum Folgenden auch *R. Dawkins*, Gotteswahn, 2007, 254 ff.
14. Eindrucksvoll *E. Vilar*, Die Schrecken des Paradieses, 2009, LitV 1.
15. *W. Singer*, in FAZ.net 8.12 2004, http://www.faz.net/aktuell/feuilleton/hirnforschung-keiner-kann-anders-als-er-ist-1147780.html.

16 Zur Einführung *M. Schmidt-Salomon*, Jenseits von Gut und Böse, 2009, 107 ff.; *ders./L. Salomon*, Leibniz war kein Butterkeks, 2011, 147 ff.; *K.-J. Grün/M. Friedman/G. Roth* (Hg.), Entmoralisierung des Rechts, 2008 (interdisziplinär und eindrucksvoll).
17 Zitat *M. Urban*, Warum der Mensch glaubt, 2005, 25.

3 – Gottesglaube und Atheismus (A-Theismus)

18 Deutsche Webseite: www.venganza.info; US-Seite: www.venganza.org.
19 Insb. *N. Hoerster*, Die Frage nach Gott, 2005; *E. Dahl* (Hg.), Brauchen wir Gott?, 2005; *D. Dennett*, Bann, 2008, 295 ff.; *R. Dawkins*, Gotteswahn, 2007, 108–224; in LitV 1 finden sich weitere Nachweise.
20 Tabellen: s. fowid-Archiv, Gottesvorstellung nach Religionszugehörigkeit 2002.

4 – Zur Geschichte des Unglaubens

21 *F. Mauthner*, Der Atheismus und seine Geschichte im Abendlande. 4 Bde., Stuttgart 1920–1923 (Neuausgaben Frankfurt 1989 und Aschaffenburg 2011) und *G. Minois*, Geschichte des Atheismus, 2000, jeweils LitV 1; *G. Stein* (Hg.), The Encyclopaedia of Unbelief, 2 Bde., Buffalo 1985; *T. Flynn* (Hg.), The New Encyclopedia of Unbelief, 2007.
22 Vgl. zum Ganzen *G. Minois*, Geschichte des Atheismus, 13 ff.
23 Grundlegend *D. Weltecke*, „Der Narr spricht: Es ist kein Gott", 2010, LitV 1.
24 Kardinal *Meisner*, jeweils in der Predigt zum internationalen Soldatengottesdienst im Hohen Dom zu Köln am 11. Januar 2007 (Weltfriedenstag).
25 *G. Oettinger*, z. B. Rhein-Neckar-Zeitung v. 16.12.2006.
26 *R. Dawkins*, Gotteswahn, 2007, 449 ff., LitV 1.

5 – Glaube, Wissenschaft, Vernunft

27 Vgl. zum Ganzen *H. Albert*, Joseph Ratzingers Rettung, 2008, 92 ff., LitV 2.
28 *H. Albert* zu Küng: Das Elend der Theologie, 2005, sowie AuK 2006, und zu Ratzinger: Joseph Ratzingers Rettung, 2008, jeweils LitV 2.
29 *U. Kutschera* (Hg.), Kreationismus in Deutschland, 2007, LitV 2.
30 So *M. Schmidt-Salomon*, Manifest, 2006, 37 f., LitV 1.
31 *D. C. Dennett*, Bann, 2008, 248 ff., LitV 1.
32 *R. Dawkins*, Gotteswahn, 2007, 448 ff.
33 Die Zahl solcher Umfragen ist groß und die Ergebnisse differieren manchmal erheblich. Die Seriosität hängt insbesondere in der Gottesfrage wesentlich von der hier besonders wichtigen Differenziertheit der Fragestellung ab. Obige Angaben beruhen auf einer Zusammenschau seriöser Umfragen. Bei religiösen Einzelfragen besteht eine große Unsicherheit, ja Widersprüchlichkeit (gleichzeitiges Bekenntnis zu sich ausschließenden Positionen). Eine erstklassige und umfassende Datenquelle bietet www.fowid.de.
34 *D. Dennett*, Bann, 2008, 276.
35 *G. Czermak*, Religions- und Weltanschauungsrecht, 2008, insb. S. 22 ff.; *J.-A. Haupt*, Die Privilegien der Kirchen, in: R. Will (Hg.), Die Privilegien der Kirchen und das Grundgesetz, Berlin 2011, 103–123.
36 Zum Thema Religion bei Meinungsmachern krit. *G. Czermak*, http://hpd.de/node/15891 (2013).

6 – Heilige Schriften

37 *K. Armstrong*, Der große Umbruch. Vom Ursprung der Weltreligionen, München 2008 (Einleitung); *U. Tworuschka* (Hg.), Heilige Schriften, 2008, LitV 1.

7 – Religiöse Ethik

38 Zum Ganzen *K. Bayertz*, Warum überhaupt moralisch sein?, 2004, 75–93; *D. Birnbacher/N. Hoerster* (Hg.), 1976/1997, 5. Kap.; *N. Hoerster* (Hg.), Religionskritik, 1984. Kulturvergleichend: *M. Klöcker/U. Tworuschka* (Hg.), Ethik der Weltreligionen, 2005; alle LitV 1; *G. Streminger*, Religiös fundierte moralische Werte? AuK 2010, H. 1, 217–222, http://www.gkpn.de/Streminger_Religion_und_Werte.pdf.
39 *G. Höver*, Art. Ethik VI., Lexikon der Religionen, 3. Aufl., Freiburg i. Br. 1999 (in Anlehnung an den Moraltheologen F. Böckle).
40 S. hierzu ausführlich *P. Nowell-Smith*, in: Hoerster (Hg.), Religionskritik, 1984, 62ff., LitV 1.

8 – Aspekte religiöser Praxis: Gebet und Menschenopfer

41 *Ch. Panati*, Populäres Lexikon der religiösen Gegenstände und Gebräuche, dt. Erstausg. Frankfurt 1998.
42 So das LThK, 2. Aufl. 1960, Art. Gotteslästerung.
43 *N. Davies*, Opfertod und Menschenopfer, Frankfurt u. a. 1983; *M. M. Rind*, Menschenopfer, Regensburg 1998, LitV 1.
44 *S. Pinker*, Gewalt, Frankfurt 2011, 213, LitV 1, unter Verwendung eines Textes von J. L. Payne.
45 *Jörg Fisch*, Tödliche Rituale. Die indische Witwenverbrennung und andere Formen der Totenfolge, Frankfurt u. a. 1998.
46 Zu diesem Kapitel *N. Davies*, Opfertod und Menschenopfer, 1983, 167–178.

9 – Religion, Politik und Macht

47 Mit den heute üblichen diesbezüglichen Geschichtsfälschungen hat *C. Goldner*, Dalai Lama: Fall eines Gottkönigs, 2. Aufl., 2008, LitV 5, gründlich aufgeräumt.
48 Vgl. www.christundwelt.de/detail/artikel/ein-herz-fuer-suender/ Ausg. 46/2011.
49 DIE ZEIT v. 31.10.2012, www.zeit.de/2012/45/Griechenland-Orthodoxe/seite-2.
50 *E. Miroshnikova*, in: G. Besier/H. Seiwert (Hg.), Religion, Staat, Gesellschaft, 2011, Heft 1, 53–78; DIE ZEIT v. 16.8.2012, www.zeit.de/2012/34/Putin-Orthodoxe-Kirche; DIE ZEIT v. 1.7.2010, www.zeit.de/2010/27/Autoritarismus; Deutschlandfunk v. 28.12.2012, http://www.dradio.de/dlf/sendungen/hintergrundpolitik/1961616/.

10 – Religiöser Fundamentalismus, Extremismus, Weltfriede

51 Vgl. statt aller näher *G. Czermak*, Lexikonartikel Fundamentalismus und Islamismus, in: Religion und Weltanschauung in Gesellschaft und Recht, 2009; *K. Kienzler*, Der religiöse Fundamentalismus, 1996; *Th. Meyer* (Hg.), Fundamentalismus in der modernen Welt, 1989, jeweils LitV 1.
52 *K. Kienzler*, Der religiöse Fundamentalismus, 1996, 38f.
53 Zum Ganzen *B. Lewis*, Treibt sie ins Meer, Frankfurt/Berlin 1987, 137–165
54 Zur koranischen Judendiskriminierung *A. Pfahl-Traughber*, Die Islamismuskompatibilität des Islam, in: G. Batz (Hg.), Islamismus 2007, 62–78 (LitV 5).
55 *V. und V. Trimondi*, Krieg der Religionen, 2006, LitV 5; *H. G. Kippenberg*, Gewalt als Gottesdienst, 2008, Kap. 6–8, LitV 1.
56 IHEU-Forschungs-Report „Freedom of Thought 2012: A Global Report on Discrimination Against Humanists, Atheists and the Non-religious", inhaltliche Hinweise unter http://iheu.org/article-categories/victims-religious-persecution.

11 – Religion, Gewalt und Krieg

57 *G. Baudler*, Gewalt in den Weltreligionen, 2005; *H. G. Kippenberg*, Gewalt als Gottesdienst, 2008; *S. Pinker*, Gewalt, 2011, 1004–1006; jeweils LitV 1.

58   A. *Angenendt*, Toleranz und Gewalt, 2008, 412, LitV 2 und 3.
59   Zur religiösen Ideologie des Nationalsozialismus aus der Fülle der Literatur: *C.-E. Bärsch*, Erlösung und Vernichtung, München 1987 und *M. Ley*, Genozid und Heilserwartung, Wien 1993, 185 ff.
60   *M. Schmidt-Salomon*, in: MIZ 2000, H. 4, LitV 1.
61   *H. Maier*, Politische Religionen. Die totalitären Regime und das Christentum, Freiburg 1995, hier 9 ff.; *A. Pfahl-Traughber*, Waren Kommunismus und Nationalsozialismus politische Religionen?, in: humanismus aktuell 3 (1998), 60–66.
62   Daran ändert auch die umfangreiche solide Untersuchung von *M. A. Weingardt*, Religion macht Frieden, bpb, o. J. (2007), nichts. Der Autor zeigt anhand von ca. 40 Fallbeispielen auf, wie Aktivitäten religionsbasierter Akteure im 20. Jh. aufgrund von Vertrauen und speziellen Möglichkeiten weltweit entscheidend zu Friedensschlüssen beigetragen haben.

12 – Religions- und Kirchenstatistik, Kirchensoziologie

63   www.remid.de.
64   http://hpd.de/node/14653 (jeder Sechste ohne Religion).
65   Zu Details s. www.bpb.de/nachschlagen/zahlen-und-fakten/europa/70645/religioeser-und-spirittueller-glaube.
66   Selbst in den USA ist der Glaube an „Gott" in den letzten Jahren deutlich zurückgegangen.
67   www.bpb.de/nachschlagen/zahlen-und-fakten/europa/70652/europaeische-werte; s. auch http://hpd.de/node/12867.
68   www.fowid.de.
69   Der von den einschlägigen Landesgesetzen fälschlich, aber absichtsvoll so genannte „Kirchenaustritt" ist rechtlich keine Erklärung (auch) gegenüber der Glaubensgemeinschaft, sondern ausschließlich eine Erklärung gegenüber den staatlichen Organen, er dürfe künftig keine rechtlichen Folgerungen aus einer etwaigen Zugehörigkeit zu einer Religionsgesellschaft ziehen. Praktisch bedeutet das im Wesentlichen, dass der Erklärende keine Kirchensteuer mehr zahlen muss. Ob die Religionsgemeinschaft daraus intern Folgerungen zieht, geht den Staat nichts an. In der großen Mehrzahl der Fälle haben sich die „Austretenden" aber auch innerlich von der Religionsgemeinschaft gelöst. Näher zur Begriffskritik *G. Czermak*, Lexikon, Artikel Kirchenaustritt, in: Religion und Weltanschauung in Gesellschaft und Recht, 2009, und *ders.*, Religions- und Weltanschauungsrecht, 2008, 124–126; s. LitV 1.
70   So das Allensbacher Jahrbuch der Demoskopie 10 [1993–1997], 1997, 257 ff.
71   Vgl. KNA v. 17.6 1997.
72   Tabellen: s. fowid-Archiv, Gottesvorstellung nach Religionszugehörigkeit 2002.
73   *M. N. Ebertz*, Kirche im Gegenwind, 3. Aufl., Freiburg 1999.
74   S. die Aufbereitung in www.fowid.de, Datenarchiv zu den Datengruppen der Konfessionslosen bzw. Nichtgläubigen. Vgl. *K. Hurrelmann/M. Albert*, Jugend 2006, 15. Shell Jugendstudie, 2006.
75   Vgl. *M. Kamann* in: Die Welt v. 12.11.2002: „Unbeliebter als die Telekom".
76   *Bertelsmann-Stiftung*, Religionsmonitor 2013. Religiosität und Zusammenhalt in Deutschland (Verf. Detlef Pollack und Olaf Müller, siehe http://religionsmonitor.de/pdf/Religionsmonitor_Deutschland.pdf . Kurzbericht www.tagesspiegel.de/politik/leben-ohne-gott-was-nach-der-religion-kommt/8135674.html (29.42013).
77   http://hpd.de/node/3483 (zum Religionsmonitor 2008).

13 – Religionen als Integrationsfaktor?

78   S. zur Kritik am Projekt Weltethos *R. Spaemann*, Weltethos als Projekt, in: Merkur 50 (1996), 891–904; s. auch *H.-B. Gerl-Falkovitz*, Vom Nutzen und Nachteil des Weltethos, in: Die Politische Meinung 395/02, 44 ff.
79   *E.-W. Böckenförde*, Die Entstehung des Staates als Vorgang der Säkularisation (1967), jetzt in: *ders.*, Der säkularisierte Staat, 2007, 71. S. zur Problematik der Integration durch Religion

näher *G. Czermak*, Religions- und Weltanschauungsrecht, 2008, 33 ff.; krit. zum Böckenförde-Dilemma, auch zu seinem Missbrauch, *G. Czermak*, http://hpd.de/node/8543.

80 S. speziell zum Christentum *Armin Pfahl-Traughber*, Haben die modernen Menschenrechte christliche Grundlagen und Ursprünge? Kritische Reflexionen zu einem immer wieder postulierten Zusammenhang, in: humanismus aktuell, H. 5 (1999), 66–77; zum Islam *G. Czermak*, Islam und Menschenrechte. Klarstellungen zur interkulturellen Verständigung, in: AuK, Sonderheft 13 „Islamismus", 2007, 136–143.

81 *D. Doering*, Religion und freiheitlich säkularer Staat, in: APuZ 13–14/2013, 11–14.

B – Geschichte des Christentums im Überblick

1 – Hauptinhalte und Fundamentalkritik des Christentums

82 Quelle: www.mainpost.de/nachrichten/kultur/kultur/Religionskritiker-Karlheinz-Deschner-ueber-die-Kriminalgeschichte-des-Christentums; art3809,4726314.

2 – Geschichte des Christentums: Anfänge und Schnelldurchgang

83 Entgegen der kirchlichen Lehre ist der Mensch Jesus unehelich geboren, wie aus einer Reihe von Stellen der Evangelien geschlossen werden kann: dubiose Zeugung, verächtliche Rede von einem „Sohn der Maria" (Mk 6,3 und mehrfach), Fehlen eines Vaters in der Geburtslegende bei Mt 1,18 ff.

84 Dazu im einzelnen *W. Fricke*, Standrechtlich gekreuzigt, 1988, 199–238 (LitV 2); *P. Lapide*, Jesu Tod, 1987; ferner *H. Maccoby*, König Jesus, 1982, 173–175.

85 Von ihm stammt auch der Jakobusbrief des NT, der keine paulinische Christologie enthält (klarer Monotheismus) und im Gegensatz zu Paulus die Werkgerechtigkeit betont. Er ergreift eindeutig Partei für die Armen und warnt die Reichen, was der pharisäischen Tradition entspricht. Der Brief nennt die Gemeinde „Synagoge", was z. B. der Einheitsübersetzung nicht zu entnehmen ist.

86 S. z. B. *G. Lüdemann*, Paulus, 2001; *C. Schneider*, Geistesgeschichte, 1970; *H. Maccoby*, Der Mythenschmied, 2007; *Maccoby*, König Jesus, 1982. *H. Küng*, Das Christentum, 1994, spricht immerhin von einer „paradigmatischen Wende" durch Paulus.

87 Die Sadduzäer waren die seinerzeitige konservativ-religiöse Partei. Sie standen auf der Seite der Reichen und Mächtigen, kollaborierten mit Rom und stellten die Tempelpriester. Sie glaubten nicht an ein Eingreifen Gottes und eine fortlebende Seele und akzeptierten im Gegensatz zu den Pharisäern neben der Thora keine mündliche religiöse Überlieferung.

88 Zahlreiche Stellen in 2 Kor.

89 Hierzu z. B. *R. Hernegger*, Macht ohne Auftrag, 1963, LitV 3; *C. Schneider*, Geistesgeschichte, 1970, LitV 2.

90 Dazu *K. Deschner*, Abermals krähte der Hahn, Ausg. 1900, 64–60, LitV 2, *U. Luz/A. Michaels*, Jesus oder Buddha. Leben und Lehre im Vergleich, München 2002.

91 Zum Ganzen *U. Ranke-Heinemann*, Nein und Amen, 1992, 101–121, LitV 2.

92 Neuestens: *H.-F. Weiß*, Frühes Christentum und Gnosis, Tübingen 2008.

93 Zu Ignatius näher *C. Schneider*, Geistesgeschichte, 1970, 569 f., LitV 2; auch *K. Deschner*, Der gefälschte Glaube, 2004, 181, LitV 2.

94 *G. Lüdemann*, Intoleranz, 2004, LitV 2, mit Detailanalysen neutestamentlicher Schriften.

95 *A. Angenendt*, Toleranz und Gewalt, 2008, 232 ff.

96 Näher *R. Bergmeier*, Kaiser Konstantin und die wilden Jahre des Christentums, 2010, 94–100, LitV 3.

97 *J. Burckhard*, Constantin, 2. Aufl., Basel 1880, LitV 3; *K. Deschner*, Kriminalgeschichte, Bd. 1, 1986, 213–285, LitV 2; *R. Hernegger*, Macht ohne Auftrag, 1963, LitV 3; *E. Horst*, Konstantin, 1993, LitV 3.

98 Eindrucksvoll *C. Andresen/A. Ritter* (Hg.), Handbuch der Dogmen- und Theologiegeschichte, 1998, zur Alten Kirche Bd. 1, LitV 2.
99 Zur Vergottung Jesu eingehend *K. Deschner*, Der gefälschte Glaube, 2004, LitV 2.
100 Die Existenz eines (reichlich späten) Taufereignisses ist recht unsicher, denn die (fast nicht existente) *kritische* Konstantinforschung ergibt angesichts einer Fülle an archäologisch und numismatisch (absolut erdrückendes Übergewicht heidnischer Symbole) untermauerten Tatsachen (Einweihung Konstantinopels 330 mit einem großen heidnischen Ritual; Konstantinsäule: Sol-Symbolik), dass Konstantin keineswegs Christ geworden war, sondern lebenslang der heidnischen Anschauung treu geblieben ist.
101 Vgl. dazu oben zur angeblichen Taufe Konstantins.
102 Zur machtpolitisch-brutalen Seite Konstantins *K. Deschner*, Kriminalgeschichte, Bd. 1, LitV 2, 213–285.
103 S. zum Ganzen näher *R. Hernegger*, Macht ohne Auftrag, 1963, LitV 2, 257–356.
104 *K. Deschner*, Kriminalgeschichte, Bd. 1 und 2, LitV 2.
105 *H. Ch. Lea*, Inquisition, Bd. 1, 1987, 235–237, LitV 3.
106 *K. Deschner*, Kriminalgeschichte, Bd. 3, LitV 2.
107 Dazu *R. Bergmeier*: Kaiser Konstantin, 2010, 51ff.; *ders.*, Schatten über Europa, 2012; *ders.*, Requiem für die antike Kultur, in: AuK 2009, H. 2, 207–217, http://fowid.de/fileadmin/textarchiv/Bergmeier_Rolf/Requiem_fuer_die_antike_Kultur_TA2009_1.pdf; *K. Deschner*, Kriminalgeschichte, Bd. 3, 331ff. und insb. 549ff. – S. genauere Daten unter LitV 3.
108 *R. Bergmeier*, in: AuK 2009, H. 2, 207.
109 Zitat *A. Angenendt,* Toleranz und Gewalt, 2008, 381.
110 *K. Deschner*, Kriminalgeschichte, Bd. 4, LitV 3.
111 *C. Andresen/G. Denzler*, Kirchengeschichte, Art. Kirchenstaat, LitV 3; *K. Deschner*, Kriminalgeschichte, Bd. 4, LitV 3; *H. Fuhrmann*, Überall ist Mittelalter, München 1996, 53ff.
112 Zit. nach *K. Deschner*, Kriminalgeschichte, Bd. 5, 181.
113 Statt aller *A. Angenendt*, Toleranz und Gewalt, 2008, 419ff., insb. 419–435; *K. Deschner*, Kriminalgeschichte, Bd. 6, 1999; *H. E. Mayer*, Geschichte der Kreuzzüge, 10. Aufl., 2005; *P. Milger*, Die Kreuzzüge, 5. Aufl., 2000; *P. Runciman*, Geschichte der Kreuzzüge, 4. Aufl., 2003; *H. Wollschläger*, Die bewaffneten Wallfahrten, 1973/2006., jeweils LitV 3.
114 Zur Eroberung Jerusalems 1099 eindringlich anhand von Originaldokumenten *H. Wollschläger*, Die bewaffneten Wallfahrten, 1973, 36ff., Zitat S. 38.
115 Statt aller: *L. Baier*, Die große Ketzerei, 2009. Im Übrigen ergänzend: *K. Deschner*, Kriminalgeschichte, Bd. 7, 2002, 115–165; *P. Milger*, 1988, 262–281, 5. Aufl. 2000; *J. Oberste*, 2007; eindrucksvoll, auch literarisch: *H. Wollschläger*, Die bewaffneten Wallfahrten, 1973, 163–186, jeweils LitV 3.
116 Zu diesen beiden dogmatischen Lehren, jeweils Ausdruck erstaunlicher Magie, ausführlich *K. Deschner*, Der gefälschte Glaube, 1988/2004 (LitV 2).
117 *H. Küng*, Das Christentum, 1994, 27–30, LitV 2.
118 *H. Küng*, Das Christentum, 1994, 902ff.

C – Besondere Kapitel des Christentums
1 – Religiöse Judenfeindschaft

119 S. den speziellen Abschnitt „religiöse Judenfeindschaft" unter LitV 4 a. Besonders kompakt und realitätsnah: *Theologische Realenzyklopädie*, Bd. 3, 1978, Art. Antisemitismus.
120 Vgl. *G. Lüdemann*, Ketzer, 1996, 111ff.; *R. Ruether*, Nächstenliebe und Brudermord, 1978, 112.
121 *L. Schottroff*, Kirche und Israel, 1989, 91.
122 *Theologische Realenzyklopädie*, 1978, 135.
123 Abgedruckt in: *K. H. v. Rengstorf/S. Kortzfleisch*, Kirche und Synagoge, Bd. 1, 1988, 221 und bei *G. Czermak*, Christen gegen Juden, 1997, 66ff., dort auch zur kirchlichen Gesamtsituation.
124 *R. P. Hsia*, Trient 1475, 1997, LitV 4 a.

125 Besonders wichtig: *D. I. Kertzer*, Die Päpste gegen die Juden, 2001; *O. Blaschke*, Katholizismus und Antisemitismus, 1997; *W. Jochmann*, Gesellschaftskrise und Judenfeindschaft, 1988, alle LitV 4 a; *J. Schoeps/J. Schlör* (Hg.), Antisemitismus, 1995 (Bilder!).
126 Text unter www.domus-ecclesiae.de/magisterium/mirari-vos.teutonice.html.
127 *D. I. Kertzer*, Die Päpste gegen die Juden, 2001, 115–175; Heinrich Graetz, http://www.heinrich-heine-denkmal.de/dokumente/graetz-damaskus.shtml, Auszug aus „Geschichte der Juden", Bd. 11, 2. Aufl., 1900, 481–510.
128 *D. I. Kertzer*, Die Entführung des Edgardo Mortara, München 1998.
129 Vgl. zu Österreich insb. *D. I. Kertzer*, Die Päpste gegen die Juden, 2001, 250–273 (LitV 4 a, dort auch die Zitate. Umfassend zu Österreich *F. Heer*, Der Glaube des Adolf Hitler, 1968/1989.
130 Tabellen bei *G. Czermak*, Christen gegen Juden, 1997, 295–299.
131 Beispielsweise *G. Czermak*, SEMIT-Essay in http://www.bfg-muenchen.de/cms/home/informationen/content/kirchen-und-juden.html mit Fundstellen und ausführlich in *G. Czermak*, Christen gegen Juden, 1997, 313–405, LitV 4 a; zu Benedikt XVI.: *A. Posener*, Benedikts Kreuzzug, 2009, 101–128, LitV 4 b.

2 – Das Böse und der freie Wille. Sünde, Gott und Teufel, Hirnforschung

132 Zur historischen Entwicklung immer noch grundlegend und voluminös *G. Roskoff*, Geschichte des Teufels, 1869/1987; s. ansonsten aus der Literaturfülle *A. di Nola*, Der Teufel, 1993, LitV 2; *H. Haag* (Hg.), Teufelsglaube, 2. Aufl., Tübingen 1980.
133 *M. Scala*, Der Exorzismus in der Katholischen Kirche. Ein liturgisches Ritual zwischen Film, Mythos und Realität, Diss. Theol., Wien 2009, hier 426.
134 Detaillierter Bericht der SZ vom 19.5.2008. Auf breiterer Basis aktuell *M. Wegner*, Exorzismus heute. Der Teufel spricht Deutsch, Gütersloh 2009 (eindrucksvolle Fallbeschreibungen).
135 *M. Sterkl* in DIE ZEIT online v. 2.8.2012, Letzte Rettung: Exorzismus, www.zeit.de/2012/32/A-Exorzismus-Monica-Scala; *M. Scala*, Der Exorzismus in der Katholischen Kirche, Wien 2009. Sehr informativ ist die aus dem Jahr 1976 stammende Publikation der Evangelischen Zentralstelle für Weltanschauungsfragen (EKD): Dämonenglaube und Exorzismus, www.ekd.de/ezw/dateien/EZWOB5.pdf.
136 Zitate *H. Haag*, Vor dem Bösen ratlos?, Neuausgabe 1989,15 und 16.
137 Dazu und zu und ähnlichen Versuchen *U. Schnabel*, Vermessung, 2008, 134 ff.
138 Zur deterministisch verstandenen Willensfreiheit gut verständlich *M. Schmidt-Salomon*, Jenseits von Gut und Böse, 2009, 116 ff.; Zitat S. 119 (LitV 1).
139 Zitiert nach *M. Schmidt-Salomon*, Jenseits von Gut und Böse, 2009, 117.
140 Zur Einführung: *M. Schmidt-Salomon*, Jenseits von Gut und Böse, 2009, 207 ff; kompakt und interdisziplinär der hervorragende Sammelband von *K.-J. Grün/M. Friedman/G. Roth* (Hg.), Entmoralisierung des Rechts, 2008 (LitV 1); aufschlussreich, auch zur Komplexität der Debatte und zu den großen Missverständnissen, *A. Müller* in einer Artikelreihe, die 2009/10 im humanistischen pressedienst erschienen ist, beginnend mit http://hpd.de/node/8392/ (Im Labyrinth der Willensfreiheit); Hinweis zur Debatte *P. Schulz/M. Schmidt-Salomon*, http://hpd.de/node/14230.
141 *A. Schiemann*, Risiken und Nebenwirkungen der Hirnforschung für das deutsche Strafrecht – Kann es einen freien Willen geben? Erstveröff. in: Neue Juristische Wochenschrift 2004,2056, hier zitiert nach *K.-J. Grün/M. Friedman/G. Roth*, Entmoralisierung des Rechts, 2008, 135 (LitV 1).
142 Zu den neurobiologischen Determinanten sozialwidrigen Verhaltens *M. Piefke* und *H. J. Markowitsch*, in: *K.-J. Grün/M. Friedman/G. Roth*, Entmoralisierung des Rechts, 2008, 96–130 (LitV 1).

3 – Papsttum

143 Literatur: siehe LitV 4 b, zur Einf. insb. G. *Denzler*, Das Papsttum, 1997; K. *Deschner*, Die Politik der Päpste, 1991 (umfangr.), Neuausg. 2013; I. v. *Döllinger*, Das Papsttum, ND Darmstadt 1969; H. *Fuhrmann*, Die Päpste, 1998; F. *Gontard*, Die Päpste, 1959; A. B. *Hasler*, Wie der Papst unfehlbar wurde, 1981; H. *Kühner*, Das Imperium der Päpste, 1980; P. *de Rosa*, Gottes erste Diener, 1988.

144 P. *Lapide*, Rom und die Juden, 1967 (Einleitung); D. I. *Kertzer*, Die Päpste gegen die Juden, 2001; H. *Kühner*, Der Antisemitismus der Kirche, 1976.

145 Zu Letzterem der Katholik *J. Cornwell*, Pius XII., 1999; G. *Czermak*, Christen gegen Juden, 1997, 257–274.

4 – Maria

146 Vgl. hierzu www.zeit.de/online/2006/16/radio_mariya.

147 K. *Deschner*, Abermals krähte der Hahn, Erstausg. 1962, 46. Kap., Die Gottesmutter, LitV 2; A. *Drews*, Die Marienmythe, 1928.

148 Eingehend zu Details und Widersprüchlichkeiten: U. *Ranke-Heinemann*, Nein und Amen, 3. Kap.; G. *Lüdemann*: Jungfrauengeburt?, 2008, jeweils LitV 2

149 Speziell dazu K. *Schreiner*, Maria, 2006, 40–42; E. *Jones*, Die Empfängnis der Jungfrau Maria durch das Ohr. Ein Beitrag zu der Beziehung zwischen Kunst und Religion, in: ders., Zur Psychoanalyse der christlichen Religion, Frankfurt 1971, 37–128.

150 A. v. *Harnack*, Dogmengeschichte, 1922/1991, 225 f., LitV 3.

151 B. *Kettern*, in: BBKL, Stand 2008, http://www.bautz.de/bbkl/k/Kyrillos_v_a.shtml.

152 K. *Deschner*, Kriminalgeschichte, Bd. 2, 1988, 172 ff., LitV 3.

153 Dazu eingehend K. *Schreiner*, Maria, 2006, 369–409 und K. *Deschner*, Morden mit Maria, in: ders., Opus Diaboli, 1987, 231–240, LitV 3.

154 Sehr instruktiv: D. *Höllhuber/W. Kaul*, Wallfahrt und Volksfrömmigkeit in Bayern, Nürnberg 1987.

5 – Frauen sowie Sexualität im Allgemeinen

155 S. zunächst LitV 4 c.

156 W. *Schubart*, Religion und Eros, 1941, Neuausg. 1966, Ausg. 1989, 231 ff., LitV 4 c.

157 A. *Jensen*, Gottes selbstbewußte Töchter. Frauenemanzipation im frühen Christentum?, Freiburg 1992.

158 H. *Küng*, Das Christentum, 1994, 200, LitV 2.

159 H. *Küng*, Das Christentum, 1994, 201; Binnenzitat nach K. *Thraede*, Art. Frau, in: Reallexikon für Antike und Christentum, Bd. 8, 1972, Sp. 240.

160 G. *Denzler*, Die verbotene Lust, 1988, S. 42.

161 Nachweise bei K. *Deschner*, Das Kreuz mit der Kirche, 1974, 12. Kap., LitV 4 c.

162 Das bekannte Werk von O. *Borst*, Alltagsleben im Mittelalter, Frankfurt 1983, 405 nennt wesentlich höhere Zahlen.

163 *Benedikt XVI.*, http://www.vatican.va/holy_father/benedict_xvi/audiences/2011/documents/hf_ben-xvi_aud_20110330_ge.html (Abruf 1.8 2012).

164 Zur Genitalverstümmelung: http://hpd.de/node/9927 (Abruf 1.8 2012).

165 Zum totalen Abtreibungsverbot: http://www.informationsbucro-nicaragua.org/ncu/index.php?option=com_content&view=article&id=234%3Ader-kampf-geht-weiter-gegen-das-totale-abtreibungsverbot-in-nicaragua&catid=66%3Arundschreiben-12009&Itemid=98&lang=de (Abruf 1.8 2012).

166 Vgl. zum Ganzen H. *Haag/K. Elliger*, Stört nicht die Liebe, 1990, 136 ff., LitV 4 c.

167 D. *Berger*, Der heilige Schein, 2010, 198, LitV 4 c; näher auch P. *Bürger*, http://alt.ikvu.de/html/archiv/ikvu/texte/buerger-homosexuelle-priester.html.

168 D. *Berger*, Der heilige Schein, 2010, 201.

6 – Der Priesterzölibat

169   S. LitV 4 c.
170   P. de Rosa, Gottes erste Diener, 1989, 498, LitV 4 c.
171   Siehe U. Ranke-Heinemann, Eunuchen für das Himmelreich, 1988, 114.
172   J. Goody, Die Entwicklung von Ehe und Familie in Europa, Berlin 1986, zusammenfassend 239.
173   H. Mynarek, Eros und Klerus. Vom Elend des Zölibats, München 1980, 21.
174   P. de Rosa, Der Vatikan, von Gott verlassen?, 1993, LitV. 4 c.

7 – Inquisition

175   Statt aller: J. R. Grigulevic, Ketzer – Hexen – Inquisitoren, 2. Aufl., Freiburg i. Br. 1995; s. im Übrigen LitV 3.
176   L. Baier, Die große Ketzerei, 2009.
177   Vgl. die vielen, sehr differenzierten Zahlen bei A. Angenendt: Toleranz und Gewalt, 2008, 263–294.
178   S. etwa H. Ch. Lea, Inquisition, Bd. 1, 617 ff.
179   S. zur Verfolgung der spanischen Conversos A. Angenendt: Toleranz und Gewalt, 2008, 526 ff. (Fallbeispiel 531).
180   Zitat nach P. Fredericq, Die Inquisition und die Geschichtsforschung, in: H. Ch. Lea, Inquisition, Bd. 1, 1905/1987, XXX.
181   P. Godman, Die Geheime Inquisition, 2001, 52.
182   G. Radbruch (Hrsg.), Die Peinliche Gerichtsordnung Kaiser Karls V. von 1532 (Carolina), Reclamausgabe 1962, 12 f.
183   Nach A. Angenendt: Toleranz und Gewalt, 2008, 285 und 289.
184   A. Angenendt: Toleranz und Gewalt, 293 f.
185   P. Godman, Die Geheime Inquisition, 2001; H. Kühner, Index Romanus, Nürnberg 1963; J. B. Scherer, Vierhundert Jahre Index Romanus. Ein Gang durch den Friedhof katholischen Geisteslebens, Düsseldorf 1957; H. Wolf, Index. Der Vatikan und die verbotenen Bücher, 2006.
186   R. Bergmeier, Schatten über Europa, 2012.
187   So z. B. der Kirchenrechtler Werner Böckenförde, in: Neue Zeitschrift für Verwaltungsrecht, 1998, 810–814.

8 – Hexenverfolgung

188   S. LitV 3. Statt aller: W. Behringer (Hg.), Hexen u. Hexenprozesse in Deutschland, 2000 (Quellen); R. Beier-de Haan/R. Voltmer/F. Irsigler (Hg.), Hexenwahn, 2002 (grundlegend); J. Dillinger, Hexen und Magie,2007; R. van Dülmen (Hg.), Hexenwelten,1987; H. Kramer (Institoris), Der Hexenhammer, 2000 (Erstdruck 1487); B. P. Levack, Hexenjagd,2003; S. Lorenz/J.-M. Schmidt, Wider alle Hexerei und Teufelswerk, 2004. – Eindringliches Einzelbeispiel: www.malefiz-haus.de/ (umfangreiche schreckliche Dokumentation aus Bamberg).
189   Zur Kritik an Heinsohn eingehend F. Irsigler, in: R. Beier-de Haan/R. Voltmer/F. Irsigler (Hg.), Hexenwahn, 2002.
190   Im Detail W. Behringer in: http://www.historicum.net/no_cache/persistent/artikel/826–1/
191   W. Behringer, in: R. v. Dülmen (Hg.), Hexenwelten, 1987, 15–47
192   W. Behringer, in: R. v. Dülmen (Hg.), Hexenwelten, 1987, 39
193   W. Behringer, in: R. v. Dülmen (Hg.), Hexenwelten, 1987, 39 ff.

9 – Sklaverei

194   U. Bitterli, Alte Welt – Neue Welt, 1986 und E. Flaig, Weltgeschichte der Sklaverei, 2009, jeweils LitV 3; O. Langer, Sklaverei in Europa während der letzten Jahrhunderte des Mittelalters. Wissenschaftliche Beilage zu dem Programm des Gymnasiums zu Bautzen Ostern 1891, Bautzen 1891 (auch in: http://www.digitalis.uni-koeln.de/Langer/langer_index.html ; reichhaltige

kirchenhistorische Dokumentation); *J. Maxwell*, Slavery and the Catholic Church, Chichester/ London 1975; *.M Zeuske*, Sklaven und Sklaverei, 2006, LitV 3.
195 *O. Langer*, Sklaverei in Europa, 1891, 44 m. N.
196 *A. Angenendt*: Toleranz und Gewalt, 2008, 205 ff., 224–226, LitV 3.

10 – Kirchen und Juden im Nationalsozialismus

197 Literaturauswahl: s. LitV 4 e; ergänzend LitV 4 a.
198 Zu Stöcker eindringlich *G. Brakelmann/M. Greschat/W. Jochmann*, Protestantismus und Politik. Werk und Wirkung Adolf Stoeckers, Hamburg 1982, das Zitat S. 106.
199 Jüdisches Museum der Stadt Wien (Hg.), Die Macht der Bilder, 1995, LitV 4 a.
200 Zum Ganzen *W. Jochmann*, Gesellschaftskrise und Judenfeindschaft, 1988, 149 f., LitV 4 a; *K. Scholder*, Die Kirchen und das Dritte Reich, Bd. 1, Frankfurt u. a. 1977, LitV 4 e. Dort auch das Zitat und die Entwicklung im Detail, 124–150.
201 *G. Ginzel*, Auschwitz als Herausforderung für Juden und Christen, 1980, 219.
202 *Hans Globke* war unter Adenauer bis zu dessen Amtsniederlegung 1963 graue Eminenz im Bundeskanzleramt und zentrale Kontaktperson der CDU mit erheblichem Einfluss auf die Bundespersonalpolitik.
203 Siehe die Arbeiten von *H. Missalla*, Für Gott, Führer und Vaterland, 1999 und *H. Prolingheuer/T. Breuer*, Dem Führer gehorsam, 2005. Vgl. auch *W. Klosterhalfen*, Morden mit Gott: Hitlerverehrung und Kriegshetze von deutschen Kirchenführern, www.reimbibel.de/ Kirche-im-Dritten-Reich.htm.
204 Tabellen bei *G. Czermak*, Christen gegen Juden, 1997, 295–299.
205 Faksimile bei *K. Scholder*, Die Kirchen zwischen Republik und Gewaltherrschaft, 1988, darin: Ein Requiem für Hitler, 228–238, dort 236 f.
206 *D. Wyman*, Das unerwünschte Volk. Amerika und die Vernichtung der europäischen Juden, erw. Neuausgabe, Frankfurt 2000; ungewöhnlich reichhaltige Dokumentation.
207 Vgl. dazu statt aller das Opus Magnum von *R. Hilberg*: Die Vernichtung der europäischen Juden. Die Gesamtgeschichte des Holocaust, 3 Bde., Frankfurt 1990 (Fischer-TB).
208 *N. Lo Bello*, Vatikan im Zwielicht, Düsseldorf/Wien 1983, 72.
209 Zusammenfassend *G. Czermak*, Christen gegen Juden, 1997, 313–342.
210 SZ v. 17.3 1998, 4
211 S. aber zur Einführung: *K. Richter* (Hg.), Die katholische Kirche und das Judentum. Dokumente von 1945–1982, Freiburg u. a. 1982.
212 *H. Kühner*, Der Antisemitismus der Kirche, 1976, LitV 4 a, dort S. 13: „Ganze kirchliche Literaturen sind seit 1945 bemüht, jede Andeutung von Mitschuld und Mitverantwortung weit von sich zu weisen und jeder sachlichen Dokumentation [...] Wert, Gewicht und zum Teil wirklich christliches Bemühen um Erkenntnis pauschal abzusprechen und als Kirchenfeindschaft auszulegen, was der Wahrheitsfindung dient." Bis heute akzeptiert die Amtskirche nur ein Versagen vieler einzelner Katholiken, aber niemals „der Kirche", die ja vom Heiligen Geist getragen ist.
213 So wurde das streng wissenschaftliche, brisante Buch des amerikanisch-jüdischen Politologen *G. Lewy*, Die katholische Kirche und das Dritte Reich, München 1965, systematisch selbst aus den Literaturverzeichnissen von Publikationen mit wissenschaftlichem Anspruch verbannt. Es handelt sich wesentlich um das Ergebnis von Quellenforschung. Elf deutsche Diözesanarchive konnten vollständig ausgewertet werden.

11 – Katholische Kirche und moderne Diktaturen

214 *K. Deschner*, Die Politik der Päpste im 20. Jahrhundert, 2013, LitV 4 b.
215 Zum Ganzen LitV 4 d, zum Nationalsozialismus der Abschnitt C 10.
216 *W. L. Bernecker*, Religion in Spanien, Gütersloh 1995, 85.
217 Vgl. *D. J. Goldhagen*, Die katholische Kirche und der Holocaust, 2002, 89 m. N.

218 http://www.n-tv.de/politik/Messe-fuer-Faschisten-article262779.html; vgl. zur Deportation von 60 000 Juden 1942 www.zukunft-braucht-erinnerung.de/holocaust/deportations-und-vernichtungspraxis/653-aktion-david-vor-65-jahren-wurden-aus-der-slowakei-60000-juden-deportiert.html (2007).
219 Vgl. zur Affäre Touvier etwa *J. Rovan*, in: DIE ZEIT v. 25.3 1994, http://www.zeit.de/1994/13/ein-kleiner-gehilfe-des-hitler-regimes.
220 Zur Literatur s. LitV 4 f. Besonders genannt seien hier *V. Dedijer*, Jasenovac – das jugoslawische Auschwitz und der Vatikan, 1988/2001 (erschütternd, zahlr. Fotos und Dok.); *K. Deschner*, Die Politik der Päpste im 20. Jahrhundert, 1991; *U. Goni*, Odessa: Die wahre Geschichte, 2006; *L. Hory/M. Broszat*, Der kroatische Ustascha-Staat 1941–1945, 1964; *Z. Milo*, Im Schatten des Dritten Reiches, 2006; *E. Paris*, Genocide in Satellite Croatia 1941–1945, 1962; *M. Shelah*, Christian Confrontations with the Holocaust,1989; *ders.*, Art. Croatia, in: Encyclopedia of the Holocaust, 1990; *H. Stehle*, Pässe vom Papst?, 1984; *H. Sundhausen*, Geschichte Jugoslawiens, 1982.
221 *V. Dedijer*, Jasenovac – das jugoslawische Auschwitz und der Vatikan, 1988/2001
222 *C. Falconi*, Das Schweigen des Papstes, 1965, 502, Anm. 237, LitV 4 f.
223 *C. Falconi*, Das Schweigen des Papstes, 1965, 362, LitV 4 f.
224 Nachweise bei *L. Hory/M. Broszat*, Der kroatische Ustascha-Staat, 1964, LitV 4 f.
225 *V. Straßner*, Die offenen Wunden Lateinamerikas, 2007.
226 Dazu SPIEGEL v. 16.3 1981, http://www.spiegel.de/spiegel/print/d-14319648.html.
227 S. den Bericht im SPIEGEL v. 6.4 1987, www.spiegel.de/spiegel/print/d-13521302.html. Dort auch zu den Folterungen.
228 Der Tagesspiegel v. 23.07.2010, www.tagesspiegel.de/politik/chiles-kirche-fordert-gnade-fuer-ex-militaers/1889104.html.
229 Eingehend *A. Krims*, Karol Wojtyla, 1986,128–149
230 *J. Glüsing*, Fromme Folterknechte, in: SPIEGEL v. 8.10.2007, www.spiegel.de/spiegel/print/d-53203475.html; *M. Kuhnert*, In der Klemme. Die Kirche in Argentinien ringt mit der Vergangenheit, in: Herder-Korrespondenz, 2008, H. 4, www.schattenblick.de/infopool/religion/christen/rclat049.html; *Th. Seiterich*, Segen für die Mörder. Argentinien: Katholische Traditionalisten unterstützten die Militärdiktatur und beteiligten sich am Massenmord, in: Publik-Forum Nr. 5/2009, 37; *V. Straßner*, Die offenen Wunden Lateinamerikas, 2007, LitV 4 d; *H. Verbitsky*, L'isola del silenzio. Il ruolo della Chiesa nella dittatura argentina, 2006; *ders.*, The Silence: from Paulo VI. to Bergoglio. The secret links between the Church and the Navy Mechanics School, 2005.
231 *H. Verbitsky*, The Flight: Confessions of an Argentine Dirty Warrior, 1996.
232 Vgl. *M. Kuhnert*, in: Herder-Korrespondenz, 2008, H. 4.

12 – Völkermord in Ruanda und katholische Kirche

233 Knappe Gesamtinformation: www.gfbv.it/3dossier/africa/ruanda-dt.html (Gesellschaft für bedrohte Völker, 1994). Mehrere Kurzartikel in: *G. Heinsohn*, Lexikon der Völkermorde, Reinbek 1998; *A. Des Forges*, Kein Zeuge darf überleben. Der Genozid in Ruanda, Hamburg 2002 (monumental); *L. Melvern*, Ruanda. Der Völkermord und die Beteiligung der westlichen Welt, München 2004; *Ch. P. Scherrer*, Der apokalyptische Völkermord in Rwanda und die Rolle der internationalen Gemeinschaft, in: J. Calließ/C. Merkel (Hg.), Peaceful Settlement of Conflicts – A Joint Task for International Organisations, Governments and Civil Society, 2 Bde., Loccum 1995 (Loccumer Protokolle 24/95); *B. Schwarz*, Mit Weihrauch und Machete, in: SPIEGEL v. 3.12 2000; *M. A. Weingardt*, Religion macht Frieden. Das Friedenspotential von Religionen in politischen Gewaltkonflikten, Bonn o. J. (2007), bpb, das Fallbeispiel Ruanda 310–316 (Lit.). Der protestantische Autor ist Mitarbeiter der Stiftung Weltethos. Er erläutert auch die eindrucksvollen Friedensbemühungen der ruandischen Muslime.
234 *M. A. Weingardt*, Religion macht Frieden, o. J., 311 unter Bezugnahme auf die Dokumentation www.gfbv.it/3dossier/africa/ruanda/ruan-de.html.

235 *R. Hennig*, The Cross and the Genocide. The Involvement of Christian Societies in the Rwandan Genocide, www.afrol.com/Countries/Rwanda/backgr_cross_genocide.htm; weitere Nachw. bei *M. A. Weingardt*, Religion macht Frieden, o. J., 312 Fn. 1288.
236 *C. Scherrer*, in: www.gfbv.it/3dossier/africa/ruanda-dt.html (1994).
237 Näher SPIEGEL v. 3.12000, s. Eingangsfußnote, dort auch das Zitat, vgl. http://www.spiegel.de/spiegel/print/d-15348789.html.

13 – Heiligenverehrung und Kirchenpolitik, insbesondere seit 1900

238 *A. Angenendt*, Heilige und Reliquien. Die Geschichte ihres Kultes vom frühen Christentum bis zur Gegenwart, München 1997; *D. Bauer/P. Dinzelbacher* (Hg.), Heiligenverehrung in Geschichte und Gegenwart, Ostfildern 1990; *H. Kaindl*, Zwischen Ehrfurcht und Schauder. Reliquienkult gestern und heute, Graz 2005; *U. Marckhoff*, Das Selig- und Heiligsprechungsverfahren nach katholischem Kirchenrecht, Münster u. a. 2002; *B. Schimmelpfennig/G. Kreuzer/S. Weiß*: Papsttum und Heilige. Kirchenrecht und Zeremoniell, Neuried 2005.
239 Dazu *I. Finkelstein/N. A. Silberman*: Keine Posaunen vor Jericho. Die archäologische Wahrheit über die Bibel, München 2002.
240 Die bald begonnenen umfangreichen Sammlungen mit Verfolgungsdokumentationen in Märtyrerakten sind nur teilweise erhalten.
241 Sehr detailliert *K. Deschner*, Kriminalgeschichte, Bd. 3, Reinbek 1990.
242 *P. Hertel*, Geheimnisse des Opus die, Freiburg i. Br. u. a. 1995, darin P. Eicher S. 166–188, Zitat 183. Im Übrigen: *W. Beinert* (Hg.), „Katholischer" Fundamentalismus. Häretische Gruppen in der Kirche?, Regensburg 1991; *P. Hertel*, Schleichende Übernahme. Das Opus Dei unter Papst Benedikt XVI, Oberursel 2007 (Publik-Forum); Grundtext: *J. Escrivá de Balaguer*, Der Weg, 10. Aufl., Köln 1982. Kompakt mit Lit.: *G. Czermak*, Art. Opus Dei, in: ders., Religion und Weltanschauung, 2009, LitV 1.
243 Zu Stigmatisierungen und vielen mit Padre Pio verbundenen Themen *B. Harder*, Pater Pio und die Wunder des Glaubens, München 2003.
244 *D. I. Kertzer*, Die Entführung des Edgardo Mortara. Ein Kind in der Gewalt des Vatikans, München 1998.
245 Dazu die Angaben unter LitV 4 b, insbesondere die Arbeiten von *A. B. Hasler*; Gesamtzusammenhang kompakt: *G. Czermak*, Art. Kirchenrecht, katholisches, in: ders., Religion und Weltanschauung, 2009.
246 *C. Hitchens*, http://monde-diplomatique.de/pm/1996/11/15/a0280.text.name,askhJ8sdZ.n,43 (dt. Übers.).
247 *T. Terzani*, in http://www.spiegel.de/spiegel/print/d-9121882.html (1996, H. 47); differenzierend. Kritisch informativ auch http://www.heise.de/tp/artikel/15/15888/1.html (Erik Möller, 19.10.2003).
248 Auch hierzu die intensive ausführliche Untersuchung von *Werner Fischer*, Mutter Teresa. Ein Heiligkeitsmodell kritisch betrachtet. München 1985 (dtv). Dort Fischer zusammenfassend S. 151: „Mutter Teresa und ihren Schwestern geht es bei ihrem sozialen Engagement ganz offensichtlich nicht darum, die Ursachen der Not zu beseitigen."
249 Vgl. dazu www.epochtimes.de/160599_der-engel-der-armen-hatte-glaubenszweifel.html sowie *J. Roß*, in DIE ZEIT v. 13.92007, auch unter www.zeit.de/2007/38/ST-Mutter-Theresa.
250 Vorläufig wird zur kritischen Analyse verwiesen auf *K. Deschner*, Johannes Paul II., in: ders., Die Politik der Päpste im 20. Jh., Reinbek 1991, 545–591, jetzt aktual. Aschaffenburg 2013; *H. Herrmann*, Papst Wojtyla, 1983; *A. Krims*, Karol Wojtyla, 1986; *H. Mynarek*, Der polnische Papst, 2005; s. LitV 4 b.
251 Zitat und zum Folgenden *Ch. Kohl*, in: SZ v. 5.10.2001.
252 Vgl. *A. Groß*, Gehorsame Kirche, ungehorsame Christen im Nationalsozialismus, 2000.
253 *J. Kuropka* (Hg.), Streitfall Galen. Studien und Dokumente, Münster 2007; *S. Rahner/F.-H. Richter/S. Riese/D. Stelter*, „Treu deutsch sind wir – wir sind auch treu katholisch." Kardinal von Galen und das Dritte Reich, Münster 1987; *M.-C. Sandstede-Auzelle/G. Sandstede*, Clemens

August Graf von Galen. Bischof von Münster im Dritten Reich, Münster 1986; *H. Wolf*, Clemens August Graf von Galen: Gehorsam und Gewissen, Freiburg 2006.

254 Das verfassungsändernde Ermächtigungsgesetz vom 23. März 1933 kam aber nur durch gewalttätiges Vorgehen der Nazis zustande, weil alle 81 gewählten KPD-Abgeordneten nach Mandatsannahme verhaftet worden waren, 26 SPD-Abgeordnete von der Abstimmung ferngehalten wurden und das katholische Zentrum vor seiner Selbstauflösung aus kirchentaktischen Gründen zustimmte. Details dazu *H. Jäckel*, in: DIE ZEIT v. 18.3 1983.

255 Dazu und zur Kritik an der kirchlichen Haltung http://www.heise.de/tp/artikel/26/26502/1.html.

14 – Reformation und Protestantismus

256 *C. Andresen/A. M. Ritter* (Hg.), Handbuch der Dogmen- und Theologiegeschichte, 3 Bde (Erstausg. 1980–1984 Göttingen), 2. Aufl., Stuttgart 1998 und öfters, hier: Bd. 2 (UTB); *G. Besier*, konzern kirche. Das Evangelium und die Macht des Geldes, Neuhausen-Stuttgart 1997; *K. Deschner*, Kriminalgeschichte, Bd. 8 und 9, LitV 2; *Evangelisches Staatslexikon*, 3. Aufl., 1987, Art. Protestantismus, Reformation; *R. Faber/G. Palmer* (Hg.), Der Protestantismus – Ideologie, Konfession oder Kultur?, Würzburg 2003; *F. W. Graf*, Der Protestantismus. Geschichte und Gegenwart, München 2006; *K. Kienzler*: Der religiöse Fundamentalismus, 1996; *H. Küng*, Das Christentum, München 1994, 602–741; *H. Mynarek*, Luther ohne Mythos, 2012, LitV 2; *H. Schilling*, Aufbruch und Krise. Deutschland 1517–1648, 4. Aufl., Berlin 1994.

257 *R. Schnackenburg*, LThK 2. Aufl., Art. Prädestination I, 1963.

258 Die letztgenannten Zitate nach *K. Deschner*, Kriminalgeschichte, Bd. 9, 73, LitV 2.

259 http://de.wikipedia.org/wiki/Konkordienformel.

260 *C. Andresen/A. Ritter* (Hg), Handbuch, 1998, LitV 2.

261 *G. Besier*, konzern kirche, 1997, 140.

262 *G. Besier*, konzern kirche, 1997, 154.

15 – Bibel, Bibelwissenschaft, Bibelpraxis

263 *H. Conzelmann*, Zur Methode der Leben-Jesu-Forschung, in: Die Frage nach dem historischen Jesus, Zeitschrift für Theologie und Kirche, Jg. 56, 1959, Beiheft 1, 8.

264 Dazu statt aller *I. Finkelstein/N. A. Silberman*, Keine Posaunen, 2002; *G. Lüdemann*, Altes Testament, 2006, 59–146 (mit Quellen- und Redaktionskritik). Vgl. zum Folgenden das LitV 2.

265 *G. Mensching*, Die Weltreligionen, 1981, 157 ff.; s. die AT-Bücher Tobit und Baruch; *A. di Nola*, Der Teufel, 1993; zum NT belegreich *G. Roskoff*, Geschichte des Teufels, Nachdruck 1987, 1. Band, 199–212.

266 Vgl. zum Ganzen *I. Finkelstein/N. A. Silberman*, Keine Posaunen vor Jericho, 2002, 296 ff.

267 Vgl. zum Gewaltproblem *G. Lüdemann*, Das Unheilige, 1996, 39–74 sowie *F. Buggle*, Denn sie wissen nicht, 2004, mit einer sehr fundstellenreichen Dokumentation (Ergebnis: die Bibel ist ein gewalttätig-inhumanes Buch).

268 *L. Trepp*, Die Juden, 1998, 224.

269 Dazu eindrucksvoll statt aller *F. Buggle*, Denn sie wissen nicht, 2004.

270 Zum Ganzen eindrucksvoll und mit zahllosen Details *I. Finkelstein/N. A. Silberman*, Keine Posaunen vor Jericho, 2002, das Zitat S. 86.

271 *G. Lüdemann*, Altes Testament, 2006, 13–57.

272 *Celsus*, Gegen die Christen, München 1991 (älteste Streitschrift antiker Weltanschauung; erste wiederhergestellte deutsche Ausgabe Zürich 1873).

273 Zur Entstehung des NT-Kanons ausführlich *G. Lüdemann*, Ketzer, 1996, 202–216 und, in vorrangig soziologischer Intention, eindrucksvoll *A. Mayer*, Der zensierte Jesus, 1983, 157–213.

274 *A. v. Harnack*, Dogmengeschichte, 1922/1991, 77.

275 Erst neuerdings wurden international die Arbeiten am 1844 aufgefundenen und durch weitere Funde von 1975 ergänzten Codex Sinaiticus aus dem 4. Jh. (Fundort: Sinai, Katharinenkloster),

dem bisher ältesten umfangreichen Bibeltext, aufgenommen und vorläufig durch Digitalisierung und Veröffentlichung abgeschlossen, siehe http://hpd.de/node/7389 (2009). Das vollständig erhaltene NT enthält teilweise wichtige Abweichungen vom traditionellen Text. So wird die Auferstehung nicht durch die Evangelien bestätigt.

276 R. *Bultmann*, Neues Testament und Mythologie, 1941, 20
277 H. *Haag*, Streit um die Bibel unter fünf Päpsten, in: ders., Mein Weg mit der Kirche, 1991, 31.
278 Zusammenfassend auf der Basis von I. *Finkelstein*/N. A. *Silberman*, Keine Posaunen vor Jericho, 2002 G. *Czermak*, in: http://fowid.de/fileadmin/textarchiv/Czermak_Gerhard/Hebraeische_Bibel_TA2005_14.pdf.
279 Dazu die große Untersuchung von G. *Lüdemann*, Jesus, 2000.
280 Zusammenstellung von Widersprüchlichkeiten des NT: H. *Braun*, Gesammelte Studien zum Neuen Testament und seiner Umwelt, Tübingen 1962, 310ff., 325ff.; E. *Käsemann*, Exegetische Versuche und Besinnungen, Bd. 1, 2. Aufl., 1960, 214ff.
281 Quelle: http://hpd.de/node/3490.
282 G. *Lüdemann*, in Welt am Sonntag v. 8.1 2006.
283 K.-P. *Jörns*, Die neuen Gesichter Gottes, 1997, LitV 2.
284 R. *Augstein*, Jesus, 1999.
285 F. *Buggle*, Denn sie wissen nicht, 2004, insb. die Auseinandersetzung mit Hans Küng.
286 J. *Kahl*, Elend, 1993.
287 G. *Lüdemann*, Altes Testament, 2004, 147ff.

16 – Religiöse Erziehung und ihr Missbrauch

288 R. *Cantzen* (Hg.), Ich bin hinter dir. Katholische Internatsgeschichten, Aschaffenburg 2012; L. *Lütkehaus*, Kindheitsvergiftung. Ketzereien, erw. Neuaufl., Aschaffenburg 2012; C.-H. *Mallet*, Untertan Kind. Nachforschungen über Erziehung, Ismaning 1987; K. *Rutschky* (Hg.): Schwarze Pädagogik. Quellen zur Naturgeschichte der bürgerlichen Erziehung, Berlin 1977 (Neuausg. 1997).
289 Klassiker pietistischer Erziehung: T. *Moser*, Gottesvergiftung, Frankfurt 1980.
290 A. *Dröge*, Zum Teufel mit der Kirche. Stationen einer Gehirnwäsche, in: D. Scherf (Hg.), Der liebe Gott sieht alles, Frankfurt 1984, 65.
291 Vgl. J. *Frick*, Das sollen Kinder glauben?! Eine kritische Analyse von Kinderbibeln aus psychologischer Sicht, in: MIZ 2003, H. 1, 3–9.
292 www.fr-online.de/panorama/christliche-kinderheime-naechstenhiebe,1472782,3329290.html. Lit.: B. *Frings*/U. *Kaminsky*, Gehorsam – Ordnung – Religion. Konfessionelle Heimerziehung 1945–1975, Münster 2011; A. M. *Homes*, Prügel vom lieben Gott. Eine Heimbiografie, Aschaffenburg 2012 (Neuausgabe des Originals von 1981 mit eingehend aktualisierendem Vorwort); umfangreich die Serie „Deutschland Deine Kinder" in www.hpd.de (2010–2012).
293 Gehaltvoll zur Gesamtproblematik des Sexualmissbrauchs in der katholischen Kirche R. *Sipe*, www.aha.lu/index.php?option=com_content&view=article&id=128&Itemid=20 und http://hpd.de/node/10999 vom 19.12011 (Abruf 9.62012). Sipe sammelte seit 1960 Daten über zölibatäre und sexuelle Verhaltensweisen und Praktiken der Priester und lehrte an führenden katholischen Seminaren. Seine einschlägige Studie wurde 1990 veröffentlicht. Siehe auch R. *Sipe*, Sexual Abuse in the Catholic Church: A Decade of Crisis, 2002–2012.
294 Eindringlich zur Inhumanität staatlicher Religionsbücher aus jüngerer Zeit mit ihren an Kinder gerichteten Drohungen F. *Buggle*, Denn sie wissen nicht, 2004, 381–395, LitV 2.
295 Dazu G. *Czermak*, Art. Christliche Schulpolitik, in: ders., Religion und Weltanschauung, 2009, LitV 1, mit Querverweisen. Umfassend G. *Czermak*, Öffentliche Schule, Religion und Weltanschauung in Geschichte und Gegenwart der Bundesrepublik Deutschland, in: Kirche und Religion im sozialen Rechtsstaat. FS für Wolfgang Rüfner zum 70. Geburtstag (hg. v. Stefan Muckel), Berlin 2003, 79–109; neuerdings: R. *Ponitka* (Hg.), Konfessionslos in der Schule, 2013 (mit Zusammenstellung der höchstrichterlichen Rechtsprechung).

296 Der Tagesspiegel v. 2.7.2010, www.tagesspiegel.de/wissen/stoerende-religionskritik-cornelsen-verlag-zieht-kapitel-aus-schulbuch-zurueck/1873076.html.

17 – Christliche Ethik?

297 K. Nowak, Das Christentum, 1997, Zitate S. 96f., LitV 2.
298 T. Halik, Christliche Werte im Wandel Europas, Vortrag Aachen, Nov. 2004, www.halik.cz/jn/christliche_werte.php (Abruf 17.12009).
299 Vgl. dazu eingehend F. Buggle, Denn sie wissen nicht, 2004 und G. Streminger, Eine Kritik der christlichen Ethik, in: AuK, 1999, H. 1, 3–26, auch unter www.fowid.de (fowid-Textarchiv TA-1999–5).
300 G. Lüdemann, Der große Betrug, 1998, und umfassend in: Jesus nach 2000 Jahren, 2. Aufl., 2004, jeweils LitV 2. *S. 308*
301 Vgl. F. Wuketits, Warum uns das Böse fasziniert, Stuttgart 1999.
302 F. Buggle, Denn sie wissen nicht, 2004, 140, LitV 2.
303 G. Lüdemann, Die Intoleranz des Evangeliums, Springe 2004.
304 R. Bultmann, Jesus, Tübingen 1926 (Nachdruck 1988), z. B. S. 78. *S. 314*
305 H. Küng, Christ sein, 1974, 669f.; in H. Küng, Das Christentum, 1994, 78f., LitV 2, lautet der neutestamentliche Schüsselbegriff christlicher Ethik die Nachfolge Christi, die Bergpredigt sei das „Herzstück der christlichen Ethik".
306 Quintessenz des mutmaßlichen Lebens Jesu, so wie es als Ergebnis historisch-kritischer Bibelwissenschaft darstellbar ist; s. G. Lüdemann, Jesus nach 2000 Jahren, 2000, 877–887, LitV 2. *S. 314*

18 – Verhalten sich religiöse Menschen besser?

307 G. S. Paul, Cross-National Correlations of Quantifiable Societal Health with Popular Religiosity and Secularism in the Prosperous Democracies: A First Look, in: Journal of Religion and Society, 2005, 1–17, http://moses.creighton.edu/JRS/2005/2005–11.html. S. auch den zusammenfassenden Kurzartikel von F. Rötzer, www.heise.de/tp/r4/artikel/21/21126/1.html vom 21.11.2005.
308 A. Müller, Religion: die neuesten Erkenntnisse (1), http://hpd.de/node/7435?page=0,0 vom 15.7.2009. Dort auch die Nachweise bzw. Links.
309 www.psychologytoday.com/blog/the-human-beast/200904/ethical-conduct-in-the-moral-right.
310 M. Spitzer, Moral und Mord im Namen Gottes? Zusammenhänge, deren Abwesenheit und Aufklärung, in: Nervenheilkunde, 2007, 545–552, auch unter http://fowid.de/fileadmin/textarchiv/Spitzer_Manfred/Moral_u_Religiositaet_TA2007_9.pdf.

19 – Kirche, Wahrheit, Wissenschaft

311 Wortlaut: http://hpd.de/node/9114.
312 G. Lüdemann, Intoleranz, 2004, 214, LitV1; dort nähere Erläuterungen im Abschnitt „Warum die Kirche lügen muss", 214–220 plus Anm.
313 Quelle: www.schmidt-salomon.de/mynarek.htm.
314 Dazu www.spiegel.de/spiegel/print/d-40781912.html vom 12.91977; eine popularisierte Fassung des Opus erschien 1981 unter dem Titel: Wie der Papst unfehlbar wurde, LitV 4 b.
315 Zum Mittelalter als Zeit der Fälschungen erhellend H. Fuhrmann, Einladung ins Mittelalter, 1987, LitV 3.
316 Intensiv zur beginnenden Kirchengeschichtsschreibung der Althistoriker R. Bergmeier in seiner kritischen Forschungsarbeit: Kaiser Konstantin, 2010, 73–85, LitV 3.
317 R. Krämer-Badoni, Judenmord, Frauenmord, Heilige Kirche, 1988, 273, LitV 1.
318 M. Schmidt-Salomon, Manifest, 2. Aufl., 2006, 29–35, Zitat S. 33, LitV 1.

20 – Theologie, Amtskirche, Machterhalt

319 R. *Bultmann*, Theologie als Wissenschaft, in: Zeitschrift für Theologie und Kirche, 1984, 467.
320 Näher G. *Czermak*, Art. Theologie und Wissenschaft, in: ders., Religion und Weltanschauung, 2009, mit Lit.
321 J. *Kahl*, Das Elend des Christentums, Neuausgabe 1993, 121.
322 Zitat aus W. *Schöpsdau*, Grundfragen der christlichen Ethik, in: MdKI 2012, 67f.
323 Zitate C. *Türcke*, Kassensturz, 1992, 136f.
324 Der blutbesudelte Kaiser Konstantin wurde, wenn überhaupt, kurz vor seinem Tod arianisch getauft, und auch sein Hofhistoriker Eusebius war Arianer. Dazu detailliert R. *Bergmeier*, Kaiser Konstantin, 2010.
325 E. *Drewermann*, Kleriker, 1989, 188, LitV 2.
326 Text in: www.payer.de/religionskritik/antimodernisteneid.htm#2.
327 Näher und differenzierend G. *Czermak*, Art. Ethikunterricht und Art. Lebensgestaltung, Ethik, Religionskunde (LER), in: ders., Religion und Weltanschauung, 2009.
328 S. ergänzend die Zitatensammlung von W. *Klosterhalfen*: www.reimbibel.de/HETZE.htm.
329 www.theology.de/religionen/friedenserklaerung-von-assisi-2011.php.
330 Die Ansprache: http://charismatismus.wordpress.com/2011/10/28/wortlaut-der-ansprache-des-papstes-in-assisi-am-27-10-2011/.
331 F. O. *Wolf*, in: www.humanismus.de/pressemitteilung/diffamierung-saekularer-gesellschaften-absurde-polemik.
332 Kardinal *Robert Sarah*, zitiert nach Gabriella Bertuccioli, siehe http://hpd.de/node/12881.
333 Jeweils *Kardinal Meisner* im Kölner Dom beim Soldatengottesdienst am 11.12007, Weltfriedenstag (!), www.erzbistum-koeln.de/export/sites/erzbistum/dokumente/erzbischof/predigten/jcm_pr_070111_soldaten-gd.pdf.
334 Bischof G. L *Müller* in: www.kath.net/detail.php?id=19940 im Zusammenhang mit ungeheuerlichen Unterstellungen gegenüber dem prominenten „atheistischen" (aber philosophisch agnostischen) Philosophen Schmidt-Salomon, die dem Bischof wegen erwiesener Unwahrheit gerichtlich untersagt wurden. Falldokumentation in www.schmidt-salomon.de/mss-mueller.htm.
335 *Günther Oettinger* bei einer CDU-Tagung am 15.12006.
336 Zahlreiche weitere Details im SPIEGEL-Bericht vom 15.81994 „Der Vatikan. Dunkle Gestalten", www.spiegel.de/spiegel/print/d-13684420.html.
337 D. *Berger*, Der heilige Schein, 2010, 125. Auch hierzu hat Berger eine Fülle an konkretem Material zu bieten. „Dieses Buch gehört zum Unglaublichsten, was derzeit über die katholische Kirche zu lesen ist", schrieb *Th. Assheuer* am 2.12.10 in DIE ZEIT.

D – Die wichtigsten nicht christlichen Religionen
1 – Judentum

338 G. *Mensching*, Die Weltreligionen, Ausg. 1981, 157ff.
339 Vgl. zum Ganzen I. *Finkelstein/N. A. Silberman*, Keine Posaunen vor Jericho, 2002, 296ff., LitV 5.
340 Vgl. zum Gewaltproblem sehr präzise G. *Lüdemann*, Das Unheilige, 1996, 39–74, sowie F. *Buggle* mit einer sehr fundstellenreichen Dokumentation. Denn sie wissen nicht, Neuausgabe 2012, beide LitV 2 (Ergebnis: die Bibel ist ein gewalttätig-inhumanes Buch).
341 Eingehend G. *Czermak*, Die hebräische Bibel im Licht neuer archäologischer Erkenntnisse. Eine Skizze anhand der Untersuchungen der Archäologen Israel Finkelstein und Neil Silberman, 2005, Download unter http://fowid.de/fileadmin/textarchiv/Hebraeische_Bibel__Gerhard_Czermak___TA-2005-14.pdf; bibelwissenschaftlich orientiert: G. *Lüdemann*, Altes Testament und christliche Kirche, 2006, LitV 2.

342 Heute haben die Jüdischen Kultusgemeinden als weitaus größte Organisation deutlich über 100 000 Mitglieder. Die Zahl der nicht organisierten säkularen Juden ist beachtlich, aber statistisch nicht erfasst.
343 So jedenfalls der Berliner Gemeinderabbiner Yitzhak Ehrenberg in DIE ZEIT v. 112.2011, 66.
344 Welt online v. 19.7 2009, www.welt.de/politik/ausland/article4149568/Der-Aufstand-der-orthodoxen-Juden-in-Jerusalem.html mit zahlreichen weiteren Details.
345 Eindrucksvoll zum fanatischen religiösen Zionismus in Ideologie und Praxis *V. und V. Trimondi*, Krieg der Religionen, 2006, 223–280, LitV 1.
346 Eingehend *V. und V. Trimondi*, Krieg der Religionen, 2006, 264–280.

2 – Islam

347 DIE ZEIT v. 1.10.2008, www.zeit.de/2008/41/P-Kalisch/komplettansicht.
348 S. LitV 5.
349 Zunächst sei auf die in LitV 5 angegebene Lit. verwiesen. Recht nützlich für einen Einstieg erscheinen *G. Batz* (Hg.), Islamismus, 2007; *A. Dashti*, 23 Jahre, 1997, 3. Aufl., 2004; *Ibn Warraq*, Warum ich kein Muslim bin, 2004. Eine Serie von ausführlichen Artikeln unter Berücksichtigung der Situation in Deutschland und Europa bietet *G. Czermak*, Religion und Weltanschauung, 2009, LitV 1.
350 Eindrucksvoll hierzu aber *S. Kalisch*, Islamische Theologie ohne historischen Muhammad, 2006, LitV 5.
351 So *A. Geus*, 2011, 74f., LitV 5.
352 Die Anmerkungen zur Frühzeit stütze ich hauptsächlich auf *S. Kalisch*, Islamische Theologie ohne historischen Muhammad, 2006.
353 So *A. Pfahl-Traughber*, in: G. Batz (Hg.), Islamismus, 2007, 68f., LitV 5, in Anlehnung an die Orientalistin *R. Wielandt*, in: Waldenfels/Oberreuter (Hg.), Der Islam, 2004, LitV 5.
354 Sehr eingehend zum Ganzen *Ibn Warraq*, Warum ich kein Muslim bin, 2004, LitV 5.
355 Zur Entwicklung in Ägypten das Interview mit *Usama Nur al-Din*, Muslimbruder, in DIE ZEIT v. 10.12 2013 (Interv. Julia Gerlach).
356 Kompakte Einführung: *C. Schirrmacher*, in: APuZ, B 48/2004, www.bpb.de/apuz/27944/frauen-unter-der-scharia.
357 Zur Menschenrechtsthematik zusammenfassend *G. Czermak*, Islam und Menschenrechte, in: AuK, Sonderheft 13 „Islamismus", 2007,136–143, auch unter www.gkpn.de/Czermak_Menschenrechte.pdf.
358 www.rationalistinternational.net/ vom 2.2 2012.
359 http://www.giordano-bruno-stiftung.de/meldung/mordaufrufe-gegen-hamed-abdel-samad m. w. N.
360 Dazu der wegen atheistischer Internet-Äußerungen im Exil lebende Marokkaner *K. El Ghazzali*, in: http://hpd.de/node/15760.
361 *R. Hassan*, Religiöse Menschenrechte im Koran, in: Gewissen und Freiheit 46/47, 1996, 58–71
362 *G. Czermak*, Islam und Menschenrechte, in: AuK, Sonderheft 13 „Islamismus", 2007, 136–143, auch unter www.gkpn.de/Czermak_Menschenrechte.pdf.
363 *S. Pinker*, Gewalt, 2011, 545f., LitV 1.

3 – Hinduistische Religionen in Indien

364 S. LitV 5. – Für wertvolle Hinweise danke ich Prof. Dr. *Vallabh Patel*, Neuburg a. D. (Vortrag am 1.4 2006); s. auch www.bfg-bayern.de/ethik/download/Hinduismus.pdf (Abruf 15 12.2012).
365 So *N. Davies*: Opfertod und Menschenopfer, 1983, 138.
366 *U. Skoda*, Kaste und Kastensystem in Indien, bpb, 2007, D70A7L, www.bpb.de/internationales/asien/indien/44414/kastenwesen?p=all.
367 *G. Blume*, Indiens sterbende Kinder. Warum das reiche Schwellenland sein Hungerproblem nicht löst, in: DIE ZEIT v. 14.4 2011, Nr. 16, www.zeit.de/2011/16/Indien-Arme.

368 www.bpb.de/internationales/asien/indien/44402/die-teilung-britisch-indiens (Verf. Michael Mann).
369 www.uni- bamberg.de/fileadmin/uni/fakultaeten/ppp_lehrstuehle/ evangelische_theologie_1/ pdf_Dateien/RBraunEthikWeltRel-Folien.pdf (Abruf 15.12.2012): Der Darstellung zu einer Vorlesungsreihe zur Ethik der Religionen ist keinerlei System zum „richtigen" Verhalten im Hinduismus unabhängig von religiösen Maximen zu entnehmen.
370 Erschütternd der ausführliche Artikel „Indien ermordet seine Frauen" von G. Blume in: DIE ZEIT v. 21.3 2013, hieraus auch die Zitate.

4 – Buddhismus

371 LitV 5. Ferner: www.buddhismuskunde.uni-hamburg.de/ zu vielen Themen (Dokumentation der Vorlesungsreihe „Buddhismus in Geschichte und Gegenwart, 2004/2005); C. Goldner, Dalai Lama – Fall eines Gottkönigs, 2., aktual. und erw. Aufl., 2008; ders. auch unter www.gottkoenig.de/?q=taxonomy/term/2.
372 Dazu A. Rodeck 2007 in der buddhistischen Zeitschrift Schattenblick, www.schattenblick.de/infopool/religion/buddha/rbpre582.html.
373 Die folgende Skizze beruht weitgehend auf L. Schmithausen, Gewalt und Gewaltlosigkeit im Buddhismus: Zur Einführung, www.buddhismuskunde.uni-hamburg.de/fileadmin/pdf/digitale_texte/Bd10-K01Schmidthausen.pdf (2006).
374 Unter IV.6.5 seiner in der vorangehenden Fußnote genannten Abhandlung.
375 Dazu G. Blume, Der Zorn der Mönche, in: DIE ZEIT v. 16.5 2013.
376 Detailliert unter www.gottkoenig.de/node/30 und www.berzinarchives.com/web/x/nav/n.html_973304666.html.
377 Dazu eingehend C. Goldner, Dalai Lama, 2008 m. N. – Gefährtin eines hohen Lamas war die Tibetologin June Campbell, die über ihre Erfahrungen ein Buch geschrieben hat, s. LitV 5 .
378 www.dharma.de/dbu/frameset.php?content=http://www.dharma.de/dbu/dbu_ziele.html.

E – Gesamtbilanz des religiösen Denkens und Handelns

379 U. Schnabel, Im Wohlfühlwahn, in: DIE ZEIT v. 29.9 2011.
380 Dazu eingehend G. Czermak, Art. Liberale Rechts- und Staatstheorie sowie Ideologie des GG, in: ders., Religion und Weltanschauung, 2009 und ders., Religions- und Weltanschauungsrecht, 2008, LitV 1.
381 www.cornwallalliance.org/articles/read/an-evangelical-declaration-on-global-warming/.
382 Näheres unter http://hpd.de/node/9927.
383 M. A. Weingardt, Religion macht Frieden. Das Friedenspotential von Religionen in politischen Gewaltkonflikten, Bonn o. J. (2007), bpb.
384 Dazu eingehend M. A. Weingardt, Religion macht Frieden, o. J. (2007), 159–180.
385 U. Neumann, Sind Christen doch die besseren Menschen? Das Märchen von der Bedeutung christlicher Wertevermittlung, in: MIZ 4/1998, http://www.ibka.org/artikel/miz98/werte.html; A. Pfahl-Traughber, Christliche oder universelle Werte?, in: MUT Nr. 466, Juni 2006, 46–54, http://fowid.de/fileadmin/textarchiv/Pfahl_Traughber_Armin/Christliche_o_universelle_Werte_TA2006_11_.pdf.
386 Nachweise zum Bisherigen bei A. Müller, http://hpd.de/node/7435 (2009). Der Artikel ist Bestandteil einer Internet-Reihe, die sich aktuell mit vielen Aspekten der Religion befasst. – Eine insgesamt negative Korrelation zwischen Religion und positivem ethischen Verhalten legt auch die Untersuchung des bekannten Psychiaters Manfred Spitzer nahe: Moral und Mord im Namen Gottes?, in: Nervenheilkunde, 2007, 545–552, http://fowid.de/fileadmin/textarchiv/Spitzer_Manfred/Moral_u_Religiositaet_TA2007_9.pdf.

F – Wo bleibt das Positive?
1 – Toleranz und Menschenrechte

387 Zur historischen Entwicklung: *H. Lutz*, (Hg.), Zur Geschichte der Toleranz und Religionsfreiheit, 1977, LitV 1; *St. Huster*, Toleranz als politisches Problem in der pluralistischen Gesellschaft, in: ARSP 91, 2005, 20–35; *G. Mensching*, Toleranz und Wahrheit in der Religion, 1955/1996, LitV 1.

388 Vgl. den Art. Toleranz, in: EvStL, 3. Aufl., 1987 und Neuausg. 2006.

389 *M. Seckler*, Religionsfreiheit und Toleranz, in: Theologische Quartalschrift, 1995, 1–18.

390 So stellt etwa der Jurist und Theologe *Horst Folkers* einen besonderen biblischen Bezug zu Grundwerten des Grundgesetzes heraus. Er schlägt den Bogen von der Befreiung durch Christus zur Freiheit als Fundament von Religion und Recht. Das Demokratieprinzip wurzle in der Gleichheit vor Gott und die Gewaltenteilung hänge mit der göttlichen Trinität zusammen, so in: Kirche und Recht, 1997, Nr. 110, 73ff.

391 *O. Höffe*, Vernunft und Recht, Frankfurt 1996, 83–105 (Kap. Christentum und Menschenrechte); wichtig auch *A. Pfahl-Traughber*, in: humanismus aktuell, H. 5, 1999, 66–77, LitV 1, auch unter http://fowid.de/fileadmin/textarchiv/Pfahl_Traughber_Armin/Menschenrechte_u_Christentum_TA1999_8.pdf.

392 *E.-W. Böckenförde*, Einleitung zur Textausgabe der „Erklärung über die Religionsfreiheit" (1968), auch in: H. Lutz (Hg.) a.a.O. 1977, 401–421.

393 *G. Czermak*, Islam und Menschenrechte. Klarstellungen zur interkulturellen Verständigung, in: AuK Sonderheft 13 „Islamismus", 2007, 136–143, auch in www.gkpn.de/Czermak_Menschenrechte.pdf.

2 – Religions- und Weltanschauungsfreiheit

394 *G. Czermak*, Religions- und Weltanschauungsrecht, Berlin/Heidelberg 2008; *W. P. Fuchs* (Hg.), Staat und Kirche im Wandel der Jahrhunderte, 1966; *E. R. Huber/W. Huber* (Hg.), Staat und Kirche im 19. und 20. Jahrhundert. Dokumente zur Geschichte des deutschen Staatskirchenrechts, 4 Bde., Berlin 1973–1988 (Standardwerk; endet mit Weimarer Zeit); *H. Lutz* (Hg.), Zur Geschichte der Toleranz und Religionsfreiheit, Darmstadt 1977; *R. Zippelius,* Staat und Kirche. Eine Geschichte von der Antike bis zur Gegenwart, 2., überarb. Aufl., Tübingen 2009.

395 Zur Weimarer Epochenwende komprimiert *G. Czermak*, Art. Religionsfreiheit I sowie Weimarer Verf. und Religion, in: ders., Religion und Weltanschauung in Gesellschaft und Recht, 2009, s. LitV 1; erhellend *D. Pirson*, Die zeitlose Qualität der Weimarer Kirchenartikel, in: FS für Hartmut Maurer zum 70. Geb., München 2001, 409–423.

396 Detailliert zum religionsrechtlichen System des GG *G. Czermak*, in: Kritische Justiz (KJ), 2000, 229–247, http://fowid.de/fileadmin/textarchiv/Czermak_Gerhard/Religionsverfassungsrecht_im_Grundgesetz_TA2000_2.pdf.

397 Zum Rechtsbereich vgl. insgesamt *G. Czermak*, Religions- und Weltanschauungsrecht, 2008; im Übrigen *ders.*, Religion und Weltanschauung, 2009, darin zahlreiche Artikel, jeweils LitV 1.

398 Kompakt mit zahlr. Nachweisen *G. Czermak*, Religions- und Weltanschauungsrecht, 2008, 112–115.

399 Dazu grundlegend *C. Frerk*, Violettbuch Kirchenfinanzen, Aschaffenburg 2010.

400 *R. Ponitka* (Hg.), Konfessionslos in der Schule, Aschaffenburg 2013.

401 Details s. *G. Czermak*, Religions- und Weltanschauungsrecht, 2008 insgesamt und *ders.*, Religion und Weltanschauung, 2009, LitV 1; *ders.*, im fowid-Textarchiv: http://fowid.de/fileadmin/textarchiv/Czermak_Gerhard/Religioes_weltanschauliche_Diskriminierung_TA2012_2.pdf (2010).

402 Besonders vielseitig: Religiöse Intoleranz und Diskriminierung in ausgewählten Ländern Europas, Teil 1, in: Religion, Staat, Gesellschaft (RSG), 2010, H. 2 und Teil 2 in RSG, 2011, H. 1 (mit Deutschland).

3 – Humanismus und weltliche Ethik

403 Literaturauswahl (s. jeweils LitV 1): *K. Bayertz*, Warum überhaupt moralisch sein?, 2004; *H. Groschopp* (Hg.), Humanismusperspektiven, 2010; *N. Hoerster*, Ethik und Interesse, 2003; ders., Religionskritik, 1984/1993; *J. Kahl,* Weltlicher Humanismus, 2005, 6. Aufl. 2012; *R. D. Precht,* Wer bin ich – und wenn ja, wie viele?, 2007; *M. Schmidt-Salomon*, Manifest, 2. Aufl., 2006; ders., Jenseits von Gut und Böse, 2009; ders., Auf dem Weg zur Einheit des Wissens, 2007; *J. Wehler*, Grundriss eines rationalen Weltbildes, 2007; *F. J. Wetz* (Hg.), Kolleg prakt. Philosophie 1 und 2, jeweils 2008; *F. M. Wuketits*, Warum und das Böse fasziniert, 1999.

404 So deutlich wie hier *W. Schild*, Art. Menschenrechte, in: Handwörterbuch religiöser Gegenwartsfragen, Freiburg u. a. 1986; eingehend *A. Pfahl-Traughber*, Haben die modernen Menschenrechte christliche Grundlagen und Ursprünge?, in: humanismus aktuell, 1999, H. 5, 66–77; *H. Hofmann*, Zur Herkunft der Menschenrechtserklärungen, in: Juristische Schulung, 1988, 841–848; auch *H. Maier*, Wie universal sind die Menschenrechte?, Freiburg i. Br. 1997, 78–91.

405 Zum Beispiel: Humanistischer Verband Deutschlands, 2001/2011, www.humanismus.de/sites/humanismus.de/files/Humanistisches%20Selbstverständnis_%202011.pdf.

406 Zur Einführung *G. Vollmer,* in: F. J. Wetz, Kolleg praktische Philosophie 1, 2008, 124–151; ebenda *B. Kanitscheider*, 152–189 mit einer erhellenden Korrektur zu den Falschdarstellungen des Hedonismus; http://fowid.de/fileadmin/textarchiv/Schmidt_Salomon_Michael/Atheis_Humanis_Naturalismus_TA2008_1.pdf; http://fowid.de/fileadmin/textarchiv/Vollmer_Gerhard/Naturalismus_TA2003_13.pdf.

407 Grundschrift der Giordano-Bruno-Stiftung: *M. Schmidt-Salomon*, Manifest des evolutionären Humanismus, 2. Aufl., 2006, LitV 1.

408 Zitat aus *M. Schmidt-Salomon*, Einheit, 2007, 31.

409 Zu den Motiven moralischen Handelns s. *K. Bayertz*, Warum überhaupt moralisch sein?, 2004; *N. Hoerster*, Ethik und Interesse, 2003, 185–205.

410 www.giordano-bruno-stiftung.de/sites/default/files/download/10angebote.pdf; mit Kurzfassung: www.schmidt-salomon.de/bruno/human/manangebote.htm; weitere alternative Angebote: http://de.wikipedia.org/wiki/Alternative_Zehn_Gebote#Die_Zehn_Angebote_des_evolution.C3.A4ren_Humanismus.

411 https://www.hvd-bayern.de/sites/default/files/image/HVD_GrundsaetzeEBook.pdf.

Abkürzungen und Internetadressen

Abkürzungen

Apg	Apostelgeschichte
APuZ	Aus Politik und Zeitgeschichte
AT	Altes Testament (Hebräische Bibel)
AuK	Aufklärung und Kritik. Zeitschrift für freies Denken und humanistische Philosophie
BBKL	Biographisch-Bibliographisches Kirchenlexikon, www.bautz.de/bbkl/
bpb	Bundeszentrale für politische Bildung
d. Gr.	der Große
CIC	Codex Iuris Canonici (Gesetzbuch der katholischen Kirche)
EGMR	Europäischer Gerichtshof für Menschenrechte
EKD	Evangelische Kirche in Deutschland
EvStL	Evangelisches Staatslexikon
fowid	Forschungsgruppe Weltanschauungen in Deutschland
Joh	Evangelium nach Johannes
KKK	Katechismus der Katholischen Kirche (1993)
KNA	Katholische Nachrichten-Agentur
LitV	Literaturverzeichnis
Lk	Evangelium nach Lukas
LThK	Lexikon für Theologie und Kirche
Mk	Evangelium nach Markus
Mt	Evangelium nach Matthäus
MIZ	Materialien und Informationen zur Zeit (religionskrit. Vierteljahrsschrift)
ND	Neues Deutschland, Zeitung
NT	Neues Testament

REMID Religionswissenschaftlicher Medien- und Informationsdienst
u. Z. unserer Zeitrechnung [die übliche Abkürzung „n. Chr." ist nicht wissenschaftlich, denn Christus ist ein Glaubensbegriff]
v. u. Z. vor unserer Zeitrechnung
Z Zeitung, Zeitschrift

Internetadressen

(kleine Auswahl, z. T. von weniger bekannten Portalen; dort oft nützliche Weiterverweisungen)

www.atheodoc.com/ = Atheodoc, Portal für moderne Aufklärung (Hg. Paul Schulz)

www.bpb.de = Bundeszentrale für politische Bildung

www.dbk.de = Deutsche Bischofskonferenz

www.denkladen.de/ = Denkladen-Internetbuchhandlung

www.diesseits.de = diesseits, humanistische Online-Zeitschrift

www.ekd.de = zentrales Portal der EKD

www.fowid.de = Forschungsgruppe Weltanschauungen in Deutschland: graphisch dargestellte umfassende statistische Entwicklungen der deutschen Religionsproblematik zu zahlreichen Aspekten mit kritischen Erläuterungen auf der Basis offizieller Statistiken; zusätzlich großes Archiv mit wissenschaftlichen Aufsätzen zu religiös-weltanschaulichen Themen

www.freidenker.at/ = Portal des Freidenkerbundes Österreich

www.frei-denken.ch/de/ = Portal der Freidenkervereinigung der Schweiz (FVS)

www.gbs.de = Giordano-Bruno-Stiftung

www.gkpn.de/ = Gesellschaft für kritische Philosophie Nürnberg (mit großem Textarchiv der Zeitschrift „Aufklärung und Kritik")

www.hpd.de = Humanistischer Pressedienst

www.hvd.de = Humanistischer Verband Deutschlands

www.katholisch.de = zentrales Portal der katholischen Kirche

www.miz-online.de/ = Zeitschrift „Materialien und Informationen zur Zeit" (MIZ), Textarchiv

www.remid.de = umfangreiches religionswissenschaftliches Portal (Träger ist ein unabhängiger Verein)

www.dittmar-online.net/alt/ = Webseite Volkmar Dittmann

www.payer.de/relkritiklink.htm = Homepage Alois und Margarete Payer

www.schmidt-salomon.de/homepage.htm = Homepage Michael Schmidt-Salomon

www.trimondi.de/ = Homepage Viktor und Viktoria Trimondi

www.theologe.de.

Literatur zur Religions- und Kirchenkritik

Einteilung

1. Allgemeine Literatur zu Religion und Religionskritik, Philosophie, Soziologie u. a.
2. Christentum, Christentumskritik, Kirchenkritik (allgemeine Literatur)
3. Kirchengeschichte (allgemein)
4. Bibliografien zu kirchenhistorischen Einzelthemen
   (religiöse Judenfeindschaft; Papsttum; Frau, Sexualität, Zölibat; Kirche, Diktaturen, Krieg; Nationalsozialismus; Ustascha-Regime)
5. Nicht christliche Religionen

Zitierung in den Nachweisen und Anmerkungen bei abgekürzten bzw. unvollständigen Angaben und Pauschalverweisungen: LitV 1–5.

Allgemeiner Hinweis: Weitere Literatur, soweit sie thematisch zu speziell ist und nicht in die hier vorgenommene Aufteilung in fünf Rubriken passt, findet sich bei den Nachweisen zum Haupttext. Entsprechendes gilt für Web-Links in den Anmerkungen und Einzelnachweisen. Sie wurden sämtlich im Herbst 2013 überprüft.

Bei verschiedenen, aber gleich lautenden *Verlagsorten* wird aus Gründen der Vereinfachung der jeweils übliche ohne genauere Bezeichnung genannt. Beispiel: Frankfurt a. M. wird als „Frankfurt" zitiert.

Bitte um Nachsicht
Viele Titel konnten aus verschiedenen Gründen trotz guter Qualität nicht aufgenommen werden, um den Umfang des Verzeichnisses nicht noch mehr auszuweiten.

1 – Allgemeine Literatur zu Religion und Religionskritik, Philosophie, Soziologie, weltlicher Humanismus, Religions- und Weltanschauungsfreiheit, Naturwissenschaft

Armstrong, Karen: Der große Umbruch: Vom Ursprung der Weltreligionen, München 2008.

Barnavi, Elie: Mörderische Religion. Eine Streitschrift, Berlin 2008.

Baudler, Georg: Gewalt in den Weltreligionen, Darmstadt 2005.

Bayertz, Kurt: Warum überhaupt moralisch sein? (Beck'sche Reihe 2006), München 2004.

Beck, Ulrich: Der eigene Gott. Die Individualisierung der Religion und der „Geist" der Weltgesellschaft, Frankfurt/Leipzig 2008.

Bering, Jesse: Die Erfindung Gottes. Wie die Evolution den Glauben schuf, München 2011.

Berner, Ulrich/Quack, Johannes (Hg.): Religion und Kritik in der Moderne. Religionen in der pluralen Welt (Religionswiss. Studien), Berlin u. a. 2012.

Bielefeldt, Heiner: Auslaufmodell Menschenwürde? Warum sie in Frage steht und warum wir sie verteidigen müssen, Freiburg i. Br. 2011.

Birnbacher, Dieter/Hoerster, Norbert (Hg.), München 1976, Neuausgabe 1997.

Boyer, Pascal: Und Mensch schuf Gott, Stuttgart 2004; 3. Aufl. 2011 (Hirn- und Evolutionsforschung, Kognitionswissenschaft, Religionswissenschaft).

Burkert, Walter: Kulte des Altertums. Biologische Grundlagen der Religion, München 1998.

Czermak, Gerhard: Religions- und Weltanschauungsrecht, Berlin/Heidelberg 2008 (Lehrbuch).

Czermak, Gerhard: Religion und Weltanschauung in Gesellschaft und Recht. Ein Lexikon für Praxis und Wissenschaft, Aschaffenburg 2009.

Dahl, Edgar (Hg.): Brauchen wir Gott? Moderne Texte zur Religionskritik, Stuttgart 2005 (u. a. zu unterschiedlichen Aspekten der Gottesbeweise).

Davies, Nigel: Opfertod und Menschenopfer, Frankfurt u. a. 1983.

Dawkins, Richard: Der blinde Uhrmacher, München 1996.

Dawkins, Richard: Der Gotteswahn, Berlin 2007.

Dennett, Daniel C.: Den Bann brechen. Religion als natürliches Phänomen, Frankfurt/Leipzig 2008.

Ehrenreich, Barbara: Blutrituale. Ursprung und Geschichte der Lust am Krieg, München 1997.

Faber, Richard/Lanwerd, Susanne (Hg.): Atheismus: Ideologie, Philosophie oder Mentalität?, Würzburg 2006.

Fischler, Johannes: New Cage: Esoterik 2.0 Wie sie die Köpfe leert und die Kassen füllt, Wien 2013.

Freud, Sigmund: Die Zukunft einer Illusion, in: ders.: Gesammelte Werke, Bd. XIV, London 1952.

Führding, Steffen/Antes, Peter (Hg.): Säkularität in religionswissenschaftlicher Perspektive, Göttingen 2013.

Girard, René: Das Heilige und die Gewalt, Zürich 1987.

Gray, John : Politik der Apokalypse. Wie Religion die Welt in die Krise stürzt, Stuttgart 2010; TB-Ausg. München 2012 (gegen politische Religionen, säkularen Fortschrittsglauben, Amerikanisierung).

Greyerz, Kaspar v./ Siebenhüner, Kim (Hg.): Religion und Gewalt. Konflikte, Rituale, Deutungen (1500–1800), Göttingen, 2006.

Großbölting, Thomas: Der verlorene Himmel. Glaube in Deutschland seit 1945, Göttingen 2013.

Groschopp, Horst (Hg.): Humanismusperspektiven. Aschaffenburg 2010 (zu verschiedenen Varianten des säkularen Humanismus).

Grün, Klaus-Jürgen/Friedman, Michel/Roth, Gerhard (Hg.): Entmoralisierung des Rechts. Maßstäbe der Hirnforschung für das Strafrecht, Göttingen 2008.

Henkel, Peter: Irrtum unser! Oder wie Glaube verstockt macht, Marburg 2012.

Harris, Sam: Das Ende des Glaubens. Religion, Terror und das Licht der Vernunft, Winterthur 2007.

Heinsohn, Gunnar: Die Erschaffung der Götter. Das Opfer als Ursprung der Religion, Reinbek 1997.

Hildebrandt, Mathias/Brocker, Manfred (Hg.): Unfriedliche Religionen? Das politische Gewalt- und Konfliktpotenzial von Religionen, Wiesbaden 2005.

Hitchens, Christopher: Der Herr ist kein Hirte. Wie Religion die Welt vergiftet, München 2007.

Hoerster, Norbert (Hg.): Religionskritik, Stuttgart 1984 (Reclam-UB: Arbeitstexte für den Unterricht).

Hoerster, Norbert (Hg.): Glaube und Vernunft. Texte zur Religionsphilosophie, Stuttgart 1985 (Reclam-UB; jeweils Einleitungen des Hg.).

Hoerster, Norbert: Ethik und Interesse, Stuttgart 2003.

Hoerster, Norbert: Die Frage nach Gott, München 2005.

Hume, David.: Eine Untersuchung über die Prinzipien der Moral, 3. Aufl., Stuttgart 2002 (Reclam).

Junker, Thomas/Paul, Sabine: Der Darwin Code. Die Evolution erklärt unser Leben, München 2009.

Kahl, Joachim: Weltlicher Humanismus. Eine Philosophie für unsere Zeit, 6. Aufl., Berlin u. a. 2012.

Kanitscheider, Bernulf: Entzauberte Welt. Über den Sinn des Lebens in uns selbst. Eine Streitschrift, Stuttgart 2008.

Kerber, Walter (Hg.), Religion: Grundlage oder Hindernis des Friedens?, München 1995.

Khoury, Adel Theodor/Grundmann, Ekkehard/Müller, Hans-Peter (Hg.): Krieg und Gewalt in den Weltreligionen. Fakten und Hintergründe, Freiburg i. Br. 2003.

Kienzler, Klaus: Der religiöse Fundamentalismus. Christentum, Judentum, Islam, München 1996.

Kilian, Andreas: Die Logik der Nicht-Logik. Wie Wissenschaft das Phänomen Religion heute biologisch definieren kann, Aschaffenburg 2010.

Kippenberg, Hans G.: Gewalt als Gottesdienst. Religionskriege im Zeitalter der Globalisierung, München 2008.

Klöcker, Michael/Tworuschka, Udo (Hg.): Ethik der Weltreligionen. Ein Handbuch, Darmstadt 2005.

Krämer-Badoni, Rudolf: Judenmord, Frauenmord, Heilige Kirche, München 1988.

Krech, Volkhard: Opfer und Heiliger Krieg: Gewalt aus religionswissenschaftlicher Sicht, in: Internationales Handbuch der Gewaltforschung, Opladen 2002, 1254–1275.

Küpper, Beate/Zick, Andreas: Riskanter Glaube. Religiosität und Abwertung, in: Wilhelm Heitmeyer (Hg.), Deutsche Zustände. Folge 4, Frankfurt 2005, 180ff.

Lehnert, Uwe: Warum ich kein Christ sein will. Mein Weg vom christlichen Glauben zu einer naturalistisch-humanistischen Weltanschauung. 5.überarb. und erw. Aufl., Berlin 2012.

Ley, Hermann: Geschichte der Aufklärung und des Atheismus, 4 Bde. in 7 Halbbänden, Berlin (Ost) 1966–1984.

Lutz, Heinrich (Hg.): Zur Geschichte der Toleranz und Religionsfreiheit, Darmstadt 1977.

Mackie, John Leslie: Das Wunder des Theismus. Argumente für und gegen die Existenz Gottes, Stuttgart 1985 (Reclam-UB; Klassiker; auch etwa zu den Themen „Religion ohne Glaube", „Nihilismus", „moralische Konsequenzen").

Maltese, Curzio: Scheinheilige Geschäfte. Die Finanzen des Vatikans, München 2009.

Mauthner, Fritz: Der Atheismus und seine Geschichte im Abendlande, 4 Bde., Stuttgart 1920–1923 (Neuausgaben: Frankfurt 1989; Aschaffenburg 2009 – ein Klassiker).

Mensching, Gustav: Toleranz und Wahrheit in der Religion, 1955, Neuausgabe 1996 (Hg. Udo Tworuschka).

Mensching, Gustav: Die Weltreligionen, Erstausg. 1972, hier: Wiesbaden 1981.

Metzinger, Thomas: Spiritualität und intellektuelle Redlichkeit, 2013, www.philosophie.uni-mainz.de/Dateien/Metzinger_SIR_2013.pdf.

Meyer, Heinz: Religionskritik, Religionssoziologie und Säkularisation, Frankfurt 1988.

Meyer, Thomas (Hg.): Fundamentalismus in der modernen Welt. Die Internationale der Unvernunft, Frankfurt 1989.

Minois, Georges: Geschichte des Atheismus. Von den Anfängen bis zur Gegenwart, Weimar 2000 (materialreiches Standardwerk).

Misik, Robert: Gott behüte! Warum wir die Religion aus der Politik raushalten müssen, Wien 2008.

Mynarek, Hubertus: „Der Spiegel", Habermas und der Papst. Das Neue Einvernehmen, in: AuK, 2008, H. 1, 20–35.

Neumann, Johannes: Zur gesellschaftlichen Stellung, Entwicklung und Wandlung des modernen Atheismus, in: AuK, 1995, H. 1, 80–99.

Neumann, Ursula: Sind Christen doch die besseren Menschen? Das Märchen von der Bedeutung christlicher Wertevermittlung, in: MIZ, 1998, H. 4, 4–18 (auch http://ibka.org/artikel/miz98/werte.html).

Newberg Andrew/d'Aquili, Eugene/Rause Vince: Der gedachte Gott. Wie Glaube im Gehirn entsteht, München 2003.

Nuhr, Dieter: Wer's glaubt, wird selig, Reinbek 2007 (religionsphilos. Anm. eines

Anmerkungen anlässlich des „Bündnisses für Erziehung", in: MUT, Forum für Kultur, Politik und Geschichte, Nr. 466, Juni 2006, 46–54,Kabarettisten).

Oberdorfer, Bernd/Waldmann, Peter (Hg:): Die Ambivalenz desBösen. Religionen als Friedensstifter und Gewalterzeuger. Freiburg 2008;

Oberdorfer, Bernd/Waldmann, Peter (Hg:): Machtfaktor Religion. Formen religiöser Einflussnahme auf Politik und Gesellschaft. Wien, Köln, Weimar 2012;

Pfahl-Traughber, Armin: Sind Kommunismus und Nationalsozialismus politische Religionen?, in: humanismus aktuell 3, 1998, 60–66.

Pfahl-Traughber, Armin: Haben die modernen Menschenrechte christliche Grundlagen und Ursprünge?, in: humanismus aktuell, H. 5, 1999, 66–77.

Pfahl-Traughber, Armin: Christliche oder universelle Werte? Kritische http://fowid.de/fileadmin/textarchiv/Pfahl_Traughber_Armin/Christliche_o_universelle_Werte_TA2006_11_.pdf.

Pinker, Steven: Gewalt. Eine neue Geschichte der Menschheit, Frankfurt 2011 (monumental).

Precht, Richard David: Wer bin ich – und wenn ja, wie viele? Eine philosophische Reise, München 2007.

Rind, Michael M.: Menschenopfer. Vom Kult der Grausamkeit, Regensburg 1998.

Rorty, Richard/Vattimo, Gianni: Die Zukunft der Religion, Frankfurt 2006.

Schieder, Rolf: Sind Religionen gefährlich? Religionspolitische Perspektiven für das 21. Jahrhundert, Berlin 2008; 2., erw. Aufl. 2011.

Schleichert, Hubert: Wie man mit Fundamentalisten diskutiert, ohne den Verstand zu verlieren, München 1997.

Schmidt-Salomon, Michael: Sind AtheistInnen die besseren Menschen? Anmerkungen zur Kriminalgeschichte des Atheismus, in MIZ, 2000, H. 4, 3–9.

Schmidt-Salomon, Michael: Manifest des evolutionären Humanismus. Plädoyer für eine zeitgemäße Leitkultur, 2. Aufl., Aschaffenburg 2006 (Grundschrift der Giordano-Bruno-Stiftung).

Schmidt-Salomon, Michael: Auf dem Weg zur Einheit des Wissens. Die Evolution der Evolutionstheorie und die Gefahren von Biologismus und Kulturismus (gbs-Schriften 1), Aschaffenburg 2007.

Schmidt-Salomon, Michael: Jenseits von Gut und Böse: Warum wir ohne Moral die besseren Menschen sind, München 2009.

Schmidt-Salomon, Michael/Salomon, Lea: Leibniz war kein Butterkeks. Den großen und kleinen Fragen der Philosophie auf der Spur, München 2011.

Schmidt-Salomon, Michael: Keine Macht den Doofen. Eine Streitschrift. München 2012.

Schnabel, Ulrich: Die Vermessung des Glaubens. Forscher ergründen, wie der Glaube entsteht und warum er Berge versetzt, München 2008.

Schulz, Paul: Atheistischer Glaube: Eine Lebensphilosophie ohne Gott, Wiesbaden 2008.

Singer, Peter: Praktische Ethik, 3., geänd. u. erw. Aufl., Stuttgart 2013.

Sloterdijk, Peter: Gottes Eifer. Vom Kampf der drei Monotheismen, Frankfurt/Leipzig 2007.

Stein, G. (Hg.): The Encyclopaedia of Unbelief, 2 Bde., Buffalo 1985.

Streminger, Gerhard: Gottes Güte und das Übel der Welt, Tübingen 1992.

Trimondi, Victor/Trimondi, Victoria: Krieg der Religionen. Politik, Glaube und Terror im Zeichen der Apokalypse, München 2006.

Tworuschka, Udo: Religionswissenschaft, Stuttgart 2006.

Tworuschka, Udo (Hg.): Heilige Schriften. Eine Einführung, aktual. Neuaufl., Frankfurt 2008.

Urban, Martin: Warum der Mensch glaubt. Von der Suche nach Sinn, Frankfurt 2005.

Vaas, Rüdiger/Blume, Michael: Gott, Gene und Gehirn. Warum Glaube nützt. Die Evolution der Religiosität, Stuttgart 2008.

Verbeek, Bernhard: Die Wurzeln der Kriege: Zur Evolution ethnischer und religiöser Konflikte, Stuttgart 2004.

Vilar, Esther: Die Schrecken des Paradieses: Wie lebenswert wäre das ewige Leben?, Aschaffenburg 2009.

Vollmer, Gerhard: Gretchenfragen an den Naturalisten, Aschaffenburg 2013;

Walker, Barbara G.: Das geheime Wissen der Frauen, München 1995 (Lexikon).

Wehler, Joachim: Grundriss eines rationalen Weltbildes, Aschaffenburg 2007.

Weinrich, Michael: Religion und Religionskritik. Ein Arbeitsbuch, Stuttgart 2011; 2. Aufl. 2012 (UTB).

Weltecke, Dorothea: „Der Narr spricht: Es ist kein Gott". Atheismus, Unglauben und Glaubenszweifel vom 12. Jahrhundert bis zur Neuzeit, Frankfurt 2010.

Wetz, Franz-Josef: Baustelle Körper – Bioethik der Selbstachtung, Stuttgart 2009.

Wetz, Franz-Josef (Hg.): Kolleg praktische Philosophie Bd. 1: Ethik zwischen Kultur- und Naturwissenschaft, Stuttgart 2008.

Wetz, Franz-Josef (Hg.): Kolleg praktische Philosophie Bd. 2: Grundpositionen und Anwendungsprobleme der Ethik, Stuttgart 2008.

Wils, Jean-Pierre: Gotteslästerung, Frankfurt 2007.

Wimberger, Gerhard: Glauben ohne Christentum. Eine Vision, Marburg 2013.

Wuketits, Franz M.: Warum uns das Böse fasziniert. Die Natur des Bösen und die Illusionen der Moral, Stuttgart/Leipzig 1999.

Wuketits, Franz M.: Biologie und Religion. Warum Biologen ihre Nöte mit Gott haben, in: MIZ, 3/01, www.schmidt-salomon.de/bruno/Archiv/biorel.pdf (Erstveröff.: Praxis der Naturwissenschaften (Biologie), 6/2000).

Wuketits, Franz M.: Darwins Kosmos. Sinnvolles Leben in einer sinnlosen Welt, Aschaffenburg 2009.

Zimmer, Manfred (Hg.): Religion und Politik im Zeichen von Krieg und Versöhnung. Beiträge und Materialien zur Jahrestagung der Internationalen Erich-Fromm-Gesellschaft [2005], Norderstedt 2005.

2 – Christentum, Christentumskritik, Kirchenkritik
(allgemeine Literatur)

Albert, Hans: Das Elend der Theologie. Kritische Auseinandersetzung mit Hans Küng, 2., erw. Aufl., Aschaffenburg 2005 (Erstausg. Hamburg 1979).

Albert, Hans: Hans Küngs Rettung des christlichen Glaubens. Ein Mißbrauch der Vernunft im Dienste menschlicher Wünsche, in: AuK, 2006, H. 1, 7–39; s. auch www.gkpn.de/albert_kueng.pdf.

Albert, Hans: Joseph Ratzingers Rettung des Christentums. Beschränkungen des Vernunftgebrauchs im Dienste des Glaubens, Aschaffenburg 2008.

Andresen, Carl/Ritter Adolf M. (Hg.): Handbuch der Dogmen- und Theologiegeschichte, 3 Bde., 2., überarb. Aufl., Stuttgart 1998.

Angenendt, Arnold: Heilige und Reliquien. Die Geschichte ihres Kultes vom frühen Christentum bis zur Gegenwart, München 1997.

Angenendt, Arnold: Toleranz und Gewalt. Das Christentum zwischen Bibel und Schwert, Münster 2008.

Augstein, Rudolf: Jesus Menschensohn, Hamburg 1999 (dtv-Ausgabe 2001).

Beinert, Wolfgang (Hg.): „Katholischer" Fundamentalismus. Häretische Gruppen in der Kirche?, Regensburg 1991.

Berger, David: Der heilige Schein. Als schwuler Theologe in der katholischen Kirche, Berlin 2010;.

Buggle, Franz: Denn sie wissen nicht, was sie glauben. Oder warum man redlicherweise nicht mehr Christ sein kann, Reinbek 2002; aktual. Neuaufl. Aschaffenburg 2004; Neuausg. 2012.

Bultmann, Rudolf: Neues Testament und Mythologie, 1941/1948.

Cantzen, Rolf (Hg.): Ich bin hinter dir. Katholische Internatsgeschichten. Aschaffenburg 2012.

Celsus, Gegen die Christen, München 1991 (dt. Erstausgabe Zürich 1873 (Rekonstruktion); griech. Original um 178, wohl Alexandria).

Crossan, John Dominic: Der historische Jesus. München 1994.

Crossan, John Dominic: Jesus. Ein revolutionäres Leben, München 1996 (Beck'sche Reihe).

Dahl, Edgar (Hg.): Die Lehre des Unheils. Fundamentalkritik am Christentum, Hamburg 1993.

Deschner, Karlheinz: Abermals krähte der Hahn. Eine kritische Kirchengeschichte von den Evangelisten bis zu den Faschisten, Stuttgart 1962; zit. nach der Neuaufl. Düsseldorf/Wien 1980 (viele Ausgaben).

Deschner, Karlheinz (Hg.): Das Christentum im Urteil seiner Gegner, Ismaning 1986 (Würdigungen und Originaltexte).

Deschner, Karlheinz: Kriminalgeschichte des Christentums, 10 Bde., Reinbek 1986–2013.

Deschner, Karlheinz: Opus Diaboli. Fünfzehn unversöhnliche Essays über die Arbeit im Weinberg des Herrn, Reinbek 1987.

Deschner, Karlheinz: Der gefälschte Glaube: Eine kritische Betrachtung kirchlicher Lehren und ihrer historischen Hintergründe, 5. Aufl., München 2004 (Erstausg. 1988).

Drewermann, Eugen: Kleriker. Psychogramm eines Ideals, Olten/Freiburg 1989; Neu-Isenburg 2010.

Ebertz, Michael/ Schultheis, Franz (Hg.): Volksfrömmigkeit in Europa. Beiträge zur Soziologie popularer Religiösität aus 14 Ländern, München 1986.

Erasmus von Rotterdam: Das Lob der Torheit, Ditzingen 1986 (Reclam; lat. Original: Encomium moriae, 1511; auch: Laus stultitiae).

Faber, Richard (Hg.): Katholizismus in Geschichte und Gegenwart, Würzburg 2005.

Feuerbach, Ludwig: Das Wesen des Christentums, 2 Bde., Berlin 1956; Reclam-Ausg. 1986.

Flasch, Kurt: Warum ich kein Christ bin, München 2013.

Fricke, Weddig: Standrechtlich gekreuzigt. Person und Prozeß des Jesus aus Galiläa, Reinbek 1988 (erw. und aktual. TB-Ausgabe).

Graf, Friedrich Wilhelm: Kirchendämmerung. Wie die Kirchen unser Vertrauen verspielen, München 2011.

Haag, Herbert: Mein Weg mit der Kirche, Zürich 1991.

Halbfas, Hubertus: Das Christentum, Düsseldorf 2004 (Großband).

Halbfas, Hubertus: Der Glaube, Düsseldorf 2010 (Großband).

Hasenhüttl, Gotthold: Was hat das Christentum in seiner 2000-jährigen Geschichte bewirkt?, in: Faber, Richard (Hg.): Katholizismus in Geschichte und Gegenwart, Würzburg 2005, 257–266.

Heer, Friedrich: Abschied von Höllen und Himmeln. Vom Ende des religiösen Tertiär, München/Esslingen 1970.

Hochgeschwender, Michael: Amerikanische Religion. Evangelikalismus, Pfingstlertum und Fundamentalismus, Frankfurt 2007.

Hoerster, Norbert (Hg.): Glaube und Vernunft. Texte zur Religionsphilosophie, Stuttgart 1985 (RUB; jeweils Einleitungen des Hg.).

Jörns, Klaus-Peter: Die neuen Gesichter Gottes. Was die Menschen heute wirklich glauben, München 1997.

Kahl, Joachim: Das Elend des Christentums, Reinbek 1993 (erw. Neuausg. der Ausg. 1968).

Kamann, Matthias: Warum Theologen am Sühnetod Jesu zweifeln, in: Welt-online v. 28.32009, www.welt.de/kultur/article3449058/Warum-Theologen-am-Suehnetod-Jesu-zweifeln.html#reqRSS.

Kubitza, Heinz-Werner: Der Jesuswahn. Wie die Christen sich ihren Gott erschufen. Die Entzauberung einer Weltreligion durch die wissenschaftliche Forschung, Marburg 2011.

Kubitza, Heinz-Werner: Verführte Jugend: Eine Kritik am Jugendkatechismus Youcat. Vernünftige Antworten auf katholische Fragen, Marburg, 2011.

Küng, Hans: Christ sein, München 1974 (Erstausg.; TB-Ausg. zuletzt 2008).

Küng, Hans: Das Christentum. Wesen und Geschichte, München 1994 (viele Ausg.).

Kutschera, Ulrich (Hg.): Kreationismus in Deutschland. Fakten und Analysen, Münster 2007.

Lapide, Pinchas: Wer war schuld an Jesu Tod?, Gütersloh 1987.

Lehnert, Uwe : Warum ich kein Christ sein will. Mein Weg vom christlichen Glauben zu einer naturalistisch-humanistischen Weltanschauung, 3., überarb. und erw. Aufl., Berlin 2009.

Lehnert, Uwe : Warum ich kein Christ sein will - Mein Weg vom christlichen Glauben zu einer naturalistisch-humanistischen Weltanschauung, Berlin, 5. überarb. und erw. A. 2012

Logisch, Theo (Pseudonym): Das ist euer Glaube! Strukturen des Bösen im Dogma. Eine Streitschrift gegen Fundamentalisten, progressive und laue Christen. Neustadt am Rübenberge 1998.

Lüdemann, Gerd: Ketzer. Die andere Seite des frühen Christentums, Stuttgart 1996 (Studienausgabe).

Lüdemann, Gerd: Das Unheilige in der Heiligen Schrift. Die andere Seite der Bibel, Stuttgart 1996; 3. Aufl. Springe 2004.

Lüdemann, Gerd: Der große Betrug. Und was Jesus wirklich sagte und tat, Lüneburg 1998.

Lüdemann, Gerd: Jesus nach 2000 Jahren. Was er wirklich sagte und tat, Lüneburg 2000; 2., überarb. Aufl. 2004.

Lüdemann, Gerd: Die Intoleranz des Evangeliums. Erläutert an ausgewählten Schriften des Neuen Testaments, Springe 2004.

Lüdemann, Gerd: Altes Testament und christliche Kirche, Springe 2006.

Lüdemann, Gerd: Der erfundene Jesus, Springe 2008.

Lüdemann, Gerd: Jungfrauengeburt? Die Geschichte von Maria und ihrem Sohn Jesus, Springe 2008.

Maccoby, Hyam: König Jesus. Die Geschichte eines jüdischen Rebellen, Tübingen 1982 (Neuausgabe unter dem Titel: Jesus und der jüdische Freiheitskampf, Freiburg i. Br. 1996.

Maccoby, Hyam: Der Mythenschmied. Paulus und die Erfindung des Christentums, Freiburg i. Br. 2007.

Mayer, Anton: Der zensierte Jesus. Soziologie des Neuen Testaments, Olten/Freiburg i. Br. 1983.

Müller, Burkhard: Schlußstrich. Kritik des Christentums, Lüneburg 1995; 2. Aufl. Springe 2004.

Mynarek, Hubertus: Luther ohne Mythos. Das Böse im Reformator, Freiburg i. Br. 2012.

Neumann, Ursula: Sind Christen doch die besseren Menschen? Das Märchen von der Bedeutung christlicher Wertevermittlung, in: MIZ, 1998, H. 4, 4–18.

Neumann, Ursula: Macht Religion(sunterricht) die Menschen besser? Oder: Bricht ohne „christliche Werte" das Chaos aus?, in: AuK, 1999, H. 1, 99–119.

Nola, Alfonso di: Der Teufel. Wesen, Wirkung, Geschichte, München 1993.

Nowak, Kurt: Das Christentum. Geschichte, Glaube, Ethik, München 1997.

Pfahl-Traughber, Armin: Christliche oder universelle Werte? Kritische Anmerkungen anlässlich des „Bündnisses für Erziehung", in: MUT, Forum für Kultur, Politik und Geschichte, Nr. 466, Juni 2006, 46–54, http://fowid.de/fileadmin/textarchiv/Christliche_oder_universelle_Werte__Armin_Pfahl-Traughber___TA-2006–11.pdf.

Pollack, Detlef: Säkularisierung – ein moderner Mythos? Studien zum religiösen Wandel in Deutschland, Neuausgabe, Tübingen 2011.

Ranke-Heinemann, Uta: Nein und Amen. Anleitung zum Glaubenszweifel, Hamburg 1992 (viele veränderte Auflagen).

Reventlow, Henning Graf: Epochen der Bibelauslegung. Bd. 4: Von der Aufklärung bis zum 20. Jh., München 2001 (Theologen, Philosophen, Politiker; Bde. 1–3: 1990, 1994, 1997).

Rießinger, Thomas: Joseph Ratzinger – Ein brillanter Denker? Kritische Fragen an den Papst und seine protestantischen Konkurrenten, Berlin 2013.

Roskoff, Gustav: Geschichte des Teufels. Eine kulturhistorische Satanologie von den Anfängen bis ins 18. Jh., Nachdruck, Nördlingen 1987 (Erstausg. 1869).

Russell, Bertrand: Warum ich kein Christ bin, Reinbek 1968 (Aufsatzsammlung; dt. Erstausg. München 1963; engl. Original: 1957).

Schneider, Carl: Geistesgeschichte der christlichen Antike, München 1970.

Schulte, Günter: Die grausame Wahrheit der Bibel. Eine Anthropologie unserer Vernunft und Moral, Frankfurt/New York 1995.

Sommer, Norbert/Seiterich, Thomas (Hg.): Rolle rückwärts mit Benedikt. Wie ein Papst die Zukunft der Kirche verbaut, Oberursel 2009.

Streminger, Gerhard: Eine Kritik der christlichen Ethik, in: AuK, 1999, H. 1, 3–26, www.fowid.de (Textarchiv TA-1999–5).

Türcke, Christoph: Kassensturz. Zur Lage der Theologie, Frankfurt 1992.

Weltecke, Dorothea: „Der Narr spricht: Es ist kein Gott". Atheismus, Unglauben und Glaubenszweifel vom 12. Jahrhundert bis zur Neuzeit, Frankfurt 2010.

Wimberger, Gerhard: Glauben ohne Christentum. Eine Vision, Marburg 2013.

Wollschläger, Hans: Die Gegenwart einer Illusion. Reden gegen ein Monstrum, Zürich 1978.

Wyneken, Gustav: Abschied vom Christentum. Ein Nichtchrist befragt die Religionswissenschaft, München 1963; TB-Ausgabe Reinbek 1970.

3 – Kirchengeschichte allgemein (s. auch Lit. zu Einzelthemen)

Althoff, Gerd: „Selig sind, die Verfolgung ausüben". Päpste und Gewalt im Hochmittelalter, Stuttgart 2013.

Andresen, Carl/Denzler Georg: Wörterbuch der Kirchengeschichte, München 1982; zuletzt 1997.

Angenendt, Arnold: Toleranz und Gewalt. Das Christentum zwischen Bibel und Schwert, Münster 2008.

Baier, Lothar: Die große Ketzerei. Verfolgung und Ausrottung der Katharer durch Kirche und Wissenschaft, Berlin 2009.

Behringer, Wolfgang (Hg.): Hexen und Hexenprozesse in Deutschland, München 2000 (dtv; Quellenzusammenstellung).

Beier-de Haan, Rosmarie/Voltmer, Rita/Irsigler, Franz (Hg.): Hexenwahn. Ängste der Neuzeit, Wolfratshausen 2002 (Ausstellungskatalog zur gleichnamigen Ausstellung des Deutschen historischen Museums, Berlin 2002; grundlegende Textbeiträge).

Bergmeier, Rolf: Christlich-abendländische Kultur: Ein Schlagwort zwischen Anspruch und Wirklichkeit, Aschaffenburg 2013.

Bergmeier, Rolf: Kaiser Konstantin und die wilden Jahre des Christentums. Die Legende vom ersten christlichen Kaiser, Aschaffenburg 2010.

Bergmeier, Rolf: Schatten über Europa. Der Untergang der antiken Kultur, Aschaffenburg 2012.

Bitterli, Urs: Alte Welt – Neue Welt. Formen des europäisch-überseeischen Kulturkontakts vom 15. bis zum 18. Jahrhundert, München 1986.

Burckhard, Jacob: Die Zeit Constantins des Großen, 2. Aufl., Basel 1880 (Neubearb.); Internet: Projekt Gutenberg, kostenlos.

Decker, Rainer: Die Päpste und die Hexen. Aus den geheimen Akten der Inquisition, Darmstadt 2003.

Deschner, Karlheinz: Das Kreuz mit der Kirche. Eine Sexualgeschichte des Christentums. Düsseldorf/Wien 1974 (viele Ausgaben).

Deschner, Karlheinz: Kriminalgeschichte des Christentums, Reinbek 1986ff.; Bd. 9 (2008), Bd. 10 (2013).

Deschner, Karlheinz: Opus Diaboli. Fünfzehn unversöhnliche Essays über die Arbeit im Weinberg des Herrn, Reinbek 1987.

Dillinger, Johannes: Hexen und Magie. Eine historische Einführung, Frankfurt/New York 2007.

Dülmen, Richard van (Hg.): Hexenwelten, Magie und Imagination vom 16.–20. Jh., Frankfurt 1987.

Flaig, Egon: Weltgeschichte der Sklaverei, München 2009.

Fuhrmann, Horst: Einladung ins Mittelalter, München 1987.

Girardet, Klaus M.: Die Konstantinische Wende. Zur Religionspolitik Konstantins des Großen, 2. Aufl., Darmstadt 2007.

Godman, Peter: Die geheime Inquisition. Aus den verbotenen Archiven des Vatikans, München 2001.

Graf, Friedrich W./Wiegandt, Klaus (Hg.): Die Anfänge des Christentums, Frankfurt 2009.

Grigulevic, Josif R.: Ketzer – Hexen – Inquisitoren, 2. Aufl., Freiburg i. Br. 1995.

Harnack, Adolf v.: Dogmengeschichte, 8. Aufl., Tübingen 1991 (UTB, Nachdruck der 4. Aufl. 1922 des Klassikers).

Hernegger, Rudolf: Macht ohne Auftrag. Die Entstehung der Staats- und Volkskirche, Olten/Freiburg i. Br. 1963.

Herrmann, Horst: Zwischen Hirtenwort und Schäferstündchen. Wie's die Kirchenfürsten trieben, München 1999.

Herrmann, Horst: Die Heiligen Väter. Päpste und ihre Kinder, 2. Aufl., Berlin 2004.

Herrmann, Horst: Sex und Folter in der Kirche. 2000 Jahre Folter im Namen Gottes, 2. Aufl., München 2009.

Horst, Eberhard: Konstantin der Große, Hildesheim 1993.

Kamen, Henry: Die spanische Inquisition, München 1967.

Kramer (Institoris), Heinrich: Der Hexenhammer: Malleus maleficarum. Kommentierte Neuübersetzung, München 2000 (dtv; Erstdruck 1487; Hg.: W. Behringer, G. Jerouschek, W. Tschacher; umfangr. Einführung von Behringer).

Lea, Henry Charles: Geschichte der Inquisition im Mittelalter, 3 Bde., Nördlingen 1987 (Nachdruck der dt. Ausgabe von 1905, Hg. Joseph Hansen; weiterer Nachdruck: Zürich 2008; Bd. 1: Ursprung und Organisation der Inquisition; Bd. 2: Die Inquisition in den verschiedenen christlichen Ländern; Bd. 3: Die Tätigkeit der Inquisition auf besonderen Gebieten); Zitierweise: Lea, Inquisition, 1987 (grundlegendes Werk).

Lea, Henry Charles: Geschichte der Spanischen Inquisition, 3 Bde., Nördlingen 1988 (Nachdruck der dt. Ausgabe von 1911/12); Zitierweise: Lea, Spanische Inquisition, 1988.

Levack, Brian P.: Hexenjagd: Die Geschichte der Hexenverfolgungen in Europa, 3. Aufl., München 2003 (Beck'sche Reihe).

Lorenz, Sönke/Schmidt, Jürgen-Michael: Wider alle Hexerei und Teufelswerk. Die europäische Hexenverfolgung und ihre Auswirkungen auf Südwestdeutschland, Ostfildern 2004.

Mayer, Hans Eberhard: Geschichte der Kreuzzüge, 10. Aufl., Stuttgart 2005 (Standardwerk).

Milger, Peter: Die Kreuzzüge. Krieg im Namen Gottes, 5. Aufl., München 2000 (Bild-Text-Bd.).

Oberste, Jörg: Ketzerei und Inquisition im Mittelalter, Darmstadt 2007.

Phillips, Jonathan: Heiliger Krieg. Eine neue Geschichte der Kreuzzüge, München 2011.

Rebe, Bernd: Die geschönte Reformation. Warum Martin Luther uns kein Vorbild mehr sein kann, Marburg 2012.

Runciman, Steven: Geschichte der Kreuzzüge, 4. Aufl., München 2003 (monumentales Standardwerk).

Schwerhoff, Gerd: Die Inquisition. Ketzerverfolgung in Mittelalter und Neuzeit, München 2004; 3. Aufl. 2009 (Beck Wissen).

Segl, Peter (Hg.): Die Anfänge der Inquisition im Mittelalter. Mit einem Ausblick auf das 20. Jahrhundert und einem Beitrag über religiöse Intoleranz im nichtchristlichen Bereich, Köln u. a. 1993.

Selge, Kurt-Victor: Texte zur Inquisition, Gütersloh 1967.

Wolf, Hubert: Index. Der Vatikan und die verbotenen Bücher, München 2006.

Wollschläger, Hans: Die bewaffneten Wallfahrten gen Jerusalem. Geschichte der Kreuzzüge, Zürich 1973; Neuausg. Göttingen 2006.

Zeuske, Michael: Sklaven und Sklaverei in den Welten des Atlantiks 1400–1940. Umrisse, Anfänge, Akteure, Vergleichsfelder und Bibliographien, Berlin u. a. 2006.

3 – Einzelthemen des Christentums
a – Religiöse Judenfeindschaft

Berghahn, Klaus L.: Grenzen der Toleranz. Juden und Christen im Zeitalter der Aufklärung, Köln/Wien 2000.

Blaschke Olaf, Katholizismus und Antisemitismus im Deutschen Kaiserreich, Göttingen 1997.

Braun, Christina v./Heid, Ludger (Hg.): Der ewige Judenhaß, Sachsenheim 1991.

Crossan, John Dominic: Wer tötete Jesus? Die Ursprünge des christl. Antisemitismus in den Evangelien, München 1999.

Czermak, Gerhard: Christen gegen Juden. Geschichte einer Verfolgung. Von der Antike bis zum Holocaust, von 1945 bis heute, Reinbek 1997.

Ginzel, Günther B. (Hg.): Antisemitismus – Erscheinungsformen der Judenfeindschaft gestern und heute, o. O. 1991.

Heer, Friedrich: Gottes erste Liebe. 2000 Jahre Judentum und Christentum. Die Juden im Spannungsfeld der Geschichte, Frankfurt/Berlin 1986.

Hsia, Ronnie Po-Chia: Trient 1475. Geschichte eines Ritualmordprozesses, Frankfurt 1997.

Jochmann, Werner: Gesellschaftskrise und Judenfeindschaft in Deutschland 1870–1945, Hamburg 1988.

Jüdisches Museum der Stadt Wien (Hg.): Die Macht der Bilder. Antisemitische Vorurteile und Mythen, Wien 1995 (reich bebildert).

Kertzer, David I.: Die Päpste gegen die Juden. Der Vatikan und die Entstehung des modernen Antisemitismus, Berlin/München 2001.

Kühner, Hans: Der Antisemitismus der Kirche. Genese, Geschichte und Gefahr, Zürich 1976 (2000 Jahre umfassende, eindringliche Darstellung eines kritischen Katholiken mit Schwerpunkt Mittelalter und Papstgeschichte).

Lapide, Pinchas: Rom und die Juden, Freiburg 1967 (hier: histor. Einleitung).

Lüdemann, Gerd: Das Unheilige in der Heiligen Schrift. Die andere Seite der Bibel, Stuttgart 1996 (hier: Kap. „Antijudaismus im Neuen Testament", 75–119).

Maccoby, Hyam: König Jesus. Die Geschichte eines jüdischen Rebellen, Tübingen 1982 (Neuausgabe unter dem Titel: Jesus und der jüdische Freiheitskampf, Freiburg i. Br. 1996; hier: 188–210 der Ausg. 1982.

Mayer, Anton: Der zensierte Jesus. Soziologie des Neuen Testaments, Olten 1983 (hier: Kap. „Antisemitismus", 246–260; auch als GTB-Siebenstern).

Möllers, Martin H. W./Ooyen, Robert Christian van (Hg.): Jahrbuch Öffentliche Sicherheit 2004/2005, Frankfurt 2005, 189–208.

Pauley, Bruce: Vom Vorurteil zur Vernichtung. Eine Geschichte des österreichischen Antisemitismus, Wien 1993.

Pfahl-Traughber, Armin: Antisemitismus in der islamischen Welt. Externe und interne Ursachen in historischer Perspektive, in: Blätter für deutsche und internationale Politik, 2004, 1251–1261.

Pfahl-Traughber, Armin: Die Islamismuskompatibilität des Islam, in: Batz, Georg (Hg.), Islamismus (Sonderheft 13 von AuK), Nürnberg 2007, 62–78.

Pfahl-Traughber, Armin: Der Ideologiebildungsprozess beim Judenhass der Islamisten, in: Möllers, Martin H. W./Ooyen, Robert Christian van (Hg.): Jahrbuch Öffentliche Sicherheit 2004/2005, Frankfurt 2005, 189–208.

Rengstorf Karl H./Kortzfleisch Siegfried (Hg.): Kirche und Synagoge. Handbuch zur Geschichte von Christen und Juden. Darstellung mit Quellen, 2 Bde, München 1988 (Erstveröff. 1968 und 1970; Standardwerk).

Riggenmann, Konrad: Kruzifix und Holocaust. Über die erfolgreichste Gewaltdarstellung der Weltgeschichte, Berlin 2002.

Rohrbacher, Stefan/Schmidt, Michael: Judenbilder. Kulturgeschichte antijüdischer Mythen und antisemitischer Vorurteile, Reinbek 1991.

Ruether, Rosemary: Nächstenliebe und Brudermord. Die theologischen Wurzeln des Antisemitismus, München 1978 (krit. Standardwerk).

Schneider, Carl: Das Frühchristentum als antisemitische Bewegung, Bremen 1940.

Schoeps, Julius H./Schlör, Joachim (Hg.): Antisemitismus. Vorurteile und Mythen, München 1995 (Großband).

Schottroff, Luise: Passion Jesu – Passion des jüdischen Volkes. Wie können Christinnen und Christen mit neutestamentlichen Anklagen gegen „die Juden" umgehen?, in: Kirche und Israel, 1989, 91–101.

Theologische Realenzyklopädie, Artikel „Antisemitismus", Bd. 3 (1978), 113–168.

Verhofstadt, Dirk: Pius XII. und die Vernichtung der Juden, Aschaffenburg 2013.

b – Papsttum und Vatikan
(s. auch Katholische Kirche und Ustascha-Regime)

Althoff, Gerd: „Selig sind, die Verfolgung ausüben". Päpste und Gewalt im Hochmittelalter, Stuttgart 2013.

Beinert, Wolfgang (Hg.): Vatikan und Piusbrüder. Anatomie einer Krise, Freiburg i. Br. 2009.

Bürger, Peter: Pro Judaeis – Die römisch-katholische Kirche und der Abgrund des 20. Jahrhunderts, Düsseldorf 2009.

Cornwell, John: Pius XII. Der Papst, der geschwiegen hat. München 1999.

Denzler, Georg (Hg.): Päpste und Papsttum, Stuttgart, 1971ff. (viele Bände, monumental).

Denzler, Georg: Das Papsttum und der Amtszölibat, 2 Teilbände (Päpste und Papsttum, Band 5/I-II), Stuttgart 1973–1976.

Denzler, Georg: Das Papsttum, München 1997 (konzentrierter Überblick).

Deschner, Karlheinz: Die Politik der Päpste im 20. Jahrhundert, Reinbek 1991; aktual. Neuausg. Aschaffenburg 2013 (umfangr.; besonders brisant).

Döllinger, Ignaz v.: Das Papsttum, ND, Darmstadt 1969.

Feldbauer, Gerhard: Der Heilige Vater. Benedikt XVI. – ein Papst und seine Tradition. PapyRossa, 2010;

Fuhrmann, Horst: Die Päpste. Von Petrus zu Johannes Paul II. München 1998 (anschaulich; wenig kritikfreudig).

Gontard, Friedrich: Die Päpste – Regenten zwischen Himmel und Hölle, Wien/München 1959.

Häring, Bernhard: Im Namen des Herrn. Wohin der Papst die Kirche führt, Gütersloh 2009.

Hasler, August Bernhard: Pius IX. (1846–1878), Päpstliche Unfehlbarkeit und 1. Vatikanisches Konzil. Dogmatisierung und Durchsetzung einer Ideologie, 2 Teile, Stuttgart 1977 (erschütternde Forschungsergebnisse eines katholischen Priesters; weltweites Aufsehen).

Hasler, August Bernhard: Wie der Papst unfehlbar wurde. Macht und Ohnmacht eines Dogmas. Mit einem Geleitwort von Hans Küng und einem Nachwort von Georg Denzler. Für die Taschenbuchausgabe erweitert von Georg Denzler, Berlin 1981.

Hertel, Peter: Schleichende Übernahme. Das Opus Dei unter Papst Benedikt XVI., Oberursel 2007.

Herrmann, Horst: Die Heiligen Väter, Berlin 2004.

Herrmann, Horst: Papst Wojtyla. Der Heilige Narr, Reinbek 1983.

Kertzer, David I.: Die Päpste gegen die Juden. Der Vatikan und die Entstehung des modernen Antisemitismus, Berlin/München 2001.

Krims, Adalbert: Karol Wojtyla. Papst und Politiker, Köln 1986.

Kühner, Hans: Das Imperium der Päpste, 1980.

Maslowski, Peter: Papstkirche ohne Heiligenschein. Geschichte der Konzile von Konstanz bis zum Vatikanum II (Hg. Felix Weiland), Aschaffenburg 2006.

Müller, Harald/Hotz, Brigitte (Hg.): Gegenpäpste. Ein unerwünschtes mittelalterliches Phänomen, Wien u. a. 2012.

Mynarek, Hubertus: Der polnische Papst. Bilanz eines Pontifikats, Freiburg 2005.

Mynarek, Hubertus: Papst-Entzauberung. Das wahre Gesicht des Joseph Ratzinger und die exakte Widerlegung seiner Thesen, 2007 (Books on Demand).

Oschwald, Hanspeter: Im Namen des Heiligen Vaters. Wie fundamentalistische Mächte den Vatikan steuern, München 2010.

Politi, Marco: Benedikt. Krise eines Pontifikats. Berlin 2012.

Posener, Alan: Benedikts Kreuzzug. Der Angriff des Vatikans auf die moderne Gesellschaft, Berlin 2009.

Posener, Alan: Der gefährliche Papst: Eine Streitschrift gegen Benedikt XVI. Berlin 2011.

Rhodes, Anthony: Der Papst und die Diktatoren. Der Vatikan zwischen Revolution und Faschismus, Wien 1980.

Rosa, Peter de: Gottes erste Diener. Die dunkle Seite des Papsttums, München 1988; TB-Ausgaben (populär).

Verhofstadt, Dirk: Pius XII. und die Vernichtung der Juden, Aschaffenburg 2013.

Waltermann, Leo: Rom, Platz des Heiligen Officiums Nr. 11, Graz u. a. 1970.

c – Frau, Sexualität, Zölibat

Abbate, Carmelo: Sex und der Vatikan. Ein Bericht über die verborgenen Seiten der Kirche. München, 2012.

Beinert, Wolfgang (Hg.): Frauenbefreiung und Kirche. Darstellung – Analyse – Dokumentation, Regensburg 1987.

Berger, David: Der heilige Schein: Als schwuler Theologe in der katholischen Kirche, Berlin 2010; TB-Ausgabe 2012.

Bruhns, Annette/Wensierski, Peter. Gottes heimliche Kinder. Töchter und Söhne von Priestern erzählen ihr Schicksal, München 2004.

Denzler, Georg: Die verbotene Lust. 2000 Jahre christliche Sexualmoral, München 1988.

Denzler, Georg: Die Geschichte des Zölibats, Freiburg 1993.

Deschner, Karlheinz: Das Kreuz mit der Kirche. Eine Sexualgeschichte des Christentums, Düsseldorf/Wien 1974 (viele Ausgaben).

Fischer, Heinz-Joachim: Die Päpste und der Sex. Kirche in der Sackgasse, Berlin u. a. 2011.

Haag, Herbert/Elliger, Katharina: Stört nicht die Liebe. Die Diskriminierung der Sexualität – ein Verrat an der Bibel, München 1990.

Hilpert, Konrad (Hg.): Zukunftshorizonte katholischer Sexualethik, Freiburg 2011.

Mynarek, Hubertus: Eros und Klerus. Verlag Die Blaue Eule, Essen 1999, Neuauflage.

Noonan, John T.: Empfängnisverhütung. Geschichte ihrer Beurteilung in der katholischen Theologie und im kanonischen Recht, Mainz 1969.

Ranke-Heinemann, Uta: Eunuchen für das Himmelreich. Katholische Kirche und Sexualität, Hamburg 1988; stark erw. Neuausg. 2012.

Rosa de, Peter: Gottes erste Diener. Die dunkle Seite des Papsttums, München 1989 (hier Kap. 20).

Rosa, Peter de: Der Vatikan – von Gott verlassen? Kirche, Sex und Tod, München 1993.

Schreiner, Klaus: Maria. Jungfrau, Mutter, Herrscherin, Köln 2006.

Schubart, Walter: Religion und Eros, München 1941; Neuausgabe München 1966 und andere.

Wolf, Hubert: Die Nonnen von Sant'Ambrogio. Eine wahre Geschichte, München 2013.

d – Kirche und Diktaturen, Kirche und Krieg
(ohne Ustascha- und NS-Regime)

Beevor, Antony: Der Spanische Bürgerkrieg, München 2008.

Bernecker, Walther: Krieg in Spanien 1936–1939, 2., vollst. überarb. Aufl., Darmstadt 2005.

Bernecker, Walther L./Brinkmann, Sören: Kampf der Erinnerungen. Der Spanische Bürgerkrieg in Politik und Gesellschaft 1936–2006, Münster 2006; 5., erw. und aktual. Aufl. 2011.

Besier, Gerhard: „Berufsständische Ordnung" und autoritäre Diktaturen. Zur politischen Umsetzung einer „klassenfreien" katholischen Gesellschaftsordnung in den 20er und 30er Jahren des 20. Jh., in: AuK, Sonderheft 9, Karlheinz Deschner, Nürnberg 2004, 255–271; auch unter www.gkpn.de/Besier_Deschner.pdf.

Deschner, Karlheinz: Die Politik der Päpste im 20. Jahrhundert, Reinbek 1991; Neuausg. Aschaffenburg 2013.

Deschner, Karlheinz: Mit Gott und den Faschisten: Der Vatikan im Bunde mit Mussolini, Franco, Hitler und Pavelić, Neuausgabe, Freiburg 2012.

Goldhagen, Daniel Jonah: Die katholische Kirche und der Holocaust, Berlin 2002.

Gruberova, Eva: Hitlers Hirte, in: DIE ZEIT v. 27.9.2007, www.zeit.de/2007/40/A-Tiso (zu Jozef Tiso).

Krims, Adalbert: Karol Wojtyla. Papst und Politiker, Köln 1986 (hier 128–149).

Lübbe, Hermann (Hg.): Politische Religion und Religionspolitik. Zwischen Totalitarismus und Bürgerfreiheit, Göttingen 2005 (hier 79ff.).

Seidel, Carlos Collado: Der Spanische Bürgerkrieg: Geschichte eines europäischen Konflikts, 2. Aufl., München 2010.

Straßner, Veit: Die offenen Wunden Lateinamerikas. Vergangenheitspolitik im postautoritären Argentinien, Uruguay und Chile, Wiesbaden 2007.

Szanya, Anton: Die Rolle der katholischen Kirche in der faschistischen Epoche (Der Freidenker 4 A), Wien 1988.

Tálos, Emmerich (Hg.): Austrofaschismus. Politik – Ökonomie – Kultur 1933–1938, Wien 2005.

Verbitsky, Horacio: L'isola del silenzio. Il ruolo della Chiesa nella dittatura argentina, Rom 2006.

Weinzierl, Erika: Der Februar 1934 und die Folgen für Österreich, Wien 1994.

e – Insbesondere: Nationalsozialismus und Kirchen
(s. auch Kirche und Diktaturen; Ustascha-Regime)

Bendel, Rainer (Hg.): Die katholische Schuld? Katholizismus im Dritten Reich – Zwischen Arrangement und Widerstand, 2., durchges. Aufl., Berlin u. a. 2002.

Besier, Gerhard: Die Kirchen und das Dritte Reich. Bd. 3: Spaltungen und Abwehrkämpfe 1934–1937, Berlin/München 2001.

Besier, Gerhard: Der Heilige Stuhl und Hitler-Deutschland. Die Faszination des Totalitären, München 2004 (mit Francesca Piombo).

Beyreuther, Erich: Die Geschichte des Kirchenkampfes in Dokumenten 1933–1945, Wuppertal 1966.

Böckenförde, Ernst-Wolfgang: Kirchlicher Auftrag und politische Entscheidung, Freiburg 1973 (Sammelband).

Brakelmann, Günter (Hg.): Kirche im Krieg. Der deutsche Protestantismus am Beginn des II. Weltkrieges, München 1979.

Denzler, Georg: Widerstand oder Anpassung? Katholische Kirche und Drittes Reich, München 1984 und ff. (Serie Piper).

Denzler, Georg/Fabricius, Volker: Christen und Nationalsozialisten, Frankfurt 1993 (Fischer-TB; mit Dokumenten).

Deschner, Karlheinz: Abermals krähte der Hahn. Eine kritische Kirchengeschichte von den Evangelisten bis zu den Faschisten, Stuttgart 1962 (viele Ausgaben).

Ericksen, Robert: Theologen unter Hitler. Das Bündnis zwischen evangelischer Dogmatik und Nationalsozialismus, München 1986 (zu G. Kittel, P. Althaus, E. Hirsch).

Fischer, Fritz: Die Kirchen in Deutschland und die beiden Weltkriege, in: ders., Hitler war kein Betriebsunfall, München 1992, 182–214.

Friedländer, Saul: Pius XII. und das Dritte Reich. Eine Dokumentation, Hamburg-Reinbek 1965.

Friedländer, Saul: Das Dritte Reich und die Juden, München 1998 (Kap. über Kirchen).

Gailus, Manfres/Krogel, Wolfgang (Hg.): Von der babylonischen Gefangenschaft der Kirche im Nationalen: Regionalstudien zu Protestantismus, Nationalsozialismus und Nachkriegsgeschichte 1930 bis 2000, Berlin 2006.

Gerlach, Wolfgang: Als die Zeugen schwiegen. Bekennende Kirche und die Juden, 2., bearb. und erg. Aufl., Berlin 1993 (lange unterdrückte theolog. Diss.).

Giefer, Rena/Giefer, Thomas: Die Rattenlinie, Fluchtwege der Nazis. Eine Dokumentation, 3. Aufl., Weinheim 1995.

Goldhagen, Daniel Jonah: Hitlers willige Vollstrecker. Ganz gewöhnliche Deutsche und der Holocaust, Berlin 1996.

Goldhagen, Daniel Jonah: Die katholische Kirche und der Holocaust, Berlin 2002.

Greive, Hermann: Theologie und Ideologie. Katholizismus und Judentum in Deutschland und Österreich 1918–1935, Heidelberg 1969.

Groß, Alexander: Gehorsame Kirche, ungehorsame Christen im Nationalsozialismus, Mainz 2000.

Grosse, Heinrich/Otte Hans/Perels, Joachim (Hg.): Bewahren ohne bekennen? Die hannoversche Kirche im Nationalsozialismus, Hannover 1996.

Heer, Friedrich: Gottes erste Liebe. 2000 Jahre Judentum und Christentum. Die Juden im Spannungsfeld der Geschichte, Frankfurt/Berlin 1986.

Hermle, Siegfried/Thierfelder, Jörg (Hg.): Herausgefordert: Dokumente zur Geschichte der Evangelischen Kirche in der Zeit des Nationalsozialismus, Stuttgart 2008.

Kaiser, Jochen-Christoph/Greschat, Martin (Hg.): Der Holocaust und die Protestanten. Analysen einer Verstrickung, Frankfurt 1988.

Klee, Ernst: Persilscheine und falsche Pässe. Wie die Kirchen den Nazis halfen, Frankfurt 1991 (Fischer-TB).

Klee Ernst, „Die SA Jesu Christi" – Die Kirche im Banne Hitlers, Frankfurt 1989 (Fischer-TB).

Lewy, Guenter: Die katholische Kirche und das Dritte Reich, München 1965 („unterdrücktes" Standardwerk).

Liebmann, Maximilian: Theodor Innitzer und der Anschluß, Österreichs Kirche 1938, Graz/Wien/Köln 1988.

Lilje, Hanns [Landesbischof Hannover 1947–1971]: Der Krieg als geistige Leistung, in: Die Furche 26, 1940, 81–88 (dazu http://wwwuser.gwdg.de/~gluedem/eng/002008004.htm).

Meier, Kurt: Kirche und Judentum. Die Haltung der evangelischen Kirche zur Judenpolitik des Dritten Reiches, Göttingen 1968.

Meier, Kurt: Kreuz und Hakenkreuz: Die evangelische Kirche im Dritten Reich, München 2001.

Missalla, Heinrich: Für Gott, Führer und Vaterland. Die Verstrickung der katholischen Seelsorge in Hitlers Krieg, München 1999.

Moritz, Stefan: Grüß Gott und Heil Hitler. Katholische Kirche und Nationalsozialismus in Österreich, Wien 2002.

Müller, Hans (Hg.): Katholische Kirche und Nationalsozialismus. Dokumente 1930–1935, München 1963 (Dokum.; überarbeitete dtv-Ausgabe 1965).

Neumann, Johannes: Die Kirchen in Deutschland 1945: Vorher und nachher. Versuch einer Bilanz (Vortrag 1995 im Rahmen der Tübinger Universitätswochen, ergänzt 1998), www.ibka.org/artikel/ag98/1945.html.

Norden, Günther van: Widersetzlichkeit von Kirchen und Christen, in: Benz, Wolfgang/Pehle, Walter H. (Hg.), Lexikon des deutschen Widerstandes, Frankfurt 1994, 68ff.

Pelinka, Anton/Weinzierl, Erika: Das große Tabu. Österreichs Umgang mit seiner Vergangenheit, Wien 1987.

Perels, Joachim: Die Kirchen im Dritten Reich. Anpassung und Widerstand, in: Begegnung und Gespräch. Ökumenische Beiträge zu Erziehung und Unterricht, Nr. 144, 2005, http://lbib.de/pdf_dateien/bug144online.pdf.

Prolingheuer, Hans: Wir sind in die Irre gegangen. Die Schuld der Kirche unterm Hakenkreuz nach dem Bekenntnis des „Darmstädter Wortes" von 1947, Köln 1987.

Prolingheuer, Hans/Breuer, Thomas: Dem Führer gehorsam: Christen an die Front – Die Verstrickung der beiden Kirchen in den NS-Staat und den Zweiten Weltkrieg, Oberursel 2005 (Publik-Forum).

Rieger, Paul/Strauss, Johann (Hg.): Kirche und Nationalsozialismus. Zur Geschichte des Kirchenkampfes, München 1969 (Sonderband der „Tutzinger Texte").

Scheuch, Manfred: Der Weg zum Heldenplatz. Eine Geschichte der österreichischen Diktatur 1933–1938, Wien 2005.

Scholder, Klaus: Die Kirchen zwischen Republik und Gewaltherrschaft, Berlin 1988 (Gesammelte Aufsätze).

Scholder, Klaus: Die Kirchen und das Dritte Reich. Bd. 1: Vorgeschichte und Zeit der Illusionen 1918–1934, Frankfurt u. a. 1977; Bd. 2: Das Jahr der Ernüchterung 1934, Barmen und Rom, 1986 (Bd. 3: Besier, Gerhard: Spaltungen und Abwehrkämpfe 1934–1937, Berlin/München 2001).

Siegele-Wenschkewitz, Leonore (Hg.): Christlicher Antijudaismus und Antisemitismus. Theologische und kirchliche Programme Deutscher Christen, Frankfurt 1994.

Stegemann, Wolfgang (Hg.): Kirche und Nationalsozialismus, Stuttgart 1990.

Strohm, Christoph: Die Kirchen im Dritten Reich, München 2011 (Kurzdarst. eines Kirchenhistorikers).

Thamer, Hans-Ulrich: Verführung und Gewalt. Deutschland 1933 bis 1945, Berlin 1986 (hier 435 ff.).

Zahn, Gordon C.: Die deutschen Katholiken und Hitlers Kriege, Graz/Köln 1965.

f – Ustascha-Regime und katholische Kirche

Dahl, Edgar: Nazis im Talar, http://hpd.de/node/10648 vom 16.11.2010.

Dedijer, Vladimir: Jasenovac – das jugoslawische Auschwitz und der Vatikan, Freiburg i. Br. 1988; 5. Aufl. 2001 (erschütternd, zahlr. Fotos und Dok.).

Deschner, Karlheinz: Mit Gott und den Faschisten. Der Vatikan im Bunde mit Mussolini, Franco, Hitler und Pavelić, Stuttgart 1965.

Deschner, Karlheinz: Katholische Schlachtfeste in Kroatien oder „das Reich Gottes", in: Ein Jahrhundert Heilsgeschichte, Bd. 2, Köln 1983 (210–254; Fn 902–1162, S. 590–600); auch in: ders., Die Politik der Päpste im 20. Jahrhundert, Reinbek 1991.

Falconi, Carlo: Das Schweigen des Papstes. Eine Dokumentation, München 1966 (zu Polen – ohne Judenverfolgung – und Kroatien).

Goni, Uki, Odessa: Die wahre Geschichte – Fluchthilfe für NS-Kriegsverbrecher, Berlin/Hamburg 2006.

Hory, Ladislaus/Broszat, Martin: Der kroatische Ustascha-Staat 1941–1945, Stuttgart 1964.

Israel, Jared: The articles on Croatia and Jasenovac, key documents that the US and German (and Croatian) governments and the Vatican kindly request you don't read, 2007; Bezug: die unten notierten Artikel von Shelah (http://emperors-clothes.com/encr.htm#2).

Klee Ernst, Persilscheine und falsche Pässe. Wie die Kirchen den Nazis halfen, Frankfurt 1991 (Fischer-TB).

Manhattan, Avro: The Vatican's Holocaust, Springfield 1986 (viele Ausgaben), www.reformation.org/holocaus.html.

Melde, Dunia/Mikulic, Rino: Die blutige Geschichte vom Kosovo, in: DIE ZEIT, Nr. 16 v. 14.41989.

Mihr, Lukas: Die Rattenlinie, 2006 (bisher nur unter http://ibka.org/files/rattenlinie.pdf).

Milo, Zeev: Im Schatten des Dritten Reiches. Verfolgung und Vernichtung im Ustascha-Kroatien 1941–1945 (basierend auf dem Vortrag vom 2.52006 an der Uni Wien, Quelle: www.univie.ac.at/politikwissenschaft/strv/texte/Milo-tekst.htm).

Paris, Edmond (Pseudonym): Genocide in Satellite Croatia 1941–1945, Chicago 1962.

Shelah, Menachem: 'Christian Confrontations with the Holocaust': The Catholic Church in Croatia, the Vatican and the murder of the Croatian jews, in: *Holocaust Genocide Studies,* 1989, 4, 323–339.

Shelah, Menachem: Art. Croatia, in: Encyclopedia of the Holocaust, Yad Vashem 1990, 323–329 (s. http://emperor.vwh.net/croatia/encr.pdf mit Abb.).

Shelah, Menachem: Art. Jasenovac, in: Encyclopedia of the Holocaust, Yad Vashem 1990, 739–740.

Stehle, Hansjakob: *Pässe vom Papst*? Aus neu entdeckten Dokumenten. Warum alle Wege der Ex-Nazis nach Südamerika über Rom führen, in: Die Zeit, Nr. 19 v. 4.5 1984.

Steinacher, Gerald: Nazis auf der Flucht. Wie Kriegsverbrecher über Italien nach Übersee entkamen, Innsbruck/Wien/Bozen 2008.

Sundhausen, Holm: Geschichte Jugoslawiens, Stuttgart 1982.

5 – Nichtchristliche Religionen

Arsel, Ilhan: „Frauen sind eure Äcker". Frauen im islamischen Recht, Aschaffenburg 2012.

Ates, Seyran: Der Islam braucht eine sexuelle Revolution – Eine Streitschrift, Berlin 2009.

Batz, Georg (Hg.): Islamismus (Sonderheft 13 von AuK), Nürnberg 2007 (Abruf unter www.gkpn.de).

Bundeszentrale für politische Bildung: Islam und islamische Welt (Aus Politik und Zeitgeschichte B 48/2004), Bonn 2004.

Brück, Michael v.: Einführung in den Buddhismus, Frankfurt/Leipzig 2007.

Brück, Michael v.: Religion und Politik im tibetischen Buddhismus, München 1999.

Campbell, June: Göttinnen, Dakinis und ganz normale Frauen. Weibliche Identität im tibetischen Tantra, Berlin 1997.

Chervel, Thierry/Seeliger, Anja (Hg.): Islam in Europa. Eine internationale Debatte, Frankfurt 2007.

Dashti, Ali: 23 Jahre. Die Karriere des Propheten Muhammad, Aschaffenburg 1997; 3. Aufl. 2003.

Finkelstein, Israel/Silberman, Neil A.: Keine Posaunen vor Jericho. Die archäologische Wahrheit über die Bibel, München 2002.

Geus, Armin: Die Krankheit des Propheten. Ein pathographischer Essay. Marburg 2011.

Goldner, Colin: Dalai Lama: Fall eines Gottkönigs, 2., wes. erw. Aufl., Aschaffenburg 2008.

Gopal, Jaya: Gabriels Einflüsterungen. Eine historisch-kritische Bestandsaufnahme des Islam, 3. Aufl., Freiburg 2008.

Homolka, Walter/Rosenthal, Gilbert S.: Das Judentum hat viele Gesichter. Die religiösen Strömungen der Gegenwart, Gütersloh 2000.

Ibn Warraq: Warum ich kein Muslim bin, Berlin 2004; Neuausgabe 2007 (Pseudonym; scharfe Fundamentalkritik).

Jansen, Hans: Mohammed – Eine Biographie. Der historische Mohammed – was wir wirklich über ihn wissen, München 2008.

Kakar, Sudhir/Kakar, Katharina: Die Inder. Porträt einer Gesellschaft, München 2011.

Kalisch, Muhammad Sven: Religionen sind wie Krücken, in: DIE ZEIT v. 110.2008 (Interview).

Kalisch, Muhammad Sven: Islamische Theologie ohne historischen Muhammad – Anmerkungen zu den Herausforderungen der historisch-kritischen Methode für das islamische Denken, 2006, Centrum für religiöse Studien, Univ. Münster. Veröffentl. unter www.uni-muenster.de/ReligioeseStudien/Islam/Personen/Professor.html.

Kandel, Johannes: Islamismus in Deutschland. Zwischen Panikmache und Naivität, Freiburg 2011.

Köster, Barbara: Der missverstandene Koran. Warum der Islam neu begründet werden muss, Berlin 2010.

Küng, Hans: Das Judentum, München 1991.

Küng, Hans: Der Islam. Geschichte, Gegenwart, Zukunft, München 2004.

Lüdemann, Gerd: Altes Testament und christliche Kirche, Springe 2006.

Mann, Michael: Geschichte Indiens. Vom 18. bis zum 21. Jahrhundert, Paderborn u. a. 2005.

Michaels, Axel: Der Hinduismus. Geschichte und Gegenwart, 2. Aufl., München 2012.

Nagel, Tilman: Mohammed. Leben und Legende, München 2008.

N'Diaye, Tidiane: Der verschleierte Völkermord. Die Geschichte des muslimischen Sklavenhandels in Afrika, Reinbek 2010.

Pfahl-Traughber, Armin: Die Islamismuskompatibilität des Islam. Anknüpfungspunkte in Basis und Geschichte der Religion, in: Batz, Georg (Hg.), Islamismus (Sonderheft 13 von AuK), Nürnberg 2007, 62–78, unter www.gkpn.de.

Rohe, Mathias: Das islamische Recht. Geschichte und Gegenwart, München 2009.

Schoeps, Julius H. (Hg.): Neues Lexikon des Judentums, Gütersloh 2000.

Stietencron, Heinrich v.: Der Hinduismus, 3. Aufl., München 2010 (Beck Wissen).

Tibi, Bassam: Die islamische Herausforderung. Religion und Politik im Europa des 21. Jh., Darmstadt 2007.

Trimondi, Victor/Trimondi, Victoria: Krieg der Religionen. Politik, Glaube und Terror im Zeichen der Apokalypse, München 2006 (Christentum, Judentum, Islam).

Waldenfels, Hans/Oberreuter, Heinrich (Hg.): Der Islam – Religion und Politik, Paderborn 2004.

Sachregister

A

Abendmahl 128, 276
Aberglaube 15, 89, 198, 199, 294
Abessinienkrieg 221
Ablass 56, 125, 126, 129, 186, **275**
Abtreibung 177
Affäre Dreyfus 144
Afghanistan 76
Afrika 62, 194
Aggressionen 15, 154, 315, 317
Agnostizismus 35
Ägypten 76, 360
Ahnenkult 25, 61
Ahnenopfer 57
Albinos 14
Allbus-Studie 35, 88
Alltag 13
Altes Testament 99
Altes Testament und Frühchristentum 290
Altes Testament, zentrale Erzählungen 289
Ambivalenz von Religion 79
Amorizismus 36, 100
Amtskirche 102, 325, **329ff.**
Analphabetismus 119, 225, 226, 242, 302, 373
Anathema 55

Anglikanische Kirche 283
Angst 119, 148, 303, 310
Animismus 24
Antijudaismus 209
Antike 38f.
Antiklerikalismus 226
Antimodernismus 296
Antimodernisteneid 70, 219, **256**, **296**, 333
Antisemitismus 133–145
Antisemitismus in Deutschland 142
Antisemitismus in Frankreich 143
Antisemitismus in Österreich 142
Antisemitismus, moderner 142, 209
Apokalypse 77, 292, **313**
Apokalyptischer Wahn 76f.
Apostel 107
Apostolische Sukzession 112, **320**
Aragon 189
Archäologie 287, 290, 342
Argentinien 243ff.
Argumentationsebene 17, 325
Arianer **114**, 117, 136, **166**, **330**
Arianischer Streit 114
Ariernachweise 212
Aschkenasim 345
Askese 22, 173, 175, **176**, 251, 257
Astraea, Göttin 167

Astrologie 190
Atheismus 18, 30, **35 ff.**, **38 ff.**, 82
Atheistenverfolgung 202
Athen 39
Attis 25
Auferstehung Jesu 99, 284, 295
Aufklärung 43, 102, 139, 206, 293, 345, 393, 396, 408
Augsburger Religionsfrieden 282
Auschwitz 148, 214
Autodafés 189
Autonomie, sittliche 404
Averroismus 39
Azteken 61, 81

B

Baal 25
Baal-Kult 287
Bauernkrieg 277
Befreiungstheologie 70, 263, 244
Beichte 183
Bekenntnisschriften 282
Bergpredigt 131, **308 ff.**
Bergpredigt, Kritik 309
Bestattungsriten 23
Bevölkerungsexplosion 70, 338
Beweislast 34
Bewusstsein 27, 29
Biafra-Krieg 80
Bibel 34, **48 f.**, 84, **99 f.**, 146, 187, 192, 275, 280, **285–301**, 317, **320**
Bibel, hebräische 48, 286, **288 ff.**, **339 ff.**
Bibel, hebräische, Gesamtschau **342 ff.**
Bibelkritik 103, **293 ff.**
Bibelkritik, Gesamtergebnis 297 f.
Bibelpraxis, kirchliche **299 ff.**
Bibelverbote 299
Bibel, Widersprüche 299, 320, 342
Bibelwissenschaft 100, 285, **293 ff.**

Bibelwissenschaft und katholische Kirche **295 ff.**
Bildung 122, 276, 386
Biochemie 27
Bioethik 307, 407
Biologismus 409
Bischöfe 111, **118**, 156, 181, 182, 187, 211, **221**, 224, 226, **228 f.**, 232, 241, 245, 246, 249, 267 f., 299, 318, 330
Bittgebete 54
Blutopfer 79, Bluthochzeit von Lissabon 137
Bonus für Religion 17
Bordelle 175
Böse, das 25, **146 ff.**, 303
Bosnien 76
Brahmanismus 362
Buchdruck 192
Bücherzensur 144, **192**
Buddhismus 55, **368–376**
Buddhismus in Deutschland 375
Buddhismus in Tibet 372–375
Buddhismus und Ethik 370
Buddhismus und Gewalt 81, **371 f.**
Buddhismus und Islam 370
Bürgerkriegskonflikte 95
Bußbücher 198
Bußgürtel 257

C

Canon Muratori 292
Charvaka-Rationalismus 362
Chassidismus 345
Chile 240
China 60
Christentum, Anfänge 106–113
Christentum, historischer Gesamtüberblick 100
Christentum light 102
Christentumskritik in Thesen 102 ff.
Christentum und Literatur 104 f.

SACHREGISTER 457

Christenverfolgung 112
Christuserotik 176
CIA 243
Civiltà Cattolica 210, 221, 227, 228
Codex Iuris Canonici (1917) 208, 296
Codex Iuris Canonici (1983) 71, 193, 219
Contras 243

D *Dawkins, Richard 18*
Dahomey, Königreich, heute Benin 61
Damaskusaffäre 141
Dämonen 147, 194, **198**, 286, 340, 352
Deismus 32, 35, 38
Dekalog 405
Delrio, Martin 201
Demokratie 74, 157, 284, 408
Demut 303
Denunziation 188, 190, 219, 303, 321
Determinismus 29, **150ff.**
Determinismus und Hirnforschung 152
Deuteronomium 287, 341
Deutsche Christen 211
Deutscher Orden 125, 169
Deutschland 46, 194, 197, 284
Diffamierung von Religionen 77
Diktaturen 219, 225, 230, 239, 386
Diktatur, religiöse 116
Dionysos 110
Diskriminierung 9, 39, **66ff.**, 77, **137ff.**, 172, 179, **386ff.**, 397, 404
Diskurstheorie 403
Disposition zu Religiosität 30
Dogma 18, 20, 44, 52, 71, 101, 105, 128, 157, 168, 175, 186, 187, 219, 225, 254, **258**, 289, 293, **296**, 320f., 408
Dominikaner 187, 196, 199
Donatisten 117
Dreißigjähriger Krieg 81, 169
Dschihad 74, 76, **355**
Dualismus 147, 288, 319, 342

E
Ebioniten 109
Ehe 172, **182**, 208, 223, 364
Ehelosigkeit 180, **181ff.**
EKD 54, 87, 209, 284
Eklektizismus 101, 110f.
Emotionale Bedürfnisse 410
Emotionen 28
Empirische Untersuchungen 315f.
Energiepolitik 383
Enthaltsamkeit 180f.
Entmannungen 180
Entmythologisierung 284, 295
Epilepsie 28
Episkopat 235, 237
Erbsünde 109, 147, 173, 175, 258
Erhebungen, statistische 88
Erklärungsebene 45
Erlösung 22, 98, 107, 108, **148**, 150
Ermächtigungsgesetz 211
Erziehung, religiöse **301ff.**, 375
Erziehung zur Sittlichkeit 303
~~Eselsfest~~ 40
Essener 309
Ethik, christliche 306–314
Ethikkonzepte 401
Ethik, religiöse **50ff.**, 304, 305, **400**
Ethik, religiöse: Begründungsprobleme 51ff.
Ethik und Moral 50
Ethik, weltliche 362, **399ff.**
Etikettenschwindel 17
Eucharistie 187, 276

Eurobarometer 85, 86
Europäischer Gerichtshof für Menschenrechte 65
Euthanasie 268
Evangelien **107**, 110, **172**, 178, **294ff.**
Evolution, kulturelle 30
Evolutionsbiologie 154
Evolutionslehre 26ff., 32, 45, 68, 70, 408
Evolution und Religion 26–30
Exkommunikation 188
Exodus 289
Exorzismus 148

F

Fairness 406
Fälschungen 122, 123, 124, 322, 353
Fanatismus, religiöser 53, 163, 258, **347f.**
Faschistische Diktaturen 220–233
Fatima 56, **259**
Fegefeuer 56, **129**, 275
Feindbild Westen 75
Feindesliebe 309
Fernsehprediger 283
Fluch 55
Fluchthilfe **214ff.**, 238, 244
Folter 57, 117, 128, **188ff.**, 206, 235, 237, **240ff.**, 280, 316
Forschungsgruppe Weltanschauungen in Deutschland 86
Franco-Diktatur 224–230
Franziskaner 236f.
Frauen 66, 69, 70, 77, 168, **170ff.**, 194, 256, 262, 348, 350, 354
Frauenfeindlichkeit 173, **177**, 181, 182, 202, **356ff.**, **367ff.**, 374
Frauen und christliche Antike 172ff.
Freier Wille 146, 148, **150ff.**
Freiheit und Religion 95

Freikirchen 283
Frieden 92
Friesen 121
Fundamentalismus 68–78
Fundamentalismus, islamischer 72ff.
Fundamentalismus, katholischer 70f.
Fundamentalismus, protestantischer 69, **76f.**, 283
Fundamentalkritik des Christentums 97–105

G

Gebete 14, **54ff.**, 129, 250, 254, 275, 382
Geburtenkontrolle 64, 195, 383
Gegenpäpste 330
Gegenreformation 200
Gehirn 153
Gehirnfunktion und Religion 27
Gehorsam 117, 161, 225, 267, 276, 278, **282**, 293, **302ff.**, 310
Geißelung 257
Genitalverstümmelung 81, 177, 357, **383f.**
Genozid 82
Gerechtigkeit 406
Gesamtbilanz des religiösen Denkens 377–389
Geschichtsglättungen und -lügen 145, 161, 162, **218**, 232, 234, 238, **239**, **266**, 324
Gestapo, kuriale 256
Gesundheitswesen 128
Ghettos 123, 139f.
Gewalt und Nichtreligiöse 82
Gewalt und Religion 49, 63, 78–84, 288, 330, **385f.**
Gewissen 282, 400f.
Giordano-Bruno-Stiftung 409
Glaube 5, 18, **43ff.**, 62, 68, 177, 300

Glaube an den Glauben 19, **45 ff.**, 387
Glaube, Auswirkungen 315 ff.
Glaubenskongregation 161, 192 f.
Glaubenszweifel 261
Glaube und Vernunft 43
Glaube und Wissenschaft 42 ff., 384
Gläubige 37
Gleichberechtigung 17, 333, **357**
Glina 235
Gnade 282
Gnosis 111
Goldene Regel 84, 93, 309, 385, **401**, 409
Golfkrieg 381
Görres-Gesellschaft 190
Gottesbeweise 30, **31 ff.**, 180
Gottesglaube 30–37, **88**, 278, 301, **303 f.**
Gottesglaube in der Statistik 46, 88
Gottesmördertheologie 110, **135**, 140, 231
Gottesmutter 25, 55, 116, **163–170**, 173, 174, 175, 238, 251, 259, 320 f.
Gottesnennung 397
Gottesstaat 77, 206
Gott, persönlicher **32**, 34, 35, 46, **88**
Götzenpriester 287
Griechenland 58, 65
Großbritannien 206, 208
Grundgesetz 94, **397**
Grundrechte 397
Grundüberzeugungen des Christentums 98 f.
Gutes Leben 16, 19, **315 ff.**, 370, 375
Gut und Böse 287

H
Hadithe **353**
Halluzinationen 28

Handlungsabsicht 28
Handlungsfreiheit 29, **151 f.**
Hass 49, 336
Heidenchristen 108 f.
Heidnische Religionsformen 111
Heilige, das 38
Heilige der nationalsozialistisch-faschistischen Epoche 263–271
Heilige Kühe 363
Heiligenverehrung 250–273
Heiliger Geist 99, 166, 273, 331
Heilige Schriften 47 ff.
Heiligsprechungen als Kirchenpolitik 271 ff.
Heiligsprechungsverfahren 252
Heilsgeschichte 322, 349
Hellenisierung 110
Henckel-Donnersmarck, Gregor 54
Herrschaftsmittel 47
Hetze 126, **138**, 170, **186 f.**, 201, **210 f.**, 226, 235, 276, **278**, **336**, 360
Heuchelei 46, 177, **179**, 180, 184, **241**, **246**, 270, **296**, 318, 319
Hexenbulle 199
Hexenhammer 196, 200
Hexenprozesse 195, 196, 199, 201
Hexenprozesse, religiöse Grundlagen 198
Hexenverfolgung 62, **193–202**, 276, 278, 283
Hexenverfolgung, Gegner 201 f.
Hexenverfolgung in Afrika 382
Hexenverfolgung und Kirchen 200 f.
Hexereidelikt 196, 199, 200
Himmel 319, 352
Hinduismus 55, 59, 60
Hinduismus und Ethik 367 f.
Hinduismus und Islam 366
Hinduistische Religionen 361–368
Hindu-Nationalismus 366

Hinrichtungen 189
Hohepriester 107
Hölle 43, 99, 148, 176, 205, 274, 283, 288, 303, **310ff.**, 320, **337**, 352, **354**, 375
Holocaust 20, 145, **213f.**
Homosexualität 69, 176, **178f.**, 324, 359, 402
Hostienfrevel 138
Hugenotten 281
Hugenottenkriege 81
Humanismus, naturalistischer 408ff.
Humanismus, weltlicher 283, 315, **399-410**
Hunger 365
Hurenzins 183
Hussiten 169
Hutu 247ff.

I

Ideologie 322
Illusion 92
Indexkongregation 192
Index, römischer 192
Indianer 61
Indien 38, 59
Indien, religiöse Konflikte 366f.
Individuum 302
Indoktrination 27
Inka 60
Inquisition 39, 126, 139, **184-193**
Inquisition, allgemeine 188f.
Inquisitionsverfahren 186, 187, 188
Inquisition, Vorgeschichte 185f.
Inquisitoren 137, 174, 187, 188, 189, 190, 191, 196, 199, 253, 272, 333
Inspiration 48, 292, 295, 300
Instrumentalisierung der Religion 83
Integration und Religion **92-96**, 400
Intelligent Design 45, 70, 284, 32

Intentionalität 23, 27, 29
Interessentheorie 403
Internationales Rotes Kreuz 238
International Humanist and Ethical Union 78
Intoleranz **278ff.**, 313, **353f.**
Investiturstreit 124
Irakkrieg 41
Irland 304
Irrationalität 14
Isis 25, 167
Islam 55, 251, 349-361
Islam, eigentlicher 75
Islam, Frühgeschichte 352f.
Islam, Inflexibilität 358
Islamische Eroberungskriege 354, 363, 366
Islamische Gefährdungen 358ff.
Islamische Republik Iran 71
Islamische Toleranz 355
Islamismus **73ff.**, 358
Islam und Frauen 356f.
Islam und Friedlichkeit 360
Islam und Menschenrechte 361
Islam und Vernunft 356
Israel 67, **71f.**, **79f.**, 84

J

Jägergesellschaften 24
Jahwe 147, **286ff.**, **340f.**
Jerusalem 76
Jerusalemer Apostelkonzil 108
Jesuanische Moral 308ff.
Jesuiten 169, 200, 226, 237, 303
Journalisten 95, 273, 400
Judenchristen 107, 108
Judenemanzipation 139
Judenfeindschaft des Korans 354
Judenfeindschaft des Neuen Testaments 109f., 135

Judenfeindschaft im 19. Jahrhundert 139
Judenfeindschaft im Frühchristentum 134ff.
Judenfeindschaft im Mittelalter **136ff.**, 187
Judenfeindschaft in der Neuzeit 138f.
Judenfeindschaft, religiöse **133–145**, 268, 276
Judengesetzgebung 136, 137, 144, 231, 232, 235
Judenhass **109f.**, 124, 125, **128**, 187
Judenhass, arabischer 74
Juden, Kirchen, Nationalsozialismus 209–219
Judentum 250, **339–349**
Judentum in Europa 344ff.
Judenverbrennung 137
Jüdischer Fanatismus 347f.
Jüdische Siedlungspolitik 348
Jüdische Sitten 347
Jungfrauengeburt 165, 168, 20
Jurisdiktionsprimat **157f.**, 219, 258, 330f.

K

Kalachakra-Tantra-Ritual 374
Kali, Göttin 59, 364
Kannibalismus 62
Kanon 48
Kanonisierung 286, **291ff.**
Karfreitagsfürbitte 162
Karfreitagskomplex 138
Karlsamt 122
Karma und Wiedergeburt 362, 369
Karneval, römischer 138, 139
Kastenwesen 60, **364f.**, 383
Kastilien 189
Kastraten 62
Kastration 130, 159, 175, 402

Katechismus 171, 173, 179
Kategorischer Imperativ 402
Katharer **126**, **186f.**, 199
Katholizismus 144, **161ff.**, 218, 225f., 324, **330ff.**
Kausalitätsprinzip 152
Ketzer 109, **126f.**, **185ff.**, 198f., 278
Kibeho, „Lourdes von Ruanda" 249
Kinder 194
Kinderbibeln 303f.
Kindererziehung 301ff.
Kinderopfer 58, 60, 61, 364
Kindstötung 181
Kirche als Dienerin an der Gesellschaft 321
Kirche als Diktatur 219f.
Kirche im Hochmittelalter 127ff.
Kirche in der Neuzeit 130
Kirchenaustritt 86
Kirchengeschichtsschreibung 106, 115, 239, 266, 281, **322ff.**
Kirchenkritik 13, **20**, 323f.
Kirchenlehrer 115, 117, 120, 124, 136, 156, 167, 171, 177, 182, 185, 198, 200, 204, 251, 253, 255
Kirchenpolitik 271ff.
Kirchensklaven 204
Kirchenstaat **122ff.**, **139ff.**, 175, 219ff., 258
Kirchenstrafen 185
Kirchenväter 135, 174, 176, 181
Kirche und Austrofaschismus 222ff.
Kirche und Franco-Diktatur 224–230
Kirche und Mussolini-Diktatur 220ff.
Kirche und Pinochet-Regime 239ff.
Kirche und Salazar-Diktatur 230
Kirche und Somoza-Diktatur 242f.
Kirche und Tiso-Diktatur 230ff.

Kirche und Ustascha-Regime 233–239, 265f., 323
Kirche und Vichy-Regime 232f.
Kirche und Videla-Diktatur 243ff.
Kirche und Völkermord in Ruanda 246–250
Kirche und Wahrheit 318–324
Kirche und Wissenschaft 318, 327
Klerus 118, 121, 124, 126, **127**, **143f.**, 175, 179, 180ff., 188, 189, 210, 212, 220f., 225, 227, 229, 230, 232, 234, 236, 238, 273, 277, **304f.**, 331f.
Klöster 182, 217, 373
Klosterbüchereien 192
Kognitive Dissonanz 30
Kolonialismus 74
Kondome 162
Konfessionsfamilien 283
Konfuzianismus 38
Konkordate **211**, 223, 229, 230
Konstantinische Schenkung 122, 322
Konstantinopel 115
Konziliarismus 330
Konzil von Basel (1431–1449) 196, 199
Konzil von Ephesus (431) 166f., 320f.
Konzil von Konstantinopel (381) 166
Konzil von Konstanz (1414–1418) 175, 330
Konzil von Nicäa (325) 114, 156
Konzil von Trient (1545–1563) 129, 182, 292
Kopfgeld 232
Kopftuch 74
Koran 48, **72f.**, **351ff.**, 357ff.
Korrumpierung des Denkens 335
Kosmos 34
Kreationismus **69f.**, 284, 381
Kreuzigung 110

Kreuzigungen auf den Philippinen 382
Kreuzzüge **124ff.**, 137, **186ff.**, 213, 227
Kreuzzug gegen die Katharer 126ff.
Kriege 61, **78ff.**, 155, **213**
Kriege, heilige 125, **354f.**
Krieg, gerechter 221, 268
Kriegsdienstverweigerung 269
Kriegspredigten 83, 213
Kriegstheologie 56
Kriegsverbrecher 214
Krieg und Religion 79, 277, 279ff., 371
Kroatien 233ff.
Kultur der drei Ringe 137
Kulturimperialismus 94, 407
Kulturvernichtung **119**, 287, 362
Kunst, christliche 115
Kunst und Religion 23
Kurfürstentum Trier 200
KZ 235, 240, 244

L

Lachen 128
La Civiltà Cattolica 142, 143, 144
La Croix 144
Laien 331
Lamaismus 372ff.
Landnahme 289f.
Laterankonzil (1123) 182
Laterankonzil (1139) 182
Laterankonzil (1179) 126, 137, 186, 205
Laterankonzil (1215) 126, **137f.**, 182, 183, **187**, 188, 198
Lateranverträge 221
Lauretanische Litanei 162
Leben Jesu 100
Leben nach dem Tod 57
Leerformel 35, **402**

Lefebvre-Bewegung 70
Lehramt 282, 300, **330**
Lehrbeanstandungen **192f.**, 263
Leichtgläubige 29
Leid **260f.**, 375
Liebe 93, 99, 100
Limbisches System 28
Literaturvernichtung 192
Lourdes 254
Lüge 331
Luther, Negativposten 276

M
Macht 63–67, 109
Machterhalt 184, 224, 332–338
Machtkirche 115f., **321**, **324**, **329ff.**
Mädchen-Tötungen 60
Magdalenenheime 304
Magie 22, 24, 38, 40, 57, **62**, 120, 196, **198**, 286, 340, 363
Maria Himmelfahrt 168
Maria im Neuen Testament 164f.
Maria und Krieg **168ff.**, 229
Marienverehrung **163f.**, 166, **168f.**, 257, 264
Marokko 360
Marranos 189
Märtyrer 77, 115, 229, 250, 254, 269, 270, **272**
Martyrologium Romanum 252
Masturbation 303
Mauren 189
Medien 90, 161, 162
Meditation 28
Memtheorie 27
Menschenopfer **57–62**, 363f.
Menschenrechte 393f., 405f.
Menschenrechte, Kairoer Erklärung 395
Menschenrechte und Religion 94f., 130, 157f.

Menschenwürde 308, 393
Meriahs, geopferte Menschen 59
Messias 107, 108f., **134**
Metaphysik 408f.
Michael, Erzengel 254
Milgram-Experiment 150
Militärdienst 113
Mission 108, 205, 221, 229, 234
Missionierung der Germanen 119ff.
Missionierung und Eroberungskriege 81
Mithraskult 112
Moderne 68, 75
Modernismus 70, 256
Mönchsstaat 373, 374
Monotheismus 68ff., **286ff.**, 340ff.
Moralprobleme und Monotheismus 51ff.
Moraltheologie 70, **176f.**, 231
Moral und Religion 26, 64
Moralwächter 324
Mord **235ff.**, 303, 308, 316, 331, 348, 368
Muslimbrüder 73
Muslime 249
Muttergöttin 25, 165, 169
Mystik 22, 251
Mythologie 295

N
Nachfolge Christi 131
Nächstenliebe 231, 289, 308f., 344, 349
Narrenfest 39
Nationalsozialismus 209–217
Nationalsozialismus, Nachkriegsgeschichte 217ff.
Naturalismus 22, 408
Natur des Menschen 401
Naturrecht 402
Nazoräer 107

Neolithische Revolution 25
Neue Atheisten 31; 40
Neues Testament 48, 99, 155f., **172**, 198, 282, **284**, 314
Neurobiologie 28
Neutralität, religiös-weltanschauliche 46, 305, **397f.**, 407f.
Nicänisches Glaubensbekenntnis 114
Nicaragua 242
Nigeria 359
Nominalismus 39

O
Objektivität 8, **130f.**, **322f.**
ODESSA 216
Okzitanien 187
Opfer **57**, 188, 362, **364**, 371
Opferzahlen 188, 189, 191, **197f.**, 206, 221, 229, **233f.**, 243, 244, **247**, 278, 280, 304, **368**
Opportunismus 19, 118, 224, 271, 276
Opus Dei 70, 71, 161, 176, 229, 240, **256f.**, 263, 392
Orthodoxie **65f.**, 115, **123f.**, 181, **236f.**
Osiris 25
Osservatore Romano 221, 228

P
Palästina 76
Pantheismus 38f., 293
Papstamt heute 158
Päpstliche Hilfskommission 214f.
Papsttum 122ff., **155–162**, 251, 273, 331
Paradies 148
Parlamentarismus 74
Partito Popolare, katholisch-antifaschistische Partei 220
Pascal'sche Wette 34

Passionsgeschichte 107, 134
Patchwork-Religion 89
Patriarchat 171, 177
Peinliche Gerichtsordnung 191
Pelagianer 117
Pharisäer 106
Pilgrim Fathers 206
Pippinische Schenkung 122
Pluralismus 394
Pogrome 138, 141, 213, 359
Politik und Religion 14, **63–67**, 263, **333ff.**, 348
Politische Religionen 41, 82
Pornografie 316
Portugal 230
Prädestination 148, 279f.
Pressefreiheit 220
Priester 59, 61, 63
Priesterbruderschaft St. Pius X. 70, 162, 233
Priesterweihe 275
Privilegien 63ff., 94, 118, 121, 161, 177, 190, 347, **397f.**
Protestantismus **210ff.**, 251, **273–285**, 292
Protestantismus in Deutschland 284f.
Protestantismus, Vielfalt 283
Protokolle der Weisen von Zion 210
Prozess Jesu 107
Prügelerziehung 302ff. 276
Psalmen 38, 39, 55
Pseudoisidorische Dekretalen 124
Psychopathen 154

Q
Quäker 206

R
Rabbiner 288
Rassismus 190, **209ff.**

"Ockhams Rasiermesser" 409

Rationalität 89
Rattenlinie 215, 217
Räubersynode 167
Recht 64, 72
Rechtskultur 193
Reconquista 137
Reformation 192, 201, **273–283**, 395
Reformierter Weltbund 281
Reichskonkordat **211**, 221
Reichspogromnacht 265
Religion 43 f.
Religion als Dauerfaktum 380
Religionen, Friedenspotenzial 385
Religion: Entstehung, Arten und Funktion 21–30
Religion, Gegenargumente 380–388
Religion, Gesellschaftsschädlichkeit 383 f.
Religion, Gewalt und Friede 385 f.
Religion in Deutschland 86–91, 94
Religion in Europa 85 f.
Religion, Nutzen 379 f.
Religionsbegriff 21 f.
Religionsbildung 23–30
Religionsdelikte 197
Religionsförderung 8 f., 388 f.
Religionsfreiheit 130, 140, 157 f., 226, 231, 281 f., **392**, 393, **395 f.**
Religionsfreiheit in Deutschland 396 ff.
Religionsgeschichte, israelitische 286 ff.
Religionskrieg **233 ff.**, 354 f., 393
Religionskritik 9, 13, **15–19**, 388 f.
Religionsmonitor Deutschland 2013 90 f.
Religionsrechtliche Systeme 398
Religionssoziologie 89
Religionsstatistik 84–87
Religions- und Weltanschauungsfreiheit 394–399

Religionswissenschaft 9, **16**, 22
Religionszugehörigkeit 84 ff.
Religion und Ethik 386 f.
Religion und Wirklichkeitsverzerrung 381 f.
Religiosität 37 f., 89 ff.
Reliquien 61
Renaissance 119, 192, **302**
Rituale Romanum 148
Ritualmord 137 f., 139, 141 ff., 210
Ritus 22
Roma 235
Römerbrief 108 f.
Römische Inquisition 190 ff.
Rosenkranz 55 f.
Ruanda 80, 246–250
Rücksichtnahme 19
Russland 65 f.

S

Sachsenspiegel 198
Sadduzäer 38, 108
Sadismus 191
Saga des Christentums 98 f.
Sakramente 101, 129
Säkularisierung 88 ff., 225
Säkularismus 77 f., 95
Salazar-Regime 230
Sanctum Officium 190, 192
Sandinisten 242 f.
Sati 60
Saudi-Arabien 66 f., 75, 359
Schadenzauber 199
Schamanismus 24
Scharia **72**, 357, 359, 361, 395
Schauspiele 139
Scholastik 127, 200
Schöpfungsgeschichte 303 f.
Schuld 150, 152
Schule für Übernatürliches 382
Schulpolitik, christliche 305 f.

Schutz des Individuums 288
Schwangerschaftsabbruch 69
Segen 65, 143, 223, 228, 231, 237, 238, 245, 267
Selbstbestimmungsrecht 408
Selbstsäkularisierung 87ff., 284
Selektivität 100, 299f.
Seligsprechungen 161, 229, **252ff.**
Serbien 233–239
Sexualfeindlichkeit 170ff.
Sexualmissbrauch 162, **177f.**, **304f.**, 324
Sexuelle Verirrungen 175ff., 181ff.
Sezessionskrieg 207f.
Siedler, israelische 79f., 348
Sikhismus 366
Simonie 124, 127
Simultanbeseelung 129f., **307f.**
Sinnfrage 18f.
Sintflutgeschichte 304
Skeptizismus 29f.
Sklavenhaltung in den USA 206f.
Sklaverei 61, 125, 181, 202–209, 359
Sklaverei und Bibel 204
Sklaverei und Islam 209
Sklaverei und Kirche 204–209
Slowakei 230ff.
Sokratisches Dilemma 51
Sola-Fide-Lehre 274
Sollizitation 183f.
Somoza-Diktatur 177, 242f.
Sonnenkult 60
Soziale Faktoren 69, 150
Soziales Engagement 101
Spanien 224–230
Spanische Inquisition 189f.
Spanischer Bürgerkrieg 161, 170, 252, **267**, **269f.**
Spiritualität 86
Staatenbildung 63
Staatskirche 114, **116f.**

Stammväter 289
Stigmata 257f.
Stimulation, elektrische 28
Stoa 39, 393
Suizid 55, 60
Sünde 154
Sündenbäume 190
Syllabus errorum 70
Synode von Elvira (306) 181
Synode von Toulouse (1229) 187
Synode zu Tyrnau (1611) 171

T
Taufe **101**, 120, 123, 137, 166, 175, **176**, 276, **279**
Teleologie 27
Tempelberg 76
Tempelprostitution 180
Terrorismus 75f.
Teufel 43, 55, 99, 138, **147ff.**, 195, **199**, 256, 276, 288, **337**, 382
Theodizee **36**, 57, **98**, 147, 76
Theokratie 63, 280, 288, 342
Theologen 100, 189, 191, 198, 199, 253, 282, **329**
Theologie 20, 70, **108**, 114, 117, 137, 149, 163, 166f., 200f., 219f., **280f.**, **294ff.**, **325ff.**
Theologische Fakultäten 142
Theologische Lehrentwicklung, Abriss 128ff.
Theologische Realenzyklopädie 136, 139
Theologische Sprache 327ff.
Thesenanschlag Luthers 275 = legende!
Thora 49, 288ff., 343f.
Thug-Würgerkult 59
Tiere 24, 58, 59, 60, 199, 304, 310, 363, **371**
Tierprozesse 14
Tiso-Diktatur 230ff.

SACHREGISTER

Todesflüge 244, 245
Todesstrafe 66, 69, 76, 136, 178, 185, 206, 222, 278, 283, 316, 343, 359
Toleranz 112, 179, 310, 313, 320, **375**, **380**, **391ff.**, **407f.**
Toleranzedikt von Mailand 113
Tötungsverbot 371
Tradition 102
Transsubstantiation 128f.
Transzendenz 22
Trennung von Staat und Religion 65, 73, **157**, **395ff.**
Treueid 211, 297
Trinität 98, 116, **166**, 281, 320
Trost 19, 26, **379**
Tuka, Vojtech 231
Türkei 358f.
Tutsi 247ff.

U

Überlebensfragen der Kirchen 324f.
Ultraorthodoxe Juden 67, 76f., **347f.**
Unberührbare 364f.
Unehrlichkeit 17, 20, **299f.**, 312f., 322f., 324f., 329
Unfehlbarkeit des Papstes 129, 168, **321**, **330f.** ~sdogma 219
Unglaube 36f., 388, 394
Unglaube, Antike 38f.
Unglaube im Mittelalter 39f.
Unglaube in Neuzeit und Gegenwart 40f.
Ungläubigen-Bekämpfung 268, **315**, **334ff.**, **354**, **392**
Unkenntnis 325
Unredlichkeit 19, 291, **300**, 316, **320ff.**, 386
Unterwerfungserklärungen 321
Unum Corpus Christianum 186
Unwissenheit 17, **300**, **331**, 337

USA 41, 46, **69**, 214, 240, 243, **283**, **316ff.**, 346, 383, 386f.
Ustascha-Regime 233–239
Utilitarismus 402

V

Vatikan 64, **216**, **236ff.**, 246, **249f.**
Vatikanisches Konzil (1870) 321, **330f.**
Vatikanisches Konzil (1962) 70, 256, 296, 394
Veden 362
Verbrennung 186, 188f., **199ff.**, 281, 364, **368**
Verdammung 166, 167
Verdrängung 325, 331, 386
Vererblichkeit und Religion 26
Verfluchung 55, 123, 186
Vergottung Jesu 114, 128f., 294, 320
Verhaltenswidersprüche 13
Verhalten und Religion 315–318
Vermögen der Kirche 118, **183**, 189, **225**, 253, **275**
Vermutungswissen 31, 45
Vernichtung der weisen Frauen 195
Vernunft 18, **42**, 82, 127, **327**, 400
Verteufelung 112, 117, 138
Vertragstheorie 404
Vichy-Regime 232f.
Visionen 28, 108, 254, 259, 260, 292, **351f.**
Völkermord 233f., **246ff.**, 320, 343, **358f.**
Völkerrecht 406
Vorhaut Jesu 176
Vulgata 293

W

Wahhabismus 66
Wahnvorstellungen 29, **352**, 353
Wahrheit 324, **331**

Wallfahrten 118, 144, **169**, 254
Weihnachtslegende 111
Weimarer Reichsverfassung 396f.
Weissagungsbeweise 290f.
Weltbild 293, 295
Weltethos 92f.
Weltfriede 68, **76f.**
Weltkatechismus 156, 173, 179, 297, 312, 320
Weltverachtung 128
Werte, christliche 306–314
Werteordnung, christlich-abendländische 19
Wertevermittlung 90
Westfälischer Friede 392
Westgoten 120, 136
Westjordanland 67
Widersprüche 50, 52, 100, 260, 292, 363, 375, 386
Widerstand, kirchlicher 241, 268
Wille Gottes 51 *Willensfreiheit 151*
Wissenschaft **44f.**, 327
Wissenschaftsgläubigkeit 45
Witwenverbrennung 60, 363f.
Wortgeklingel 326
Wunder **33**, 101, 110, 152, 250, **252**, 257, 258, 261, **273**, 284, 296, 369
Wunschvorstellungen 27, 33

Z

Zauberei 194, 198
Zentrum 211
Zeremonien 26
Zerstörung Jerusalems 289
Zervanismus 38
Zeugen Jehovas 249, 270
Zivilreligion 94
Zölibat **180–184**, 262, 282
Zölibat, Folgen 184
Zölibatskrieg 182

Zoroastrismus 147
Zurechenbarkeit 153
Zwangskonversionen 235, 358
Zwangsmoral **337f.**, 347, 386
Zwangspredigten 123, 137, 139, **140f.**
Zwangstaufe 121, 137, 138, 140, 189, 219, 258

Personenregister

[handwritten: Abdel Samad, Hamed 360]

A

Abälard, Petrus 39
Adam, Karl 211
Adams, Douglas 42
Adrianyi, Gabriel 239
Agobard, Bischof 137
Albert, Hans 45, 326
Albertus Magnus 174
Alexander II. 182
Alexander III. 252
Alexander IV. 183
Alexander V. 200
Alexander VI. 56, 205
Alfons III., König 225
Alfons von Liguori 130
al-Ghazali 356, 357
Allende, Salvador 239
Allen, John L. 318
al-Maududi 73
al Sadat, Anwar 75
Alt, Franz 308
Althaus, Paul 211
Amalrich von Cîteaux 187
Ambivalenz von Religion 79
Ambrosius 117, 136, 156, 174, 204
Amorth, Gabriele 149
Angenendt, Arnold 112, 120, 125, 189, 197, 208

Arbués, Pedro 253
Aristoteles 54, 203
Arius 114
Arnold, Gottfried 20
Armstrong, Karen 48
Arnaud, Guillaume 253
Arsel, Ilhan 350
Athanasios 114
Augstein, Rudolf 105, 301, 378
Augustinus 51, **117**, 136, **147f.**, 151, 166, 170, 173, 174, 198, 204

B

Barbie, Klaus 214, 217, 233
Bartolomé de Las Casas 205
Baseotto, Antonio 245
Baudelaire, Charles 378
Bäumer, Remigius 205
Begin, Menachem 348
Behringer, Wolfgang 201
Benedikt XV. 254, 296
Benedikt XVI. 9, 37, 43, 70, 148, 149, 158, **161f.**, 176, 177, 179, 233, 239, 240, 245, 255, 256, 266, 267, 268, 312, **335**, 337, 392
Benigni, Umberto 220, 256, 296
Berger, David 171, 179, 326, 338
Berger, Klaus 105

Bergmeier, Rolf 119
Bergoglio, Jorge Mario 244
Berlusconi, Silvio 64
Bernard Gui 128
Bernecker, Walther 225
Bernhardin von Siena 199
Bernhard von Clairvaux 125, 126, 127, 185, 186
Bertram, Adolf 213
Besier, Gerhard 284
Binsfeld, Peter 200
Blaschke, Olaf 210
Blume, Georg 365
Böckenförde, Ernst-Wolfgang 94
Bodin, Jean 208
Boff, Leonardo 193
Bonhoeffer, Dietrich 31
Bonifatius 181
Boyer, Pascal 21
Brakelmann, Günter 210
Brandmüller, Walter 258
Brecht, Bertolt 30
Brooks, Arthur C. 316
Buddha 110
Buggle, Franz 285, 313
Bultmann, Rudolf 100, 105, 284, 295, 307, 314, 325, 327
Burckhardt, Jacob 322
Bush, George W. 316

C

Calvin, Johannes **279ff.**, 303
Cardenal, Ernesto 242
Chamberlain, Houston Stewart 210
Chlodwig 120
Cicero 39
Clemens, antiker römischer Bischof 111
Cocteau, Jean 155
Conzelmann, Hans 105, 285, 319, 326

Cortés, Hernán 170
Cyprian 156

D

Dalai Lama 372
Damasus I. 118, 292
d'Aquili, Eugene 28
Darwin, Charles 408
David 250, 290
Dawkins, Richard 18, 27, 301, 336
de Bonafini, Hebe 244
Dedijer, Vladimir 234, 236
de Gaulle, Charles 232
Delrio, Martin 201
Dennett, Daniel 19, 27, 45
Denzler, Georg 173
de Rosa, Peter 180, 184, 273
Deschner, Karlheinz 54, 63, 78, 98, 99, 101, 105, 130, 173, 273, 318, 323, 377
Dillinger, Johannes 195
Diokletian 113
Doering, Detmar 92
Dollfuß, Engelbert 222
Dominikus 55
Don Alonso 202
Dostojewski 326
Draganović, Krunoslav 217, 236
Drewermann, Eugen 168, 331
Dreyfus, Alfred 144
Drumont, Edouard 144
Dückers, Tanja 399
Dühring, Karl Eugen 210
Duns Scotus 137

E

Ebertz, Michael 89
Eicher, Peter 257
Eichmann, Adolf 214
Elliger, Katharina 178
Epikur 16, 36, 39

Erasmus von Rotterdam 103, 138, **155**, 192, 285, 325, 326, 391
Escrivá de Balaguer, Josemaria 71, **256f.**
Estévez, Jorge Medina 241
Eugen IV. 200
Eusebius von Cäsarea 115, **322**

F
Falconi, Carlo 236
Faulhaber, Michael 212
Ferdinand II., König 189
Feuerbach, Ludwig 50, 293, 399, 405
Filipović, Miroslav 236
Francke, August Hermann 303
Franco, Francisco 224, **226ff.**
Franzen, August 205
Franziskus, heiliger 174
Franziskus, Papst 162, 179, 244
Franz Josef I., Kaiser 256
Franz Xaver 255
Freud, Sigmund 319
Friedrich I. Barbarossa 187
Friedrich II., Kaiser 39, 125, 188
Frisch, Max 209
Fromm, Erich 388, 405

G
Gamaliel 107
Gelasius I. 204
Geus, Armin 349, 352
Giordano Bruno 191
Godman, Peter 190, 192
Goebbels, Joseph 134
Gomá y Tomás, Isidro 226
Gregor I. 182
Gregor VII. 124, 182
Gregor IX. 187
Gregor XVI. 140, 177, 208
Gregorovius, Ferdinand 188
Groß, Nikolaus 266

Gutzkow, Karl 377

H
Haag, Herbert 149, 178, 296, 332
Habermas, Jürgen 17, 18, 43, 403
Häfner, Georg 271
Halik, Tomás 307
Haller, Johannes 124
Hansen, Joseph 194
Harpprecht, Klaus 326
Harris, Sam 387
Hasenhüttl, Gotthold 106, 332
Hasler, August Bernhard 321
Heer, Friedrich 144, 145
Heine, Heinrich 145, 332
Heinsohn, Gunnar 195
Henckel-Donnersmarck, Gregor 54
Hensel, Silke 246
Hermenegildo, Prior von Cuntic 236
Herrmann, Horst 185, 329
Hieronymus 293
Hildegard von Bingen 127
Hirsch, Emanuel 211
Hirschfelder, Gerhard 270
Hitchens, Christopher 79, 260, 301
Hitler, Adolf 134
Hlinka, Andrej 230
Hobbes, Thomas 393
Hochhuth, Rolf 216
Hoerster, Norbert 403
Holl, Adolf 378
Höß, Kreszentia 259
Hudal, Alois 214
Hugo, Victor 377
Hume, David 362, 378
Huntington, Samuel 78
Hypatia 116

I
Ignatius von Antiochien 111
Innitzer, Theodor 222

Innozenz III. 123, 126, 127, 128, 182, 187
Innozenz IV. 188
Innozenz VIII. 199
Innozenz X. 157, 392
Irenäus von Lyon 156
Irsigler, Franz 196
Isabella I., Königin 189
Isidor von Sevilla 120, 124, 204

J

Jäger, Lorenz 213
Jägerstetter, Franz 269
Jakobus 107
Jeanne d'Arc 253
Jedin, Hubert 323
Jedin, Konrad 239
Jesus 99, **106f.**, 170, 172, 204, 285, **298**, 329f., 351
Jochmann, Werner 142, 210
Johannes 107
Johannes Chrysostomus 135
Johannes Paul II. **70**, 142, 148, 158, 175, 179, 222, 229, 239, 240, 242f., 245, 249, 252, 255ff., **262f.**, 265, 267, 272, 334, 337
Johannes von Capestrano 138, 170, 253
Johannes XXII. 199, 200
Johannes XXIII. 238, 258
Jörns, Klaus-Peter 300
Josephus Flavius 107
Josia, König 287, 341
Joyce, James 303

K

Kahl, Joachim 327
Kalisch, Sven (Muhammad) 21, 349, 353
Kant, Immanuel 13, 42, 393, 399, 402
Karl „der Große" 121

Karl I. von Habsburg, Kaiser 261
Karl V., Kaiser 178, 191
Käsemann, Ernst 285
Kasper, Walter 105
Katharina von Siena 176, 265
Kelsos (Celsus) 291
Kemal Atatürk 359
Kertzer, David 143
Kessel, Martin 378
Kienzler, Klaus 70
Kilian, Andreas 21, 301
Kippenberg, Hans G. 78
Kittel, Gerhard 211
Klug, Ulrich 42
Kmetko, Karol 231
Köhler, Horst 304
Kolbe, Maximilian 263
Konrad von Marburg 187
Konrad von Parzham 255
Konstantin I., „der Große" **113ff.**, 156, 322
Krämer-Badoni, Rudolf 324
Kramer, Heinrich, „Institoris" 196, 199
Krenn, Kurt 261, 336
Küng, Hans 43, 45, 92, 129, 130, 173, 314
Kyrill von Alexandrien 116, 167

L

Laghi, Pio 245
Lagrange, Marie-Joseph 296
Lay, Rupert 325
Lea, Henry Charles 117, 183
Le Goff, Jacques 127, 129, 137
Leo I. 157, 204
Leo IX. 181, 204
Leo XII. 140
Leo XIII. 142, 143, 188, 208, 296
Lesch, Harald 380
Lessing, Johann Gottfried 294

Lewis, Bernard 74
Libet, Benjamin 28
Lichtenberg, Bernhard 265
Lincoln, Abraham 207
Lo Bello, Nino 216
Locke, John 206, 392
Loisy, Alfred 256
Lortz, Joseph 211
Lucius III. 187
Lüdemann, Gerd 286, 300, 313, 318, 327
Ludendorff, Erich 267
Lueger, Karl 142
Lukas 107
Lukrez 39
Luther, Martin 35, 42, 134, 138, 170f., 193, **274–279**, 302, 306
Lwanga, Karl 254

M
Marc Aurel 39, 203
Marcone, Ramiro 237
Marduk 25
Maria 55, **162–170**
Maria Goretti 255
Maria Magdalena 172
Markion 119, 292
Markus 107
Martin V. 200, 330
Marto, Jacinta und Francisco 259
Matthäus 107
Matussek, Matthias 380
Mayer, Anton 285
Mayer, Rupert 264
Meisner, Joachim 180, 336
Meister Eckhart 39
Mengele, Josef 214
Mensching, Gustav 286, 340, 391
Metternich 140
Meyer, Eduard 210
Meyer, Thomas 68

Minois, George 37
Misago, Augustin 249
Mixa, Walter 336
Mohammad als Person 350
Mommsen, Theodor 322
Montesquieu 208
Mortara, Edgardo 142, 258
Morus, Thomas 392
Moses 286, 290
Most, Johann 378
Müller, Andreas 316
Müller, Burkhard 20, 42, 104
Müller, Gerhard Ludwig 336
Mussolini, Benito 220, 234
Mutter Teresa 259–261
Mynarek, Hubertus 319

N
Nagel, Tilman 353
Nehru, Jawaharlal 367
Nestorius 166
Newberg, Andrew 21, 28
Newman, John Henry 262
Nigg, Walter 185
Nikolaus III., Papst 137
Nikolaus V. 205
Nikolaus von Kues 330
Nowak, Kurt 286, 306
Nuhr, Dieter 44

O
Oettinger, Günther 36, 41, 336
Origenes 156, 174, 291
Overbeck, Franz 106, 318, 326

P
Pacelli, Eugenio, späterer Pius XII. 226, 264
Padre Pio 257
Pak, Mirko 235
Paul, Gregory S. 315

Paul III. 190, 206
Paul IV. 190, 130
Paul VI. 222, 254, 255
Paulus 55, **108f.**, 147, 170, 172, 178, 202, 204, 290, 335
Pavelić, Ante 217, 233, **238**, 265
Pétain, Philippe 232
Petrus 107, 112, 156, 181
Petrus Canisius 200
Petrus Damiani 124, 182
Petrus von Verona 253
Piccolomini 330
Piceni, Jakobus 253
Pierre de Bruys 186
Pinker, Steven 57, 78, 350, 361
Pinochet, Augusto 240, 241
Pippin III. 122
Pius II. 171
Pius V. 253
Pius VI. 139, 157
Pius IX. 123, 137, **142**, 177, 219, **321**
Pius X. 219, 220, **256**, 296, 333, 334
Pius XI. 145, 220f., 223, 254, 255, 264, 296
Pius XII. 70, 168, 177, 212, 213, 215, 217, 228, 229, 231, 232, **237ff.**, 256, 268, 296, 391, 392
Platon 39, 203
Pompidou, George 233
Preger, Jack 261
Primo de Rivera, General 225
Putin, Vladimir 65

Q
Qutb, Sayyid 73

R
Rabin, Jitzchak 72, 348
Radbruch, Gustav 191
Rahner, Karl 327
Ranke-Heinemann, Uta 105, 168
Rarkowski, Franz Justus 213
Ratzinger, Joseph 45, 64, 168, 193, 305, 318, 325, 332
Rauff, Walter 214
Reagan, Ronald 71
Reimarus, Hermann Samuel 293
Rekkared 120, 136
Repgen, Konrad 239
Robles, Gil 226
Romero, Oscar 273
Rosendorfer, Herbert 97
Roskoff, Gustav 197
Roth, Eugen 407
Rousseau, Jean-Jacques 392
Rudel, Hans-Ulrich 214
Russell, Bertrand 42, 384, 399

S
Salazar, António 227, 230
Salomo 290
Sarah, Robert 336
Scherrer, Christian 249
Schiemann, Anja 153
Schiller, Friedrich von 301, 377
Schmaus, Michael 172, 211
Schmidt-Salomon, Michael 17, 151, 153, 325, 409, 410
Schmithausen, Lambert 372
Schneider, Nikolaus 54
Scholder, Klaus 210, 214
Schopenhauer, Arthur 13, 42, 104, 146, 151, 152, 378
Schottroff, Luise 135
Schubart, Walter 172
Schulz, Paul 146, 153
Schuschnigg, Kurt 223
Schuster, Alfredo 222
Schweitzer, Albert 295
Scilingo, Francisco 244
Seckler, Max 392
Seipel, Ignaz 222

Personenregister

Seneca 13, 39
Servet, Michael 281
Seyß-Inquart, Arthur 224
Simon, Richard 293
Singer, Wolf 27, 29
Sipe, Richard 305
Sixtus IV. 175, 189
Sixtus V. 293
Sodano, Angelo 241
Söderberg, Hjalmar 377
Sohm, Rudolf 210
Sokol, Jan 232
Sokrates 39
Somoza Debayle, Anastasio 242
Soubirous, Bernadette 254
Spaemann, Robert 33, 92
Spinoza, Baruch 293
Spitzer, Manfred 317
Stangl, Franz Paul 214, 216
Steffensky, Fulbert 250
Steiger, Otto 195
Stein, Edith 264
Stepinac, Alojzije 234, 237, 238, 239, 263, **265f.**, 272
Stoecker, Adolf 210
Straßner, Veit 240
Strauß, David Friedrich 294

T

Taparelli, Aimo 253
Teresa von Avila 264
Tetzel, Johann 275
Theodosius I. 114, 136
Thérèse von Lisieux 255
Thomas von Aquin 51, 129, 174, 185, 198, 205, 244, 302
Tilly 170
Tiso, Jozef 231
Tisserant, Eugène 237
Tomás de Torquemada 189
Tondi, Alighieri 106

Touvier, Paul 216, 233
Trepp, Leo 289
Trimondi, Viktor und Viktoria 76
Tuka, Vojtech 231
Türcke, Christoph 18, 30, 68, 105, 329

U

Ulrich, Bischof 182
Urban II. 125, 181
Urban, Martin 21

V

Vaas, Rüdiger 22
Videla, Jorge Rafael 243
Villot, Jean 217, 233
Voigt, Gottfried Christian 197
Voltaire 391
von Balthasar, Hans Urs 321
von Döllinger, Ignaz 123, 219, 258
von Galen, Clemens August Graf 267
von Goethe, J. W. 20, 42, 377
von Habsburg, Otto 261
von Harnack, Adolf 292, 294
von Hefele, Carl Joseph 182
von Liguori, Alfons Maria 176
von List, Franz Eduard 210
von Treitschke, Heinrich 210
von Wächter, Otto Gustav 215
von Wernich, Christian 246
Vorgrimler, Herbert 327
Voss, Johann Heinrich 285, 299

W

Wagner, Gustav 214
Wagner, Richard 210
Weinberg, Steven 50, 146, 378
Weingardt, Markus 385
Weingardt, Markus A. 247
Weinzierl, Erika 139
Weischedel, Wilhelm 146

Williamson, Richard 162
Wolf, Frieder Otto 335
Wolf, Hubert 246
Wyclif, John 274
Wyman, David S. 214

Y
y Bravo, Obando 243

Z
Zia ul-Haq 74
Zola, Émile 144
Zwingli, Ulrich 279

Weitere Titel zum Thema aus dem Tectum Verlag

Ulf Faller

Der Kruzifixstreit oder Warum Schule säkular sein muss
Hintergründe einer notwendigen Debatte

Das Miteinander von Menschen unterschiedlichster Religionen und Weltanschauungen muss erlernt werden. Hierbei spielt die Schule eine zentrale Rolle. Voraussetzung für das Gelingen eines weltanschaulich neutralen Staates ist, dass die gemeinsame Wertebasis eben nicht religiös definiert wird. Der immer wieder aufflammende Streit um Kreuze in Klassenzimmern zeigt deutlich die Gefahren eines „Kulturkampfes in Schulräumen". Während die Kreuz-Befürworter „unsere Kultur" als „christliches Abendland" etikettieren, zeigt Ulf Faller, dass die Grundwerte unserer Gesellschaft, dass was sie eigentlich bestimmt, viel treffender in Antike und Aufklärung wurzeln.

Dementsprechend sieht der Autor die Chance und die Notwendigkeit, das Schulwesen säkular zu gestalten und zeigt praktische Konsequenzen für den Schulalltag auf. Im Besonderen unterstreicht er die Wichtigkeit eines Philosophie- und Ethikunterrichtes, an dem alle Schüler unabhängig von ihrem Bekenntnis gemeinsam teilnehmen.

Ulf Faller ist zweifacher Vater und Lehrer an einem baden-württembergischen Gymnasium. Er kennt die Probleme, über die er schreibt, aus dem eigenen beruflichen Erleben heraus.

2014 • Paperback • 200 Seiten • 17,95 € • Format 14,8 x 21 cm • ISBN 978-3-8288-3288-6

WEITERE TITEL ZUM THEMA AUS DEM TECTUM VERLAG

Stephan Kalk

Freies Leben – Freier Glaube
Gedanken über humanistische Religion

Nicht wenige Katholiken und Protestanten sehnen sich nach einem Glauben ohne Hierarchie, ohne Bekenntnisse und ohne Dogmenzwang. Doch nur wenige werden bisher von der Existenz von freien religiösen Gemeinden gehört haben. Und doch gibt es sie seit bald 200 Jahren. Doch was wird in ihnen geglaubt?

Stephan Kalk ist seit fast 30 Jahren hauptamtlich als Pfarrer, Religionslehrer und Seelsorger in freien Religionsgemeinden tätig. Sein Buch schenkt Einblicke und Ansatzpunkte für eine kritische Auseinandersetzung mit dem traditionellen Christentum einerseits wie für ein modernes und freies humanistisches Religionsverständnis andererseits.

Ein Buch für alle, die mit den Problemlösungsversuchen der altbekannten Religionen noch an kein Ende angelangt, sondern weiterhin Suchende geblieben sind.

Stephan Kalk studierte anfangs u.a katholische Theologie, bevor er dann 1985 einen Abschluss in Philosophie, Pädagogik und Germanistik machte. Seit 1986 ist er hauptamtlich als Pfarrer, Religionslehrer und Seelsorger in freien Religionsgemeinden tätig. Neben der Gemeindearbeit erfolgte seit 1995 die Herausgabe einer Gemeindezeitschrift und 1995 die Gründung des Ausbildungsseminars für freireligiöse Religionslehrkräfte mit staatlicher Anerkennung durch das rheinland-pfälzische Ministerium für Bildung, Wissenschaft und Weiterbildung.

2014 • Paperback • 104 Seiten • 9,95 € • Format 14,8 x 21 cm • ISBN 978-3-8288-3277-0

Uta Griechen & Johannes Schneider

Gibt es Gott, und wenn ja, warum nicht?
Atheistin und gläubiger Katholik im Briefstreit

Warum können viele Menschen nicht an übernatürliche Dinge glauben – Götter, Wunder, Unsterblichkeit, eine absolute Wahrheit? Oder an einen einzigen „Allmächtigen", der das Weltgeschehen lenkt und dessen Sohn für unsere Sünden am Kreuz gestorben ist? Und warum sind sich andere ganz sicher, dass es einen persönlichen Gott gibt, der uns als sein Ebenbild schuf, uns eine Seele einhaucht, unserem Leben einen „höheren Sinn" verleiht und Getaufte und Bekehrungswillige mit ewiger Glückseligkeit im Jenseits belohnt?

Weitere Titel zum Thema aus dem Tectum Verlag

Ein katholischer Theologe und eine Atheistin diskutieren solcherlei Fragen in einem kontroversen Briefstreit, in gegenseitiger Achtung, aber auch mit knallharten Argumenten. Und beide sind ganz bei der Sache – mit Engagement, mit Überzeugungswillen und einem hohen Maß an Authentizität. Denn erst spät reifte der Gedanke, diesen Briefstreit um die „ewige Frage" überhaupt zu veröffentlichen. Herausgekommen ist ein ehrliches und spannendes Buch, das den Leser mitnimmt und ihn herausfordert, selbst Stellung zu beziehen zum Für und Wider der Frage nach Gott.

2013 • Klappenbroschur • 248 Seiten • 19,95 €, Format 14,8 x 21 cm • ISBN 978-3-8288-3160-5

Gerhard Wimberger
Glauben ohne Christentum
Eine Vision

Gerhard Wimberger, weist in diesem prägnanten Buch als Künstler den Weg hin zu einer religionsfreien Innerlichkeit. Es kann gelingen, den Ballast aus 2000 Jahren Christentum mit seinen fundamentalen Glaubensinhalten zu überwinden, ohne damit die eigenen historischen Wurzeln zu negieren. Im Hauptteil seines Buches beschreitet der Autor Wege über den Humanismus hin zu einer agnostisch-atheistischen Religiosität.

Gerhard Wimberger, Komponist und Dirigent, unterrichtete am Mozarteum in Salzburg jahrzehntelang Dirigieren und Komposition. 1971 bis 1991 war er Mitglied des Direktoriums der Salzburger Festspiele. Er komponierte u.a. sechs Opern mit Uraufführungen in Mannheim, Wiesbaden, München und Salzburg. Seine Werke wurden durch namhafte Orchester (u.a. Wiener und Berliner Philharmoniker) und Dirigenten (u.a. Herbert von Karajan) zur Aufführung gebracht. Zahlreiche Schriften, Aufsätze, Reden und Buchveröffentlichungen. Wimberger ist Beiratsmitglied der Giordano-Bruno-Stiftung, die sich für Religionskritik und eine humanistische Ethik einsetzt.

2013 • Paperback • 135 Seiten • 14,95 € • Format 14,8 x 21 cm • ISBN 978-3-8288-3044-8

Heinz-Werner Kubitza
Der Jesuswahn
Wie die Christen sich ihren Gott erschufen. Die Entzauberung einer Weltreligion durch die wissenschaftliche Forschung

2011 • Hardcover • 380 Seiten • 19,90 € • Format 14,8 x 21 cm
ISBN 978-3-8288-2435-5

WEITERE TITEL ZUM THEMA AUS DEM TECTUM VERLAG

Heinz-Werner Kubitza
Verführte Jugend
Eine Kritik am Jugendkatechismus Youcat.
Vernünftige Antworten auf katholische Fragen

2011 • Paperback • 208 Seiten • 12,95 € • Format 14,8 x 21 cm
ISBN 978-3-8288-2800-1

Bernd Rebe
Die geschönte Reformation
Warum Martin Luther uns kein Vorbild mehr sein kann.
Ein Beitrag zur Lutherdekade

2012 • Paperback • 108 Seiten • 19,90 € • Format 14,8 x 21 cm
ISBN 978-3-8288-3016-5

Hubertus Mynarek
Warum auch Hans Küng die Kirche nicht retten kann
Eine Analyse seiner Irrtümer

2012 • Paperback • 240 Seiten • 19,90 € • Format 17 x 24 cm
ISBN 978-3-8288-3020-2

Peter Henkel
Irrtum Unser!
oder Wie Glaube verstockt macht

2012 • Paperback • 212 Seiten • 14,95 € • Format 14,8 x 21 cm
ISBN 978-3-8288-3025-7